한국어는 단순한 의사소통의 도구를 넘어,
생각을 나누고 마음을 전하는 가장 아름다운 언어입니다.

KBS한국어능력시험을 준비하는 여러분은
그 언어의 깊이와 아름다움을 탐구하며,
정확하고 품격 있는 표현력을 쌓아가고 있습니다.

공부 과정이 때로는 낯설고 어렵게 느껴질지라도
그 한 걸음 한 걸음이 여러분의 언어 감각을 단단하게 만들 것입니다.
단어를 익히며 표현의 힘이 자라나고,
문장을 분석하며 사고의 폭이 넓어집니다.
이 교재가 여러분의 학습 여정에 든든한 길잡이가 되길 바랍니다.
꾸준히, 성실하게 나아가는 여러분의 노력이
합격이라는 결실로 이어지길 진심으로 응원합니다.

당신의 언어가 곧 당신의 힘입니다.
오늘의 노력으로 내일의 자신감을 완성하세요.

에듀윌은 여러분의 합격과 끝까지 함께하겠습니다.

KBS한국어능력시험
무료 강의팩 제공

무료 강의팩으로 목표 등급 빠르게 달성!

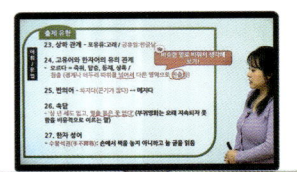

최신 기출문제 해설 특강(82~65회, 18회분)
교수님이 시험 응시 후 바로 제공하는 기출 분석

[혜택받기] 에듀윌 도서몰 > 동영상강의실 > 검색창에 'KBS' 검색

어휘·어법 기초특강(5강)
어휘·어법 기초 완성(수강신청일로부터 7일)

[혜택받기] '에듀윌' 검색 > 편입/능력검정 > KBS한국어능력시험 > 상단의 학습자료 탭

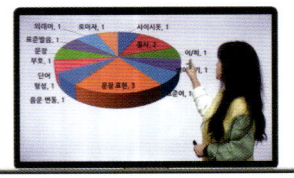

어휘·어법 BEST 기출특강(5강)
최빈출 어휘·어법 모음(수강신청일로부터 7일)

[혜택받기] '에듀윌' 검색 > 편입/능력검정 > KBS한국어능력시험 > 상단의 학습자료 탭

* 위 내용은 서비스 개선을 위해 예고 없이 변경될 수 있습니다.

책갈피 맞춤형 플래너

2주가 부담스럽거나 시간이 없다면

✂ 가위로 잘라서 책갈피로 사용하세요

한 달 신중형 플랜

구분	공부 범위	공부한 날	완료
1일	[1~15번] 듣기 · 말하기 최신 6회분 기출 분석 01 듣기 02 듣기+말하기(통합 문제)	__월 __일	☐
2-3일	[16~45번] 어휘 · 어법 [어휘] 최신 6회분 기출 분석 01 고유어	__월 __일	☐
4-5일	02 한자어	__월 __일	☐
6-7일	03 어휘 간의 의미 관계	__월 __일	☐
8-9일	04 관용 표현 – 속담/한자 성어/관용구	__월 __일	☐
10일	05 순화어	__월 __일	☐
11-12일	[어법] 최신 6회분 기출 분석 01 출제빈도 높은 한글 맞춤법	__월 __일	☐
13일	02 한글 맞춤법 – 띄어쓰기	__월 __일	☐
14일	03 한글 맞춤법 – 문장 부호	__월 __일	☐
15-16일	04 표준어/표준 발음	__월 __일	☐
17일	05 외래어/로마자 표기법	__월 __일	☐
18일	06 올바른 문장 사용 능력	__월 __일	☐
19일	07 문법 요소의 이해	__월 __일	☐
20일	고등급을 위한 스페셜 어휘 · 어법 공략 모의고사	__월 __일	☐
21일	[46~50번] 쓰기 최신 6회분 기출 분석 01~02 쓰기	__월 __일	☐
22일	[51~60번] 창안 최신 6회분 기출 분석 01 유비 추론	__월 __일	☐
23일	02 기타	__월 __일	☐
24일	[61~90번] 읽기 최신 6회분 기출 분석 01 문학 – 현대 시/현대 소설	__월 __일	☐
25일	02 학술문 – 인문/예술/과학/사회	__월 __일	☐
26일	03 실용문 04 기타	__월 __일	☐
27일	[91~100번] 국어문화 최신 6회분 기출 분석 01 국어학	__월 __일	☐
28일	02 국문학	__월 __일	☐
29일	03 기타	__월 __일	☐
30일	파이널 실전모의고사	__월 __일	☐

1주 벼락치기형 플랜

구분	공부 범위	공부한 날	완료
1일	[16~45번] 어휘 · 어법 [어휘] 최신 6회분 기출 분석 01 고유어 02 한자어	__월 __일	☐
2일	03 어휘 간의 의미 관계 04 관용 표현 – 속담/한자 성어/관용구 05 순화어	__월 __일	☐
3일	[어법] 최신 6회분 기출 분석 01 출제빈도 높은 한글 맞춤법 02 한글 맞춤법 – 띄어쓰기 03 한글 맞춤법 – 문장 부호	__월 __일	☐
4일	04 표준어/표준 발음 05 외래어/로마자 표기법 06 올바른 문장 사용 능력 07 문법 요소의 이해 고등급을 위한 스페셜 어휘 · 어법 공략 모의고사	__월 __일	☐
5일	[1~15번] 듣기 · 말하기 최신 6회분 기출 분석 01 듣기 02 듣기+말하기(통합 문제) [46~50번] 쓰기 최신 6회분 기출 분석 01~02 쓰기 [51~60번] 창안 최신 6회분 기출 분석 01 유비 추론 02 기타	__월 __일	☐
6일	[61~90번] 읽기 최신 6회분 기출 분석 01 문학 – 현대 시/현대 소설 02 학술문 – 인문/예술/과학/사회 03 실용문 04 기타	__월 __일	☐
7일	[91~100번] 국어문화 최신 6회분 기출 분석 01 국어학 02 국문학 03 기타 파이널 실전모의고사	__월 __일	☐

책갈피 2주 플래너

✂ 가위로 잘라서 책갈피로 사용하세요

2주 전략형 플랜

구분	공부 범위	공부한 날	완료
1일	[16~45번] 어휘·어법	__월__일	☐
	[어휘] 최신 6회분 기출 분석		
	01 고유어		
2일	02 한자어	__월__일	☐
3일	03 어휘 간의 의미 관계	__월__일	☐
4일	04 관용 표현 – 속담/한자 성어/관용구	__월__일	☐
	05 순화어		
5일	[어법] 최신 6회분 기출 분석	__월__일	☐
	01 출제빈도 높은 한글 맞춤법		
6일	02 한글 맞춤법 – 띄어쓰기	__월__일	☐
	03 한글 맞춤법 – 문장 부호		
7일	04 표준어/표준 발음	__월__일	☐
	05 외래어/로마자 표기법		
8일	06 올바른 문장 사용 능력	__월__일	☐
	07 문법 요소의 이해		
9일	고등급을 위한 스페셜 어휘·어법 공략 모의고사	__월__일	☐
10일	[91~100번] 국어문화	__월__일	☐
	최신 6회분 기출 분석		
	01 국어학		
	02 국문학		
	03 기타		
11일	[1~15번] 듣기·말하기	__월__일	☐
	최신 6회분 기출 분석		
	01 듣기		
	02 듣기+말하기(통합 문제)		
12일	[46~50번] 쓰기	__월__일	☐
	최신 6회분 기출 분석		
	01~02 쓰기		
	[51~60번] 창안		
	최신 6회분 기출 분석		
	01 유비 추론		
	02 기타		
13일	[61~90번] 읽기	__월__일	☐
	최신 6회분 기출 분석		
	01 문학 – 현대 시/현대 소설		
	02 학술문 – 인문/예술/과학/사회		
	03 실용문		
	04 기타		
14일	파이널 실전모의고사	__월__일	☐

2주 출제비중 우선형 플랜

구분	공부 범위	공부한 날	완료
1일	[16~45번] 어휘·어법	__월__일	☐
	[어휘] 최신 6회분 기출 분석		
	01 고유어		
2일	02 한자어	__월__일	☐
3일	03 어휘 간의 의미 관계	__월__일	☐
4일	04 관용 표현 – 속담/한자 성어/관용구	__월__일	☐
	05 순화어		
5일	[어법] 최신 6회분 기출 분석	__월__일	☐
	01 출제빈도 높은 한글 맞춤법		
6일	02 한글 맞춤법 – 띄어쓰기	__월__일	☐
	03 한글 맞춤법 – 문장 부호		
7일	04 표준어/표준 발음	__월__일	☐
	05 외래어/로마자 표기법		
8일	06 올바른 문장 사용 능력	__월__일	☐
	07 문법 요소의 이해		
9일	고등급을 위한 스페셜 어휘·어법 공략 모의고사	__월__일	☐
10일	[61~90번] 읽기	__월__일	☐
	최신 6회분 기출 분석		
	01 문학 – 현대 시/현대 소설		
	02 학술문 – 인문/예술/과학/사회		
	03 실용문		
	04 기타		
11일	[46~50번] 쓰기	__월__일	☐
	최신 6회분 기출 분석		
	01~02 쓰기		
	[51~60번] 창안		
	최신 6회분 기출 분석		
	01 유비 추론		
	02 기타		
12일	[91~100번] 국어문화	__월__일	☐
	최신 6회분 기출 분석		
	01 국어학		
	02 국문학		
	03 기타		
13일	[1~15번] 듣기·말하기	__월__일	☐
	최신 6회분 기출 분석		
	01 듣기		
	02 듣기+말하기(통합 문제)		
14일	파이널 실전모의고사	__월__일	☐

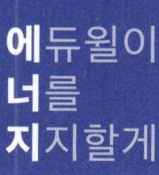

시작하라. 그 자체가 천재성이고,
힘이며, 마력이다.

— 요한 볼프강 폰 괴테(Johann Wolfgang von Goethe)

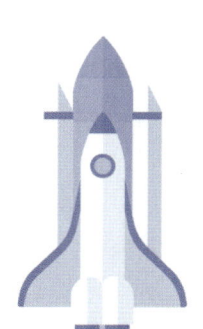

에듀윌
KBS한국어능력시험
2주끝장 +무료특강

머리말

"지금까지 출제된 개념과 문제 유형을 모두 정리했습니다"

매일 우리말과 글을 사용하지만, 막상 시험을 치르자니 막막한 사람들이 많을 것입니다.
평소 국어 실력이 부족하다고 느끼는 사람은 그 강도가 훨씬 심하겠지요.
도대체 무엇을, 어떻게 공부해야 할까요.

그 고민에서 출발한 책이 바로 ≪에듀윌 KBS한국어능력시험 2주끝장≫입니다.
KBS한국어능력시험을 위한 '영리한 전략서'를 만들기 위해 KBS연구원으로 근무하면서 쌓은 노하우를 모두 풀었습니다.
기출 개념이 중요해진 KBS한국어능력시험에 철저히 대비하고자 지금까지 나온 기출 개념과 문제 유형을 하나도 빠짐없이 정리했습니다. 짧은 시간 안에 성적을 올리려는 수험생에게 가장 효율적인 교재가 될 것이라 믿습니다.

이 책이 출간된 지 벌써 10년이 되었습니다.
그동안 시중에 KBS한국어능력시험 교재가 많이 나왔습니다.
그 책들 중에 수험생들의 입소문을 타고 '영리한 수험서'로 자리매김한 것 같아 저자로서 보람을 느낍니다.

바라건대 이 책이 힘든 시대를 살아가는 청춘들에게 취업이든 진학이든 인생의 전환점에서
작은 도움이 되었으면 합니다.

신은재 저자

- 서울대학교 국어교육과 졸업
- (전) KBS한국어진흥원 연구원
- (전) KBS한국어학당 강사
- (전) CBS 기자

"한국어 공부에 필요한 기본기와 기술을 모두 잡을 수 있습니다"

우리가 살아가는 환경의 변화에 따라, 언중의 언어 사용도 변화하고 있습니다.
KBS한국어능력시험의 문항의 유형과 내용에도 그간 많은 변화가 있었고, 최근에는 기존에 출제된 유형이 각 영역 내에서 혼합되어 출제되는 양상을 보였습니다.

기존에 출제된 유형의 혼합, 새로운 유형의 등장 속에서도 변하지 않는 부분이 있다면 기초적인 언어 능력과 글의 맥락을 이해하는 능력이 요구된다는 것입니다.

'어휘와 문법' 지식을 갖추고 이를 확장하는 것이 '듣기와 말하기', '읽기'와 '쓰기' 영역이며, 창의적으로 응용하는 것이 '창안' 영역입니다.

각 영역별로 문항의 유형을 파악하는 것은 '기술'이지만 각 유형에 효율적으로 접근하기 위해서는 갈고닦은 '기본기'가 필요합니다.
'기본기'와 '기술'을 조화롭게 습득할 수 있도록 최신 기출의 내용과 주제를 반영하여 집필하였습니다.

계속되는 경쟁 속에서 때로는 지치기도 하지만, 이 책이 여러분의 수업에 힘이 되기를 기대합니다.
더불어 수험생 여러분의 일상이 담긴 하루하루를 진심으로 응원합니다.

김지학 저자

- 가톨릭대학교 한국어교육학과 박사 수료
- 연세대학교 언어정보학협동과정 한국어교육정보학 박사 과정
- 숭실대학교 베어드교양대학 외래 교수
- 국립목포대학교 글로벌한국학과 외래 교수
- 숭실사이버대학교 한국어교육학과 외래 교수
- 고려사이버대학교 한국어교육과 외래 교수
- 화신사이버대학교 한국어교육학과 운영 교수
- 에듀윌 TOPIK 한국어능력시험 외래 교수
- YBMNET 평생교육원 한국어교원2급과정 외래 교수
- 해커스 원격평생교육원 외래 교수
- 메가엠디 원격평생교육원 외래 교수
- 뉴엠 원격평생교육원 외래 교수

2주 완성을 위한 전략

전략적 분권화

  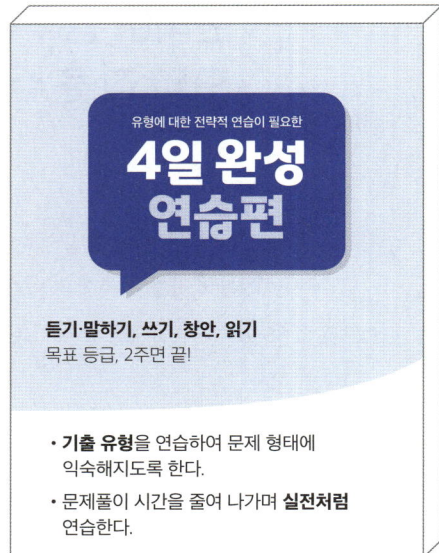

1. 암기편으로 고등급 공략
암기편으로 어휘, 어법, 국어문화의 중요 개념을 암기한다. 해당 영역은 출제된 개념이 반복하여 출제되기 때문에 암기만으로 고득점 공략이 가능하다.

2. 연습편으로 유형 반복 학습
나머지 영역은 암기가 아닌, 유형별 문제를 많이 풀어 보는 것이 중요하다. 유형을 반복 학습하여 익숙해진 후, 실전 대비 문제풀이 능력을 기른다.

3. 실전모의고사와 퀵 암기노트로 완성
기출문제를 변형한 실전모의고사로 마지막 실력을 진단한 후, 퀵 암기노트로 핵심 개념들을 최종 점검한다. 부족한 부분까지 확실하게 보충한 후 목표 등급을 달성한다.

'암기편＋연습편'으로 전면 재구성!
전략만 잘 짜면 2주 안에도 충분하다!

KBS한국어능력시험 2주끝장

영역별 학습전략

암기편

[16~45번] 어휘·어법

가장 많은 수의 문항이 출제되지만 정답률은 가장 낮은 영역이다. 어휘·어법 영역에서 가장 당혹스러운 부분은 '고유어'이며, 최근 들어 일상생활에서 자주 사용하는 고유어를 출제하려는 경향이 보인다. 이 영역에서는 기출 단어가 종종 반복 출제되니, 반드시 정리하여 익히도록 하자.

[91~100번] 국어문화

국어문화 영역은 출제 범위를 예측하기 어려운 영역이다. 문학, 남북한 언어, 순화어, 훈민정음 창제 원리, 수어, 점자 등 다양한 문항이 출제되고 있다. 따라서 지금까지 출제된 유형을 파악하는 것이 중요하다. 생소한 내용인 대신 난도는 낮은 편이니 포기하지 말도록 하자.

연습편

[1~15번] 듣기·말하기

예술, 건강, 사회 등 다양한 주제로 문항이 출제되나 난도가 많이 높지 않은 영역이다. 듣기 내용이 나오기 전 선택지 내용을 훑어보며 주제를 예상하자. 최근 그림 자료는 동양의 것이 출제되고 있으며, '자립 준비 청년, AI' 등 최신의 이슈를 바로 반영하여 문항에서 다루고 있음을 인지해야 한다.

[46~50번] 쓰기

하나의 주제에 5개의 문항이 연계된 형태로 출제되고 있다. 글쓰기 순서의 절차대로 문항 유형이 제시되며 그 중에서 '자료 활용, 내용 수정 및 상세화 방안'의 정답률이 낮은 편이다. 보고서 쓰기의 과정과 내용 전개 방식을 익히도록 하며 퇴고 문제 풀이를 위해 올바른 문장 쓰기 연습도 병행하도록 하자.

[51~60번] 창안

창안 영역은 유비 추론을 활용한 문항 위주로 구성되고 있다. 특정 대상에 대한 설명에 집중하여 해당 내용을 인간 사회에 적용했을 때 어떤 내용을 이끌어낼 수 있을지 유추해 보도록 하자. '조건에 따른 내용 생성' 유형이 상대적으로 정답률이 낮음에 유의하자.

[61~90번] 읽기

어휘·어법 영역과 함께 가장 많은 수의 문항이 출제되는 영역이다. 지문의 길이가 길어 빠르게 내용을 확인하고, 지문의 장르별 특성을 파악하는 것도 중요하다. 실용문과 문학 관련 지문의 난도가 상대적으로 낮은 편이고, 학술문은 폭넓은 영역에서 다양한 주제가 제시되므로 이에 유의하도록 하자.

구성과 특징

단기 최적의 학습 단계

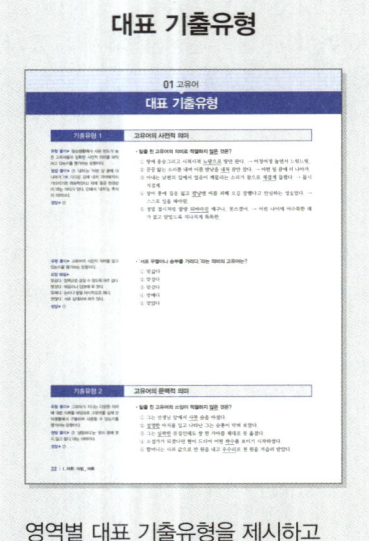

대표 기출유형

영역별 대표 기출유형을 제시하고
고정적 패턴을 낱낱이 분석

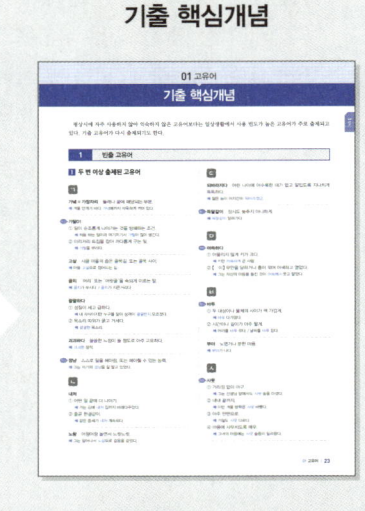

기출 핵심개념

시험에 나온, 나올 개념만 수록하여
단기간, 고효율 학습 가능

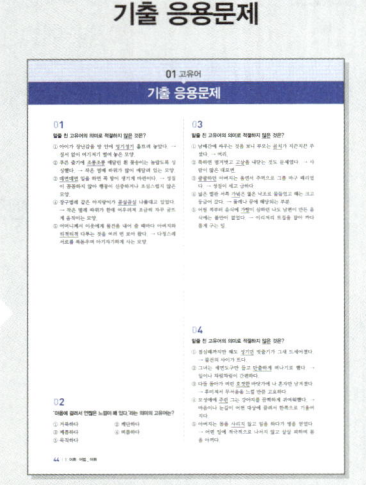

기출 응용문제

신유형까지 완벽 정복!
기출변형을 통한 빈틈없는 문제풀이

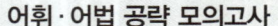

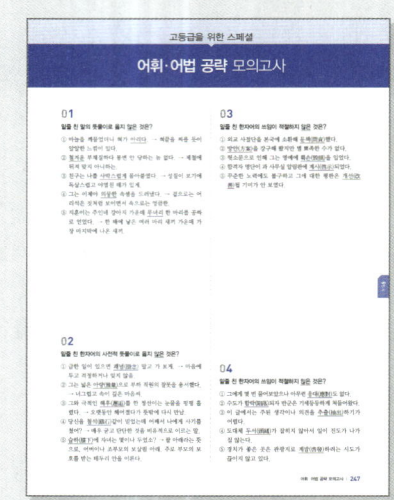

가장 정답률이 낮은 영역인
어휘·어법 영역 집중 공략 모의고사

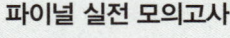

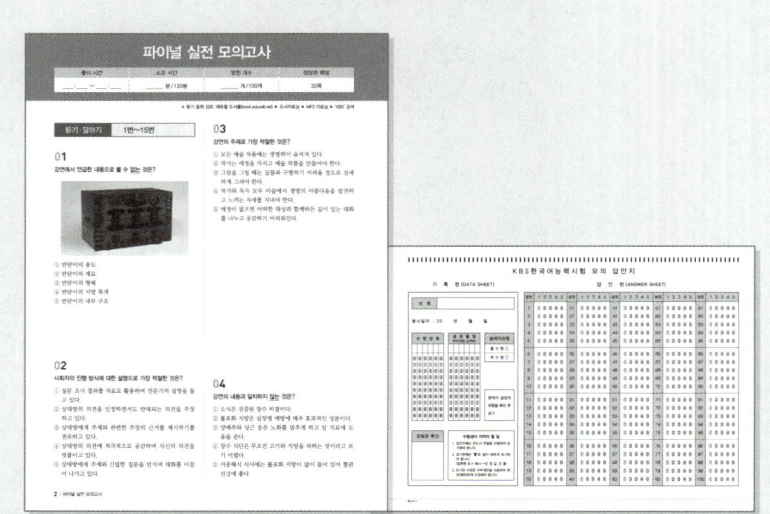

기출을 완벽 재현한 문항 배열과 출제, 모의 답안지로 실전처럼 연습 가능

KBS한국어능력시험 2주끝장

철저한 기출 분석

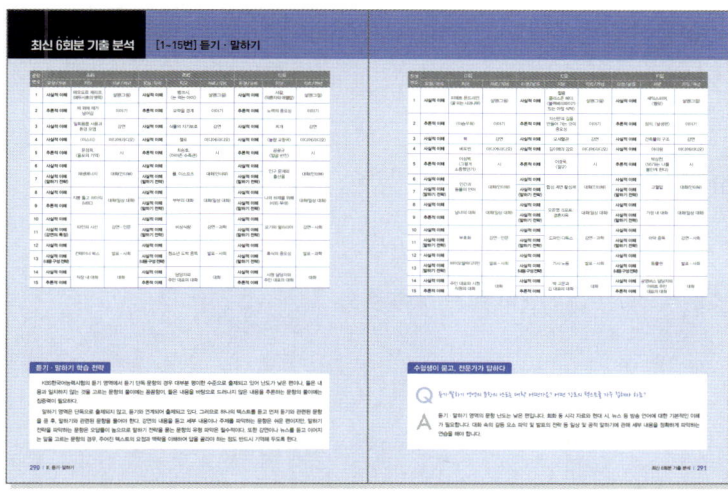

- 최근 기출 6회분의
  모든 문항의 개념과 자료를 수록
- 최근 기출 **13개년**을 철저하게 분석&반영
- 전 문항 분석 후 일정한 **기출패턴 제시**
- **고등급 공략 TIP** 제공
- **2025년 최신 기출** 반영
  (최신 기출에는 최신 표기)

특급 자료 제공

책갈피 플래너
- 수준과 상황에 맞게 플랜 선택 가능

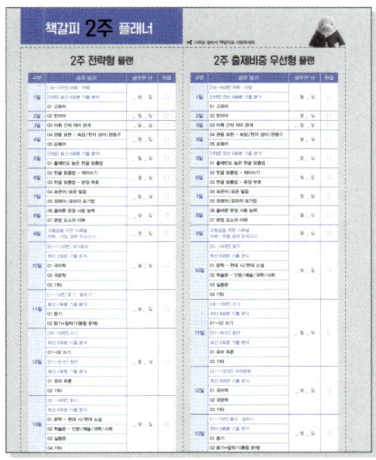

핵심 기출개념 퀵! 암기노트
- 어휘, 어법, 국어문화 영역의 핵심 기출개념만 뽑은 암기용 자료

무료강의 꿀팁
- **핵심개념특강(7강) + 기출해설특강(18회분)**: 유튜브에서 '에듀윌 KBS한국어' 검색
- **어휘어법 기초 특강 + 어휘어법 BEST 기출 특강(각 7일간)**: '에듀윌' 검색 ▶ 편입/능력검정 ▶ KBS한국어능력시험 ▶ 상단의 학습자료 탭

※ 해당 서비스는 예고 없이 종료될 수 있습니다.

시험의 모든 것

국가공인 자격

- KBS한국방송공사에서 실시하는 KBS한국어능력시험은 문화체육관광부로부터 공인민간자격을 인증받음으로써 명실공히 우리나라를 대표하는 한국어능력 자격검정임.
- 문화체육관광부, 국립국어원이 공공성을 인정하고 지원하는 시험임.

☑ 시행 기관
KBS한국방송 주최, KBS한국어진흥원 주관

☑ 출제 수준
한국 고교 수준의 국어교육을 정상적으로 받은 사람이 풀 수 있는 수준

☑ 자격증 및 성적 유효 기간
성적 조회 개시일로부터 만 2년

☑ 검정 기준

등급	검정 기준
1급	• 전문가 수준의 뛰어난 한국어 사용 능력을 가지고 있음. • 창조적인 언어 사용 능력의 소유자로서 언론인, 방송인, 저술가, 작가, 국어 관련 교육자, 기획 및 홍보 업무 책임자로서 갖추어야 할 언어 능력을 충분히 갖추고 있음.
2+급	• 일반인으로서 매우 뛰어난 수준의 한국어 사용 능력을 가지고 있음. • 언론인, 방송인, 저술가, 작가, 국어 관련 교육자, 기획 및 홍보 업무를 수행할 언어 사용 능력을 갖추고 있음.
2-급	• 일반인으로서 뛰어난 수준의 한국어 사용 능력을 가지고 있음. • 언론인, 방송인, 저술가, 작가, 국어 관련 교육자, 기획 및 홍보 업무를 수행할 기본적인 언어 사용 능력을 갖추고 있음.
3+급	• 일반인으로서 보통 수준 이상의 한국어 사용 능력을 가지고 있음. • 일반 업무를 수행할 수 있는 언어 사용 능력을 갖추고 있음.
3-급	• 국어 교육을 정상적으로 이수한 일정 수준 이상의 한국어 사용 능력을 가지고 있음. • 일정 범위 내에서 일반 업무를 수행할 수 있는 언어 사용 능력을 갖추고 있음.
4+급	• 국어 교육을 정상적으로 이수한 수준의 한국어 사용 능력을 가지고 있음. • 일정 범위 내에서 일반 업무를 수행할 수 있는 기초적인 언어 사용 능력을 갖추고 있음.
4-급	• 고교 교육을 이수한 수준의 한국어 사용 능력을 가지고 있음. • 일정 범위 내에서 기본 업무를 수행할 수 있는 기초적인 언어 사용 능력을 갖추고 있음.
무급	• 국어 사용 능력을 위해 노력해야 함.

※ 1급 ~ 4+급: 국가 공인 자격증 발급

시험 응시안내

☑ 응시 자격
대한민국 국적을 가진 국민이라면 누구나 응시할 수 있음. 외국인의 경우 외국인등록증 또는 국내거소신고증 중 한 가지를 소지하고 있는 경우 응시 가능함.

☑ 출제 방식
객관식 5지 선다형, 100문항 예상. 문항당 균일 배점이 원칙이나 필요 시 차등 배점.

☑ 시험 시간
10:00~12:00, 총 120분(쉬는 시간 없음)
- 듣기·말하기 평가 25분(15문항) → 방송으로 진행
- 어휘·어법, 쓰기, 창안, 읽기, 국어문화 평가 95분(85문항)

☑ 2025년 시험 일정

회차	시험일	접수 기간	성적 발표일
83회	2월 15일(토)	1월 6일~1월 31일	2월 27일(목)
84회	4월 20일(일)	3월 10일~4월 4일	5월 1일(목)
85회	6월 15일(일)	5월 5일~5월 30일	6월 26일(목)
86회	8월 17일(일)	7월 7일~8월 1일	8월 28일(목)
87회	10월 19일(일)	9월 1일~9월 26일	10월 30일(목)
88회	12월 21일(일)	11월 10일~12월 5일	26년 1월 1일(목)

※ 상기 일정은 주관사의 사정에 따라 변경될 수 있음.

☑ 2026년 시험 일정

회차	시험일	접수 기간	성적 발표일
89회	2월경	1월~2월경	시험일 기준 열흘 뒤
90회	4월경	3월~4월경	
91회	6월경	5월~6월경	
92회	8월경	7월~8월경	
93회	10월경	9월~10월경	
94회	12월경	11월~12월경	

※ 상기 일정은 주관사의 사정에 따라 변경될 수 있으며, 2026년의 정확한 시험 일정은 2025년 말에 발표 예정.

☑ 응시료
33,000원
- 자격증 및 성적표 발급 수수료는 응시료에 포함되지 않으며, 신청자에 한해 비용 별도 부과

시험 활용처

✓ 시험 활용 범위

응시 영역	대상	활용
① 공무 영역	공사 지원자 및 종사자	자기점검, 임용, 승진
② 군인·경찰 영역	경찰, 군간부 지원자 및 종사자	자기점검, 임용, 승진
③ 교사·강사 영역	자기점검, 교원 및 강사 채용	자기점검, 교원 및 강사 채용
④ 청소년 영역	중·고등학교 학생	자기점검, 특목고 진학 및 대입 면접
⑤ 언론 영역	언론사 지원자 및 종사자	자기점검, 채용 및 승진
⑥ 직무 영역	일반회사 지원자 및 종사자	자기점검, 채용 및 승진
⑦ 외국어 영역	국내 거주 외국인	자기점검, 외국인 근로자 채용

✓ 채택기관

공사 / 공기업 / 정부기관
KBS, 경찰청, 소방청, 국민건강보험공단, 국민체육진흥공단, 근로복지공단, 도로교통공단, 동작구청, 마포구청, 한국고전번역원, 한국교육방송공사, 한국농촌경제연구원, 한국농어촌공사, 한국생산성본부, 한국석유관리원, 한국수자원공사, 한국자산공사, 한국전력, 한국지도자육성장학

언론사 / 기업
GS홈쇼핑, 국악방송, 농수산홈쇼핑, 농심기획, 경향신문, 머니투데이, 서울신문사, 세계일보, 스포츠서울, 우리은행, 전주방송JTV, 파워킹시스템, 한겨레신문, 한국남동발전, 한국일보, 해외한국어방송인턴십

국방부
간부사관, 민간부사관, 여군부사관, 헌병부사관, 법무부사관, 군종부사관, 군악부사관, 현역부사관, 학사부사관, 여군사관, 육군부사관

대학교
경기대, 경인교대, 경희대, 공주영상대, 군산대, 대구가톨릭대, 대구대, 대진대, 덕성여대 법학과, 동신대, 동아대, 서울대, 성균관대, 순천향대, 신라대, 아주대 대학원, 안양대, 위덕대, 전주대, 청주대, 춘천교육대, 한국외대, 한양대

※ 채택기관 정보는 유동적이므로 반드시 해당 기관의 공고를 확인하시기 바랍니다.

출제 영역

문법 능력 (어휘, 어법)

1. 어휘
   ① 고유어　② 한자어　③ 외래어　④ 순화어
2. 어법
   ① 한글 맞춤법　② 표준어 규정　③ 외래어 표기법　④ 로마자 표기법

이해 능력 (듣기, 읽기)

1. 듣기
   강의, 강연, 뉴스, 토론, 대화, 인터뷰 자료 등
2. 읽기
   ① 사실적(분석적) 이해: 실용 텍스트(기사문, 보고서, 설명서, 편지글, 다매체 텍스트)
   ② 추론적(상상적) 이해: 문예 텍스트(문학, 정서 표현의 글)
   ③ 비판적(논리적) 이해: 학술 텍스트(인문, 사회, 과학, 예술 등)

표현 능력 (쓰기, 말하기)

1. 쓰기
   ① 주제 선정　② 자료 수집　③ 개요 작성　④ 집필　⑤ 퇴고
2. 말하기
   ① 다양한 말하기 상황과 관련된 능력(발표, 토론, 협상, 설득, 논증, 표준화법
      －언어예절, 호칭어와 지칭어 사용 등)
   ② 표준 발음법

창안 능력 (창의적 언어능력)

1. 텍스트 창안
   ① 유비 추론을 통한 내용 생성
   ② 조건에 맞는 내용 생성
2. 그림 창안
   ① 구체적 그림을 통한 내용 생성
   ② 시각 리터러시

국어문화 능력 (국어 교과의 교양적 지식)

1. 국문학
   고전과 현대의 작품과 작가
2. 그림 창안
   국어사 자료 읽기
3. 매체와 국어생활
   신문, 점자, 수어, 법률, 방송 매체 등

기출 분석의 모든 것

문항 번호	영역(출제비중)		유형	문항 수
1~15	듣기·말하기 15%		사실적 이해	7~14
			추론적 이해	1~7
			비판적 이해	0~1
16~45	어휘·어법 30%	어휘	고유어/한자어의 사전적 의미	2~3
			고유어/한자어의 문맥적 의미	4~6
			어휘 간의 의미 관계	3~5
			한자어 표기(독음)	1~2
			속담/한자 성어/관용구	2~3
			순화어	1~2
		어법	표준어/맞춤법	1~4
			띄어쓰기	1
			문장 표현	3
			문법 요소	1~2
			문장 부호	1
			표준 발음법/사이시옷	1~2
			외래어/로마자 표기법	2
46~50	쓰기 5%		글쓰기 계획	1
			자료 활용 방안	1
			개요 수정 및 상세화 방안	1
			퇴고	2
51~60	창안 10%		시각 자료를 통한 내용 생성	2~5
			조건에 따른 내용 생성	7~8
61~90	읽기 30%	현대시	시에 내포된 의미	2~3
			표현상의 특징 및 효과	
			화자의 심리 상태	
			시어의 의미와 역할	
		현대소설	서술상의 특징 및 효과	2~3
			작품의 이해와 감상	
			추론적 이해 – 어휘·구절을 통한 작품 해석	
			추론적 이해 – 상황이나 인물의 심리 상태에 적절한 한자 성어, 속담	
			비판적 이해	
		학술문 (인문, 예술, 과학, 사회)	사실적 이해 – 정보 확인	4~5
			사실적 이해 – 내용 전개 방식	
			사실적 이해 – 자료의 활용 방법	
			사실적 이해 – 서술상 특징	
			추론적 이해 – 빈칸에 들어갈 표현 추리	3~5
			추론적 이해 – 글쓴이의 의도 추리	
		실용문 (교술, 안내문, 평론, 자료, 보도 자료, 공문)	사실적 이해 – 글, 자료의 내용	8~10
			사실적 이해 – 도표, 그래프의 내용	0~2
			사실적 이해 – 전개 방식, 서술 방식, 자료의 활용 방안	0~1
			추론적 이해 – 구체적 사례에 적용	2~4
			추론적 이해 – 빈칸에 들어갈 내용, 어휘 추리	
			추론적 이해 – 적절한 한자 성어, 속담, 관용 표현	0~1
			비판적 이해 – 글에서 설명 주장한 내용에 대한 비판(교술)	0~1
91~100	국어문화 10%		국문학 – 작품/작가	3
			국어학 – 국어사/내용 파악	3
			국어학 – 수어/점자	2
			국어학 – 매체	2

목차

- 핵심 기출개념 퀵! 암기노트
- 책갈피 플래너

암기편

PART Ⅰ. 어휘·어법

[어휘] 최신 6회분 기출 분석	20
01 고유어	22
02 한자어	48
03 어휘 간의 의미 관계	90
04 관용 표현 – 속담 / 한자 성어 / 관용구	110
05 순화어	128

[어법] 최신 6회분 기출 분석	134
01 출제빈도 높은 한글 맞춤법	136
02 한글 맞춤법 – 띄어쓰기	158
03 한글 맞춤법 – 문장 부호	165
04 표준어 / 표준 발음	175
05 외래어 / 로마자 표기법	202
06 올바른 문장 사용 능력	216
07 문법 요소의 이해	226
어휘·어법 공략 모의고사	247

PART Ⅱ. 국어문화

최신 6회분 기출 분석	262
01 국어학	264
02 국문학	273
03 기타	282

연습편

PART Ⅲ. 듣기·말하기

최신 6회분 기출 분석	290
01 듣기	292
02 듣기+말하기(통합 문제)	298

PART Ⅳ. 쓰기

최신 6회분 기출 분석	310
01~02 쓰기	312

PART Ⅴ. 창안

최신 6회분 기출 분석	326
01 유비 추론	328
02 기타	336

PART Ⅵ. 읽기

최신 6회분 기출 분석	346
01 문학 – 현대 시/현대 소설	350
02 학술문 – 인문/예술/과학/사회	364
03 실용문	378
04 기타	384

- 파이널 실전 모의고사
- OMR 답안지

기출 중심의 반복 암기가 필요한

10일 완성 암기편

어휘·어법, 국어문화
목표등급, 2주면 끝!

PART 1 어휘·어법 ·················· 18p
PART 2 국어문화 ·················· 260p

에듀윌이
너를
지지할게
ENERGY

인생에 새로운 시도가 없다면 결코 실패하지 않습니다.
단 한 번도 실패하지 않은 인생은
결코 새롭게 시도해 보지 않았기 때문입니다.

– 조정민, 『인생은 선물이다』, 두란노

PART I

어휘

01 고유어

02 한자어

03 어휘 간의 의미 관계

04 관용 표현 – 속담 / 한자 성어 / 관용구

05 순화어

어법

01 출제빈도 높은 한글 맞춤법

02 한글 맞춤법 – 띄어쓰기

03 한글 맞춤법 – 문장 부호

04 표준어 / 표준 발음

05 외래어 / 로마자 표기법

06 올바른 문장 사용 능력

07 문법 요소의 이해

어휘·어법 공략 모의고사

어휘·어법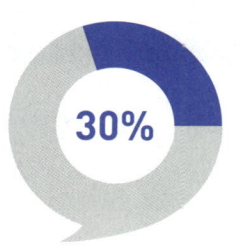

최근 13개년 기출 전 문항 분석 결과

영역	출제 유형	출제 문항 수
[16~30번] 어휘	고유어 / 한자어의 사전적 의미	2~3
	고유어 / 한자어의 문맥적 의미	4~6
	어휘 간의 의미 관계	3~5
	한자어 표기(독음)	1~2
	속담 / 한자 성어 / 관용구	2~3
	순화어	1~2
[31~45번] 어법	표준어 / 맞춤법	1~4
	띄어쓰기	1
	문장 표현	3
	문법 요소	1~2
	문장 부호	1
	표준 발음법 / 사이시옷	1~2
	외래어 / 로마자 표기법	2

- ☑ 고유어와 한자어는 사전적 의미와 문맥적 의미가 비슷한 비중으로 다루어지며, 기출 단어만 제대로 익히면 문항의 70% 이상을 풀 수 있다.
- ☑ 최근 어휘 간의 의미 관계를 파악하는 문항 수가 늘었다.
- ☑ 순화어는 정답률이 낮은 영역이고 쓰임이 익숙하지 않지만, 문제 유형이 고정되어 있으므로 접근성이 높다.
- ☑ 어법은 정답률 50% 이하 문항이 가장 많은 영역으로 수험생들이 가장 어려워한다.
- ☑ 표준어와 외래어 표기법의 정답률이 가장 낮고, 다음으로 문법 요소, 띄어쓰기, 표준 발음법, 문장 표현의 정답률이 낮다.

최신 6회분 기출 분석 [16~30번] 어휘

문항번호	A회 유형/분류	A회 자료/개념	B회 유형/분류	B회 자료/개념	C회 유형/분류	C회 자료/개념
16	고유어의 사전적 의미	두루룩두루룩, 미주알고주알, 버르적버르적, 주저리주저리, 휘뚜루마뚜루	고유어의 사전적 의미	가살스럽다, 게염스럽다, 곰상스럽다, 내숭스럽다, 느물스럽다	고유어의 사전적 의미	걱실걱실하다, 만수받이하다, 새물새물하다, 안다미씌우다, 흐리마리하다
17	한자어의 사전적 의미	목하(目下), 거반(居半), 극구(極口), 물경(勿驚), 졸연(猝然)	한자어의 사전적 의미	계발(啓發), 긍지(矜持), 당돌(撞突), 융간(戎間), 작량(酌量)	한자어의 사전적 의미	갈급(渴急), 답습(踏襲), 소거(掃去), 풍미(風味), 흉금(胸襟)
18	고유어의 문맥적 의미	거스러미, 너덜, 목물, 가두리, 천동지기	고유어의 문맥적 의미	핫바지, 뜨내기, 떨꺼둥이, 트레바리, 무녀리	고유어의 문맥적 의미	예제없다, 되우, 맥쩍다, 모지락스럽다, 짜장
19	한자어의 문맥적 의미	가량(假量), 오찬(午餐), 공표(公表), 가차(假借), 전철(前轍)	한자어의 문맥적 의미	자자(藉藉), 쌍벽(雙壁), 함의(含意), 계륵(鷄肋), 사숙(私淑)	한자어의 문맥적 의미	함구(緘口)하다, 흔연(欣然)하다, 힐난(詰難)하다, 골몰(汨沒)하다, 해량(海量)하다
20	한자어의 문맥적 의미	수령(受領), 배수(背水), 수리(修理)	한자어의 문맥적 의미	고사(固辭), 감상(鑑賞), 연패(連霸)	한자어의 문맥적 의미	부조(扶助), 구색(具色), 가령(假令)
21	어휘의 문맥적 의미(혼동하기 쉬운 어휘의 구별)	드레지다, 비어지다, 깨단하다, 뒤쳐지다, 점직하다	어휘의 문맥적 의미(혼동하기 쉬운 어휘의 구별)	당최, 댓바람, 너스레, 깜냥, 비설거지	어휘의 문맥적 의미(혼동하기 쉬운 어휘의 구별)	보깨다, 물쿠다, 결내다, 가말다, 달뜨다
22	어휘 간의 의미 관계(다의어와 동음이의어)	딱	어휘 간의 의미 관계(다의어와 동음이의어)	켜다	어휘 간의 의미 관계(다의어와 동음이의어)	떨다
23	어휘 간의 의미 관계	상하 관계	어휘 간의 의미 관계	부분 관계	어휘 간의 의미 관계	상하 관계
24	어휘 간의 의미 관계(고유어와 한자어)	먹다-섭취(攝取)하다, 수수(收受)하다, 착복(着服)하다, 소요(所要)되다, 수렴(收斂)하다	어휘 간의 의미 관계(고유어와 한자어)	가다-입영(入營)하다, 지속(持續)되다, 변형(變形)되다, 경과(經過)하다, 운행(運行)하다	어휘 간의 의미 관계(고유어와 한자어)	가다-입대(入隊)하다, 작동(作動)하다, 위치(位置)하다, 참석(參席)하다, 소등(消燈)하다
25	어휘 간의 의미 관계	유의어 간데없다-두말없다, 여지없다, 영락없다, 틀림없다	어휘 간의 의미 관계	반의어 눅다-비싸다	어휘 간의 의미 관계	반의어 팽패롭다-무던하다
26	속담	산 까마귀 염불한다, 바람 따라 돛을 단다, 신 벗고 따라도 못 따른다, 서당 개 삼 년에 풍월을 한다, 밤눈 어두운 말이 워낭 소리 듣고 따라간다	속담	자루 베는 칼 없다, 누운 소 타기, 제 논에 물 대기, 내 건너 배 타기, 부뚜막의 소금도 집어넣어야 짜다	속담	떡 본 김에 제사 지낸다, 굶어 부스럼, 소 갈 데 말 갈 데 가리지 않는다, 오뉴월 바람도 불면 차갑다, 한데 앉아서 음지 걱정한다
27	고사성어/사자성어	구우일모(九牛一毛), 대경실색(大驚失色), 방약무인(傍若無人), 극기복례(克己復禮), 견리사의(見利思義)	고사성어/사자성어	진두지휘(陣頭指揮), 무소불위(無所不爲), 망양지탄(亡羊之歎), 일촉즉발(一觸卽發), 명약관화(明若觀火)	고사성어/사자성어	자중지란(自中之亂), 자승자박(自繩自縛), 호사다마(好事多魔), 고육지계(苦肉之計), 연목구어(緣木求魚)
28	관용 표현	손을 맺다, 손을 넘기다, 손에 익다, 손을 걸다, 손을 붙이다	관용 표현	말을 떼다, 말이 굳다, 말이 많다, 말이 되다, 말을 삼키다	관용 표현	발이 묶이다, 발이 뜨다, 발을 구르다, 발이 익다, 발에 채다
29	순화어	거증(擧證)하다-증거를 들다, 내구연한(耐久年限)-사용 가능 햇수, 누가기록(累加記錄)-보태 적다, 일실(逸失)하다-놓치다, 통로암거(通路暗渠)-지하통로	순화어	과오급(過誤給)된-잘못 지급된, 앙등(昂騰)하다-뛰다, 기장(記帳)하다-적다, 최고(催告)하다-촉구하다, 계리(計理)하다-계산하여 정리하다	순화어	간헐적-이따금, 중차대한-매우 중요한, 소요되는-드는, 불출하다-내어주다, 초치하다-불러들이다
30	순화어	앙꼬(→ 팥소), 크루(→ 모임), 혈당 스파이크(→ 혈당 급상승), 리빌딩(→ 재정비), 커리어 하이(→ 최고 기록)	순화어	로드 맵(→ 단계별 이행안), 인터넷 빌링 제도(→ 전자 결제 제도), 실링(→ 한도액, 상한), 아카이브(→ 자료 저장소), 풀필먼트(→ 물류 종합 대행)	순화어	이지머니(→ 저리 자금), 뱅크 런(→ 인출 폭주), 디지털 디톡스(→ 디지털 거리 두기), 메디컬 푸어(→ 의료 빈곤층), 제너럴리스트(→ 다방면 인재)

문항번호	D회 유형/분류	D회 자료/개념	E회 유형/분류	E회 자료/개념	F회 유형/분류	F회 자료/개념
16	고유어의 사전적 의미	가살스럽다, 가탈스럽다, 간살스럽다, 거쿨스럽다, 귀살스럽다	고유어의 사전적 의미	구순하다, 납신하다, 부숭하다, 삽삽하다, 찬찬하다	고유어의 사전적 의미	가래, 따비, 써레, 고무래, 도리깨
17	한자어의 사전적 의미	범람(汎濫), 항간(巷間), 추념(追念), 통감(痛感), 책동(策動)	한자어의 사전적 의미	각주(脚註), 감상(鑑賞), 강횡(强橫), 망념(妄念), 적폐(積弊)	한자어의 사전적 의미	할당(割當), 청산(淸算), 청구(請求), 갈채(喝采), 활보(闊步)
18	고유어의 문맥적 의미	곰삭다, 곰상스럽다, 국으로, 우세스럽다, 줄잡다	고유어의 문맥적 의미	가납사니, 늦깎이, 더펄이, 뜨내기, 살살이	고유어의 문맥적 의미	한몫, 귓불, 드잡이, 봉오리, 가살
19	한자어의 문맥적 의미	송영(送迎)하다, 무마(撫摩)하다, 일별(一瞥)하다, 작파(作破)하다, 영락(零落)하다	한자어의 문맥적 의미	전가(轉嫁), 생산(生産), 곡진(曲盡), 망막(茫漠), 약진(躍進)	한자어의 문맥적 의미	추호(秋毫), 내홍(內訌), 참척(慘慽), 와중(渦中), 온상(溫床)
20	한자어의 문맥적 의미	전통(傳通), 계승(繼乘), 전수(傳受)	한자어의 문맥적 의미	착상(着想), 자멸(自滅), 유감(有感)	한자어의 문맥적 의미	조화(造化), 권력(權力), 타진(打診)
21	어휘의 문맥적 의미(혼동하기 쉬운 어휘의 구별)	더덜이, 게염, 노박이로, 늦마, 드레	어휘의 문맥적 의미(혼동하기 쉬운 어휘의 구별)	놀리다, 놀면하다, 그느르다, 호비다, 설면하다	어휘의 문맥적 의미(혼동하기 쉬운 어휘의 구별)	두텁다, 끌끌하다, 시망스럽다, 비끼다, 그슬리다
22	어휘 간의 의미 관계(다의어와 동음이의어)	다리, 해, 차, 배, 풀	어휘 간의 의미 관계(다의어와 동음이의어)	먹다	어휘 간의 의미 관계(다의어와 동음이의어)	고르다, 지긋하다, 그만하다, 부르다, 걸다
23	어휘 간의 의미 관계	부분 관계	어휘 간의 의미 관계	상하 관계	어휘 간의 의미 관계	작은말-큰말 관계
24	어휘 간의 의미 관계 (고유어와 한자어)	부르다-초래(招來)하다, 호령(號令)하다, 지칭(指稱)하다, 호가(呼價)하다, 호명(呼名)하다	어휘 간의 의미 관계 (고유어와 한자어)	치다-부착(附着)하다, 연주(演奏)하다, 가격(加擊)하다, 설치(設置)하다, 사육(飼育)하다	어휘 간의 의미 관계 (고유어와 한자어)	돌다-공전(空轉)하다, 우회(迂廻)하다, 유통(流通)하다, 전향(轉向)하다, 작동(作動)하다
25	어휘 간의 의미 관계	반의어 낙낙하다-빡빡하다	어휘 간의 의미 관계	유의어 맵다-빈틈없다, 야무지다, 다부지다, 물샐틈없다	어휘 간의 의미 관계	반의어 가멸다-가난하다
26	속담	야윈 말이 짐 탐한다, 선무당이 사람 잡는다, 곧은 나무는 가운데 선다, 송충이가 갈잎을 먹으면 죽는다, 하룻강아지 범 무서운 줄 모른다	속담	외삼촌 산소에 벌초하듯, 개밥에 도토리, 빛 좋은 개살구, 냉수 먹고 이 쑤시듯, 계란에도 뼈가 있다	속담	대장장이 집에 식칼이 놀다, 가문 논에 물 대기, 원님 덕에 나팔 분다, 조자룡이 헌 칼 쓰듯, 양반은 얼어 죽어도 겻불은 안 쬔다
27	고사성어/사자성어	마이동풍(馬耳東風), 만시지탄(晩時之歎), 공평무사(公平無私), 문정약시(門庭若市), 순망치한(脣亡齒寒)	고사성어/사자성어	면종복배(面從腹背), 문과수비(文過遂非), 누란지세(累卵之勢), 고장난명(孤掌難鳴), 견리망의(見利忘義)	고사성어/사자성어	위편삼절(韋編三絕), 화사첨족(畫蛇添足), 오매불망(寤寐不忘), 새옹지마(塞翁之馬), 낭중지추(囊中之錐)
28	관용 표현	속을 차리다, 속이 마르다, 속이 내려가다, 속을 쓰다, 속을 뜨다	관용 표현	간에 바람 들다, 간이 콩알만 해지다, 간을 빼 먹다, 간이 뒤집히다, 간을 졸이다	관용 표현	코가 우뚝하다, 코가 꿰이다, 코를 빠뜨리다, 코가 납작해지다, 코가 세다
29	순화어	경구 투여(經口投與)-먹는, 개찰(改札)-표 확인, 노정(露呈)-드러내고, 나대지(裸垈地)-빈터, 수탁(受託)-접수	순화어	계류(繫留)하다-매어 두다, 상신(上申)하다-올리다, 대부(貸付)하다-빌려주다, 절사(切捨)하다-끊어버리다, 명문화(明文化)하다-문서로 밝히다	순화어	횡풍(橫風)-옆바람, 휘보(彙報)-여러 소식, 불출(拂出)-내주다, 맹지(盲地)-도로 없는 땅, 유어 행위(遊魚行爲)-낚시
30	순화어	킬러 아이템(→ 핵심 상품), 언택트(→ 비대면), 오픈런(→ 개점질주), 베타 테스트(→ 출시 전 시험), 하우스 푸어(→ 내집빈곤층)	순화어	어젠다(→ 의제), 슬로건(→ 구호), 바우처(→ 상품권), 유비쿼터스(→ 두루누리), 거버넌스(→ 민관협력)	순화어	메타팜(→ 가상 농장), 센서스(→ 총조사), 헤드헌터(→ 인재 중개인), 웹마스터(→ 누리지기), 워킹 그룹(→ 실무단)

01 고유어

대표 기출유형

기출유형 1 — 고유어의 사전적 의미

유형 풀이▶ 일상생활에서 사용 빈도가 높은 고유어들의 정확한 사전적 의미를 파악하고 있는지를 평가하는 문항이다.

정답 풀이▶ ② '내처'는 '어떤 일 끝에 더 나아가.'(예 기다린 김에 내처 저녁때까지 기다리기로 마음먹었다.) 외에 '줄곧 한결같이.'라는 의미가 있다. ②에서 '내처'는 후자의 의미이다.

정답▶ ②

• 밑줄 친 고유어의 의미로 적절하지 않은 것은?

① 땅에 웅숭그리고 시적시적 노량으로 땅만 판다. → 어정어정 놀면서 느릿느릿.
② 끙끙 앓는 소리를 내며 이틀 밤낮을 내처 잠만 잤다. → 어떤 일 끝에 더 나아가.
③ 아내는 남편의 입에서 얼음이 깨물리는 소리가 참으로 재겹게 들렸다. → 몹시 지겹게.
④ 장마 통에 집을 잃고 깜냥엔 비를 피해 오길 잘했다고 안심하는 성싶었다. → 스스로 일을 헤아림.
⑤ 정말 접시처럼 발랑 되바라진 애구나, 못쓰겠어. → 어린 나이에 어수룩한 데가 없고 얄밉도록 지나치게 똑똑.

유형 풀이▶ 고유어의 사전적 의미를 알고 있는지를 평가하는 문항이다.

오답 해설▶
맞걸다: 양쪽으로 걸칠 수 있도록 마주 걸다.
맞갖다: 마음이나 입맛에 꼭 맞다.
맞매다: 논이나 밭을 마지막으로 매다.
맞앉다: 서로 상대하여 마주 앉다.

정답▶ ①

• '서로 우열이나 승부를 가리다.'라는 의미의 고유어는?

① 맞갚다
② 맞걸다
③ 맞갖다
④ 맞매다
⑤ 맞앉다

기출유형 2 — 고유어의 문맥적 의미

유형 풀이▶ 고유어가 지니는 다양한 의미에 대한 이해를 바탕으로 고유어를 실제 언어생활에서 구별하여 사용할 수 있는지를 평가하는 문항이다.

정답 풀이▶ ② '설명하다'는 '옷이 몸에 맞지 않고 짧다.'라는 의미이다.

정답▶ ②

• 밑줄 친 고유어의 쓰임이 적절하지 않은 것은?

① 그는 선생님 앞에서 사뭇 술을 마셨다.
② 설명한 바지를 입고 나타난 그는 숨통이 막혀 보였다.
③ 그는 실팍한 몸집인데도 쌀 한 가마를 제대로 못 옮겼다.
④ 소설가가 되겠다던 현이 드디어 어떤 싹수를 보이기 시작하였다.
⑤ 할머니는 사과 값으로 만 원을 내고 우수리로 천 원을 거슬러 받았다.

01 고유어

기출 핵심개념

평상시에 자주 사용하지 않아 익숙하지 않은 고유어보다는 일상생활에서 사용 빈도가 높은 고유어가 주로 출제되고 있다. 기출 고유어가 다시 출제되기도 한다.

1 빈출 고유어

1 두 번 이상 출제된 고유어

ㄱ

가녘 = 가장자리 둘레나 끝에 해당되는 부분.
예) 겨울 안개가 바다 가녘에까지 자욱하게 끼어 있다.

최신 **가탈01**
① 일이 순조롭게 나아가는 것을 방해하는 조건.
예) 처음 하는 일이라 여기저기서 가탈이 많이 생긴다.
② 이리저리 트집을 잡아 까다롭게 구는 일.
예) 가탈을 부리다.

고샅 시골 마을의 좁은 골목길. 또는 골목 사이.
예) 마을 고샅으로 접어드는 길.

골치 '머리' 또는 '머릿골'을 속되게 이르는 말.
예) 골치가 쑤시다. / 골치가 지끈거리다.

괄괄하다
① 성질이 세고 급하다.
예) 내 자식이지만 누구를 닮아 성격이 괄괄한지 모르겠다.
② 목소리 따위가 굵고 거세다.
예) 괄괄한 목소리.

괴괴하다 쓸쓸한 느낌이 들 정도로 아주 고요하다.
예) 괴괴한 정적.

최신 **깜냥** 스스로 일을 헤아림. 또는 헤아릴 수 있는 능력.
예) 그는 자기의 깜냥을 잘 알고 있었다.

ㄴ

내처
① 어떤 일 끝에 더 나아가.
예) 가는 김에 내처 집까지 바래다주었다.
② 줄곧 한결같이.
예) 같은 증세가 내처 계속되다.

노량 어정어정 놀면서 느릿느릿.
예) 그는 일어나서 노량으로 걸음을 걸었다.

ㄷ

되바라지다 어린 나이에 어수룩한 데가 없고 얄밉도록 지나치게 똑똑하다.
예) 젊은 놈이 어지간히 되바라졌군.

최신 **득달같이** 잠시도 늦추지 아니하게.
예) 득달같이 달려가다.

ㅁ

최신 **머쓱하다**
① 어울리지 않게 키가 크다.
예) 키만 머쓱하게 큰 사람.
② 【…이】무안을 당하거나 흥이 꺾여 어색하고 열없다.
예) 그는 자신의 마음을 들킨 것이 머쓱해서 웃고 말았다.

ㅂ

최신 **바투**
① 두 대상이나 물체의 사이가 썩 가깝게.
예) 바투 다가앉다.
② 시간이나 길이가 아주 짧게.
예) 머리를 바투 깎다. / 날짜를 바투 잡다.

부아 노엽거나 분한 마음.
예) 부아가 나다.

ㅅ

최신 **사뭇**
① 거리낌 없이 마구.
예) 그는 선생님 앞에서도 사뭇 술을 마셨다.
② 내내 끝까지.
예) 이번 겨울 방학은 사뭇 바빴다.
③ 아주 딴판으로.
예) 기질도 사뭇 다르다.
④ 마음에 사무치도록 매우.
예) 그녀의 마음에는 사뭇 슬픔이 밀려왔다.

설명하다
① 아랫도리가 가늘고 어울리지 아니하게 길다.
  예) 그는 키가 설명하게 크고 어깨가 떡 벌어졌다.
② 옷이 몸에 맞지 않고 짧다.
  예) 설명한 바지를 입고 나타난 그의 모습이 너무나 우스꽝스러웠다.

최신 **실팍하다** 사람이나 물건 따위가 보기에 매우 실하다.
  예) 그는 실팍한 몸집인데도 쌀 한 가마를 제대로 못 옮겼다.

싹수 어떤 일이나 사람이 앞으로 잘될 것 같은 낌새나 징조.
  예) 그는 사업으로 성공할 싹수가 보인다.

ㅇ

을씨년스럽다 보기에 날씨나 분위기 따위가 몹시 스산하고 쓸쓸한 데가 있다.
  예) 새벽 가을바람은 한층 을씨년스럽다.

ㅈ

재겹다 몹시 지겹다.
  예) 그의 입에서 얼음이 깨물리는 소리가 참으로 재겹게 들리었다.

최신 **주눅** 기운을 제대로 펴지 못하고 움츠러드는 태도나 성질.
  예) 주눅이 들다.

지레 어떤 일이 일어나기 전 또는 어떤 기회나 때가 무르익기 전에 미리.
  예) 지레 겁을 먹다.

지지재재하다 이러니저러니 하고 자꾸 지껄이다.
  예) 더 이상 지지재재하지 말고 결론을 내리자.

짬짜미 남모르게 자기들끼리만 짜고 하는 약속이나 수작.
  예) 그가 밤늦게 돌아오는 그 일에 분명 그녀의 짬짜미가 있으리라.

ㅊ

추렴 모임이나 놀이 또는 잔치 따위의 비용으로 여럿이 각각 얼마씩의 돈을 내어 거둠.
  예) 추렴을 내다. / 추렴을 거두다.

ㅎ

해사하다 얼굴이 희고 곱다랗다.
  예) 해사한 얼굴.

해포 한 해가 조금 넘는 동안.
  예) 그가 떠난 지 며칠 안 되었지만, 그녀에게는 해포가 넘는 것 같았다.

2 첩어성 부사

* 첩어: 한 단어를 반복적으로 결합한 복합어(파생어나 합성어). '누구누구', '드문드문', '꼭꼭' 따위가 있다.

곰실곰실 작은 벌레 따위가 한데 어우러져 조금씩 자꾸 굼뜨게 움직이는 모양.
  예) 벌레가 곰실곰실 움직인다.

데면데면 사람을 대하는 태도가 친밀감이 없이 예사로운 모양.
  예) 그는 누구를 만나도 데면데면 대한다.

엉기정기 질서 없이 여기저기 벌여 놓은 모양.
  예) 아이가 장난감을 방 안에 엉기정기 흩트려 놓았다.

우럭우럭
① 불기운이 세차게 일어나는 모양.
  예) 모닥불이 우럭우럭 피어오르다.
② 술기운이 얼굴에 나타나는 모양.
  예) 그는 술이 한 잔만 들어가도 술기운이 얼굴에 우럭우럭 나타난다.
③ 병세가 점점 더하여 가는 모양.
  예) 방치하는 사이에 그녀의 병세가 우럭우럭 더해졌다.
④ 심술이나 화가 점점 치밀어 오르는 모양.
  예) 억울한 일을 당하니 분한 마음이 우럭우럭 올라와 참을 수가 없다.

조롱조롱
① 작은 열매 따위가 많이 매달려 있는 모양.
  예) 푸른 줄기에 조롱조롱 매달린 흰 꽃송이는 놀랍도록 싱싱했다.
② 아이가 많이 딸려 있는 모양.
  예) 그는 아이 다섯을 조롱조롱 데리고 나타났다.

티적티적 남의 흠이나 트집을 잡으면서 자꾸 비위를 거스르는 모양.

포슬포슬 덩이진 가루 따위가 물기가 적어 엉기지 못하고 바스러지기 쉬운 모양. '보슬보슬'보다 거센 느낌을 준다.

할금할금 곁눈으로 살그머니 계속 할겨 보는 모양.
  예) 강아지가 할금할금 내 눈치를 살핀다.

흐슬부슬 차진 기가 없고 부스러져 헤어질 듯한 모양.
  예) 마른 흙벽에서 모래가 흐슬부슬 흘러내렸다.

2 단위어로 사용되는 기출 고유어

단위어	의미	용례
갓	한 갓 = 굴비·비웃 따위 열 마리. 또는 고비·고사리 따위 열 모숨을 한 줄로 엮은 것. 참고 '비웃'은 청어를 식료품으로 이르는 말.	물고기(굴비, 비웃) 산나물(고비, 고사리)
거리	한 거리 = 오이나 가지 오십 개.	오이, 가지
길	① 길이의 단위. 한 길은 여덟 자 또는 열 자로 약 2.4미터 또는 3미터에 해당한다. 예 천 길 낭떠러지. ② 길이의 단위. 한 길은 사람의 키 정도의 길이이다. 예 트럭에 실린 통나무는 굵기는 한 아름이 넘고 길이는 열 길이 넘었다. 열 길 물속은 알아도 한 길 사람 속은 모른다.	길이(나무, 높이), 거리
담불	한 담불 = 벼 백 섬.	벼
돈	무게: 한 돈 = 한 냥의 1/10 = 한 푼의 열 배 = 3.75그램. 예 금반지 열 돈을 팔아서 쌀을 샀다.	무게
두름	① 물고기를 짚으로 한 줄에 열 마리씩 두 줄(스무 마리)로 엮은 것. ② 고사리 따위의 산나물을 열 모숨 정도로 엮은 것.	물고기(청어, 조기, 가자미) 산나물(고사리, 취나물), 우거지
되	부피: 한 되 = 한 말의 1/10 = 한 홉의 열 배 = 약 1.8리터. 예 보리쌀 석 되가 없다니 정말 기가 막혔다.	곡식, 가루, 액체 따위의 부피 (벼, 막걸리, 콩, 보리쌀)
마지기	한 마지기 = 볍씨 한 말의 모 또는 씨앗을 심을 만한 넓이. (논은 약 150~300평, 밭은 약 100평) 예 형님은 돈을 모아 논 다섯 마지기를 샀다.	논밭
말	부피: 한 말 = 한 되의 열 배 = 약 18리터.	곡식, 가루, 액체 따위의 부피 (벼, 막걸리, 콩, 보리쌀)
뭇	① 짚(볏단), 장작, 채소 따위의 작은 묶음을 세는 단위. ② 한 뭇 = 생선 열 마리. ③ 한 뭇 = 미역 열 장.	짚(볏단), 장작, 채소 생선 미역
발	길이의 단위. 한 발은 두 팔을 양옆으로 펴서 벌렸을 때 한쪽 손끝에서 다른 쪽 손끝까지의 길이이다. 예 길이가 한 발이나 됨 직한 연어들이 대여섯 마리 노닐고 있는 것을 보았다.	길이
뼘	길이의 단위. 비교적 짧은 길이를 잴 때 쓴다. 한 뼘은 엄지손가락과 다른 손가락을 한껏 벌린 길이이다. 예 그 애가 너보다 적어도 두 뼘 정도는 더 크다.	길이
섬	부피: 한 섬 = 한 말의 열 배 = 약 180리터.	곡식, 가루, 액체 따위의 부피 (벼, 닥걸리, 콩, 보리쌀)
손	한 손에 잡을 만한 분량을 세는 단위. 예 고등어 한 손(두 마리).	조기, 고등어, 배추: 큰 것 하나와 작은 것 하나를 합한 것 미나리, 파: 한 줌 분량
쌈	① 한 쌈 = 바늘 24개. 예 어머니는 시집올 때 가져오신 바늘 한 쌈을 애지중지하셨다. ② 옷감, 피혁 따위를 알맞은 분량으로 싸 놓은 덩이를 세는 단위. 예 아낙네들은 제각기 빨랫감 한 쌈을 들고 우물가로 향했다. ③ 한 쌈 = 금 100냥쭝(냥) = 1,000돈.(한 돈 = 한 냥의 1/10 = 3.75그램)	바늘, 옷감(빨랫감), 금
자	길이: 한 자 = 한 치의 열 배 = 약 30.3센티미터. 예 삼베 넉 자만 있으면 옷 한 벌을 만든다.	길이(비단, 나무 등)
접	한 접 = 채소나 과일 백 개. 예 김장을 하려고 배추 한 접을 샀더니 마음이 든든하였다.	과일, 채소
죽	한 죽 = 옷, 그릇 따위의 열 벌. 예 시집갈 때 접시는 한 죽 채워 보내라.	옷(버선), 그릇(접시)
줌	'주먹'의 준말. 한 손에 쥘 만한 분량을 세는 단위. 예 한 줌의 흙. / 보리밥 한 줌. / 마늘 한 줌. / 환약 두어 줌.	
축	한 축 = 오징어 스무 마리. 예 그들은 앉은자리에서 오징어 한 축을 다 먹어 버렸다.	오징어

치	길이: 한 치 = 한 자의 1/10 = 약 3.03센티미터. 예) 세 치 혀를 잘못 놀리다가는 큰 망신을 당한다.	길이(비단, 나무 등)
쾌	한 쾌 = 북어 스무 마리. 예) 북어를 꼭 한 쾌로만 팔라는 법이 있습니까?	북어

3 문장으로 익히는 기출 고유어

참고 색자: 고유어, 밑줄: 고유어의 의미

이 차장: 정말 부아가 치밀어서 원.
김 차장: 이 차장. 무슨 일인데 그렇게 화가 났어?
이 차장: 글쎄 부장님께서 내가 하는 일마다 가탈이 심하시더니, 새로 들어온 그 녀석은 앙짜를 부리는 게 눈에 훤한데도 그냥 넘어가시는 거 있지?
김 차장: 무슨 일인지 거 엄청 속상한가 보군. 부장님께서 일부러 트집을 잡으실 성격은 아닌 거 알잖아. 신입 사원 녀석이 꽤 앳되고 점잖은 모양이구먼. 근데 듣자 하니 그 신입 사원이 벌써 애가 있어서 애가 나비잠 자는 거 보고 싶은데도 사무실 소파에서 새우잠을 잤대. 말미 한번 얻지 않고 일하는 모습이 꼭 옛날 자네 같지 않나?
이 차장: 그러고 보니 우리 애가 두 팔을 머리 위로 벌리고 잘 때 어릴 적 날 닮았다고 한 게 벌써 옛일이군. 요샌 공부한다고 등을 구부리고 자는 게 일상이니 지금도 날 닮은 겐지. 우리도 애들도 다른 일로 겨를을 내는 게 쉽지가 않아.
김 차장: 그렇지. 실은 나도 그 사원이 윗사람한테는 상글상글 웃고 같이 일할 때에는 할금할금 눈치만 엿보다가 결국 헤실헤실 일을 처리한다는 이야기를 듣긴 했어.
이 차장: 허허, 젊을 땐 그저 소리 없이 정답게만 웃어도 남들에게 인정받고, 아는 게 없으니 곁눈으로 살그머니 계속 할겨 보게만 되지. 그래 놓고도 일하면 싱겁고 실속이 없다고 혼나기 일쑤 아닌가.
김 차장: 이제 자네가 그쪽 편을 드는군. 그래, 사람 미워하면 안 되는 거야. 우리도 조롱조롱 달린 아이들 갈치잠 안 자게 하려면, 우리가 여기서 결딴을 내는 것부터 신경 써야 될 거야. 어서 들어가서 마저 일하자고.
이 차장: 그래, 많이도 딸린 애들이 비좁은 방에서 불편하게 끼어 자게 할 수는 없지. 그리고 우리가 회사에서 잘려서 손쓸 수 없게 된 상태에 빠지기 전에 아내가 먼저 우리 용돈 줄부터 섬벅섬벅 벨 수도 있다고. 허허.
김 차장: 그거 생각만 해도 귀에 뭔가 베이는 소리가 나네그려. 깊이 못 자고 깨서 들락날락 괜히 노루잠 자게 되기 전에, 우리 오늘도 잘 견뎌 내세. 이따 퇴근 때 봅시다.

부아 노엽거나 분한 마음.

가탈 이리저리 트집을 잡아 까다롭게 구는 일.

앙짜 앳되게 점잔을 빼는 짓.

나비잠 갓난아이가 두 팔을 머리 위로 벌리고 자는 잠.

새우잠 새우처럼 등을 구부리고 자는 잠. 주로 모로 누워 불편하게 자는 잠.

말미 일정한 직업이나 일 따위에 매인 사람이 다른 일로 말미암아 얻는 겨를.

상글상글 눈과 입을 귀엽게 움직이며 소리 없이 정답게 자꾸 웃는 모양.

할금할금 곁눈으로 살그머니 계속 할겨 보는 모양.

헤실헤실 사람이 맺고 끊는 것이 확실하지 않아 싱겁고 실속이 없는 모양.

조롱조롱 아이가 많이 딸려 있는 모양.

갈치잠 비좁은 방에서 여럿이 모로 끼어 자는 잠.

결딴 어떤 일이나 물건 따위가 아주 망가져서 도무지 손을 쓸 수 없게 된 상태.

섬벅섬벅 크고 연한 물건이 잘 드는 칼에 쉽게 자꾸 베어지는 소리. 또는 그 모양.

노루잠 깊이 들지 못하고 자꾸 놀라 깨는 잠.

> 남편: 여보, 우리 아이가 어떤 사람이 되면 좋겠어?
> 아내: 글쎄…… 그런 생각도 해? 내가 방금 쌀을 씻어서 그런가, 싸라기가 되지 않게 기본적으로 잘 여문 녀석이면 좋겠네.
> 남편: 하하, 쌀 같은 녀석이라니 당신 참 재미있네. 그래, 나도 알이 들어서 단단하게 잘 익은 야문 녀석이면 좋겠어.
> 아내: 야무진 녀석이면 좋겠다는 거야?
> 남편: 아니, 너무 빈틈없이 단단하고 굳세기만 한 건 좀 그런데. 바라보고 있으면 동글납작한 얼굴이 수국꽃처럼 탐스럽다 싶고, 등이나 엉덩판이 든든하고 튼튼해서 실하게 보이는 그런 건강한 녀석이면 좋겠어. 그래 실팍한 녀석 말이야.
> 아내: 당신처럼? 당신은 너무 야무져서 어려울 때가 있어. 그래도 당신처럼 시간도 실속 있게 알차게 쓰고, 어떤 일이든 감당할 수 있을 만큼 속이 꽉 차 있으면 좋겠어. 힘들고 어려운 세상도 즐겨 줄 옹골찬 아이 말이야.
> 남편: 우리 애 아직 태어나지도 않았는데 귀 간지럽겠네. 사랑만 잔뜩 들어라, 애야.
> 아내: 그래 이만큼 널 생각하고 있단다. 아가.

참고 색자: 고유어, 밑줄: 고유어의 의미

야물다 과실이나 곡식 따위가 알이 들어 단단하게 잘 익다.

야무지다 사람의 성질이나 행동, 생김새 따위가 빈틈이 없이 꽤 단단하고 굳세다.

실팍하다 사람이나 물건 따위가 보기에 매우 실하다.

알차다 속이 꽉 차 있거나 내용이 아주 실속이 있다.

옹골차다 매우 옹골지다.(실속이 있게 속이 꽉 차 있다.)

> 장인: (숟가락을 내려놓으며) 황 서방, 대체 이게 뭔가?
> 황 서방: 장인어른, 왜 그러십니까?
> 장인: 괜히 내가 별거 아닌 일에 발끈 화낸다고 할까 봐 말을 아끼려 했는데, 이 고등어조림 너무 짠 거 아닌가?
> 황 서방: 아까 장인어른께서 좀 조리라고 하셔서, 맛있게 만들려고 속을 태우다시피 초조해하며 만들었는데…….
> 장인: 마음을 졸이며 만든 게 겨우 이건가? 내 말을 귓등으로 들었나? 내가 고등어에 간 좀 배도록 국물 적게 조리라고 했지 언제 고등어를 짜게 해 달라고 했나?
> 황 서방: 짭짤한 게 맛있으니 국물 좀 적게…….
> 장인: 자네, 나이 들면 짠 거 안 좋은 거 모르나?
> 황 서방: 죄송합니다, 장인어른.
> 장인: 아니…… 내가 우리 집밥에 너무 익숙해서 그만 앞뒤 생각 않고 격한 마음에 욱해서 미안하네. 자네 머리카락이 꼿꼿한 게 괜히 쭈뼛했겠네.
> 황 서방: 아닙니다, 장인어른. 저도 갑자기 혼이 나니 순간적으로 감정이 막 올라와서 울컥했는데, 가끔은 이런 기분이 그립기도 했습니다. 어서 드시지요. 제가 가시 발라 드리겠습니다.
> 장인: 허허, 자네가 우리 딸애보다 낫군그래. 시집보내기 전에 그래도 쌀 불려서 오랜 시간 익히는 거라며 죽 수는 법도 가르치고, 엿이나 사골도 끓는 물에 푹 고는 법도 가르쳐 보냈는데 좀 해 주던가?
> 황 서방: 그러셨습니까? 저는 금시초문입니다. 하하. 언질을 받았으니, 해 달라고 해야겠습니다.
> 장인: 그거 뒷감당은 자네가 해야 하네. 아까는 쭈뼛하는 데에서 끝났지만 그 애랑 붙으면 오히려 소름 끼치게 무서워서 섬뜩할걸세 허허.
> 황 서방: 혹시 장모님께서…….
> 장인: 자네가 발라 주니 고등어조림 참 맛있구먼그래.

참고 색자: 고유어, 밑줄: 고유어의 의미

발끈 사소한 일에 걸핏하면 왈칵 성을 내는 모양.

졸이다
① 찌개, 국, 한약 따위의 물을 증발시켜 분량을 적어지게 하다.
② 속을 태우다시피 초조해하다.

조리다 양념을 한 고기나 생선, 채소 따위를 국물에 넣고 바짝 끓여서 양념이 배어들게 하다.

욱하다 앞뒤를 헤아림 없이 격한 마음이 불끈 일어나다.

쭈뼛하다 무섭거나 놀라서 머리카락이 꼿꼿하게 일어서는 듯한 느낌이 들다. '주뼛하다'보다 센 느낌을 준다.

울컥하다 격한 감정이 갑자기 일어나다. '울걱하다'보다 거센 느낌을 준다.

쑤다 곡식의 알이나 가루를 물에 끓여 익혀서 죽이나 메주 따위를 만들다.

섬뜩하다 갑자기 소름이 끼치도록 무섭고 끔찍하다.

고다
① 고기나 뼈 따위를 무르거나 진액이 빠지도록 끓는 물에 푹 삶다.
② 졸아서 진하게 엉기도록 끓이다.

신 교사: 저 녀석 정말 발랑 되바라졌네, 못쓰겠어. [참고] 색자: 고유어, 밑줄: 고유어의 의미

김 교사: 꼬치꼬치 자기 이익만 따지는 애예요?

신 교사: 네, 안 그래도 차림이 얌전하지 않아서 눈에도 잘 띄는데, 자기 좋은 것만 생각하고 어린애답지 않게 어수룩하지도 않고 너무 얄밉게 똑똑하네요.

김 교사: 그래요? 괜히 반에 가탈이나 안 생기면 다행이겠어요.

신 교사: 학급 활동을 방해한 게 벌써 한두 번이 아니에요. 차림은 되바라져도 어제 보니 옆 학교 애랑 노량으로 걸어 다니길래 저는 느긋한 앤 줄 알았죠.

김 교사: 걸음걸이만 느릿느릿하고 성격은 괄괄해서 부모가 골치 좀 아프겠어요.

신 교사: 교실 안에서 말해도 목소리도 거세고 굵던데, 성격도 세고 급하던가요?

김 교사: 지금까지 보기엔 그런데, 그래도 부모님께서 지극정성인 아이라 싹수 있게 자랄 법도 한 것 같아요.

신 교사: 어떤 모습이 잘될 것 같은 느낌을 주던가요?

김 교사: 일단 자기 깜냥을 알아서 반에 문제가 있으면 먼저 스스로 헤아려서 친구들을 모아 해결하는 능력이 있더라고요.

신 교사: 말이 나와서 그런데, 저번에 보니 저 녀석이 이제쯤 공부를 다했거니 했는데도 내처 그다음 내용까지 공부하고 와서 질문을 하더라고요. 녀석 참 끈기 있다고 생각했죠.

김 교사: 신 선생님 말씀을 듣다 보니 제가 지금껏 생각했던 애랑 사뭇 다르네요. 역시 애들은 그때그때 아주 딴판이라 함부로 판단하면 안 되겠어요.

신 교사: 그렇죠? 사건마다 잠시 틈도 없이 득달같이 뭐 하나로 규정해 버리기엔 너무 다양한 모습을 가지고 있는 게 애들이라 괜히 머쓱하더라고요.

김 교사: 선생님께서 겸연쩍어하실 것이 무엇이 있으세요. 그렇게 애들을 아끼시는데.

신 교사: 김 선생님도 꼭 기억해 두세요. 애들을 보고 재겹다고 생각이 들지 않게끔 먼저 우리 마음의 가녘이 어디까지 뻗어 있는지를 잘 봐야 한다는 걸요.

김 교사: 네, 명심해 두겠습니다. 늘 보니까 너무 지겹다는 생각이 들 때도 있지만, 실은 그래서 소중하다는 마음을 아주 가장자리에라도 기억하고 있을게요. 감사해요.

되바라지다 어린 나이에 어수룩한 데가 없고 얄밉도록 지나치게 똑똑하다.

[최신] **가탈** 일이 순조롭게 나아가는 것을 방해하는 조건.

노량으로 어정어정 놀면서 느릿느릿.

괄괄하다 성질이 세고 급하다.

싹수 어떤 일이나 사람이 앞으로 잘될 것 같은 김새나 징조.

[최신] **깜냥** 스스로 일을 헤아림. 또는 헤아릴 수 있는 능력.

내처 어떤 일 끝에 더 나아가.

[최신] **사뭇** 아주 딴판으로.

[최신] **득달같이** 잠시도 늦추지 아니하게.

머쓱하다 무안을 당하거나 흥이 꺾여 어색하고 열없다.

재겹다 몹시 지겹다.

가녘 둘레나 끝에 해당되는 부분. = 가장자리.

4 주제별로 모아 보는 기출 고유어

1 상태나 행동과 관련된 말

ㄱ

경중경중 긴 다리를 모으고 계속 힘 있게 솟구쳐 뛰는 모양.
예 그는 경중경중 뛰면서 기뻐했다.

고삭부리
① 음식을 많이 먹지 못하는 사람.
② 몸이 약하여서 늘 병치레를 하는 사람.

곱슬곱슬 머리카락이나 털 따위가 고불고불하게 말려 있는 모양.
예 곱슬곱슬 파마머리.

최신 **국으로** 제 생긴 그대로. 또는 자기 주제에 맞게.
예 그냥 국으로 있었으면 오늘날 저 지경은 안 됐을 텐데 말이야.

ㄴ

낫잡다 금액, 나이, 수량, 수효 따위를 계산할 때에, 조금 넉넉하게 치다.
예 손님이 더 올지 모르니 음식을 낫잡아 준비해라.

내딛다 밖이나 앞으로 옮겨 디디다.
예 그는 난간을 붙잡고 겨우 앞으로 한 걸음을 내딛었다.

최신 **너스레02** 수다스럽게 떠벌려 늘어놓는 말이나 짓.
예 너스레를 떨다. / 그의 걸쭉한 너스레에 우리 모두 크게 웃었다.

ㄷ

다그치다
① 일이나 행동 따위를 빨리 끝내려고 몰아치다.
  예 일손을 다그치다.
② 지친 몸을 다시 추스르다.
  예 그는 지친 몸을 다그쳐 다시 가파른 언덕을 오르기 시작했다.

단내 몸의 열이 몹시 높을 때, 입이나 코 안에서 나는 냄새.
예 급히 다녀오라는 어머님 말씀에 그는 목구멍에서 단내가 나도록 뛰었다.

되뇌다 같은 말을 되풀이하여 말하다.
예 그녀는 할 수 있다는 말을 버릇처럼 되뇌었다.

둘레둘레 사방을 이리저리 살피는 모양.
예 이 집 저 집 둘레둘레 돌아다닌다. / 소리가 어디서 나나 하고 둘레둘레 돌아보았다.

드팀없다 틈이 생기거나 틀리는 일이 없다. 또는 조금도 흔들림이 없다.
예 아버지의 드팀없는 성격 때문에 어머니는 늘 피곤해하셨다.

ㅁ

멀거니 정신없이 물끄러미 보고 있는 모양.
예 그녀는 혼자 멀거니 앉아 있었다.

몰리다 여럿이 한곳으로 모여들다.
예 입구로만 몰리는 청중들.

뭉텅뭉텅 잇따라 제법 크게 잘리거나 끊어지는 모양. '뭉떵뭉떵'보다 거센 느낌을 준다.
예 머리카락이 뭉텅뭉텅 잘리는 것을 보니 기분이 이상했다.

ㅂ

최신 **바장이다** 부질없이 짧은 거리를 오락가락 거닐다.
예 공연히 이리저리 바장이다.

박작거리다 많은 사람이 좁은 곳에 모여 매우 어수선하게 자꾸 움직이다.
예 시장에 사람들이 박작거린다.

벼르다 어떤 일을 이루려고 마음속으로 준비를 단단히 하고 기회를 엿보다.
예 복수를 벼르다.

본치 남의 눈에 띄는 태도나 겉모양.
예 손님들이 오자 나는 점심상을 본치 좋게 차렸다.

ㅅ

사부작거리다 별로 힘들이지 않고 계속 가볍게 행동하다.
예 공원에서 아이들이 사부작거리는 모습이 귀엽다.

새근새근
① 고르지 아니하고 가쁘게 자꾸 숨 쉬는 소리. 또는 그 모양.
  예 그는 말없이 숨만 새근새근 쉬고 있었다.
② 어린아이가 곤히 잠들어 조용하게 자꾸 숨 쉬는 소리.
  예 아기가 새근새근 잠이 들다.

새록새록 어떤 생각이나 느낌이 거듭하여 새롭게 생기는 모양.
예 아프고 쓰라렸던 지난 일이 새록새록 떠올랐다.

설레설레 큰 동작으로 몸의 한 부분을 거볍게 잇따라 가로흔드는 모양.
예 그는 어린애처럼 설레설레 머리를 가로저어 도리질을 했다.

[최신] 설면하다 자주 만나지 못하여 낯이 좀 설다.
예) 석 달 동안 헤어져 있었대서 설면할 것은 없으련마는….

손사래 어떤 말이나 사실을 부인하거나 남에게 조용히 하라고 할 때 손을 펴서 휘젓는 일.
참고) 손사래(를) 치다 거절이나 부인을 하며 손을 펴서 마구 휘젓다.

슬쩍슬쩍
① 남의 눈을 피하여 잇따라 재빠르게.
  예) 상에 놓인 음식을 슬쩍슬쩍 집어 먹다.
② 힘들이지 않고 잇따라 거볍게.
  예) 물이 묻은 손을 바지에 슬쩍슬쩍 문질렀다.
③ 심하지 않게 약간씩.
  예) 나물을 슬쩍슬쩍 데치다.
④ 표 나지 않게 자꾸 넌지시.
  예) 슬쩍슬쩍 유도 신문을 하다.
⑤ 특별히 마음을 쓰거나 정성을 들이지 않고 잇따라 빠르게.
  예) 서류를 슬쩍슬쩍 보아 넘기다.

실랑이
① 이러니저러니, 옳으니 그르니 하며 남을 못살게 굴거나 괴롭히는 일.
  예) 빚쟁이들한테 실랑이를 받는 어머니가 불쌍하였다.
② 서로 자기주장을 고집하며 옥신각신하는 일. = 승강이.
  예) 나는 아이들과의 실랑이로 몹시 피곤하였다.

쏠리다
① 물체가 기울어져 한쪽으로 몰리다.
  예) 버스가 급정거하자 사람들이 와락 앞으로 쏠려 넘어졌다.
② 마음이나 눈길이 어떤 대상에 끌려서 한쪽으로 기울어지다.
  예) 마음이 다른 곳으로 쏠린다.

쓰렁쓰렁
① 남이 모르게 비밀리 행동하는 모양.
② 일을 건성으로 하는 모양.
  예) 청소를 시키면 그는 늘 쓰렁쓰렁 눈에 보이는 곳만 치우고 만다.

어련히 따로 걱정하지 아니하여도 잘될 것이 명백하거나 뚜렷하게. 대상을 긍정적으로 칭찬하는 뜻으로 쓰나, 때로 반어적으로 쓰여 비아냥거리는 뜻을 나타내기도 한다.
예) 아들놈 그만큼 키웠으면 이제 밥벌이야 어련히 알아서 안 할까.

이바지 도움이 되게 함.
예) 경제 발전에 이바지하다.

재다
① 동작이 재빠르다.
  예) 손놀림이 재다. / 발걸음이 재다.
② 참을성이 모자라 입놀림이 가볍다.
  예) 입이 재다.

제치다 일정한 대상이나 범위에서 빼다.
예) 어떻게 나를 제쳐 두고 너희들끼리 놀러 갈 수 있니?

조곤조곤 성질이나 태도가 조금 은근하고 끈덕진 모양.
예) 조곤조곤 설명하다.

종종걸음 ≒ 동동걸음 발을 가까이 자주 떼며 급히 걷는 걸음.
예) 거리에 오고 가는 사람들은 목을 움츠리고 종종걸음을 치는 게 겨울의 풍경이었다.

지피다 아궁이나 화덕 따위에 땔나무를 넣어 불을 붙이다.
예) 군불을 지피다. / 장작불을 지피다.

쪼개다 시간이나 돈 따위를 아끼다.
예) 내일 갈 수 있게 시간을 좀 쪼개 볼게. / 그는 잠자는 시간을 쪼개서 공부를 했다.

찌릿찌릿 뼈마디나 몸의 일부가 매우 또는 자꾸 저린 느낌.
예) 벌을 받느라 무릎을 꿇고 오래 앉아 있었더니 다리가 찌릿찌릿 저리다.

톺다 가파른 곳을 오르려고 매우 힘들여 더듬다.
예) 숨이 막히도록 산을 톺아 올라갔다.

ㅎ

해찰하다
① 마음에 썩 내키지 아니하여 물건을 부질없이 이것저것 집적거려 해치다.
② 일에는 마음을 두지 아니하고 쓸데없이 다른 짓을 하다.
  예) 아이들이란 자칫 한눈팔고 해찰하기 일쑤라서 가끔 주의를 환기할 필요가 있다.

휘둥그레지다 놀라거나 두려워서 눈이 크고 둥그렇게 되다.
예) 사고가 났다는 말에 사람들은 휘둥그레져 사건의 경위를 물었다.

2 사람의 모양새나 행동과 관련된 긍정적인 말

최신 가없다 끝이 없다.
예 가없는 어머니의 은혜에 그는 눈물을 흘렸다.

최신 걱실걱실하다 성질이 너그러워 말과 행동이 시원스럽다.
예 누님은 걱실걱실한 성격을 가졌다.

최신 곰살궂다
① 태도나 성질이 부드럽고 친절하다.
  예 곰살궂게 굴다.
② 꼼꼼하고 자세하다.
  예 나는 곰살궂게 이모의 팔다리를 주물렀다.

기리다 뛰어난 업적이나 바람직한 정신, 위대한 사람 따위를 칭찬하고 기억하다.
예 그들은 고인을 기리는 문학상을 만들기로 결정했다.

너나들이 서로 너니 나니 하고 부르며 허물없이 말을 건넴. 또는 그런 사이.
예 그 사람과 나는 너나들이로 지내는 친한 사이다.

최신 드레 인격적으로 점잖은 무게.
예 어린 사람이 퍽 드레가 있어 보인다.

최신 마뜩하다 (주로 '않다', '못하다'와 함께 쓰여) 제법 마음에 들 만하다.
예 나는 그의 행동이 마뜩하지 않다.

최신 살갑다 마음씨가 부드럽고 상냥하다.
예 그녀는 친구들을 살갑게 대했다.

살뜰하다
① 일이나 살림을 매우 정성스럽고 규모 있게 하여 빈틈이 없다.
  예 부부가 살뜰하게 살림을 꾸려 나가는 모습이 보기 좋다.
② 사랑하고 위하는 마음이 자상하고 지극하다.
  예 그는 아내를 살뜰하게도 아껴 준다.

수더분하다 성질이 까다롭지 아니하여 순하고 무던하다.
예 수더분해 보이다. / 수더분하게 생기다.

안차다 겁이 없고 야무지다.
예 그 애는 어른이 뭐라 해도 워낙 안차서 기도 안 죽는다.

야물다
① 일 처리나 언행이 옹골차고 야무지다.
  예 일을 야물게 처리하다.
② 사람됨이나 씀씀이 따위가 퍽 옹골차고 헤프지 않다.
  예 손끝이 야물다.

최신 음전하다 말이나 행동이 곱고 우아하다. 또는 얌전하고 점잖다.
예 음전한 아가씨.

토실토실 보기 좋을 정도로 살이 통통하게 찐 모양.
예 동생은 살이 토실토실 오르고 차츰 기를 켜기 시작했다.

훈훈하다
① 날씨나 온도가 견디기 좋을 만큼 덥다.
  예 훈훈한 공기. / 방 안이 훈훈하다.
② 마음을 부드럽게 녹여 주는 따스함이 있다.
  예 훈훈한 미소.

3 사람의 모양새나 행동과 관련된 부정적인 말

최신 가납사니
① 쓸데없는 말을 지껄이기 좋아하는 수다스러운 사람.
  예 가납사니 같은 사람들이 그럴싸한 소문을 퍼뜨렸다.
② 말다툼을 잘하는 사람.

가드락가드락 조금 거만스럽게 잘난 체하며 버릇없이 자꾸 구는 모양.
예 그 사람은 가드락가드락 친구를 대하여 모두가 그를 꺼린다.

최신 가살 말씨나 행동이 교활하고, 밉살스러움. 또는 그런 짓.
예 가살을 떨다.

객쩍다 행동이나 말, 생각이 쓸데없고 싱겁다.
예 객쩍은 소리 그만두어요. 그따위 실없는 소리를 할 때가 아니에요.

거북하다
① 몸이 찌뿌드드하고 괴로워 움직임이 자연스럽지 못하거나 자유롭지 못하다.
  예 나는 속이 거북해서 점심을 걸렀다.
② 【-기에】 마음이 어색하고 겸연쩍어 편하지 않다.
  예 나는 지금 입장이 매우 거북하다.

구나방 말이나 행동이 모질고 거칠고 사나운 사람을 이르는 말.

구리다
① 똥이나 방귀 냄새와 같다.
  예 구린 냄새.
② 하는 짓이 더럽고 지저분하다.
  예 구리게 놀다.

③ 행동이 떳떳하지 못하고 의심스럽다.
예 그 사람이 하는 짓이 뭔가 구리다.

그루박다
① 물건을 들어 바닥에 거꾸로 탁 놓다.
예 느닷없이 집에 들이닥쳐 가재도구를 그루박는 통에 아수라장이 되었다.
② 사람을 기를 펴지 못하게 억누르다.
예 그녀는 몸은 가냘팠지만 말로 다른 사람을 그루박는 힘이 있었다.
③ 말을 다지거나 힘을 주어 단단히 강조하다.
예 그는 그루박아 말하였다.

까라지다 기운이 빠져 축 늘어지다.
예 날이 흐려서인지 몸이 까라진다.

까칠까칠 야위거나 메말라 살갗이나 털 등의 여기저기가 매우 윤기가 없고 거친 모양. '가칠가칠'보다 센 느낌을 준다.
예 언제나 까칠까칠 지저분하게 얼룩져 있던 턱수염은 흔적도 없이 말끔하게 깎여 있었다.

깔짝깔짝
① 자꾸 갉아서 뜯거나 계속 긁집을 내는 모양.
② 자꾸 작은 물건이나 일을 가지고 만지작거리기만 하고 좀처럼 진전을 이루지 못하는 모양.
예 밥을 깔짝깔짝 먹다.

꼼바르다 마음이 좁고 지나치게 인색하다.
예 꼼바르기로 유명한 그가 한턱낼 리가 없다.

꿈적하다 몸이 둔하고 느리게 움직이다. 또는 몸을 둔하고 느리게 움직이다. '굼적하다'보다 센 느낌을 준다.
예 어머니가 심부름을 시키시려고 동생을 불렀지만 동생은 꿈적하지 않았다.

ㄴ

 나부대다 ≒ 나대다 얌전히 있지 못하고 철없이 촐랑거리다.

노랑이 속이 좁고 마음 씀씀이가 아주 인색한 사람을 낮잡아 이르는 말.
예 그는 설치비가 아까워 집에 전화조차 놓지 않은 지독한 노랑이였다.

 느물스럽다 말이나 행동이 능글맞은 데가 있다.
예 느물스럽게 말하다.

늦되다 나이에 비하여 발육이 늦거나 철이 늦게 들다.
예 그는 늦되었는지 행동하는 모습이 어린애 같았다.

ㄷ

덤뻑 깊은 생각이 없이 무턱대고 행동하는 모양.
예 그는 생각 없이 덤뻑 일을 저질렀다.

뒤넘스럽다 주제넘게 행동하여 건방진 데가 있다.
예 매번 잘난 척을 하는 그는 뒤넘스러워.

 떼꾼하다 눈이 쑥 들어가고 생기가 없다.
예 떼꾼한 눈.

ㅁ

만무방
① 염치가 없이 막된 사람.
예 세상에 저렇게 후안무치한 만무방도 없을 거야.
② 아무렇게나 생긴 사람.

말랑말랑하다 사람의 몸이나 기질이 야무지지 못하고 맺힌 데가 없어 약하다.
예 아들이 아니라 한 말랑말랑한 젊은이로 뵈는 눈총을 하고 있었다.

 머쓱하다 【…이】 무안을 당하거나 흥이 꺾여 어색하고 열없다.
예 그는 자신의 마음을 들킨 것이 머쓱해서 웃고 말았다.

 몽니 받고자 하는 대우를 받지 못할 때 내는 심술.
예 몽니를 부리다.

 무녀리
① 한 태에 낳은 여러 마리 새끼 가운데 가장 먼저 나온 새끼.
② 말이나 행동이 좀 모자란 듯이 보이는 사람을 비유적으로 이르는 말.
예 무녀리인 줄 알았던 그는 알고 보니 영특한 학생이었다.

 무람없다 예의를 지키지 않으며 삼가고 조심하는 것이 없다.
예 어른에게 무람없이 굴지 마라.

 무쪽같다 하는 행동이 변변치 못함을 이르는 말.
예 할머니는 살뜰하게 살림을 꾸리시는 분인데, 무쪽같은 나는 어떻게 살림을 해야 할지 몰라 공연히 허둥대기만 한다.

ㅂ

발 새로 생긴 나쁜 버릇이나 관례.
예 쓸데없이 혀를 날름거리다 그것이 발이 되면 고치기 힘드니 조심해라.

 발만스럽다 두려워하거나 삼가는 태도가 없이 꽤 버릇없다.
예 요즘에는 어머니에게도 마구 바락바락 들이덤비는 게 그 행실이 꽤 발만스럽습니다.

본데없다 보고 배운 것이 없다. 또는 행동이 예의범절에 어긋나는 데가 있다.
예 어디서 배운 버릇이냐. 본데없는 놈 같으니라고.

볼썽사납다 어떤 사람이나 사물의 모습이 보기에 역겹다.
예 그의 얼굴은 며칠 씻지 않은 사람처럼 볼썽사나웠다.

부산하다 급하게 서두르거나 시끄럽게 떠들어 어수선하다.
예 교실 안은 많은 아이들로 매우 부산하다.

부추기다 감정이나 상황 따위가 더 심해지도록 영향을 미치다.
예 경쟁심을 부추기다. / 싸움을 부추기다. / 과소비를 부추기다.

뻐기다 얄미울 정도로 매우 우쭐거리며 자랑하다.
예 잘한 일이라고 뻐기다. / 그는 우등상을 탔다고 무척 뻐기고 다닌다.

ㅅ

사박스럽다 성질이 보기에 독살스럽고 야멸친 데가 있다.
예 그가 사박스럽게 몰아붙여서 할 말을 잃었다.

새살스럽다 성질이 차분하지 못하고 가벼워 말이나 행동이 실없고 부산한 데가 있다.
예 사람이 많은 곳에서 새살스럽게 행동해 주변 사람에게 눈총을 받았다.

생게망게하다 하는 행동이나 말이 갑작스럽고 터무니없다.
예 그의 행동은 전반적으로 생게망게하여 당황스러울 때가 많았다.

솔다 시끄러운 소리나 귀찮은 말을 자주 들어서 귀가 아프다.
예 그 말은 귀가 솔도록 들었다.

ㅇ

아리다
① 혀끝을 찌를 듯이 알알한 느낌이 있다.
 예 마늘을 깨물었더니 혀가 아리다.
② 상처나 살갗 따위가 찌르는 듯이 아프다.
 예 불에 덴 상처가 아리다.
③ 마음이 몹시 고통스럽다.
 예 그의 얼굴이 떠오르자 가슴이 찢어지듯 아려 왔다.

알찐대다 남의 비위를 맞추려고 가까이 붙어서 계속 아첨하다.
예 알 만큼 안다는 사람이 어째 계속 남에게 알찐대며 사는지 모르겠다.

야멸차다 ≒ 야멸치다
① 자기만 생각하고 남의 사정을 돌볼 마음이 거의 없다.
 예 교감 선생님. 그렇게 야멸차게 하는 법이 어디 있나요.
② 태도가 차고 야무지다.
 예 야멸차게 쏘아붙이다.

얍삽하다 (속되게) 사람이 얕은꾀를 쓰면서 자신의 이익만을 챙기려는 태도가 있다.
예 그는 출세한 형의 덕을 입을 수도 있지 않겠느냐는 얍삽한 희망을 버리지 않았다.

어깃장 짐짓 어기대는 행동.
예 그는 거래 직전 갑자기 기존의 입장을 바꾸어 어깃장을 놓기 시작했다.

얼뜨다 다부지지 못하여 어수룩하고 얼빠진 데가 있다.
예 일손이 얼뜨니 일이 언제 끝날지 모르겠다.

최신 열없다
① 좀 겸연쩍고 부끄럽다.
 예 나는 내 실수가 열없어서 얼굴이 붉어졌다.
② 담이 작고 겁이 많다.
③ 성질이 다부지지 못하고 묽다.
④ 어설프고 짜임새가 없다.
 예 급히 문서를 작성했더니 열없이 되었다.

옴짝달싹 몸을 아주 조금 움직이는 모양.
예 옴짝달싹 못 하게 묶다.

우렁잇속 품은 생각을 모두 털어놓지 아니하는 의뭉스러운 속마음을 비유적으로 이르는 말.
예 그 녀석의 속마음은 우렁잇속 같아서 뭐가 뭔지 알 수가 없다.

최신 우세스럽다 = 남우세스럽다 남에게 놀림과 비웃음을 받을 듯하다.
예 그런 말씀 마시오. 벌어먹고 사는 일이 우세스러울 것 조금도 없습니다.

최신 의뭉하다 겉으로는 어리석은 것처럼 보이면서 속으로는 엉큼하다.
예 여태 꿀 장수로 보였던 놈이 갑자기 소도둑놈같이 의뭉하게 보였다.

이물스럽다 성질이 음험하여 속을 헤아리기에 어려움이 있다.
예 원체 이물스러운 자들이라 무슨 까탈을 잡아 흉한 짓을 할지 모른다.

이지러지다
① 불쾌한 감정 따위로 얼굴이 일그러지다.
 예 심정을 억누르자니 표정이 이지러졌다.
② 성격, 생각, 행동 따위가 바르지 못하고 비뚤어지다.
 예 삭막함이 사람의 마음을 구기고 이지러지게 한다.

입방아 어떤 사실을 화제로 삼아 이러쿵저러쿵 쓸데없이 입을 놀리는 일.
예 입방아에 오르내리다.

##

자글자글
① 걱정스럽거나 조바심이 나거나 못마땅하여 마음을 졸이는 모양.
② 어린아이가 아파서 열이 자꾸 나며 몸이 달아오르는 모양.
 예 아이의 이마가 자글자글 끓어오르고 있다.

자발없이 행동이 가볍고 참을성이 없이.
예 한 살 더 먹었으니. 이제는 자발없이 굴지 말고 잘 생각하고 행동하렴.

ㅊ

차리다 자기의 이익을 따져 챙기다.
예 제 욕심만 차리다.

추레하다
① 겉모양이 깨끗하지 못하고 생기가 없다.
  예) 옷차림도 영 추레한 것이 부잣집 아들처럼 보이지는 않는다.
② 태도 따위가 너절하고 고상하지 못하다.

추저분하다 더럽고 지저분하다.

치근덕거리다 성가실 정도로 끈덕지게 자꾸 귀찮게 굴다.
예) 동생이 같이 가자고 치근덕거려서 귀찮았다.

ㅋ

콩팔칠팔하다
① 갈피를 잡을 수 없도록 마구 지껄이다.
  예) 아들이 돌아온다고 하니 괜히 기분 좋은 말만 골라 한다고 콩팔칠팔해 대던 것이다.
② 하찮은 일을 가지고 시비조로 캐묻고 따지다.
  예) 나는 화가 나서 그를 흘겨보며 콩팔칠팔했다.

ㅌ

트레바리 이유 없이 남의 말에 반대하기를 좋아함. 또는 그런 성격을 지닌 사람.

티적티적 남의 흠이나 트집을 잡으면서 자꾸 비위를 거스르는 모양.
예) 어머니가 아버지와 티적티적 다투는 것을 여러 번 보아 왔다.

ㅍ

파임내다 일치한 의논을 나중에 다른 소리를 하여 그르치게 하다.
예) 몇 년을 공들여 온 아버지의 정성을 몇 마디 말로 파임내다니

ㅎ

하릴없이
① 달리 어떻게 할 도리가 없이.
  예) 여덟 식구가 하릴없이 쪽박을 찰 수밖에 없었다.
② 조금도 틀림이 없이.
  예) 앙상한 그의 종아리는 하릴없이 장작개비와 같았다.

해망쩍다 영리하지 못하고 아둔하다.
예) 그 아이는 좀 해망쩍어서 자기 잇속을 챙길 줄 모른다.

허릅숭이 일을 실답게 하지 못하는 사람을 낮잡아 이르는 말.

허투루 아무렇게나 되는대로.
예) 허투루 말하다. / 손님을 허투루 대접하다.

헤살 일을 짓궂게 훼방함. 또는 그런 짓.
예) 헤살을 놓다. / 헤살을 부리다.

황망히 마음이 몹시 급하여 당황하고 허둥지둥하는 면이 있게.
예) 그는 인사할 겨를도 없이 황망히 떠났다.

후리다
① 남의 것을 갑자기 빼앗거나 슬쩍 가지다.
  예) 그 주인은 머슴의 재물을 후려 먹었다.
② 그럴듯한 말로 속여 넘기다.
  예) 그는 어수룩한 사람을 후리고 다닌다.

후줄근하다
① 옷이나 종이 따위가 약간 젖거나 풀기가 빠져 아주 보기 흉하게 축 늘어져 있다.
  예) 옷이 비에 젖어 후줄근하다.
② 몹시 지치고 고단하여 몸이 축 늘어질 정도로 아주 힘이 없다.
  예) 장마철에 계속되는 비로 기분이 후줄근했다.

4 사람의 말[言]과 관련된 말

두런두런 여럿이 나지막한 목소리로 서로 조용히 이야기하는 소리. 또는 그 모양.
예) 안방에서 사람들이 두런두런 이야기하는 소리가 들린다.

볼멘소리 서운하거나 성이 나서 퉁명스럽게 하는 말투.
예) 무엇에 심사가 틀렸는지 그는 계속 볼멘소리로 대거리를 하고 있었다.

소곤소곤 남이 알아듣지 못하도록 작은 목소리로 자꾸 가만가만 이야기하는 소리. 또는 그 모양.
예) 귀를 끌어다가 소곤소곤 귓속말을 하였다.

술렁술렁 자꾸 어수선하게 소란이 이는 모양.
예) 패전 소식을 들은 병사들은 술렁술렁 동요하기 시작했다.

옥실옥실 '옥시글옥시글'의 준말. 여럿이 한데 모여 몹시 들끓는 모양.
예) 좁은 골목에 아이들이 몰려와 옥실옥실 떠들어 댄다.

을러대다 위협적인 언동으로 을러서 남을 억누르다.
예) 친구는 나에게 당장 조세를 내지 않으면 토지를 몰수하겠다고 을러댔다.

입찬소리 = 입찬말 자기의 지위나 능력을 믿고 지나치게 장담하는 말.
예) 자기 아니면 못할 소임이나 맡은 듯이 입찬소리를 한다.

조잘조잘
① 조금 낮은 목소리로 빠르게 말을 계속하는 모양.
  예) 아이는 엄마에게 수업 시간에 있었던 일을 조잘조잘 이야기했다.
② 참새 따위의 작은 새가 잇따라 지저귀는 모양.

중얼중얼 남이 알아듣지 못할 정도의 작고 낮은 목소리로 혼잣말을 자꾸 하는 소리. 또는 그 모양.
예 점쟁이가 주문을 중얼중얼 외웠다.

지청구
① 아랫사람의 잘못을 꾸짖는 말. = 꾸지람.
  예 말을 꺼냈다가는 또 무슨 지청구를 들을지 모른다.
② 까닭 없이 남을 탓하고 원망함.
  예 그는 자신이 잘못한 것이라 아내의 지청구를 받아들였다.

짝짜꿍이
① 끼리끼리만 내통하거나 어울려서 손발을 맞추는 일.
  예 그는 뒷구멍으로 짝짜꿍이 수작을 했다.
② 옥신각신 다투는 일.

투덜투덜 남이 알아듣기 어려운 정도의 낮은 목소리로 불평을 자꾸 하는 모양. '두덜두덜'보다 거센 느낌을 준다.
예 그는 신발에 구멍이 났다고 투덜투덜 볼멘소리를 냈다.

최신 흰소리 터무니없이 자랑으로 떠벌리거나 거드럭거리며 허풍을 떠는 말.
예 수작은 어디까지나 농담이요, 흰소리에 불과한 것이었다.

5 사람의 마음[心]과 관련된 말

고깝다 섭섭하고 야속하여 마음이 언짢다.
예 나를 모르는 체하는 것이 고까운 생각이 들었다.

최신 굴뚝같다 바라거나 그리워하는 마음이 몹시 간절하다.
예 며칠을 굶었더니 밥 생각이 굴뚝같다.

최신 끌끌하다 마음이 맑고 바르고 깨끗하다.
예 그의 끌끌하고 점잖은 풍모는 재상이라도 따를 수 없었다.

도탑다 서로의 관계에 사랑이나 인정이 많고 깊다.
예 우정이 도탑다. / 형제간에 도타운 정을 나누었다.

최신 못내 자꾸 마음에 두거나 잊지 못하는 모양.
예 못내 아쉽다.

삽삽하다 태도나 마음 씀씀이가 마음에 들게 부드럽고 사근사근하다.
예 청년의 삽삽한 태도에 마음이 누그러졌다.

서름하다 남과 가깝지 못하고 사이가 조금 서먹하다.
예 우리는 처음 만난 사이라 서름한 느낌이 들었다.

애처롭다 가엾고 불쌍하여 마음이 슬프다.
예 애처롭게 울다.

에다
① 칼 따위로 도려내듯 베다.
  예 가뜩이나 빈속은 칼로 에는 것처럼 쓰렸다.
② 마음을 몹시 아프게 하다.
  예 갑자기 가슴을 에는 듯한 슬픔이 몰아쳤다.

저미다 마음을 몹시 아프게 하다.
예 마음을 저미는 그 이야기에 모두 눈물을 흘렸다.

짠하다 안타깝게 뉘우쳐져 마음이 조금 언짢고 아프다.
예 마음이 짠하다.

6 식물과 관련된 말

늦되다 곡식이나 열매 따위가 제철보다 늦게 익다.
예 벼가 늦되다.

똘기 채 익지 않은 과일.
예 소년은 너무 배가 고파서 산에 있는 똘기까지 마구 따 먹었다.

맏물 과일, 푸성귀, 해산물 따위에서 그해의 맨 처음에 나는 것.
예 삼촌네 과수원에서 나는 사과는 맏물이 가장 크고 달다.

송아리 꽃이나 열매 따위가 잘게 모여 달려 있는 덩어리.
예 포도 송아리. / 꽃 송아리. / 눈 송아리.

아람 밤이나 상수리 따위가 충분히 익어 저절로 떨어질 정도가 된 상태. 또는 그런 열매.
예 남은 밤송이가 저 혼자 아람이 벌어져 떨어져 내렸다.

이울다 꽃이나 잎이 시들다.
예 감꽃이 하얗게 이울 때쯤이면 아이들은 곧잘 새벽잠을 설치곤 했었다.

7 물건과 관련된 말

딸각딸각 '딸가닥딸가닥'의 준말. 작고 단단한 물건이 자꾸 맞부딪치는 소리.
예 부엌에서 설거지를 하는지 딸각딸각 소리가 난다.

마구리하다 기다란 물건 끝을 막다.
예 주석으로 지팡이를 마구리하다.

벼리다 무디어진 연장의 날을 불에 달구어 두드려서 날카롭게 만들다.
예 대장장이가 농기구를 만들기 위해 날을 벼리었다.

최신 **성기다**
① 물건의 사이가 뜨다.
예 점심때까지만 해도 성기던 빗줄기가 그새 드세어졌다.
② 반복되는 횟수나 도수(度數)가 뜨다.
예 매일같이 만나던 두 사람이 요즘 들어서는 만남이 성기다.

스러지다
① 형체나 현상 따위가 차차 희미해지면서 없어지다.
예 의식이 희미해지고, 그의 모습이 스러졌다.
② 불기운이 약해져서 꺼지다.
예 스러지는 불꽃. / 스러지는 촛불.

시루 떡이나 쌀 따위를 찌는 데 쓰는 둥근 질그릇.

아귀 사물의 갈라진 부분.
예 장식장의 문짝이 아귀가 잘 맞질 않는지 여닫을 때마다 덜컹거린다.

이지러지다
① 한쪽 귀퉁이가 떨어져 없어지다.
예 이리저리 깎이고 닳아서 형체가 몹시 이지러진 수많은 조개껍데기들이 바닥에 하얗게 박혀 있었다.
② 달 따위가 한쪽이 차지 않다.
예 추석이 가까워 오는 하늘에는 좀 이지러지기는 했으나 달이 휘영청 떠 있었다.

8 먹는 일과 관련된 말

꼬들꼬들 밥알 따위가 물기가 적거나 말라서 속은 무르고 겉은 조금 굳은 상태. '고들고들'보다 센 느낌을 준다.
예 밥이 꼬들꼬들 말라 버렸다.

단김01 음식물의 제맛이 되는 맛이나 김.
예 단김이 빠진 맥주.

단김02 달아올라 뜨거운 김.
예 펄펄 끓는 물에서 단김이 솟았다.

단물
① 단맛이 나는 물.
예 아이는 껌의 단물만 빨아 먹고선 바로 버렸다.
② 알짜나 실속이 있는 부분을 비유적으로 이르는 말.
예 단물은 다 빨아먹고 이제 와서 그를 버리다니.

말랑말랑 매우 또는 여기저기가 야들야들하게 보드랍고 무른 느낌.
예 말랑말랑 젤리가 입에서 살살 녹는다.

최신 **맞갖다** 마음이나 입맛에 꼭 맞다.
예 입에 맞갖지 않은 음식이겠지만 많이 들게.

맵짜다
① 음식의 맛이 맵고 짜다.
예 간을 보지 않고 요리를 했더니 음식이 모두 맵짜다.
② 바람 따위가 매섭게 사납다.
예 겨울밤의 맵짠 바람은 옷깃을 단단히 여미게 한다.
③ 성미가 사납고 독하다.
예 맵짠 표정. / 맵짠 눈으로 흘겨보는 사람의 시선을 피했다.
④ 성질 따위가 야무지고 옹골차다.
예 보기보다 살림 솜씨가 맵짜다.

바특하다 국물이 조금 적어 묽지 아니하다.
예 국이 바특하다.

삼삼하다
① 음식 맛이 조금 싱거운 듯하면서 맛이 있다.
예 국물이 삼삼하다.
② 사물이나 사람의 생김새나 됨됨이가 마음이 끌리게 그럴듯하다.
예 얼굴이 삼삼하게 생기다.

싱겁다
① 음식의 간이 보통 정도에 이르지 못하고 약하다.
예 물을 많이 넣어 국이 싱겁다.
② 술이나 담배나 한약 따위의 맛이 약하다.
예 싱거운 막걸리. / 약을 재탕하면 싱겁게 된다.
③ 사람의 말이나 행동이 상황에 어울리지 않고 다소 엉뚱한 느낌을 주다.
예 그는 괜히 싱겁게 잘 웃는다. / 그런 싱거운 소리는 그만해라.
④ 어떤 행동이나 말, 글 따위가 흥미를 끌지 못하고 흐지부지하다.
예 무슨 소설이 이렇게 싱겁게 끝나니?
⑤ 물건이나 그림의 배치에 빈 곳이 많아 야물지 못하고 엉성하다.
예 집 안 분위기가 싱거운 것 같으니 화초라도 좀 키우자.

아귀아귀 음식을 욕심껏 입안에 넣고 마구 씹어 먹는 모양.
예 그는 밥을 아귀아귀 먹어 대며 내심 화를 삭이고 있었다.

안치다 밥, 떡, 찌개 따위를 만들기 위하여 그 재료를 솥이나 냄비 따위에 넣고 불 위에 올리다.
예 시루에 떡을 안치다. / 솥에 고구마를 안쳤다.

자글자글 적은 양의 액체나 기름 따위가 걸쭉하게 잦아들면서 자꾸 끓는 소리. 또는 그 모양.
예 찌개가 자글자글 끓고 있다.

잦히다 밥물이 끓으면 불의 세기를 잠깐 줄였다가 다시 조금 세게 해서 물이 잦아지게 하다.
예 밥물을 잦히다.

재다 ≒ 쟁이다 고기 따위의 음식을 양념하여 그릇에 차곡차곡 담아 두다.
예 쇠고기를 양념에 재어 놓았다.

주리다
① 【…을】제대로 먹지 못하여 배를 곯다.
예 난민들은 며칠 동안 배를 주리고 있었다.
② 【…에】원하는 것을 얻지 못하여 몹시 아쉬워하다.
예 모성애에 주린 그는 강아지를 끔찍하게 귀여워했다.

최신 **차지다**
① 반죽이나 밥, 떡 따위가 끈기가 많다.
예 그는 차진 밥을 좋아한다.
② 성질이 야무지고 까다로우며 빈틈이 없다.
예 그녀는 차지고 단단한 사람이었다.

토렴하다 밥이나 국수에 뜨거운 국물을 부었다 따랐다 하여 덥게 하다.
예 그는 나의 국 대접에 더운 국물을 정성스리 토렴하여 주었다.

푸지다 매우 많아서 넉넉하다.
예 잔칫상에 음식이 푸지다.

한소끔 한 번 끓어오르는 모양.
예 밥이 한소끔 끓다.

허발 몹시 굶주려 있거나 궁하여 체면 없이 함부로 먹거나 덤빔.
예 배고픈 김에 허발을 하고 음식을 걸어 먹었다.

9 일과 관련된 말

갈무리
① 물건 따위를 잘 정리하거나 간수함.
예 겨울 동안 갈무리를 했던 토란 잎, 아주까리 잎을 내다 팔았다.
② 일을 처리하여 마무리함.
예 옆 사람에게 일의 갈무리를 부탁했다.

최신 **곰비임비** 물건이 거듭 쌓이거나 일이 계속 일어남을 나타내는 말.
예 경사스러운 일이 곰비임비 일어난다.

마름질 옷감이나 재목 따위를 치수에 맞도록 재거나 자르는 일.
예 옷감을 펼쳐 놓고 마름질을 시작하다.

마수걸이
① 맨 처음으로 물건을 파는 일. 또는 거기서 얻은 소득.
예 오후 한 시가 넘도록 마수걸이도 못 했다.
② 맨 처음으로 부딪는 일.
예 마수걸이에 수월치 아니한 고개를 만났다.

매조지다 일의 끝을 단단히 단속하여 마무리하다.
예 그는 홈런을 친 선수를 삼진으로 잡아내 경기를 매조졌다.

모꼬지 놀이나 잔치 또는 그 밖의 일로 여러 사람이 모이는 일.
예 형은 항상 모꼬지 자리에 빠지는 법이 없었다.

무릎맞춤 두 사람의 말이 서로 어긋날 때, 제삼자를 앞에 두고 전에 한 말을 되풀이하여 옳고 그름을 따짐.
예 그와 무릎맞춤을 해서 의심이 풀릴 일이라면 백 번이라도 하겠다.

빨 일이 되어 가는 형편과 모양.
예 그 노인이 하는 빨로 따라 하면 된다.

새록새록 새로운 물건이나 일이 잇따라 생기는 모양.
예 봄이 되자 새순이 새록새록 돋아난다.

에누리
① 물건값을 받을 값보다 더 많이 부르는 일. 또는 그 물건값.
예 에누리가 없는 정가(正價)이다.
② 값을 깎는 일.
예 에누리를 해 주셔야 다음에 또 오지요.
③ 실제보다 더 보태거나 깎아서 말하는 일.
예 그의 말에는 에누리도 섞여 있다.
④ 용서하거나 사정을 보아주는 일.
예 에누리 없이 사는 사람 있던가?

영금 따끔하게 당하는 곤욕.
예 영금을 보다.

울력 여러 사람이 힘을 합하여 일함. 도는 그런 힘.
예 울력을 믿고 함부로 덤비다.

잡도리
① 단단히 준비하거나 대책을 세움. 또는 그 대책.
예 그는 일을 시작하기 전에 철저히 잡도리를 하였다.
② 잘못되지 않도록 엄하게 단속하는 일.
예 이번에 잡도리를 못 하면 더 버릇없는 사람이 되고 말 것이다.
③ 아주 요란스럽게 닦달하거나 족치는 일.
예 경찰은 범인을 철저히 심문하며 잡도리를 하였다.

최신 **종요롭다** 없어서는 안 될 정도로 매우 긴요하다.
예 이번 기술 제휴는 우리 회사를 키우는 데 종요로운 일이므로 모두가 성심으로 이 일에 임해 주기 바랍니다.

10 시공간과 관련된 말

• 날짜와 관련된 고유어: 그끄저께(그끄제) → 그저께(그제) → 어제 → 오늘 → 내일 → 모레(내일모레) → 글피 → 그글피

겨를 ≒ 틈 어떤 일을 하다가 생각 따위를 다른 데로 돌릴 수 있는 시간적인 여유.

단김에
① 열기가 아직 식지 아니하였을 적에.
　예 단김에 결판을 내다.
② 좋은 기회가 지나기 전에.

달포 한 달이 조금 넘는 기간.
예 그가 떠난 지 달포가량 지났다.

[최신] 댓바람
① 일이나 때를 당하여 서슴지 않고 당장.
　예 소식을 듣자마자 댓바람으로 달려 나갔다.
② 일이나 때를 당하여 단 한 번.
　예 댓바람에 몇 사발이고 먹어 치울 것 같은 시장기와 갈증을 느끼다.
③ 아주 이른 시간.
　예 하루를 그 일로 하여 아침 댓바람부터 잡쳐 버린 셈이 되었다.

들마 가게 문을 닫을 무렵.
예 들마에 손님들이 몰려왔다.

들머리 ≒ 들목 들어가는 맨 첫머리.
예 동네 들머리. / 겨울 들머리.

바특하다 시간이나 길이가 조금 짧다.
예 시간이 너무 바특하다.

해거름 해가 서쪽으로 넘어가는 일. 또는 그런 때.
예 이제 곧 떠나야 할 나그네만이 저무는 해거름을 아쉬워하는 건 아니다.

해거리 ≒ 격년(隔年) 한 해를 거름. 또는 그런 간격.
예 이 대회는 해거리로 열린다.

후미지다
① 물가나 산길이 휘어서 굽어 들어간 곳이 매우 깊다.
　예 후미진 골짜기. / 심마니는 오른쪽 후미진 바위 벼랑에서 산삼을 발견했다.
② 아주 구석지고 으슥하다.
　예 후미진 골목.

11 날씨와 관련된 말

긋다
① 비가 잠시 그치다.
　예 비가 긋는 것도 잠깐, 곧이어 빗줄기가 다시 쏟아지기 시작했다.
② 【…을】 비를 잠시 피하여 그치기를 기다리다.
　예 처마 밑에서 비를 긋다.

물쿠다 날씨가 찌는 듯이 더워지다.
예 날씨가 물쿠고 무덥더니 비가 내리기 시작하였다.

비거스렁이 비가 갠 뒤에 바람이 불고 기온이 낮아지는 현상.
예 비거스렁이를 하느라고 바람이 몹시 매서웠다.

[최신] 비설거지 비가 오려고 하거나 올 때, 비에 맞으면 안 되는 물건을 치우거나 덮는 일.
예 갑자기 비가 쏟아져 잠을 설치며 비설거지를 해야 했다.

빗밑 비가 그치어 날이 개는 속도.
예 빗밑이 가볍다.

스산하다
① 몹시 어수선하고 쓸쓸하다.
　예 가랑비가 뿌리고 산바람도 불어와 스산하였다.
② 날씨가 흐리고 으스스하다.
　예 날씨가 스산하다.

여우비 볕이 나 있는 날 잠깐 오다가 그치는 비.
예 여우비가 온 끝이라 개울가의 풀들이나 물빛이 더욱 뚜렷하였다.

12 정도를 나타내는 말

구태여 일부러 애써.
예 네가 원한다면 구태여 나서지는 않겠다.

그저
① 변함없이 이제까지.
　예 그는 하루 종일 그저 잠만 자고 있다.
② 다른 일은 하지 않고 그냥.
　예 그는 묻는 말에 그저 "예, 예." 하며 대답하였다.
③ ('그렇다', '그러하다' 따위와 함께 쓰여) 별로 신기할 것 없이.
　예 우리들은 모두 그저 그런 보통 사람입니다.
④ 어쨌든지 무조건.
　예 그저 감사할 뿐입니다.

⑤ 특별한 목적이나 이유 없이.
예 그저 한번 해 본 말이다.
⑥ 아닌 게 아니라 과연. 남을 책망하거나 비난하는 뜻으로 쓴다.
예 내 그저 그럴 줄 알았지.

노상 언제나 변함없이 한 모양으로 줄곧.
예 그는 노상 웃고 다닌다.

들입다 세차게 마구.
예 그는 목이 탔는지 물을 입에 들입다 부었다.

미처 아직 거기까지 미치도록.
예 음식이 미처 준비도 되지 않았는데 손님들이 몰려왔다.

어떻든
① 의견이나 일의 성질, 형편, 상태 따위가 어떻게 되어 있든. = 아무튼.
예 어떻든 나는 그의 요청을 들어주기로 했다.
② '어떠하든'이 줄어든 말.
예 몸집은 어떻든 얼굴에는 귀티가 있다.

어쩌다
① '어쩌다가'의 준말. 뜻밖에 우연히.
예 그는 어쩌다 나와 눈을 마주치기라도 하면, 기겁을 하는 것이었다.
② '어쩌다가'의 준말. 이따금 또는 가끔가다가.
예 결혼 전에는 그래도 어쩌다 영화관에 가곤 했다.
③ '어찌하다가'가 줄어든 말. 어떠한 이유로.
예 장난감을 어쩌다 망가뜨렸어?

얼추
① 어지간한 정도로 대충.
예 얼추 짐작하다. / 헤아려 보니 모인 사람이 얼추 500명은 되겠다.
② 어떤 기준에 거의 가깝게.
예 도착할 시간이 얼추 다 되었다.

최신 **이루** 여간하여서는 도저히.
예 이루 다 헤아릴 수 없다.

일껏 모처럼 애써서.
예 그는 일껏 마련한 좋은 기회를 놓쳤다.

최신 **자못** 생각보다 매우.
예 여러분에 대한 기대가 자못 큽니다.

좀체 = 좀처럼 (주로 부정적인 의미를 가진 단어와 호응하여) 여간하여서는.
예 일자리가 좀체 구해지지 않는가 봐요.

좋이 거리, 수량, 시간 따위가 어느 한도에 미칠 만하게.
예 학교에서 집까지는 좋이 이십 분은 걸렸다.

짐짓
① 마음으로는 그렇지 않으나 일부러 그렇게.
예 짐짓 모른 체하다. / 짐짓 놀라는 척하다.
② 아닌 게 아니라 정말로. 주로 생각과 실제가 같음을 확인할 때에 쓴다. = 과연.
예 먹어 보니, 짐짓 기가 막힌 음식이더라.

최신 **짜장** 과연 정말로.
예 그는 짜장 사실인 것처럼 이야기를 한다.

차라리 여러 가지 사실을 말할 때에, 저리하는 것보다 이리하는 것이 나음을 이르는 말. 대비되는 두 가지 사실이 모두 마땅치 않을 때 상대적으로 나음을 나타낸다.
예 이런 음식을 먹을 바에야 차라리 안 먹는 게 낫다.

차마 부끄럽거나 안타까워서 감히.
예 그는 부끄러워 차마 얼굴을 들 수가 없었다.

터울 한 어머니로부터 먼저 태어난 아이와 그다음에 태어난 아이와의 나이 차이. 또는 먼저 아이를 낳은 때로부터 다음 아이를 낳은 때까지의 사이.
예 터울이 지다. / 형과 나는 두 살 터울이다.

13 모양을 나타내는 말

가닥가닥
① 여러 군데서 갈려 나온 낱낱의 줄.
예 베개 밑으로 흘러내리고 있는 그 섬세한 머리칼의 가닥가닥은 멜로디를 닮았다.
② 여러 가닥으로 갈라진 모양.
예 가닥가닥 꼰 새끼줄.

갈팡질팡 갈피를 잡지 못하고 이리저리 헤매는 모양.
예 사병들이 요란한 총성에 놀라 갈팡질팡 어둠 속을 뛰고 있다.

갉작갉작
① 날카롭고 뾰족한 끝으로 자꾸 바닥이나 거죽을 문지르는 모양.
예 눈가를 새끼손가락으로 갉작갉작 긁는다.
② 되는대로 자꾸 글이나 그림 따위를 쓰거나 그리는 모양.

감실감실 사람이나 물체, 빛 따위가 먼 곳에서 자꾸 아렴풋이 움직이는 모양.
예 줄 끊긴 방패연은 바람에 날려 저 멀리 감실감실 사라져 갔다.

고분고분 말이나 행동이 공손하고 부드러운 모양.
예 그 아이는 시키는 대로 고분고분 말을 잘 듣는다.

곰실곰실 작은 벌레 따위가 한데 어우러져 조금씩 자꾸 굼뜨게 움직이는 모양.
예 벌레가 곰실곰실 움직인다.

괴발개발 ≒ 개발새발 고양이의 발과 개의 발이라는 뜻으로, 글씨를 되는대로 아무렇게나 써 놓은 모양을 이르는 말.
예 담벼락에는 괴발개발 아무렇게나 낙서가 되어 있었다.

그득그득 분량이나 수효 따위가 어떤 범위나 한도에 여럿이 다 또는 몹시 꽉 찬 모양.
예 항아리마다 물이 그득그득 담겨 있었다.

넘실넘실
① 물결 따위가 부드럽게 자꾸 굽이쳐 움직이는 모양.
예 파도가 넘실넘실 뱃전을 두드리다.
② 부드럽고 가볍게 자꾸 움직이는 모양.
예 넘실넘실 칼춤을 추다.
③ 해 따위가 솟아오르는 모양.
예 아침 해가 수평선 위로 넘실넘실 떠오른다.
④ 액체 따위가 그득 차서 넘칠 듯 말 듯 하게 흔들리는 모양.
예 청주를 술잔에 넘실넘실 부었다.

다닥다닥
① 자그마한 것들이 한곳에 많이 붙어 있는 모양.
예 바닷가 바위틈에 따개비들이 다닥다닥 붙어 있다.
② 보기 흉할 정도로 지저분하게 여기저기 기운 모양.
예 형편이 얼마나 안 좋은지 양말 여기저기를 다닥다닥 기워 신었다.

대롱대롱 작은 물건이 매달려 가볍게 잇따라 흔들리는 모양.
예 감나무에 감이 대롱대롱 달려 있다.

드문드문
① 시간적으로 잦지 않고 드문 모양.
예 드문드문 찾아드는 손님.
② 공간적으로 배지 않고 사이가 드문 모양.
예 드문드문 서 있는 나무.

듬성듬성 매우 드물고 성긴 모양.
예 야구장에는 사람들이 듬성듬성 앉아 있었다.

문실문실 나무 따위가 거침없이 잘 자라는 모양.
예 청운의 뜻을 품고 하늘을 향하여 문실문실 자란 나무들이었다.

물큰 냄새 따위가 한꺼번에 확 풍기는 모양.
예 뚜껑을 여는 순간 고약한 냄새가 물큰 코를 찔렀다.

미적미적
① 무거운 것을 조금씩 앞으로 자꾸 내미는 모양.
예 농부가 달구지를 미적미적 밀고 간다.
② 해야 할 일이나 날짜 따위를 미루어 자꾸 시간을 끄는 모양. = 미루적미루적.
예 미적미적 미루다가 하루는 마음을 크게 먹고 치과를 갔다.
③ 자꾸 꾸물대거나 망설이는 모양.
예 재우는 그를 뿌리칠 수가 없어 미적미적 끌려가고 있었다.

바득바득 악지를 부려 자꾸 우기거나 조르는 모양.
예 수영이가 바득바득 우기는 바람에 결국 우리는 그의 편을 들었다.

바락바락
① 성이 나서 잇따라 기를 쓰거나 소리를 지르는 모양.
예 바락바락 대들다.
② 빨래 따위를 가볍게 조금씩 주무르는 모양.
예 얼룩이 생긴 옷을 바락바락 주물렀다.

보암보암 이모저모 살펴보아 짐작할 수 있는 겉모양.
예 보암보암에 괜찮은 것 같더니 실제는 형편없다.

부둑부둑 물기가 있는 물건의 거죽이 거의 말라 약간 뻣뻣하게 굳어진 모양.
예 비에 젖었던 구두가 부둑부둑 말라 있어서 신기가 불편했다.

부슬부슬 눈이나 비가 조용히 성기게 내리는 모양.
예 봄비가 부슬부슬 내리다.

비실비실
① 흐느적흐느적 힘없이 자꾸 비틀거리는 모양.
예 그는 며칠 굶더니 비실비실 걷다가 결국 쓰러졌다.
② 비굴하게 눈치를 보며 행동하는 모양.
예 사태가 불리해지자 적군들은 비실비실 도망쳤다.

선득선득
① 갑자기 서늘한 느낌이 자꾸 드는 모양.
예 문틈으로 찬 바람이 불어오면서 선득선득 목덜미를 지나갔다.
② 갑자기 놀라서 마음에 서늘한 느낌이 자꾸 드는 모양.
예 공포 영화를 보고 나오니 작은 소리에도 선득선득 움츠러든다.

성큼성큼 다리를 잇따라 높이 들어 크게 떼어 놓는 모양.
예 황새는 길고 가는 다리를 성큼성큼 떼어 놓으며 숲으로 들어갔다.

아롱다롱 여러 가지 빛깔의 작은 점이나 줄 따위가 고르지 아니하고 촘촘하게 무늬를 이룬 모양.
예 꽃들이 모두 아롱다롱 곱고 다채롭게 피었다.

어슷비슷 큰 차이가 없이 서로 비슷비슷한 모양.
예 그들은 형제도 아닌데 얼굴이 어슷비슷 닮았다.

어슷어슷 여럿이 다 한쪽으로 조금 비뚤어진 모양.
예 어슷어슷 누빈 옷. / 어슷어슷 썬 풋고추.

얼키설키
① 가는 것이 이리저리 뒤섞이어 얽힌 모양.
예 거미줄이 얼키설키 서리다.
② 엉성하고 조잡한 모양.
예 그 집의 지붕은 양철과 루핑으로 얼키설키 얹혀 있었다.
③ 관계나 일, 감정 따위가 복잡하게 얽힌 모양.
예 세상만사가 재미로 얼키설키 엉기었지.

얼핏얼핏
① 지나는 결에 잇따라 잠깐씩 나타나는 모양.
예 창밖으로 낯선 풍경이 얼핏얼핏 지나갔다.
② 생각이나 기억 따위가 잇따라 문득문득 떠오르는 모양.
예 이따금 영태가 내게 물었던 말들이 얼핏얼핏 되살아나곤 했다.

우물우물 말을 시원스럽게 하지 아니하고 입안에서 자꾸 중얼거리는 모양.
예 주인아저씨가 공연히 겸연쩍어하다가 우물우물 말했다.

[최신] 일렁일렁 크고 긴 물건 따위가 자꾸 이리저리로 크게 흔들리는 모양.
예 그녀는 배가 아래위로 일렁일렁 움직이자 몹시 어지럽고 멀미가 났다.

자근자근
① 조금 성가실 정도로 자꾸 은근히 귀찮게 구는 모양.
예 외판원은 자근자근 나를 따라다니며 책을 권했다.
② 자꾸 가볍게 누르거나 밟는 모양.
예 나는 아버지의 다리를 자근자근 주물러 드렸다.
③ 자꾸 가볍게 씹는 모양.
예 풀을 자근자근 씹다.

주저리주저리
① 너저분한 물건이 어지럽게 많이 매달려 있는 모양.
예 주저리주저리 달리다.
② 너저분하게 이것저것 끊임없이 이야기하는 모양.
예 아이는 신이 나서 주저리주저리 떠들어 댔다.

추적추적
① 비나 진눈깨비가 자꾸 축축하게 내리는 모양.
예 창밖에는 가을비가 추적추적 내렸다.
② 자꾸 물기가 축축하게 젖어 드는 모양.
예 눈물은 추적추적 베갯잇을 적셨다.

펄럭펄럭 바람에 잇따라 빠르고 힘차게 나부끼는 소리. 또는 그 모양.
예 깃발이 펄럭펄럭 나부끼다. / 책장을 펄럭펄럭 넘기다.

한들한들 가볍게 자꾸 이리저리 흔들리거나 흔들리게 하는 모양.
예 간간이 부는 가는 바람에도 나무 끝은 한들한들 흔들린다.

허둥지둥 정신을 차릴 수 없을 만큼 갈팡질팡하며 다급하게 서두르는 모양.
예 시험 시간이 모자라 허둥지둥 아무 답에나 표시를 하고 나왔다.

[최신] 헤실바실 모르는 사이에 흐지부지 없어지는 모양.

[최신] 휘뚜루마뚜루 이것저것 가리지 아니하고 닥치는 대로 마구 해치우는 모양.
예 이번 방학에는 무계획적으로 휘뚜루마뚜루 돌아다니려 한다.

14 기타

가늠
① 목표나 기준에 맞고 안 맞음을 헤아려 봄. 또는 헤아려 보는 목표나 기준.
예 매사가 다 그렇듯이 떡 반죽도 가늠을 알맞게 해야 송편을 빚기가 좋다.
② 사물을 어림잡아 헤아림.
예 그 건물의 높이가 가늠이 안 된다.

가리다 자기 일을 알아서 스스로 처리하다.
예 그는 자기 앞도 못 가리는 처지라 결혼은 꿈도 못 꾼다.

[최신] 가리사니
① 사물을 판단할 만한 지각.
② 사물을 분간하여 판단할 수 있는 실마리.
예 일이 복잡하게 얽히고설키어 가리사니를 잡을 수 없다.

[최신] 가뭇없이
① 보이던 것이 전혀 보이지 않아 찾을 곳이 감감하게.
예 아끼던 반지가 가뭇없이 사라졌다.
② 눈에 띄지 않게 감쪽같이.
예 소매치기가 승객의 호주머니에서 지갑을 가뭇없이 꺼냈다.

갈마들다 서로 번갈아들다.
예 낮과 밤이 갈마들다. / 희비가 갈마드는 인생.

갈피 일이나 사물의 갈래가 구별되는 어름.
예 갈피를 못 잡다.

감돌다 어떤 기체나 기운이 가득 차서 떠돌다.
예 방 안에 그윽한 차의 향기가 감돌았다.

감투 벼슬이나 직위를 속되게 이르는 말.
예 위원장이라는 감투를 둘러싸고 싸움이 끊이지 않았다.
참고 감투(를) 쓰다 벼슬자리나 높은 지위에 오름을 속되게 이르는 말.

개평 노름이나 내기 따위에서 남이 가지게 된 몫에서 조금 얻어 가지는 공것.

[최신] 거스러미 손발톱 뒤의 살 껍질이나 나무의 결 따위가 얇게 터져 일어난 부분.
예 판자의 거스러미.

견주다 둘 이상의 사물을 질(質)이나 양(量) 따위에서 어떠한 차이가 있는지 알기 위하여 서로 대어 보다.
예 나는 그와 실력을 견주기에는 부족함이 있다.

[최신] 고대
① 이제 막.
예 고대 한 이야기를 또 하란 말이냐.
② 바로 곧.
예 학교에서 돌아오자마자 고대 놀러 나갔다.

고명딸 아들 많은 집의 외딸.

괴괴하다01 쓸쓸한 느낌이 들 정도로 아주 고요하다.
예 집 안이 괴괴하니 너무 고적해서 혼자 있기가 심심했다.

괴괴하다02 = 이상야릇하다 정상적이지 않고 별나며 괴상하다.
예 해삼을 손으로 만졌더니 느낌이 괴괴하다.

굴레 부자연스럽게 얽매이는 일을 비유적으로 이르는 말.
예 그는 평생 가난의 굴레에서 벗어나지 못했다.

궁글다 착 달라붙어 있어야 할 물건이 들떠서 속이 비다.
예 벽지가 궁글어 보기 싫다.

기슭 산이나 처마 따위에서 비탈진 곳의 아랫부분.
예 북한산 기슭의 양지바른 곳에 묘소를 잡아 장례를 지냈다.

최신 꼭뒤 뒤통수의 한가운데.
예 어쩔 수 없는 분노가 꼭뒤까지 치밀어 오르는 것이다.

농투성이 '농부'를 낮잡아 이르는 말.

늘비하다 질서 없이 여기저기 많이 늘어서 있거나 놓여 있다.
예 마당에 늘비하게 서 있는 사람들.

최신 다락같이 덩치나 규모 정도가 매우 크고 심하게.
예 날씨가 다락같이 추워져 잠이 안 옵니다. / 그는 입맛이 다락같이 까다로웠다.

단출하다
① 식구나 구성원이 많지 않아서 홀가분하다.
예 살림이 단출하다.
② 일이나 차림차림이 간편하다.
예 이번 출장은 며칠 안 되니 세면도구만 들고 단출하게 떠나기로 했다.

둔덕 가운데가 솟아서 불룩하게 언덕이 진 곳.
예 할아버지가 끄는 수레는 둔덕을 넘지 못하고 미끄러지기만 했다.

마루 등성이를 이루는 지붕이나 산 따위의 꼭대기.
예 그녀는 동산 마루에 걸린 해를 지켜보았다.

최신 맵자하다 모양이 제격에 어울려서 맞다.
예 옷차림이 맵자하다.

최신 모지락스럽다 보기에 억세고 모질다.
예 고향을 생각하면, 마음이 모지락스러운 그도 목울대가 후끈거렸다.

무릇 대체로 헤아려 생각하건대.
예 무릇 법도란 지키기 위해 존재하는 것이다.

무지근하다 뒤가 잘 안 나와서 기분이 무겁다.
예 아랫배가 무지근하다.

묵새기다 【…에서】 별로 하는 일 없이 한곳에서 오래 묵으며 날을 보내다.
예 그는 고향에서 묵새기며 요양하고 있다.

뭇별 많은 별.
예 그는 밤하늘의 뭇별을 바라보며 과거를 회상하였다.

뭉뚱그리다
① 되는대로 대강 뭉쳐 싸다.
예 아기를 뭉뚱그려 안다. / 짐을 뭉뚱그리다.
② 여러 사실을 하나로 포괄하다.
예 의견을 뭉뚱그려 말하자면 작업 환경을 개선하자는 것이다.

발치 사물의 꼬리나 아래쪽이 되는 끝부분.
예 그는 휴대 전화를 침대 발치에 놓아두곤 했다.

최신 버름하다
① 물건의 틈이 꼭 맞지 않고 조금 벌어져 있다.
예 버름한 문틈.
② 마음이 서로 맞지 않아 사이가 뜨다.
예 요즘 들어 둘 사이가 다소 버름하다.

최신 불잉걸 불이 이글이글하게 핀 숯덩이.
예 아궁이에서 불잉걸을 하나 집었다.

빌미 재앙이나 탈 따위가 생기는 원인.
예 빌미를 잡히다. / 독재자는 이 사건을 탄압의 빌미로 삼았다.

사그라들다 삭아서 없어져 가다.
예 나는 부모님의 노여움이 사그라들기를 기다렸다.

사르다 = 불사르다 불에 태워 없애다.
예 성냥불을 켜서 편지를 살랐다.

사리다
① 국수, 새끼, 실 따위를 동그랗게 포개어 감다.
예 다음에 쓰기 좋게 줄을 잘 사려 두어라.
② 뱀 따위가 몸을 또리처럼 동그랗게 감다.
예 큰 뱀이 둥글게 몸을 사리고 있다.
③ 어떤 일에 적극적으로 나서지 않고 살살 피하며 몸을 아끼다.
예 몸을 사리다.

사위다 불이 사그라져서 재가 되다.
예 새벽에도 모닥불이 아직 완전히 사위지 않았다.

최신 숫제
① 순박하고 진실하게.
예 그도 이제는 숫제 착실한 생활을 한다.
② 처음부터 차라리. 또는 아예 전적으로.
예 하다가 말 것이라면 숫제 안 하는 것이 낫다.

실마리 일이나 사건을 풀어 나갈 수 있는 첫머리.
예 해결의 실마리가 보이다.

아련하다 똑똑히 분간하기 힘들게 아렴풋하다.
예 그때 그 시절의 추억이 아련하다.

아름 둘레의 길이를 나타내는 단위.
예 두 아름 가까이 되는 느티나무.

알싸하다 매운맛이나 독한 냄새 따위로 콧속이나 혀끝이 알알하다.
예 고추가 매워 혀끝이 알싸하다.

애오라지
① '겨우'를 강조하여 이르는 말.
예 주머니엔 애오라지 동전 두 닢뿐이다.
② '오로지'를 강조하여 이르는 말.
예 애오라지 자식을 위하는 부모 마음.

어우러지다
① 여럿이 조화되어 한 덩어리나 한판을 크게 이루게 되다.
예 들꽃이 어우러져 핀 둑은 환상적으로 아름답다.
② 여럿이 조화를 이루거나 섞이다.
예 한동안 바이올린이며 첼로, 비올라가 한데 어우러졌다.
③ 여럿이 자연스럽게 사귀어 조화를 이루거나 일정한 분위기에 같이 휩싸이다.
예 학생들과 주민들이 함께 어우러진 흥겨운 잔치 마당이 펼쳐졌다.

최신 **여의다**
① 부모나 사랑하는 사람이 죽어서 이별하다.
예 그는 일찍이 부모를 여의고 고아로 자랐다.
② 딸을 시집보내다.
예 막내딸을 여의다.
③ 멀리 떠나보내다.
예 일체의 번뇌를 여의다.

오그라들다
① 물체가 안쪽으로 오목하게 휘어져 들어가다.
예 주전자의 한쪽이 오그라들다.
② 물체의 거죽이 오글쪼글하게 주름이 잡히며 줄어들다.
예 물빨래를 했더니 실크가 오그라들었다.
③ 형세나 형편 따위가 전보다 못하게 되다.
예 살림이 오그라들다.

우리다 어떤 물건을 액체에 담가 맛이나 빛깔 따위의 성질이 액체 속으로 빠져나오게 하다.
예 어머니는 멸치를 우려 국물을 만드셨다.

우수리
① 물건값을 제하고 거슬러 받는 잔돈. ≒ 거스름돈.
예 만 원을 내고 우수리로 천 원을 거슬러 받았다.
② 일정한 수나 수량에 차고 남는 수나 수량.
예 한 사람 앞에 5개씩 주었는데 우수리가 7개나 된다.

으늑하다 푸근하게 감싸인 듯 편안하고 조용한 느낌이 있다.
예 으늑한 분위기.

최신 **이드거니** 충분한 분량으로 만족스러운 모양.
예 바쁜 일정 때문에 부족했던 저녁 식사를 모처럼 이드거니 먹었다.

자취 어떤 것이 남긴 표시나 자리.
예 자취를 남기다.

잔챙이
① 여럿 가운데 가장 작고 품이 낮은 것
예 그 많던 고기가 어디 갔는지 월척은커녕 잔챙이조차 낚이지 않는다.
② 지지리 못난 사람을 낮잡아 이르는 말.

재주 어떤 일에 대처하는 방도나 꾀.
예 그는 위기 상황에서 갖은 재주를 부려 교묘히 빠져나갔다.

추리다 섞여 있는 것에서 여럿을 뽑아내거나 골라내다.
예 버려진 것 중에서 쓸 만한 것을 추렸다.

털다 자기가 가지고 있는 것을 남김없이 내다.
예 사재를 털다.

최신 **푼푼하다** 모자람이 없이 넉넉하다.
예 먹을 것이 푼푼하다.

최신 **한물지다** 채소, 과일, 어물 따위가 한창 나오는 때가 되다.

최신 **함함하다01** 털이 보드랍고 반지르르하다.
예 고슴도치도 자기 새끼는 함함하다고 한다.

허섭스레기 ≒ 허접쓰레기 좋은 것이 빠지고 난 뒤에 남은 허름한 물건.
예 이삿짐을 싸고 남은 허섭스레기. / 사방에 허섭스레기가 널려 있다.

최신 **허수롭다** 짜임새나 단정함이 없이 느슨한 데가 있다.
예 무슨 일에나 계획적이었던 그가 그런 것에 허수로울 리가 없다.

호젓하다
① 후미져서 무서움을 느낄 만큼 고요하다.
예 다들 돌아가 버린 호젓한 바닷가에 나 혼자만 남겨졌다.
② 매우 홀가분하여 쓸쓸하고 외롭다.
예 호젓한 시간. / 호젓하게 지내다.

홀몸 배우자나 형제가 없는 사람.
예 사고로 아내를 잃고 홀몸이 되었다.

홑몸
① 딸린 사람이 없는 혼자의 몸.
예 그는 교통사고로 가족을 모두 잃고 홑몸이 되었다.
② 아이를 배지 아니한 몸.
예 홑몸도 아닌데 장시간의 여행은 무리다.

화수분 재물이 계속 나오는 보물단지. 그 안에 온갖 물건을 담아 두면 끝없이 새끼를 쳐 그 내용물이 줄어들지 않는다는 설화상의 단지를 이른다.
예 전문가들은 불경기에도 매출이 줄지 않는 화수분 같은 사업은 없다고 말했다.

최신 **회목** 손목이나 발목의 잘록한 부분.
예 회목을 잡다.

01 고유어

기출 응용문제

01

밑줄 친 고유어의 의미로 적절하지 않은 것은?

① 아이가 장난감을 방 안에 엉기정기 흩트려 놓았다. → 질서 없이 여기저기 벌여 놓은 모양.
② 푸른 줄기에 조롱조롱 매달린 흰 꽃송이는 놀랍도록 싱싱했다. → 작은 열매 따위가 많이 매달려 있는 모양.
③ 데면데면 일을 하면 꼭 탈이 생기게 마련이다. → 성질이 꼼꼼하지 않아 행동이 신중하거나 조심스럽지 않은 모양.
④ 장구벌레 같은 아지랑이가 곰실곰실 나풀대고 있었다. → 작은 벌레 따위가 한데 어우러져 조금씩 자꾸 굼뜨게 움직이는 모양.
⑤ 어머니께서 이웃에게 물건을 내어 줄 때마다 아버지와 티적티적 다투는 것을 여러 번 보아 왔다. → 다정스레 서로를 북돋우며 아기자기하게 사는 모양.

02

'마음에 걸려서 언짢은 느낌이 꽤 있다.'라는 의미의 고유어는?

① 거북하다
② 깨단하다
③ 께름하다
④ 떠름하다
⑤ 묵직하다

03

밑줄 친 고유어의 의미로 적절하지 않은 것은?

① 남매간에 싸우는 것을 보니 부모는 골치가 지끈지끈 쑤셨다. → 머리.
② 툭하면 벌거벗고 고샅을 내닫는 것도 문제였다. → 사람이 많은 대로변.
③ 괄괄하던 아버지는 울면서 주먹으로 그를 마구 때리었다. → 성질이 세고 급하다.
④ 넓은 벌판 서쪽 가녘은 엷은 낙조로 물들었고 해는 크고 둥글어 갔다. → 둘레나 끝에 해당되는 부분.
⑤ 어릴 적부터 음식에 가탈이 심하던 나도 남편이 만든 음식에는 불만이 없었다. → 이리저리 트집을 잡아 까다롭게 구는 일.

04

밑줄 친 고유어의 의미로 적절하지 않은 것은?

① 점심때까지만 해도 성기던 빗줄기가 그새 드세어졌다. → 물건의 사이가 뜨다.
② 그녀는 세면도구만 들고 단출하게 떠나기로 했다. → 일이나 차림차림이 간편하다.
③ 다들 돌아가 버린 호젓한 바닷가에 나 혼자만 남겨졌다. → 후미져서 무서움을 느낄 만큼 고요하다.
④ 모성애에 주린 그는 강아지를 끔찍하게 귀여워했다. → 마음이나 눈길이 어떤 대상에 끌려서 한쪽으로 기울어지다.
⑤ 아버지는 몸을 사리지 않고 일을 하다가 병을 얻었다. → 어떤 일에 적극적으로 나서지 않고 살살 피하며 몸을 아끼다.

05

밑줄 친 고유어의 쓰임이 적절하지 않은 것은?

① 그는 애인을 살뜰하게 아껴 준다.
② 장마철에 계속되는 비로 기분이 후줄근했다.
③ 따뜻한 봄바람이 선득선득 목덜미를 지나갔다.
④ 이번 여행은 세면도구만 들고 단출하게 떠났다.
⑤ 사고 소식을 들은 그는 득달같이 학교로 달려갔다.

최신 06

밑줄 친 고유어의 쓰임이 적절하지 않은 것은?

① 음식이 너무 늦게 나오자 그는 몽니를 부렸다.
② 그는 결연한 의지를 보여 주듯 머리를 바짝 깎았다.
③ 내가 왜 아버지의 명에 이토록 꼼짝달싹을 못 할까 생각하니 부아가 끓었다.
④ 바닥을 쓸려고 물을 뿌리는 영희를 보고 해사해 담배를 피우려다 그만두었다.
⑤ 그가 사람을 코앞에 두고도 사뭇 고함을 치는 것은 직업에서 비롯된 습관인 모양이었다.

정답 풀이 & 오답 해설

01
| 정답 풀이 | ⑤ '티적티적'은 남의 흠이니 트집을 잡으면서 자꾸 비위를 거스르는 모양을 일컫는 말이다.

02
| 정답 풀이 | ③ '께름하다'는 마음에 걸려서 언짢은 느낌이 꽤 있다는 의미이다.

| 오답 해설 |
① 거북하다: 마음이 어색하고 겸연쩍어 편하지 않다.
② 깨단하다: 오랫동안 생각해 내지 못하던 일 따위를 어떠한 실마리로 말미암아 깨닫거나 분명히 알다.
④ 떠름하다: 마음이 썩 내키지 아니하다.
⑤ 묵직하다: 사람이 점잖고 무게가 있다.

03
| 정답 풀이 | ② '고샅'은 시골 마을의 좁은 골목길 또는 골목 사이를 뜻한다.

04
| 정답 풀이 | ④ '주리다'는 원하는 것을 얻지 못하여 몹시 아쉬워하다라는 의미이다. '마음이나 눈길이 어떤 대상에 끌려서 한쪽으로 기울어지다.'라는 의미를 가진 말은 '쏠리다'이다.

05
| 정답 풀이 | ③ '선득선득'은 갑자기 서늘한 느낌이 자꾸 드는 모양을 나타내는 말이므로 쓰임이 적절하지 않다.

| 오답 해설 |
① 살뜰하다: 사랑하고 위하는 마음이 자상하고 지극하다.
② 후줄근하다: 몹시 지치고 고단하여 몸기 축 늘어질 정도로 아주 힘이 없다.
④ 단출하다: 일이나 차림차림이 간편하다.
⑤ 득달같이: 잠시도 늦추지 아니하게.

06
| 정답 풀이 | ④ '해사하다'는 옷차림, 자태 따위가 말끔하고 깨끗하다는 의미이다. 문맥상 ④에서는 무안을 당하거나 흥이 꺾여 어색하고 열없다(좀 겸연쩍고 부끄럽다)는 의미의 '머쓱해'가 쓰이는 것이 적절하다.

| 오답 해설 |
① 몽니: 받고자 하는 대우를 받지 못할 때 내는 심술.
② 바짝: 매우 가까이 달라붙거나 세게 죄는 모양.
③ 부아: 노엽거나 분한 마음.
⑤ 사뭇: 거리낌 없이 마구.

정답 01 ⑤ 02 ③ 03 ② 04 ④ 05 ③ 06 ④

07

문맥상 〈보기〉의 빈칸에 공통으로 들어갈 말로 알맞은 것은?

┤ 보기 ├
- ㉠ 모닥불이 _____ 피어오르다.
- ㉡ 워낙 술을 못하는지라 그는 술이 한 잔만 들어가도 술기운이 얼굴에 _____ 나타난다.
- ㉢ 방치하는 사이에 그녀의 병세가 _____ 더해졌다.
- ㉣ 뻔뻔한 그를 보니 화가 _____ 뻗질러 올라 그를 노려보았다.

① 을밋을밋   ② 옥실옥실   ③ 우럭우럭
④ 넘성넘성   ⑤ 너붓너붓

08

문맥상 〈보기〉의 빈칸에 공통으로 들어갈 말의 기본형으로 가장 적절한 것은?

┤ 보기 ├
- ㉠ 그 아이는 발랑 _____ 접시 같은 아이였다.
- ㉡ 그 사람은 늘 뻣뻣한 어깨에 _____ 가슴팍으로 사뭇 남을 압박하는 듯하다.
- ㉢ 그는 약간 _____ 차림이긴 해도 나쁜 사람은 아니다.
- ㉣ 어린애가 지나치게 당돌하고 어지간히 _____.

① 괄괄하다   ② 설명하다   ③ 해사하다
④ 되바라지다 ⑤ 부리부리하다

09

밑줄 친 단위어의 의미가 적절하지 않은 것은?

① 나는 장에 나가 바늘 한 쌈을 샀다. → 스물네 개
② 한 뭇 남은 미역은 아들의 생일을 위해 남겼다. → 열 장
③ 이번 설에 굴비 한 갓은 있어야 식구들 배가 부르지. → 열 마리
④ 그는 마른 가자미 한 두름을 들어 보며 주인에게 얼마냐고 묻는다. → 열 마리
⑤ 그 유명하다는 해장국집에서는 솥에 북어를 한 쾌나 넣고 끓이고 있었다. → 스무 마리

10

'염치가 없이 막된 사람.'이라는 의미의 고유어는?

① 만무방   ② 잔챙이
③ 가납사니 ④ 트레바리
⑤ 허릅숭이

11

'조금 달갑지 않은 음식을 자꾸 억지로 굼뜨게 먹다.'라는 의미의 고유어는?

① 게두덜거리다
② 구시렁거리다
③ 깨지락거리다
④ 시부렁거리다
⑤ 이기죽거리다

정답 풀이 & 오답 해설

07
| 정답 풀이 | ③ 모든 문맥에 어울리는 말은 '우럭우럭'이다. '우럭우럭'은 네 가지 뜻을 가지고 있다.
1) 불기운이 세차게 일어나는 모양. – ㉠의 의미
2) 술기운이 얼굴에 나타나는 모양. – ㉡의 의미
3) 병세가 점점 더하여 가는 모양. – ㉢의 의미
4) 심술이나 화가 점점 치밀어 오르는 모양. – ㉣의 의미

08
| 정답 풀이 | ④ 모든 문맥에 어울리는 말은 '되바라지다'이다. '되바라지다'는 다섯 가지 뜻을 가지고 있다.
1) 그릇이 운두가 낮고 위가 벌어져 쉽사리 바닥이 드러나 보이다. – ㉠의 의미
2) 튀어져 나오고 벌어져서 아늑한 맛이 없다. – ㉡의 의미
3) 사람됨이 남을 너그럽게 감싸 주지 아니하고 적대적으로 대하다.
4) 차림이 얌전하지 않아 남의 눈에 잘 띄다 – ㉢의 의미
5) 어린 나이에 어수룩한 데가 없고 얄밉도록 지나치게 똑똑하다. – ㉣의 의미

09
| 정답 풀이 | ④ 물고기 '한 두름'은 물고기를 한 줄에 열 마리씩 두 줄로 엮은 것으로, 스무 마리를 뜻한다. 산나물의 경우는 '두름'이 열 모숨(줌) 정도를 이르는 말이다.

10
| 정답 풀이 | ① '만무방'은 염치가 없이 막된 사람. 또는 아무렇게나 생긴 사람을 의미한다.
| 오답 해설 |
② 잔챙이: 지지리 못난 사람을 낮잡아 이르는 말.
③ 가납사니: 쓸데없는 말을 지껄이기 좋아하는 수다스러운 사람.
④ 트레바리: 이유 없이 남의 말에 반대하기를 좋아함. 또는 그런 성격을 지닌 사람.
⑤ 허릅숭이: 일을 실답게 하지 못하는 사람을 낮잡아 이르는 말.

11
| 오답 해설 |
① 게두덜거리다: 굵고 거친 목소리로 자꾸 불평을 늘어놓다.
② 구시렁거리다: 못마땅하여 군소리를 듣기 싫도록 자꾸 하다.
④ 시부렁거리다: 주책없이 쓸데없는 말을 함부로 자꾸 지껄이다.
⑤ 이기죽거리다: 자꾸 밉살스럽게 지껄이며 짓궂게 빈정거리다.

정답 07 ③ 08 ④ 09 ④ 10 ① 11 ③

02 한자어

대표 기출유형

기출유형 1 | 한자어의 사전적 의미

유형 풀이 ▶ 한자어의 사전적 의미를 올바르게 알고 있는지를 평가하기 위한 문항이다.

정답 풀이 ▶ ② '편법(便法)'은 '정상적인 절차를 따르지 않은 간편하고 손쉬운 방법'을 뜻하는 말이다. '멀리 돌지 않고 가깝게 질러 통하는 길'은 '첩경(捷徑)'이다.

정답 ▶ ②

• 한자어의 사전적 뜻풀이로 적절하지 않은 것은?

① 편람(便覽): 보기에 편리하도록 간추린 책.
② 편법(便法): 멀리 돌지 않고 가깝게 질러 통하는 길.
③ 편성(編成): 엮어 모아서 책, 신문, 영화 따위를 만듦.
④ 편협(偏狹): 한쪽으로 치우쳐 도량이 좁고 너그럽지 못함.
⑤ 편제(編制): 어떤 조직이나 기구를 편성하여 체제를 조직함.

기출유형 2 | 한자어의 문맥적 의미

유형 풀이 ▶ 한자어가 문맥에 맞게 사용되었는지를 묻는 문항이다.

정답 풀이 ▶ ④ '재연(再演)'은 '한 번 하였던 행위나 일을 다시 되풀이함.'을 의미하는 단어이다. 문맥상 '다시 나타남 또는 다시 나타냄.'을 뜻하는 '재현(再現)'이 적합하다.

정답 ▶ ④

• 밑줄 친 한자어의 쓰임이 적절하지 않은 것은?

① 국제 정세 변화에 능동적으로 대처(對處)하다.
② 여행 계획에 변동(變動) 사항이 있으면 알려 주세요.
③ 무더위로 최대 전력 수요 경신(更新)이 계속되고 있다.
④ 이것은 선사 시대의 생활상을 재연(再演)한 전시물이다.
⑤ 저녁 시간을 자기 계발(啓發)에 활용하는 대학생들이 많다.

기출유형 3 | 한자의 표기와 병기

유형 풀이 ▶ 동음이의 관계에 있는 한자어의 한자 표기를 정확히 알고 있는지를 묻는 문항이다.

정답 풀이 ▶ ④ ㉠교정(校正): 교정쇄와 원고를 대조하여 오자, 오식, 배열, 색 따위를 바르게 고침. ㉡교정(矯正): 틀어지거나 잘못된 것을 바로잡음. ㉢교정(校庭): 학교의 마당이나 운동장.

정답 ▶ ④

• 〈보기〉의 밑줄 친 ㉠~㉢에 해당하는 한자로 올바르게 묶인 것은?

┤ 보기 ├
• ㉠교정을 안 했는지 책에 오자가 많다.
• 척추를 ㉡교정하기 위해 병원을 다니고 있다.
• 수업 종료를 알리는 종이 ㉢교정에 울려 퍼졌다.

	㉠	㉡	㉢
①	校庭	矯正	校正
②	校庭	校正	矯正
③	校正	校庭	矯正
④	校正	矯正	校庭
⑤	矯正	校正	校庭

02 한자어

기출 핵심개념

일상생활에서 자주 사용되는 한자어의 정확한 의미를 알고 있는지를 평가하는 방향으로 출제되고 있다. 한자어가 문맥에 맞게 정확히 사용되었는지 확인해야 한다. 혼동하기 쉬운 어휘를 구별하여 기억해 두는 것이 중요하다.

1 빈출 한자어

ㄱ

간발(間髮) 아주 잠시 또는 아주 적음을 이르는 말. 터럭(털)과 터럭 사이라는 뜻.
예 벌써 그의 가슴으로 간발의 틈을 노린 칼끝이 닿고 있었다.

개재(介在) 어떤 것들 사이에 끼어 있음.
예 이번 협상에는 수많은 변수가 개재되어 있다.

개정(改正) 주로 문서의 내용 따위를 고쳐 바르게 함.
예 회칙을 개정하였다.

개정(改定) 이미 정하였던 것을 고쳐 다시 정함.
예 대회 날짜를 개정하였다.

개정(改訂) 글자나 글의 틀린 곳을 고쳐 바로잡음.
예 원고를 개정하여 출간하였다.

갱신(更新) 『법률』법률관계의 존속 기간이 끝났을 때 그 기간을 연장하는 일.
예 계약 갱신. / 비자 갱신.

게재(揭載) 글이나 그림 따위를 신문이나 잡지 따위에 실음.
예 그의 칼럼을 일주일에 한 번 신문에 게재하기로 했다.

결부(結付) 일정한 사물이나 현상을 서로 연관시킴.
예 그 두 문제는 매우 밀접히 결부되어 있다.

결재(決裁) 결정할 권한이 있는 상관이 부하가 제출한 안건을 검토하여 허가하거나 승인함.
예 결재 서류.

결제(決濟) 『경제』증권 또는 대금을 주고받아 매매 당사자 사이의 거래 관계를 끝맺는 일.
예 결제 자금. / 어음의 결제.

경신(更新)
① 기록경기 따위에서, 종전의 기록을 깨뜨림.
예 마라톤 세계 기록 경신.
② 어떤 분야의 종전 최고치나 최저치를 깨뜨림.
예 무더위로 최대 전력 수요 경신이 계속되고 있다.

계륵(鷄肋)
① 닭의 갈비라는 뜻으로, 그다지 큰 소용은 없으나 버리기에는 아까운 것을 이르는 말.
예 겨울이 되니 선풍기가 계륵 같은 물건이 되었다.
② 몸이 몹시 약한 사람을 비유적으로 이르는 말.

계제(階梯) 어떤 일을 할 수 있게 된 형편이나 기회.
예 지금은 이것저것 가릴 계제가 아니다.

곤혹(困惑) 곤란한 일을 당하여 어찌할 바를 모름.
예 예기치 못한 질문에 곤혹을 느끼다.

> **학습 TIP**
> 전혀 예상하지 못한 질문을 받고 곤욕을 느꼈다.(×)
> → 전혀 예상하지 못한 질문을 받고 곤혹을 느꼈다.(○)

공포(公布) 『법률』이미 확정된 법률, 조약, 명령 따위를 일반 국민에게 널리 알리는 일. 관보(官報) 따위의 정부의 정기 간행물에 게재하여 알린다.
예 새로 시행할 정책을 전 국민에게 공포했다.

공표(公表) 여러 사람에게 널리 드러내어 알림.
예 그는 지동설의 정당성을 확인하고 이를 공표하였다.
참고 '공개 발표', '발표'로 순화.

> **학습 TIP**
> 학회는 새 학설의 공포를 미루기로 결정했다.(×)
> → 학회는 새 학설의 공표를 미루기로 결정했다.(○)

관건(關鍵)
① 문빗장과 자물쇠를 아울러 이르는 말.
예 아무 관건 장치도 없는 방문.
② 어떤 사물이나 문제 해결의 가장 중요한 부분.
예 문제 해결의 관건을 쥐다.

ㄷ

도탄(塗炭) 진구렁에 빠지고 숯불에 탄다는 뜻으로, 몹시 곤궁하여 고통스러운 지경을 이르는 말.
예 나라에서 심하게 세금을 수탈해 백성들이 도탄에 빠졌다.

동량(棟梁 / 棟樑)
① 마룻대와 들보를 아울러 이르는 말.
  예 동량을 잘 세워야 집의 균형이 바로잡힌다.
② 집안이나 나라를 떠받치는 중대한 일을 맡을 만한 인재. = 동량지재.
  예 장차 나라의 동량이 될 어린이들.

ㅁ

면목(面目)
① 얼굴의 생김새.
② 남을 대할 만한 체면. = 낯.
  예 면목을 세우다. / 무슨 면목으로 부모님을 대하겠는가?
③ 사람이나 사물의 겉모습.
  예 서울은 세계적인 도시의 면목을 지녔다.
참고 **면목(이) 없다** 부끄러워 남을 대할 용기가 나지 않다.
  예 약속을 지키지 못해 그를 대할 면목이 없다.

모략(謀略)
① 계책이나 책략.
  예 저번 사건도 그의 모략으로 무사히 넘길 수 있었다.
② 사실을 왜곡하거나 속임수를 써 남을 해롭게 함. 또는 그런 일.
  예 모략에 빠지다. / 모략을 꾸미다.

ㅂ

백미(白眉) 흰 눈썹이라는 뜻으로, 여럿 가운데에서 가장 뛰어난 사람이나 훌륭한 물건을 비유적으로 이르는 말. 중국 촉한(蜀漢) 때 마씨(馬氏) 다섯 형제가 모두 재주가 있었는데 그중에서도 눈썹 속에 흰 털이 난 마량(馬良)이 가장 뛰어났다는 데서 유래한다.
예 〈춘향전〉은 한국 고전 문학의 백미이다.

 보전(保全) 온전하게 보호하여 유지함.
예 생태계 보전. / 환경 보전.

비견(比肩) 서로 비슷한 위치에서 견줌. 또는 견주어짐.
예 그는 톨스토이에 비견할 만한 소설가이다.

ㅅ

산실(産室)
① 해산하는 방.
  예 이 병원에는 산실이 모자란다.
② 어떤 일을 꾸미거나 이루어 내는 곳. 또는 그런 바탕.
  예 우리 연구부를 기술 개발의 산실로 키우겠다.

서광(瑞光)
① 상서로운 빛.
② 좋은 일이 일어날 조짐.
  예 암울한 역사는 가고 이제 서광의 시대가 열릴 것이다.

석권(席卷 / 席捲) 돗자리를 만다는 뜻으로, 빠른 기세로 영토를 휩쓸거나 세력 범위를 넓힘을 이르는 말.
예 이번 대회에는 기량이 월등한 선수들만 참가하므로 전 종목 석권이 가능하다.

 수리(修理) 고장 나거나 허름한 데를 손보아 고침.
예 그는 물이 새는 낡은 집을 수리하기 위해 준비를 하고 있었다.

숙환(宿患)
① 오래 묵은 병.
  예 아버님께서는 숙환으로 고생하시다가 별세하셨다.
② 오래된 걱정거리.

슬하(膝下) 무릎의 아래라는 뜻으로, 어버이나 조부모의 보살핌 아래. 주로 부모의 보호를 받는 테두리 안을 이른다.
예 슬하에 자녀는 몇이나 두었소?

ㅇ

 아성(牙城)
① 아기(牙旗)를 세운 성이라는 뜻으로, 주장(主將)이 거처하는 성을 이르던 말.
② 아주 중요한 근거지를 비유적으로 이르는 말.
  예 수십 년 쌓아 온 그의 아성을 무너뜨릴 수는 없었다.

염치(廉恥) 체면을 차릴 줄 알며 부끄러움을 아는 마음.
예 예의와 염치에 어긋나다.

 와중(渦中) (흔히 '와중에' 꼴로 쓰여) 일이나 사건 따위가 시끄럽고 복잡하게 벌어지는 가운데.
예 많은 사람이 전란의 와중에 가족을 잃었다.
참고 조용한 와중에(×)

완벽(完璧) 흠이 없는 구슬이라는 뜻으로, 결함이 없이 완전함을 이르는 말.
예 완벽에 가까운 묘기. / 행사 준비에 완벽을 기하다.

유례(類例)
① 같거나 비슷한 예.
  예 그들의 잔혹한 통치 정책은 세계에서 유례를 찾기 힘든 것이다.
② 이전부터 있었던 사례. = 전례(前例).
  예 역사상 유례가 없는 이변. / 유례를 찾아볼 수 없는 호황.

ㅈ

자청(自請) 어떤 일에 나서기를 스스로 청함.
예 그는 그 일을 맡겠다고 자청을 하고 나섰다. / 기자 회견을 자청하다.

장족(長足)
① 기다랗게 생긴 다리.
② ('장족의', '장족으로' 꼴로 쓰여) 사물의 발전이나 진행이 매우 빠름.
  예 장족의 발전. / 그의 독일어 실력은 장족으로 진보했다.

재연(再演)
① 연극이나 영화 따위를 다시 상연하거나 상영함.
  예 그 연극은 공연이 금지된 지 삼 년 만에 재연되고 있다.
② 한 번 하였던 행위나 일을 다시 되풀이함.
  예 최악의 사태가 재연되고야 말았다. / 현장 검증에 나선 범인은 태연히 범행을 재연했다.

재연(再燃)
① 꺼졌던 불이 다시 탐.
  예 산불을 겨우 진압하기는 했으나 재연을 경계해야 한다.
② 한동안 잠잠하던 일이 다시 문제가 되어 시끄러워짐.
  예 일이 이렇게 된 이상 그 문제의 재연은 이제 막을 수가 없다.

진수(眞髓) 사물이나 현상의 가장 중요하고 본질적인 부분.
예 이번 연주회에서는 바흐 음악의 진수를 맛볼 수 있었다.

ㅊ

최신 추호(秋毫)
① 가을철에 털갈이하여 새로 돋아난 짐승의 가는 털.
② 매우 적거나 조금인 것을 비유적으로 이르는 말.
  예 내 말에는 추호의 거짓도 없다.

ㅎ

회자(膾炙) 회와 구운 고기라는 뜻으로, 칭찬을 받으며 사람의 입에 자주 오르내림을 이르는 말.
예 그 노래는 오늘날까지 많은 사람 사이에 널리 회자되고 있다.

희사(喜捨)
① 어떤 목적을 위하여 기꺼이 돈이나 물건을 내놓음.
  예 한 독지가의 희사로 고아원이 운영되어 왔다.
② 신불(神佛)의 일로 돈이나 물건을 기부함.
  예 신도들이 절 증축에 필요한 자금을 절에 희사하였다.

2 기출 한자어

ㄱ

가공(架空)
① 어떤 시설물을 공중에 가설함.
② 이유나 근거가 없이 꾸며 냄. 또는 사실이 아니고 거짓이나 상상으로 꾸며 냄.
  예 가공의 세계. / 가공의 인물. / 해태는 가공의 동물이다.

가관(可觀)
① 경치 따위가 꽤 볼만함.
  예 내장산의 단풍은 참으로 가관이지.
② 꼴이 볼만하다는 뜻으로, 남의 언행이나 어떤 상태를 비웃는 뜻으로 이르는 말.
  예 잘난 체하는 꼴이 정말 가관이다.

각서(覺書) 약속을 지키겠다는 내용을 적은 문서.
예 그는 다시는 술을 안 마시겠다는 각서를 쓰고 겨우 용서를 받았다.

최신 각축(角逐) 서로 이기려고 다투며 덤벼듦.
예 10여 개의 팀이 우승을 놓고 각축을 벌였다.

간과하다(看過--) 큰 관심 없이 대강 보아 넘기다.
예 나는 그 사실을 결코 간과하지 않았다.

간주(看做) 상태, 모양, 성질 따위가 그와 같다고 봄. 또는 그렇다고 여김.
예 위험한 인물로 간주되다. / 훌륭한 작품으로 간주되다.

간파(看破) 속내를 꿰뚫어 알아차림.
예 상대의 약점을 간파하다.

감퇴(減退) 기운이나 세력 따위가 줄어 쇠퇴함.
예 식욕 감퇴. / 시력 감퇴. / 의욕 감퇴. / 기억력 감퇴.

강구(講究) 좋은 대책과 방법을 궁리하여 찾아내거나 좋은 대책을 세움.
예 대책 강구.

강등(降等) 등급이나 계급 따위가 낮다짐. 또는 등급이나 계급 따위를 낮춤.
예 그가 중령에서 소령으로 강등된 것은 충격적이었다.

강변(強辯) 이치에 닿지 아니한 것을 끝까지 굽히지 않고 주장하거나 변명함.
예 그는 말도 안 되는 논리로 자기 행동의 타당성을 강변했다.

개관(概觀) 전체를 대강 살펴봄. 또는 그런 것.
예 국문학사의 개관.

객기(客氣) 객쩍게 부리는 혈기(血氣)나 용기.
예 객기를 부리다.

거치(据置) 『경제』공채(公債), 사채(社債) 따위의 상환 또는 지급을 일정 기간 하지 않는 일.
예 3년 거치 5년 상환 조건으로 돈을 융자하다.

건재(健在) 힘이나 능력이 줄어들지 않고 여전히 그대로 있음.
예 그의 건재는 학계에 커다란 힘이 되었다.

검수(檢收) 물건의 규격, 수량, 품질 따위를 검사한 후 물건을 받음.
예 검수 기간. / 검수 절차.

검침(檢針) 전기, 수도, 가스 따위의 사용량을 알기 위하여 계량기의 숫자를 검사함.
예 수돗물 검침이 잘못되어 요금이 많이 나왔다.

결연(結緣) 인연을 맺음. 또는 그런 관계.
예 의료 기관과 양로원의 결연을 추진했다. / 많은 결연 단체가 복지 시설을 후원한다.

결의(決意) 뜻을 정하여 굳게 마음을 먹음. 또는 그런 마음.
예 굳은 결의. / 필승의 결의를 다지다.

[최신] 경과(經過)
① 시간이 지나감.
  예 시일의 경과. / 삼 분 경과.
② 어떤 단계나 시기, 장소를 거침.
  예 늪지대의 경과. / 유년기의 경과.
③ 일이 되어 가는 과정.
  예 사건 경과. / 경과를 묻다. / 경과를 듣다.

경륜(經綸) 일정한 포부를 가지고 일을 조직적으로 계획함. 또는 그 계획이나 포부.
예 경륜이 있는 사람. / 경륜을 품다.

[최신] 경색(梗塞) 소통되지 못하고 막힘.
예 이번 조치는 금융 시장의 경색을 초래했다.

경선(競選) 둘 이상의 후보가 경쟁하는 선거.
예 대통령 후보 경선에 나서다.

경시(輕視) 대수롭지 않게 보거나 업신여김.
예 한동안 고유의 전통문화가 경시되기도 했다.

경주(傾注) 힘이나 정신을 한곳에만 기울임.
예 좋은 결과를 거둘 수 있도록 그 일에 최선의 노력이 경주되어야 한다.

경질(更迭 / 更佚) 어떤 직위에 있는 사람을 다른 사람으로 바꿈.
예 김 부장은 회사 내의 자금 문제로 물의를 일으켜 인사에서 경질되었다.

계류(繫留)
① 일정한 곳을 벗어나지 못하도록 밧줄 같은 것으로 붙잡아 매어 놓음.
② 어떤 사건이 해결되지 않고 걸려 있음.
  예 그 사건은 법원에 계류 중이다.

계시(啓示)
① 깨우쳐 보여 줌.
② 『종교 일반』 사람의 지혜로써는 알 수 없는 진리를 신(神)이 가르쳐 알게 함.
  예 그녀는 본인이 부처의 계시를 받았다고 주장했다.

고견(高見)
① 뛰어난 의견이나 생각.
  예 그 사람의 정치적 판단은 당시의 고견이었다.
② 남의 의견을 높여 이르는 말.
  예 이번 안건에 대한 선생님의 고견을 듣고 싶습니다.

고소(苦笑) = 쓴웃음 어이가 없거나 마지못하여 짓는 웃음.
예 고소를 금치 못하다. / 고소를 띠다.

고시(告示) 글로 써서 게시하여 널리 알림. 주로 행정 기관에서 일반 국민들을 대상으로 어떤 내용을 알리는 경우를 이른다.
예 문화 관광부 고시. / 이 지역은 택지 개발 예정 지구로 고시되어 있다.

고적(孤寂) 외롭고 쓸쓸함.
예 이국땅에서 고적을 느끼며 살아온 동포들은 고향 땅을 밟는 순간 눈물을 터뜨렸다.

고적(鼓笛) 북과 피리를 아울러 이르는 말.
예 고적 소리가 점점 가까이 들렸다.

고증(考證) 예전에 있던 사물들의 시대, 가치, 내용 따위를 옛 문헌이나 물건에 기초하여 증거를 세워 이론적으로 밝힘.
예 왕궁이 철저한 문헌의 고증을 통해 복원되었다.

고착(固着)
① 물건 같은 것이 굳게 들러붙어 있음.
② 어떤 상황이나 현상이 굳어져 변하지 않음.
  예 분단의 고착을 막고 통일을 앞당기려는 노력이 필요하다.

고찰(考察) 어떤 것을 깊이 생각하고 연구함.
예 한국 문학에 대한 새로운 고찰.

[최신] 곡진하다(曲盡——)
① 매우 정성스럽다.
  예 곡진한 사랑. / 대접이 곡진하다.
② 매우 자세하고 간곡하다.
  예 곡진한 사연. / 자네가 그만큼 곡진한 말로 동생을 타일렀는데도 말을 듣지 않으니 이제 포기하게.

[최신] 공방(攻防) 서로 공격하고 방어함.
예 공방이 치열하다.

공상(空想) 현실적이지 못하거나 실현될 가망이 없는 것을 막연히 그리어 봄. 또는 그런 생각.
예 공상에 빠지다. / 공상에 잠기다.

[최신] 공전(空前) (주로 '공전의' 꼴로 쓰여) 비교할 만한 것이 이전에는 없음.
예 공전의 대성공. / 공전의 히트.

공활하다(空豁——) 텅 비고 매우 넓다.
예 공활한 가을 하늘.

관측(觀測) 어떤 사정이나 형편 따위를 잘 살펴보고 그 장래를 헤아림.
예 내년부터는 경기가 회복기에 접어들 것이라는 희망적인 관측이 나오고 있다.

괘념(掛念) 마음에 두고 걱정하거나 잊지 않음.
예 대수로운 일도 아니니 너무 괘념 마시고 마음 편히 가지십시오.

교시(教示)
① 가르쳐서 보임.
　예 승려는 신도들에게 여러 가지 지혜를 교시하였다.
② 길잡이로 삼는 가르침.
　예 그러나 일이 너무 중요하기에 접주님의 교시를 받고자 찾아왔습니다.

교정(校訂) [최신] 남의 문장 또는 출판물의 잘못된 글자나 글귀 따위를 바르게 고침.

교착(膠着)
① 아주 단단히 달라붙음.
② 어떤 상태가 굳어 조금도 변동이나 진전이 없이 머묾.
　예 회담이 교착 상태에 빠지다.

구금(拘禁) 『법률』 피고인 또는 피의자를 구치소나 교도소 따위에 가두어 신체의 자유를 구속하는 강제 처분.
예 구치소에 구금되다.

구명(究明) [최신] 사물의 본질, 원인 따위를 깊이 연구하여 밝힘.
예 고대 유물 문제의 구명에서 중요한 것은 객관적인 자료의 뒷받침이다.

구분(區分) 일정한 기준에 따라 전체를 몇 개로 갈라 나눔.
예 구분을 짓다. / 서정시와 서사시의 구분은 상대적일 뿐이다.

구비(具備) 있어야 할 것을 빠짐없이 다 갖춤.
예 구비 서류. / 구비 조건.

구제(救濟) 자연적인 재해나 사회적인 피해를 당하여 어려운 처지에 있는 사람을 도와줌.
예 난민 구제.

구조(構造) 부분이나 요소가 어떤 전체를 짜 이룸. 또는 그렇게 이루어진 얼개.
예 가옥 구조. / 권력 구조. / 이 제품은 구조가 간단하다.

구현(具現 / 具顯) 어떤 내용이 구체적인 사실로 나타나게 함.
예 민주주의의 구현 / 정의 구현.

국한되다(局限——) 범위가 일정한 부분에 한정되다.
예 오염 문제는 이제 도시에만 국한된 것이 아니다.

굴지(屈指) [최신] (흔히 '굴지의' 꼴로 쓰여) 매우 뛰어나 수많은 가운데서 손꼽힘.
예 국내 굴지의 대학.

궐위(闕位) 어떤 직위나 관직 따위가 빔. 또는 그런 자리.
예 대통령의 궐위 시에는 국무총리가 그 직을 대행한다.

궤변(詭辯) 『철학』 상대편을 이론으로 이기기 위하여 상대편의 사고(思考)를 혼란시키거나 감정을 격앙시켜 거짓을 참인 것처럼 꾸며 대는 논법.

귀착(歸着) 의논이나 의견 따위가 여러 경로(經路)를 거쳐 어떤 결론에 다다름.
예 삶의 목표가 돈벌이로 귀착되는 것은 서글픈 일이다.

규탄(糾彈) 잘못이나 옳지 못한 일을 잡아내어 따지고 나무람.
예 시민들은 광장에 모여 관계 당국이 약속을 어겼음을 규탄하였다.

금도(襟度) 다른 사람을 포용할 만한 드량.
예 병사들은 장군의 장수다운 배포와 금도에 감격하였다.

금자탑(金字塔)
① '金' 자 모양의 탑이라는 뜻으로, 피라미드를 이르던 말.
② 길이 후세에 남을 뛰어난 업적을 비유적으로 이르는 말.
　예 금자탑을 세우다. / 금자탑을 쌓다.

금침(衾枕) 이부자리와 베개를 아울러 이르는 말.

기거(起居)
① 일정한 곳에서 먹고 자고 하는 따위의 일상적인 생활을 함. 또는 그 생활.
　예 기거 양식. / 나는 대학 시절에 자취방에서 기거하였다.
② 앉아 있다가 손님을 영접하려고 일어섬.
③ 몸을 뜻대로 움직이며 생활함.
　예 아버지는 지난봄 낙상하신 후 기거가 불편하시다.

기고하다(起稿——) 원고를 쓰기 시작하다.
예 그 소설을 기고한 지 3개월 만에 탈고하였다.

기량(技倆 / 伎倆) 기술상의 재주.
예 기량을 연마하다. / 예술적 기량이 뛰어나다.

기부(寄附) 자선 사업이나 공공사업을 돕기 위하여 돈이나 물건 따위를 대가 없이 내놓음.
예 구두쇠가 장학금 기부를 약속하다니 믿을 수 없는 일이다.

기색(氣色)
① 마음의 작용으로 얼굴에 드러나는 빛.
　예 어머니는 놀란 기색이 역력했다.
② 어떠한 행동이나 현상 따위가 일어나는 것을 짐작할 수 있게 하여 주는 눈치나 낌새.
　예 해가 중천에 떴는데도 형은 일어날 기색을 보이지 않는다.

기술(記述) 대상이나 과정의 내용과 특징을 있는 그대로 열거하거나 기록하여 서술함. 또는 그런 기록.
예 사회학자는 그 사회의 현상, 구조, 변동 따위에 대하여 적합한 기술을 할 수 있어야 한다. / 이 역사책은 사료에 대한 객관적인 기술로 유명하다.

기실(其實)
① (주로 '기실은' 꼴로 쓰여) 실제의 사정.
　예 언뜻 보기에는 쉬워 보이지만 기실은 여간 어렵지 않다.
　참고 '사실은', '실제 사정'으로 순화.
② 실제에 있어서.
　예 기실 알고 보면 그 사람도 나쁜 사람은 아니다.

기우(杞憂) 앞일에 대해 쓸데없는 걱정을 함. 또는 그 걱정.
예 기우에 불과하다.

[최신] **기탄(忌憚)** 어렵게 여겨 꺼림.
예 그는 아무런 기탄이 없이 말을 이었다.

[최신] **기한(期限)**
① 미리 한정하여 놓은 시기.
예 납품 기한. / 서류 제출 기한은 다음 달 10일까지입니다.
② 어느 때까지를 기약함.
예 언니에게 석 달을 기한하고 돈을 빌렸다.

ㄴ

난관(難關) 일을 하여 나가면서 부딪치는 어려운 고비.
예 난관에 봉착하다. / 난관에 부딪치다.

[최신] **난삽하다(難澁--)** 글이나 말이 매끄럽지 못하면서 어렵고 까다롭다.
예 난삽한 문장. / 글이 난삽하다.

[최신] **납량(納涼)** 여름철에 더위를 피하여 서늘한 기운을 느낌.
예 납량 특집극.

낭보(朗報) 기쁜 기별이나 소식.
예 세계 선수권 대회에서 우리나라 농구 팀이 우승했다는 낭보가 전해졌다.

낭패(狼狽) 계획한 일이 실패로 돌아가거나 기대에 어긋나 매우 딱하게 됨.
예 낭패를 당하다. / 벌써 기차가 떠났다니, 이것 참 낭패로군.

냉소(冷笑) 쌀쌀한 태도로 비웃음. 또는 그런 웃음.
예 냉소를 머금다. / 냉소를 짓다. / 냉소에 찬 목소리.

노략(擄掠) 떼를 지어 돌아다니며 사람을 해치거나 재물을 강제로 빼앗음.
예 섬사람들은 툭하면 왜구에게 노략을 당하였다.

노파(老婆) 늙은 여자.
예 노파가 지팡이를 짚고 길을 건넌다.

논고(論告) 자기의 주장이나 믿는 바를 논술하여 알림.
예 논고를 펼치다. / 그의 논고는 타당하나 몇 가지 오류가 있다.

농단(壟斷 / 隴斷) 이익이나 권리를 독차지함을 이르는 말.
예 탐관오리들이 나랏돈을 농단한다며 백성들의 원성이 높았다.

누락(漏落) 기입되어야 할 것이 기록에서 빠짐. 또는 그렇게 되게 함.
예 명부에 누락이 생기다. / 행여나 장부에 누락이 생기지 않도록 철저히 점검해라.

누적(累積) 포개어 여러 번 쌓음. 또는 포개져 여러 번 쌓임.
예 누적된 피로. / 불만이 누적되다. / 외채가 누적되다.

단연(斷然) 확실히 단정할 만하게.
예 개인기로 보나 체력으로 보나 우리 편이 단연 앞선다.

담합(談合)
① 서로 의논하여 합의함.
예 그들 사이엔 이미 모종의 담합이 있었다.
[참고] '짬짜미'로 순화.
② 『법률』 경쟁 입찰을 할 때에 입찰 참가자가 서로 의논하여 미리 입찰 가격이나 낙찰자 따위를 정하는 일.

[최신] **답습(踏襲)** 예로부터 해 오던 방식이나 수법을 좇아 그대로 행함.
예 전통의 계승과 답습을 혼동해서는 안 된다.

당돌(撞突) = 충돌 서로 맞부딪치거나 맞섬.

대응(對應) 어떤 일이나 사태에 맞추어 태도나 행동을 취함.
예 급변하는 사태에 대한 신속한 대응이 필요하다.

덕분(德分) 베풀어 준 은혜나 도움.
예 선생님 덕분에 대학 생활을 무사히 마칠 수 있었습니다.

[최신] **도저하다(到底--)** 학식이나 생각, 기술 따위가 아주 깊다.
예 학문이 도저하다.

도태되다(淘汰-- / 陶汰--)
① 물건 따위가 물속에서 일어져 좋은 것만 골라지고 불필요한 것이 가려져서 버려지다.
② 여럿 중에서 불필요하거나 무능한 것이 줄어 없어지다.
예 우리는 치열한 경쟁 사회에서 도태되지 않도록 열심히 살아야 한다.

독창(獨創) 다른 것을 모방함이 없이 새로운 것을 처음으로 만들어 내거나 생각해 냄.

돌연(突然) 예기치 못한 사이에 급히.
예 그때 나는 예상 못했던 일과 돌연 마주치게 되었다.

돌출(突出)
① 예기치 못하게 갑자기 쑥 나오거나 불거짐.
예 돌출 발언.
② 쑥 내밀거나 불거져 있음.
예 돌출 고지. / 이번에 발견된 화석은 광대뼈의 돌출이 없었다.

동결(凍結)
① 추위나 냉각으로 얼어붙음. 또는 그렇게 함.
예 동결 식품. / 상수도의 동결.
② 사업, 계획, 활동 따위가 중단됨. 또는 그렇게 함.
예 핵 개발 동결.
③ 자산이나 자금 따위의 사용이나 변동이 금지됨. 또는 그렇게 함.
예 예산 동결 / 등록금 동결.

동경(憧憬) 어떤 것을 간절히 그리워하여 그것만을 생각함.
예 동경의 대상.

동정(動靜) 일이나 현상이 벌어지고 있는 낌새.
예 적의 동정을 살피다.

동향(動向)
① 사람들의 사고, 사상, 활동이나 일의 형세 따위가 움직여 가는 방향.
예 학계의 연구 동향. / 여론의 동향. / 민심의 동향.
② 어떤 특정한 사람이나 사물의 낱낱의 움직임.
예 그 사람의 동향을 낱낱이 파악하여 수시로 보고하도록 하라.
참고 '움직임새'로 순화.

두각(頭角)
① 짐승의 머리에 있는 뿔.
② 뛰어난 학식이나 재능을 비유적으로 이르는 말.
예 그는 학업에도 남다른 두각을 나타냈다.

두서(頭緖) 일의 차례나 갈피.
예 두서가 잡히다. / 일의 두서를 가리다. / 두서를 차리다.

최신 **두찬(杜撰)** 전거나 출처가 확실하지 못한 저술.

ㅁ

막후(幕後)
① 막의 뒤.
예 그 연극의 관중 모두가 막후를 궁금해했다.
② 겉으로 드러나지 않은 뒷면.
예 막후 협상. / 막후 실력자. / 막후에서 영향력을 행사하다.

만끽하다(滿喫--)
① 마음껏 먹고 마시다.
예 별미를 만끽하다. / 지방에 여행을 가서 그곳의 진미를 만끽하고 왔다.
② 욕망을 마음껏 충족하다.
예 자유를 만끽하다. / 승리의 환희를 만끽하다. / 그는 도시를 떠나 전원 생활을 만끽하고 있다.

만류(挽留) 붙들고 못 하게 말림.
예 만류를 뿌리치다. / 수민이의 만류에도 그와 헤어졌다.

만반(萬般) (흔히 '만반', '만반의' 꼴로 쓰여) 마련할 수 있는 모든 것.
예 적국의 침입에 대비해 만반의 준비를 하다.

망라(網羅) 물고기나 새를 잡는 그물이라는 뜻으로, 널리 받아들여 모두 포함함을 이르는 말.
예 각계각층의 지도자들이 망라되다.

면모(面貌)
① 얼굴의 모양.
예 그의 수려한 면모를 본 사람이면 누구나 그에게 반하지 않을 수 없었다.
② 사람이나 사물의 겉모습. 또는 그 됨됨이.
예 면모를 일신하다. / 그는 귀공자다운 면모를 풍기는 사람이었다.

모골(毛骨) 털과 뼈를 아울러 이르는 말.
예 무서운 얘기를 듣고 나는 모골이 오싹해졌다.
참고 모골이 송연하다 끔찍스러워서 몸이 으쓱하고 털끝이 쭈뼛해지다.

최신 **목하(目下)** 바로 지금.
예 목하 휴업 중. / 영희는 목하 열애 중이다

몰각(沒却)
① 아주 없애 버림.
예 옛날 생활의 흔적들이 모두 몰각되고 말았다.
② 무시해 버림.
예 개성이 몰각된 사회. / 근본 취지가 몰각되다.

묵인(默認) 모르는 체하고 하려는 대로 내버려 둠으로써 슬며시 인정함.
예 지방 수령들의 수탈이 묵인되면서 백성들의 생활고는 더 심해졌다.

미수(未遂) 목적한 바를 시도하였으나 이루지 못함.
예 암살 기도가 미수로 그치다.

최신 **미증유(未曾有)** 지금까지 한 번도 있어 본 적이 없음.
예 역사 이래 미증유의 사건.

ㅂ

박명(薄命) 복이 없고 팔자가 사나움.
예 박명하고 비참한 삶이 원망스러웠다.

박약(薄弱)
① 의지나 체력 따위가 굳세지 못하고 여림.
예 그는 목표를 이루려는 의지가 박약하다.
② 불충분하거나 모자란 데가 있음.
③ 지능 따위가 정상적이지 못한 상태임.
④ 얇고도 약함.

박장대소(拍掌大笑) 손뼉을 치며 크게 웃음.
예 사회자의 재치 있는 말에 방청석에서 박장대소가 터졌다.

반려(返戾) 주로 윗사람이나 상급 기관에 제출한 문서를 처리하지 않고 되돌려줌.
예 사표 반려.

반응(反應) 자극에 대응하여 어떤 현상이 일어남. 또는 그 현상.
예 이 브레이크는 살짝만 밟아도 민감하게 반응한다.

반추(反芻) 어떤 일을 되풀이하여 음미하거나 생각함. 또는 그런 일.
예 지나간 50년을 곰곰 반추하여 보니 후회 되는 일이 허다하다.

발군(拔群) (흔히 '발군의' 꼴로 쓰여) 여럿 가운데에서 특별히 뛰어남.
예 그 학생은 여러 학생 가운데 발군의 성적을 보였다.

발굴(發掘)
① 땅속이나 큰 덩치의 흙, 돌 더미 따위에 묻혀 있는 것을 찾아서 파냄.
예 유적 발굴. / 지하자원의 발굴.
② 세상에 널리 알려지지 않거나 뛰어난 것을 찾아 밝혀냄.
예 신인 발굴. / 인재 발굴.

최신 발발(勃發) 전쟁이나 큰 사건 따위가 갑자기 일어남.
예 한국 전쟁 발발.

최신 발발하다(勃勃――) 기운이나 기세가 끓어오를 듯이 성하다.
예 새로운 예술이 발발하게 일어나면서 문예 부흥의 꽃이 피었다.

발연하다(勃然――/艴然――) 왈칵 성을 내는 태도나 일어나는 모양이 세차고 갑작스럽다.
예 할아버지의 발연한 모습에 온 식구가 쥐 죽은 듯이 숨을 죽이고 벌벌 떨었다.

발인(發靷) 장례를 지내러 가기 위하여 상여 따위가 집에서 떠남. 또는 그런 절차.
예 발인을 서두르다. / 발인이 끝나다. / 아침 열 시에 발인한다.

발현(發現/發顯) 속에 있거나 숨은 것이 밖으로 나타나거나 그렇게 나타나게 함. 또는 그런 결과.
예 누구에게나 착한 심성이 있지만 누구나 그것을 발현하는 것은 아니다.

방출(放出)
① 비축하여 놓은 것을 내놓음.
예 은행의 자금 방출로 기업의 숨통이 조금 트였다.
② 『물리』 입자나 전자기파의 형태로 에너지를 내보냄. 늑 내쏘기.
예 은하가 태양계에 방출하는 빛의 양은 은하의 기울기에 따라 달라진다.

배열(配列/排列) 일정한 차례나 간격에 따라 벌여 놓음.
예 상품을 보기 좋게 배열해야 고객의 시선을 끌 수 있다.

배임(背任) 주어진 임무를 저버림. 주로 공무원 또는 회사원이 자기의 이익을 위하여 임무를 수행하지 않고 국가나 회사에 재산상의 손해를 주는 경우를 이른다.
예 그 공무원은 배임 및 횡령죄로 구속되었다.

배치되다(背馳――) 서로 반대로 되어 어그러지거나 어긋나게 되다.
예 너의 행동은 네가 평소 말해 왔던 이념에 배치된 것이었다.

배포(配布) 신문이나 책자 따위를 널리 나누어 줌.
예 신문 배포.

변질(變質) 성질이 달라지거나 물질의 질이 변함. 또는 그런 성질이나 물질.
예 식료품의 변질을 막기 위해서는 냉동 보관이 필요하다.

병행(竝行) 둘 이상의 일을 한꺼번에 행함.
예 투약과 식이 요법의 병행.

보도(報道) 대중 전달 매체를 통하여 일반 사람들에게 새로운 소식을 알림. 또는 그 소식.
예 신문에 보도된 사건.

보루(堡壘) 『군사』 적의 침입을 막기 위하여 돌이나 콘크리트 따위로 튼튼하게 쌓은 구축물.
예 최후의 보루.

보무(步武) 위엄 있고 활기 있게 걷는 걸음.
예 보무도 당당한 옛 군인의 모습.

보우(保佑) 보호하고 도와줌.
예 천지신명이시여, 저희를 길이 보우해 주심을 바라나이다.

복기(復棋/復碁) 『체육』 바둑에서, 한 번 두고 난 바둑의 판국을 비평하기 위하여 두었던 대로 다시 처음부터 놓아 봄.
예 이번에 둔 바둑을 복기해 보니 내가 끝내기에서 실수한 것을 깨달았다.

봉정(奉呈/捧呈) 문서나 문집 따위를 삼가 받들어 올림.
예 화갑 기념 논문집 봉정. / 선생님께 회갑 기념 논문집을 봉정했다.

부과(賦課) 세금이나 부담금 따위를 매기어 부담하게 함.
예 정부는 생필품의 수출입에는 관세 부과를 없앨 예정이다.

부담(負擔) 어떠한 의무나 책임을 짐.
예 부담이 없다. / 부담을 가지다.

부양(扶養) 생활 능력이 없는 사람의 생활을 돌봄.

최신 부여(附與) 사람에게 권리·명예·임무 따위를 지니도록 해 주거나, 사물이나 일에 가치·의의 따위를 붙여 줌.
예 임무 부여. / 특권 부여.

부연(敷衍/敷演) 이해하기 쉽도록 설명을 덧붙여 자세히 말함.
예 그는 그동안의 진행 과정을 부연하여 설명하였다.

부재(不在) 그곳에 있지 아니함.
예 어머니의 부재로 집 안은 늘 썰렁했다.

부족(不足) 필요한 양이나 기준에 미치지 못해 충분하지 아니함.
예 시간 부족. / 예산 부족.

부흥(復興) 쇠퇴하였던 것이 다시 일어남. 또는 그렇게 되게 함.
예 경제 부흥을 위해 노력하다.

분수령(分水嶺) 어떤 사실이나 사태가 발전하는 전환점 또는 어떤 일이 한 단계에서 전혀 다른 단계로 넘어가는 전환점을 비유적으로 이르는 말.
예 외국에서 지낸 5년이 그의 인생에 있어 중요한 분수령이 되었다.

최신 분탕(焚蕩) 집안의 재산을 다 없애 버림.

불식(拂拭) 먼지를 떨고 훔친다는 뜻으로, 의심이나 부조리한 점 따위를 말끔히 떨어 없앰을 이르는 말.
예 여러 차례 해명에도 불구하고 그의 부패 의혹은 불식되지 않았다.

비루하다(鄙陋--) 행동이나 성질이 너절하고 더럽다.
예 비루한 태도. / 비루하게 굴다.

비위(脾胃)
① 『의학』 지라와 위를 통틀어 이르는 말.
② 음식물을 삭여 내는 능력.
   예 비위가 좋다.
③ 어떤 음식물을 먹고 싶은 마음.
   예 비위가 동하다. / 비위를 돋우는 음식이 많다.
④ 어떤 것을 좋아하거나 싫어하는 성미. 또는 그러한 기분.
   예 그 사람 비위를 맞추기란 쉬운 일이 아니다.

비치(備置) 마련하여 갖추어 둠.
예 비치 도서. / 비치 목록.

비호(庇護) 편들어서 감싸 주고 보호함.
예 그와 같은 엄청난 사건은 권력의 비호를 받지 않고서는 일어날 수 없다.

빈사(瀕死) = 반죽음 거의 죽게 됨. 또는 그런 상태.
예 빈사 상태에 빠지다.

빙자하다(憑藉--)
① 남의 힘을 빌려서 의지하다.
   예 철수는 대기업에 다니는 지인을 빙자하여 취업하려 했다.
② 말막음을 위하여 핑계로 내세우다.
   예 그는 병을 빙자하여 아무도 만나지 않았다.

ㅅ

사단(事端) 사건의 단서. 또는 일의 실마리.
예 이 문제에 대해 논하려면 사단을 먼저 구해야 한다.
참고 '사단이 나다'(×) → '사달이 나다'(○) '사달'은 '사고나 탈'을 뜻하는 고유어임.

사사하다(師事--) 스승으로 섬기다. 또는 스승으로 삼고 가르침을 받다.
예 그는 김 선생에게서 창을 사사하였다.

사의(謝儀) 상대편에게 고마움의 뜻으로 보내는 물품.

사장(死藏) 사물 따위를 필요한 곳에 활용하지 않고 썩혀 둠.
예 경기가 악화되면서 많은 연구가 사장되었다.

사족(四足)
① 짐승의 네발. 또는 네발 가진 짐승.
② '사지(四肢)'를 속되게 이르는 말.
   예 사족이 멀쩡한데, 무슨 일을 못 하겠느냐?
참고 **사족(을) 못 쓰다** 무슨 일에 반하거나 혹하여 꼼짝 못 하다. 늘 사지를 못 쓰다.

예 그는 친구의 말이라면 사족을 못 쓴다.

사족(蛇足) = 화사첨족(畫蛇添足) 뱀을 다 그리고 나서 있지도 아니한 발을 덧붙여 그려 넣는다는 뜻으로, 쓸데없는 군짓을 하여 도리어 잘못되게 함을 이르는 말.
예 사족을 달다. / 사족을 붙이다.

사활(死活) 죽기와 살기라는 뜻으로, 어떤 중대한 문제를 비유적으로 이르는 말.
예 사활을 걸다.

산화하다(散花--/散華--) 어떤 대상이나 목적을 위하여 목숨을 바치다.
예 조국을 위해 장렬히 산화하다.

상기되다(上氣--) 흥분이나 부끄러움으로 얼굴이 붉어지다.
예 그녀는 황급히 오느라고 얼굴이 빨갛게 상기되어 있었다.

상념(想念) 마음속에 품고 있는 여러 가지 생각.
예 그는 의자에 앉아 한동안 상념에 잠겨 있었다.

상당(相當) 일정한 액수나 수치 따위에 해당함.
예 시가 백만 원 상당의 시계.

상도(商道) = 상도덕 상업 활동에서 지켜야 할 도덕. 특히 상업자들 사이에서 지켜야 할 도의를 이른다.
예 소상인들은 거상들의 이번 조치는 상도를 어긴 것이라고 항의했다.

상쇄(相殺) 상반되는 것이 서로 영향을 주어 효과가 없어지는 일.
예 이번 일로 과거 불미스러웠던 일을 상쇄한 셈이었다.

상수(上手) 남보다 뛰어난 수나 솜씨. 또는 그런 수나 솜씨를 가진 사람.
예 이번 대회에서는 초반부터 상수를 만나 고전이 예상된다.

상정(上程) 토의할 안건을 회의 석상에 내어놓음.
예 여러 의원들이 새로운 의제를 본회의에 상정하였다.

상주하다(常住--) 늘 일정하게 살다.
예 그 섬에 상주하는 사람은 100명 정도밖에 안 된다.

상치(相馳) 일이나 뜻이 서로 어긋남.
예 상대방과 의견이 상치되면 다소 여유를 갖고 대화에 임해야 한다.

상환(償還) 갚거나 돌려줌.
예 원리금 상환.

생면하다(生面--) 처음으로 대하다.
예 그 아이를 생면하던 날, 심장이 두근거려 숨 쉬기도 어려웠던 기억이 난다.

선수(先手) 남이 하기 전에 앞질러 하는 행동.
예 선수를 빼앗기다.

선처(善處) 형편에 따라 잘 처리함.
예 아무쪼록 선처를 바랍니다.

선풍(旋風)
① 『지구』 갑자기 생긴 저기압 주변으로 한꺼번에 모여든 공기가 나선 모양으로 일으키는 선회 운동. = 회오리바람.
② 돌발적으로 일어나 세상을 뒤흔드는 사건을 비유적으로 이르는 말.
예 그의 대하소설이 일대 선풍을 일으켰다.

소개(疏開) 공습이나 화재 따위에 대비하여 한곳에 집중되어 있는 주민이나 시설물을 분산함.
예 소방관들이 폭발에 대비하여 주민들을 안전한 곳으로 소개하였다.

소거하다(消去──) 글자나 그림 따위를 지워 없애다.
예 벽에 있는 낙서를 소거하다.

소관(所管) 맡아 관리하는 바. 또는 그 범위.
예 소관 업무. / 그 일은 우리 소관 밖의 일이다.

소정(所定) (주로 '소정', '소정의' 꼴로 쓰여) 정해진 바.
예 소정 기간. / 소정의 양식. / 소정의 금액. / 소정의 상품.

소지(所持) 물건을 지니고 있는 일. 또는 그런 물건.
예 경로 우대증 소지 노인은 무료입장이다.

소진하다(消盡──) 점점 줄어들어 다 없어지다. 또는 다 써서 없애다.
예 모든 힘을 소진하다. / 시간을 헛되이 소진하다.

소청(所請) 남에게 청하거나 바라는 일.
예 부디 소녀의 소청을 들어주십시오.

소환(召喚) 『법률』 법원이 피고인, 증인, 변호인, 대리인 따위의 소송 관계인에게 소환장을 발부하여, 공판 기일이나 그 밖의 일정한 일시에 법원 또는 법원이 지정한 장소에 나올 것을 명령하는 일.
예 소환에 불응하다. / 검찰에 피의자 소환을 요구하다.

소환(召還)
① 『법률』 국제법에서, 본국에서 외국에 파견한 외교 사절이나 영사를 불러들이는 일.
② 『법률』 헌법에서, 국가나 지방 자치 단체의 공직에 있는 사람을 임기가 끝나기 전에 국민의 투표로 파면하는 일. 또는 그런 제도.

송부(送付) 편지나 물품 따위를 부치어 보냄.

〔최신〕 송영(送迎)
① 가는 사람을 보내고 오는 사람을 맞음.
예 송영 나온 군중은 깃발을 두르며 만세를 불렀다.
② 묵은해를 보내고 새해를 맞음. = 송구영신.

송치(送致) 『법률』 수사 기관에서 검찰청으로, 또는 한 검찰청에서 다른 검찰청으로 피의자와 서류를 넘겨 보내는 일.
예 경찰은 최종 수사 결과를 발표하고 사건을 검찰에 송치하였다.

수납(收納) 돈이나 물품 따위를 받아 거두어들임.
예 수납 창구.

수뢰(受賂) 뇌물을 받음.
예 검찰은 수뢰 혐의로 전직 장관을 기소했다.

수반(隨伴)
① 붙좇아서 따름.
② 어떤 일과 더불어 생김.
예 조직 개편으로 인해 인력 수급 문제가 수반되었다.

수임(受任) 『법률』 위임 계약에 의하여 상대편의 법률 행위나 사무 처리를 맡음.
예 변호사가 사건을 수임하다.

수작(酬酌) 남의 말이나 행동, 계획을 낮잡아 이르는 말.
예 속이 빤히 보이는 수작에 넘어가다.

수주(受注) 주문을 받음. 주로 물건을 생산하는 업자가 제품의 주문을 받는 것을 이르는 말이다.
예 수주가 줄다. / 국내 건설업체들의 건설 공사 수주가 활기를 띠고 있다.

수지(收支)
① 수입과 지출을 아울러 이르는 말.
예 수지 균형을 맞추다.
② 거래 관계에서 얻는 이익.
예 수지가 맞는 장사.

수탁(受託)
① 다른 사람의 의뢰나 부탁을 받음. 또는 그런 일.
예 이 연구소는 중소기업의 수탁을 받아 연구 개발 사업을 수행한다.
② 남의 물건 따위를 맡음.
예 화물의 수탁.

숙연하다(肅然──) 고요하고 엄숙하다.
예 그의 말을 듣자 모두가 숙연해졌다.

시금석(試金石) 가치, 능력, 역량 따위를 알아볼 수 있는 기준이 되는 기회나 사물을 비유적으로 이르는 말.
예 이번 총선은 민주주의의 발전 정도를 한 단계 높이거나 떨어뜨릴 수 있는 중요한 시금석이다.

시여(施與) 남에게 물건을 거저 줌.
예 불우 이웃에 대한 그의 시여 행위가 알려졌다.

식언(食言) 한번 입 밖에 낸 말을 도로 입속에 넣는다는 뜻으로, 약속한 말대로 지키지 아니함을 이르는 말.
예 식언을 일삼다. / 식언을 밥 먹듯 하다.

신병(身柄) 보호나 구금의 대상이 되는 사람의 몸.
예 신병 처리. / 신병을 인도하다. / 범죄 용의자의 신병을 확보하다.

신산하다(辛酸──)
① 맛이 맵고 시다.

예 신산한 맛.
② (비유적으로) 세상살이가 힘들고 고생스럽다. ≒ 산신하다.
예 기숙사 생활이 여간 신산한 것이 아니었다.

신수(身手)
① 용모와 풍채를 통틀어 이르는 말.
예 신수가 멀끔하다.
② 얼굴에 나타난 건강 색.
예 신수가 피다. / 신수가 말이 아니다.

실각(失脚)
① 발을 헛디딤.
예 그는 계단에서 실각하여 부상을 입었다.
② 세력을 잃고 지위에서 물러남.
예 내각은 내분과 총리의 건강 악화 등으로 실각의 위기를 맞고 있었다.

심금(心琴) ≒ **흉금** 외부의 자극에 따라 미묘하게 움직이는 마음을 비유적으로 이르는 말.
예 맑고 고운 목소리가 심금을 미묘하게 휘저었다.

아량(雅量) 너그럽고 속이 깊은 마음씨.
예 아량을 베풀다. / 그는 넓은 아량으로 부하 직원의 잘못을 용서했다.

애도(哀悼) 사람의 죽음을 슬퍼함.
예 애도 기간.

[최신] 야기(惹起) 일이나 사건 따위를 끌어 일으킴.
예 혼란을 야기하다.

어안(魚眼) 물고기의 눈.
[참고] **어안이 벙벙하다** 이때 '어안'은 고유어로, 어이없어 말을 못 하고 있는 혀 안을 의미함.

어용(御用) 자신의 이익을 위하여 권력자나 권력 기관에 영합하여 줏대 없이 행동하는 것을 낮잡아 이르는 말.
예 어용 단체. / 어용으로 몰리다.

억장(億丈) 썩 높은 것. 또는 그런 높이.
예 억장 같은 근심 때문에 한숨만 내쉬었다.
[참고] **억장이 무너지다** 극심한 슬픔이나 절망 따위로 몹시 가슴이 아프고 괴롭다.

언변(言辯) 말을 잘하는 재주나 솜씨.
예 유창한 언변.

역임(歷任) 여러 직위를 두루 거쳐 지냄.
예 김 선생은 신문사에서 편집국장, 주필 등을 역임하면서 많은 공을 세웠다.

영고(榮枯) ≒ **영락** 번성함과 쇠퇴함.
예 그것은 국가의 영고에까지 관하는 문제가 될 것이 자명하다.

영유(領有) 자기의 것으로 차지하여 가짐.
예 우리나라가 독도를 영유하는 것은 정당하다.

영전(榮轉) 전보다 더 좋은 자리나 지위로 옮김.

예방(禮訪) 예를 갖추는 의미로 인사차 방문함.
예 대통령은 외국 경제 사절단의 예방을 받고 투자 문제에 대해 논의했다.
[참고] 수험생은 시험 치기 전에 시험장을 예방하는 것이 좋다.(×)

왜곡(歪曲) 사실과 다르게 해석하거나 그릇되게 함.
예 역사 왜곡. / 왜곡 보도.

오찬(午餐) 손님을 초대하여 함께 먹는 점심 식사.

용렬하다(庸劣--) 사람이 변변하지 못하고 졸렬하다.
예 그는 매사에 하는 행동이 용렬하기 짝이 없다.

우골탑(牛骨塔) 가난한 농가에서 소를 팔아 마련한 학생의 등록금으로 세운 건물이라는 뜻으로, '대학'을 속되게 이르는 말.
예 한때, 대학은 상아탑 대신에 우골탑으로 불렸다.

우수(憂愁) 근심과 걱정을 아울러 이르는 말.
예 우수가 서린 낯빛. / 우수를 띤 표정. / 우수에 젖은 눈.

[최신] 우활하다(迂闊--)
① 곧바르지 아니하고 에돌아서 실제와는 거리가 멀다.
② 사리에 어둡고 세상 물정을 잘 모르다.
③ 주의가 부족하다.

위상(位相) 어떤 사물이 다른 사물과의 관계 속에서 가지는 위치나 상태.
예 위상을 높이다. / 위상이 추락하다. / 국제 사회에서 우리나라의 위상을 강화해야 한다.

위생(衛生) 건강에 유익하도록 조건을 갖추거나 대책을 세우는 일.
예 위생 검사. / 위생 관념. / 위생 상태 점검.

[최신] 유감(遺憾) 마음에 차지 아니하여 섭섭하거나 불만스럽게 남아 있는 느낌.
예 유감의 뜻을 표하다.

유기(遺棄) 내다 버림.
예 불의에 침묵하는 것은 지성인의 사회적 책임을 유기하는 행위이다.

유수(有數) 손꼽을 만큼 두드러지거나 훌륭함.
예 국내 유수의 대기업.
[참고] **국내 유수(流水)의 대기업(×)** 맥락에 맞는 한자어를 묻는 문제에서 동음이의어인 한자어가 출제되어 많은 수험생이 어려움을 겪었음.

유예(猶豫)
① 망설여 일을 결행하지 아니함.
예 안주하고 있는 것은 회피나 유예에 불과하지 않은가.
② 일을 결행하는 데 날짜나 시간을 미룸. 또는 그런 기간.
예 원리금 상환을 유예하다. / 공장의 철거를 유예하다.

③ 『법률』 소송 행위를 하거나 소송 행위의 효력을 발생시키기 위하여 일정한 기간을 둠. 또는 그런 기간.
예 유예 처분을 받다. / 유예를 받고 풀려나다. / 선고를 유예하다.

최신 **유치(誘致)**
① 꾀어서 데려옴.
② 행사나 사업 따위를 이끌어 들임.
예 시설 유치. / 공장 유치.

윤색(潤色) 사실을 과장하거나 미화함을 비유적으로 이르는 말.
예 번역극을 다루다 보면 우리 실정에 맞는 내용의 윤색도 필요하다.

융성(隆盛) 기운차게 일어나거나 대단히 번성함.
예 세종 대왕 때에는 나라가 크게 융성했다.

응대(應對) 부름이나 물음 또는 요구 따위에 응하여 상대함.
예 몇 번 물어보았으나 아무런 응대도 없다.

응수(應酬) 상대편이 한 말이나 행동을 받아서 마주 응함.
예 무례한 상대에게 적절한 응수를 하지 못했다.

인멸(湮滅 / 堙滅) 자취도 없이 모두 없어짐. 또는 그렇게 없앰.
예 증거품을 인멸하다.

인수(引受) 물건이나 권리를 건네받음.
예 물품 인수. / 판권의 인수.

인지하다(認知--) 어떤 사실을 인정하여 앎.
예 신호를 인지하다. / 존재를 인지하다. / 현실을 인지하다.

최신 **일별하다(一瞥--)** 한 번 흘깃 보다.
예 전처만은 마뜩잖은 눈길로 그들을 일별하고 돌아서서 남은 길을 재촉했다.

임대(賃貸) 돈을 받고 자기의 물건을 남에게 빌려줌.
예 임대 아파트. / 임대 가격이 싸다. / 임대 조건이 좋다.

임종(臨終)
① 죽음을 맞이함. ≒ 임명·임명종.
예 할머니는 편안하게 임종을 하셨다.
② 부모가 돌아가실 때 그 곁에 지키고 있음. ≒ 종신.
예 아들은 어머님의 임종을 지키지 못한 것이 못내 한이 되었다.

임차(賃借) 돈을 내고 남의 물건을 빌려 씀. ↔ 임대.
예 은행 돈을 빌려 사무실을 임차하였다.

입선(入選) 출품한 작품이 심사에 합격하여 뽑힘.
예 전시회 1층에는 이번 대회의 입선 작품들이 전시되었다.

입찰(入札) 『경제』 상품의 매매나 도급 계약을 체결할 때 여러 희망자들에게 각자의 낙찰 희망 가격을 서면으로 제출하게 하는 일.
예 여러 업체들이 우리가 예상한 것보다 낮은 입찰 금액을 제출했다.

입추(立錐) 송곳을 세움.

참고 **입추의 여지가 없다** 송곳 끝도 세울 수 없을 정도라는 뜻으로, 발 들여놓을 데가 없을 정도로 많은 사람들이 꽉 들어찬 경우를 비유적으로 이르는 말.

자웅(雌雄)
① 암컷과 수컷을 아울러 이르는 말. = 암수.
예 그의 집 마당에는 닭 한 자웅이 있었다.
② 승부, 우열, 강약 따위를 비유적으로 이르는 말.
예 자웅을 겨루다. / 자웅을 다투다.

자작(自酌) 자기 스스로 술을 따라 마심.
예 자작으로 잔을 비우다.

자충수(自充手)
① 『체육』 바둑에서, 자충이 되는 수.
예 자충수를 두다.
② 스스로 행한 행동이 결국에 가서는 자신에게 불리한 결과를 가져오게 됨을 비유적으로 이르는 말.
예 그는 실언을 해서 자충수를 두는 꼴이 되었다.

작고(作故) 고인이 되었다는 뜻으로, 사람의 죽음을 높여 이르는 말.

작렬하다(炸裂--)
① 포탄 따위가 터져서 쫙 퍼지다.
예 작렬하는 포성. / 수류탄이 작렬하다.
② (비유적으로) 박수 소리나 운동 경기에서의 공격 따위가 포탄이 터지듯 극렬하게 터져 나오다.

작태(作態)
① 의도적으로 어떠한 태도나 표정을 지음. 또는 그 태도나 표정.
예 아양스러운 작태. / 가게 주인은 손님에게 친절한 작태를 해 보였다.
② 하는 짓거리.
예 몰상식한 작태를 보이다.

최신 **잠언(箴言)** 가르쳐서 훈계하는 말.

잡기(雜技) 잡다한 놀이의 기술이나 재주.
예 그는 잡기에 능하다.

장계(狀啓) 왕명을 받고 지방에 나가 있는 신하가 자기 관하(管下)의 중요한 일을 왕에게 보고하던 일. 또는 그런 문서.

장고(長考) 오랫동안 깊이 생각함.
예 천재 바둑 기사는 인공지능 컴퓨터의 변칙적인 수에 장고를 거듭했다.

장사진(長蛇陣) 많은 사람이 줄을 지어 길게 늘어선 모양을 이르는 말.
예 결승전의 입장권을 구입하려는 사람들이 새벽부터 장사진을 치고 있다.

장악(掌握) 손안에 잡아 쥔다는 뜻으로, 무엇을 마음대로 할 수 있게 됨을 이르는 말.

예 그는 언론을 장악하기 시작했다.

장지(葬地) 장사하여 시체를 묻는 땅.
예 장지로 향하다. / 장지는 어디로 정했는가?

장착(裝着) 의복, 기구, 장비 따위에 장치를 부착함.
예 안전띠 장착을 의무화하다.

재고(再考) 어떤 일이나 문제 따위에 대하여 다시 생각함.
예 그 일의 결과는 너무나 뻔하므로 재고의 여지도 없다.

재기(才氣) 재주가 있는 기질.
예 재기 발랄한 젊은이. / 재기가 넘친다. / 재기가 있다.

최신 **재원(才媛)** 재주가 뛰어난 젊은 여자.
예 그녀는 이 지방에서 이름난 재원이다.

쟁탈(爭奪) 서로 다투어 빼앗음.
예 왕위 쟁탈. / 사람들이 모였다 하면 이권 쟁탈에만 열을 올렸다.

최신 **저간(這間) = 요즈음** 바로 얼마 전부터 이제까지의 무렵.
예 저간의 소식.

최신 **적폐(積弊)** 오랫동안 쌓이고 쌓인 폐단.
예 새로운 세제법이 이전의 적폐를 극복할 수 있기를 모두가 바란다.

전망(展望) 앞날을 헤아려 내다봄. 또는 내다보이는 장래의 상황.
예 도시 교통 문제의 현황과 전망.

전역(全域) 어느 지역의 전체.
예 수도권 전역에 비가 온다.

전용(專用) 특정한 목적으로 일정한 부문에만 한하여 씀.
예 버스 전용 차선.

전치(全治) 병을 완전히 고침.
예 전치 4주의 중상을 입다.

절찬리(絕讚裡) 지극한 칭찬을 받는 가운데.
예 공연이 절찬리에 상연되었다. / 신제품은 절찬리에 판매되고 있다.

점멸(漸滅) 점점 멸망하여 감.
예 찬란한 문화를 꽃피웠던 나라도 점멸의 길로 접어든 경우가 많다.

점유(占有) 물건이나 영역, 지위 따위를 차지함.
예 이 제품의 중국 시장 점유 비율이 지속적으로 상승했다.

접수(接受)
① 신청이나 신고 따위를 구두(口頭)나 문서로 받음.
　예 접수 번호. / 원서 접수. / 접수를 마감하다.
② 돈이나 물건 따위를 받음.
　예 너만 좋다면 부의금 접수는 내가 맡아보면 어떠니?

정곡(正鵠)
① 과녁의 한가운데가 되는 점.
　예 정곡을 맞히다. / 화살이 정곡에 꽂히다.
② 가장 중요한 요점 또는 핵심.
　예 정곡을 짚다. / 정곡을 뚫다. / 정곡을 지르다.
③ ('정곡으로' 꼴로 쓰여) 조금도 틀림없이 바로.
　예 그는 심장에 정곡으로 칼을 맞고 죽었다.

정서(情緒) 사람의 마음에 일어나는 여러 가지 감정. 또는 감정을 불러일으키는 기분이나 분위기.
예 그는 자연 속에서 느낀 정서를 시로 읊었다.

정주(定住) 일정한 곳에 자리를 잡고 삶.
예 청사 이전을 반대하는 사람들은 이 지역에 오랫동안 정주해 온 사람들이다.

정치하다(精緻--) 정교하고 치밀하다.
예 교수는 다른 학자들을 설득하기 위해 좀 더 정치한 논리를 마련했다.

최신 **제고(提高)** 수준이나 정도 따위를 끌어올림.
예 생산성의 제고. / 능률의 제고. / 이미지 제고.

제반(諸般) 어떤 것과 관련된 모든 것.
예 제반 사항. / 서울은 대도시의 제반 면모를 갖춘 국제적 도시다.

제재(制裁)
① 일정한 규칙이나 관습의 위반에 대하여 제한하거나 금지함. 또는 그런 조치.
　예 제재를 가하다. / 아무런 제재도 안 받고 무사통과했다.
② 『법률』 법이나 규정을 어겼을 때 국가가 처벌이나 금지 따위를 행함. 또는 그런 일.
　예 유엔 안보리의 도발국 제재 방안.

제청(提請) 어떤 안건을 제시하여 결정하여 달라고 청구함.
예 국무총리의 제청으로 장관이 임명된다.

조망(眺望) 먼 곳을 바라봄. 또는 그런 경치.
예 조망이 좋다. / 조망이 탁 트이다.

조문(弔問) ≒ 문상 남의 죽음에 대하여 슬퍼하는 뜻을 드러내어 상주(喪主)를 위문함. 또는 그 위문.
예 조문을 가다. / 조문을 온 그는 유족보다 더 목메어 애통해했다.

조장(助長) 바람직하지 않은 일을 더 심해지도록 부추김.
예 지역감정을 조장하다.
참고 '조장(助長)'은 부정적인 상황에 어울리는 표현이다.

조정(調停) 분쟁을 중간에서 화해하게 하거나 서로 타협점을 찾아 합의하도록 함.
예 의견 조정. / 실무자 간의 이견 조정을 위한 회의가 열렸다.

졸지(猝地) (흔히 '졸지에' 꼴로 쓰여) 갑작스러운 판국.
예 일제히 퍼붓는 집중 사격에 아군의 상당수가 졸지에 희생을 당했다.

종식(終熄) 한때 매우 성하던 현상이나 일이 끝나거나 없어짐.
예 냉전의 종식.

좌천(左遷) 낮은 관직이나 지위로 떨어지거나 외직으로 전근됨을 이르는 말. 예전에 중국에서 오른쪽을 숭상하고 왼쪽을 멸시하였던 데서 유래한다.
예 국장에서 과장으로 좌천되다.

[최신] 주재(主宰) 어떤 일을 중심이 되어 맡아 처리함.
예 국무총리 주재로 가뭄 대책 회의를 열었다.

주지(周知) 여러 사람이 두루 앎.
예 주지하다시피 수출난으로 회사가 어려움을 겪고 있습니다.

준거(準據) = 표준 사물의 정도나 성격 따위를 알기 위한 근거나 기준.
예 판단의 준거가 명확하지 않다.

준공(竣工) 공사를 다 마침.
예 스포츠 센터를 착공 2년 만에 준공하였다.

준수(遵守) 전례나 규칙, 명령 따위를 그대로 좇아서 지킴.
예 안전 수칙 준수. / 준수 사항.

중용(重用) 중요한 자리에 임용함.
예 요직에 중용되다.

즐비하다(櫛比--) 빗살처럼 줄지어 빽빽하게 늘어서 있다.
예 지금 그곳은 고층 아파트들이 즐비하게 들어섰다.

증편(增便) 정기적인 교통편의 횟수를 늘림.
예 지금 추세로 보아 이 구간의 항공기 증편은 불가피하다.

지연(遲延) 무슨 일을 더디게 끌어 시간을 늦춤. 또는 시간이 늦추어짐.
예 출발 시간이 지연되다. / 공사가 지연되다.

진단(診斷) 『의학』 의사가 환자의 병 상태를 판단하는 일.
예 의사의 진단을 받다.

진척(進陟)
① 일이 목적한 방향대로 진행되어 감.
　　예 진척 과정. / 진척 상태. / 빠른 진척을 보이다.
② 벼슬이 높아짐.

[최신] 질곡(桎梏) 몹시 속박하여 자유를 가질 수 없는 고통의 상태를 비유적으로 이르는 말.
예 질곡의 세월.

질책(叱責) 꾸짖어 나무람.
예 질책을 당하다. / 질책이 쏟아지다.

집체(集體)
① 물체가 한곳에 모여 이루어진 것.
② 힘, 지혜, 동작, 개념 따위를 하나로 뭉친 것.
　　예 집체 훈련. / 집체 교육.

징발(徵發) 남에게 물품을 강제적으로 모아 거둠.
예 반군은 점령지 주민들로부터 각종 물자의 징발을 시작했다.

징후(徵候) 겉으로 나타나는 낌새.
예 지진이 발생하기 직전에는 여러 가지 징후가 나타난다.

ㅊ

차제(此際) (흔히 '차제에' 꼴로 쓰여) 때마침 주어진 기회.
예 미뤘던 문제는 차제에 꼭 짚고 넘어가자. / 차제에 그동안 못 했던 말을 다 털어놓겠습니다.

차출(差出)
① 예전에, 관원으로 임명하기 위하여 인재를 뽑던 일.
② 어떤 일을 시키기 위하여 인원을 선발하여 냄.
　　예 인원 차출. / 노동력 차출. / 병력 차출. / 대표 팀 차출.
　　참고 '뽑아냄'으로 순화.

[최신] 차치(且置) 내버려 두고 문제 삼지 아니함.
예 다른 건 차치하더라도 공식 석상에서의 태도는 그냥 넘어갈 수 없다.

착공(着工) 공사를 시작함.
예 지하철 확장 사업은 이달 중에 착공될 예정이다.

[최신] 착상(着想) 어떤 일이나 창작의 실마리가 되는 생각이나 구상 따위를 잡음. 또는 그 생각이나 구상.
예 문제 해결을 위한 기발한 착상이 떠올랐다.

착수(着手) 어떤 일에 손을 댐. 또는 어떤 일을 시작함.
예 그들은 역할을 분담해 취재에 착수하였다.

착오(錯誤) 착각을 하여 잘못함. 또는 그런 잘못.
예 착오가 생기다. / 착오를 저지르다. / 담당자의 착오로 문제가 발생하였다.

착종(錯綜) 이것저것이 뒤섞여 엉클어짐.
예 이사하느라고 그의 방에는 많은 책이 착종되어 있다.

찬동(贊同) 어떤 행동이나 견해 따위가 옳거나 좋다고 판단하여 그에 뜻을 같이함.
예 조직원들은 내 계획에 찬동의 뜻을 표시했다.

찰나(刹那)
① 어떤 일이나 사물 현상이 일어나는 바로 그때.
　　예 그녀가 물속으로 뛰어들려던 찰나에 그가 나타나 그녀를 말렸다.
② 『불교』 매우 짧은 시간.

참가(參加) 모임이나 단체 또는 일에 관계하여 들어감.
예 참가 대상. / 전원 참가. / 참가에 의의가 있다.

최신 참척(慘慽) 자손이 부모나 조부모보다 먼저 죽는 일.
예 참척의 아픔.

창건(創建) 건물이나 조직체 따위를 처음으로 세우거나 만듦.
예 선운사 창건 설화. / 신당의 창건 과정. / 새 왕조 창건.

창궐(猖獗) 못된 세력이나 전염병 따위가 세차게 일어나 걷잡을 수 없이 퍼짐.

최신 창달(暢達) 거침없이 쑥쑥 뻗어 나감. 또는 그렇게 되게 함.
예 할머니는 민족 문화의 창달을 위해 평생을 바치셨다.

채근(採根)
① 식물의 뿌리를 캐냄.
② 어떤 일의 내용, 원인, 근원 따위를 캐어 알아냄.
  예 지금까지 채근을 해 본 바로 그는 이 사건과 무관하다.
③ 어떻게 행동하기를 따지어 독촉함.
  예 두말 말고 어서 그렇게 하라고 채근했다.
④ 남에게 받을 것을 달라고 독촉함.
  예 채권자의 빚 채근에 꽤 들볶였다.

최신 책동(策動) 좋지 아니한 일을 몰래 꾸미어 시행함.
예 암투와 음모와 책동을 자행하다.

척결(剔抉)
① 살을 도려내고 뼈를 발라냄.
② 나쁜 부분이나 요소들을 깨끗이 없애 버림.
  예 비리의 척결. / 부정부패 척결.

최신 천착(穿鑿) 어떤 원인이나 내용 따위를 따지고 파고들어 알려고 하거나 연구함.
예 다양한 실험을 통해 우리 것에 대한 천착을 계속하다.

철석(鐵石)
① 쇠와 돌을 아울러 이르는 말.
② 매우 굳고 단단한 것을 비유적으로 이르는 말.

첨삭(添削) 시문(詩文)이나 답안 따위의 내용 일부를 보태거나 삭제하여 고침.
예 첨삭 지도. / 편집부장은 언제나 기사 내용의 첨삭을 자기 맘대로 하였다.

체계(體系) 일정한 원리에 따라서 낱낱의 부분이 짜임새 있게 조직되어 통일된 전체.
예 명령 체계. / 이론 체계.

체류(滯留) 객지에 가서 머물러 있음.
예 체류 일정. / 장기 체류.

체불(滯拂) 마땅히 지급하여야 할 것을 지급하지 못하고 미룸.
예 임금이 체불되다.

체증(滯症) 교통의 흐름이 순조롭지 아니하여 길이 막히는 상태.
예 교통 체증이 해소되다.

초록(抄錄) 필요한 부분만을 뽑아서 적음. 또는 그런 기록.
예 논문의 초록을 영문으로 작성하다.

초미(焦眉) (주로 '초미의' 꼴로 쓰여) 눈썹에 불이 붙었다는 뜻으로, 매우 급함을 이르는 말.
예 노사 양측의 견해차를 어떻게 좁히느냐가 초미의 관심사이다.

초봉(初俸) 처음으로 받는 봉급.
예 요즈음 대기업의 대졸자 초봉이 얼마인지 알기나 해?

촉탁되다(囑託——) 일이 부탁이 되어 맡겨지다.
예 그는 자기에게 억지로 촉탁된 일도 기꺼이 하는 것을 보면 참 무던해.

추대(推戴) 윗사람으로 떠받듦.
예 임원들의 추대로 그는 회장이 되었다.

추모(追慕) 죽은 사람을 그리며 생각함.
예 추모 행렬.

추방(追放) 일정한 지역이나 조직 밖으로 쫓아냄.
예 국외 추방. / 부정부패 추방.

추서(追敍) 죽은 뒤에 관등을 올리거나 훈장 따위를 줌.
예 훈장 추서.

추인(追認) 지나간 사실을 소급하여 추후에 인정함.
예 회사 측은 긴급 회생 절차를 시행한 후 주주 총회에서 추인을 받기로 했다.

추징(追徵) 『법률』 형법상 몰수하여야 할 물건을 몰수할 수 없을 때에 몰수할 수 없는 부분에 해당하는 값의 금전을 징수하는 일.
예 정부 당국은 세무 조사를 통해 탈세가 확인되면 세금을 추징하기로 했다.

추출(抽出)
① 전체 속에서 어떤 물건, 생각, 요소 따위를 뽑아냄.
  예 이 글에서는 주된 생각이나 의견을 추출하기가 어렵다.
② 『수학』 모집단(母集團)에서 표본을 뽑아내는 일.
③ 『화학』 고체 또는 액체의 혼합물에 용매(溶媒)를 가하여 혼합물 속의 어떤 물질을 용매에 녹여 뽑아내는 일.

추풍선(秋風扇) 가을철의 부채라는 뜻으로, 철이 지나서 쓸모없이 된 물건을 비유적으로 이르는 말.

축수(祝壽) 오래 살기를 빎.
예 산신령께 어머님의 축수를 기원하나이다.

축출(逐出) 쫓아내거나 몰아냄.
예 당 지도부는 뇌물죄로 사법 처리를 당한 의원들의 축출을 결의하였다.

출시(出市) 상품이 시중에 나옴. 또는 상품을 시중에 내보냄.
예 출시 시기. / 출시 기념행사.

출현(出現) 나타나거나 또는 나타나서 보임.
예 고대 국가의 출현. / 구세주의 출현.

치료(治療) 병이나 상처 따위를 잘 다스려 낫게 함.
예 그는 심한 감기에 걸려 병원에 가서 치료를 받아야 했다.

치부(恥部) 남에게 드러내고 싶지 아니한 부끄러운 부분.
예 치부를 드러내다. / 치부를 폭로하다.

치성(致誠)
① 있는 정성을 다함. 또는 그 정성. ≒진관.
　예 병자를 치성으로 간호하다.
② 신이나 부처에게 지성으로 빎. 또는 그런 일.
　예 부녀자들이 치성을 드리려고 절을 들락거린다.

친소(親疏) 친함과 친하지 아니함.
예 직원들은 사장이 친소 관계를 따져 일을 배분하는 것에 불만이 많았다.

칩거(蟄居) 나가서 활동하지 아니하고 집 안에만 틀어박혀 있음.
예 칩거 생활을 하다.

ㅋ

쾌거(快擧) 통쾌하고 장한 행위.
예 그는 올림픽에서 4관왕이 되는 쾌거를 이룩했다.

ㅌ

타개하다(打開--) 매우 어렵거나 막힌 일을 잘 처리하여 해결의 길을 열다.
예 정부는 수출 부진을 타개하기 위해 새로운 경기 부양책을 내놓았다.

탁견(卓見) 두드러진 의견이나 견해.
예 그는 환경 문제에 대해 탁견을 가지고 있다.
참고 '뛰어난 의견'으로 순화.

토로(吐露) 마음에 있는 것을 죄다 드러내어서 말함.
예 어머니께 흉금을 토로하다. / 친구에게 심정을 토로하다.

통달하다(通達--)
① 말이나 문서로써 기별하여 알리다.
　예 육군 본부는 각 부대에 전투 준비를 철저히 하라고 통달했다.
② 사물의 이치나 지식, 기술 따위를 훤히 알거나 아주 능란하게 하다.
　예 한문과 불경에 통달하다.

 통변(通辯) 말이 통하지 아니하는 사람 사이에서 뜻이 통하도록 말을 옮겨 줌. 또는 그런 일을 하는 사람.

특기(特記) 특별히 다루어 기록함. 또는 그런 기록.
예 특기 사항. / 특기할 만한 사건이 벌어지다.

ㅍ

파장(波長) 충격적인 일이 끼치는 영향 또는 그 영향이 미치는 정도나 동안을 비유적으로 이르는 말.
예 신문 기사의 파장은 매우 컸다.

파천황(破天荒) (주로 '파천황의' 꼴로 쓰여) 이전에 아무도 하지 못한 일을 처음으로 해냄을 이르는 말. 《북몽쇄언(北夢瑣言)》에 나오는 말로, 중국 당나라의 형주(荊州) 지방에서 과거의 합격자가 없어 천지가 아직 열리지 않은 혼돈한 상태라는 뜻으로 천황(天荒)이라고 불리었는데 유세(劉蛻)라는 사람이 처음으로 합격하여 천황을 깼다는 데서 유래한다.
예 그가 이번에 달성한 성과는 파천황의 일이다.

팽배(澎湃 / 彭湃) 어떤 기세나 사조 따위가 매우 거세게 일어남.
예 기대 심리의 팽배. / 위기감 팽배.

포복절도(抱腹絕倒) 배를 그러안고 넘어질 정도로 몹시 웃음.
예 그의 유머에 모두가 포복절도하였다.

폭등(暴騰) 물건의 값이나 주가 따위가 갑자기 큰 폭으로 오름.
예 가뭄으로 농작물이 피해를 입어 농산물 값의 폭등 사태가 우려된다.

품의(稟議) 웃어른이나 상사에게 말이나 글로 여쭈어 의논함.
예 그는 선생님께 사전 품의를 해 왔어야 하는데 그러질 않았다.

 풍미(風味) 음식의 고상한 맛.

풍운(風雲)
① 바람과 구름을 아울러 이르는 말.
　예 풍운의 조화를 부릴 줄 아는 신선의 경지에 이르다.
② 용이 바람과 구름을 타고 하늘로 오르는 것처럼 영웅호걸들이 세상에 두각을 나타내는 좋은 기운.
　예 풍운을 타다. / 풍운과 비운으로 점철된 생애.
③ 사회적·정치적으로 세상이 크게 변하려는 기운을 비유적으로 이르는 말.
　예 심상치 않은 풍운이 감돌자 그는 인적이 드문 곳으로 거처를 옮겼다.

풍조(風潮)
① 바람과 조수(潮水)를 아울러 이르는 말. 또는 바람에 따라 흐르는 조수.
② 시대에 따라 변하는 세태.
　예 과소비 풍조. / 불신 풍조.

피력하다(披瀝--) 생각하는 것을 털어놓고 말하다.
예 자신의 견해를 피력하다.

피폐하다(疲弊--) 지치고 쇠약하여지다.
예 형의 피폐한 모습이 순간적으로 나를 두렵게 했다.

한담(閑談) 심심하거나 한가할 때 나누는 이야기. 또는 별로 중요하지 아니한 이야기.
예 한담을 나누다. / 한담을 즐기다.

할거(割據) 땅을 나누어 차지하고 굳게 지킴.
예 군웅이 할거하던 춘추 전국 시대.

함락(陷落) 적의 성, 요새, 진지 따위를 공격하여 무너뜨림.
예 적군에게 수도가 함락되었다.

함양(涵養) 능력이나 품성 따위를 길러 쌓거나 갖춤.
예 인격 함양. / 독서는 학생들의 지식과 정서 함양에 크게 이바지한다.

[최신] 함의하다(含意--) 말이나 글 속에 어떠한 뜻을 포함하고 있다.
예 우리는 파격적인 그의 그림이 무엇을 함의하고 있는가를 어렴풋이 느낄 수 있었다.

[최신] 항간(巷間) 일반 사람들 사이.
예 항간에 떠도는 소문. / 이 노래가 요즘 항간에서 유행하는 것이다.

항진(亢進)
① 위세 좋게 뽐내고 나아감.
② 병세 따위가 심하여짐.
③ 기세나 기능 따위가 높아짐.

해촉(解囑) 위촉했던 직책이나 자리에서 물러나게 함.
예 규정을 어겼다는 이유로 해촉 통보를 받다.

[최신] 해후(邂逅) 오랫동안 헤어졌다가 뜻밖에 다시 만남.
예 감격적인 해후. / 극적인 해후. / 헤어졌던 친구와 십여 년 만에 해후했다.

행간(行間)
① 쓰거나 인쇄한 글의 줄과 줄 사이. 또는 행과 행 사이.
예 행간이 넓다. / 행간에 밑줄을 긋다.
② 글에 직접적으로 나타나 있지 아니하나 그 글을 통하여 나타내려고 하는 숨은 뜻을 비유적으로 이르는 말.
예 행간을 읽다.

향년(享年) 한평생 살아 누린 나이. 죽을 때의 나이를 말할 때 쓴다.
예 향년 83세를 일기(一期)로 별세하다.

확장(擴張) 범위, 규모, 세력 따위를 늘려서 넓힘.
예 고속 도로 확장이 시급하다.

환담(歡談) 정답고 즐겁게 서로 이야기함. 또는 그런 이야기.
예 환담을 나누다.

환희(歡喜) 매우 기뻐함. 또는 큰 기쁨.
예 환희의 함성. / 환희에 차다.

횡사(橫死) 뜻밖의 재앙으로 죽음.
예 비명에 횡사를 당하다.

효험(效驗) 일의 좋은 보람. 또는 어떤 작용의 결과.
예 약을 먹은 지 꽤 되었는데도 효험은 나타날 기미조차 보이지 않았다.

[최신] 흔연하다(欣然--) 기쁘거나 반가워 기분이 좋다.
예 반가운 소식을 접하니 기쁘고 흔연하기 짝이 없습니다.

흠모(欽慕) 기쁜 마음으로 공경하며 사모함.
예 흠모의 대상.

[최신] 힐난(詰難) 트집을 잡아 거북할 만큼 따지고 듦.
예 그 속에는 이 사람을 절대 용서할 수 없다는 힐난이 담겨 있었다.

힐문(詰問) 트집을 잡아 따져 물음.
예 그것은 거의 힐문에 가까운 물음이었다.

3 혼동하기 쉬운 기출 한자어

한자어 중에는 비슷한 뜻으로 쓰이지만 앞뒤 문맥에 따라 정확하게 분별하여 사용해야 할 단어들이 많이 있다. 따라서 어휘의 섬세한 의미 차이를 알고 정확하게 분별하여 사용하려는 노력이 필요하다.

어휘	의미	용례
개재(介在)	어떤 것들 사이에 끼어 있음.	• 이번 협상에는 수많은 변수가 개재되어 있다. • 그의 칼럼을 일주일에 한 번 신문에 게재하기로 했다. • 지금은 이것저것 가릴 계제가 아니다.
최신 게재(揭載)	글이나 그림 따위를 신문이나 잡지 따위에 실음.	
계제(階梯)	어떤 일을 할 수 있게 된 형편이나 기회.	
개선(改善)	잘못된 것이나 부족한 것, 나쁜 것 따위를 고쳐 더 좋게 만듦.	• 회사는 유통 구조를 개선하기 위해 노력하고 있다. • 경치가 좋은 곳은 관광지로 개발하려는 시도가 끊이지 않고 있다. • 점심시간을 자기 계발에 활용하는 직장인들이 많다.
개발(開發)	① 토지나 천연자원 따위를 유용하게 만듦. 　예 유전 개발. / 수자원 개발. ② 지식이나 재능 따위를 발달하게 함. 　예 자신의 능력 개발. ③ 산업이나 경제 따위를 발전하게 함. 　예 산업 개발. ④ 새로운 물건을 만들거나 새로운 생각을 내어놓음. 　예 신제품 개발. / 핵무기 개발. / 프로그램 개발.	
최신 계발(啓發)	슬기나 재능, 사상 따위를 일깨워 줌. 예 상상력 계발. / 외국어 능력의 계발. / 평소에 자기 계발을 계속한 사람은 좋은 기회가 왔을 때에 그것을 잡을 수 있다.	
개칠(改漆)	① 한 번 칠한 것을 다시 고쳐 칠함. 　예 칠이 벗겨진 불상을 개칠하였다. ② 글씨를 쓰거나 그림을 그릴 때, 한 번 그은 곳에 다시 붓을 대서 칠함.	• 이것은 물론 지우거나 개칠하지 못하기 때문이기도 하지만 실상 획의 성패란 획 그 자체에 있지 않고…….
수정(修正)	바로잡아 고침. 예 궤도의 수정 / 대폭적인 수정. / 향후 목표에 근본적인 수정을 가하다.	

참고 수정(修訂): 글이나 글자의 잘못된 점을 고침.
예 그는 출판하기 전에 원고의 오타를 꼼꼼히 수정하였다.

어휘	의미	용례
갱신(更新)	『법률』법률관계의 존속 기간이 끝났을 때 그 기간을 연장하는 일. 예 계약 갱신. / 비자 갱신. / 여권 갱신을 받다.	• 최근 열린 국제 공인 큐브 대회에서 한국인이 세계 최고 기록을 경신했다.
경신(更新)	① 기록경기 따위에서, 종전의 기록을 깨뜨림. 　예 마라톤 세계 기록 경신. ② 어떤 분야의 종전 최고치나 최저치를 깨뜨림. 　예 무더위로 최대 전력 수요 경신이 계속되고 있다.	
결벽(潔癖)	유난스럽게 깨끗한 것을 좋아하는 성벽(性癖). 예 결벽이 심하다.	• 그가 결벽하다면 누명은 곧 벗겨질 것이다.(×) → 그가 결백하다면 누명은 곧 벗겨질 것이다.(○)
결백(潔白)	행동이나 마음씨가 깨끗하고 조촐하여 아무런 허물이 없음. 예 결백을 주장하다.	
결제(決濟)	『경제』증권 또는 대금을 주고받아 매매 당사자 사이의 거래 관계를 끝맺는 일. 예 결제 자금. / 어음의 결제.	• 부모님의 전화 요금은 내 통장에서 자동 결제된다.
최신 결재(決裁)	결정할 권한이 있는 상관이 부하가 제출한 안건을 검토하여 허가하거나 승인함. 예 결재 서류. / 결재가 나다. / 결재를 받다. / 결재를 올리다.	
결손(缺損)	어느 부분이 없거나 잘못되어서 불완전함. '모자람'으로 순화. 예 동력 전달 장치에 결손이 있다.	• 마찬가지로 한 자가 잘못된 때는 그다음 자 또는 그 다음다음 자로써 그 결함을 보상하려고 합니다.
결여(缺如)	마땅히 있어야 할 것이 빠져서 없거나 모자람. 예 그에게는 성실성이 결여되어 있다.	
결함(缺陷)	부족하거나 완전하지 못하여 흠이 되는 부분. 예 성격상의 결함.	

최신 흠결(欠缺)	일정한 수효에서 부족함이 생김. 또는 그런 부족. = 흠축. 예 전하께서 왕위를 이어받으신 초기에는 간언(諫言)을 따르시는 미덕이 거의 흠결이 없었으므로 사람마다 용기를 갖고 하고 싶은 말을 다 하려고 생각하였으나…….	
훼손(毁損)	① 체면이나 명예를 손상함. 예 명예에 훼손을 입다. ② 헐거나 깨뜨려 못 쓰게 만듦. 예 문화유산 훼손. / 자연환경 훼손이 심하다.	
계시(啓示)	① 깨우쳐 보여 줌. ②『종교 일반』사람의 지혜로써는 알 수 없는 진리를 신(神)이 가르쳐 알게 함.	
암시(暗示)	넌지시 알림. 또는 그 내용. 예 암시가 깔리다. / 암시를 받다. / 암시를 주다.	

참고 합격자 명단이 과 사무실 알림판에 계시(啓示)되었다.(×) → 합격자 명단이 과 사무실 알림판에 게시(揭示)되었다.(○)
게시(揭示): 여러 사람에게 알리기 위하여 내붙이거나 내걸어 두루 보게 함. 또는 그런 물건.
예 행사 일정표의 게시.

최신 계량(計量)	① 수량을 헤아림. ② 부피, 무게 따위를 잼.	
개량(改良)	나쁜 점을 보완하여 더 좋게 고침. 예 농기구 개량. / 품종 개량.	
곤혹(困惑)	곤란한 일을 당하여 어찌할 바를 모름. 예 예기치 못한 질문에 곤혹을 느끼다.	• 나도 이 일을 어떻게 처리해야 할지 판단하기가 곤혹스러웠다. • 전혀 예상하지 못한 질문을 받고 곤욕을 느꼈다.(×) → 전혀 예상하지 못한 질문을 받고 곤혹을 느꼈다.(○)
곤욕(困辱)	심한 모욕. 또는 참기 힘든 일. 예 곤욕을 치르다. / 곤욕을 겪다.	
최신 공포(公布)	『법률』이미 확정된 법률, 조약, 명령 따위를 일반 국민에게 널리 알리는 일. 관보(官報) 따위의 정부의 정기 간행물에 게재하여 알린다. 예 국민의 많은 관심을 받은 이 법률은 공포와 더불어 시행될 예정이다.	• 새로 시행할 정책을 전 국민에게 공포했다. • 이번에 공포된 법률은 건전한 결혼 문화를 형성하기 위한 것이다. • 학회는 결정적 증거가 나오기 전까지 새 학설의 공포를 미루기로 결정했다.(×) → 학회는 결정적 증거가 나오기 전까지 새 학설의 공표를 미루기로 결정했다.(○) • 누구든지 대통령이 정하는 기준에 해당하는 상당한 노력을 기울였어도 공표된 저작물의 지적 재산권자나 그의 사는 곳을 알 수 없어 ……(하략)
최신 공표(公表)	여러 사람에게 널리 드러내어 알림. '공개 발표', '발표'로 순화. 예 그는 지동설의 정당성을 확인하고 이를 공표하였다.	

참고 일반적으로 '공포'는 법률 전문 용어로서 법률을 일반 국민에게 널리 알리는 일을 의미하며, '공표'는 여러 사람에게 공개하여 알린다는 의미를 갖고 있음.

담백(淡白)하다	① 욕심이 없고 마음이 깨끗하다. 예 솔직하고 담백한 성격. ② 아무 맛이 없이 싱겁다. 예 이 집의 반찬 맛은 담백하다. ③ 음식이 느끼하지 않고 산뜻하다. 예 담백한 음식. / 옥수수는 맛이 담백하다. ④ 빛깔이 진하지 않고 산뜻하다. 예 담백한 색의 옷.	
단순(單純)하다	① 복잡하지 않고 간단하다. 예 단순한 구조. / 단순하게 여기다. / 세상일이란 그렇게 단순하지가 않다. ② 외곬으로 순진하고 어수룩하다. 예 어린아이처럼 단순하다.	
당황 (唐慌 / 唐惶)하다	놀라거나 다급하여 어찌할 바를 모르다. 예 그는 갑작스럽게 벌어진 사태에 당황하고 겁이 나서 부들부들 떨었다.	• 소문의 내용이 너무 당황하여 믿을 수가 없었다.(×) → 소문의 내용이 너무 황당하여 믿을 수가 없었다.(○)
황당(荒唐)하다	말이나 행동 따위가 참되지 않고 터무니없다. 예 황당한 말. / 황당하기 짝이 없는 일. / 소문이 너무 황당하여 어이없다.	

단어	뜻	예시
대비(對備)	앞으로 일어날지도 모르는 어떠한 일에 대응하기 위하여 미리 준비함. 또는 그런 준비. 예 노후 대비. / 비상사태에 대한 대비. / 학생들은 중간고사 대비에 힘을 쏟았다.	• 일본 정부가 독도 영유권 강화를 주장하자 유관 부처가 긴급 회의를 여는 등 대처 방안을 강구 중이다.
대처(對處)	어떤 정세나 사건에 대하여 알맞은 조치를 취함. 예 미온적인 대처 방안. / 강력한 대처를 촉구하다.	

참고 '대비'는 앞으로 일어날 일, '대처'는 이미 일어난 일이나 진행 중인 일에 대해 사용하는 경우가 많음.

단어	뜻	예시
독립(獨立)	① 다른 것에 예속하거나 의존하지 아니하는 상태로 됨. ② 독자적으로 존재함. 　예 독립 초소. ③ 『법률』 개인이 한집안을 이루고 완전히 사권(私權)을 행사하는 능력을 가짐. ④ 『정치』 한 나라가 정치적으로 완전한 주권을 행사함. 　예 조국의 독립을 위해 우리 모두가 노력해야 한다.	• 하나의 획이 다른 획을 만나지 않고서 어찌 제 혼자서 자(字)가 될 수 있겠습니까. 획도 흡사 사람과 같아서 독존하지 못하는 반쪽인 듯합니다.
독존(獨存)	홀로 존재함.	
자립(自立)	남에게 예속되거나 의지하지 아니하고 스스로 섬. 예 자립 경제. / 경제적으로 자립하다.	
자존(自存)	자기 힘으로 생존함. 예 일제 치하에서 수없이 많은 사람이 민족 자존과 독립을 위해 싸우다 죽었다.	
면목(面目)	① 얼굴의 생김새. ② 남을 대할 만한 체면. = 낯. 　예 면목을 세우다. / 그런 엄청난 잘못을 저질렀으니 무슨 면목으로 부모님을 대할 수 있겠는가? ③ 사람이나 사물의 겉모습. 　예 서울은 세계적인 도시의 면목을 지녔다. 참고 면목(이) 없다 부끄러워 남을 대할 용기가 나지 않다. 　예 약속을 지키지 못해 그를 대할 면목이 없다.	• 자네를 볼 면목이 없네. • 약속을 어겨 그를 대할 면목이 없다. • 네가 어떻게 감히 염치도 없이 그런 말을 해. • 부끄러운 줄 모르고 염치없이 그런 말을 해.
염치(廉恥)	체면을 차릴 줄 알며 부끄러움을 아는 마음. ≒ 염우. 예 예의와 염치에 어긋나다. / 너는 애가 염치도 없이 어른 앞에서 왜 그 모양이니?	

참고 '면목, 골치, 부아, 오금'은 모두 어원상 신체와 관련이 있는 말.
면목 - 얼굴과 낯. 골치 - 머리와 뇌. 부아 - 허파. 오금 - 무릎의 안쪽

단어	뜻	예시
방증(傍證)	사실을 직접 증명할 수 있는 증거가 되지는 않지만, 주변의 상황을 밝힘으로써 간접적으로 증명에 도움을 줌. 또는 그 증거.	• 이렇게 종류가 다양하다는 사실은 이 제품이 얼마나 인기가 있는가를 방증하는 것입니다. • 우리에겐 그 사실을 뒤집을 만한 반증이 없다.
반증(反證)	어떤 사실이나 주장이 옳지 아니함을 그에 반대되는 근거를 들어 증명함. 또는 그런 증거. 예 그의 주장은 논리가 워낙 치밀해서 반증을 대기가 어렵다.	
배상(賠償)	『법률』 남의 권리를 침해한 사람이 그 손해를 물어 주는 일. 예 피해자에게 손해를 배상하고 용서를 빌었다.	• 그는 아무런 배상도 바라지 않고 나를 도와주었다.(×) → 그는 아무런 보상도 바라지 않고 나를 도와주었다.(○)
보상(報償)	① 남에게 진 빚 또는 받은 물건을 갚음. 　예 빌린 돈의 보상이 어렵게 되었다. / 그는 보상을 약속하고 그녀에게 사업 자금을 빌려 갔다. ② 어떤 것에 대한 대가로 갚음. 　예 노고에 대해 보상을 받다. / 그는 사건을 묵인하는 보상으로 거액을 받았다. ③ 『심리』 행위를 촉진하거나 학습 분위기를 조성하기 위하여 사람이나 동물에게 주는 물질이나 칭찬.	
변동(變動)	바뀌어 달라짐. 예 가격의 변동. / 여행 계획에 변동 사항이 있으면 알려 주세요.	• 현재 국제 정세에 큰 변동이 일어나고 있다. • 자동차 안전 시트나 안락의자로 변형이 가능한 유모차가 새로 나왔다.
최신 변형(變形)	모양이나 형태가 달라지거나 달라지게 함. 또는 그 달라진 형태. 예 그 물건은 심하게 변형을 겪어서 원래 형태를 찾아볼 수 없었다.	
변별(辨別)	① 사물의 옳고 그름이나 좋고 나쁨을 가림. 　예 진짜는 가짜와 반드시 변별되기 마련이다. ② 세상에 대한 경험이나 식견에서 나오는 생각이나 판단.	

보조(補助)	① 보태어 도움. 예 국가에서 보조를 받다. / 친구는 삼촌의 보조로 대학을 마쳤다. ② 주되는 것에 상대하여 거들거나 도움. 또는 그런 사람. 예 보조 병력. / 보조 수단. / 주방에 보조를 두 명 두고 일했다.	• 우수 학생들의 학비를 보조하도록 약간의 돈을 기부했다. • 부동산을 매각함으로써 투자 손실을 보전하였다. • 전통문화를 고스란히 보존하였다. • 기둥은 실하지 못했으나 흙벽이 두껍게 발라져 있어 서까래만 보충하고 기와를 일 수 있었다. • 그는 자신의 문제점을 보완하기 위하여 최선을 다하였다.
최신 보전(補塡)	부족한 부분을 보태어 채움. 예 적자의 보전.	
보결(補缺)	① 결원이 생겼을 때에 그 빈자리를 채움. 늑 보궐. 예 보결 입학. / 그는 학교에 보결로 들어갔다. ② 결점을 고쳐서 보충함.	
보존(保存)	잘 보호하고 간수하여 남김. 예 우리 문화의 보존에 힘쓰다.	
빈출 보충(補充)	부족한 것을 보태어 채움. 예 보충 교육. / 보충 설명. / 학교 공부의 보충으로 학원에 다닌다.	
빈출 보완(補完)	모자라거나 부족한 것을 보충하여 완전하게 함. 예 보완 대책. / 단점 보완.	
복기 (復棋 / 復碁)	『체육』 바둑에서, 한 번 두고 난 바둑의 판국을 비평하기 위하여 두었던 대로 다시 처음부터 놓아 봄.	• 예상치 못한 오류로 인해 저장한 자료를 복기할 수 없게 되었다.(×) → 예상치 못한 오류로 인해 저장한 자료를 복원할 수 없게 되었다.(○)
복원 (復元 / 復原)	원래대로 회복함. 예 훼손된 문화재의 복원이 시급하다.	
부득이(不得已)	마지못하여 하는 수 없이. 예 집안 사정으로 부득이 약속을 취소하다.	• 나는 마음이 내키지는 않았지만 부득이하게 그를 따랐다.
부조리(不條理)	이치에 맞지 아니하거나 도리에 어긋남. 또는 그런 일. 예 부조리한 사회. / 부조리한 제도. / 부조리한 현실을 극복하다.	
불가해(不可解)	이해할 수 없음. 예 불가해 현상. / 불가해의 사건. / 내세(來世)의 문제는 영원히 불가해하다.	
사사(謝辭)하다	① 고마운 뜻을 나타내는 말을 하다. ② 사죄하는 말을 하다. ③ 예를 갖추어 사양하다. 또는 그런 뜻을 나타내는 말을 하다.	• 그는 많은 재산을 복지 단체에 사철했다.
사철(捨撤)하다	베풀어 주다.	
설정(設定)	새로 만들어 정해 둠. 예 상황 설정. / 서울을 둘러싼 주변 지역에 광대한 개발 제한 구역이 설정되어 있다.	• 북한은 1991년에 나진 등 3개 항을 자유 무역항으로 지정하였다.
선정(選定)	여럿 가운데서 어떤 것을 뽑아 정함. 예 기자단은 그를 이달의 선수에 선정하였다.	
지정(指定)	① 가리키어 확실하게 정함. 예 지정 좌석에 앉으시오. ② 관공서, 학교, 회사, 개인 등이 어떤 것에 특정한 자격을 줌. 예 지정 병원. / 문화재 지정.	

참고 '설정'은 새로 정한다는 의미를, '선정'은 여러 개 중에서 고른다는 의미를, '지정'은 가리키어 정한다는 의미를 갖고 있음.

실제(實際)	사실의 경우나 형편. 예 실제 모습. / 실제 상황. / 그는 실제 나이보다 젊게 보인다.	• 그동안 학설로만 주장되어 오던 우리 고유의 청동 종 밀랍 주조 기술이 이번에 실제 종을 제작하는 데 적용되었다. • 경찰이 오랫동안 추적하던 용의자는 수사 결과 실재의 인물이 아닌 가공의 인물임이 드러났다.
실재(實在)	실제로 존재함. 예 실재의 인물.	
실존(實存)	실제로 존재함. 또는 그런 존재. 예 신의 실존에 대해 많은 논란이 있다. / 그 영화의 주인공은 실존 인물을 바탕으로 만들어졌다.	
실체(實體)	실제의 물체. 또는 외형에 대한 실상(實相). 예 사건의 실체를 파악하다. / 그의 실체가 만천하에 밝혀졌다.	

시력(視力)	물체의 존재나 형상을 인식하는 눈의 능력. 예 시력이 떨어지다. / 안경을 맞출 때는 반드시 시력을 먼저 측정해야 한다.	• 그는 시력이 나빠 안경을 쓴다. • 남의 시선을 너무 의식하지 말고 소신껏 추진하시오. • 당신은 사람을 보는 안목이 매우 높구려.
시선(視線)	① 눈이 가는 길. 또는 눈의 방향. 예 시선을 돌리다. / 아이는 장난감 가게 앞에서 시선을 떼지 못하고 서 있었다. ② 주의 또는 관심을 비유적으로 이르는 말. 예 최근 환경 문제에 세인의 시선이 집중되고 있다.	
안목(眼目)	사물을 보고 분별하는 견식. 예 안목이 있다. / 안목이 없다. / 안목이 높다.	
안광(眼光)	① 눈의 정기. 예 안광이 형형하다. / 안광이 번뜩이다. ② 사물을 보는 힘. 예 안광이 날카롭다. / 그는 사물의 본질을 꿰뚫어 보는 안광을 지니고 있다.	
신중(愼重)	매우 조심스러움. 예 신중한 자세. / 일을 신중하게 처리하다. / 그는 매사에 신중하여 무리하게 일을 진행하지 않는다.	
조신(操身)	몸가짐을 조심함. 예 조신한 성품. / 조신하게 굴다. / 조신하게 대답하다.	
실패(失敗)	일을 잘못하여 뜻한 대로 되지 아니하거나 그르침. 예 실패가 없도록 주의하다. / 아버지 사업이 실패했다.	• 우리는 기대했던 일이 잘못되어 딱하게 된 경우를 흔히 낭패라고 한다.
낭패(狼狽)	계획한 일이 실패로 돌아가거나 기대에 어긋나 매우 딱하게 됨. 예 낭패를 당하다. / 벌써 기차가 떠났다니, 이것 참 낭패로군.	
운치(韻致)	고상하고 우아한 멋. 예 운치가 있는 풍경. / 그 집의 정원은 운치가 있어 보인다.	• 미닫이는 젊은 중들이 길거리에서 주워 온 종이를 표백하여 곱게 바른 것이어서 더욱 운치가 있었다.
가치(價値)	사물이 지니고 있는 쓸모. 예 상품 가치 / 가치가 높다. / 우리나라의 자연은 외국인에게 자랑할 만한 가치가 있다.	
일상사(日常事)	날마다 또는 늘 있는 일. 예 그가 그녀의 곁을 떠난 후로, 허무감은 그녀의 일상사가 되어 버렸다.	• 그는 배가 고프면 밥을 먹는 것과 같이 다반사로 뛰어난 작품들을 만들었다.
다반사(茶飯事)	차를 마시고 밥을 먹는 일이라는 뜻으로, 보통 있는 예사로운 일을 이르는 말. 늑 일상다반사·항다반사. '예삿일', '흔한 일'로 순화. 예 결산을 하는 월말엔 일이 밀려 며칠씩 집에 안 들어오는 일이 다반사였다.	
재연(再演)	① 연극이나 영화 따위를 다시 상연하거나 상영함. 예 그 연극은 공연이 금지된 지 삼 년 만에 재연되고 있다. ② 한 번 하였던 행위나 일을 다시 되풀이함. 예 현장 검증에 나선 범인은 태연히 범행을 재연했다.	• 이것은 선사 시대의 생활상을 재연한 전시물이다.(×) → 이것은 선사 시대의 생활상을 재현한 전시물이다.(○)
재연(再燃)	① 꺼졌던 불이 다시 탐. 예 산불을 겨우 진압하기는 했으나 재연을 경계해야 한다. ② 한동안 잠잠하던 일이 다시 문제가 되어 시끄러워짐. 예 일이 이렇게 된 이상 그 문제의 재연은 이제 막을 수가 없다.	
재현(再現)	다시 나타남. 또는 다시 나타냄. 예 100년 전 도시의 모습을 그대로 재현한 전시회가 열렸다.	
정체(停滯)	사물이 발전하거나 나아가지 못하고 한자리에 머물러 그침. 예 경제의 정체로 불황이 지속된다. / 주말이 되면 이 도로는 교외로 나들이 가는 차량으로 극심한 정체를 이룬다.	• 교통 안내 방송의 경우, 도로에서 자동차들이 달리는 속도에 따라 표현하는 말이 다르다. 예를 들어, 서울 시내에서 차량의 속도가 시속 10km 이내는 정체, 시속 20km 이내는 지체라는 표현을 사용하고, 시속 30~50km 정도는 서행이라고 표현한다.
지체(遲滯)	때를 늦추거나 질질 끎. 예 잠시도 지체 말고 바로 집으로 돌아가시오. / 컴퓨터가 고장 나서 일 처리가 지체되고 있다.	
서행(徐行)	사람이나 차가 천천히 감. 예 차가 시내로 들어오면서 서행하기 시작했다.	
제청(提請)	어떤 안건을 제시하여 결정하여 달라고 청구함. 예 국무총리의 제청으로 장관이 임명된다.	• 임원 추천 위원회는 적임자를 공공 기관 운영 위원회에 추천하며 국토교통부 장관이 대통령에게 임명을 제청하게 된다.
제안(提案)	안이나 의견으로 내놓음. 또는 그 안이나 의견. 예 시민의 제안 / 제안을 받아들이다.	

조율(調律)	① 악기의 음을 표준음에 맞추어 고름. 예 조율이 잘된 악기. ② 문제를 어떤 대상에 알맞거나 마땅하도록 조절함을 비유적으로 이르는 말. 예 사전 조율. / 두 집안의 갈등에 조율이 필요하다.	• 특히 임신 초기인 2~3개월은 태아의 뇌신경 세포가 급격히 성장하여 완성되는 시기이므로 이 시기에는 산고가 자신의 정서 조절에 힘써야 한다.
조정(調整)	어떤 기준이나 실정에 맞게 정돈함. 예 선거구 조정. / 시내버스 노선의 조정. / 회사의 구조 조정으로 많은 부서가 재편되었다.	
조절(調節)	균형이 맞게 바로잡음. 또는 적당하게 맞추어 나감. 예 체중을 조절하다. / 그 선수는 컨디션 조절에 실패하여 중도에서 탈락했다.	
주관(主管)	어떤 일을 책임을 지고 맡아 관리함. 예 프랑스 문화원 주관으로 청소년 영화제가 개최되었다.	• 서울 중랑구민 회관에서 대한 큐브 협회 주최로 큐브 대회가 결렸다.
주최(主催)	행사나 모임을 주장하고 기획하여 엶. 예 군청 주최 씨름 대회. / 방송사 주최의 토론회.	

참고 '주관'은 어떤 일 또는 행사에 대해 실무 처리를 할 때 쓰고, '주최'는 어떤 일이나 행사에 대해 계획하거나 최종 결정을 하며 이에 따르는 책임을 질 때 씀.

최신 주요(主要)하다	주되고 중요하다. 예 이것들은 모두 제품 생산에 주요한 시설들이다.	
주효(奏效)하다	효력이 나타나다. 예 계약을 성공시키는 데 그의 노력이 주효했던 것으로 보인다.	
중개(仲介)	제삼자로서 두 당사자 사이에 서서 일을 주선함. 예 중개 수수료. / 부동산 중개. / 노인들 몇 분이 동네에 조그만 복덕방을 하나 차려 놓고 집을 팔고 사고 하는 일을 중개하여 용돈을 버신다.	• 그의 중개로 미국과의 거래를 성사시켰다. • 이야기가 결론 나지 않자, 물러나 있던 김 선생이 중재에 나섰다. • 세계 재즈 축제를 위성으로 중계방송해 준다고 한다.
중재(仲裁)	분쟁에 끼어들어 쌍방을 화해시킴. 예 그는 늘 논쟁을 중재하는 역할을 맡았다.	
중계(中繼)	① 중간에서 이어 줌. 예 산간 지대에서는 사단과 대대, 대대와 중대 사이의 교신이 잘 안되니까 중계 역할을 하는 곳이 필요하다. ② 『매체』 어느 방송국의 방송을 다른 방송국에서 연결하여 방송하는 일. = 중계방송. 예 라디오 중계. / 텔레비전 중계.	
착안(着眼)	어떤 일을 주의하여 봄. 또는 어떤 문제를 해결하기 위한 실마리를 잡음. 예 그는 눈의 구조에 착안하여 사진기를 발명하였다.	• 기업의 경영자 대다수는 자신이 착안한 사업에 대해서도 독특한 탁견이 없고, 다만 주위를 육안으로만 살펴보아 피상적으로 판단한다. … (중략) … 이는 사물을 제대로 살펴 분별하는 심안을 가지지 못했기 때문이다.
육안(肉眼)	① 안경이나 망원경, 현미경 따위를 이용하지 아니하고 직접 보는 눈. = 맨눈. 예 태양의 흑점은 육안으로는 볼 수 없다. ② 식견 없이 단순히 표면적인 현상만을 보는 것.	
심안(心眼)	사물을 살펴 분별하는 능력. 또는 그런 작용. ≒ 마음눈. 예 사람의 겉모습만 보지 말고 심안으로 보아야 한다.	
혜안(慧眼)	사물을 꿰뚫어 보는 안목과 식견. 예 아마도 형은 앞날을 내다볼 줄 아는 혜안을 갖고 있었던 것 같았다.	
최신 참석(參席)	모임이나 회의 따위의 자리에 참여함. 예 참석 인원. / 선약이 있어서 그 모임에 참석이 어렵게 되었다.	• 홍보 부족 때문인지 사람들의 ( )이/가 너무 적었다. • 경수는 그 공론에 ( )하지 않으려고 다른 곳을 쳐다보고 있었다. • 주희는 축제에 ( )하는 사람들과 어울리기 위해 공원으로 달려왔다. → 공통적으로 들어갈 단어: 참여
빈출 참여(參與)	어떤 일에 끼어들어 관계함. 예 현실 참여.	
참가(參加)	모임이나 단체 또는 일에 관계하여 들어감. 예 참가 대상. / 전원 참가. / 참가에 의의가 있다. / 행사에 참가하다.	
참견(參見)	자기와 별로 관계없는 일이나 말 따위에 끼어들어 쓸데없이 아는 체하거나 이래라저래라 함. 예 쓸데없는 참견. / 남의 일에 참견하다.	
참관(參觀)	어떤 자리에 직접 나아가서 봄. 예 수업 참관. / 대회 참관.	

단어	뜻풀이 및 예	비고
처방(處方)	① 병을 치료하기 위하여 증상에 따라 약을 짓는 방법. 예 처방을 내리다. / 의사의 처방에 따라 약국에 가서 약을 지었다. ② 일정한 문제를 처리하는 방법.	• 응급실에 가서 상처를 소독하는 처방을 받았다.(×) → 응급실에 가서 상처를 소독하는 처치를 받았다.(○)
처치(處置)	① 일을 감당하여 처리함. 예 그가 늑장을 부리는 바람에 처치된 것이 하나도 없다. ② 처리하여 없애거나 죽여 버림. 예 쓰레기가 집 앞에 잔뜩 쌓여 있는데 처치 곤란이다. ③ 상처나 헌데 따위를 치료함.	
체재(體裁)	생기거나 이루어진 틀. 또는 그런 됨됨이. 예 작품의 구성과 체재. / 체재를 개편하다. / 체재에 구애되지 않다.	• 이번에 왕위에 오른 그는 국왕이 명실상부하게 정치를 주도하는 체제를 구축하고자 노력했다. • 교차로의 교통 신호 체계를 변경했다.
체제(體制)	사회를 하나의 유기체로 볼 때에, 그 조직이나 양식. 또는 그 상태를 이르는 말. 예 냉전 체제. / 체제 개편. / 중앙 집권 체제. / 새로운 지도 체제가 들어서다.	
체계(體系)	일정한 원리에 따라서 낱낱의 부분이 짜임새 있게 조직되어 통일된 전체. 예 명령 체계. / 사상 체계. / 체계를 갖추다. / 정보 통신 체계를 마련하다.	

참고 각 단어의 정의로 구별하기가 쉽지 않으면, 예시로 익히는 것이 좋다.

단어	뜻풀이 및 예	비고
추돌(追突)	자동차나 기차 따위가 뒤에서 들이받음. 예 버스 한 대와 승용차 두 대가 부딪치는 이중 추돌이 일어났다.	• 마주 오던 화물차와 버스가 정면으로 추돌하는 사고가 발생했다.(×) → 마주 오던 화물차와 버스가 정면으로 충돌하는 사고가 발생했다.(○)
충돌(衝突)	서로 맞부딪치거나 맞섬. 예 자동차 충돌. / 의견 충돌.	
출원(出願)	청원이나 원서를 냄. 예 발명 특허의 출원.	• 오랜 연구 끝에 부품 특허를 출현하게 되었다.(×) → 오랜 연구 끝에 부품 특허를 출원하게 되었다.(○)
출현(出現)	나타나거나 또는 나타나서 보임. 예 뜻하지 않은 그의 출현이 우리를 몹시 놀라게 했다.	
피격(被擊)	습격이나 사격을 받음. 예 민간 항공기 피격 사건. / 그는 괴한의 피격을 받고 병원에 실려 갔다.	
피살(被殺)	죽임을 당함. 예 피살 사건. / 남편의 피살 소식을 들은 부인은 그 자리에서 혼절하였다.	
살해(殺害)	사람을 해치어 죽임. 예 살해 사건. / 살해 현장. / 유괴범은 납치한 아이를 살해하였다.	
사살(射殺)	활이나 총 따위로 쏘아 죽임. 예 포로 사살. / 사살을 당하다.	
혼동(混同)	① 구별하지 못하고 뒤섞어서 생각함. 예 친구 아버지의 전화 음성은 친구의 음성과 혼동될 정도로 유사하다. ② 서로 뒤섞이어 하나가 됨.	• 잠이 덜 깼는지 그는 현실과 꿈 사이에서 혼동을 일으켰다. • 외래문화의 무분별한 수용은 가치관의 혼돈을 초래하였다. • 목격자들이 제각기 다른 말을 하는 까닭에 수사는 혼선을 빚고 있었다. • 현대 사회의 문제점은 여러 가치관이 마구 혼동되어 있다는 것이다.(×) → 현대 사회의 문제점은 여러 가지 가치관이 마구 혼돈되어 있다는 것이다.(○)
혼돈 (混沌 / 渾沌)	마구 뒤섞여 있어 갈피를 잡을 수 없음. 또는 그런 상태. 예 혼돈에 빠지다. / 그 나라는 극심한 정치적 혼돈으로 국민 복지에 신경 쓸 겨를이 없다.	
혼선(混線)	① 전신·전화·무선 통신 따위에서, 선이 서로 닿거나 전파가 뒤섞여 통신이 엉클어지는 일. 예 전화에 갑자기 혼선이 생겨 통화를 중단했다. ② 말이나 일 따위를 서로 다르게 파악하여 혼란이 생김. 예 혼선을 빚다. / 혼선이 일어나다.	
혼잡(混雜)	여럿이 한데 뒤섞이어 어수선함. 예 교통 혼잡. / 갑자기 내린 눈 때문에 출퇴근 시간에 큰 혼잡이 일어났다.	

참고 '혼동'은 뒤섞어 보거나 잘못 판단하는 것을 의미하므로, '얼굴이 비슷해서 혼동하기 쉽다.' 또는 '자유와 방종을 혼동하지 마라.'와 같이 사용됨.
'혼돈'은 하늘과 땅이 아직 나뉘지 않은 상태 또는 사물의 구별 상태가 확실하지 않은 것을 가리키기도 함. '혼돈 상태', '혼돈 세계'와 같은 표현으로 사용됨.

단어	뜻풀이 및 예	비고
최신 화제(話題)	이야기할 만한 재료나 소재. = 이야깃거리. 예 화제의 인물. / 화제로 삼다. / 그의 무용담은 우리 사무실에서 화제가 되었다.	• 나의 선(禪)은 이 이끼 앉은 바위를 바라보며 시를, 민족을, 죽음을 화두로 삼고 있었다.
화두(話頭)	이야기의 첫머리. 예 화두를 바꾸다. / 영철이는 또 이데올로기 문제를 가지고 화두를 꺼냈다.	

4 기출 한자(한자의 표기와 병기)

동음이의어의 한자 표기와 일반적으로 많이 사용되는 한자어의 병기(함께 나란히 적는 것)가 출제되고 있다. 일상생활에서 동음이의어의 한자 표기를 염두에 두고 한자어를 보도록 하자. 또한 이 부분에서 출제된 한자어가 한자어의 문맥적 의미나 사전적 의미를 묻는 문제에서도 출제되고 있으므로 한자어의 의미까지도 함께 파악하도록 한다.

1 기출 동음이의 한자어

가장(家長, 假裝, 假葬)
家長 한 가정을 이끌어 나가는 사람.
예 한집안의 가장 노릇을 하기가 그리 쉬운 게 아니다.
假裝 태도를 거짓으로 꾸밈.
예 그는 우연을 가장하여 나에게 접근했다.
假葬 임시로 장사 지냄. 또는 그 장사.
예 친구는 돌아가신 아버지 시신을 일단 가장했다.

감사(感謝, 監査, 監事)
感謝 고마움을 나타내는 인사.
예 감사 편지.
監査 감독하고 검사함.
예 국정 감사. / 감사 자료를 준비하느라 바쁘다.
監事 『경영』법인의 재산이나 업무를 감사하는 상설 기관. 또는 그런 사람.
예 그는 재단 비상임 감사로 임명되었다.

감수(甘受, 感受, 監修)
甘受 책망이나 괴로움 따위를 달갑게 받아들임.
예 전체를 위해서 개인의 희생이 감수될 수 있다는 생각은 옳지 않다.
感受 외부의 영향을 수동적으로 받아들임.
監修 책의 저술이나 편찬 따위를 지도하고 감독함.

개정(改正, 改定, 改訂)
改正 주로 문서의 내용 따위를 고쳐 바르게 함.
예 헌법 개정. / 회칙 개정. / 악법의 개정에 힘쓰다.
改定 이미 정하였던 것을 고쳐 다시 정함.
예 개정 요금. / 대회 날짜 개정.
改訂 글자나 글의 틀린 곳을 고쳐 바로잡음.
예 개정 증보판. / 초판본을 개정 보완하다.

경기(景氣, 競技, 驚氣)
景氣 『경제』매매나 거래에 나타나는 호황·불황 따위의 경제 활동 상태.
예 경기 부진. / 경기 침체. / 부동산 경기가 좋다.
競技 일정한 규칙 아래 기량과 기술을 겨룸. 또는 그런 일.
예 경기 규칙. / 무술 경기. / 경기를 관전하다.
驚氣 『한의』어린아이에게 나타나는 증상의 하나. 풍(風)으로 인해 갑자기 의식을 잃고 경련하는 병증. ≒ 경풍.
예 경기를 일으키다. / 이제 겨우 돌을 넘긴 아이가 경기 들린 듯 하루 종일 울어 대기만 했다.

고도(古都, 高度)
古都 옛 도읍.
예 경주는 신라의 고도이다.
高度
① 평균 해수면 따위를 0으로 하여 측정한 대상 물체의 높이.
예 고도를 유지하며 날다. / 고도가 점차 낮아지고 있다.
② 수준이나 정도 따위가 매우 높거나 뛰어남. 또는 그런 정도.
예 고도로 숙련된 기술. / 문명이 고도로 발달하다.

고사(考査, 告祀, 姑捨)
考査
① 자세히 생각하고 조사함.
② 학생들의 학업 성적을 평가하는 시험.
예 월말 고사. / 학기마다 두 번씩 고사를 치른다.
告祀 『민속』액운(厄運)은 없어지고 풍요와 행운이 오도록 집안에서 섬기는 신(神)에게 음식을 차려 놓고 비는 제사.
예 고사를 지내다. / 터주에게 고사를 드리다.
姑捨(姑捨하다) 어떤 일이나 그에 대한 능력, 경험, 지불 따위를 배제하다. 앞에 오는 말의 내용이 불가능하여 뒤에 오는 말의 내용 역시 기대에 못 미침을 나타낸다.
예 1등은 고사하고 중간도 못 가는 성적이다.

고수(固守, 高手, 鼓手)
固守 차지한 물건이나 형세 따위를 굳게 지킴.
예 강경 노선 고수. / 올해 우리 팀은 선두권 고수를 목표로 삼고 있다.
高手
① 바둑이나 장기 따위에서 수가 높음. 또는 그런 사람.
예 정석을 배우되 정석을 버리지 않고선 진정한 바둑 고수가 될 수 없다.
② 어떤 분야나 집단에서 기술이나 능력이 매우 뛰어난 사람.
예 이 분야의 고수가 되기 위해 최선을 다하였다.
鼓手 『음악』북이나 장구 따위를 치는 사람.
예 북채를 든 고수. / 고수의 북소리에 맞추어 행진하는 군대.

고전(古典, 古傳, 苦戰)
古典
① 옛날의 의식(儀式)이나 법식(法式).
② 오랫동안 많은 사람에게 널리 읽히고 모범이 될 만한 문학이나 예술 작품.
예 문학 고전 100선. / 그 책은 철학의 고전으로 불리는 책이다.
③ 고대 그리스와 로마의 대표적 저술.
④ 옛날의 서적이나 작품.
古傳 예로부터 전하여 내려옴.
예 고전 민담(民談).

苦戰 전쟁이나 운동 경기 따위에서, 몹시 힘들고 어렵게 싸움. 또는 그 싸움.
예 이번 경기는 선수들의 부상으로 고전을 면치 못했다.

공과(工科, 公課, 功過)
工科 『공업』 대학에서, 공업 생산에 필요한 과학 기술을 전공하는 학과를 통틀어 이르는 말.
예 아들은 공과 대학에 다니고 있다.
公課 국가나 공공 단체가 국민에게 부과하는 금전상의 부담이나 육체적인 일.
예 이번 달 공과금이 많이 나왔다.
功過 공로와 과실을 아울러 이르는 말.
예 공과를 논하다.

공사(工事, 公私, 公社)
工事 토목이나 건축 따위의 일.
예 공사 중에 안전사고가 발생했다.
최신 公私 공공의 일과 사사로운 일을 아울러 이르는 말.
예 그는 공사를 엄격히 구분했다.
公社 『행정』 국가적 사업을 수행하기 위하여 설립된 공공 기업체의 하나.
예 한국 방송 공사.

공포(公布, 空砲, 恐怖)
최신 公布 일반 대중에게 널리 알림.
空砲 실탄을 넣지 않고 소리만 나게 하는 총질.
恐怖 두렵고 무서움.
예 공포에 떨다.

최신 관용(官用, 寬容, 慣用)
官用 정부 기관이나 국립 공공 기관에서 사용함.
예 관용 차량.
寬容 남의 잘못 따위를 너그럽게 받아들이거나 용서함. 또는 그런 용서.
예 관용을 베풀다.
慣用 ① 습관적으로 늘 씀. 또는 그렇게 쓰는 것.
예 관용 수단.
② 오랫동안 써서 굳어진 대로 늘 씀. 또는 그렇게 쓰는 것.
예 관용 표현.

교사(狡詐, 校舍, 敎唆)
狡詐 교활하게 남을 속임.
예 그의 비상한 머리는 교사에도 재능을 보였다.
校舍 학교의 건물.
예 신축 교사.
敎唆 남을 꾀거나 부추겨서 나쁜 짓을 하게 함.
예 그는 부하들에게 폭력을 교사한 혐의로 검거되었다.

구속(拘束, 拘俗)
拘束 행동이나 의사의 자유를 제한하거나 속박함.
예 아버지는 자식들의 생활을 일일이 구속했다.

拘俗 세속(世俗)에 얽매임.

구제(救濟, 舊製, 驅除)
救濟 자연적인 재해나 사회적인 피해를 당하여 어려운 처지에 있는 사람을 도와줌.
예 소비자 피해 구제.
舊製 옛적에 만듦. 또는 그런 물건.
예 그는 저렴한 구제 의류를 즐겨 입었다.
驅除 해충 따위를 몰아내어 없앰.
예 기생충 구제. / 해충 구제 사업.

기수(旗手, 機首, 騎手)
旗手 행사 때 대열의 앞에 서서 기를 드는 일을 맡은 사람. 늑 기잡이.
機首 비행기의 앞부분.
예 기수를 남으로 향하다.
騎手 경마에서 말을 타는 사람.

동기(同氣, 同期, 動機)
同氣 형제와 자매, 남매를 통틀어 이르는 말.
예 동기끼리 사이좋게 지내다.
同期
① 같은 시기. 또는 같은 기간.
예 6월 중 수출 실적은 전년 동기 대비 32.5%가 증가했다.
② 학교나 훈련소 따위에서의 같은 기(期).
예 입사 동기.
動機 어떤 일이나 행동을 일으키게 하는 계기.
예 범행의 동기.

동화(同化, 同和, 童畵, 童話)
同化 성질, 양식(樣式), 사상 따위가 다르던 것이 서로 같게 됨.
예 자연과의 동화. / 감정의 동화가 일어나다. / 원만한 사회생활을 위해선 주변 사람들과의 동화가 필요하다.
同和 같이 화합함.
예 부부는 동화하면서 닮아 간다.
童畵 『미술』 아동이 그린 그림.
童話 『문학』 어린이를 위하여 동심(童心)을 바탕으로 지은 이야기. 또는 그런 문예 작품.

무지(拇指, 無地, 無知)
拇指 다섯 손가락 가운데 첫째 손가락. = 엄지손가락.
無地 무늬가 없이 전체가 한 가지 빛깔로 됨. 또는 그런 물건.
無知
① 아는 것이 없음.
예 무지를 자각하다. / 그것은 실로 가난과 무지가 낳은 비극이었다.
② 미련하고 우악스러움.
예 그 사람 말고 이런 무지한 짓거리를 할 사람이 또 있겠니.

ㅂ

보수(保守, 報酬, 補修)
保守
① 보전하여 지킴.
② 새로운 것이나 변화를 적극적으로 받아들이기보다는 전통적인 것을 옹호하며 유지하려 함.
예 보수 세력.
報酬
① 고맙게 해 준 데 대하여 보답을 함. 또는 그 보답.
예 가난한 이에게 도움을 준 사람에게는 반드시 그 보수가 따를 것이다.
② 일한 대가로 주는 돈이나 물품.
예 한 달 치 보수.
補修 건물이나 시설 따위의 낡거나 부서진 것을 손보아 고침.
예 하수도 보수. / 철교 보수 작업.

부정(不正, 父情, 否定)
[최신] 不正 올바르지 아니하거나 옳지 못함.
예 부정 축재. / 입시 부정.
父情 자식에 대한 아버지의 정.
[최신] 否定 그렇지 아니하다고 단정하거나 옳지 아니하다고 반대함.
예 그녀는 긍정도 부정도 아닌 미소만 지었다.

분수령(分水嶺), 분수(分數, 噴水)
分水嶺 어떤 사실이나 사태가 발전하는 전환점 또는 어떤 일이 한 단계에서 전혀 다른 단계로 넘어가는 전환점을 비유적으로 이르는 말.
예 외국에서 지낸 5년이 그의 인생에 있어 중요한 분수령이 되었다.
分數 『수학』 정수 a를 0이 아닌 정수 b로 나눈 몫을 a/b로 표시한 것.
噴水 압력으로 좁은 구멍을 통하여 물을 위로 세차게 내뿜거나 뿌리도록 만든 설비. 또는 그 물. 흔히 공원이나 광장 한가운데에 설치한다.
예 시원스럽게 내뿜는 분수를 보니 더위가 한결 가신다.

ㅅ

사고(事故, 思考)
事故
① 뜻밖에 일어난 불행한 일.
예 자동차 사고. / 그분은 불의의 사고로 세상을 떠나셨다.
② 사람에게 해를 입혔거나 말썽을 일으킨 나쁜 짓.
예 사고를 치다. / 사고를 저지르다. / 저놈은 허구한 날 사고만 내고 다닌다.
思考 생각하고 궁리함.
예 진보적 사고. / 사고 능력. / 사고의 영역을 넓히다.

사기(士氣, 史記, 沙器 / 砂器, 邪氣, 詐欺)
士氣 의욕이나 자신감 따위로 충만하여 굽힐 줄 모르는 기세.
예 사기가 높다. / 사기가 떨어지다.
史記 역사적 사실을 기록한 책.
沙器 / 砂器 고령토, 장석, 석영 따위의 가루를 빚어서 구워 만든, 희고 매끄러운 그릇. 또는 그 재료로 만든 물건. ≒사기그릇.
예 사기 항아리.
邪氣 요사스럽고 나쁜 기운.
예 이 부적은 사기를 쫓아 준다.
詐欺 나쁜 꾀로 남을 속임.
예 사기를 당하다. / 사기 행각을 벌이다.

사료(史料, 思料, 飼料)
史料 역사 연구에 필요한 문헌이나 유물. 문서, 기록, 건축, 조각 따위를 이른다.
예 사료 수집. / 이번 발굴 작업에서 새로운 사료가 발견되었다.
思料 깊이 생각하여 헤아림.
예 이 이상 그를 놔두심은 일을 더욱 어렵게 하는 것으로 사료되옵니다.
飼料 가축에게 주는 먹을거리.
예 사료를 주다. / 사료를 먹이다.

사주(四柱, 使嗾, 社主)
四柱 『민속』 사람이 태어난 연월일시의 네 간지(干支). 또는 이에 근거하여 사람의 길흉화복을 알아보는 점.
[최신] 使嗾 남을 부추겨 좋지 않은 일을 시킴.
예 그는 적의 사주를 받아 내부의 기밀을 염탐했다.
社主 회사나 결사(結社)의 주인.
예 우리 회사는 사주가 바뀌고 말았다.

사학(史學, 死學, 私學, 邪學)
史學 역사를 연구 대상으로 하는 학문. =역사학.
예 민족 사학. / 사회·경제 사학.
死學 실용적인 가치가 없는 학문.
예 현실과 유리된 학문은 사학이다.
私學 『교육』 개인 또는 사법인이 설립하여 경영하는 학교. =사립학교.
예 우리 학교는 사학의 명문이다.
邪學 『철학』 조선 시대에, 주자학에 반대되거나 위배되는 학문을 이르던 말. 조선 중기에는 양명학을, 후기에는 천주교나 동학을 가리켰다.
예 홍주는 사학에 가장 심하게 물든 지역이니 홍주 목사를 붙잡아 국문하자. - 《순조실록》

수(手, 首, 數)
手 바둑이나 장기 따위를 두는 기술. 또는 그 기술 수준.
예 한 수 위. / 수를 읽다. / 내가 한 수 가르쳐 주지.
首 시나 노래를 세는 단위.
예 시 한 수 읊조리다. / 시조 한 수를 짓다.
數
① 이미 정하여져 있어 인간의 힘으로는 어쩔 수 없는 천운(天運)과 기수(氣數). =운수.
예 그는 수가 좋아 하는 일마다 잘된다. / 올해는 수가 나쁘니 조심해라.
② 좋은 운수.
예 그는 수를 만나 횡재했다.

수령(受領, 首領, 樹齡)
[최신] 受領 돈이나 물품을 받아들임.
예 반품 및 교환은 물품 수령 후 3일 안에만 가능합니다.
[참고] '받음'으로 순화.
首領 한 당파나 무리의 우두머리.
예 홍길동은 활빈당의 수령이 되었다.

樹齡 나무의 나이.
예 이 은행나무는 수령이 200년이 넘어 보호수로 지정되었다.

수리(水利, 修理, 數理)
水利 식용, 관개용, 공업용 따위로 물을 이용하는 일.
예 농업 생산을 늘리기 위하여 수리 시설을 확충하다.
[최신] **修理** 고장 나거나 허름한 데를 손보아 고침.
예 자전거를 수리하다.
數理
① 수학의 이론이나 이치.
　예 그는 수리에 밝아서 계산이 틀리는 일이 없다.
② 수학과 자연 과학을 아울러 이르는 말.
　예 이번 시험은 언어 영역보다 수리 영역이 어려웠다.

수정(水晶, 受精, 修正)
水晶 『광업』 무색투명한 석영의 하나.
예 물이 맑아 마치 수정을 보는 것만 같았다.
受精 『생명』 암수의 생식 세포가 하나로 합쳐져 접합자가 됨. 또는 그런 현상.
예 벌은 식물의 수정을 돕는 역할을 한다.
修正 바로잡아 고침.
예 이 계획은 전반적인 수정이 필요하다.

시가(市街, 市價, 始價)
市街 도시의 큰 길거리.
예 버스는 어느새 시가를 빠져나와 국도를 향해 달렸다.
市價 시장에서 상품이 매매되는 가격.
예 시가보다 싸게 팔다. / 이 집은 시가가 1억 원 정도 된다.
始價 『경제』 증권 거래소에서 당일 입회에서 최초로 형성된 가격.
예 외국인 보유 주식의 시가 총액이 사상 최고치를 기록했다.

ㅇ

양식(良識, 樣式, 糧食)
良識 뛰어난 식견이나 건전한 판단.
예 아무 데나 침을 뱉는 것은 양식 있는 행동이 아니다.
樣式
① 일정한 모양이나 형식.
　예 주어진 양식에 따라 보고서를 제출하시오.
　[참고] '서식'으로 순화.
② 오랜 시간이 지나면서 자연히 정하여진 방식.
　예 행동 양식. / 인간 활동의 양식은 자연환경의 영향을 받는다.
糧食 생존을 위하여 필요한 사람의 먹을거리.
예 먹을 양식이 다 떨어졌다.

연기(延期, 煙氣, 演技)
延期 정해진 기한을 뒤로 물려서 늘림.
예 무기한 연기. / 지급 연기 신청.
煙氣 무엇이 불에 탈 때에 생겨나는 흐릿한 기체나 기운.
예 굴뚝에서 연기가 나다. / 방 안에 담배 연기가 자욱하다.
演技 『연기』 배우가 배역의 인물, 성격, 행동 따위를 표현해 내는 일.
예 연기 지도. / 내면 연기. / 목소리 연기. / 연기의 폭을 넓히다.

유지(有志, 維持, 遺志)
有志 마을이나 지역에서 명망 있고 영향력을 가진 사람.
예 지역 유지. / 그 어른은 이곳에서 가장 영향력이 큰 유지이다.
[최신] **維持** 어떤 상태나 상황을 그대로 보존하거나 변함없이 계속하여 지탱함.
예 질서 유지. / 건강 유지.
遺志 죽은 사람이 살아서 이루지 못하고 남긴 뜻.
예 아버지의 유지를 따르다. / 유지를 받들다.

이상(以上, 理想, 異常)
以上 수량이나 정도가 일정한 기준보다 더 많거나 나음. 기준이 수량으로 제시될 경우에는, 그 수량이 범위에 포함되면서 그 위인 경우를 가리킨다.
예 키 158cm 이상. / 만 20세 이상.
理想 생각할 수 있는 범위 안에서 가장 완전하다고 여겨지는 상태.
예 이상을 향한 열정. / 높은 이상을 품다.
異常
① 정상적인 상태와 다름.
　예 이상 저온. / 기계에 이상이 생기다. / 그는 몸에 이상을 느끼고 병원을 찾았다.
② 지금까지의 경험이나 지식과는 달리 별나거나 색다름.
　예 이상한 냄새.
③ 의심스럽거나 알 수 없는 데가 있음.

ㅈ

장기(長技, 長期, 臟器)
長技 가장 잘하는 재주.
예 장기 자랑.
長期 긴 기간. = 장기간.
예 장기 출장을 다녀올 예정이다.
臟器 『의학』 내장의 여러 기관.
예 환자들이 장기 이식을 기다리고 있다.

전기(前期, 傳記, 轉機)
前期 일정 기간을 몇 개로 나눈 첫 시기.
예 프로 야구 전기 리그. / 전기 중세 국어.
傳記 한 사람의 일생 동안의 행적을 적은 기록.
예 한국 위인 전기.
轉機 전환점이 되는 기회나 시기.
예 전기를 맞이하다. / 새로운 치료법의 발견으로 암 치료에 전기가 마련되었다.

[최신] **정상(頂上, 正常, 情狀)**
頂上
① 산 따위의 맨 꼭대기.
　예 지리산의 정상.
② 그 이상 더없는 최고의 상태.
　예 인기 정상의 가수.
③ 한 나라의 최고 수뇌.
　예 정상들이 회담을 갖기로 하였다.
正常 특별한 변동이나 탈이 없이 제대로인 상태.
예 공장이 정상으로 가동되다.

情狀
① 있는 그대로의 사정과 형편.
　예 물품을 받으려면 정상과 상관없이 차례에 따라야 한다.
② 딱하거나 가엾은 상태.
　예 정상을 살피다.
③ 『법률』 구체적 범죄에서 구체적 책임의 경중에 영향을 미치는 일체의 사정.
　예 정상을 참작하다.

정체(正體, 政體, 停滯)
正體　참된 본디의 형체.
　예 정체가 불명한 괴한들. / 정체가 탄로 나다.
政體　『정치』 국가의 통치 형태. 군주제, 귀족제, 민주제, 공화제 따위가 있다.
　예 대한민국 임시 정부는 민주 공화제를 정체로 한다.
停滯　사물이 발전하거나 나아가지 못하고 한자리에 머물러 그침.
　예 주말이 되면 이 도로는 교외로 나들이 가는 차량으로 극심한 정체를 이룬다.

조사(弔詞 / 弔辭, 助詞, 調査)
弔詞 / 弔辭　죽은 사람을 슬퍼하여 조문(弔問)의 뜻을 표하는 글이나 말.
助詞　『언어』 체언이나 부사, 어미 따위에 붙어 그 말과 다른 말과의 문법적 관계를 표시하거나 그 말의 뜻을 도와주는 품사.
　예 우리 국어는 조사와 어미가 발달되었다.
調査　사물의 내용을 명확히 알기 위하여 자세히 살펴보거나 찾아봄.
　예 사고 경위 조사. / 외래어 사용 실태 조사. / 조사를 받다.

조수(助手, 鳥獸, 潮水)
助手　어떤 책임자 밑에서 지도를 받으면서 그 일을 도와주는 사람.
　예 그는 선생님 밑에서 조수로 일하던 사람이다.
鳥獸　새와 짐승을 아울러 이르는 말.
　예 여기는 유해 조수가 많아 출입을 통제했다.
潮水　『해양』 달, 태양 따위의 인력에 의하여 주기적으로 높아졌다 낮아졌다 하는 바닷물.
　예 서해는 동해에 비해 조수 간만의 차가 크다.

지향(志向, 指向)
志向　어떤 목표로 뜻이 쏠리어 향함. 또는 그 방향이나 그쪽으로 쏠리는 의지.
　예 평화 통일 지향. / 출세 지향.
指向　작정하거나 지정한 방향으로 나아감. 또는 그 방향.
　예 길을 잃고 지향 없이 헤매다.

진하다(盡--), -진(-陣), 진-(眞-)
진하다(盡--)　다하여 없어지다.
　예 국운이 진하다. / 기력이 진하다.
-진(-陣)　(일부 명사 뒤에 붙어) '사람의 무리' 또는 '집단'의 뜻을 더하는 접미사.
　예 간부진. / 배역진. / 의료진. / 보도진. / 임원진. / 취재진.
진-(眞-)　(일부 명사 앞에 붙어) '참된' 또는 '진짜'의 뜻을 더하는 접두사.
　예 진면모. / 진면목. / 진범인. / 진분수.

현상(現狀, 現象, 現想, 現像, 懸賞)
現狀　나타나 보이는 현재의 상태.
　예 현상을 극복하려는 의지. / 현상을 파악하다. / 현상을 유지하다.
現象　인간이 지각할 수 있는, 사물의 모양과 상태.
　예 열대야 현상. / 핵가족화 현상. / 피부 노화 현상.
現想　보고 듣는 데 관련하여 일어나는 생각.
　예 현상의 교차. / 현상의 차이.
現像　『영상』 노출된 필름이나 인화지를 약품으로 처리하여 상이 나타나도록 함.
　예 필름을 현상하다.
懸賞　무엇을 모집하거나 구하거나 사람을 찾는 일 따위에 현금이나 물품 따위를 내걺. 또는 그 현금이나 물품.
　예 현상 공모. / 현상 모집. / 현상 수배.

2 같은 주제에서 주로 쓰이는 기출 한자어

난무(亂舞)
① 엉킨 듯이 어지럽게 추는 춤. 또는 그렇게 춤을 춤.
　예 나비들의 난무. / 백설(白雪)의 난무. / 무희들의 난무에 눈이 어지럽다.
② 함부로 나서서 마구 날뜀을 비유적으로 이르는 말.
　예 금권의 난무. / 무책임한 보도 난무. / 증오와 폭력의 난무.

군무(群舞)　여러 사람이 무리를 지어 춤을 춤. 또는 그 춤. ≒ 떼춤.
원무(圓舞)　『무용』 여럿이 둥그렇게 둘러서서 추거나 돌면서 추는 춤.
독무(獨舞)　『무용』 혼자서 추는 춤.
가무(歌舞)　노래와 춤을 아울러 이르는 말.
농무(農舞)　『민속』 풍물놀이에 맞추어 추는 춤. = 농악무.
승무(僧舞)　『무용』 장삼과 고깔을 걸치고 북채를 쥐고 추는 민속춤. 장삼을 날리며 절제된 춤사위를 보이는 것이 특징이다.

수려하다(秀麗--)　빼어나게 아름답다.
　예 산수가 수려하다.
화려하다(華麗--)　환하게 빛나며 곱고 아름답다.
　예 의상이 화려하다.
호화(豪華)　사치스럽고 화려함.
　예 호화 별장.
영화(榮華)　몸이 귀하게 되어 이름이 세상에 빛남.
　예 부귀와 영화를 누리다.
번화하다(繁華--)　번성하고 화려하다.
　예 번화한 거리. / 시가가 번화하다.

환갑(還甲)　육십갑자의 '갑(甲)'으로 되돌아온다는 뜻으로, 예순한 살을 이르는 말.

회갑(回甲) = 환갑.
주갑(周甲) = 환갑.
진갑(進甲) 환갑의 이듬해. 또는 그해의 생일.

고유어(固有語) 『언어』해당 언어에 본디부터 있던 말이나 그것에 기초하여 새로 만들어진 말.
한자어(漢字語) 한자에 기초하여 만들어진 말.
복합어(複合語) 『언어』하나의 실질 형태소에 접사가 붙거나 두 개 이상의 실질 형태소가 결합된 말. 파생어와 합성어로 나뉜다.
합성어(合成語) 『언어』둘 이상의 실질 형태소가 결합하여 하나의 단어가 된 말. '집안', '돌다리' 따위이다.
외래어(外來語) 『언어』외국에서 들어온 말로 국어에서 널리 쓰이는 단어. 버스, 컴퓨터, 피아노 따위가 있다.
관형사(冠形詞) 『언어』체언 앞에 놓여서, 그 체언의 내용을 자세히 꾸며 주는 품사.

유의어(類義語) 『언어』뜻이 서로 비슷한 말.
반의어(反義語) 『언어』그 뜻이 서로 정반대되는 관계에 있는 말.
동음어(同音語) 『언어』소리는 같으나 뜻이 다른 단어.
다의어(多義語) 『언어』두 가지 이상의 뜻을 가진 단어.

접전(接戰)
① 경기나 전투에서 서로 맞붙어 싸움. 또는 그런 경기나 전투.
  예 두 부대의 접전에서 발생한 사상자의 수는 어마어마했다.
② 서로 힘이 비슷하여 승부가 쉽게 나지 아니하는 경기나 전투.
  예 팽팽한 접전. / 치열한 접전 끝에 비기다. / 막상막하의 접전을 벌이다.
낙승(樂勝) 힘들이지 아니하고 쉽게 이김.
예 낙승을 거두다. / 낙승을 장담하다.
석패(惜敗) 경기나 경쟁에서 약간의 점수 차이로 아깝게 짐.
신승(辛勝) 경기 따위에서 힘들게 겨우 이김.
예 어제 열린 축구 경기에서는 우리 편이 3 대 2로 한 점 차의 신승을 거두었다.
우승(優勝) 경기, 경주 따위에서 이겨 첫째를 차지함. 또는 첫째 등위.
예 영광스러운 우승. / 우승 후보.

건조(乾燥) 말라서 습기가 없음.
가습기(加濕器) 수증기를 내어 실내의 습도를 조절하는 전기 기구.
환기(換氣) 탁한 공기를 맑은 공기로 바꿈.
오염(汚染) 더럽게 물듦. 또는 더럽게 물들게 함.

부의금(賻儀金) 부의로 보내는 돈.
주례사(主禮辭) 주례가 예식에서 행하는 의례적인 축사.
호적법(戶籍法) 『법률』호적에 관한 사항을 규정하는 법률.
관혼상제(冠婚喪祭) 관례, 혼례, 상례, 제례를 아울러 이르는 말.
풍습(風習) 풍속과 습관을 아울러 이르는 말.

불과(不過) 그 수량에 지나지 아니한 상태임을 이르는 말.
예 그 사실을 아는 사람은 불과 몇 명뿐이었다.
하필(何必) 다른 방도를 취하지 아니하고 어찌하여 꼭.
예 하필 오늘같이 더운 날 대청소를 할 게 뭐야.
단번(單番) 단 한 번.
예 단번의 기회.
대체(大體) 다른 말은 그만두고 요점만 말하자면. = 도대체.
예 대체 어찌 된 일이냐? / 너는 대체 누구냐?
가령(假令) 가정하여 말하여.
예 가령 너에게 그런 행운이 온다면 너는 어떻게 하겠니?

탐구(探究) 진리, 학문 따위를 파고들어 깊이 연구함.
예 과학 탐구. / 진리 탐구.
지식(知識) 어떤 대상에 대하여 배우거나 실천을 통하여 알게 된 명확한 인식이나 이해.
예 지식을 쌓다.
학문(學問) 어떤 분야를 체계적으로 배워서 익힘. 또는 그런 지식.
예 학문이 깊다.
상식(常識) 사람들이 보통 알고 있거나 알아야 하는 지식. 일반적 견문과 함께 이해력, 판단력, 사리 분별 따위가 포함된다.
예 상식 밖의 행동.
이론(理論) 사물의 이치나 지식 따위를 해명하기 위하여 논리적으로 정연하게 일반화한 명제의 체계.
예 경제 이론. / 빛의 입자 이론.
과정(課程)
① 해야 할 일의 정도.
② 일정한 기간에 교육하거나 학습하여야 할 과목의 내용과 분량.
  예 오늘로 1학년 1학기 과정을 마치고 여름 방학에 들어간다.
수료(修了) 일정한 학과를 다 배워 끝냄.
예 석사 과정 수료.

기원(起源 / 起原) 사물이 처음으로 생김. 또는 그런 근원.
예 생명의 기원.
사상(思想) 어떠한 사물에 대하여 가지고 있는 구체적인 사고나 생각.
예 사상의 자유.
종교(宗敎) 『종교 일반』신이나 초자연적인 절대자 또는 힘에 대한 믿음을 통하여 인간 생활의 고뇌를 해결하고 삶의 궁극적인 의미를 추구하는 문화 체계.
인식(認識) 사물을 분별하고 판단하여 앎.
예 인식이 부족하다.

비극(悲劇) 인생의 슬프고 애달픈 일을 당하여 불행한 경우를 이르는 말.
예 비극이 일어나다.
패배(敗北) 겨루어서 짐.
예 찬란한 승리와 참담한 패배.
불행(不幸) 행복하지 아니함.
예 불행을 느끼다.
단장(斷腸) 몹시 슬퍼서 창자가 끊어지는 듯함.
예 단장의 비애.
궁핍(窮乏) 몹시 가난함.
예 궁핍에 시달리다.
불의(不義) 의리, 도의, 정의 따위에 어긋남.
예 불의를 저지르다.
난색(難色) 꺼리거나 어려워하는 기색.
예 난색을 보이다.
분열(分裂) 집단이나 단체, 사상 따위가 갈라져 나뉨.
예 귀족 사회의 분열과 대립.
방만하다(放漫——) 맺고 끊는 데가 없이 제멋대로 풀어져 있다.
예 방만한 지출.

답보(踏步) 상태가 나아가지 못하고 한자리에 머무르는 일. 또는 그런 상태. = 제자리걸음.
예 우리나라의 현재 교육 여건은 10년 전의 상태를 그대로 답보하고 있다.

양심(良心) 자신의 행위에 대해 옳음과 그름, 선함과 악함을 분별하여 도덕적으로 올바른 행동을 하려는 의식.
인내(忍耐) 괴로움이나 어려움을 참고 견딤.
예 인내로 역경을 극복하다.
신념(信念) 굳게 믿는 마음.
예 신념을 지키다.
신봉(信奉) 사상이나 학설, 교리 따위를 옳다고 믿고 받듦.
예 그의 그 이론에 대한 신봉은 신앙과도 같았다.
정열(情熱) 가슴속에서 맹렬하게 일어나는 적극적인 감정.

불굴(不屈) 온갖 어려움에도 굽히지 아니함.
책임(責任) 맡아서 해야 할 임무나 의무.
공정(公正) 공평하고 올바름.
예 공정 보도.
질서(秩序) 혼란 없이 순조롭게 이루어지게 하는 사물의 순서나 차례.

축복(祝福) 행복을 빎. 또는 그 행복.
염원(念願) 마음에 간절히 생각하고 기원함. 또는 그런 것.
예 우리 겨레의 염원.
지지(支持) 어떤 사람이나 단체 따위의 주의·정책·의견 따위에 찬동하여 이를 위하여 힘을 씀. 또는 그 원조.
예 지지 세력.

여론(輿論) 사회 대중의 공통된 의견.
예 여론 정치. / 여론이 들끓다.
🔵최신 **유세(遊說)** 자기 의견 또는 자기 소속 정당의 주장을 선전하며 돌아다님.
예 선거 유세.
방송(放送) 라디오나 텔레비전 따위를 통하여 널리 듣고 볼 수 있도록 음성이나 영상을 전파로 내보내는 일. 특정 지역을 대상으로 유선(有線)으로 행하는 것을 포함하기도 한다.
권세(權勢) 권력과 세력을 아울러 이르는 말.
정권(政權) 정치상의 권력. 또는 정치를 담당하는 권력.
예 정권 교체. / 정권을 잡다.

서두(序頭) 일이나 말의 첫머리.
예 서두를 떼다. / 서두를 늘어놓다.
선두(先頭) 대열이나 행렬, 활동 따위에서 맨 앞.
예 선두에 서다. / 선두에 있다.
벽두(劈頭)
① 글의 첫머리.
② 맨 처음. 또는 일이 시작된 머리.
예 신년 벽두. / 새해 벽두부터 우울한 소식이 들려왔다.

발전(發展) 더 낫고 좋은 상태나 더 높은 단계로 나아감.
예 과학의 발전에 기여하다.
발달(發達)
① 신체, 정서, 지능 따위가 성장하거나 성숙함.
예 신체의 발달. / 운동 신경의 발달. / 음악은 아이의 정서적 발달에 좋다.
② 학문, 기술, 문명, 사회 따위의 현상이 보다 높은 수준에 이름.
예 의학의 발달.
발견(發見) 미처 찾아내지 못하였거나 아직 알려지지 아니한 사물이나 현상, 사실 따위를 찾아냄.
예 새 항로의 발견.
촉진(促進) 다그쳐 빨리 나아가게 함.
예 수출 산업화의 촉진.
성장(成長) 사람이나 동식물 따위가 자라서 점점 커짐.
예 물고기의 성장 과정.
성공(成功) 목적하는 바를 이룸.
예 성공 사례.
도모(圖謀) 어떤 일을 이루기 위하여 대책과 방법을 세움.
예 부원들 간의 친목 도모를 위해 주말에 야유회를 가기로 했다.

🔵최신 **계승(繼承)**
① 조상의 전통이나 문화유산, 업적 따위를 물려받아 이어 나감.
예 전통문화의 계승과 발전. / 역사는 문화 창조와 계승의 과정이라 할 수 있다.
② 선임자의 뒤를 이어받음.
예 여러 외척 간에 왕위 계승을 둘러싼 권력 싸움이 벌어졌다.

회의(懷疑) 의심을 품음. 또는 마음속에 품고 있는 의심.
예 회의가 생기다.
경계(警戒) 뜻밖의 사고가 생기지 않도록 조심하여 단속함.
예 경계를 늦추다. / 경계의 눈초리로 지켜보다.
배제(排除) 받아들이지 아니하고 물리쳐 제외함.
예 폭력의 배제.
거부(拒否) 요구나 제의 따위를 받아들이지 않고 물리침.
예 거부 의사를 표명하다.
질책(叱責) 꾸짖어 바로잡음.

재질(才質) 재주와 기질을 아울러 이르는 말.
특장(特長) 특별히 뛰어난 장점.
천분(天分) 타고난 재질이나 직분.
예 천분의 문학성. / 천분이 뛰어나다.
유수(有數) 손꼽을 만큼 두드러지거나 훌륭함.
예 국내 유수의 대기업. / 그는 세계 유수의 갑부로 자수성가하였다.

각설(却說) 말이나 글 따위에서, 이제까지 다루던 내용을 그만두고 화제를 다른 쪽으로 돌림.
예 자, 각설하고 어디 당신의 계획이나 들어 봅시다.
설명(說明) 어떤 일이나 대상의 내용을 상대편이 잘 알 수 있도록 밝혀 말함. 또는 그런 말.
🔵최신 **천명(闡明)** 진리나 사실, 입장 따위를 드러내어 밝힘.
예 개혁의 의지를 세계만방에 천명하다.
역설(逆說)
① 어떤 주의나 주장에 반대되는 이론이나 말.
② 『철학』 일반적으로는 모순을 야기하지 아니하나 특정한 경우에 논리적 모순을 일으키는 논증. 모순을 일으키기는 하지만 그 속에 중요한 진리가 함축되어 있는 것으로 간주한다.
예 역설적 표현.
언급(言及) 어떤 문제에 대하여 말함.
예 언급을 회피하다.
덕담(德談) 남이 잘되기를 비는 말. 주로 새해에 많이 나누는 말이다.

취임사(就任辭) 취임할 때 인사로 하는 말.
예 신임 장관의 취임사를 듣다.

구조(構造) 부분이나 요소가 어떤 전체를 짜 이룸. 또는 그렇게 이루어진 얼개.
예 가옥 구조. / 권력 구조. / 사회 구조의 다원성.

형식(形式) 사물이 외부로 나타나 보이는 모양.
예 형식을 갖추다.

시정(是正) 잘못된 것을 바로잡음.
예 시정을 촉구하다.

치료(治療) 병이나 상처 따위를 잘 다스려 낫게 함.

[최신] 수리(修理) 고장 나거나 허름한 데를 손보아 고침.

정비(整備)
① 흐트러진 체계를 정리하여 제대로 갖춤.
　예 교육 제도 정비. / 축구 대표 팀의 정비. / 체제 정비 사업.
② 기계나 설비가 제대로 작동하도록 보살피고 손질함.
　예 전동차 정비. / 정비 공장.
③ 도로나 시설 따위가 제 기능을 하도록 정리함.
　예 가로수 정비. / 하천 정비. / 도서관 시설의 정비로 도서관을 열흘 동안 이용할 수 없게 되었다.

[최신] 개선(改善) 잘못된 것이나 부족한 것, 나쁜 것 따위를 고쳐 더 좋게 만듦.
예 입시 제도 개선.

갱신(更新) 『법률』법률관계의 존속 기간이 끝났을 때 그 기간을 연장하는 일. 계약으로 기간을 연장하는 명시적 갱신과 계약 없이도 인정되는 묵시적 갱신이 있다.
예 계약 갱신. / 비자 갱신.

[최신] 보전(保全) 온전하게 보호하여 유지함.
예 생태계 보전. / 환경 보전.

각오(覺悟) 앞으로 해야 할 일이나 겪을 일에 대한 마음의 준비.
예 비장한 각오.

각성(覺醒) 깨달아 앎.
예 잘못을 각성하다.

강단(剛斷) 굳세고 꿋꿋하게 견디어 내는 힘.
예 강단이 세다. / 우리 어머니들은 그 어려운 시절을 강단으로 버텨 오셨다.

공격(攻擊)
① 나아가 적을 침.
　예 공격 목표. / 공격 전술.
② 남을 비난하거나 반대하여 나섬.
　예 동료들에게 집중 공격을 받다.

도발(挑發) 남을 집적거려 일이 일어나게 함.
예 성적인 도발. / 전쟁 도발.

승복(承服) 납득하여 따름.
예 적에게 승복하다. / 그 선수는 심판의 판정에 끝내 승복하지 않았다.

결렬(決裂) 교섭이나 회의 따위에서 의견이 합쳐지지 않아 각각 갈라서게 됨.
예 회담의 결렬.

교역(交易) 주로 나라와 나라 사이에서 물건을 사고팔고 하여 서로 바꿈.
예 국제 교역.

친교(親交) 친밀하게 사귐. 또는 그런 교분.
예 친교를 나누다.

검토(檢討) 어떤 사실이나 내용을 분석하여 따짐.
예 면밀한 검토 후에 결론을 내리자.

모색(摸索) 일이나 사건 따위를 해결할 수 있는 방법이나 실마리를 더듬어 찾음.
예 해결 방안의 모색.

판단(判斷) 사물을 인식하여 논리나 기준 등에 따라 판정을 내림.
예 상황 판단.

잠적(潛跡 / 潛迹) 종적을 아주 숨김.
예 공직자들에게는 잠적이나 도피보다 떳떳하게 나서서 사태를 감당하는 자세가 필요하다.

은둔(隱遁 / 隱遯) 세상일을 피하여 숨음.
예 노 교수는 모든 명예를 버리고 은둔의 생활을 택했다.

임박(臨迫) 어떤 때가 가까이 닥쳐옴.
예 막차 시간이 임박하다.

각박하다(刻薄――)
① 인정이 없고 삭막하다.
　예 세상 인심이 각박하다.
② 땅이 거칠고 기름지지 아니하다.
　예 자갈이 섞인 각박한 땅이라 농사를 지을 수가 없다.

막간(幕間) 어떤 일의 한 단락이 끝나고 다음 단락이 시작될 동안.
예 막간을 이용해서 안내 말씀을 드리겠습니다.

기반(基盤) 기초가 되는 바탕. 또는 사물의 토대.
예 기반을 다지다.

주축(主軸) 전체 가운데서 중심이 되어 영향을 미치는 존재나 세력.
예 팀의 주축인 그의 부상으로 전력에 차질이 생겼다.

주제(主題) 대화나 연구 따위에서 중심이 되는 문제.
예 논문의 주제. / 대화의 주제.

전제(前提) 어떠한 사물이나 현상을 이루기 위하여 먼저 내세우는 것.
예 전제 조건.

상이하다(相異――) 서로 다르다.
예 형은 나와 성격 면에서 매우 상이하다.

모방(模倣 / 摸倣 / 摹倣) 다른 것을 본뜨거나 본받음.
예 외국 문물에 대한 분별없는 모방.

혼동(混同) 구별하지 못하고 뒤섞어서 생각함.
예 잠이 다 깨지 않았는지 그는 현실과 꿈 사이에서 혼동을 일으켰다.

사건(事件) 사회적으로 문제를 일으키거나 주목을 받을 만한 뜻밖의 일.
예 역사적인 사건.

전모(全貌) 전체의 모습. 또는 전체의 내용.
예 전모를 드러내다.

진로(進路) 앞으로 나아갈 길.
예 진로 상담.

장래(將來) 다가올 앞날.
예 장래 계획.

용이하다(容易--) 어렵지 아니하고 매우 쉽다.
예 이 선풍기는 조립이 용이한 것이 장점이다.

용납(容納) 너그러운 마음으로 남의 말이나 행동을 받아들임.
예 너의 그런 무례한 행동은 도저히 용납을 할 수 없다.

간섭(干涉) 직접 관계가 없는 남의 일에 부당하게 참견함.
예 간섭에서 벗어나다.

구축(構築)
① 어떤 시설물을 쌓아 올려 만듦.
  예 방공호 구축. / 진지 구축.
② 체제, 체계 따위의 기초를 닦아 세움.
  예 신뢰 구축.

축적(蓄積) 지식, 경험, 자금 따위를 모아서 쌓음. 또는 모아서 쌓은 것.
예 경험 축적. / 자본의 축적.

이문(利文) 이익이 남는 돈.
예 이문이 남다.

도로(道路) 사람, 차 따위가 잘 다닐 수 있도록 만들어 놓은 비교적 넓은 길.
예 도로를 내다.

주변(周邊) 어떤 대상의 둘레.
예 주변 정세. / 주변 환경. / 학교 주변.

풍광(風光) 산이나 들, 강, 바다 따위의 자연이나 지역의 모습. = 경치.
예 자연의 풍광을 담은 사진.

보관(保管) 물건을 맡아서 간직하고 관리함.
예 보관에 주의하다.

산적(山積) 물건이나 일이 산더미같이 쌓임.
예 문 앞에 쓰레기가 산적되어 있다.

낙점(落點) 여러 후보가 있을 때 그중에 마땅한 대상을 고름.
예 낙점을 받다.

추천(推薦) 어떤 조건에 적합한 대상을 책임지고 소개함.
예 추천 도서.

경질(更迭/更佚) 어떤 직위에 있는 사람을 다른 사람으로 바꿈.
예 임원 경질. / 총리 경질. / 감독 경질. / 비서 실장의 경질 사유를 밝히다.

파견(派遣) 일정한 임무를 주어 사람을 보냄.
예 파견 근무. / 파견 명령.

3 기타 기출 한자어

ㄱ

강보(襁褓) 어린아이의 작은 이불. = 포대기.

강제(強制) 권력이나 위력(威力)으로 남의 자유의사를 억눌러 원하지 않는 일을 억지로 시킴.
예 강제 노동. / 강제 노역. / 강제 동원. / 강제 모병. / 강제로 일을 시키다.

개인(個人) 국가나 사회, 단체 등을 구성하는 낱낱의 사람.
예 개인 자격으로 참가하다.

객관(客觀) 자기와의 관계에서 벗어나 제삼자의 입장에서 사물을 보거나 생각함.

거리(距離)
① 두 개의 물건이나 장소 따위가 공간적으로 떨어진 길이.
  예 거리가 가깝다. / 거리가 멀다.
② (주로 시간의 길이를 나타내는 명사 뒤에 쓰여) 일정한 시간 동안에 이동할 만한 공간적 간격.
  예 집에서 학교까지는 20분 거리이다.
③ 사람과 사람 사이에 느껴지는 간격. 보통 서로 마음을 트고 지낼 수 없다고 느끼는 감정을 이른다.
  예 그 친구와는 왠지 거리가 느껴진다. / 우리, 앞으로는 거리를 두지 말고 지내도록 하자.
④ 비교하는 두 대상 사이의 차이.
  예 이상과 현실 사이에는 거리가 있기 마련이다.

격식(格式) 격에 맞는 일정한 방식.
예 격식을 갖추다.

견적(見積) 어떤 일을 하는 데 필요한 비용 따위를 미리 어림잡아 계산함. 또는 그런 계산.
예 아파트 내부 수리를 하는 데 견적이 얼마나 나올 것 같습니까?
참고 '어림셈'으로 순화.

결정(決定) 행동이나 태도를 분명하게 정함. 또는 그렇게 정해진 내용.
예 결정을 내리다.

경사(慶事) 축하할 만한 기쁜 일.
예 경사가 나다.

경지(境地)
① 일정한 경계 안의 땅.
② 학문, 예술, 인품 따위에서 일정한 특성과 체계를 갖춘 독자적인 범주나 부분.
  예 새로운 경지를 개척하다. / 그는 수필 문학의 새로운 경지를 연 작가이다.
③ 몸이나 마음, 기술 따위가 어떤 단계에 도달해 있는 상태.
  예 무아의 경지. / 달관의 경지. / 입신의 경지에 들다. / 성인(聖人)의 경지에 도달하다.

공감(共感) 남의 감정, 의견, 주장 따위에 대하여 자기도 그렇다고 느낌. 또는 그렇게 느끼는 기분.
예 공감을 느끼다.

공손하다(恭遜--) 말이나 행동이 겸손하고 예의 바르다.
예 공손한 말씨. / 공손한 태도. / 술잔을 두 손으로 공손하게 받아 들다.

공지(公知) 세상에 널리 알림.
예 공지 사항을 알리다.

광복(光復) 빼앗긴 주권을 도로 찾음.
예 광복을 맞이하다. / 많은 사람이 조국의 광복을 위해 몸을 바쳤다.

구두(句讀) 『언어』 글을 쓸 때 문장 부호를 쓰는 방법. = 구두법.

ㄴ

내방(來訪) 만나기 위하여 찾아옴.
예 가끔 귀한 손님들이 우리 집에 내방하는 일이 있었다.

ㄷ

도래(到來) 어떤 시기나 기회가 닥쳐옴.
예 이제 새로운 국제화 시대가 도래한 것이다.

독려(督勵) 감독하며 격려함.
예 어머니의 독려 덕분에 작업을 마칠 수 있었다. / 그의 독려가 이번 훈련에 도움이 되었다.

동요(動搖) 어떤 체제나 상황 따위가 혼란스럽고 술렁임.
예 신분제의 동요로 양반 중심 사회는 커다란 위기에 처했다.

둔화(鈍化) 느리고 무디어짐.
예 인구 증가율의 둔화. / 수출의 둔화로 경제가 악화되었다.

등기(登記) 『법률』 국가 기관이 법정 절차에 따라 등기부에 부동산이나 동산·채권 등의 담보 따위에 관한 일정한 권리관계를 적는 일. 또는 적어 놓은 것.
예 동 주민 센터에 가서 집 등기를 뗐다.

ㅂ

반복(反復) 같은 일을 되풀이함.
예 반복 훈련.

발령(發令)
① 명령을 내림. 또는 그 명령. 흔히 직책이나 직위와 관계된 경우를 이른다.
　　예 승진 발령. / 인사 발령. / 정식 사원으로 발령 나다.
② 긴급한 상황에 대한 경보(警報)를 발표함.
　　예 훈련 경계경보 발령. / 갑자기 내려진 공습경보 발령으로 온 시내가 아수라장이었다.

발부(發付) 증명서 따위를 발행하여 줌. = 발급.
예 고지서를 납세자들에게 발부하다.

발산(發散)
① 감정 따위를 밖으로 드러내어 해소함. 또는 분위기 따위를 한껏 드러냄.
　　예 감정의 발산. / 젊음의 발산.
② 냄새, 빛, 열 따위가 사방으로 퍼져 나감.
　　예 향기의 발산. / 열의 발산.

발효(發效) 조약, 법, 공문서 따위의 효력이 나타남. 또는 그 효력을 나타냄.
예 무역 협정이 발효되다.

방지(防止) 어떤 일이나 현상이 일어나지 못하게 막음.
예 병충해 방지. / 재해 방지. / 사고 방지 대책을 마련하다.

변호사(辯護士) 『법률』 법률에 규정된 자격을 가지고 소송 당사자나 관계인의 의뢰 또는 법원의 명령에 따라 피고나 원고를 변론하며 그 밖의 법률에 관한 업무에 종사하는 사람.

병마(病魔) '병'을 악마에 비유하여 이르는 말.
예 그는 평생을 병마와 싸우다 숨을 거두었다.

병폐(病弊) 병통과 폐단을 아울러 이르는 말.
예 촛불 집회는 우리 사회의 병폐를 극복하는 계기가 되었다.

보류(保留) 어떤 일을 당장 처리하지 아니하고 나중으로 미루어 둠.
예 지난번에 보류되었던 안건을 이번 회의에서 다시 토의했다.

봉변(逢變) 뜻밖의 변이나 망신스러운 일을 당함. 또는 그 변.
예 가까스로 봉변을 면하다.

부합(符合) 부신(符信)이 꼭 들어맞듯 사물이나 현상이 서로 꼭 들어맞음.
예 실제에 부합되는 이론. / 그의 행동은 사회 관습에 부합되지 않는 것이다.

불특정(不特定) 특별히 정하지 아니함.

붕괴(崩壞) 무너지고 깨어짐.
예 붕괴 위험. / 축대의 붕괴.

비밀(祕密) 숨기어 남에게 드러내거나 알리지 말아야 할 일.
예 비밀이 탄로 나다.

빙부(聘父) 다른 사람의 장인(丈人)을 이르는 말. = 빙장.

ㅅ

사경(死境) 죽을 지경. 또는 죽음에 임박한 경지.
예 그는 전염병에 걸려 사경을 헤매고 있었다.

사진사(寫眞師) 사진 찍는 일을 직업으로 하는 사람.

삭제(削除) 깎아 없애거나 지워 버림.
예 회원들은 회칙에서 필요 없는 조항의 삭제를 요구했다.

상충(相衝) 맞지 아니하고 서로 어긋남.
예 아내는 나와 사사건건 의견이 상충된다.

성원(成員) 회의 성립에 필요한 인원.
예 이제 성원이 되었으니, 회의를 시작합시다.

소홀(疏忽) 대수롭지 아니하고 예사로움. 또는 탐탁하지 아니하고 데면데면함.
예 이번 붕괴 사건은 공사 관리 소홀로 빚어진 인재이다.

속행(續行) 계속하여 행함.
예 지난번에 연기된 경기는 이번 주 일요일에 속행될 것입니다.

최신 **수렴(收斂)**
① 돈이나 물건 따위를 거두어들임.
예 지역 발전 명목으로 수렴이 심해지자 많은 주민들이 반발했다.
② 의견이나 사상 따위가 여럿으로 나뉘어 있는 것을 하나로 모아 정리함.
예 여론 수렴. / 의견 수렴에 들어가다.
③ 방탕한 사람이 몸과 마음을 단속함.
④ 오그라들게 함.
⑤ 조세 따위를 거두어들임.

수발(受發) 받음과 보냄.
예 공문서 수발.

수습(收拾)
① 흩어진 재산이나 물건을 거두어 정돈함.
예 유품 수습.
② 어수선한 사태를 거두어 바로잡음.
예 사고 수습 대책 본부.
③ 어지러운 마음을 가라앉히어 바로잡음.
예 민심 수습.

수여(授與) 증서, 상장, 훈장 따위를 줌.
예 상장 수여. / 졸업장 수여.

순리(順理) 순한 이치나 도리. 또는 도리나 이치에 순종함.
예 순리를 따르다. / 순리를 어기다. / 순리를 거역하다. / 순리를 좇다. / 자연의 순리를 터득하다.

순연(順延) 차례로 기일을 늦춤.
예 오늘 경기는 경기장 사정으로 순연되어 내일 오전에 열린다.

ㅇ

압축(壓縮)
① 물질 따위에 압력을 가하여 그 부피를 줄임.
예 공기 압축.
② 문장 따위를 줄여 짧게 함.
예 시의 표현이 지닌 특징은 생략과 압축이다.
③ 일정한 범위나 테두리를 줄임.

연마(研磨 / 練磨 / 鍊磨)
① 주로 돌이나 쇠붙이, 보석, 유리 따위의 고체를 갈고 닦아서 표면을 반질반질하게 함.
② 학문이나 기술 따위를 힘써 배우고 닦음.
예 정신의 수양과 심신의 연마. / 기술 연마에 힘쓰다.

최신 **연주(演奏)** 악기를 다루어 곡을 표현하거나 들려주는 일.
예 피아노 연주. / 기타 연주. / 활발한 연주 활동을 벌이다.

최신 **영수(領袖)** 여러 사람 가운데 우두머리.
예 여야 영수 회담.

옹색(壅塞) 형편이 넉넉하지 못하여 생활에 필요한 것이 없거나 부족함. 또는 그런 형편.
예 벌이가 옹색하지 않을 정도는 됩니다.

용역(用役) 『경제』 물질적 재화의 형태를 취하지 아니하고 생산과 소비에 필요한 노무를 제공하는 일.
예 용역 회사. / 경비와 청소를 용역으로 하다.

의결(議決) 의논하여 결정함. 또는 그런 결정.
예 이사회의 의결이 나오는 대로 조치가 취해질 것이다.

인용(引用) 남의 말이나 글을 자신의 말이나 글 속에 끌어 씀.
예 대부분이 인용으로 이루어진 글.

ㅈ

자만(自慢) 자신이나 자신과 관련 있는 것을 스스로 자랑하며 뽐냄.
예 자만에 빠지다.

적령(適齡) 어떤 표준이나 규정에 알맞은 나이.
예 벽지 학교일수록 적령을 초과해서 입학하는 애들이 많다.

적벽가(赤壁歌) 『음악』 판소리 열두 마당의 하나. 적벽전에서 관우가 조조를 잡지 않고 길을 터 주어 조조가 화용도까지 달아나는 장면을 노래한 것이다.

최신 **전가(轉嫁)** 잘못이나 책임을 다른 사람에게 넘겨씌움.
예 책임 전가.

전세(傳貰) 『경제』 부동산의 소유자에게 일정한 금액을 맡기고 그 부동산을 일정 기간 동안 빌려 쓰는 일. 또는 그 돈. 부동산을 돌려줄 때는 맡긴 돈의 전액을 되돌려받는다.
예 전세 보증금 때문에 서울에서 못 살겠다. / 살던 집을 전세 놓고 아파트로 이사 갔다.

전시(展示) 여러 가지 물품을 한곳에 벌여 놓고 보임.
예 도서 전시. / 이번 달로 미술품 전시가 끝난다.

절차(節次) 일을 치르는 데 거쳐야 하는 순서나 방법.
예 수속 절차. / 법적 절차.

절호(絕好) 무엇을 하기에 기회나 시기 따위가 더할 수 없이 좋음.
예 절호의 기회.

점철(點綴) 관련이 있는 상황이나 사실 따위가 서로 이어짐. 또는 그것들을 서로 이음.
예 오욕과 영광으로 점철된 생애.

정수(淨水) 물을 깨끗하고 맑게 함. 또는 그 물.
예 정수 과정을 거친 물.

정체성(停滯性) 사물이 발전하거나 앞으로 나아가지 못하고 한곳에 머물러 있는 특성.

제시(提示) 어떠한 의사를 말이나 글로 나타내어 보임.
예 근본적인 해결책 제시가 없이 정책이 겉돌고 있다.

주창(主唱) 주의나 사상을 앞장서서 주장함.
예 근래 독신 생활을 주창하는 여성들이 부쩍 늘었다.

중화(中和) 『화학』 서로 성질이 다른 물질이 융합하여 각각 그 특징이나 작용을 잃음. 또는 그런 일.
예 이 물질은 여러 가지 독성 성분을 중화하는 역할을 한다.

지축(地軸) 『지리』 대지의 중심.
예 지축을 흔드는 전차 부대의 행렬이 계속됐다.

지혜(智慧 / 知慧) 사물의 이치를 빨리 깨닫고 사물을 정확하게 처리하는 정신적 능력.
예 삶의 지혜.

진상(眞相) 사물이나 현상의 거짓 없는 모습이나 내용.
예 진상을 규명하다.
참고 '참된 모습'으로 순화.

질서(秩序) 혼란 없이 순조롭게 이루어지게 하는 사물의 순서나 차례.
예 질서 의식. / 질서가 무너지다.

ㅊ

최면(催眠) 암시에 의하여 인위적으로 이끌어 낸, 잠에 가까운 상태.
예 최면에 빠지다.

추종(追從) 남의 뒤를 따라서 좇음.
예 그는 컴퓨터 분야에서는 타의 추종을 불허한다.

취재(取材) 작품이나 기사에 필요한 재료나 제재(題材)를 조사하여 얻음.
예 취재에 응하다. / 그는 취재를 끝낸 후 깊은 한숨을 내쉬었다.

ㅋ

쾌척(快擲) 금품을 마땅히 쓸 자리에 시원스럽게 내놓음.

ㅌ

투영(投影)
① 물체의 그림자를 어떤 물체 위에 비추는 일. 또는 그 비친 그림자.
예 맑은 강물에 나무의 그림자가 투영되어 아름다웠다.
② 『심리』 어떤 상황이나 자극에 대한 해석, 판단, 표현 따위에 심리 상태나 성격이 반영되는 일 = 투사.
예 그는 타인의 고통에 불행했던 자신을 투영하면서 위안을 얻는다.

ㅍ

편입(編入)
① 이미 짜인 한 동아리나 대열 따위에 끼어 들어감.
예 자본주의 사회로 편입되자 많은 것이 바뀌었다.
② 첫 학년에 입학하지 않고 어떤 학년에 도중에 들어가거나 다니던 학교를 그만두고 다른 학교에 들어감. = 편입학.
예 그는 회사를 그만두고 교사가 되기 위해 교대에 편입했다.

표지(標識) 표시나 특징으로 어떤 사물을 다른 것과 구별하게 함. 또는 그 표시나 특징.
예 통행금지 표지. / 공중전화 표지.

ㅎ

형안(炯眼) 빛나는 눈. 또는 날카로운 눈매.

02 한자어

기출 응용문제

01

밑줄 친 한자어의 사전적 뜻풀이로 옳지 않은 것은?

① 봄이 되니 전기난로가 계륵 같은 물건이 되었다. → 닭의 갈비라는 뜻으로, 그다지 큰 소용은 없으나 버리기에는 아까운 것을 이르는 말이다.
② 우리 팀은 상대 팀을 거세게 밀어붙인 끝에 완벽한 승리를 거두었다. → 흠이 없는 구슬이라는 뜻으로, 결함이 없이 완전함을 이르는 말이다.
③ 벌써 그의 가슴으로 간발의 틈을 노린 칼끝이 닿고 있었다. → 발을 한 번 떼어 놓는 걸음이라는 뜻으로, 아주 잠시 또는 아주 적음을 이르는 말이다.
④ 그 노래는 오늘날까지 많은 사람 사이에 널리 회자되고 있다. → 회와 구운 고기라는 뜻으로, 칭찬을 받으며 사람의 입에 자주 오르내림을 이르는 말이다.
⑤ 내가 결혼할 생각이 추호라도 있었다면, 10년 전에 했을 거다. → 가을철에 털갈이하여 새로 돋아난 짐승의 가는 털이라는 뜻으로, 매우 적거나 조금인 것을 비유적으로 이르는 말이다.

02

밑줄 친 한자어의 사전적 뜻풀이로 옳지 않은 것은?

① 다른 건 차치(且置)하고, 이 문제부터 해결하자. → 내버려 두고 문제 삼지 아니함.
② 경주는 문화 유적이 잘 보전(保全)되고 있는 도시다. → 부족한 부분을 보태어 채움.
③ 우리 연구부를 기술 개발의 산실(産室)로 키우겠다. → 어떤 일을 꾸미거나 이루어 내는 곳.
④ 그 집은 오래전에 지어서 수리(修理)할 곳이 많다. → 고장 나거나 허름한 데를 손보아 고침.
⑤ 서둘러 회사를 설립하다 보니 아직 조직이 제대로 정비(整備)되지 않았다. → 흐트러진 체계를 정리하여 제대로 갖춤.

정답 풀이 & 오답 해설

01

| 정답 풀이 | ③ 간발(間髮)은 '터럭(털)과 터럭 사이.'라는 뜻에서 '아주 잠시 또는 아주 적음.'의 의미로 확장된 말이다.

02

| 정답 풀이 | ② 보전(保全)은 '온전하게 보호하여 유지함.'을 의미한다.
• 보전(補填): 부족한 부분을 보태어 채움.
  예 투자 손실을 부동산을 매각함으로써 보전하였다.

정답 01 ③ 02 ②

03

밑줄 친 한자어의 사전적 뜻풀이로 옳지 <u>않은</u> 것은?

① 아버님께서는 숙환(宿患)으로 고생하시다가 별세하셨다. → 오래 묵은 병.
② 그는 의자에 앉아 한동안 상념(想念)에 잠겨 있었다. → 슬픈 마음이나 느낌.
③ 문제 해결의 관건(關鍵)을 쥐다. → 어떤 사물이나 문제 해결의 가장 중요한 부분.
④ 국장은 사장의 치부(恥部)를 폭로했다. → 남에게 드러내고 싶지 아니한 부끄러운 부분.
⑤ 그들의 잔혹한 통치 정책은 세계에서 유례(類例)를 찾기 힘든 것이다. → 같거나 비슷한 예.

04

밑줄 친 한자어에 '처음'이라는 의미가 들어 있지 <u>않은</u> 것은?

① 그는 서두(序頭)가 너무 길다.
② 회의 벽두(劈頭)부터 분위기가 냉랭했다.
③ 훈민정음은 독창(獨創)적이고 과학적이다.
④ 인간의 기원(起源)은 원숭이라는 말이 있다.
⑤ 무엇으로 봐도 우리 편이 단연(斷然) 앞선다.

05

밑줄 친 한자어의 쓰임이 적절하지 <u>않은</u> 것은?

① 그는 김 선생에게서 창을 사사(師事)하였다.
② 그 사고는 대통령의 비리 문제와도 결부(結付)된다.
③ 장차 나라의 동량(棟梁)이 될 학생들이 슬픔에 잠겼다.
④ 이 지역은 택지 개발 예정 지구로 고시(告示)되어 있다.
⑤ 물품 대금은 나중에 예치금에서 자동으로 결재(決裁)된다.

06

밑줄 친 한자어의 쓰임이 적절하지 <u>않은</u> 것은?

① 기자단은 그를 이달의 선수에 선정(選定)하였다.
② 그녀는 문제점 보완(補完)을 위하여 최선을 다하였다.
③ 전국의 관광지를 개관(概觀)한 여행 안내서가 필요하다.
④ 전 국민이 이번 사건에 대해 강력한 대처(對處) 방안을 촉구했다.
⑤ 자원봉사자들은 아무런 배상(賠償)도 바라지 않고 유가족을 도왔다.

최신 07

밑줄 친 한자어의 쓰임이 적절하지 않은 것은?

① 해가 지자 한 나그네가 유숙(留宿)을 청했다.
② 지구 온난화는 인간이 야기(惹起)한 것이다.
③ 그는 조용한 와중(渦中)에 손을 들어 질문했다.
④ 그 선수는 부상의 아픔을 딛고 재기(再起)에 성공하였다.
⑤ 정부는 각종 부정부패를 추방(追放)하고자 많은 노력을 기울였다.

08

밑줄 친 한자어의 쓰임이 적절하지 않은 것은?

① 교차로의 교통 신호 체계(體系)를 변경하였다.
② 그는 많은 재산을 복지 단체에 사철(捨撤)했다.
③ 이 영화는 실재(實在) 사건과는 전혀 다르게 각색되었다.
④ 그의 중개(仲介)로 우리는 미국과의 거래를 성사시켰다.
⑤ 그 나라는 극심한 정치적 혼돈(混沌)으로 국민 복지에 신경 쓸 겨를이 없다.

정답 풀이 & 오답 해설

03

| 정답 풀이 | ② 상념(想念)은 '마음속에 품고 있는 여러 가지 생각.'을 의미한다.

04

| 정답 풀이 | ⑤ 단연(斷然)은 '확실히 단정할 만하게.'라는 의미이다. '단연코, 단연히'와 유사한 의미를 지닌다.

| 오답 해설 |
① 서두(序頭): 일이나 말의 첫머리.
② 벽두(劈頭): 「1」 글의 첫머리.
 「2」 맨 처음. 또는 일이 시작된 머리.
③ 독창(獨創): 다른 것을 모방함이 없이 새로운 것을 처음으로 만들어 내거나 생각해 냄.
④ 기원(起源/起原): 사물이 처음으로 생김. 또는 그런 근원.

05

| 정답 풀이 | ⑤ 결재(決裁)가 아니라 결제(決濟)로 써야 한다.
• 결재(決裁): 결정할 권한이 있는 상관이 부하가 제출한 안건을 검토하여 허가하거나 승인함.
• 결제(決濟): 『경제』 증권 또는 대금을 주고받아 매매 당사자 사이의 거래 관계를 끝맺는 일.

06

| 정답 풀이 | ⑤ 배상(賠償)이 아니라 보상(報償)으로 써야 한다.
• 배상(賠償): 『법률』 남의 권리를 침해한 사람이 그 손해를 물어 주는 일.
 예 피해자 쪽에서 배상을 금전으로 요구해 왔다.
• 보상(報償): 어떤 것에 대한 대가로 갚음
 예 노고에 대해 보상을 받다.

07

| 정답 풀이 | ③ 와중(渦中)은 '일이나 사건 따위가 시끄럽고 복잡하게 벌어지는 가운데.'를 뜻하는 말이므로, '조용한 와중'이라는 표현은 적절하지 않다.

| 오답 해설 |
① 유숙(留宿): 남의 집에서 묵음.
② 야기(惹起): 일이나 사건 따위를 끌어 일으킴.

08

| 정답 풀이 | ③ 실재(實在)가 아니라 실제(實際)로 써야 한다.
• 실재(實在): 실제로 존재함.
 예 실재의 인물.
• 실제(實際): 사실의 경우나 형편.
 예 실제 모습.

정답 03 ② 04 ⑤ 05 ⑤ 06 ⑤ 07 ③ 08 ③

09

밑줄 친 한자어의 쓰임이 적절하지 않은 것은?

① 검찰은 사고 경위를 조사(調査)하고 있다.
② 옆집 아저씨가 사기(詐欺)를 당해 사업이 망했다.
③ 언제쯤 방송에서 공정(公正)한 보도를 볼 수 있을까.
④ 현장 검증에 나선 범인은 태연히 범행을 재연(再燃)했다.
⑤ 실업 문제는 개인의 인내(忍耐) 부족보다는 사회 구조 탓이다.

10

'그 이상 더없는 최고의 상태.'를 의미하는 '정상(頂上)'의 용례로 가장 적절한 것은?

① 순순히 나와 자수한다면 정상을 참작하겠다.
② 내일 서울에서 정상들이 회담을 갖기로 결정했다.
③ 인기 정상의 가수인 그가 갑자기 결혼을 발표했다.
④ 기록적인 한파로 한동안 멈췄던 공장이 정상으로 가동되었다.
⑤ 산 정상에 자리 잡은 관측소까지 걸어가려면 1시간이나 걸린다.

11

〈보기〉의 ㉠~㉢에 들어갈 말이 올바르게 묶인 것은?

| 보기 |
- 선생님의 칼럼을 한 달에 한 번 신문에 (㉠)하기로 했다.
- 중국과의 협상에는 수많은 변수가 (㉡)되어 있다.
- 우리는 지금 이것저것 가릴 (㉢)가 아니다.

	㉠	㉡	㉢
①	개재	계제	게재
②	개제	게재	계제
③	게재	개재	계제
④	게재	계제	개재
⑤	계제	게재	개재

12

〈보기〉의 밑줄 친 ㉠~㉢에 해당하는 한자가 올바르게 묶인 것은?

| 보기 |
- 나래는 초판본을 개정(㉠)해서 출간했다.
- 상호는 자전거 대회 날짜를 개정(㉡)해서 알렸다.
- 의빈이는 악법을 개정(㉢)하기 위해 힘쓰고 있다.

	㉠	㉡	㉢
①	改訂	改正	改定
②	改訂	改定	改正
③	改正	改訂	改定
④	改正	改定	改訂
⑤	改定	改正	改訂

13

<보기>의 밑줄 친 ㉠~㉢에 해당하는 한자로 올바르게 묶인 것은?

보기
• 경찰은 유괴 사건의 범인을 현상(㉠) 수배했다. • 핵가족화 현상(㉡)으로 독거노인의 비율이 증가했다. • 유럽 여행을 다녀와서 그녀는 사진을 현상(㉢)했다.

	㉠	㉡	㉢
①	現狀	懸賞	現象
②	現象	現像	懸賞
③	懸賞	現象	現像
④	現想	懸賞	現象
⑤	懸賞	現象	現狀

14

한자어의 사전적 뜻풀이로 옳지 <u>않은</u> 것은?

① 간구(懇求): 구하기 힘든 것을 억지로 구함.
② 감응(感應): 어떤 느낌을 받아 마음이 따라 움직임.
③ 자처(自處): 자기를 어떤 사람으로 여겨 그렇게 처신함.
④ 갹출(醵出): 같은 목적을 위하여 여러 사람이 돈을 나누어 냄.
⑤ 표방(標榜): 어떤 명목을 붙여 주의나 주장 또는 처지를 앞에 내세움.

정답 풀이 & 오답 해설

09
| 정답 풀이 | ④ 재연(再燃)이 아니라 재연(再演)으로 병기해야 한다.
• 재연(再燃): 한동안 잠잠하던 일이 다시 문제가 되어 시끄러워짐.
• 재연(再演):「1」연극이나 영화 따위를 다시 상연하거나 상영함. 「2」한 번 하였던 행위나 일을 다시 되풀이함.

10
| 오답 해설 |
① 정상(情狀): 구체적 범죄에서 구체적 책임의 경중에 영향을 미치는 일체의 사정.
② 정상(頂上): 한 나라의 최고 수뇌.
④ 정상(正常): 특별한 변동이나 탈이 없이 제대로인 상태.
⑤ 정상(頂上): 산 따위의 맨 꼭대기.

11
| 정답 풀이 | ③이 들어갈 말로 알맞다.
㉠ 게재(揭載): 글이나 그림 따위를 신문이나 잡지 따위에 실음.
㉡ 개재(介在): 어떤 것들 사이에 끼어 있음.
㉢ 계제(階梯): 어떤 일을 할 수 있게 된 형편이나 기회.

12
| 정답 풀이 | ② ㉠~㉢에는 각각 改訂, 改定, 改正이 들어가야 한다.
㉠ 改訂: 글자나 글의 틀린 곳을 고쳐 바로잡음.
㉡ 改定: 이미 정하였던 것을 고쳐 다시 정함.
㉢ 改正: 주로 문서의 내용 따위를 고쳐 바르게 함.

13
| 정답 풀이 | ③ ㉠~㉢에는 각각 懸賞, 現象, 現像이 들어가야 한다.
㉠ 懸賞: 무엇을 모집하거나 구하거나 사람을 찾는 일 따위에 현금이나 물품 따위를 내걺. 또는 그 현금이나 물품.
㉡ 現象: 인간이 지각할 수 있는, 사물의 도양과 상태.
㉢ 現像: 노출된 필름이나 인화지를 약품으로 처리하여 상이 나타나도록 함.
• 現狀: 나타나 보이는 현재의 상태.
• 現想: 보고 듣는 데 관련하여 일어나는 생각.

14
| 정답 풀이 | ① 간구(懇求)는 '간절히 바람.'을 의미한다. '구하기 힘든 것을 억지로 구함.'을 의미하는 한자어는 강구(強求)이다.

정답 09 ④ 10 ③ 11 ③ 12 ② 13 ③ 14 ①

03 어휘 간의 의미 관계

대표 기출유형

기출유형 1 — 유의 / 반의 / 상하 관계

유형 풀이 ▶ 둘 이상의 단어 사이의 의미 관계를 파악하고, 이를 통하여 단어를 정확하게 사용할 수 있는지를 평가하는 문항이다.

정답 풀이 ▶ ③ '얼굴'과 '낯'은 유의 관계이다.

정답 ▶ ③

• <보기>의 밑줄 친 관계에 해당하지 <u>않는</u> 것은?

┤ 보기 ├

단어들 사이의 의미적 계층 관계는 크게 <u>상하 관계</u>와 부분 관계로 나눌 수 있다. 여기서 상하 관계는 상위어가 그것의 부분 속에 위치하고 있는 하위어를 포함하는 관계, 부분 관계는 한 단어가 지시하는 대상이 다른 단어가 지시하는 대상의 부분이 되는 관계를 일컫는다.

① 음식 : 김밥 ② 식물 : 나무 ③ 얼굴 : 낯
④ 책 : 시집 ⑤ 곡식 : 쌀

기출유형 2 — 다의어 / 동음이의어

유형 풀이 ▶ 다의어가 가지고 있는 다양한 의미를 알고 있는지, 동음이의어를 구별할 수 있는지를 평가하는 문항이다.

정답 풀이 ▶ 발문에 쓰인 '소화(消化)'는 '주어진 일을 해결하거나 처리함을 비유적으로 이르는 말.'을 뜻하는 것으로, 같은 의미로 사용된 것은 ③이다. '소화(消化)'는 다의어로, ②에서 중심적 의미(섭취한 음식물을 분해하여 영양분을 흡수하기 쉬운 형태로 변화시키는 일.)로 사용되었고 나머지는 모두 주변적 의미로 사용되었다.

정답 ▶ ③

• "그는 개성이 강한 인물의 역할을 완벽하게 소화하기로 유명하다."에 사용된 '소화'와 가장 유사한 의미로 사용된 것은?

① 그 작품은 독창적이어서 소극장이 아니면 <u>소화</u>할 수 없었다.
② 요즘 들어 무엇을 먹어도 <u>소화</u>하는 데 어려움을 느끼고 있다.
③ 동생은 이번 공연의 어려운 연주곡을 <u>소화</u>하기 위해 끊임없이 연습했다.
④ 이곳 농산물 유통 시장은 시에 반입되는 농산물의 60%를 <u>소화</u>하고 있다.
⑤ 정부는 경주에 오만 명 이상을 <u>소화</u>할 수 있는 종합 경기장을 짓기로 결정했다.

기출유형 3 — 고유어와 한자어의 대응

유형 풀이 ▶ 고유어에 대응하는 한자어 혹은 한자어에 대응하는 고유어의 사용이 적절한지 파악할 수 있는 능력을 평가하는 문항이다.

정답 풀이 ▶ ④에서 사용된 '벗다'는 '의무나 책임 따위를 면하게 되다.'를 뜻하는 고유어이다. 따라서 '일정한 상태나 처지에서 완전히 벗어나다.'를 의미하는 '탈피(脫皮)하다'와 대응시킨 것은 적절하지 않다.

정답 ▶ ④

• 밑줄 친 고유어와 한자어의 대응이 적절하지 <u>않은</u> 것은?

① 남자는 보육원에서 막 떠나온 아이를 <u>불쌍히[측은(惻隱)히]</u> 여겼다.
② 열흘 전에 고속 도로에서 버스가 <u>뒤집히는[전복(顚覆)되는]</u> 사고가 발생했다.
③ 블랙홀을 관찰하기 위해 우주선에 적외선 망원경을 <u>실어서[탑재(搭載)해서]</u> 발사했다.
④ 그녀는 퇴임식에서 교장의 책임을 <u>벗게[탈피(脫皮)하게]</u> 되어 후련하다는 말을 남겼다.
⑤ 무인도에 전화를 <u>놓는[가설(架設)하는]</u> 공사를 시작한 지 1년이 넘었는데도 여전히 진척이 없었다.

03 어휘 간의 의미 관계

기출 핵심개념

1 유의 / 반의 / 상하 관계

1 유의 관계

(1) 유의 관계의 개념: 같거나 유사한 의미를 지닌 둘 이상의 단어가 맺는 의미 관계.
(2) 유의 관계의 유형

높임말	밥 – 진지, 아버지 – 부친	완곡어	죽다 – 돌아가다, 변소 – 화장실
낮춤말	할머니 – 할멈	전문성의 차이	암 – 캔서, 소금 – 염화 나트륨
비유적 표현	깍쟁이 – 여우	방언	부추 – 정구지(경상, 전북, 충청 방언)
속어	화나다 – 화딱지 나다	외국에서 들어온 말	달걀 – 에그, 아내 – 와이프

(3) 유의 관계가 발달한 이유
① 한자어와 외래어가 고유어와 함께 쓰임.
② 높임법의 발달.
③ 감각어*의 발달.
④ 국어 순화를 위해 어휘를 정책적으로 만듦.
⑤ 금기(禁忌)로 인해 새로운 말이 생겨남.

* 감각어: 신체의 내부 또는 외부의 자극에 의하여 일어나는 느낌을 표현하는 단어.
  예 뻐근하다 / 저리다 / 푸르다 / 시끄럽다 / 매캐하다 / 짜다 / 거칠다 / 미지근하다

(4) 기출 유의 관계 빈출

개울	시내
걸다	땅을 기름지게 만들다. / 배부르게 먹고 오다. / 반찬이 푸지게 나오다. / 풀을 너무 진하게 쑤다.
규탄(糾彈)	성토(聲討)
그는 자기 앞가림도 못하는 터에 남 걱정을 한다.	급한 마당에 주저하고 말고가 없었다.
글눈 (글을 보고 이해하는 능력)	참눈(사물을 올바로 볼 줄 아는 눈) / 장사눈(장사의 잇속에 대한 안목) 참고 여기서 '눈'은 안목 혹은 능력과 비슷한 의미임.
나서기 딱하다면 그만두는 것이 좋다.	나서기 난처하다면 그만두는 것이 좋다.
놀다	뱃속에서 태아가 꿈틀거린다. / 물고기들이 돌아다닌다. / 팔이 잘 움직이지 않는다. / 비슷한 사람끼리 어울리는 법이다.
대다	약속 시간에 맞추어서 나왔다. / 키를 견주어 보다. / 책받침을 받치고 글씨를 썼다. / 소방관들은 3층에 호스를 겨누고 집중적으로 물을 뿌렸다.
두둔하다	편들다 / 비호하다 / 역성들다 / 끼고돌다
떠드는 통에	떠드는 바람에
무시하다	낮보다 / 얕보다 / 깔보다 / 낮잡다
벼 알이 옹골차다	알차다 / 야물다 / 실하다 / 실팍하다
부치다	짐을 보내다. / 용돈을 보내다. / 인쇄에 넘기다. / 실력이 모자라다. / 빈대떡을 관들다.
비호(庇護)	보호(保護)
수긍하다	인정하다
숨기다	감추다
연이어 발생한 화재 사고	뒤달아, 잇달아, 잇따라, 줄달아
잃다	날리다
재다	총에 실탄을 넣기 시작했다. / 일을 따지다. / 주위 사람들에게 너무 으스대다. / 양식을 쌓아 놓다.
전하다	알리다
측은하다	가련하다

- 신체와 관련된 유의 관계의 단어: 뼈마디 – 관절, 염통 – 심장, 허파 – 폐부, 뒷골 · 뒤통수 – 후두, 허리뼈 – 요추, 손가락 – 수지, 무릎뼈 – 슬개골, 눈가 – 눈언저리

> **학습 TIP**
>
> 비슷한 의미를 지닌 단어들 사이의 의미 관계를 정확히 파악하고 있는지를 평가하는 문항도 출제되고 있습니다.
> 예 '정체 → 지체 → 서행'의 순서로 속도가 빨라짐.

2 반의 관계

(1) 반의 관계의 개념: 의미상으로 대립되는 단어.

(2) 반의 관계의 유형

정도 반의어	정도나 등급에 있어서 대립되는 단어 쌍. 예 길다 – 짧다, 쉽다 – 어렵다
상보 반의어	개념적 영역을 상호 배타적인 두 구역으로 철저히 양분하는 단어 쌍.(중간항이 존재하지 않음.) 예 남성 – 여성, 합격 – 불합격
방향 반의어	관계나 이동의 측면에서 대립을 이루는 단어 쌍. 예 위 – 아래, 부모 – 자식

(3) 기출 반의어 빈출

최신 가멸다 – 가난하다	덥다 – 춥다	열다 – 입을 닫다, 뚜껑을 덮다, 수도꼭지를 잠그다, 자물쇠를 채우다.	파종 – 수확
가명 – 실명	맞다 – 틀리다		최신 팽배롭다 – 무던하다
가중 – 경감	방화범 – 소방관	영겁 – 찰나	협의 – 광의
감소 – 증가	배척 – 포용	입학 – 졸업	확대 – 축소
개강 – 종강	삶 – 죽음	자르다 – 붙이다	
개전 – 종전	성기다 – 배다	줍다 – 버리다	
길다 – 짧다	쉽다 – 어렵다	차지다 – 메지다	
최신 눅다 – 비싸다	승리 – 패배	참 – 거짓	
달변(達辯) – 눌변(訥辯) • 달변(達辯): 능숙하여 막힘이 없는 말. • 눌변(訥辯): 더듬거리는 서툰 말솜씨.	승진 – 강등	찾다 – 감추다	
	싸다 – 뜨다	출석 – 결석	

3 상하 관계

(1) 상하 관계의 개념

상하 관계	한 단어의 의미가 다른 단어의 의미를 포함하는 관계. 다른 단어를 포함하는 단어를 '상위어', 포함되는 단어를 '하위어'라 함.
부분 관계	한 단어가 다른 단어의 부분이 되는 관계. 부분을 나타내는 단어는 '부분어', 전체를 나타내는 단어를 '전체어'라 함.

(2) 기출 상하 / 부분 관계 빈출

상하 관계	가구 – 장롱 관악기 – 단소 국경일 – 한글날 국세 – 소득세 길 – 고샅길(시골 마을의 좁은 골목길) 모자 – 휘양	바느질 – 시침질(바느질 방법 중 하나) 식물 – 나무 식사 – 아침 언어학 – 음성학 열매 – 오디 운율 – 압운	옷옷 – 마고자 자식 – 여식(女息) 자연 – 바다 천재 – 지진 품사 – 관형사
부분 관계	귓바퀴 – 귓불 눈언저리 – 눈두덩	발 – 발가락 칼 – 칼날	콧등 – 콧마루

> **학습 TIP**
>
> 최근에는 제시된 단어들의 관계를 이해하고 있는지를 평가하기 위한 문항도 종종 출제되고 있습니다.
> 참고 발문 형태: 제시된 두 단어의 의미 관계가 나머지 넷과 다른 것은?
> 예 성충과 유충: 파리 – 구더기 / 매미 – 굼벵이 / 모기 – 장구벌레 / 풍뎅이 – 땅벌레 / 누에나방 – 누에
> 새끼와 어미: 능소니 – 곰 / 개호주 – 호랑이 / 망아지 – 말 / 꺼병이 – 꿩

2 고유어와 한자어의 대응 빈출

국어 어휘는 한자어의 비중이 높다. 한자어는 한자가 여럿 모여 하나의 단어를 이룬 구성이기에 고유어에 비해 전문적이고 분화된 뜻을 가진 경우가 많다. 한편 고유어는 우리말에서 30% 정도밖에 되지 않지만, 일상생활에서 많이 사용되다 보니 외래어와 한자어에 비해 다의어가 되는 경우가 많다. 고유어와 한자어가 맺고 있는 의미 관계를 파악한 후 고유어와 대응하여 쓰기에 적절한 한자어 또는 한자어에 대응하여 쓰기에 적절한 고유어를 고르는 유형의 문제가 출제된다.

고유어	한자어
가다	며칠이나 유지되다. / 서울로 이동하다. / 경쟁 회사로 이직하다. / 증기의 힘으로 작동하다. / 성적이 중간 정도 위치하다.
고치다	병을 치료하다. / 구두를 수선하다. / 숫자를 정정하다. / 자전거를 수리하다. / 회사 이름을 변경하다. / 지붕을 현대식으로 개량하다. / 편집자가 교정하다.
군말	췌언(贅言)
닦다	걸레로 청소하다. / 도로를 건설하다. / 무예를 수련하다.
돌다	국도로 우회하다. / 자금이 유통되지 않다. / 우리 편으로 전향했다. / 기계가 정상적으로 작동하고 있다.
돕다	사장을 보좌하다. / 이웃집 사람들과 서로 협조하다. / 부장을 조력하기 위해 움직였다. / 난민들을 구호하기 위해 식량을 마련하다. / 인삼은 기를 보(補)하는 약재다.
들다	윤달이 포함되다. / 노래를 잘하는 축에 속하다. / 이번 여행에 소요되는 비용. / 산악회에 가입하다.
떨어지다	감기가 치료되다. / 성이 적의 손에 함락되다. / 몸의 저항력이 감퇴되다. / 실력이 부족하다. / 중요한 임무가 부여되다. / 주가가 하락하다.
만들다	영화를 제작하다. / 법률을 제정하다. / 분위기를 조성하다. / 동아리를 결성하다.
맡기다	그는 복지 재단에 장학금을 기탁(寄託)했다.
바꾸다	눈은 빛의 자극을 전기 신호로 변환하여 뇌로 전달하는 기능을 가지고 있다.
부질없다	소용없겠지만 나는 정말 네가 보고 싶었다.
빈말	허언(虛言)
우연히 만나다	조우(遭遇)하다. / 봉우(逢遇)하다. / 조봉(遭逢)하다. / 해후(邂逅)하다.
오르다	버스에 탑승하다. / 선수들의 사기가 충천하다. / 뭍에 상륙하다. / 매상이 증가하다. / 차장으로 승진하다.
을러대다	아무리 그를 위협해도 소용이 없다.
이울다	국운이 쇠퇴하다.
잔말	세설(細說)
잡다	도둑을 체포하다. / 몸의 균형을 유지하다. / 결혼식 날짜를 정하다. / 고래를 포획하다. / 사건의 단서를 발견하다. / 닭을 도축하다. / 한밑천을 획득하다.
지키다	침묵을 유지하다. / 공약을 이행하다. / 교통 법규를 준수하다. / 성을 보호하다.
치우치다	문화 시설 대부분이 서울에 편재(偏在)해 있다.
크다	키가 성장하다. / 회사가 발전하다. / 내용은 대강 둘로 나눌 수 있다. / 축사를 거대하게 지을 필요는 없다.
포대기	강보(襁褓)
풀다	도망간 죄인을 잡기 위해 사람을 동원(動員)하다. / 수학 문제를 해제(解題)하다. / 갇힌 포로를 석방(釋放)하다. / 소원을 성취(成就)하다.
헐뜯다	훼방(毁謗)하는 말로 일을 그르치게 하다. 참고 • 훼방: 남을 헐뜯어 비방함.
혼잣말	독언(獨言) 참고 • 눌언: 더듬거리는 말. / • 실언: 실수로 잘못 말함. / • 망언: 이치나 사리에 맞지 아니하고 망령되게 말함.

3 다의어 / 동음이의어

다의어와 동음이의어의 관계를 구분할 수 있는 능력을 평가하는 문항과 다의어의 다양한 의미를 알고 있는지를 평가하는 문항이 출제된다.

1 다의어 / 동음이의어의 개념

(1) **다의어의 개념**: 여러 개의 의미를 지니고 있는 단어.
   > 참고 다의어는 '중심적 의미'와 '주변적 의미'를 지니는데, 그 어원은 동일함.

(2) **동음이의어의 개념**: 우연히 형태(소리)가 같을 뿐 뜻이 완전히 다른 단어.
   > 참고 예를 들어 '배: 먹는 배 - 사람의 배 - 돛단배'와 같은 경우 각 단어의 의미는 서로 관련이 전혀 없음.

학습 TIP

'다리'의 사전 등재 내용
다리01 「명사」
　「1」 사람이나 동물의 몸통 아래 붙어 있는 신체의 부분. 서고 걷고 뛰는 일 따위를 맡아 한다. ≒ 각09(脚)「1」.
　「2」 물체의 아래쪽에 붙어서 그 물체를 받치거나 직접 땅에 닿지 아니하게 하거나 높이 있도록 버티어 놓은 부분.
　〈생략〉
다리02 「명사」
　「1」 물을 건너거나 또는 한편의 높은 곳에서 다른 편의 높은 곳으로 건너다닐 수 있도록 만든 시설물.
　「2」 둘 사이의 관계를 이어 주는 사람이나 사물을 비유적으로 이르는 말.
　「3」 중간에 거쳐야 할 단계나 과정.
　「4」 지위의 등급.

다리01과 다리02는 동음이의어 관계, 다리02의 「1」, 「2」, 「3」, 「4」는 다의어 관계이다. 다리02의 「1」 '물을 건너거나 또는 한편의 높은 곳에서 다른 편의 높은 곳으로 건너다닐 수 있도록 만든 시설물.'이 중심적 의미이며, 「2」, 「3」, 「4」가 주변적 의미이다.

---

2 기출 다의어 / 동음이의어

(1) **기출 다의어 용례**

| 부르다01 | 예 분노가 분노를 부르지 않게, 면전에서 만세를 부르지 마라. |

(2) **기출 동음이의어 용례**

| 풀이 돋아나다 | 예 풀이 죽다. |
| 귀가 먹다 | 예 칼이 먹다. 좀이 먹다. 마음을 먹다 |

ㄱ

갈다
갈다02
【…을】
「1」 날카롭게 날을 세우거나 표면을 매끄럽게 하기 위하여 다른 물건에 대고 문지르다.
　예 기계로 옥돌을 갈아 구슬을 만든다.
「2」 잘게 부수기 위하여 단단한 물건에 대고 문지르거나 단단한 물건 사이에 넣어 으깨다.
　예 무를 강판에 갈아 즙을 내다.
「3」 먹을 풀기 위하여 벼루에 대고 문지르다.
　예 벼루에 먹을 갈다.
「4」 윗니와 아랫니를 맞대고 문질러 소리를 내다.
　예 자면서 뽀드득뽀드득 이를 갈다.

갈다03
「1」【…을】 쟁기나 트랙터 따위의 농기구나 농기계로 땅을 파서 뒤집다.
　예 경운기로 논을 갈다.
「2」【…에 …을】 주로 밭작물의 씨앗을 심어 가꾸다.
　예 밭에 보리를 갈다.

ㄴ

낮다
「1」 아래에서 위까지의 높이가 기준이 되는 대상이나 보통 정도에 미치지 못하는 상태에 있다.
　예 저 산은 낮지만 험하다.
「2」 높낮이로 잴 수 있는 수치나 정도가 기준이 되는 대상이나 보통 정도에 미치지 못하는 상태에 있다.
　예 온도가 낮다. / 기압이 낮다.
「3」 품위, 능력, 품질 따위가 바라는 기준보다 못하거나 보통 정도에 미치지 못하는 상태에 있다.
　예 질이 낮은 물건. / 교육 수준이 낮다.
「4」 지위나 계급 따위가 기준이 되는 대상이나 보통 정도에 미치지 못하는 상태에 있다.
　예 소령은 대령보다 계급이 낮다.
「5」 소리가 음계에서 아래쪽이거나 진동수가 작은 상태에 있다.
　예 콘트라베이스의 낮은 선율이 흘렀다.

누르다
누르다01
【…을】
「1」 물체의 전체 면이나 부분에 대하여 힘이나 무게를 가하다.
　예 초인종을 누르다. / 자동차의 경적을 누르다.
「2」 마음대로 행동하지 못하도록 힘이나 규제를 가하다.
　예 법에서까지 우리를 이렇게 누르기만 하면 살길이 막막해진다.
「3」 자신의 감정이나 생각을 밖으로 드러내지 않고 참다.
　예 분노를 누르다. / 욕망을 누르다.
「4」 경기나 경선 따위에서, 상대를 제압하여 이기다.
　예 우리나라 축구팀이 일본 팀을 누르고 우승했다.

누르다02
황금이나 놋쇠의 빛깔과 같이 다소 밝고 탁하다.
- 예 누른 잎. / 나뭇잎이 누르러 보이니 이제 겨울도 머지않았다.

눈01 〔최신〕
「1」 빛의 자극을 받아 물체를 볼 수 있는 감각 기관.
- 예 눈이 맑다. / 눈이 초롱초롱하다. / 눈을 뜨다.

「2」 물체의 존재나 형상을 인식하는 눈의 능력. = 시력(視力)01.
- 예 눈이 좋다. / 눈이 밝다.

「3」 사물을 보고 판단하는 힘.
- 예 그는 보는 눈이 정확하다.

「4」 ('눈으로' 꼴로 쓰여) 무엇을 보는 표정이나 태도.
- 예 동경의 눈으로 바라보다.

「5」 사람들의 눈길.
- 예 다른 사람의 눈을 의식하다.

ㄷ

달다

달다01
「1」 타지 않는 단단한 물체가 열로 몹시 뜨거워지다.
- 예 다리미가 달다. / 쇠가 벌겋게 달았다.

「2」 물기가 많은 음식이나 탕약 따위에 열을 가하여 물이 졸아들다.

「3」 열이 나거나 부끄러워서 몸이나 몸의 일부가 뜨거워지다.
- 예 많은 사람들 앞에서 발표를 하려니 얼굴이 화끈 달았다.

「4」 입안이나 코안이 마르고 뜨거워지다.

「5」 안타깝거나 조마조마하여 마음이 몹시 조급해지다.
- 예 애가 달아서 어쩔 줄을 모르다.

달다03
【…에 …을】
「1」 물건을 일정한 곳에 걸거나 매어 놓다.
- 예 배에 돛을 달다. / 국경일인데도 대문에 태극기를 단 집이 생각보다 적다.

「2」 물건을 일정한 곳에 붙이다.
- 예 옷에 단추를 달다. / 저고리에 동정을 달다. / 유치원생들이 가슴에 이름표를 달고 한 줄로 서 있었다.

「3」 어떤 기기를 설치하다.
- 예 안방에 전화를 달다. / 자동차에 에어컨을 달고 싶지만 돈이 없다.

「4」 글이나 말에 설명 따위를 덧붙이거나 보태다.
- 예 본문에 각주를 달다. / 한문 원문에 토를 다니 읽기가 훨씬 수월하다.

「5」 이름이나 제목 따위를 정하여 붙이다.
- 예 작품에 제목을 달다.

「6」 장부에 적다.
- 예 오늘 술값은 장부에 달아 두세요.

「7」 윷판에서 처음으로 말을 놓다.
- 예 우리 편이 먼저 막동을 달았다.

「8」 물건을 잇대어 붙이다.
- 예 기관차에 객차를 달다.

달다04
【…을 …에】
저울로 무게를 헤아리다.
- 예 고기를 저울에 달다.

달다07
「1」 꿀이나 설탕의 맛과 같다.
- 예 초콜릿이 달다.

「2」 입맛이 당기도록 맛이 있다.
- 예 밥을 달게 먹고 잠을 푹 잤다.

「3」 흡족하여 기분이 좋다.
- 예 낮잠을 달게 자다.

「4」 ('달게' 꼴로 쓰여) 마땅하여 기껍다.
- 예 벌을 달게 받다.

되다04 〔최신〕
「1」 반죽이나 밥 따위가 물기가 적어 빡빡하다.
- 예 밥이 너무 되다.

「2」 줄 따위가 단단하고 팽팽하다.
- 예 새끼줄로 되게 묶어라.

「3」 일이 힘에 벅차다.
- 예 일이 되면 쉬어 가면서 해라.

「4」 몹시 심하거나 모질다.
- 예 집안 어른한테 된 꾸중을 들었다.

두다
[Ⅰ] 「동사」
[1] 【…을 …에】
「1」 일정한 곳에 놓다.
- 예 연필을 책상 위에 두다.

「2」 어떤 상황이나 상태 속에 놓다.
- 예 승리를 눈앞에 두다. / 식품을 필요 이상으로 고온에 두지 마라.

「3」 가져가거나 데려가지 않고 남기거나 버리다.
- 예 집에 두고 온 어린 자식을 생각하면 가슴이 미어진다.

「4」 기본 음식에 딴 재료를 섞어 넣다.
- 예 백설기에 건포도를 두었다.

「5」 이부자리나 옷 따위에 솜 따위를 넣다.
- 예 버선에 솜을 두다. / 요즘에는 이불에 오리털을 두어서 누비기도 한다.

「6」 사람을 머물거나 묵게 하다.
- 예 너 같은 놈을 집에 두었다가는 얼마 못 가서 살림이 거덜 나겠다.

「7」 진영 따위를 설치하다.
- 예 산 밑에 본진을 두다.

「8」 직책이나 조직, 기구 따위를 설치하다.
- 예 세계 각지에 지사를 두다.

「9」 중요성이나 가치 따위를 부여하다.
- 예 경제 문제에 초점을 두다.

「10」 생각 따위를 가지다.
- 예 이번 일을 염두에 두지 마라.

「11」 인정, 사정 따위를 헤아려 주다.
- 예 우리는 그런 비열한 짓에는 인정을 두지 않는다.

「12」 ['적(籍)'을 목적어로 하여] 공식적인 직장으로 가지다.
- 예 대학에 적을 두다.

[2] 【…을 …에】【…을 …으로】
「1」 행위의 준거점, 목표, 근거 따위를 설정하다.
- 예 기준을 어디에 두느냐에 따라 결과는 달라진다.

「2」 (주로 '두고' 꼴로 쓰여) 어떤 것을 일정한 방향으로 향하게 하다.
- 예 강을 앞에 두다.

[3] 【…을】

「1」(주로 '두었다가' 꼴로 쓰여) 사용하지 않고 보관하거나 간직하다.
    예 그것을 잘 두었다가 요긴할 때 써라.
「2」(주로 '두었다가' 꼴로 쓰여) 어떤 일을 처리하지 않고 미루다.
    예 그 사건은 두었다가 나중에 처리합시다.
「3」시간적 여유나 공간적 간격 따위를 주다.
    예 간격을 두고 말을 하다. / 틈을 두지 말고 따라잡아야 한다.
「4」(주로 '두고' 꼴로 쓰여) 어떤 상황이 어떤 시간이나 기간에 걸치다.
    예 세 시간을 두고 생각하다. / 며칠 두고 끙끙 앓았다.
「5」【…을 …으로】사람을 데리고 쓰다.
    예 비서를 두다. / 가정 교사를 두다.
「6」【…을 …으로】어떤 사람을 가족이나 친인척으로 가지다.
    예 자식을 셋 두었다. / 잘난 남편을 둔 덕에 호강하고 산다.
「7」【-ㄴ지를】(주로 '두고' 꼴로 쓰여) 어떤 것을 논쟁이나 감정, 언급의 대상으로 삼다.
    예 황소 한 마리를 두고 씨름판을 벌이다.
「8」(주로 '두고' 꼴로 쓰여) 앞의 것을 부정하고 뒤의 것을 긍정하거나 선택할 때 쓴다.
    예 큰길을 두고 샛길로 가다.
「9」바둑이나 장기 따위의 놀이를 하다. 또는 그 알을 놓거나 말을 쓰다.
    예 바둑을 두다.
[4]【…에/에게 …을】【…과 …을】('거리'를 목적어로 하여) 세상이나 사람들과 밀접한 관계를 갖지 않고 얼마간 떨어져 있다.
    예 그는 그녀를 좀 더 객관적으로 지켜보기 위해서 일부러 그녀에게 일정한 거리를 두었다.
[5]【…을 …으로】【…을 -게】어떤 대상을 일정한 상태로 있게 하다.
    예 아이를 절대로 그 상태로 두어서는 안 됩니다. / 건드리지 말고 가만히 두시오.
[Ⅱ]「보조 동사」
(동사 뒤에서 '-어 두다' 구성으로 쓰여) 앞말이 뜻하는 행동을 끝내고 그 결과를 유지함을 나타내는 말. 주로 그 행동이 어떤 다른 일에 미리 대비하기 위한 것임을 보일 때 쓴다.
    예 불을 켜 두고 잠이 들었다. / 기계는 세워 두면 녹이 슬어요.

드리다

드리다01
【…에/에게 …을】
「1」'주다01 [Ⅰ]「1」'의 높임말.
「2」윗사람에게 그 사람을 높여 말이나 인사, 결의, 축하 따위를 하다.
「3」신에게 비는 일을 하다.

드리다02
【…에 …을】섞인 잡것을 없애기 위하여 떨어 놓은 곡식을 바람에 날리다.

드리다03
【…에 …을】
「1」여러 가닥의 실이나 끈을 하나로 땋거나 꼬다.
「2」땋은 머리 끝에 댕기를 물리다.

드리다04
【…에 …을】집에 문, 마루, 벽장, 광 따위를 만들거나 구조를 바꾸어 꾸미다.

드리다05
【…을】물건 팔기를 그만두고 가게 문을 닫다.

들다01
[1]【…에】【…으로】
「1」밖에서 속이나 안으로 향해 가거나 오거나 하다.
    예 사랑에 들다. / 숲속에 드니 공기가 훨씬 맑았다.
「2」빛, 볕, 물 따위가 안으로 들어오다.
    예 이 방에는 볕이 잘 든다.
「3」방이나 집 따위에 있거나 거처를 정해 머무르게 되다.
    예 어제 호텔에 든 손님. / 새집에 들다.
「4」길을 택하여 가거나 오다.
    예 컴컴한 골목길에 들고부터는 그녀의 발걸음이 빨라졌다.
「5」수면을 취하기 위한 장소에 가거나 오다.
    예 이불 속에 들다.
[2]【…에】
「1」어떤 일에 돈, 시간, 노력, 물자 따위가 쓰이다.
    예 잔치 음식에는 품이 많이 든다.
「2」물감, 색깔, 물기, 소금기가 스미거나 배다.
    예 설악산에 단풍이 들다.
「3」어떤 범위나 기준, 또는 일정한 기간 안에 속하거나 포함되다.
    예 반에서 5등 안에 들다.
「4」안에 담기거나 그 일부를 이루다.
    예 그 글에는 이런 내용이 들어 있다.

뜨다

뜨다01
[1]【…에】【…으로】물속이나 지면 따위에서 가라앉거나 내려앉지 않고 물 위나 공중에 있거나 위쪽으로 솟아오르다.
    예 종이배가 물에 뜨다.
[2]
「1」착 달라붙지 않아 틈이 생기다.
    예 풀칠이 잘못되어 도배지가 떴다.

뜨다02
「1」물기 있는 물체가 제 훈김으로 썩기 시작하다.
    예 뒤뜰에 쌓아 놓은 시금치는 사 온 지 오래됐는지 누렇게 떠 있었다.
「2」누룩이나 메주 따위가 발효하다.
    예 어두운 방에 들어서니 곰팡이 뜨는 냄새가 났다.
「3」병 따위로 얼굴빛이 누르고 살갗이 부은 것처럼 되다.
    예 부황이 들어 뜬 얼굴.

뜨다03
[1]【…에서】【…을】다른 곳으로 가기 위하여 있던 곳에서 다른 곳으로 떠나다.
    예 고향에서 뜨다.
[2]【…을】(속되게) 몰래 달아나다.
    예 그 가족은 밤중에 몰래 이 마을을 떴다.

뜨다04
[1]【…에서 …을】
「1」큰 것에서 일부를 떼어 내다.
    예 우리는 저쪽 산 밑에서 떼를 떴다.
「2」물속에 있는 것을 건져 내다.
    예 양어장에서 그물로 물고기를 떴다.

「3」【…에 …을】 어떤 곳에 담겨 있는 물건을 퍼내거나 덜어 내다.
  예 어머니는 간장 항아리에서 간장을 뜨고 계셨다.
[2]【…을】
「1」 수저 따위로 음식을 조금 먹다.
  예 먼 길 가는데 아무리 바빠도 한술 뜨고 가거라.
「2」 고기 따위를 얇게 저미다.
  예 생선회를 뜨다.
「3」 종이나 김 따위를 틀에 펴서 낱장으로 만들어 내다.
  예 한지는 틀로 하나씩 떠서 말린다.
「4」 피륙에서 옷감이 될 만큼 끊어 내다.
  예 혼숫감으로 옷감을 떠 왔다.

뜨다05
「동사」【…을】「1」 감았던 눈을 벌리다.
  예 그는 잠이 깨어 눈을 떴다.

뜨다06
「동사」【…을】「1」 실 따위로 코를 얽어서 무엇을 만들다.
  예 털실로 장갑을 떠서 선물하였다.

뜨다13
「형용사」「1」 행동 따위가 느리고 더디다
  예 그렇게 행동이 떠서 어디 제대로 먹고살겠어?

ㅁ

🔵 **마르다01**
「1」 물기가 다 날아가서 없어지다.
  예 날씨가 맑아 빨래가 잘 마른다.
「2」 입이나 목구멍에 물기가 적어져 갈증이 나다.
  예 뜨거운 태양 아래서 달리기를 했더니 목이 몹시 마른다.
「3」 살이 빠져 야위다.
  예 공부를 하느라 몸이 많이 말랐다.
「4」 강이나 우물 따위의 물이 줄어 없어지다.
  예 가뭄에도 이 우물은 마르지 않는다.
「5」 돈이나 물건 따위가 다 쓰여 없어지다.
  예 따로 돈이 나올 구멍이 없어 보이는데도 그의 주머니 속은 마르지 않았다.
「6」 감정이나 열정 따위가 없어지다.
  예 애정이 마르다.

맞다
맞다01
[1]
「1」 문제에 대한 답이 틀리지 아니하다.
  예 과연 그 답이 맞는지는 더 생각해 보기로 하자.
「2」 말, 육감, 사실 따위가 틀리지 아니하다.
  예 엄마는 항상 맞는 말씀만 하신다.
[4]【…과】
「1」 어떤 행동, 의견, 상황 따위가 다른 것과 서로 어긋나지 아니하고 어울리다.
  예 만일 내 동작이 다른 사람들과 맞지 않으면 관중이 웃을 것이다.
「2」【…에/에게】 모습, 분위기, 취향 따위가 다른 것에 잘 어울리다.
  예 그것은 나의 분위기와는 절대로 맞지 않는다.

맞다02
[1]【…을】
「1」 오는 사람이나 물건을 예의로 받아들이다.
  예 현관에서 방문객을 맞다.

매다
매다01
[1]【…을】
「1」 끈이나 줄 따위의 두 끝을 엇걸고 잡아당기어 풀어지지 아니하게 마디를 만들다.
  예 신발 끈을 매다. / 옷고름을 매다.
「2」 끈이나 줄 따위로 꿰매거나 동이거나 하여 무엇을 만들다.
  예 붓을 매다. / 책을 매다.
「3」 가축을 기르다.
  예 암소 한 마리와 송아지 두 마리를 매다.
「4」 옷감을 짜기 위하여 날아 놓은 날실에 풀을 먹이고 고루 다듬어 말리어 감다.
  예 베를 매다.
[2]【…에 …을】
「1」 끈이나 줄 따위를 몸에 두르거나 감아 잘 풀어지지 아니하게 마디를 만들다.
  예 전대를 허리에 매다.
「2」 달아나지 못하도록 고정된 것에 끈이나 줄 따위로 잇대어 묶다.
  예 소를 말뚝에 매다. / 죄인을 형틀에 매다.
「3」 끈이나 줄 따위를 어떤 물체에 단단히 묶어서 걸다.
  예 나무에 그네를 매다. / 빨랫줄을 처마 밑에 매다.
「4」 전화를 가설하다.
「5」 (주로 '목'을 목적어로 하여) 어떤 데에서 떠나지 못하고 딸리어 있다.
  예 형은 그 일에 목을 매고 있다.
「6」 일정한 기준에 따라 사물의 값이나 등수 따위를 정하다. = 매기다「1」.
  예 상품에 값을 매다. / 쌀에 등급을 매다.

매다02
【…을】 논밭에 난 잡풀을 뽑다.

먹다
먹다01
【(…을)】 귀나 코가 막혀서 제 기능을 하지 못하게 되다. 또는 그렇게 되게 하다.
  예 이 사람은 귀가 먹어서 잘 못 들으니까 큰 소리로 말씀하셔야 돼요.

🔵 **먹다02**
[1]【…을】
「1」 음식 따위를 입을 통하여 뱃속에 들여보내다.
  예 밥을 먹다. / 그는 보약을 몇 차례나 먹어도 늘 골골거렸다.
「2」 담배나 아편 따위를 피우다.
  예 담배를 먹다.
「3」 연기나 가스 따위를 들이마시다.
  예 연탄가스를 먹다. / 탄내를 먹다.
「4」 어떤 마음이나 감정을 품다.
  예 앙심을 먹고 투서를 하다.
「5」 일정한 나이에 이르거나 나이를 더하다.
  예 네 살 먹은 아이.

「6」 겁, 충격 따위를 느끼게 되다.
  예 겁을 먹다. / 충격을 먹다.
「7」 욕, 핀잔 따위를 듣거나 당하다.
  예 하루 종일 욕만 되게 먹었네.
「8」 (속되게) 뇌물을 받아 가지다.
  예 뇌물을 먹다. / 뇌물을 먹고 탈세를 눈감아 주다.
「9」 수익이나 이문을 차지하여 가지다.
  예 남은 이익은 모두 네가 먹어라.
「10」 물이나 습기 따위를 빨아들이다.
  예 기름 먹은 종이.
「11」 어떤 등급을 차지하거나 점수를 따다.
  예 1등을 먹다.
「12」 구기 경기에서, 점수를 잃다.
  예 상대편에게 먼저 한 골을 먹었다.
[2] 【…에】
「1」 날이 있는 도구가 소재를 깎거나 자르거나 갈거나 하는 작용을 하다.
  예 이 고기에는 칼이 잘 먹지 않는다.
「2」 바르는 물질이 배어들거나 고루 퍼지다.
  예 옷감에 풀이 잘 먹어야 다림질하기가 좋다. / 얼굴에 화장이 잘 먹지 않고 들뜬다.
「3」 벌레, 균 따위가 파 들어가거나 퍼지다.
  예 사과에 벌레가 많이 먹었다.
「4」 돈이나 물자 따위가 들거나 쓰이다.
  예 공사에 철근이 생각보다 많이 먹어 걱정이다.

멀다
멀다01
「1」 시력이나 청력 따위를 잃다.
  예 사고로 눈이 멀다.
「2」 【…에/에게】 ('눈'을 주어로 하여) 어떤 생각에 빠져 판단력을 잃다.
  예 그들은 사랑에 눈이 멀었다.

멀다02
[1] 【…에서】【(…과)】 거리가 많이 떨어져 있다.
  예 집에서 버스 정류장까지는 매우 멀다.
[2] 【-기에】 어떤 기준점에 모자라다.
  예 너의 그림 솜씨는 화가가 되기엔 아직도 멀었다.

묻다
묻다01
【…에】
「1」 가루, 풀, 물 따위가 그보다 큰 다른 물체에 들러붙거나 흔적이 남게 되다.
  예 손에 기름이 묻다.
「2」 ('묻어', '묻어서' 꼴로 다른 동사와 함께 쓰여) 함께 팔리거나 섞이다.
  예 가는 김에 나도 좀 묻어 타자.

묻다02
【…에 …을】
「1」 물건을 흙이나 다른 물건 속에 넣어 보이지 않게 쌓아 덮다.
  예 밥을 식지 않게 아랫목에 묻다.
「2」 【…을 …으로】 일을 드러내지 아니하고 속 깊이 숨기어 감추다.
  예 아우는 형의 말을 비밀로 묻어 두었다.

「3」 【…을 …으로】 얼굴을 수그려 손으로 감싸거나 다른 물체에 가리듯 기대다.
  예 아이는 어머니의 가슴에 얼굴을 묻었다.
「4」 의자나 이불 같은 데에 몸을 깊이 기대다.
  예 지친 몸을 침대에 묻다.

물다
물다02
[1] 【…을】
「1」 윗니나 아랫니 또는 양 입술 사이에 끼운 상태로 떨어지거나 빠져나가지 않도록 다소 세게 누르다.
  예 담배를 물다. / 아기가 젖병을 물다.
「2」 윗니와 아랫니 사이에 끼운 상태로 상처가 날 만큼 세게 누르다.
  예 팔을 세게 물다. / 개가 사람을 물다.
「3」 이, 빈대, 모기 따위의 벌레가 주둥이 끝으로 살을 찌르다.
  예 모기가 옷을 뚫고 팔을 마구 물어 대었다.
「4」 (속되게) 이익이 되는 어떤 것이나 사람을 차지하다.
  예 돈이 많은 사람을 물다.
[2] 【…을 …에】 입속에 넣어 두다.
  예 물을 한 모금 입에 물다. / 사탕을 입에 물다.

물다03
【…에/에게 …을】
「1」 갚아야 할 것을 치르다.
  예 주인에게 외상값을 물다.
「2」 남에게 입힌 손해를 돈으로 갚아 주거나 본래의 상태로 해 주다.
  예 차 주인에게 손해를 물다. / 잃어버린 책을 도서관에 물다.

밀다
밀다01
[1] 【…을】
「1」 일정한 방향으로 움직이도록 반대쪽에서 힘을 가하다.
  예 수레를 뒤에서 밀다.
「2」 나무 따위의 거친 표면을 반반하고 매끄럽게 깎다.
  예 대패로 통나무를 밀다.
「3」 머리카락이나 털 따위를 매우 짧게 깎다.
  예 수염을 밀다. / 머리를 밀다.
「4」 피부에 묻은 지저분한 것을 문질러 벗겨 내다.
  예 때를 밀다.
「5」 허물어 옮기거나 깎아 없애다.
  예 불도저로 야산을 밀다.
「6」 뒤에서 보살피고 도와주다.
  예 아무래도 누군가 그를 밀고 있다.
「7」 바닥이 반반해지도록 연장을 누르면서 문지르다.
  예 롤러로 운동장을 밀다. / 구겨진 바지를 다리미로 한 번 밀어라.
「8」 눌러서 얇게 펴다.
  예 만두피를 밀다. / 어머니는 밀가루 반죽을 밀개로 밀고 계셨다.
「9」 등사기로 인쇄하다.
  예 사람들에게 나눠 줄 유인물을 만들기 위해 등사 롤러를 밀었다.
[2] 【…을 …으로】 특정한 지위를 차지하도록 내세우거나 지지하다.
  예 그를 반장으로 밀었다. / 당원들은 당 총재를 대통령 후보로 밀었다.

ㅂ

바르다

바르다01
[1] 【…을 …에】【…을 …으로】
「1」 풀칠한 종이나 헝겊 따위를 다른 물건의 표면에 고루 붙이다.
　예 벽지를 벽에 바르다.
「2」 차지게 이긴 흙 따위를 다른 물체의 표면에 고르게 덧붙이다.
　예 흙을 벽에 바르다.
[2] 【…에 …을】물이나 풀, 약, 화장품 따위를 물체의 표면에 문질러 묻히다.
　예 상처에 약을 바르다. / 얼굴에 분을 바르다.

바르다03
「1」 겉으로 보기에 비뚤어지거나 굽은 데가 없다.
　예 길이 바르다. / 줄을 바르게 서다.
「2」 말이나 행동 따위가 사회적인 규범이나 사리에 어긋나지 아니하고 들어맞다.
　예 생각이 바른 사람. / 마음가짐이 바르다.
「3」 사실과 어긋남이 없다.
　예 숨기지 말고 바르게 대답하시오.

배다

배다01
【…에】
「1」 스며들거나 스며 나오다.
　예 옷에 땀이 배다. / 종이에 기름이 배다. / 웃음이 배어 나오다.
「2」 버릇이 되어 익숙해지다.
　예 일이 손에 배다. / 욕이 입에 배다.
「3」 냄새가 스며들어 오래도록 남아 있다.
　예 담배 냄새가 옷에 배었다.
「4」 느낌, 생각 따위가 깊이 느껴지거나 오래 남아 있다.
　예 농악에는 우리 민족의 정서가 배어 있다.

배다02
[1] 【…을】뱃속에 아이나 새끼를 가지다.
　예 아이를 배다.
[2] 【…에】【…을】
「1」 식물의 줄기 속에 이삭이 생기다. 또는 이삭을 가지다.
　예 벼 포기에 이삭이 벌써 배었다.
「2」 ('알'과 함께 쓰여) 물고기 따위의 뱃속에 알이 들다. 또는 알을 가지다.
　예 잡은 고기에 알이 배어 있었다.
[3] 【…에】('알'과 함께 쓰여) 사람의 근육에 뭉친 것과 같은 것이 생기다.
　예 계단을 오르락내리락했더니 다리에 알이 뱄다.

배다03
「1」 물건의 사이가 비좁거나 촘촘하다.
　예 그물코가 배다. / 모를 배게 심다. / 물건이 창고에 배게 들어찼다.
「2」 생각이나 안목이 매우 좁다.
　예 그는 속이 너무 배서 큰 인물은 못 되겠다.

베다

베다01
【…을】누울 때, 베개 따위를 머리 아래에 받치다.
　예 베개를 베다.

베다02
【…을】
「1」 날이 있는 연장 따위로 무엇을 끊거나 자르거나 가르다.
　예 낫으로 벼를 베다.
「2」 날이 있는 물건으로 상처를 내다.
　예 칼로 살을 베다.

붓다

붓다01
「1」 살가죽이나 어떤 기관이 부풀어 오르다.
　예 얼굴이 붓다.
「2」 (속되게) 성이 나서 뾰로통해지다.
　예 왜 잔뜩 부어 있나?

붓다02
【…에/에게 …을】
「1」 액체나 가루 따위를 다른 곳에 담다.
　예 자루에 밀가루를 붓다. / 가마솥에 물을 붓다.
「2」 모종을 내기 위하여 씨앗을 많이 뿌리다.
　예 볍씨를 붓다. / 모판에 배추씨를 붓다.
「3」 불입금, 이자, 곗돈 따위를 일정한 기간마다 내다.
　예 은행에 적금을 붓다.
「4」 시선을 한곳에 모으면서 바라보다.
　예 소년은 수평선에 눈을 부은 채 움직이지 않았다.

참고 '붇다'와 '불다'

• 붇다
「1」 물에 젖어서 부피가 커지다.
　예 콩이 붇다. / 북어포가 물에 불어 부드러워지다. / 오래되어 불은 국수는 맛이 없다.
「2」 분량이나 수효가 많아지다.
　예 개울물이 붇다. / 체중이 붇다.

• 불다
[1] 바람이 일어나서 어느 방향으로 움직이다.
　예 동풍이 부는 날.
[2] 【…에】유행, 풍조, 변화 따위가 일어나 휩쓸다.
　예 사무실에 영어 회화 바람이 불다.
[3] 【…을】
「1」 입을 오므리고 날숨을 내어보내어, 입김을 내거나 바람을 일으키다.
　예 유리창에 입김을 불다.
「2」 입술을 좁게 오므리고 그 사이로 숨을 내쉬어 소리를 내다.
　예 휘파람 부는 아이.
「3」 코로 날숨을 세게 내어보내다.
　예 소가 콧김을 불다.

> **학습 TIP**
> • 라면이 불기 전에(✕)
> • 라면이 붇기 전에(○)

빌다

빌다01
[1] 【…에/에게 …을】【…에/에게 −기를】【…에/에게 −고】
「1」 【…에/에게 −도록】바라는 바를 이루게 하여 달라고 신이나 사람, 사물 따위에 간청하다.
　예 소녀는 하늘에 소원을 빌었다.
「2」 잘못을 용서하여 달라고 호소하다.
　예 학생은 무릎을 꿇고 선생님께 용서를 빌었다.

빌다02
【…을】 남의 물건을 공짜로 달라고 호소하여 얻다.
예 이웃에게 양식을 빌다. / 사람들에게 밥을 빌러 다니다.

빠지다
빠지다01
[1]【…에서】
「1」 박힌 물건이 제자리에서 나오다.
예 책상 다리에서 못이 빠지다.
「2」 어느 정도 이익이 남다.
예 아무래도 이렇게 장사가 되지 않으면 본전도 빠지지 않겠다.
「3」 원래 있어야 할 것에서 모자라다.
예 구백 원만 있다면 천 원에서 백 원이 빠지는 셈이구나.
[2]【…에】【…에서】
「1」 속에 있는 액체나 기체 또는 냄새 따위가 밖으로 새어 나가거나 흘러 나가다.
예 방에 냄새가 빠지다.
「2」 때, 빛깔 따위가 씻기거나 없어지다.
예 옷에 때가 쏙 빠지다.
「3」 차례를 거르거나 일정하게 들어 있어야 할 곳에 들어 있지 아니하다.
예 이 책에는 중요한 내용이 빠져 있다.
「4」 정신이나 기운이 줄거나 없어지다.
예 그 말을 들으니 다리에 기운이 빠져서 서 있을 수가 없었다.
「5」【…을】 어떤 일이나 모임에 참여하지 아니하다.
예 동창회에 빠지다.
[3]
「1」 그릇이나 신발 따위의 밑바닥이 떨어져 나가다.
예 구두가 밑창이 빠지다.
「2」 살이 여위다.
예 며칠 밤을 새웠더니 눈이 쏙 들어가고 얼굴의 살이 쪽 빠졌다.
[4]【…으로】 일정한 곳에서 다른 데로 벗어나다.
예 샛길로 빠지다.
[5]【-게】 생김새가 미끈하게 균형이 잡히다.
예 옷을 쏙 빠지게 차려입었다.
[6]【…에/에게】 남이나 다른 것에 비해 뒤떨어지거나 모자라다.
예 그의 실력은 절대로 다른 경쟁자들에게 빠지지 않는다.

빠지다02
[1]【…에】
「1」【…으로】 물이나 구덩이 따위 속으로 떨어져 잠기거나 잠겨 들어가다.
예 개울에 빠지다. / 차가 갑자기 웅덩이에 빠지고 말았다.
「2」 곤란한 처지에 놓이다.
예 궁지에 빠지다.
「3」 그럴듯한 말이나 꾐에 속아 넘어가다.
예 유혹에 빠지다.
「4」 잠이나 혼수상태에 들게 되다.
예 그는 너무나 깊은 잠에 빠져서 일어날 줄을 모른다.
[2]【…에/에게】 무엇에 정신이 아주 쏠리어 헤어나지 못하다.
예 사랑에 빠지다.

사람
「1」 생각을 하고 언어를 사용하며, 도구를 만들어 쓰고 사회를 이루어 사는 동물. ≒ 인간01「1」.
예 사람은 만물의 영장이다.
「2」 어떤 지역이나 시기에 태어나거나 살고 있거나 살았던 자.
예 아버지는 충남 사람이다.
「3」 일정한 자격이나 품격 등을 갖춘 이. ≒ 인간01「3」.
예 사람을 기르다. / 사람을 만들다.
「4」 인격에서 드러나는 됨됨이나 성질.
예 사람이 괜찮다.
「5」 상대편에게 자기 자신을 엄연한 인격체로서 가리키는 말.
예 돈 좀 있다고 사람 무시하지 마라.
「6」 친근한 상대편을 가리키거나 부를 때 사용하는 말.
예 이 사람아. 이게 얼마 만인가?
「7」 자기 외의 남을 막연하게 이르는 말.
예 사람들이 뭐라 해도 할 수 없다.
「8」 뛰어난 인재나 인물.
예 이곳은 사람이 많이 난 고장이다.
「9」 어떤 일을 시키거나 심부름을 할 일꾼이나 인원.
예 그 일은 사람이 많이 필요하다. / 사람을 보내 마중을 나갔다.

살다01
「1」 생명을 지니고 있다.
예 그는 백 살까지 살았다.
「2」 불 따위가 타거나 비치고 있는 상태에 있다.
예 잿더미에 불씨가 아직 살아 있다.
「3」 본래 가지고 있던 색깔이나 특징 따위가 그대로 있거나 뚜렷이 나타나다.
예 개성이 살아 있는 글.
「4」 성질이나 기운 따위가 뚜렷이 나타나다.
예 칭찬 몇 마디 해 주었더니 기운이 살아서 잘난 척이다.
「5」 마음이나 의식 속에 남아 있거나 생생하게 일어나다.
예 어렸을 때 배운 노래 한 구절이 머릿속에 아직도 살아 있다.
「6」 움직이던 물체가 멈추지 않고 제 기능을 하다.
예 그렇게 세게 부딪혔는데도 시계가 살아 있다.
「7」 경기나 놀이 따위에서, 상대편에게 잡히지 않고 제 기능을 하다.
예 바둑에서 간신히 두 집 내고 살았다.
「8」 글이나 말, 또는 어떤 현상의 효력 따위가 현실과 관련되어 생동성이 있다.
예 산 역사. / 산 교훈. / 살아 있는 규범.

살피다01
【…을】
「1」 두루두루 주의하여 자세히 보다.
예 그는 주변을 살피며 낮은 목소리로 말했다.
「2」 형편이나 사정 따위를 자세히 알아보다.
예 민심을 살피다.
「3」 자세히 따지거나 헤아려 보다.
예 상대방과의 관계를 살피는 일이 중요하다.

삶다

【…을】
「1」 물에 넣고 끓이다.
　예 국수를 삶다. / 달걀을 삶다. / 빨래를 삶다.
「2」 달래거나 꾀어서 자기 말을 잘 듣게 만들다.
　예 우선 그 집 하인을 잘 삶아서 내 편을 만들어야지.
「3」 논밭의 흙을 써레로 썰고 나래로 골라 노글노글하게 만들다.
　예 밭을 삶다.
「4」 날씨가 몹시 무덥고 찌는 듯하여 뜨거운 열기로 가득함을 비유적으로 이르는 말.
　예 푹푹 삶는 무더위가 계속되었다.

최신 손01

「1」 사람의 팔목 끝에 달린 부분.
　예 손으로 잡다.
「2」 손끝의 다섯 개로 갈라진 부분. 또는 그것 하나하나. = 손가락.
　예 손에 반지를 끼다.
「3」 일을 하는 사람. = 일손「3」.
　예 손이 부족하다.
「4」 어떤 일을 하는 데 드는 사람의 힘이나 노력, 기술.
　예 나는 부모님이 돌아가셔서 할머니의 손에서 자랐다.
「5」 어떤 사람의 영향력이나 권한이 미치는 범위.
　예 손에 넣다. / 일의 성패는 네 손에 달려 있다.
「6」 사람의 수완이나 꾀.
　예 장사꾼의 손에 놀아나다.

쓰다

쓰다03

[1]【…에 …을】
「1」 어떤 일을 하는 데에 재료나 도구, 수단을 이용하다.
　예 빨래하는 데에 합성 세제를 많이 쓴다고 빨래가 깨끗하게 되는 것은 아니다.
「2」【…을 …으로】 사람에게 어떤 일을 하게 하다.
　예 하수도 공사에 인부를 쓴다. / 회사에서는 그 자리에 경험자를 쓰기로 했다.
[2]【…에/에게 …을】
「1」 (흔히, '한턱', '턱' 따위와 함께 쓰여) 다른 사람에게 베풀거나 내다.
　예 그는 취직 기념으로 친구들에게 한턱을 썼다.

쓰다04

【…에 …을】【…을 …으로】 시체를 묻고 무덤을 만들다.
예 공원묘지에 묘를 쓰다.

쓰다05

【…을】 장기나 윷놀이 따위에서 말을 규정대로 옮겨 놓다.
예 윷놀이는 말을 잘 쓰는 것이 제일 중요하다.

ㅇ

어리다

어리다01

【…에】
「1」 눈에 눈물이 조금 괴다.
　예 눈에 눈물이 어리다.
「2」 어떤 현상, 기운, 추억 따위가 배어 있거나 은근히 드러나다.
　예 정성 어린 선물. / 취기가 어린 말투.
「3」 빛이나 그림자, 모습 따위가 희미하게 비치다.
　예 수면에 어리는 그림자.
「4」 연기, 안개, 구름 따위가 한곳에 모여 나타나다.
　예 앞들 무논 위에 아지랑이가 어리기 시작한다.

어리다03

「1」 나이가 적다. 10대 전반을 넘지 않은 나이를 이른다.
　예 나는 어린 시절을 시골에서 보냈다.
「2」 나이가 비교 대상보다 적다.
　예 김 선생은 나보다 세 살이 어리니 올해 마흔다섯이다.
「3」 동물이나 식물 따위가 난 지 얼마 안 되어 작고 여리다.
　예 어린 묘목을 옮겨 심다.
「4」 생각이 모자라거나 경험이 적거나 수준이 낮다.
　예 저의 어린 소견을 끝까지 경청해 주셔서 고맙습니다.

여리다

「1」 단단하거나 질기지 않아 부드럽거나 약하다.
　예 살갗이 여리다.
「2」 의지나 감정 따위가 모질지 못하고 약간 무르다.
　예 여린 마음에 상처를 받다.
「3」 빛깔이나 소리 따위가 약간 흐리거나 약하다.
　예 박자가 여리다. / 색깔이 여리다.
「4」 기준보다 약간 모자라다.
　예 이번에 사 온 천은 감이 좀 여리다.

최신 오르다

[1]【…에】【…을】 사람이나 동물 따위가 아래에서 위쪽으로 움직여 가다.
　예 산에 오르다.
[2]【…에】
「1」 지위나 신분 따위를 얻게 되다.
　예 왕위에 오르다.
「2」 탈것에 타다.
　예 기차에 오른 것은 한밤중이 되어서였다. / 배에 오르기 전에 표를 사야 한다.
「3」 어떤 정도에 달하다.
　예 사업이 비로소 정상 궤도에 올랐다.
「4」 길을 떠나다.
　예 다 잊어버리고 여행길에나 오르지 그래.
「5」 뭍에서 육지로 옮다.
　예 뭍에 오른 물고기 신세란 바로 그를 두고 하는 말이었다.
「6」 몸 따위에 살이 많아지다.
　예 얼굴에 살이 오르니 귀여워 보인다.
「7」 식탁, 도마 따위에 놓이다.
　예 모처럼 저녁상에 갈비가 올랐다. / 고등어가 도마에 올라 칼질을 기다리고 있다.
「8」 남의 이야깃거리가 되다.
　예 구설에 오르다.
「9」 기록에 적히다.
　예 호적에 오르다.

울다01
「1」 기쁨, 슬픔 따위의 감정을 억누르지 못하거나 아픔을 참지 못하여 눈물을 흘리다. 또는 그렇게 눈물을 흘리면서 소리를 내다.
예 승리의 기쁨에 넘쳐 우는 선수들.
「2」 짐승, 벌레, 바람 따위가 소리를 내다.
예 늑대 우는 소리.
「3」 물체가 바람 따위에 흔들리거나 움직여 소리가 나다.
예 전깃줄이 바람에 운다. / 문풍지가 바람에 울고 있다.
「4」 종이나 천둥, 벨 따위가 소리를 내다.
예 천둥이 우는 소리.
「5」 병적으로 일정한 높이로 계속되는 소리가 실제로는 들리지 않는데도 들리는 것처럼 느끼다.
예 귀에서 우는 소리가 난다.
「6」 (비유적으로) 상대를 때리거나 공격할 수 없어 분한 마음을 느끼다.
예 주먹이 운다 울어.

익다
익다01
「1」 열매나 씨가 여물다.
예 배가 익다.
「2」 고기나 채소, 곡식 따위의 날것이 뜨거운 열을 받아 그 성질과 맛이 달라지다.
예 고기가 푹 익다. / 고구마가 먹기 좋게 익었다.
「3」 김치, 술, 장 따위가 맛이 들다.
예 간장이 익다. / 김치가 알맞게 익었다.
「4」 불이나 볕을 오래 쬐거나 뜨거운 물에 담가서 살갗이 빨갛게 되다.
예 벌거벗고 땡볕에 돌아다녔더니 살이 익었다.
「5」 썩히려고 하는 것이 잘 썩다.
예 거름이 익다.
「6」 사물이나 시기 따위가 충분히 마련되거나 알맞게 되다.
예 가을이 익어 가고 있는 들판을 한참 바라보았다.

익다02
【…에】
「1」 자주 경험하여 조금도 서투르지 않다.
예 이젠 바느질 솜씨가 손끝에 제법 익었다.
「2」 여러 번 겪어 설지 않다.
예 이젠 이 고장의 풍토에 익었을 뿐만 아니었다.
「3」 눈이 어둡거나 밝은 곳에 적응한 상태에 있다.
예 어둠에 눈이 익자 낯익은 방 안 풍경이 조금씩 드러났다.

일다01
「1」 없던 현상이 생기다.
예 파문이 일다.
「2」 희미하거나 약하던 것이 왕성하여지다.
예 꺼져 가던 불길이 일어 주변이 밝아졌다.
「3」 겉으로 부풀거나 위로 솟아오르다.
예 보풀이 일다. / 거품이 일다.

ㅈ

잘다
「1」 알곡이나 과일, 모래 따위의 둥근 물건이나 글씨 따위의 크기가 작다.
예 알약이 너무 커서 잘게 부순 다음 삼켰다.
「2」 길이가 있는 물건의 몸피가 가늘고 작다.
예 무를 잘게 썰다.
「3」 일이 작고 소소하다.
「4」 세밀하고 자세하다.
예 잔 주석. / 소설을 잘게 분석하다.
「5」 생각이나 성질이 대담하지 못하고 좀스럽다.
예 그는 사람 됨됨이가 잘고 경망스러워 보인다.

줄다
「1」 물체의 길이나 넓이, 부피 따위가 본디보다 작아지다.
예 소매 길이가 줄다. / 면적이 줄다.
「2」 수나 분량이 본디보다 적어지거나 무게가 덜 나가게 되다.
예 인원이 줄다. / 몸무게가 줄다. / 재고가 줄다.
「3」 힘이나 세력 따위가 본디보다 못하게 되다.
예 속력이 줄다. / 나이가 들어 기운도 많이 줄었다.
「4」 재주나 능력, 실력 따위가 본디보다 못하게 되다.
예 수학 실력이 줄다.
「5」 살림이 어려워지거나 본디보다 못하여지다.
예 주는 것은 살림살이요 느는 것은 빚뿐일세.

지르다
지르다02
[1]【…을】
「1」 팔다리나 막대기 따위를 내뻗치어 대상물을 힘껏 건드리다.
예 한 아이가 골문을 향해 공을 힘차게 지른다.
「2」 냄새가 갑자기 후각을 자극하다.
예 구린내가 코를 지른다.
「3」 도박이나 내기에서, 돈이나 물건 따위를 걸다.
예 판돈을 지르다.
[2]【…에 …을】
「1」 양쪽 사이를 막대기나 줄 따위로 가로 건너막거나 내리꽂다.
예 머리에 비녀를 지르다.
「2」 불을 붙이다.
예 논둑에 불을 지르다.

지르다03
【…을】 목청을 높여 소리를 크게 내다.
예 괴성을 지르다.

짜다
짜다01
[1]【…을】
「1」 사개를 맞추어 가구나 상자 따위를 만들다.
예 관을 짜다. / 장롱을 짜다.
「2」 실이나 끈 따위를 씨와 날로 결어서 천 따위를 만들다.
예 가마니를 짜다. / 돗자리를 짜다. / 베를 짜다.
「3」 머리를 틀어 상투를 만들다.
「4」 사람을 모아 무리를 만들다.

예 편을 짜다. / 네 사람씩 조를 짜다.
「5」 계획이나 일정 따위를 세우다.
예 생활 계획표를 짜다. / 시간표를 짜다.

짜다02
【…을】
「1」 누르거나 비틀어서 물기나 기름 따위를 빼내다.
예 여드름을 짜다. / 치약을 짜다.
「2」 온갖 수단을 써서 남의 재물 따위를 빼앗다.
「3」 어떤 새로운 것을 생각해 내기 위하여 온 힘을 기울이거나, 온 정신을 기울이다.
예 생각을 짜다. / 지혜를 짜다.

ㅊ

차다
차다01
[1]【…에】【…으로】 일정한 공간에 사람, 사물, 냄새 따위가 더 들어갈 수 없이 가득하게 되다.
예 독에 물이 가득 차다.
[2]【…에】
「1」 감정이나 기운 따위가 가득하게 되다.
예 실의에 차다. / 적의에 차다.
「2」 어떤 대상이 흡족하게 마음에 들다.
「3」 어떤 높이나 한도에 이르는 상태가 되다.
예 쌓인 눈이 가랑이까지 찼다. / 말이 목구멍까지 차 있다.

차다02
【…을】
「1」 발로 내어 지르거나 받아 올리다.
예 공을 차다. / 제기를 차다.
「2」 발을 힘껏 뻗어 사람을 치다.
예 그는 상대편 선수를 발로 찼다.
「3」 혀끝을 입천장 앞쪽에 붙였다가 떼어 소리를 내다.
예 혀를 끌끌 차다.
「4」 발로 힘 있게 밀어젖히다.
예 선수들은 출발선을 차며 힘차게 내달렸다.
「5」 (속되게) 주로 남녀 관계에서 일방적으로 관계를 끊다.
예 친구는 5년을 사귄 사람을 차 버렸다.
「6」 날쌔게 빼앗거나 움켜 가지다.
예 매가 병아리를 차서 하늘 높이 날아갔다. / 소매치기가 지갑을 차서 달아났다.
「7」 (비유적으로) 자기에게 베풀어지거나 차례가 오는 것을 받아들이지 않다.
예 들어오는 복을 차다.

치다
치다01
「1」 바람이 세차게 불거나 비, 눈 따위가 세차게 뿌리다.
예 세찬 눈보라 치다.
「2」 천둥이나 번개 따위가 큰 소리나 빛을 내면서 일어나다.
예 벼락이 치다.
「3」 서리가 몹시 차갑게 내리다.
예 된서리가 치는 바람에 농작물이 다 얼어 버렸다.

「4」 물결이나 파도 따위가 일어 움직이다.
예 파도가 가볍게 치다.

치다05
【…에 …을】
「1」 막이나 그물, 발 따위를 펴서 벌이거나 늘어뜨리다.
예 천막을 치다. / 진을 치다. / 대문에 금줄을 치다.
「2」 벽 따위를 둘러서 세우거나 쌓다.
예 싸리나무로 담을 치다.

치다07
【…을】
「1」 가축이나 가금 따위를 기르다.
예 양을 치다.
「2」 식물이 가지나 뿌리를 밖으로 돋아 나오게 하다.
예 나무가 가지를 많이 쳐서 제법 무성하다.

치르다
[1]【…에/에게 …을】 주어야 할 돈을 내주다.
예 주인에게 내일까지 아파트 잔금을 치러야 한다.
[2]【…을】
「1」 무슨 일을 겪어 내다.
예 시험을 치르다. / 잔치를 치르다.
「2」 아침, 점심 따위를 먹다.
예 아침을 치르고 대문을 나서던 참이었다.

ㅋ

칼
칼01
물건을 베거나 썰거나 깎는 데 쓰는 도구. 날과 자루로 이루어져 있다.
참고 '칼'과 관련된 관용구
• 칼(을) 갈다[벼리다]
「1」 싸움이나 침략 따위를 준비하다.
「2」 복수를 준비하다.
• 칼(을) 품다 살의를 품다.

칼02
『역사』 죄인에게 씌우던 형틀. 두껍고 긴 널빤지의 한끝에 구멍을 뚫어 죄인의 목을 끼우고 비녀장을 질렀다.

ㅌ

트다
트다01
「1」 너무 마르거나 춥거나 하여 틈이 생겨서 갈라지다.
예 논바닥이 트다. / 손이 트다. / 입술이 트다.
「2」 식물의 싹, 움, 순 따위가 벌어지다.
예 움이 트다.
「3」 날이 새면서 동쪽 하늘이 훤해지다.
예 어느덧 동이 트기 시작했다.
「4」 더 기대할 것이 없는 상태가 되다.
예 차가 끊겨서 오늘 가기는 텄다.

트다02

[1]【…을】
「1」막혀 있던 것을 치우고 통하게 하다.
　예 길을 트다. / 벽을 트다.
「2」장(場) 따위를 열다.
　예 난장을 트면 전국 각지에서 장사꾼들이 몰려든다.

[2]【(…과) …을】
「1」서로 스스럼없이 사귀는 관계가 되다.
　예 친구와 마음을 트고 지내다.
「2」서로 거래하는 관계를 맺다.
　예 은행과 거래를 트다.
「3」어떤 사람과 해라체를 쓰거나 반말을 하는 상태가 되다.
　예 나이도 동갑이니 우리 말을 트고 지내자.

ㅍ

패다

패다01
「1」곡식의 이삭 따위가 나오다.
　예 보리가 패다.
「2」사내아이의 목소리가 변성기를 지나 깊고 굵게 되다.

패다02
【…이】머리 따위가 몹시 아프고 쑤시다.
　예 술을 많이 먹은 다음 날은 어김없이 머리가 팬다.

패다03
【…을】사정없이 마구 때리다.
　예 사람을 패다.

패다04
【…을】도끼로 장작 따위를 쪼개다.
　예 장작을 패다.

ㅎ

행각01
「1」(주로 부정적인 의미로 쓰여) 어떤 목적으로 여기저기 돌아다님.
　예 구걸 행각. / 도피 행각. / 애정 행각. / 사기 행각을 벌이다.
　참고 '행위'라는 단어는 '사람이 의지를 가지고 하는 짓.'이라는 뜻으로 긍정문과 부정문 모두에 사용됨.
　예 호객 행위.

흐르다01

[1]
「1」시간이나 세월이 지나가다.
　예 오랜 시간이 흐르다.
「2」걸치거나 두른 것이 미끄러지거나 처지다.
　예 체육복 바지가 흘러 버렸다.

[2]【…으로】
「1」액체 따위가 낮은 곳으로 내려가거나 넘쳐서 떨어지다.
　예 물은 높은 데서 낮은 데로 흐른다.
「2」어떤 한 방향으로 치우쳐 쏠리다.
　예 이야기가 엉뚱한 방향으로 흐르고 있다.

[3]【…에】
「1」공중이나 물 위에 떠서 미끄러지듯이 움직이다.
　예 하늘에 흐르는 구름.
「2」기운이나 상태 따위가 겉으로 드러나다.
　예 옷차림에 촌티가 흐르다.
「3」윤기, 광택 따위가 번지르르하게 나다.
　예 잎사귀에 윤기가 흐르다.
「4」빛, 소리, 향기 따위가 부드럽게 퍼지다.
　예 밤하늘에 흐르는 달빛.
「5」【…에서】피, 땀, 눈물 따위가 몸 밖으로 넘쳐서 떨어지다.
　예 온몸에 땀이 흐르다.
「6」전기나 가스 따위가 선이나 관을 통하여 지나가다.
　예 이 전신주에는 고압 전류가 흘러 매우 위험하다.

3 다의어의 동사 / 형용사의 구별

　다의어의 의미를 이해하고, 이를 바탕으로 품사를 구분할 수 있는지를 평가하는 문항도 출제된다. 주로 동사와 형용사가 출제되고 있으므로, 문맥으로 품사를 파악하는 것에 더해 동사와 형용사의 구별 방법을 학습해 두는 것이 좋다.
　참고 발문 형태: 〈보기〉의 ㉠~㉤ 중, 나머지와 품사가 다른 것은?

되다

최신 되다01

「동사」

[1]【…이】
「1」새로운 신분이나 지위를 가지다.
　예 커서 의사가 되고 싶다.
「2」【…으로】다른 것으로 바뀌거나 변하다.
　예 얼음이 물이 되다. / 저 사람은 전혀 다른 사람이 됐다.
「3」어떤 때나 시기, 상태에 이르다.
　예 이제는 계절이 봄이 되었다.
「4」일정한 수량에 차거나 이르다.
　예 이 안에 찬성하는 사람이 50명이 되었다.
「5」어떤 대상의 수량, 요금 따위가 얼마이거나 장소가 어디이다.
　예 요금이 만 원이 되겠습니다. / 내릴 곳은 서울역이 되겠습니다.
「6」사람으로서의 품격과 덕을 갖추다.
　예 그는 제대로 된 사람이다. / 그런 행동을 한 것은 그가 인격이 된 사람이라는 증거이다.
「7」어떠한 심리적 상태에 놓이다.
　예 마음속으로 무척 걱정이 되었다. / 그 말을 들으니 안심이 되는구나.
「8」【…에게 …이】【(…과) …이】어떤 사람과 어떤 관계를 맺고 있다.
　예 이 사람은 제 아우가 됩니다. / 저놈은 내게 원수가 된다.

[2]【…으로】
「1」어떤 재료나 성분으로 이루어지다.
　예 나무로 된 책상. / 철사로 된 그물망. / 사면이 온통 유리창으로 된 집.

「2」 어떤 형태나 구조로 이루어지다.
  예 타원형으로 된 탁자. / 방 세 개로 된 집. / 열두 마당으로 된 창극.
「3」 문서나 서류에 어떤 사람이나 조직의 이름이 쓰이다.
  예 전 시민의 이름으로 된 청원서. / 정부의 명의로 된 항의서.
[3]【-게】('-게' 대신에 '잘, 적당히, 원하는 대로' 따위의 부사나 부사어가 사용되기도 한다.)
「1」 어떤 사물이나 현상이 생겨나거나 만들어지다.
  예 밥이 맛있게 되다. / 이제 밥이 다 됐다. / 맞춘 옷이 이제 됐다.
「2」 일이 잘 이루어지다.
  예 일이 깔끔하게 되다. / 요즘은 사업이 그럭저럭 되고 있다.
「3」 작물 따위가 잘 자라다.
  예 곡식이 알차게 되다. / 이 고장은 땅이 기름져 작물이 풍성하게 된다.
「4」 어떤 사물이 제 기능을 다 하거나 수명이 다하다.
  예 기계가 못 쓰게 되다. / 배터리가 다 되다.

되다04
「형용사」
「1」 반죽이나 밥 따위가 물기가 적어 빡빡하다.
  예 밥이 너무 되다. / 풀을 되게 쑤었다. / 반죽이 돼서 물을 더 넣었다.
「2」 줄 따위가 단단하고 팽팽하다.
  예 새끼줄로 되게 묶어라. / 허리를 졸라맨 줄이 된지 배가 아프다.
「3」 일이 힘에 벅차다.
  예 일이 되면 쉬어 가면서 해라. / 하루 종일 된 일을 하고 번 게 겨우 이것뿐인가?
「4」 몹시 심하거나 모질다.
  예 집안 어른한테 된 꾸중을 들었다. / 된 사람한테 걸려 혼이 났다.

보다01
[Ⅰ]「동사」
[1]【…을】
「1」 눈으로 대상의 존재나 형태적 특징을 알다.
  예 잡지에서 난생처음 보는 단어를 발견하였다.
「2」 눈으로 대상을 즐기거나 감상하다.
  예 영화를 보다. / 그는 텔레비전을 보다가 잠이 들었다.
「3」 책이나 신문 따위를 읽다.
  예 신문을 보다. / 여가 시간에는 책을 보는 습관을 들이는 것이 좋다.
「4」 대상의 내용이나 상태를 알기 위하여 살피다.
  예 시계를 보다. / 현미경을 보다. / 거울을 보다.
「5」 일정한 목적 아래 만나다.
  예 맞선을 보다. / 나 좀 잠깐 볼 수 있을까?
「6」 맡아서 보살피거나 지키다.
  예 그녀는 아이를 봐 줄 사람을 구하였다. / 소년은 집을 보다가 잠이 들었다.
「7」 상대편의 형편 따위를 헤아리다.
  예 너를 보아 내가 참아야지. / 그의 사정을 보니 딱하게 되었다.
「8」 점 따위로 운수를 알아보다.
  예 사주를 보다. / 궁합을 보다. / 관상을 보다.
「9」 ('시험'을 뜻하는 목적어와 함께 쓰여) 자신의 실력이 나타나도록 치르다.
  예 시험 잘 봤니?
「10」 어떤 일을 맡아 하다.
  예 사무를 보다.
「11」 어떤 결과나 관계를 맺기에 이르다.
  예 끝장을 보다. / 결말을 보다. / 합의를 보다.
「12」 음식상이나 잠자리 따위를 채비하다.
  예 그는 술상을 보느라 바쁘다.
「13」 (완곡한 표현으로) 대소변을 누다.
  예 대변을 보다.
「14」 어떤 관계의 사람을 얻거나 맞다.
  예 며느리를 보다. / 그는 늦게나마 손자를 보게 되었다.
「15」 부도덕한 이성 관계를 갖다.
  예 시앗을 보다. / 샛서방을 보다.
「16」 어떤 일을 당하거나 겪거나 얻어 가지다.
  예 이익을 보다. / 손해를 보면서 물건을 팔 사람은 없다.
「17」 의사가 환자를 진찰하다.
  예 원장님은 오전에만 환자를 보십니다.
「18」 신문, 잡지 따위를 구독하다.
  예 보던 신문을 끊고 다른 신문으로 바꾸다. / 잡지 보는 거 있어요?
「19」 음식 맛이나 간을 알기 위하여 시험 삼아 조금 먹다.
  예 찌개 맛 좀 봐 주세요. / 장맛을 보면 그 집의 음식 솜씨를 알 수 있다.
「20」 남의 결점 따위를 들추어 말하다.
  예 다른 사람의 흉을 보다.
「21」 남의 결점이나 약점 따위를 발견하다.
  예 남의 단점을 보기는 쉬우나 자기의 단점을 보기는 어렵다.
「22」 기회, 때, 시기 따위를 살피다.
  예 기회를 봐서 부모님께 말씀드리는 거 좋겠다.
「23」 땅, 집, 물건 따위를 사기 위하여 살피다.
  예 집을 보러 다니다.
「24」 ('장' 또는 '시장'과 같은 목적어와 함께 쓰여) 물건을 팔거나 사다.
  예 시장을 보다.
「25」 (주로 '보고' 꼴로 쓰여) 고려의 대상이나 판단의 기초로 삼다.
  예 너를 보고 하는 말이 아니야.
「26」 (주로 '보고' 꼴로 쓰여) 무엇을 바라거나 의지하다.
  예 사람을 보고 결혼해야지 재산을 보고 결혼해서야 되겠니?
[2]【…과】【…을】 사람을 만나다.
  예 학교를 졸업한 이후에 어제 처음으로 그녀와 서로 보게 되었다.
[3]【…을 …으로】【…을 -게】【…을 -고】【…으로】【-고】 대상을 평가하다.
  예 어쩐지 그의 행동을 실수로 보아 줄 수가 없었다.

[Ⅱ]「보조 동사」
「1」 (동사 뒤에서 '-어 보다' 구성으로 쓰여) 어떤 행동을 시험 삼아 함을 나타내는 말.
  예 먹어 보다. / 입어 보다. / 말을 들어 보다. / 꼼꼼히 따져 보다.
「2」 (동사 뒤에서 '-어 보다' 구성으로 쓰여) 어떤 일을 경험함을 나타내는 말.
  예 이런 일을 당해 보지 않은 사람은 내 심정을 모른다.
「3」 (동사 뒤에서 '-고 보니', '-고 보면' 구성으로 쓰여) 앞말이 뜻하는 행동을 하고 난 후에 뒷말이 뜻하는 사실을 새로 깨닫게 되거나, 뒷말이 뜻하는 상태로 됨을 나타내는 말.
  예 마구 때리고 보니 아무리 악인이지만 너무했다는 생각이 들었다.
「4」 [동사 뒤에서 '-다(가) 보니', '-다(가) 보면' 구성으로 쓰여] 앞말이 뜻하는 행동을 하는 과정에서 뒷말이 뜻하는 사실을 새로 깨닫게 되거나, 뒷말이 뜻하는 상태로 됨을 나타내는 말.
  예 오래 살다 보니 이런 좋은 일도 있네.

[Ⅲ]「보조 형용사」
「1」 (동사나 형용사, '이다' 뒤에서 '-은가/는가/나 보다' 구성으로

쓰여) 앞말이 뜻하는 행동이나 상태를 추측하거나 어렴풋이 인식하고 있음을 나타내는 말.
- 예 식구들이 모두 집에 돌아왔나 보다. / 열차가 도착했나 보다.

「2」(동사 뒤에서 '-을까 보다' 구성으로 쓰여) 앞말이 뜻하는 행동을 할 의도를 가지고 있음을 나타내는 말.
- 예 외국으로 떠나 버릴까 보다. / 한 대 때릴까 보다.

「3」(동사나 형용사, '이다' 뒤에서 '-을까 봐', '-을까 봐서' 구성으로 쓰여) 앞말이 뜻하는 상황이 될 것 같아 걱정하거나 두려워함을 나타내는 말.
- 예 야단맞을까 봐 얘기도 못 꺼냈어. / 추울까 봐서 하루 종일 집 안에만 있었다. / 강도일까 봐 문을 열지 않았다.

「4」(형용사나 '이다' 뒤에서 '-고 보다' 구성으로 쓰여) 앞말이 뜻하는 상황이나 상태가 다른 것보다 우선임을 나타내는 말.
- 예 무엇보다 건강하고 볼 일이다.

「5」(형용사나 '이다' 뒤에서 '-다 보니', '-고 보니' 구성으로 쓰여) 앞말이 뜻하는 상태가 뒷말의 이유나 원인이 됨을 나타내는 말.
- 예 돌이 워낙 무겁다 보니 혼자서 들 수가 없었다.

학습 TIP

혼동하기 쉬운 단어들의 구별

대다	차, 배 따위의 탈것을 멈추어 서게 하다.	그는 어제 집 앞에 차를 대다가 접촉 사고를 냈다.
데다	불이나 뜨거운 기운으로 말미암아 살이 상하다. 또는 그렇게 하다.	끓는 물에 손을 데었다.
들리다	들리다01 병에 걸리다. 들리다03 '듣다01'의 피동사	그는 심한 폐렴에 들렸다. 전화가 고장이 났는지 잘 들리지 않는다.
들이다	집 안에서 부릴 사람을 고용하다.	손님이 많아져서 우리는 새로 일꾼을 가게에 들였다.
들르다	지나는 길에 잠깐 들어가 머무르다.	그는 퇴근길에 문구점에 들러 아이들 선물을 샀다.
때다	아궁이 따위에 불을 지피어 타게 하다.	아궁이에 장작을 때다.
떼다	붙어 있거나 잇닿은 것을 떨어지게 하다.	벽에서 벽보를 떼다.
낫다	병이나 상처 따위가 고쳐져 본래대로 되다.	그는 가져온 약을 다 먹은 후에야 감기가 나았다.
나다	인물이 배출되다.	우리 고장에서는 예로부터 큰 선비가 많이 났다.
낳다	어떤 결과를 이루거나 가져오다.	소문이 소문을 낳아 상황이 점점 악화되고 있었다.
새다	어떤 소리가 일정 범위에서 빠져나가거나 바깥으로 소리가 들리다.	바로 옆방에서 시끄러운 노랫소리가 새어 나온다.
세다	머리카락이나 수염 따위의 털이 희어지다.	머리가 허옇게 세다.

활용 형태에 따른 동사와 형용사의 구분 기준

- 동사 어간에는 평서형에서 현재 시제 '-ㄴ/-는'이 붙지만 형용사에는 붙지 않습니다.
  - 예 현재 평서형: 간다/먹는다(동사), 작다/예쁘다(형용사)
- 동사 어간에는 현재 시제의 관형사형 어미로 '-는'이 붙지만 형용사 어간에는 '-(으)ㄴ'이 붙습니다.
  - 예 현재 관형사형: 먹는/가는(동사), 작은/예쁜(형용사)
- 형용사는 원칙적으로 명령형이나 청유형으로 쓰이지 않습니다.
  - 예 명령형/청유형: 먹어라/먹자(동사), *작아라/*작자(형용사)
- 동사 어간에는 '-(으)려고', '-고자' 등이 결합할 수 있지만, 형용사 어간에는 붙지 않습니다.
  - 예 -(으)려고, -고자: 먹으려고/먹고자(동사), *작으려고/*작고자(형용사)

03 어휘 간의 의미 관계

기출 응용문제

01

밑줄 친 고유어 '들다'에 대응하는 한자어로 적절하지 않은 것은?

① 윤달이 들다. → 포함(包含)되다.
② 산악회에 들다. → 가입(加入)하다.
③ 노래를 잘하는 축에 들다. → 속(屬)하다.
④ 사업에 돈이 많이 들다. → 소요(所要)되다.
⑤ 음식에 간이 제대로 들다. → 투입(投入)되다.

02

밑줄 친 두 단어가 동음이의어 관계에 해당하지 않는 것은?

① 배를 먹다. – 귀가 먹다.
② 물감이 묻다. – 책임을 묻다.
③ 숲속에 들다. – 칼이 잘 들다.
④ 시간표를 짜다. – 참기름을 짜다.
⑤ 신발 끈을 매다. – 나무에 그네를 매다.

03

두 단어 사이의 의미 관계가 〈보기〉와 동일하지 않은 것은?

| 보기 |

같거나 유사한 의미를 지닌 둘 이상의 단어가 맺는 의미 관계를 '유의 관계'라고 한다. 이런 관계에 있는 단어들을 '동의어' 또는 '유의어'라고 부른다. 곧 둘 이상의 단어가 동일한 의미를 지닌 경우를 '동의어'라 하며, 유사한 의미를 지닌 경우를 '유의어'라고 한다.

① 기쁨 – 환희   ② 종이 – 갱지
③ 멍게 – 우렁쉥이 ④ 아버지 – 춘부장
⑤ 양육하다 – 키우다

04

〈보기〉의 ㉠~㉤ 중 나머지 넷과 다의어 관계에 있지 않은 것은?

| 보기 |

㉠ 책상 다리에서 못이 빠졌다.
㉡ 옷에 때가 쏙 빠져서 기분이 좋다.
㉢ 창문을 열었더니 방에 냄새가 빠졌다.
㉣ 그는 너무나 깊은 잠에 빠져서 일어날 줄을 모른다.
㉤ 구백 원만 있다면 천 원에서 백 원이 빠지는 셈이구나.

① ㉠   ② ㉡   ③ ㉢   ④ ㉣   ⑤ ㉤

정답 풀이 & 오답 해설

01

| 정답 풀이 | ⑤ '투입(投入)되다'는 '던져져 넣어지다. 사람이나 물자, 자본 따위가 필요한 곳에 넣어지다.'라는 뜻으로, '물감, 색깔, 물기, 소금기가 스미거나 배다.'라는 의미로 사용된 '들다'에 대응하지 않는다.

02

| 정답 풀이 | ⑤ '신발 끈을 매다.'의 '매다'는 '끈이나 줄 따위의 두 끝을 엇걸고 잡아당기어 풀어지지 아니하게 마디를 만들다.'라는 의미로 사용되었다. 그리고 '나무에 그네를 매다.'의 '매다'는 '끈이나 줄 따위를 어떤 물체에 단단히 묶어서 걸다.'2-는 의미로 사용되었다. 따라서 두 단어는 의미적 연관성이 있는 다의어에 해당한다.

03

| 정답 풀이 | ② 갱지는 '지면이 좀 거칠고 품질이 낮은 종이.'라는 뜻으로 '종이–갱지'는 상하 관계라고 볼 수 있다.

04

| 정답 풀이 | ④ ㉣에서 '빠지다'는 '빠지다2 「4」 잠이나 혼수상태에 들게 되다.'라는 뜻으로, 나머지와 동음이의어 관계이다.

| 오답 해설 | 빠지다01
[1] 「1」 박힌 물건이 제자리에서 나오다. ·················· ㉠
    「3」 원래 있어야 할 것에서 모자라다. ·················· ㉤
[2] 「1」 속에 있는 액체나 기체 또는 냄새 따위가 밖으로 새어 나가거나 흘러 나가다. ·················· ㉢
    「2」 때, 빛깔 따위가 씻기거나 없어지다. ·················· ㉡

정답 01 ⑤ 02 ⑤ 03 ② 04 ④

05

〈보기〉의 ㉠~㉤ 중 나머지 넷과 다의어 관계에 있지 <u>않은</u> 것은?

보기
㉠ 기름 냄새가 옷에 <u>배었다</u>. ㉡ 옷에 땀이 <u>배어</u> 냄새가 난다. ㉢ 잡은 고기에 알이 <u>배어</u> 있었다. ㉣ 판소리에는 우리 민족의 정서가 <u>배어</u> 있다. ㉤ 언제부터 이런 게으름이 몸에 <u>배었는지</u> 알 수 없다.

① ㉠ ② ㉡ ③ ㉢ ④ ㉣ ⑤ ㉤

06

〈보기〉의 ㉠~㉤ 중 나머지와 품사가 <u>다른</u> 하나는?

보기
㉠ 방 안에 사람이 <u>있다</u>. ㉡ 나에게 1,000원이 <u>있다</u>. ㉢ 날지 못하는 새도 <u>있다</u>. ㉣ 아이는 지금 깨어 <u>있다</u>. ㉤ 나는 그와 만난 적이 <u>있다</u>.

① ㉠ ② ㉡ ③ ㉢ ④ ㉣ ⑤ ㉤

07

밑줄 친 단어의 쓰임이 적절하지 <u>않은</u> 것은?

① 식구들이 나만 <u>제쳐</u> 두고 바다로 떠났다.
② 코피가 났을 때 고개를 뒤로 <u>제치면</u> 안 된다.
③ 신생 중소기업이 선두를 유지하던 대기업을 <u>제쳤다</u>.
④ 그는 제집 일을 <u>제쳐</u> 두고 남의 집 일에 발 벗고 나선다.
⑤ 그는 양옆에서 달려드는 상대 선수들을 <u>제치고</u> 골을 넣었다.

08

〈보기〉의 ㉠과 ㉡에 들어갈 단어의 기본형을 바르게 묶은 것은?

보기
• 아궁이에 장작을 (㉠) 고구마를 구워 먹었다. • 퇴근하는 길에 포장마차에 (㉡) 친구를 만났다.

	㉠	㉡
①	때다	들리다
②	때다	들르다
③	떼다	들리다
④	떼다	들르다
⑤	떼다	들이다

09

〈보기〉의 밑줄 친 말과 의미가 동일한 것은?

| 보기 |
회사는 주주들에게 이익을 고르게 분배했다.

① 그는 가쁘게 몰아쉬던 숨을 고르고 있다.
② 마음을 표현할 적당한 단어를 고르기가 어렵다.
③ 울퉁불퉁한 땅을 평평하게 고르는 작업을 시작했다.
④ 너는 치아가 고르니 교정 치료를 받지 않아도 되겠다.
⑤ 선생님은 붓을 사용한 후 고르는 법을 가르쳐 주셨다.

10

'가로 1번'에 들어갈 단어와 반대의 의미를 지니는 말로 가장 적절한 것은?

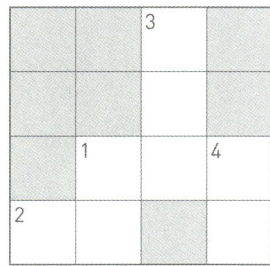

[가로 열쇠]
2. 적이나 상대편의 힘에 눌리어 굴복함.
[세로 열쇠]
1. 기본 속옷 위에 껴입는 방한용 옷.
3. 같은 뜻을 가지고 모여서 한패를 이룬 무리. 사물놀이 ○○○에 가입하다.
4. 어떤 차례의 바로 뒤.

① 밟다 ② 줍다 ③ 만들다
④ 오르다 ⑤ 태우다

04 관용 표현 – 속담/한자 성어/관용구

대표 기출유형

기출유형 1 　관용구

유형 풀이▶ 관용구를 적절하게 사용할 수 있는지를 평가하는 문항이다.

정답 풀이▶ ② '발이 길다'는 '음식 먹는 자리에 우연히 가게 되어 먹을 복이 있다.'라는 뜻이므로, 제시된 문장에서는 '손을 맺다'라는 관용 표현을 활용하는 것이 더 적절하다. '손을 맺다'는 '할 일이 있는데도 아무 일도 안 하고 그냥 있다.'라는 뜻의 관용 표현이다.

정답▶ ②

• 밑줄 친 관용 표현의 쓰임이 적절하지 <u>않은</u> 것은?

① 나는 이제 모기라면 <u>학을 뗀다</u>.
② 할 일이 태산같이 많은데 <u>발이 길면</u> 어쩌니?
③ 노름판에서 <u>발을 빼고</u> 이제 착실히 일을 하기로 했네.
④ 저 친구는 <u>낯이 넓으니까</u> 잘 따라다니면 자네에게도 도움이 될 걸세.
⑤ 무리한 다이어트는 건강을 해친다고 의사들은 <u>입을 모아</u> 이야기한다.

기출유형 2 　속담

유형 풀이▶ 속담의 정확한 의미나 문맥에 맞는 속담을 묻는 문항이다.

정답 풀이▶ ③ '언 손 불기'는 부질없는 짓을 비유적으로 이르는 말이다. 따라서 '정책을 펼쳐 집값을 잡은 상황'에서 사용되기 어렵다.

정답▶ ③

• 속담의 사용이 문맥상 적절하지 <u>않은</u> 것은?

① 동생은 '꾸어다 놓은 보릿자루'처럼 구석에 가만히 앉아 있었다.
② '가는 날이 장날'이라고 하필 체육 대회 하는 날 비가 오고 있다.
③ 정부는 '언 손 불기'로 급하게 부동산 정책을 펼쳐 집값을 잡았다.
④ '눈 감고 따라간다'는 말처럼 그녀는 친구의 의견에 무조건 따랐다.
⑤ '오뉴월에도 남의 일은 손이 시리다'고 그는 자신의 일이 아니라서 대충 일했다.

기출유형 3 　유사한 한자 성어와 속담

유형 풀이▶ 비슷한 의미를 가진 한자 성어와 속담을 찾는 문항이다.

정답 풀이▶ ④ '교각살우(矯角殺牛)'는 '소의 뿔을 바로잡으려다가 소를 죽인다.'라는 뜻으로, 잘못된 점을 고치려다가 그 방법이나 정도가 지나쳐 오히려 일을 그르침을 이르는 말이다. 이와 유사한 의미를 가진 속담은 손해를 크게 볼 것을 생각지 아니하고 자기에게 마땅치 아니한 것을 없애려고 그저 덤비기만 하는 경우를 비유적으로 이르는 말인 '빈대 미워 집에 불 놓는다'이다.

정답▶ ④

• '교각살우(矯角殺牛)'와 의미가 유사한 속담으로 가장 적절한 것은?

① 모난 돌이 정 맞는다.
② 바늘 가는 데 실 간다.
③ 까마귀 날자 배 떨어진다.
④ 빈대 미워 집에 불 놓는다.
⑤ 자라 보고 놀란 가슴 솥뚜껑 보고 놀란다.

04 관용 표현 – 속담/한자 성어/관용구

기출 핵심개념

1 비슷한 의미끼리 묶은 기출 관용 표현

ㄱ

가랑비에 옷 젖는 줄 모른다 아무리 사소한 것이라도 그것이 거듭되면 무시하지 못할 정도로 크게 됨을 비유적으로 이르는 말.
= 숫돌이 저 닳는 줄 모른다

가마 타고 옷고름 단다 미리 준비를 해 놓지 않아서 임박해서야 허둥지둥하게 되는 경우를 비유적으로 이르는 말.
= 말 태우고 버선 깁는다

각주구검(刻舟求劍) 융통성 없이 현실에 맞지 않는 낡은 생각을 고집하는 어리석음을 이르는 말.
= **목불식정(目不識丁)** 아주 간단한 글자인 '丁' 자를 보고도 그것이 '고무래'인 줄을 알지 못한다는 뜻으로, 아주 까막눈임을 이르는 말.
= **어로불변(魚魯不辨)** '어(魚)' 자와 '노(魯)' 자를 구별하지 못한다는 뜻으로, 아주 무식함을 비유적으로 이르는 말.
= **일자무식(一字無識)** 글자 한 자도 모를 정도로 무식함.
= **숙맥불변(菽麥不辨)** 콩인지 보리인지를 구별하지 못한다는 뜻으로, 사리 분별을 못 하고 세상 물정을 잘 모름을 이르는 말.
= 두 소경 한 막대 짚고 걷는다 어리석은 두 사람이 같은 잘못을 저지르는 경우를 비유적으로 이르는 말.
= 낫 놓고 기역 자도 모른다 / 기역 자 왼 다리도 못 그린다 / 가갸 뒷다리[뒤 자]도 모른다

갈매기도 제집이 있다 하찮은 까마귀나 까치들도 다 제집이 있는 법이라는 뜻으로, 집 없는 사람의 서러운 처지를 한탄하여 이르는 말.
= 까막까치도 집이 있다

갈이천정(渴而穿井) 목이 말라야 비로소 샘을 팜. 일을 미리 준비하여 두지 않고 임박하여 급히 하면 이미 때가 늦음을 이르는 말.
= **망양보뢰(亡羊補牢)** 양을 잃고 우리를 고침.
= **만시지탄(晩時之歎)** 시기에 늦어 기회를 놓쳤음을 안타까워하는 탄식.
= **사후 약방문(死後藥方文)** 사람이 죽은 다음에야 약을 구함.
= 소 잃고 외양간 고친다 일이 이미 잘못된 뒤에는 손을 써도 소용이 없음을 비꼬는 말.
= 도둑맞고 사립 고친다

감탄고토(甘呑苦吐) 달면 삼키고 쓰면 뱉는다.
= 우선 먹기는 곶감이 달다 앞일은 생각해 보지도 아니하고 당장 좋은 것만 취하는 경우를 비유적으로 이르는 말.
= 추우면 다가들고 더우면 물러선다

견마지로(犬馬之勞) 윗사람에게 충성을 다하는 자기의 노력을 낮추어 이르는 말.

= **견마지심(犬馬之心)** 개나 말이 주인을 위하는 마음이라는 뜻으로, 신하나 백성이 임금이나 나라에 충성하는 마음을 낮추어 이르는 말.

결초보은(結草報恩) 죽은 뒤에라도 은혜를 잊지 않고 갚음. 중국 춘추 시대에, 진나라의 위과(魏顆)가 아버지가 세상을 떠난 후에 서모를 개가시켜 순사(殉死)하지 않게 하였더니, 그 뒤 싸움터에서 그 서모 아버지의 혼이 적군의 앞길에 풀을 묶어 적을 넘어뜨려 위과가 공을 세울 수 있도록 하였다는 고사에서 유래함.
= **각골난망(刻骨難忘)** 남에게 입은 은혜가 뼈에 새길 만큼 커서 잊히지 아니함.

고식지계(姑息之計) 우선 당장 편한 것만을 택하는 꾀나 방법. 한때의 안정을 위하여 임시로 둘러맞추어 처리하거나 이리저리 주선하여 꾸며 내는 계책을 이름.
= **미봉책(彌縫策)** 눈가림만 하는 일시적인 계책(計策).
= **임기응변(臨機應變)** 그때그때 처한 사태에 맞추어 즉각 그 자리에서 결정하거나 처리함.
= **임시변통(臨時變通)** 갑자기 터진 일을 우선 간단하게 둘러맞추어 처리함.
= **하석상대(下石上臺)** 아랫돌을 빼서 윗돌 괴고 윗돌 빼서 아랫돌 괸다는 뜻.
= **엄이도령(掩耳盜鈴)** 귀를 막고 방울을 훔친다는 뜻. 모든 사람이 그 잘못을 다 알고 있는데 얕은꾀를 써서 남을 속이려 함을 이르는 말.
= **동족방뇨(凍足放尿)** 언 발에 오줌 누기라는 뜻으로, 잠시 동안만 효력이 있을 뿐 효력이 바로 사라짐을 비유적으로 이르는 말.
= 언 발에 오줌 누기

고장난명(孤掌難鳴) 외손뼉만으로는 소리가 울리지 아니한다는 뜻으로, 혼자의 힘만으로 어떤 일을 이루기 어려움을 이르는 말.
= **십시일반(十匙一飯)** 밥 열 술이 한 그릇이 된다는 뜻으로, 여러 사람이 조금씩 힘을 합치면 한 사람을 돕기 쉬움을 이르는 말.
= 백지장도 맞들면 낫다

고진감래(苦盡甘來) 고생 끝에 즐거움이 옴.
= 태산을 넘으면 평지를 본다

교각살우(矯角殺牛) 소의 뿔을 바로잡으려다가 소를 죽인다는 뜻으로, 잘못된 점을 고치려다가 그 방법이나 정도가 지나쳐 오히려 일을 그르침을 이르는 말.
= **교왕과직(矯枉過直)**
= 빈대 미워 집에 불 놓는다 손해를 크게 볼 것은 생각지 아니하고 자기에게 마땅치 아니한 것을 없애려고 그저 덤비기만 하는 경우를 비유적으로 이르는 말.
= 빈대 잡으려고 초가삼간 태운다 / 싸라기 닦아 먹으려다 노적가리에 불 놓는다 / 쥐 잡으려다가 쌀독 깬다

참고 **소탐대실(小貪大失)** 작은 것을 탐하다가 큰 것을 잃음.

금지옥엽(金枝玉葉)
① 금으로 된 가지와 옥으로 된 잎이라는 뜻으로, 임금의 가족을 높여 이르는 말.
② 귀한 자손을 이르는 말.
= **애지중지(愛之重之)** 매우 사랑하고 소중히 여기는 모양.
= **쥐면 꺼질까 불면 날까** 어린 자녀를 애지중지하여 기르는 부모의 사랑을 비유적으로 이르는 말.

ㄴ

냉수 먹고 갈비 트림 한다 시시한 일을 해 놓고 큰일을 한 것처럼 으스대는 것을 비유적으로 이르는 말.
최신 = **미꾸라짓국 먹고 용트림한다 / 냉수 먹고 이 쑤시기**

ㄷ

최신 **당랑거철(螳螂拒轍)** 제 역량을 생각하지 않고, 강한 상대나 되지 않을 일에 덤벼드는 무모한 행동거지를 비유적으로 이르는 말. 사마귀가 앞발을 들고 수레를 멈추려 했다는 고사에서 유래함.
= **범 모르는 하룻강아지** 철없이 함부로 덤비는 경우를 비유적으로 이르는 말.
최신 = **미련한 송아지 백정을 모른다 / 하룻강아지 범 무서운 줄 모른다**

될성부른 나무는 떡잎부터 알아본다 잘될 사람은 어려서부터 남달리 장래성이 엿보인다는 말.
= **용 될 고기는 모이 철부터 안다 / 정승 될 아이는 고뿔도 안 한다**

ㅁ

맥수지탄(麥秀之嘆) 고국의 멸망을 한탄함을 이르는 말. 기자(箕子)가 은(殷)나라가 망한 뒤에도 보리만은 잘 자라는 것을 보고 한탄하였다는 데서 유래함.
= **서리지탄(黍離之嘆)** 나라가 멸망하여 옛 궁궐 터에는 기장만이 무성한 것을 탄식함.

모기 보고 칼[환도] 빼기[뽑기]
① 시시한 일로 소란을 피움을 비유적으로 이르는 말.
② 보잘것없는 작은 일에 어울리지 않게 엄청나게 큰 대책을 씀을 이르는 말.

ㅂ

바늘구멍으로 황소바람 들어온다 추울 때에는 바늘구멍 같은 작은 구멍에도 엄청나게 센 찬 바람이 들어온다는 뜻으로, 작은 것이라도 때에 따라서는 소홀히 하여서는 안 됨을 비유적으로 이르는 말.
= **공든 탑도 개미구멍으로 무너진다 / 큰 둑도 개미구멍으로 무너진다**
= **제궤의혈(堤潰蟻穴)**

반포지효(反哺之孝) = 반포보은(反哺報恩) 까마귀 새끼가 자라서 늙은 어미에게 먹이를 물어다 주는 효(孝)라는 뜻으로, 자식이 자란 후에 어버이의 은혜를 갚는 효성을 이르는 말.
= **망운지정(望雲之情)** 자식이 객지에서 고향에 계신 어버이를 생각하는 마음.
= **혼정신성(昏定晨省)** 밤에는 부모의 잠자리를 보아 드리고 이른 아침에는 부모의 밤새 안부를 묻는다는 뜻으로, 부모를 잘 섬기고 효성을 다함을 이르는 말.
= **동온하정(冬溫夏凊)** 겨울에는 따뜻하게, 여름에는 서늘하게 한다는 뜻으로, 부모를 잘 섬기어 효도함을 이르는 말.
참고 **풍수지탄(風樹之嘆)** 효도를 다하지 못한 채 어버이를 여읜 자식의 슬픔을 이르는 말.

백미(白眉) 흰 눈썹이라는 뜻으로, 여럿 가운데에서 가장 뛰어난 사람이나 훌륭한 물건을 비유적으로 이르는 말.
= **군계일학(群鷄一鶴)** 닭의 무리 가운데에서 한 마리의 학이란 뜻으로, 많은 사람 가운데서 뛰어난 인물을 이르는 말.
최신 = **낭중지추(囊中之錐)** 주머니 속의 송곳이라는 뜻으로, 재능이 뛰어난 사람은 숨어 있어도 저절로 사람들에게 알려짐을 이르는 말.
= **철중쟁쟁(鐵中錚錚)** 여러 쇠붙이 가운데서도 유난히 맑게 쟁그랑거리는 소리가 난다는 뜻으로, 같은 무리 가운데서도 가장 뛰어남. 또는 그런 사람을 이르는 말.

부창부수(夫唱婦隨) 남편이 주장하고 아내가 이에 잘 따름. 또는 부부 사이의 그런 도리.
= **바늘 가는 데 실 간다** 바늘이 가는 데 실이 항상 뒤따른다는 뜻으로, 사람의 긴밀한 관계를 이르는 말.
= **구름 갈 제 비가 간다 / 녹수 갈 제 원앙 가듯 / 바람 간 데 범 간다 / 봉 가는 데 황 간다**

ㅅ

사면초가(四面楚歌) 아무에게도 도움을 받지 못하는 외롭고 곤란한 지경에 빠진 형편을 이르는 말.
= **아랫길도 못 가고 윗길도 못 가겠다** 이것도 저것도 다 믿을 수 없고 어찌해야 할지 모름을 비유적으로 이르는 말.
= **뜨거운 감자** 중요한 문제이지만 쉽게 다루기 어려운 문제를 비유적으로 이르는 말.
= **나무 끝의 새 같다** 오래 머물러 있지 못할 위태로운 곳에 있음을 비유적으로 이르는 말.

설상가상(雪上加霜) 눈 위에 서리가 덮인다는 뜻으로, 난처한 일이나 불행한 일이 잇따라 일어남을 이르는 말.
= **엎친 데 덮치다** 어렵거나 나쁜 일이 겹치어 일어남.
= **기침에 재채기**

최신 **수불석권(手不釋卷)** 손에서 책을 놓지 아니하고 늘 글을 읽음.
= **형설지공(螢雪之功)** 반딧불·눈과 함께 하는 노력이라는 뜻으로, 고생을 하면서 부지런하고 꾸준하게 공부하는 자세를 이르는 말.
= **주경야독(晝耕夜讀)** 낮에는 농사짓고, 밤에는 글을 읽는다는 뜻으로, 어려운 여건 속에서도 꿋꿋이 공부함을 이르는 말.

썩어도 준치 본래 좋고 훌륭한 것은 비록 상해도 그 본질에는 변함이 없음을 비유적으로 이르는 말.
= 물어도 준치 썩어도 생치

ㅇ

역지사지(易地思之) 처지를 바꾸어서 생각하여 봄.
↔ 자기 배 부르면 남의 배 고픈 줄 모른다 자기와 환경이나 조건이 다른 사람의 사정을 이해하기가 어려움을 이르는 말.

[최신] 오비이락(烏飛梨落) 아무 관계도 없이 한 일이 공교롭게도 때가 같아 억울하게 의심을 받거나 난처한 위치에 서게 됨을 이르는 말.
= 까마귀 날자 배 떨어진다

유유상종(類類相從) 같은 무리끼리 서로 사귐.
= 가재는 게 편이요 초록은 한 빛이라 모양이나 형편이 서로 비슷하고 인연이 있는 것끼리 서로 잘 어울리고, 사정을 보아주며 감싸 주기 쉬움을 비유적으로 이르는 말.
= 같은 깃의 새는 같이 모인다 / 검둥개는 돼지 편 / 솔개는 매 편

ㅈ

자라 보고 놀란 가슴 솥뚜껑 보고 놀란다 어떤 사물에 몹시 놀란 사람은 비슷한 사물만 보아도 겁을 냄을 비유적으로 이르는 말.
= 국에 덴 놈 물 보고도 분다 / 더위 먹은 소 달만 보아도 헐떡인다 / 뜨거운 물에 덴 놈 숭늉 보고도 놀란다 / 불에 놀란 놈이 부지깽이만 보아도 놀란다

전무후무(前無後無) 이전에도 없었고 앞으로도 없음.
= 공전절후(空前絕後)
= 전대미문(前代未聞) 이제까지 들어 본 적이 없음.
= 전인미답(前人未踏) 이제까지 그 누구도 가 보지 못함.

[최신] 제 논에 물 대기 자기에게만 이롭도록 일을 하는 경우를 비유적으로 이르는 말.
= 견강부회(牽強附會) 이치에 맞지 않는 말을 억지로 끌어 붙여 자기에게 유리하게 함.

좌정관천(坐井觀天) 우물 속에 앉아서 하늘을 본다는 뜻으로, 사람의 견문(見聞)이 매우 좁음을 이르는 말.
= 우물 안 개구리
 ① 넓은 세상의 형편을 알지 못하는 사람을 비유적으로 이르는 말.
 ② 견식이 좁아 저만 잘난 줄로 아는 사람을 비꼬는 말.
= 바늘구멍으로 하늘 보기 조그만 바늘구멍으로 넓디넓은 하늘을 본다는 뜻으로, 전체를 포괄적으로 보지 못하는 매우 좁은 소견이나 관찰을 비꼬는 말.
= 댓구멍으로 하늘을 본다
= 정저지와(井底之蛙) 소견(所見)이나 견문(見聞)이 몹시 좁은 것.

[최신] 주마가편(走馬加鞭) 달리는 말에 채찍질한다는 뜻으로, 잘하는 사람을 더욱 장려함을 이르는 말.
= 닫는 말에도 채를 친다 / 달리는 말에 채찍질
 ① 기세가 한창 좋을 때 더 힘을 가한다는 말.
 ② 힘껏 하는데도 자꾸 더 하라고 한다는 말.

주마간산(走馬看山) 말을 타고 달리며 산천을 구경한다는 뜻으로, 자세히 살피지 아니하고 대충대충 보고 지나감을 이르는 말.
= 수박 겉 핥기 맛있는 수박을 먹는다는 것이 딱딱한 겉만 핥고 있다는 뜻으로, 사물의 속 내용은 모르고 겉만 건드리는 일을 비유적으로 이르는 말.
= 개 머루 먹듯 / 꿀단지 겉 핥는다 / 언청이가 콩가루 먹듯 / 후추를 통째로 삼킨다

[최신] 지음(知音) 마음이 서로 통하는 친한 벗을 비유적으로 이르는 말. 거문고의 명인 백아가 자기의 소리를 잘 이해해 준 벗 종자기가 죽자 자신의 거문고 소리를 아는 자가 없다고 하여 거문고 줄을 끊었다는 데서 유래함.
= 지기지우(知己之友)
= 백아절현(伯牙絕絃) 자기를 알아주는 참다운 벗의 죽음을 슬퍼함. 종자기가 죽자 백아가 거문고 줄을 끊어 버리고 다시는 거문고를 타지 않았다는 데서 유래함.

[최신] 간담상조(肝膽相照) 서로 속마음을 털어놓고 친하게 사귐. 간과 담을 비추어 보일 정도의 사이라는 데서 나온 말.

[최신] 관포지교(管鮑之交) 관중과 포숙의 사귐이란 뜻으로, 우정이 아주 돈독한 친구 관계를 이르는 말.

[최신] 금란지의(金蘭之誼) / 금란지계(金蘭之契) 친구 사이의 매우 두터운 정을 이르는 말. 금은 지극히 견고하지만 두 사람의 마음을 합치면 그 견고함이 능히 금을 단절할 수 있으며, 두 사람의 진정한 우정은 향기로운 난초와 같다는 데서 나온 말.

[최신] 단금지교(斷金之交) 쇠라도 자를 만큼 강한 교분이라는 뜻으로, 매우 두터운 우정을 이르는 말.
= 막역(莫逆) 진정한 친구는 서로가 서로를 거역하지 않는다는 데서 나온 말.

[최신] 문경지교(刎頸之交) 생사를 같이할 수 있는 아주 가까운 사이.
= 수어지교(水魚之交) 물고기와 물의 관계라는 뜻으로, 아주 친밀하여 떨어질 수 없는 사이를 비유적으로 이르는 말.
= 죽마고우(竹馬故友) 어릴 때부터 같이 놀며 자란 벗.

ㅊ

청출어람(靑出於藍) 제자나 후배가 스승이나 선배보다 나음을 비유적으로 이르는 말.
= 나중 난 뿔이 우뚝하다

2 기출 한자 성어

ㄱ

감언이설(甘言利說) 귀가 솔깃하도록 남의 비위를 맞추거나 이로운 조건을 내세워 꾀는 말.

감지덕지(感之德之) 분에 넘치는 듯싶어 매우 고맙게 여기는 모양.

거두절미(去頭截尾) 어떤 일의 요점만 간단히 말함.

건곤일척(乾坤一擲) 주사위를 던져 승패를 건다는 뜻으로, 운명을 걸고 단판걸이로 승부를 겨룸을 이르는 말.

[최신] **견리사의(見利思義)** 눈앞의 이익을 보면 의리를 먼저 생각함.

[최신] **견물생심(見物生心)** 어떠한 실물을 보게 되면 그것을 가지고 싶은 욕심이 생김.

견원지간(犬猿之間) 개와 원숭이의 사이라는 뜻으로, 사이가 매우 나쁜 두 관계를 비유적으로 이르는 말.

경천동지(驚天動地) 하늘을 놀라게 하고 땅을 뒤흔든다는 뜻으로, 세상을 몹시 놀라게 함을 비유적으로 이르는 말.

고육지계(苦肉之計) 자기 몸을 상해 가면서까지 꾸며 내는 계책이라는 뜻으로, 어려운 상태를 벗어나기 위해 어쩔 수 없이 꾸며 내는 계책을 이르는 말.
[최신] = 고육지책(苦肉之策)

곡학아세(曲學阿世) 바른길에서 벗어난 학문으로 세상 사람에게 아첨함.

괄목상대(刮目相對) 눈을 비비고 상대편을 본다는 뜻으로, 남의 학식이나 재주가 놀랄 만큼 부쩍 늚을 이르는 말.

괴괴망측(怪怪罔測) 말할 수 없을 만큼 이상야릇함.

괴담이설(怪談異說) 괴상하고 이상한 이야기.

교학상장(敎學相長) 사람에게 가르쳐 주거나 스승에게 배우는 일이 모두 자신의 학업을 증진시킴.

[최신] **구우일모(九牛一毛)** 아홉 마리의 소 가운데 박힌 하나의 털이란 뜻으로, 매우 많은 것 가운데 극히 적은 수를 이르는 말.

구중심처(九重深處)
① 밖으로 잘 드러나지 않는 깊숙한 곳.
② 겹겹이 문으로 막은 깊은 궁궐이라는 뜻으로, 임금이 있는 대궐 안을 이르는 말. = 구중궁궐(九重宮闕)

권토중래(捲土重來) 땅을 말아 일으킬 것 같은 기세로 다시 온다는 뜻으로, 한 번 실패하였으나 힘을 회복하여 다시 쳐들어옴을 이르는 말. 중국 당나라 두목의 〈오강정시(烏江亭詩)〉에 나오는 말로, 항우가 유방과의 결전에서 패하여 오강(烏江) 근처에서 자결한 것을 탄식한 말에서 유래함.

금과옥조(金科玉條) 금이나 옥처럼 귀중히 여겨 꼭 지켜야 할 법칙이나 규정.

기고만장(氣高萬丈) 일이 뜻대로 잘될 때, 우쭐하여 뽐내는 기세가 대단함.

기호지세(騎虎之勢) 호랑이를 타고 달리는 형세라는 뜻으로, 이미 시작한 일을 중도에서 그만둘 수 없는 경우를 비유적으로 이르는 말.

ㄴ

난공불락(難攻不落) 공격하기가 어려워 쉽사리 함락되지 아니함.

난형난제(難兄難弟) 누구를 형이라 하고 누구를 아우라 하기 어렵다는 뜻으로, 두 사물이 비슷하여 낫고 못함을 정하기 어려움을 이르는 말.

[최신] **낭중지추(囊中之錐)** 주머니 속의 송곳이라는 뜻으로, 재능이 뛰어난 사람은 숨어 있어도 저절로 사람들에게 알려짐을 이르는 말.

[최신] **누란지위(累卵之危)** 층층이 쌓아 놓은 알의 위태로움이라는 뜻으로, 몹시 아슬아슬한 위기를 비유적으로 이르는 말.

ㄷ

다기망양(多岐亡羊) 갈림길이 많아 잃어버린 양을 찾지 못한다는 뜻으로, 두루 섭렵하기만 하고 전공하는 바가 없어 끝내 성취하지 못함을 이르는 말.

다문박식(多聞博識) 보고 들은 것이 많고 아는 것이 많음.

다정다감(多情多感) 정이 많고 감정이 풍부함.

단기지계(斷機之戒) 학문을 중도에서 그만두면 짜던 베의 날을 끊는 것처럼 아무 쓸모 없음을 경계한 말.

당구풍월(堂狗風月) 서당에서 기르는 개가 풍월을 읊는다는 뜻으로, 그 분야에 대하여 경험과 지식이 전혀 없는 사람이라도 오래 있으면 얼마간의 경험과 지식을 가짐을 이르는 말.

[최신] **대기만성(大器晚成)** 큰 그릇을 만드는 데는 시간이 오래 걸린다는 뜻으로, 크게 될 사람은 늦게 이루어짐을 이르는 말.

독수공방(獨守空房)
① 혼자서 지내는 것.
② 아내가 남편 없이 혼자 지내는 것.

동고동락(同苦同樂) 괴로움도 즐거움도 함께함.

동병상련(同病相憐) 같은 병을 앓는 사람끼리 서로 가엾게 여긴다는 뜻으로, 어려운 처지에 있는 사람끼리 서로 가엾게 여김을 이르는 말.

두문불출(杜門不出) 집에만 있고 바깥출입을 아니함.

득의지추(得意之秋) 일이 뜻대로 이루어졌거나 이루어질 좋은 기회.

등화가친(燈火可親) 등불을 가까이 할 만하다는 뜻으로, 서늘한 가을밤은 등불을 가까이하여 글 읽기에 좋음을 이르는 말.

ㅁ

[최신] **마이동풍(馬耳東風)** 동풍이 말의 귀를 스쳐 간다는 뜻으로, 남의 말을 귀담아듣지 아니하고 지나쳐 흘려버림을 이르는 말.

만경창파(萬頃蒼波) 만 이랑의 푸른 물결이라는 뜻으로, 한없이 넓고 넓은 바다를 이르는 말.

만고절색(萬古絕色) 세상에 비길 데 없이 뛰어난 미인.

[최신] **만시지탄(晚時之歎 / 晚時之嘆)** 시기에 늦어 기회를 놓쳤음을 안타까워하는 탄식.

만원사례(滿員謝禮) 만원을 이루게 해 주어서 고맙다는 뜻으로, 이미 만원이 되어 들어오려는 사람을 더 받을 수 없음을 완곡하게 이르는 말. 극장 매표소에 써서 붙여 놓은 말에서 유래함.

[최신] **망양지탄(亡羊之歎 / 亡羊之嘆)** 갈림길이 매우 많아 잃어버린 양을 찾을 길이 없음을 탄식한다는 뜻으로, 학문의 길이 여러 갈래여서 한 갈래의 진리도 얻기 어려움을 이르는 말.

[최신] **면종복배(面從腹背)** 겉으로는 복종하는 체하면서 내심으로는 배반함.

[최신] **명약관화(明若觀火)** 불을 보듯 분명하고 뻔함.

묘항현령(猫項懸鈴) 쥐가 고양이 목에 방울을 단다는 뜻으로, 실행할 수 없는 헛된 논의를 이르는 말.

[최신] **문경지교(刎頸之交)** 서로를 위해서라면 목이 잘린다 해도 후회하지 않을 정도의 사이라는 뜻으로, 생사를 같이할 수 있는 아주 가까운 사이. 또는 그런 친구를 이르는 말.

ㅂ

[최신] **반면교사(反面教師)** 사람이나 사물 따위의 부정적인 면에서 얻는 깨달음이나 가르침을 주는 대상을 이르는 말.

[최신] **방약무인(傍若無人)** 곁에 사람이 없는 것처럼 아무 거리낌 없이 함부로 말하고 행동하는 태도가 있음.

백척간두(百尺竿頭) 백 자나 되는 높은 장대 위에 올라섰다는 뜻으로, 몹시 어렵고 위태로운 지경을 이르는 말.

[최신] **부화뇌동(附和雷同)** 줏대 없이 남의 의견에 따라 움직임.

불언가상(不言可想) 아무 말을 하지 않아도 능히 짐작할 수 있음.

불철주야(不撤晝夜) 어떤 일에 몰두하여 조금도 쉴 사이 없이 밤낮을 가리지 아니함.

ㅅ

사고무친(四顧無親) 의지할 만한 사람이 아무도 없음.

사필귀정(事必歸正) 모든 일은 반드시 바른길로 돌아감.

상명지통(喪明之痛) 눈이 멀 정도로 슬프다는 뜻으로, 아들이 죽은 슬픔을 비유적으로 이르는 말. 옛날 중국의 자하(子夏)가 아들을 잃고 슬피 운 끝에 눈이 멀었다는 데서 유래함.

[최신] **상전벽해(桑田碧海)** 뽕나무밭이 변하여 푸른 바다가 된다는 뜻으로, 세상일의 변천이 심함을 비유적으로 이르는 말.

[최신] **새옹지마(塞翁之馬)** 인생의 길흉화복은 변화가 많아서 예측하기가 어렵다는 말.

성동격서(聲東擊西) 동쪽에서 소리를 내고 서쪽에서 적을 친다는 뜻으로, 적을 유인하여 이쪽을 공격하는 체하다가 그 반대쪽을 치는 전술을 이르는 말.

수구초심(首丘初心) 여우가 죽을 때에 머리를 자기가 살던 굴 쪽으로 둔다는 뜻으로, 고향을 그리워하는 마음을 이르는 말.

수주대토(守株待兎) 한 가지 일에만 얽매여 발전을 모르는 어리석은 사람을 비유적으로 이르는 말.

ㅇ

[최신] **양두구육(羊頭狗肉)** 양의 머리를 걸어 놓고 개고기를 판다는 뜻으로, 겉보기만 그럴듯하게 보이고 속은 변변하지 아니함을 이르는 말.

여리박빙(如履薄氷) 살얼음을 밟는 것과 같다는 뜻으로, 아슬아슬하고 위험한 일을 비유적으로 이르는 말.

[최신] **연목구어(緣木求魚)** 나무에 올라가서 물고기를 구한다는 뜻으로, 도저히 불가능한 일을 굳이 하려 함을 비유적으로 이르는 말.

오십보백보(五十步百步) 조금 낫고 못한 정도의 차이는 있으나 본질적으로는 차이가 없음을 이르는 말.
= 도토리 키 재기

오월동주(吳越同舟) 서로 적의를 품은 사람들이 한자리에 있게 된 경우나 서로 협력하여야 하는 상황을 비유적으로 이르는 말.

최신 **와신상담(臥薪嘗膽)** 불편한 섶에 몸을 눕히고 쓸개를 맛본다는 뜻으로, 원수를 갚거나 마음먹은 일을 이루기 위하여 온갖 어려움과 괴로움을 참고 견딤을 비유적으로 이르는 말.

용호상박(龍虎相搏) 용과 범이 서로 싸운다는 뜻으로, 강자끼리 서로 싸움을 이르는 말.

최신 **우공이산(愚公移山)** 우공이 산을 옮긴다는 뜻으로, 어떤 일이든 끊임없이 노력하면 반드시 이루어짐을 이르는 말. 우공(愚公)이라는 노인이 집을 가로막은 산을 옮기려고 대대로 산의 흙을 파서 나르겠다고 하여 이에 감동한 하느님이 산을 옮겨 주었다는 데서 유래함.

최신 **위편삼절(韋編三絕)** 공자가 주역을 즐겨 읽어 책의 가죽끈이 세 번이나 끊어졌다는 뜻으로, 책을 열심히 읽음을 이르는 말.

유만부동(類萬不同)
① 비슷한 것이 많으나 서로 같지는 아니함.
② 정도에 넘침. 또는 분수에 맞지 아니함.

최신 **읍참마속(泣斬馬謖)** 큰 목적을 위하여 자기가 아끼는 사람을 버림을 이르는 말.

이합집산(離合集散) 헤어졌다가 만나고 모였다가 흩어짐.

최신 **일모도원(日暮途遠)** 날은 저물고 갈 길은 멀다는 뜻으로, 늙고 쇠약한데 앞으로 해야 할 일은 많음을 이르는 말.

일취월장(日就月將) 나날이 다달이 자라거나 발전함.

ㅈ

자가당착(自家撞着) 같은 사람의 말이나 행동이 앞뒤가 서로 맞지 아니하고 모순됨.

최신 **자강불식(自強不息)** 스스로 힘써 몸과 마음을 가다듬어 쉬지 아니함.

최신 **자승자박(自繩自縛)** 자기의 줄로 자기 몸을 옭아 묶는다는 뜻으로, 자기가 한 말과 행동에 자기 자신이 얽혀 곤란하게 됨을 비유적으로 이르는 말.

자신지책(資身之策) 자기 한 몸의 생활을 꾀하는 계책.

최신 **적수공권(赤手空拳)** 맨손과 맨주먹이라는 뜻으로, 아무것도 가진 것이 없음을 이르는 말.

전도유망(前途有望) 앞으로 잘될 희망이 있음.

전전불매(輾轉不寐) 누워서 몸을 이리저리 뒤척이며 잠을 이루지 못함. = 전전반측(輾轉反側)

최신 **절차탁마(切磋琢磨)** 옥이나 돌 따위를 갈고 닦아서 빛을 낸다는 뜻으로, 부지런히 학문과 덕행을 닦음을 이르는 말.

절체절명(絕體絕命) 몸도 목숨도 다 되었다는 뜻으로, 어찌할 수 없는 절박한 경우를 비유적으로 이르는 말.

최신 **절치부심(切齒腐心)** 몹시 분하여 이를 갈며 속을 썩임.

최신 **조족지혈(鳥足之血)** 새 발의 피라는 뜻으로, 매우 적은 분량을 비유적으로 이르는 말.

최신 **종두득두(種豆得豆)** 콩을 심으면 반드시 콩이 나온다는 뜻으로, 원인에 따라 결과가 생김을 이르는 말.

지록위마(指鹿爲馬) 윗사람을 농락하여 권세를 마음대로 함을 이르는 말. 중국 진(秦)나라의 조고(趙高)가 자신의 권세를 시험하여 보고자 황제 호해(胡亥)에게 사슴을 가리키며 말이라고 한 데서 유래함.

ㅊ

천석고황(泉石膏肓) 자연의 아름다운 경치를 몹시 사랑하고 즐기는 성벽(性癖).
= 연하고질(煙霞痼疾)

천의무봉(天衣無縫) 천사의 옷은 꿰맨 흔적이 없다는 뜻으로, 일부러 꾸민 데 없이 자연스럽고 아름다우면서 완전함을 이르는 말.

천재일우(千載一遇) 천 년 동안 단 한 번 만난다는 뜻으로, 좀처럼 만나기 어려운 좋은 기회를 이르는 말.

최신 **촌철살인(寸鐵殺人)** 한 치의 쇠붙이로도 사람을 죽일 수 있다는 뜻으로, 간단한 말로도 남을 감동하게 하거나 남의 약점을 찌를 수 있음을 이르는 말.

침소봉대(針小棒大) 작은 일을 크게 불리어 떠벌림.

ㅍ

포복절도(抱腹絕倒) 배를 그러안고 넘어질 정도로 몹시 웃음.

풍비박산(風飛雹散) 사방으로 날아 흩어짐.

풍전등화(風前燈火) 바람 앞의 등불이라는 뜻으로, 사물이 매우 위태로운 처지에 놓여 있음을 비유적으로 이르는 말.

ㅎ

학수고대(鶴首苦待) 학의 목처럼 목을 길게 빼고 간절히 기다림.

허허실실(虛虛實實) 허를 찌르고 실을 꾀하는 계책.

혈혈단신(孑孑單身) 의지할 곳이 없는 외로운 홀몸.

호가호위(狐假虎威) 남의 권세를 빌려 위세를 부림.

호구지책(糊口之策) 가난한 살림에서 그저 겨우 먹고살아 가는 방책.

화룡점정(畵龍點睛) 무슨 일을 하는 데에 가장 중요한 부분을 완성함을 비유적으로 이르는 말. 용을 그리고 난 후에 마지막으로 눈동자를 그려 넣었더니 그 용이 실제 용이 되어 홀연히 구름을 타고 하늘로 날아 올라갔다는 고사에서 유래함.

[최신] 화중지병(畵中之餠) 그림의 떡.

화촉동방(華燭洞房) 첫날밤에 신랑 신부가 자는 방.

환골탈태(換骨奪胎) 사람이 보다 나은 방향으로 변하여 전혀 딴 사람처럼 됨.

후안무치(厚顔無恥) 뻔뻔스러워 부끄러움이 없음.

흥진비래(興盡悲來) 즐거운 일이 다하면 슬픈 일이 닥쳐온다는 뜻으로, 세상일은 순환되는 것임을 이르는 말.

3 기출 속담

ㄱ

[최신] 가게 기둥에 입춘 추하고 보잘것없는 가겟집 기둥에 '입춘대길'이라 써 붙인다는 뜻으로, 제격에 맞지 않음을 비유적으로 이르는 말.

가난한 양반 씻나락 주무르듯 가난한 양반이 털어먹자니 앞날이 걱정스럽고 그냥 두자니 당장 굶는 일이 걱정되어서 볍씨만 한없이 주무르고 있다는 뜻으로, 어떤 일에 닥쳐 우물쭈물하기만 하면서 선뜻 결정을 내리지 못하고 있는 모양을 이르는 말.

[최신] 가마솥에 든 고기 꼼짝없이 죽게 된 신세를 비유적으로 이르는 말.

가을 들이 딸네 집보다 낫다 가을 들판에는 오곡이 익어 먹을 것이 풍부하기 때문에 가난한 집보다 먹을 것이 많아서 낫다.
= 가을 들판이 어설픈 친정보다 낫다

가을철에는 죽은 송장도 꿈지럭한다 가을걷이 때에는 일이 많아서 누구나 바삐 나서서 거들게 됨을 비유적으로 이르는 말.
= 가을에는 부지깽이도 덤벙인다
= 가을 판에는 대부인마님이 나막신짝 들고 나선다

가을 머슴꾼 비질하듯 가을걷이를 하고 낟알을 털어도 머슴에게는 별로 잇속이 없으므로 쓰레질도 흥 없이 된다는 뜻으로, 일을 성의 없이 대강 해치움을 비유적으로 이르는 말.

가을바람의 새털 가을바람에 이리저리 날리는 새털처럼 매우 가볍고 꿋꿋하지 못한 것을 비유적으로 이르는 말.

가을 식은 밥이 봄 양식이다 먹을 것이 흔한 가을에는 먹지 않고 내놓은 식은 밥이 봄에 가서는 귀중한 양식이 된다는 뜻으로, 풍족할 대 함부로 낭비하지 않고 절약하면 뒷날의 궁함을 면할 수 있음을 비유적으로 이르는 말.

가을 중 싸대듯 수확이 많은 가을철에 조금이라도 더 시주를 얻기 위하여 중이 바쁘게 돌아다닌다는 뜻으로, 여기저기 분주히 돌아다님을 비유적으로 이르는 말.

가을 중의 시주 바가지 같다 가을에는 곡식이 풍성하여 시주도 많이 하게 되므로 시주 바가지가 가득하다는 데서, 무엇이 가득 담긴 것을 비유적으로 이르는 말.

가지 많은 나무에 바람 잘 날이 없다 가지가 많고 잎이 무성한 나무는 살랑거리는 바람에도 잎이 흔들려서 잠시도 조용한 날이 없다는 뜻으로, 자식을 많이 둔 어버이에게는 근심, 걱정이 끊일 날이 없음을 비유적으로 이르는 말.

간에 붙었다 쓸개[염통]에 붙었다 한다 자기에게 조금이라도 이익이 되면 지조 없이 이편에 붙었다 저편에 붙었다 함을 비유적으로 이르는 말.

개똥밭에 굴러도 이승이 좋다 아무리 천하고 고생스럽게 살더라도 죽는 것보다는 사는 것이 나음을 이르는 말.
= 거꾸로 매달아도 사는 세상이 낫다
= 땡감을 따 먹어도 이승이 좋다
= 산 개 새끼가 죽은 정승보다 낫다

개똥밭에 이슬 내릴 때가 있다 몹시 고생을 하는 삶도 좋은 운수가 터질 날이 있다는 말.
= 쥐구멍에도 볕 들 날 있다

거미줄에 목을 맨다 어처구니없는 일로 몹시 억울하고 원통함을 이르는 말.

걱정이 많으면 빨리 늙는다 쓸데없는 잔걱정을 하지 말라는 말.

최신 **계란에도 뼈가 있다** 늘 일이 잘 안되던 사람이 모처럼 좋은 기회를 만났건만, 그 일마저 역시 잘 안됨을 이르는 말.

최신 **공든 탑도 개미구멍으로 무너진다** 조그마한 실수나 방심으로 큰일을 망쳐 버린다는 말.

구멍 보아 가며 말뚝 깎는다 무슨 일이고 간에 조건과 사정을 보아 가며 거기에 알맞게 일을 하여야 함을 비유적으로 이르는 말.

굳은 땅에 물이 괸다
① 헤프게 쓰지 않고 아끼는 사람이 재산을 모으게 됨을 비유적으로 이르는 말.
② 무슨 일이든 마음을 굳게 먹고 해야 좋은 결과를 얻게 됨을 비유적으로 이르는 말.

ㄴ

최신 **남의 두루마기에 밤 주워 담는다** 아무리 하여도 남 좋은 일만 한 결과가 됨을 비유적으로 이르는 말.

남의 잔치에 감 놓아라 배 놓아라 한다 남의 일에 공연히 간섭하고 나섬을 비유적으로 이르는 말.

내 건너 배 타기 무슨 일에나 순서가 있어 건너뛰어서는 할 수 없음을 비유적으로 이르는 말.

눈 가리고 아웅 실제로 보람도 없을 일을 공연히 형식적으로 하는 체하며 부질없는 짓을 함을 비유적으로 이르는 말.

최신 **눈은 풍년이나 입은 흉년이다** 눈에 보이는 것은 많아도 정작 먹을 것은 없음을 비유적으로 이르는 말.

ㄷ

다 가도 문턱 못 넘기 애써 일을 하였으나 끝맺음을 못하여 보람이 없게 됨을 비유적으로 이르는 말.

다 된 농사에 낫 들고 덤빈다 일이 다 끝난 뒤에 쓸데없이 참견하고 나섬을 비유적으로 이르는 말.
= 열흘날 잔치에 열하룻날 병풍 친다

다 된 죽에 코 풀기
① 거의 다 된 일을 망쳐 버리는 주책없는 행동을 비유적으로 이르는 말. = 다 된 죽에 코 빠졌다
② 남의 다 된 일을 악랄한 방법으로 방해하는 것을 비유적으로 이르는 말. = 잘되는 밥 가마에 재를 넣는다

단솥에 물 붓기
① 형편이 이미 기울어 아무리 도와주어도 보람이 없음. = 밑 빠진 독에 물 붓기
② 조금의 여유도 없이 버쩍버쩍 없어짐.

대추나무에 연 걸리듯 여기저기에 빚을 많이 진 것을 비유적으로 이르는 말.

독 틈에도 용소가 있다 독 틈에도 깊은 웅덩이가 있다는 뜻으로, 무슨 일에든지 남을 속이려 하는 수작이 있으니 조심해야 한다는 말.

두부 먹다 이 빠진다 마음을 놓으면 생각지 아니하던 실수가 생길 수 있으니 항상 조심하라는 말.

두부살에 바늘뼈 바늘처럼 가는 뼈에 두부같이 힘없는 살이란 뜻으로, 몸이 아주 연약한 사람을 비유적으로 이르는 말.

땅내가 고소하다 머지않아 죽게 될 것 같다는 말.

땅 넓은 줄을 모르고 하늘 높은 줄만 안다 키만 홀쭉하게 크고 마른 사람을 놀림조로 이르는 말.

땅을 팔 노릇 사정이 불가능하여 할 수 없는 것을 억지로 우기며 고집을 피울 때 하는 말.

떡 줄 사람은 꿈도 안 꾸는데 김칫국부터 마신다 해 줄 사람은 생각지도 않는데 미리부터 다 된 일로 알고 행동한다는 말.

ㅁ

마른나무를 태우면 생나무도 탄다 안되는 일도 대세를 타면 잘될 수 있음을 비유적으로 이르는 말.

마른 논에 물 대기 일이 매우 힘들거나 힘들여 해 놓아도 성과가 없는 경우를 비유적으로 이르는 말.

말 타면 종 두고 싶다 사람의 욕심이란 한이 없다는 말.
= 말 타면 경마 잡히고 싶다

최신 **말은 할 탓이다** 같은 내용의 말이라도 하기에 달렸다는 말.

모난 돌이 정 맞는다
① 두각을 나타내는 사람이 남에게 미움을 받게 된다는 말.
② 강직한 사람은 남의 공박을 받는다는 말.

믿는 도끼에 발등 찍힌다 잘되리라고 믿었던 일이 어긋나거나 믿고 있던 사람이 배반하여 오히려 해를 입음을 비유적으로 이르는 말.

ㅂ

바늘구멍으로 코끼리를 몰라 한다 작은 바늘구멍으로 엄청나게 큰 코끼리를 몰라고 한다는 뜻으로, 전혀 가능성이 없는 일을 하라고 강요하는 경우를 비유적으로 이르는 말.

바지저고리만 다닌다[앉았다] 사람의 몸뚱이는 없고 바지저고리만 걸어 다닌다는 뜻으로, 사람이 아무 속이 없고 맺힌 데가 없이 행동하는 경우를 비유적으로 이르는 말.

최신 밤눈 어두운 말이 워낙 소리 듣고 따라간다 맹목적으로 남이 하는 대로 따라 함을 비유적으로 이르는 말.

밥 위에 떡 좋은 일에 더욱 좋은 일이 겹침을 비유적으로 이르는 말.

배 먹고 이 닦기 배를 먹으면 이까지 하얗게 닦아진다는 뜻으로, 한 가지 일에 두 가지 이로움이 있음을 비유적으로 이르는 말.

부자는 망해도 삼 년 먹을 것이 있다 본래 부자이던 사람은 망했다 하더라도 얼마 동안은 그럭저럭 살아 나갈 수가 있다는 말.

붉고 쓴 장 빛이 좋아서 맛있을 듯한 간장이 쓰다는 뜻으로, 겉모양은 그럴듯하게 좋으나 실속은 흉악하여 안팎이 서로 다름을 비유적으로 이르는 말.

비 오는 것은 밥 짓는 부엌에서 먼저 안다 비가 오려고 기압이 낮아지면 아궁이에 불이 잘 안 붙으므로 부엌의 아낙네들이 비 오는 것을 먼저 알게 된다는 말.

비 오는 날 장독 덮었다 당연히 할 일을 하고 유세하는 경우를 비꼬는 말.

최신 비 온 뒤에 땅이 굳어진다 어떤 시련을 겪은 뒤에 더 강해짐을 비유적으로 이르는 말.

비 틈으로 빠져나가겠다 행동이나 동작이 매우 민첩함을 이르는 말.

ㅅ

사람과 산은 멀리서 보는 게 낫다 사람을 가까이 사귀면 멀리서 볼 때 안 보이던 결점이 다 드러나 실망하게 됨을 이르는 말.

최신 산 까마귀 염불한다 산에 있는 까마귀가 산에 있는 절에서 염불하는 것을 하도 많이 보고 들어서 염불하는 흉내를 낸다는 뜻으로, 무엇을 전혀 모르던 사람도 오랫동안 보고 듣노라면 제법 따라 할 수 있게 됨을 비유적으로 이르는 말.

삼밭에 쑥대 쑥이 삼밭에 섞여 자라면 삼대처럼 곧아진다는 뜻으로, 좋은 환경에서 자라면 좋은 영향을 받게 됨을 비유적으로 이르는 말.

석새짚신에 구슬 감기 거칠게 만든 하찮은 물건에 고급스러운 물건을 사용한다는 뜻으로, 격에 어울리지 않는 모양이나 차림새를 비유적으로 이르는 말.
= 짚신에 국화 그리기

최신 선무당이 사람 잡는다 의술에 서투른 사람이 치료해 준다고 하다가 사람을 죽이기까지 한다는 뜻으로, 능력이 없어서 제구실을 못하면서 함부로 하다가 큰일을 저지르게 됨을 비유적으로 이르는 말.

세 살 적 버릇이 여든까지 간다 어릴 때 몸에 밴 버릇은 늙어 죽을 때까지 고치기 힘들다는 뜻으로, 어릴 때부터 나쁜 버릇이 들지 않도록 잘 가르쳐야 함을 비유적으로 이르는 말.

소 가는 데 말도 간다 남이 할 수 있는 일이면 나도 할 수 있다는 말.

소 죽은 귀신 같다 소가 고집이 세고 힘줄이 질기다는 데서, 몹시 고집 세고 질긴 사람의 성격을 비유적으로 이르는 말.

최신 손 안 대고 코 풀기 손조차 사용하지 아니하고 코를 푼다는 뜻으로, 일을 힘 안 들이고 아주 쉽게 해치움을 비유적으로 이르는 말.

ㅇ

아닌 밤중에 홍두깨 별안간 엉뚱한 말이나 행동을 함을 비유적으로 이르는 말.

앉아 주고 서서 받는다 빌려주기는 쉬우나 돌려받기는 어려움을 비유적으로 이르는 말.

옥에 티 나무랄 데 없이 훌륭하거나 좋은 것에 있는 사소한 흠을 이르는 말.

욕심이 사람 죽인다 욕심이 너무 지나치면 사리를 분별하지 못하고 위태로운 일까지 거리낌 없이 하게 됨을 비유적으로 이르는 말.
= 허욕이 패가(敗家)라

우물에 가 숭늉 찾는다 모든 일에는 질서와 차례가 있는 법인데 일의 순서도 모르고 성급하게 덤빔을 비유적으로 이르는 말.
= 보리밭에 가 숭늉 찾는다 / 싸전에 가서 밥 달라고 한다 / 콩밭에 가서 두부 찾는다 / 콩밭에 간수 치겠다

최신 원님 덕에 나발[나팔] 분다 남의 덕으로 당치도 아니한 행세를 하게 되거나 그런 대접을 받고 우쭐대는 모양을 비유적으로 이르는 말.

입추의 여지가 없다 송곳 끝도 세울 수 없을 정도라는 뜻으로, 발 들여놓을 데가 없을 정도로 많은 사람들이 꽉 들어찬 경우를 비유적으로 이르는 말.

ㅈ

절에 간 색시
① 남이 시키는 대로 따라 하는 사람을 이르는 말.
② 아무리 싫어도 남이 시키는 대로 따라 하지 아니할 수 없는 처지에 있는 사람을 이르는 말.

젊은이 망령은 몽둥이로 고친다 노인들은 그저 잘 위해 드려야 하고, 아이들이 잘못했을 경우에는 엄하게 다스려 교육해야 한다는 말.
= 젊은이 망령은 홍두깨로 고치고 늙은이 망령은 곰국으로 고친다

최신 조자룡이 헌 창[칼] 쓰듯 돈이나 물건을 헤프게 쓰는 경우를 비유적으로 이르는 말.

중이 제 머리를 못 깎는다 자기가 자신에 관한 일을 좋게 해결하기는 어려운 일이어서 남의 손을 빌려야만 이루기 쉬움을 비유적으로 이르는 말.

중의 빗 몹시 구하기 어려운 물건을 비유적으로 이르는 말.

ㅊ

차돌에 바람 들면 석돌보다 못하다 오달진 사람일수록 한번 타락하면 걷잡을 수 없게 된다는 말.

책력 보아 가며 밥 먹는다 매일 밥을 먹을 수가 없어 책력을 보아 가며 좋은 날만을 택하여 밥을 먹는다는 뜻으로, 가난하여 끼니를 자주 거른다는 말.

 처삼촌 뫼에 벌초하듯 일에 정성을 들이지 아니하고 마지못하여 건성으로 함을 비유적으로 이르는 말.

ㅋ

큰북에서 큰 소리 난다
① 크고 훌륭한 데서라야 좋은 일이 생길 수 있다는 말.
② 도량이 커야 훌륭한 일을 할 수 있다는 말.

ㅌ

타고난 재주 사람마다 하나씩은 있다 사람은 누구나 한 가지씩의 재주는 가지고 있어서 그것으로 먹고살아 가게 마련이라는 말.

ㅎ

하나는 열을 꾸려도 열은 하나를 못 꾸린다
① 한 사람이 잘되면 여러 사람을 돌보아 줄 수 있으나 여러 사람이 힘을 합하여 한 사람을 돌보아 주기는 힘들다는 말.
② 자식이 많아도 부모는 잘 거느리고 살아가나 자식들은 그렇지 못하다는 말.

하늘의 별 따기 무엇을 얻거나 성취하기가 매우 어려운 경우를 비유적으로 이르는 말.

하루가 여삼추 하루가 삼 년과 같다는 뜻으로, 짧은 시간이 매우 길게 느껴짐을 비유적으로 이르는 말.

하루 세끼 밥 먹듯 아주 예사로운 일로 생각함을 이르는 말.

행차 뒤에 나팔 사또 행차가 다 지나간 뒤에야 악대를 불러 나팔을 분다는 뜻으로, 제때 안 하다가 뒤늦게 대책을 세우며 서두름을 핀잔하는 말.

한 손으로는 손뼉을 못 친다 상대가 없이 혼자서는 싸움이 되지 아니한다는 말.

황소 제 이불 뜯어 먹기 어떤 일을 한 결과가 결국 제 손해가 되었다는 말.

---

4 관용구

1 관용구의 개념

두 개 이상의 단어로 이루어져 있으면서 그 단어들의 의미만으로는 전체의 의미를 알 수 없는, 특수한 의미를 나타내는 어구(語句)를 말한다. 예를 들어 '발이 넓다'는 '사교적이어서 아는 사람이 많다.'를 뜻하는 관용구이다.

2 기출 관용구

경종을 울리다 잘못이나 위험을 미리 경계하여 주의를 환기시키다.
예 시민들의 촛불 시위는 타락한 정권에 경종을 울리는 계기가 되었다.

고택골로 가다 '죽다'를 속되게 이르는 말.
예 나한테 한 대 맞으면 고택골로 가니까 조심하라고 해.

공기가 팽팽하다 분위기가 몹시 긴장되어 있다.

구색(을) 맞추다 여러 가지가 고루 갖추어지게 하다.

국수(를) 먹다 결혼식 피로연에서 흔히 국수를 대접하는 데서, 결혼식을 올리는 일을 비유적으로 이르는 말.

기름을 끼얹다 감정이나 행동을 부추겨 정도를 심하게 만들다.
예 그녀는 화가 난 그에게 기름을 끼얹는 말만 골라서 했다.

길을 열다 방도를 찾아내거나 마련하다.
예 장학 제도는 학비가 없는 학생들에게 배움의 길을 열어 주기 위한 것이다.

김이 식다 재미나 의욕이 없어지다.
예 나는 그 일에 대한 김이 식어서 이제는 아무것도 하고 싶지 않다.

꼬리를 빼다 달아나거나 도망치다.
예 내가 강하게 나가자 그는 꼬리를 빼고 말았다.

나팔(을) 불다
① 당치 않은 말을 함부로 하거나 터무니없이 과장하여 말을 하다.
예 어디서 그런 가짜를 진짜라고 나팔을 불어?
② 술이나 음료를 병째로 마시다.
예 그는 맥주를 병째 나팔 불었다.

③ 어떤 사실을 자백하다.
예) 시치미 떼. 알겠니? 나발 불었다가는 우린 끝장이다.

날(을) 받다
① 결혼식 날짜를 정하다. ≒ 날(을) 잡다 ①
예) 종현이와 은재는 날을 받았다.
② 어떤 일에 대비하여 미리 날을 정하다. ≒ 날(을) 잡다 ②
예) 그는 마치 큰 잔치나 배설하려는 것처럼 날을 받아 놓고 제관 준비에 바빴다.

녹초가 되다 '맥이 풀리어 힘을 못 쓰는 상태가 되다.'라는 뜻으로, 녹초는 초가 녹아 내린 것처럼 흐물흐물해지거나 보잘것없이 된 상태를 빗대어 나타낸 말.

느루 가다 양식이 일정한 예정보다 더 오래가다.
예) 먹을 게 없던 시절, 죽을 쑤어서라도 느루 가게 생활했던 그때가 종종 떠오른다.

달(이) 차다 아이를 배어 낳을 달이 되다.
예) 달이 차서 아이가 나올 때까지는 잘 먹고 잘 쉬어야 한다.

돌(을) 던지다 남의 잘못을 비난하다.
예) 최선을 다한 너에게 돌을 던질 사람은 아무도 없을 것이다.

뒷짐(을) 지다[짚다] 어떤 일에 자신은 전혀 상관없는 것처럼 구경만 하고 있다.

떼어 놓은 당상(堂上) 일이 확실하여 조금도 틀림이 없음을 이르는 말.
= 받아 놓은 밥상

마각이 드러나다 숨기고 있던 일이나 정체가 드러나다.

막을[막이] 내리다 무대의 공연이나 어떤 행사를 마치다.

말꼬리(를) 잡다 남의 말 가운데서 잘못 표현된 부분의 약점을 잡다.
예) 말꼬리를 잡아 시비를 걸다.
≒ 말끝(을) 잡다

말이 굳다 말이 더듬더듬 막히다.
예) 무슨 잘못을 했는지 말이 굳어 있었다.

말(이)[말(도)] 아니다
① 말이 이치에 맞지 아니하다.
예) 말이 아닌 소리는 하지도 마라.
② 사정·형편 따위가 몹시 어렵거나 딱하다.
예) 그도 사는 형편이 말이 아니지 뭐야.

바닥을 기다 정도나 수준이 형편없다.
예) 중학교 때는 수학 성적이 바닥을 기었는데 이제는 꽤 나아졌습니다.

바람을 일으키다
① 사회적으로 많은 사람에게 영향을 미치다.
예) 그의 새로운 유행어가 아이들 사이에서 바람을 일으켰다.

② 사회적 문제를 만들거나 소란을 일으키다.
예) 복부인들은 부동산 투기 바람을 일으키고 다녔다.

벽(을) 쌓다 서로 사귀던 관계를 끊다.
예) 그는 친척들과 벽을 쌓고 지낸 지가 꽤 오래되었다.

변죽(을) 울리다 바로 집어 말을 하지 않고 둘러서 말을 하다.

별이 보이다 충격을 받아서 갑자기 정신이 아득하고 어지럽다.
예) 집안이 망했다는 소식을 듣고 별이 보이더니 정신이 없었다.

볼꼴 좋다 (놀림조로) 꼴이 보기에 흉하다.
예) 내 말을 그렇게 안 듣더니 볼꼴 좋게 딱지를 맞았구나.

봉(을) 잡다 상상 속에서만 존재하는 진귀한 봉황을 잡는다는 뜻으로, 매우 귀하고 훌륭한 사람이나 일을 얻음을 비유적으로 이르는 말.
예) 그렇게 좋은 일을 네가 맡게 되었다고? 넌 이제 봉을 잡은 거야.

사람 죽이다
① 너무 힘겨운 경우를 당하여 매우 힘들고 고달프다.
예) 전셋돈 마련할 길이 막막하니. 정말 돈이 사람 죽이는구나!
② 사람을 어이없게 만들다.
예) 그런 말도 안 되는 오해를 하다니. 사람 죽이겠네요.
③ 사람의 마음을 황홀하게 하거나 녹이다.
예) 이 김치 맛 사람 죽이는데.

산통(을) 깨다 다 잘되어 가던 일을 이루지 못하게 뒤틀다.

살이 끼다 사람이나 물건 따위를 해치는 불길한 기운이 들러붙다.
예) 이번 달에는 큰 재난이 많으니, 이달에 살이 끼었나 보다.

상투(를) 잡다 (속되게) 가장 높은 시서에 주식을 매입하다.
예) 상투를 잡는 바람에 손해 봤다.

상투(를) 틀다 총각이 장가들어 어른이 되다.

서릿발(이) 치다
① 서릿발이 생기다.
예) 날이 몹시 추워서 물로 닦은 창문에 서릿발이 쳤다.
② 기세가 매우 매섭고 준엄하다.
예) 서릿발 치는 기세로 적을 물리치는 장군.

• 서릿발: 땅속의 물이 얼어 기둥 모양으로 솟아오른 것. 또는 그것이 뻗는 기운.

서막을 올리다 어떤 일이 시작되다.
예) 그 집회는 전국적인 환경 운동의 서막을 올린 사건이었다.

수(가) 좋다 수단이 매우 뛰어나다.
예) 그는 수가 좋아서 무슨 일이든지 잘한다.

수판(을) 놓다 어떤 일에 대하여 이해득실을 계산하다.
예 개인주의가 만연하면서 자신의 이익을 위하여 수판을 놓는 사람이 많아졌다.

시색(이) 좋다 당대에 행세하는 것이 버젓하다.
예 구차한 살림을 해 가면서도 시색 좋은 친정에 한 번 구구한 말을 비친 일도 없었다.

[최신] **심사(가) 꿰지다** 잘 대하려는 마음이 틀어져서 심술궂게 나가다.
예 나는 그 아이와 잘 놀다가도 괜히 심사가 꿰져 자주 싸웠다.

[최신] **심사(가) 사납다** 마음이 심술궂고 나쁘다.

아귀(가) 맞다
① 앞뒤가 빈틈없이 들어맞다.
② 일정한 수량 따위가 들어맞다.

악어의 눈물 거짓 눈물을 비유적으로 이르는 말. 악어는 입안에 수분을 보충함으로써 먹이를 쉽게 삼키기 위하여 먹잇감을 잡아먹을 때 눈물을 흘리는데 이를 언뜻 보면 잡아먹히는 동물이 불쌍해 눈물을 흘리는 것처럼 보이는 데서 유래한 말이다.

[최신] **오지랖(이) 넓다**
① 쓸데없이 지나치게 아무 일에나 참견하는 면이 있다.
② 염치없이 행동하는 면이 있다.
= **치마폭이 넓다** (비꼬는 뜻으로) 남의 일에 쓸데없이 간섭하고 참견하다.

장단(을) 맞추다 남의 기분이나 비위를 맞추기 위하여 말이나 행동을 하다.

주머니가 가볍다 가지고 있는 돈이 적다.
예 오늘은 주머니가 가벼우니 저녁을 간단하게 먹자.

죽을 쑤다 어떤 일을 망치거나 실패하다.
예 오늘 시합은 죽을 쑤었다.

줄(을) 대다 자신에게 이익이 될 만한 사람과 관계를 맺다.
예 관리자에게 줄을 대어 승진을 하던 시대는 지났다.

줄(을) 타다 힘이 될 만한 사람과 관계를 맺어 그 힘을 이용하다.
예 그는 사장의 줄을 타려고 애를 썼다.

침(을) 놓다 강하게 알리거나 요구를 나타내면서 꼼짝 못 하게 하다.
예 선생님은 다시 떠들면 벌을 주겠다고 아이들에게 침을 놓았다.

큰물이 가다 큰비가 내려 강이나 개울의 물이 넘쳐 논밭을 휩쓸고 지나가다.
예 정월 대보름의 망월을 보고 노인들은 올해는 큰물이 갈까 보다고 염려하였다.

태깔(이) 나다 맵시 있는 태도가 보이다.
예 그녀는 이제 숙녀로 성장하여 제법 태깔이 난다.

파김치(가) 되다 몹시 지쳐서 기운이 아주 느른하게 되다.

파리(를) 날리다 영업이나 사업 따위가 잘 안되어 한가하다.
예 손님이 뜸해지기 시작하더니 지금은 파리를 날리고 있다.

학을 떼다 괴롭거나 어려운 상황을 벗어나느라고 진땀을 빼거나, 그것에 질려 버리다. = **학질을 떼다**

[최신] **회가 동하다** 구미가 당기거나 무엇을 하고 싶은 마음이 생기다.

---

5 주제별로 묶은 기출 관용 표현(속담, 관용구)

1 동물과 관련된 기출 관용 표현

가난이 소 아들이라 소처럼 죽도록 일해도 가난에서 벗어날 수 없음을 이르는 말.

가는 말에도 채찍을 치랬다 형편이나 힘이 한창 좋을 때라도 더욱 마음을 써서 힘써야 함을 비유적으로 이르는 말.

개구리 낯짝에 물 붓기 물에 사는 개구리의 낯에 물을 끼얹어 보았자 개구리가 놀랄 일이 아니라는 뜻으로, 어떤 자극을 주어도 그 자극이 조금도 먹혀들지 아니하거나 어떤 처사를 당하여도 태연함을 이르는 말.

개 발에 (주석) 편자 옷차림이나 지닌 물건 따위가 제격에 맞지 아니하여 어울리지 않음.

고양이는 발톱을 감춘다 재주 있는 사람은 그것을 깊이 감추고서 함부로 드러내지 아니한다는 말.

고양이 목에 방울 달기[단다] 실행하기 어려운 것을 공연히 의논함을 이르는 말.

고양이보고 반찬 가게 지키라는 격이다 고양이한테 반찬 가게를 맡기면 고양이가 음식을 먹을 것이 뻔한 일이란 뜻으로, 어떤 일이나 사물을 믿지 못할 사람에게 맡겨 놓고 마음이 놓이지 않아 걱정함을 비유적으로 이르는 말.

고양이 쥐 어르듯
① 상대편을 제 마음대로 가지고 노는 모양을 비유적으로 이르는 말.
② 당장에라도 잡아먹을 듯이 덤비는 모양을 이르는 말.

굴레 벗은 말[망아지 / 송아지]
① 거칠게 행동하는 사람을 이르는 말.
② 구속이나 통제에서 벗어나 몸이 자유로움을 이르는 말.

까치집에 비둘기 들어 있다 남의 집에 들어가서 주인 행세를 함을 비유적으로 이르는 말.

놓아먹인 망아지 (놀듯) 들에 풀어놓고 기른 말 새끼 또는 그 노는 모양이라는 뜻으로, 교양이 없고 막돼먹은 사람 또는 그런 행동을 비유적으로 이르는 말.

물 건너온 범 한풀 꺾인 사람을 비유적으로 이르는 말.

비 오는 날 소꼬리 같다 비를 맞은 소꼬리가 흔드는 대로 들러붙는 것처럼, 몹시 귀찮게 구는 것을 비유적으로 이르는 말.

쇠털같이 많다 수효가 셀 수 없이 많음을 비유적으로 이르는 말.

쉬파리 끓듯 무질서하고 복잡하게 모여 있는 경우를 비유적으로 이르는 말.

자라목(이) 되다 사물이나 기세 따위가 움츠러들다.

쥐 죽은 날 고양이 눈물 쥐가 죽었다고 고양이가 눈물을 흘릴 리 없다는 데서, 아주 없거나 있어도 매우 적을 때를 이르는 말.

2 신체와 관련된 기출 관용 표현

얼굴

낯을 못 들다 창피하여 남을 떳떳이 대하지 못하다.
예 도저히 낯을 못 들고 다닐 만큼 부끄러운 일을 저지르고 말았다.

최신 얼굴이 넓다 사귀어 아는 사람이 많다.

자기 얼굴[낯]에 침 뱉기 남을 해치려고 하다가 도리어 자기가 해를 입게 된다는 것을 비유적으로 이르는 말.
= 누워서 침 뱉기

눈

눈물이 앞서다 말을 하지 못하고 눈물을 먼저 흘리다.

눈에 밟히다 잊히지 않고 자꾸 눈에 떠오르다.

눈에서 황이 나다 몹시 억울하거나 질투가 날 때 이르는 말.

눈을 감다
① 사람의 목숨이 끊어지다.
② 남의 잘못을 알고도 모르는 체하다.

최신 눈을 거치다 글 따위를 검토하거나 분별하다.
예 위작은 대부분 여러 사람의 눈을 거치는 동안 가려진다.

눈(을) 돌리다 관심을 돌리다.

눈(을) 뒤집다 주로 좋지 않은 일에 열중하여 제정신을 잃다.
예 아이들은 서로 빼앗아 먹으려고 눈을 뒤집고 싸웠다.

눈(을) 붙이다 잠을 자다.

눈을 크게 뜨다 정신을 바짝 차리고 주의를 기울이다.

눈이 가매지게[가매지도록] 몹시 기다리는 모양을 비유적으로 이르는 말.

눈이 곤두서다 화가 나서 눈에 독기가 오르다.
예 형님은 친구가 비웃는 소리를 하자 눈이 곤두섰다.

최신 눈(이) 나오다 몹시 놀라다.
예 그녀는 비싼 가격을 확인하고 눈이 나왔다.

코

최신 코가 꿰이다 약점이 잡히다.

코가 높다 잘난 체하고 뽐내는 기세가 있다.
예 그녀는 코가 높아서 네가 상대하기 쉽지 않겠구나.

코(가) 빠지다 근심에 싸여 기가 죽고 맥이 빠지다.
예 마을 사람들 모두 코가 빠져 아무 일도 하지 못했다.

코가 솟다 뽐낼 일이 있어 우쭐해지다.

코를 떼다 무안을 당하거나 핀잔을 맞다.

코(를) 빠뜨리다 못 쓰게 만들거나 일을 망치다.
예 다 된 일에 코를 빠뜨렸다.

코 큰 소리 잘난 체하는 소리.

입

마른침을 삼키다 몹시 긴장하거나 초조해하다.
예 애가 탄 철수는 자꾸 마른침을 삼키고 있었다.

입(을) 맞추다 서로의 말이 일치하도록 하다.

입(을) 모으다 여러 사람이 같은 의견을 말하다.

입(을) 씻다[닦다] 이익 따위를 혼자 차지하거나 가로채고서는 시치미를 떼다.

입에 발린[붙은] 소리 마음에도 없이 겉치레로 하는 말.

치(를) 떨다 몹시 분해하거나 지긋지긋해하다.
예 뼈아픈 배신감에 치를 떨다.

침 발라 놓다 자기 소유임을 표시하다.
예 내가 침 발라 놓은 고기에 손댈 생각은 하지 마라.

혀(가) 굳다 놀라거나 당황하여 말을 잘하지 못하다.
예 그는 무슨 말을 하려고 입을 벌리는데 혀가 굳어서 목소리가 잘 나오지 않는다.

귀

귀가 열리다 세상 물정을 알게 되다.
예 웬만큼 귀가 열린 사람이라면 이런 일에 누가 시비를 걸겠소.

귀(가) 질기다
① 둔하여 남의 말을 잘 이해하지 못하다.
예 워낙 귀가 질긴 친구라 알아듣지 못할 거다.
② 말을 싹싹하게 잘 듣지 않고 끈덕지다.
예 이렇게 고집만 피우다니 생각보다 귀가 질기군!

손

손길을 뻗치다 적극적인 도움, 요구, 침략, 간섭 따위의 행위가 미치다.

손(을) 거치다 어떤 사람의 노력으로 손질되다.
예 무너져 내릴 것같이 허름하던 지붕이 그의 손을 거치자 아주 말끔해졌다.

손(을) 끊다 교제나 거래 따위를 중단하다.
예 나쁜 친구들과 손을 끊어라. / 그는 이제 건축 일에는 손을 끊었다.

손(을) 넘기다 물건을 셀 때 그 번수를 잘못 계산하여 실제보다 더 많거나 적게 되다.
예 은행원들은 특히 바쁜 월말에 실수로 손을 넘기는 경우가 간혹 있다.

손(을) 맺다 할 일이 있는데도 아무 일도 안 하고 그냥 있다.
예 할 일이 태산같이 많은데 손을 맺고 있으면서 저절로 되기를 바라는 거니?

손(이) 뜨다 일하는 동작이 매우 굼뜨다.
예 그렇게 손이 떠서야 제시간에 끝마칠 수가 있겠니?

발

발꿈치를 물리다 은혜를 베풀어 준 상대로부터 뜻밖에 해를 입다.
예 그는 지금 친구를 위해 보증을 서 주다가 발꿈치를 물려 철창신세라네.

발등(을) 찍히다 남에게 배신을 당하다.
예 그는 믿었던 친구에게 발등을 찍혔다.

발(을) 구르다 매우 안타까워하거나 다급해하다.
예 늦은 밤이 되어도 아이가 돌아오지 않자 어머니는 동동 발을 굴렀다.

발(을) 빼다[씻다] 어떤 일에서 관계를 완전히 끊고 물러나다.
예 노름판에서 발을 빼고 이제 착실히 일을 하기로 했네.
= 손(을) 빼다 / 손(을) 씻다

발을 달다 끝난 말이나 이미 있는 말에 말을 덧붙이다.

발을 타다 강아지 따위가 걸음을 걷기 시작하다.
예 우리 집 강아지들이 발을 타기 시작했다.

발이 익다 여러 번 다니어서 길에 익숙하다.
예 왠지 발이 익다 했더니, 어릴 적에 술래잡기하면서 자주 다니던 골목이었다.

머리

머리가 깨다 뒤떨어진 생각에서 벗어나다.
예 할아버지는 머리가 깬 분이셔서 그 시절에 어머니를 유학까지 보내셨다.

머리를 들다 눌려 있거나 숨겨 온 생각·세력 따위가 겉으로 나타나다.
예 은혜를 갚아야만 한다는 생각이 계속해서 머리를 들었다.

머리를 쥐어짜다 몹시 애를 써서 궁리하다.
예 아무리 머리를 쥐어짜도 별 뾰족한 수가 나오지 않았다.

다리

다리가 길다 음식 먹는 자리에 우연히 가게 되어 먹을 복이 있다.

기타

가슴이 뜨끔하다   자극을 받아 마음이 깜짝 놀라거나 양심의 가책을 받다.
예) 가슴이 뜨끔했지만 그는 아무렇지 않은 척 행동했다.

최신 **간(이) 뒤집히다**   까닭 없이 웃음을 나무라는 말.
예) 이 사람이 간이 뒤집혔나. 웃긴 왜 웃어?

다리(를) 놓다   일이 잘되게 하기 위하여 둘 또는 여럿을 연결하다.
예) 그가 중간에서 다리를 놓아 물건을 쉽게 팔았다.
참고) 이는 '다리02'의 뜻에 해당함.

목(을) 놓아[놓고]   주로 울거나 부르짖을 때에 참거나 삼가지 않고 소리를 크게 내어.

목에 힘을 주다   거드름을 피우거나 남을 깔보는 듯한 태도를 취하다.

최신 **배알이 꼴리다[뒤틀리다]**   비위에 거슬려 아니꼽다.

살(을) 붙이다   바탕에 여러 가지를 덧붙여 보태다.
예) 그는 떠도는 이야기에 살을 붙여 드라마 극본을 썼다.

속(을) 긁다   남의 속이 뒤집히게 비위를 살살 건드리다.
예) 남편은 아침부터 속 긁는 소리를 해 댔다.

최신 **속이 마르다**
① 성격이 꼬장꼬장하다.
② 생각하는 것이 답답하고 너그럽지 못하다.

허리띠를 졸라매다
① 검소한 생활을 하다.
② 마음먹은 일을 이루려고 새로운 결의와 단단한 각오로 일에 임하다.

04 관용 표현 – 속담/한자 성어/관용구

기출 응용문제

01
'가까운 사이'의 의미를 나타내는 사자성어로 적절하지 않은 것은?

① 간담상조(肝膽相照)
② 금란지계(金蘭之契)
③ 막역지우(莫逆之友)
④ 만시지탄(晩時之歎)
⑤ 백아절현(伯牙絶絃)

02
'겉으로는 복종하는 체하면서 내심으로는 배반함.'을 의미하는 사자성어로 가장 적절한 것은?

① 거두절미(去頭截尾)
② 명약관화(明若觀火)
③ 면종복배(面從腹背)
④ 풍전등화(風前燈火)
⑤ 흥진비래(興盡悲來)

03
'효도를 다하지 못한 채 어버이를 여읜 자식의 슬픔을 이르는 말.'을 의미하는 사자성어로 가장 적절한 것은?

① 다기망양(多岐亡羊)
② 상전벽해(桑田碧海)
③ 수구초심(首丘初心)
④ 천재일우(千載一遇)
⑤ 풍수지탄(風樹之嘆)

04
한자 성어와 속담의 의미가 일치하지 않는 것은?

① 좌정관천(坐井觀天) – 우물 안 개구리
② 설상가상(雪上加霜) – 엎친 데 덮치다
③ 부창부수(夫唱婦隨) – 바늘 가는 데 실 간다
④ 청출어람(靑出於藍) – 나중 난 뿔이 우뚝하다
⑤ 고장난명(孤掌難鳴) – 추우면 다가들고 더우면 물러선다

05
사자성어와 속담의 의미가 일치하지 않는 것은?

① 주마간산(走馬看山) – 달리는 말에 채찍질
② 교각살우(矯角殺牛) – 빈대 미워 집에 불 놓는다
③ 금지옥엽(金枝玉葉) – 쥐면 꺼질까 불면 날까
④ 어로불변(魚魯不辨) – 낫 놓고 기역 자도 모른다
⑤ 당랑거철(螳螂拒轍) – 하룻강아지 범 무서운 줄 모른다

06
'고식지계(姑息之計)'와 유사한 의미의 속담으로 가장 적절한 것은?

① 시루에 물 퍼붓기
② 언 발에 오줌 누기
③ 도둑맞고 사립 고친다
④ 우선 먹기는 곶감이 달다
⑤ 태산을 넘으면 평지를 본다

07

밑줄 친 관용 표현의 쓰임이 적절하지 않은 것은?

① <u>변죽만 울리지</u> 말고 본론을 말해.
② 그는 필요한 것만 취하고 <u>입을 씻었다</u>.
③ 상사에게 들키지 않으려고 그들은 <u>입을 맞췄다</u>.
④ 마을 사람들 모두 <u>코가 빠져</u> 아무 일도 하지 못했다.
⑤ 그는 사랑하는 사람이 오자 놀란 마음에 <u>옹이가 졌다</u>.

08

관용 표현의 의미 연결이 적절하지 않은 것은?

① 바닥을 기다 – 정도나 수준이 형편없다.
② 태깔이 나다 – 맵시 있는 태도가 보이다.
③ 손을 끊다 – 교제나 거래 따위를 중단하다.
④ 코를 빠뜨리다 – 못 쓰게 만들거나 일을 망치다.
⑤ 산통을 깨다 – 사회적 문제를 만들거나 소란을 일으키다.

정답 풀이 & 오답 해설

01
| 정답 풀이 | ④ 만시지탄(晩時之歎): 시기에 늦어 기회를 놓쳤음을 안타까워하는 탄식.

02
| 오답 해설 |
② 명약관화(明若觀火): 불을 보듯 분명하고 뻔함.
⑤ 흥진비래(興盡悲來): 즐거운 일이 다하면 슬픈 일이 닥쳐온다는 뜻으로, 세상일은 순환되는 것임을 이르는 말.

03
| 오답 해설 |
① 다기망양(多岐亡羊): 두루 섭렵하기만 하고 전공하는 바가 없어 끝내 성취하지 못함을 이르는 말.
② 상전벽해(桑田碧海): 세상일의 변천이 심함을 비유적으로 이르는 말.
③ 수구초심(首丘初心): 고향을 그리워하는 마음을 이르는 말.
④ 천재일우(千載一遇): 좀처럼 만나기 어려운 좋은 기회를 이르는 말.

04
| 정답 풀이 | ⑤ 고장난명(孤掌難鳴): 외손뼉만으로는 소리가 울리지 아니한다는 뜻으로, 혼자의 힘만으로 어떤 일을 이루기 어려움을 이르는 말. = 백지장도 맞들면 낫다
• 추우면 다가들고 더우면 물러선다: 감탄고토(甘呑苦吐)

05
| 정답 풀이 | ① 주마간산(走馬看山): 말을 타고 달리며 산천을 구경한다는 뜻으로, 자세히 살피지 않고 대충대충 보고 지나감을 이르는 말.
• 주마가편(走馬加鞭): 달리는 말에 채찍질한다는 뜻으로, 잘하는 사람을 더욱 장려함을 이르는 말.

06
| 정답 풀이 | ② 고식지계(姑息之計): 우선 당장 편한 것만을 택하는 꾀나 방법. 한때의 안정을 얻기 위하여 임시로 둘러맞추어 처리하거나 이리저리 주선하여 꾸며 내는 계책.
• 언 발에 오줌 누기: 언 발을 녹이려고 오줌을 누어 봤자 임시변통은 될지 모르나 결국에는 사태가 더 나빠짐을 비유적으로 이르는 말.

07
| 정답 풀이 | ⑤ 옹이(가) 지다: 마음에 언짢은 감정이 있다.

| 오답 해설 |
① 바로 집어 말을 하지 않고 둘러서 말을 하다.
② 이익 따위를 혼자 차지하거나 가로채고서는 시치미를 떼다.
③ 서로의 말이 일치하도록 하다.
④ 근심에 싸여 기가 죽고 맥이 빠지다.

08
| 정답 풀이 | ⑤ 산통을 깨다: 다 잘되어 가던 일을 이루지 못하게 뒤틀다.
• 바람을 일으키다: 사회적 문제를 만들거나 소란을 일으키다.

정답 01 ④ 02 ③ 03 ⑤ 04 ⑤ 05 ① 06 ② 07 ⑤ 08 ⑤

05 순화어

대표 기출유형

기출유형 1 — 순화어(외래어, 일본어)

유형 풀이▶ 무분별하게 남용되는 외래어, 일상생활 속에서 부적절하게 사용되는 어휘를 순화어로 바꾸어 쓸 수 있는지를 평가하는 문항이다.

정답 풀이▶ ③ '소셜 커머스'는 '공동 할인 구매'로 순화해야 한다.

정답▶ ③

• 밑줄 친 표현을 다음은 말로 적절하지 <u>않은</u> 것은?

① 육아로 인해 번아웃(→ 탈진) 증후군이 발생한 사람들이 많다.
② 그 업체는 페이백(→ 보상 환급) 행사를 이달 말까지 진행한다.
③ 친구에게 소셜 커머스(→ 사회 관계망) 방식으로 옷을 사서 선물했다.
④ 세계적 기업들은 워킹 그룹(→ 실무단)의 전문성을 키우기 위해 노력한다.
⑤ 비대면 교육이 활성화되면서 에듀테크(→ 교육 정보 기술) 분야가 각광을 받고 있다.

유형 풀이▶ 무분별하게 남용되는 외래어와 일본어 잔재 표현을 순화어로 바꾸어 쓸 수 있는지를 평가하는 문항이다.

정답 풀이▶ ③ '쿠사리'는 '면박', '핀잔'으로 순화해야 한다.

정답▶ ③

• 밑줄 친 표현을 다음은 말로 적절하지 <u>않은</u> 것은?

① 은사님께서 갤러리(→ 화랑)를 개업하셨다.
② 아무리 말려도 무데뽀(→ 막무가내)로 덤벼들었다.
③ 다영이는 언니의 쿠사리(→ 잔소리) 때문인지 슬퍼 보였다.
④ 지아는 아무런 망설임 없이 제로 베이스(→ 원점)에서 다시 시작했다.
⑤ 회사를 살리기 위해 보람이를 태스크포스팀(→ 특별 전담 조직)에 합류시켰다.

기출유형 2 — 순화어(불필요하게 어려운 한자어)

유형 풀이▶ 불필요하게 어려운 한자어를 쉬운 말로 올바르게 순화할 수 있는지를 평가하는 문항이다.

정답 풀이▶ ④ '시방'은 '말하는 바로 이때.'라는 뜻으로, '지금'으로 순화하는 것이 적절하다.

정답▶ ④

• 한자어를 순화한 표현으로 적절하지 <u>않은</u> 것은?

① 제척(除斥): 제외
② 착수(着手): 시작
③ 최촉(催促): 재촉
④ 시방(時方): 때때로
⑤ 미연(未然)에: 미리

05 순화어

기출 핵심개념

순화어란 불순한 요소를 없애고 깨끗하고 바르게 다듬은 말이다. 즉 지나치게 어려운 말이나 비규범적인 말, 외래어 따위를 알기 쉽고 규범적인 상태 또는 고유어로 순화한 말을 이른다.

순화 대상은 다음과 같다.
① 영어/외래어, ② 행정 용어, ③ 한자어, ④ 일본어

순화 대상어를 아는 것보다 올바른 순화어를 아는 것이 더 중요하다.

참고 최근 순화어는 국립국어원 누리집에 있는 '다듬은 말'에서 많이 출제되고 있으므로, 시험 보기 전에 둘러보고 가는 것을 추천함.

1 빈출 순화어

순화 대상어	순화어	순화 대상어	순화어
최신 가료(加療)	치료, (병) 고침	역할	구실, 소임, 할 일
고수부지	둔치	옵서버	참관인
납득	이해	유도리	여유(분), 융통성
노견	갓길	잉꼬부부	원앙 부부
레자	인조 가죽	잔고(殘高)	잔액, 잔량
무데뽀	막무가내	저간	요즈음
수순	순서, 절차, 차례	최신 제로 베이스	백지상태, 원점
최신 시건장치(施鍵裝置)	잠금장치	핀트	초점
쿠사리	핀잔, 면박	필터	여과지
태스크포스/태스크포스팀	특별 전담 조직, 특별팀	흑태	검정콩
팁	① 도움말, ② 봉사료		

2 기출 순화어

순화 대상어	순화어	순화 대상어	순화어
가검물	검사물	관장하다	담당하다, 맡다, 맡아보다, 처리하다
가두(街頭)	길거리	귀책 사유	책임 있는 / 책임 지울 사유
가드레일	보호 난간	그랑프리	최우수상
가불	선지급, 임시 지급	기스	흠(집)
최신 가스라이팅	심리(적) 지배	긴요하다	매우 중요하다
간선 도로	주요 도로	꼬붕	부하
감수(甘水)	단물	최신 나대지(裸垈地)	빈집터
감안	고려, 생각, 참작	네티즌	누리꾼
개전(改悛)의 정(情)	뉘우치는 빛	노가다	노동자, 막일꾼, 인부
갤러리	그림방, 화랑	노변	길가
갭	차이	노하우	비법
거개	거의, 대개	최신 누가 기록하다	거듭 보태 적다
견양	본보기	뉘앙스	느낌, 어감
최신 계리하다	계산하여 정리하다	다대기	다진 양념
고참	선임	다라이	대야
곤색	감색	다마네기	양파
곤조	고집, 근성	다크서클	눈 그늘
공지(空地)	빈터	단도리	채비, 단속
최신 과오급된	잘못 지급된	닭도리탕	닭볶음탕

답신	대답	상위(相違)하다	서로 다르다
데드라인	마감	샘플	본보기, 표본
데뷔	등단, 첫등장	서안(書案)	책상
데생	소묘	성수기	한철
도비라	속표지	센티한	감상적인
도통(都統)	도무지	소보로빵	곰보빵
도합(都合)	모두, 합계	소셜 커머스	공동 할인 구매
최신 듀얼 라이프	두 지역살이	쇼부	흥정, 결판
디스카운트	에누리, 할인	최신 수범(垂範) 사례	모범 사례
라운지	휴게실	수피(樹皮)	나무 껍질
최신 레시피	조리법	수하물	손짐
최신 로드 맵	(단계별) 이행안	스캔들	좋지 못한 소문, 추문
로케	현지 촬영	최신 스크린 도어	안전문
론칭쇼	신제품 발표회	스타일리스트	맵시가꿈이
르포	현장 보고, 보고 기사	시방서	설명서
리메이크	재구성	신드롬	증후군
리스크	위험, 손실	최신 실링	한도액, 상한
리플	댓글	아나고	붕장어
마블링	결 지방	아웃소싱	외주
만개	만발, 활짝 핌	최신 앙꼬	팥소
망년회	송년회	앰뷸런스	구급차
맞트레이드	맞교환	최신 어젠다	의제
매점(買占)	사재기	최신 언론 플레이	여론몰이
최신 맹지	도로 없는 땅	최신 언택트	비대면
머니론더링	돈세탁	에티켓	예의
머스트 해브	필수품	오뎅	어묵
최신 메타팜	가상 농장	최신 오티티(OTT)	인터넷 동영상 서비스
모찌	떡	와사비	고추냉이
모포	담요	와일드하다	거칠다
몸뻬	왜 바지, 일 바지	와쿠(와꾸)	틀
최신 무라벨	무상표	최신 워킹 그룹	실무단
무빙 워크	자동길	위트	기지, 재치
무주(無主)의	주인 없는	최신 유비쿼터스	두루누리
미디어	대중 매체, 매체	최신 은닉하다	숨기다
미싱	재봉틀	이북(E-book)	전자책
바께쓰	양동이	익일	다음 날, 이튿날
바이어	구매자	인센티브	성과급, 유인책, 특전
바캉스	여름 휴가	인저리 타임	추가 시간
발레파킹	대리 주차	최신 일실(逸失)치 않도록	놓치지 않도록
방화(邦畵)	국산 영화	최신 임석(臨席)	현장 참석
버킷 리스트	소망 목록	입회	참관
번아웃 증후군	탈진 증후군	최신 잔반	음식 찌꺼기, 남은 음식
베테랑	전문가, 숙련자	장르	분야, 갈래
벤치 클리어링	선수단 몸싸움	저널	언론
부의(附議)하다	토의에 부치다	최신 제너럴리스트	다방면 인재
분기(分岐)하다	갈라지다	주말(朱抹)하다	붉은 줄로(선으로) 지우다
최신 불출하다	내어주다	(원칙에) 준하다	(원칙에) 따르다
최신 불하(拂下)하다	팔아넘기다	지득(知得)하다	알게 되다
붐	대유행, 대성황, 성황	지라시(찌라시)	낱장 광고, 선전지
빈사(瀕死) 상태	다 죽은 상태	지리	맑은탕, 싱건탕
사계(斯界)	그 방면, 그 분야	진의	참뜻
사보타주	태업	청탁	부탁
사술(詐術)	속임수	체결하다	맺다
사시미	생선회	체차(遞次)로	차례차례로
상오(上午)	오전	최신 최고(催告)하다	독촉하다, 촉구하다

최신 취부(取付)하다	부착하다	최신 파일럿 프로그램	맛보기 프로그램
(절차를) 취하다	(절차를) 밟다	플래카드	현수막
카파라치	교통 신고꾼	플랫 슈즈	납작구두
칼럼	시사 평론, 기고란	피사체	찍히는 것
캐릭터	개성	최신 피크 아웃	하락 전환
캐스팅 보트	결정표, 결정권	하명(下命)	지시, 명령
컨벤션 효과	행사 효과	학부형	학부모
컨트롤 타워	통제탑, 지휘 본부, 사령탑	함바	현장 식당
최신 케어 팜	치유 농장	(…)함을 요한다, 요하다	(…)하(시)기 바란다
최신 케어 푸드	돌봄식	해소되다	없어지다
최신 콘크리트 양생(養生)	콘크리트 굳히기	해태(懈怠)	게으름
콤비	짝	현저히	뚜렷이
콤플렉스	열등감, 욕구 불만	최신 혈당 스파이크	혈당 급상승
크레인	기중기	호창(呼唱)되다	불리다
타개해 나가다	헤쳐 나가다	홀대	푸대접
타입	모양, 유형	화목(火木)	땔나무
파랑	물결	히든카드	비책, 숨긴 패
최신 파운드리	조립, 조립 생산		

3 행정 순화어 목록

1 한자어 순화

순화 대상어	순화어	순화 대상어	순화어
가산(加算)	보탬, 더함	익월(翌月)	다음 달
갈수기(渴水期)	가뭄 때, 물이 적은 시기	취합(聚合)하다	모으다
개문 냉방(開門冷房)	문 연 채 냉방	확행(確行)	꼭 하기
개소(開所)하다	열다	최신 제반(諸般)	모든 (사항)
공실(空室)	빈방	착석(着席)하다	(자리에) 앉다
기재(記載)하다	쓰다, 적어 넣다	타(他)	다른
동년(同年)	같은 해	의거(依據)하다	~에 따르다
소인(小人)	어린이	만전(萬全)을 기하다	빈틈없이 하다
대인(代人)	대리인	창출(創出)하다	새로 마련하다, 새로 만들다
운휴(運休)하다	운행을 쉬다	일환(一環)	~의 하나
음용(飮用)하다	마시다	토사(土砂)	흙모래
이면(裏面)	뒤쪽, 안쪽	가건물(假建物)	임시 건물
필히(必-)	반드시, 꼭	식재(植栽)	나무 심기, 나무 가꾸기
혹서기(酷暑期)	무더위 때	벌채(伐採)하다	나무를 베다
환아(患兒)	아픈 아이, 아픈 어린이	가주소(假住所)	거짓 주소, 임시 주소
금년(今年)	올해	염두(念頭)에 두어	생각하여, 고려하여
별첨(別添)	따로 붙임	상기(上記)(의)	위(의)
첨부(添附)	붙임	상신(上申)	올림, 보고

2 외래어 순화

순화 대상어	순화어	순화 대상어	순화어
최신 인센티브(incentive)	성과급, 유인책, 특전	에코 그린 투어리즘(eco green tourism)	친환경 여행
프로젝트(project)	① 계획, ② 사업	리어휠(rear wheel)	뒷바퀴
매뉴얼(manual)	안내서, 지침서	무버블 패널(movable panel)	이동식 칸막이
주얼리(jewelry)	귀금속	바이럴(viral)	입소문
거버넌스(governance)	민관 협력	바잉 파워(buying power)	구매력
볼라드(bollard)	길말뚝	보태닉 공원(botanic park)	생태 공원
커뮤니티 맵(community map)	마을지도	볼런티어(volunteer)	자원봉사자
프레스 투어(press tour)	기자단 현장 방문	북카페(book cafe)	책카페
가드닝(gardening)	생활 원예	업로드(upload)	올리기, 올려싣기
도슨트(docent)	전문 안내원	다운로드(download)	내려받기
최신 아카이브(archive)	자료 보관소	콘택트 포인트(contact point)	연락처
키오스크(kiosk)	무인 안내기	케어(care)	돌봄, 관리
프레임(frame)	틀	인프라(Infrastructure)	기반(시설)
마스터 플랜(master plan)	종합 계획	스토리텔링(storytelling)	이야기하기
니즈(needs)	수요, 바람	페스티벌(festival)	잔치, 축제
밀웜(meal worm)	먹이용 애벌레	윈윈(win-win)	상생
액티브에이징(active aging)	활기찬 노년	리스크(risk)	위험, 손실
앵커(anchor) 시설	종합 지원 시설	최신 로드 맵(road map)	(단계별) 이행안
커팅(cutting)	자르기	콘퍼런스(conference)	학술 대회, 학술 회의
턴키(turnkey) 계약	일괄 계약	갤러리(gallery)	그림방, 화랑
퍼실리테이터(facilitator)	도우미	루트(route)	경로
그린벨트(greenbelt)	개발 제한 구역	렌트 푸어(rent poor)	세입 빈곤층
힐링(healing)	치유	AED(Automated External Defibrillator), 자동제세동기(自動除細動器)	(자동) 심장 충격기
소셜 네트워크 서비스(social network service)	누리 소통망 (서비스)		
엠오유(MOU)	업무 협약, 양해 각서	러시아워(rush hour)	혼잡 시간(대)
네고(negotiation)	협상	배리어 프리(barrier free)	무장벽, 장벽 없는

3 일본식 한자어 순화

순화 대상어	순화어	순화 대상어	순화어
견출지(見出紙)	찾기 딱지, 분류 딱지	식대(食代)	밥값
절취선(截取線)	자르는 선	인수(引受)하다	넘겨받다
시말서(始末書)	경위서	인계(引繼)하다	넘겨주다
가처분(假處分)	임시 처분	차출(差出)하다	뽑다, 뽑아내다
견습(見習)	수습	호출(呼出)하다	부르다
거래선(去來先)	거래처	최신 회람(回覽)	돌려 보기
행선지(行先地)	목적지, 가는 곳	최신 잔업(殘業)	시간 외 일
최신 내구연한(耐久年限)	사용 가능 햇수, 견딜 햇수	절수(節水)	물 절약, 물 아낌
최신 음용수(飮用水)	마실 물, 먹는 물	납기(納期)	내는 날, 내는 기간
최신 잔반(殘飯)	음식 찌꺼기, 남은 음식	대미(大尾)	맨 끝
식비(食費)	밥값		

05 순화어

기출 응용문제

01
밑줄 친 표현을 다듬은 말로 적절하지 않은 것은?

① 여름엔 고수부지(→ 둔치)에서 캠핑하는 것이 좋다.
② 저간(→ 오래전)에 헤어진 그 사람이 더욱 생각난다.
③ 탈모가 고민인 은재는 요즘 흑태(→ 검정콩)만 먹는다.
④ 익월(→ 다음 달)에 새로운 사장이 취임할 것이라는 소문이 떠돈다.
⑤ 의빈이와 상호는 요즘 잉꼬부부(→ 원앙 부부)처럼 사이좋게 지낸다.

02
밑줄 친 표현을 다듬은 말로 적절하지 않은 것은?

① 나는 레자(→ 비단)로 만든 옷을 입었다.
② 휴가 때는 문 단도리(→ 단속)를 잘해야 한다.
③ 요즘 대세는 땡땡이(→ 물방울) 무늬 원피스이다.
④ 냉면에 다대기(→ 다진 양념)를 많이 넣으면 짜다.
⑤ 네 의견은 논쟁의 핀트(→ 초점)에서 어긋나 있다.

03
밑줄 친 표현을 다듬은 말로 적절하지 않은 것은?

① 난 레시피(→ 조리법) 없이는 요리를 못한다.
② 그 사람의 행동은 도대체 납득(→ 이해)이 안 돼.
③ 지하철 스크린 도어(→ 안전문)가 곧 설치될 예정이야.
④ 그 연재소설은 오늘로 대미(→ 맨 끝)를 장식하게 된다.
⑤ 방학에 박물관에서 도슨트(→ 전시 기획자)로 봉사 활동을 할 거야.

04
밑줄 친 한자어를 순화한 표현으로 적절하지 않은 것은?

① 사람들 거개(擧皆)가 출세를 하고 싶어 한다. → 모두가
② 자기 이름이 호창(呼唱)되면 그때 들어오세요. → 불리면
③ 사이비 교주는 얄팍한 사술(詐術)로 순진한 사람을 꾀었다. → 속임수
④ 어머니는 길 떠나는 아들에게 몸조심하도록 재삼(再三) 당부했다. → 거듭
⑤ 개전(改悛)의 정(情)이 뚜렷하다고 인정되면 면허를 재교부할 수 있다. → 뉘우치는 빛

정답 풀이 & 오답 해설

01
| 정답 풀이 | ② 저간(→ 요즈음)

02
| 정답 풀이 | ① 레자(→ 인조 가죽)

03
| 정답 풀이 | ⑤ 도슨트(→ 전문 안내원)

04
| 정답 풀이 | ① '거개(擧皆)'는 '거의 대부분'을 뜻한다. 따라서 '일정한 수효나 양을 기준으로 하여 빠짐이나 넘침이 없는 전체.'를 뜻하는 '모두'로 바꿔 쓰는 것은 적절하지 않다. '대부분이' 정도로 순화할 수 있다.

정답 01 ② 02 ① 03 ⑤ 04 ①

최신 6회분 기출 분석 [31~45번] 어법

문항번호	A회 유형/분류	A회 자료/개념	B회 유형/분류	B회 자료/개념	C회 유형/분류	C회 자료/개념
31	맞춤법	풋잠, 풋내, 풋고추, 풋소, 풀솜	맞춤법	냉랭하다, 낭랑하다, 녹록하다, 늠름하다, 낙낙하다	맞춤법	대단찮다, 오죽잖다, 어쭙잖다, 마뜩잖다, 꼴같잖다
32	맞춤법	뚝배기(뚝빼기X), 곱빼기, 얼룩빼기, 구석빼기, 밥빼기	맞춤법	떠버리, 귀띔(귀뜸X), 코빼기, 며칠날, 밭때기	맞춤법	갊, 베풂, 내걺(내걸음X), 짊, 불음
33	맞춤법	넉넉지, 서슴지, 허송치, 섭섭지, 깨끗지	맞춤법	질러, 무르니(물르니X), 발라, 말라, 을러서는	맞춤법	온대, 가내, 저러신대(저러신데X), 차가운데, 있겠대
34	띄어쓰기	몇 분밖에, 천 원밖에, "맘마"밖에, 너 밖에, 수밖에	띄어쓰기	가는 듯, 적을지라도, 따를밖에, 좋을뿐더러, 않을망정	띄어쓰기	도와주다, 보내 드리다/보내드리다, 만족할 만하다/만족할만하다, 찢어 버리다/찢어버리다, 웃어 대다/웃어대다
35	맞춤법	막냇동생, 알쌍하다, 메다, 땅기다, 무릅쓰다	맞춤법	안치다, 늘리다, 지긋이, 받쳐, 오뚝이	맞춤법	끔직이, 그득히, 묵직이, 굵직이, 나직이
36	문장 부호	작은따옴표	문장 부호	소괄호	문장 부호	마침표
37	표준어	가리키다, 단출하다, 버무리다, 내리깔다, 다디달다	표준어	여태, 총각무, 심심하다, 넝쿨, 버러지/벌레	표준어	아서라, 당기다, 흥겹다, 겁쟁이, 삐치다/삐지다
38	표준어	방언-표준어 장-항상 무류하다-무안하다 대구-자꾸 흡뜨다-치뜨다 민주스럽다-연구스럽다	표준어	방언-표준어 객광시럽다-객쩍다 구질털털하다-구질구질하다 각놀다-겉놀다 기구망칙허다-기구하다 꼽치다-숨기다	표준어	방언-표준어 씨서리-설거지 항꾼에-한꺼번에 아슴찮다-고맙다 굴풋하다-배고프다 발쿠다-바루다
39	표준 발음법	맨입[맨닙] 첫여름[천녀름] 눈인사[누닌사] 늑막염[능막념] 우편엽서[우편녑써]	표준 발음법	삶기다[삼기다], 낮추다[낟추다], 묶숙하다[묵쑤카다], 넓동글다[넙뚱글다], 읊조리대[읍쪼리다]	표준 발음법	긁대[극따], 앉따[안따], 읊다[읍따], 짧다[짤따], 핥대[할따]
40	외래어 표기법	심벌(symbol) 코미디(comedy) 미라(mirra) 몽타주(montage) 리넨(linen)	외래어 표기법	로켓(rocket) 카펫(carpet) 팀워크(teamwork) 트럼펫(trumpet) 스카우트(scout)	외래어 표기법	새시(sash) 애드리브(ad lib) 스태프(staff) 로열티(royalty) 레크리에이션(recreation)
41	로마자 표기법	칠곡-Chilgok 하회탈-Hahoetal 광희문-Gwanghuimun 대관령-Daegwallyeong	로마자 표기법	선릉-Seolleung 속리산-Songnisan 불국사-Bulguksa 광한루-Gwanghallu 대관령-Daegwallyeong	로마자 표기법	씨름-ssireum 별산대놀이-byeolsandaenori 살풀이춤-salpurichum 사물놀이-samullori 강령 탈춤-gangnyeong talchum
42	문장 표현 (비문)	항성에 대해서는 프롤레마이오스 천문학이 오늘날까지도 공학의 근사법으로 널리 쓰매(→쓰이며)	문장 표현 (비문)	따라서 우리는 나의 개인적인 선택이 얼마나 바람직한지 생각하고,(→나의 개인적인 선택에) 책임과 의무도 따른다는 것을 명심해야 한다.	문장 표현 (비문)	일반적인 선글라스로는 눈을 충분히 보호할 수 없기 때문에 태양 필터가 장착된 망원경이나 일식 관측용 안경을 착용해야 한다.(→망원경을 사용하거나 일식 관측용 안경을 착용해야 한다.)
43	문장 표현 (높임 표현)	주체 높임	문장 표현 (높임 표현)	하십시오체	문장 표현 (높임 표현)	하게체
44	문장 표현 (중의성)	형은 나보다 내 동생을 더 사랑한다.(중의성이 있는 문장)	문장 표현 (중의성)	철수는 백화점에 가서 따뜻하면서 예쁜 옷을 샀다.(중의성이 없는 문장)	문장 표현 (중의성)	나는 웃으며 들어오는 친구에게 인사했다.(중의성이 있는 문장)
45	문장 표현 (번역 투)	위치해 있다-있다 갖고 있는 장점이 많다-장점이 많다 작가에 의해 창조된-작가가 창조 아무리 강조해도 지나치지 않다-매우 중요하다 학습자의 성장에 있어-학습자가 성장하는 과정에서	문장 표현 (번역 투)	배달 중에 있다-배달 중이다 위치하고 있다-있다 벌목으로 인해-벌목으로 중요성을 가진다-중요하다	문장 표현 (번역 투)	감기로 인하여-감기로 한 잔의 물-물 한 잔 동생을 하나 가지고 있다-동생이 한 명 있다 수사하는 중에 있다-수사하고 있다 중요한 것 중의 하나는-중요한 것은

문항 번호	D회 유형/분류	D회 자료/개념	E회 유형/분류	E회 자료/개념	F회 유형/분류	F회 자료/개념
31	맞춤법	널따랗다, 널찍하다, 넓둥글다, 넓죽하다, 넓적하다	맞춤법	건넛마을, 십상, 높이다, 객쩍다, 들입다	맞춤법	얻다, 닦달하다, 움큼, 얽히고설키다, 뒤치다꺼리
32	맞춤법	눈곱, 농군, 눈살, 법석, 깜빡이	맞춤법	앞엣것, 개수, 피자집, 나라님, 위층	맞춤법	배앓이, 살림살이, 두루마리(두루말이X), 미닫이, 물받이
33	맞춤법	있느냐, 많으냐, 좋으니, 좋네요(좋으네요X), 노랗네요	맞춤법	괘, 시답잖게, 띄었다, 넉넉지, 되났다(되눴다X)	맞춤법	눋지(눌지X), 길어, 붇었다, 발라서, 살라
34	띄어쓰기	지고 살다, 안고 살다, 먹고살다, 속고 살다, 믿고 살다	띄어쓰기	그간, 며칠간, 지역 간, 얼마간, 삼주간	띄어쓰기	얼마 만, 십 년 만에, 몇 초 만에, 힘들 만도, 오랜만
35	맞춤법	속엣말, 한솥엣밥, 눈엣가시, 앞엣것, 옆의 것(옆엣것X)	맞춤법	다함으로써, 졸로, 부칠, 하노라고(하느라고X), 받치고	맞춤법	국내든 해외든, 뻗쳐, 맞추다, 부쳐, 달여
36	문장 부호	물결표	문장 부호	소괄호	문장 부호	중괄호
37	표준어	털어먹다, 짚북데기, 밀뜨리다, 거짓부리/거짓불, 뻗정다리	표준어	나무라다, 널브러지다, 감쪽같다, 먼지떨이, 적이	표준어	통째, 하마터면, 혼잣말, 널브러지다, 핼쑥하다
38	표준어	방언-표준어 건지루-재미로 깜못-깜빡 뎁세-도리어 질래-끝내 해톤-양식	표준어	방언-표준어 내둥-여태껏 하영-많이 따가리-뚜껑 달브다-다르다 고닥새-바로, 금방	표준어	방언-표준어 나차막하다-나지막하다 갱기찮다-괜찮다 꼽꼽하다-꼼꼼하다 고수우하다-고소하다 꼬아먹다-속이다
39	표준 발음법	개폐[개폐/개페] 무늬[무니] 설의[서릐/서리] 지혜[지혜/지헤] 협의[혀븨/혀비]	표준 발음법	담요[담ː뇨] 맨입[맨닙] 절약[저략] 색연필[생년필] 설익다[설릭따]	표준 발음법	금융[금늉/그뮹] 되다[되다/뒈다] 공권력[공꿘녁] 고갯짓[고개찓/고갣찓] 야금야금[야금냐금/야그먀금]
40	외래어 표기법	주스(juice) 워크숍(workshop) 슈퍼마켓(supermarket) 로봇(robot) 리소토(risotto)	외래어 표기법	리포트(report) 블라인드(blind) 비스킷(biscuit) 프레젠테이션(presentation) 카운슬러(counselor)	외래어 표기법	캐럴(carol) 라이선스(license) 타깃(target) 컨소시엄(consortium) 배지(badge)
41	로마자 표기법	잡곡밥-japgokbap 계란말이-gyeranmari 낙지전골-nakjijeongol 순대볶음-sundaebokkeum 시금치나물-sigeumchinamul	로마자 표기법	설렁탕-seolleongtang 청국장-cheonggukjang 호박엿-hobaknyeot 고등어구이-godeungeogui 동태찌개-dongtaejjigae	로마자 표기법	장구-janggu 편종-pyeonjong 가야금-gayageum 거문고-geomungo 꽹과리-kkwaenggwari
42	문장 표현 (비문)	김치찌개에는(→ 김치찌개는) 알뜰한 살림을 하는 한국 어머니들의 삶의 지혜가 들어 있어서 더욱 의미가 있는 음식이다.	문장 표현 (비문)	욕심 많은 개에게(→ 욕심 많은 개는) 자신보다 못해 보이는 개가 크고 맛있는 고깃덩어리를 물고 있는 것은 참을 수 없었다.	문장 표현 (비문)	통나무의 흔들림 없는 자리는(→ 통나무는 흔들림 없는 자리로) 개구리들에게 쉴 곳이 되어 주며 왕으로서 품위를 잃지 않았지만 개구리들은 멋지게 헤엄치는 다른 왕으로 바꿔 달라고 불평했다.
43	문장 표현 (높임 표현)	하오체	문장 표현 (높임 표현)	하게체	문장 표현 (높임 표현)	주체 높임, 상대 높임
44	문장 표현 (중의성)	마음씨가 예쁜 아이는 1층 할머니의 손녀이다.(중의성이 없는 문장)	문장 표현 (중의성)	간식을 모두 먹지 못했다.(중의성이 있는 문장)	문장 표현 (중의성)	동작상의 중의성
45	문장 표현 (번역 투)	필요로 한다-필요하다 아무리 강조해도 지나치지 않다-중요하다 모든 경기에 있어-모든 경기에 가장 필요한 것 중 하나는-무엇보다 필요한 것은	문장 표현 (번역 투)	태풍으로 인해-태풍으로 것에 다름 아니다-것과 다름없다 회의를 가졌다-회의를 했다 인내심을 필요로 한다-인내심이 필요하다 세웠음에도 불구하고-세웠는데도	문장 표현 (번역 투)	리더에게 있어서-리더에게 것에 다름 아니다-것과 다름없다 소음으로 인해-소음으로 많은 관심 있으시기 바랍니다-많이 관심 가져 주십시오 아무리 강조해도 지나치지 않다-매우 중요하다

01 출제빈도 높은 한글 맞춤법

대표 기출유형

기출유형 1 — 부사 '-이/-히'의 구별법

유형 풀이▶ 최근 자주 출제되고 있는 부사형의 표기 문항이다.

정답 풀이▶ ① 'ㅅ' 받침 뒤에는 '-이'로 적는 경우가 대다수이다.

정답▶ ①

• 〈보기〉의 규정을 따를 때, 부사형의 표기가 가장 적절한 것은?

───┤ 보기 ├───
[한글 맞춤법 제51항] 부사의 끝음절이 분명히 '이'로만 나는 것은 '-이'로 적고, '히'로만 나거나 '이'나 '히'로 나는 것은 '-히'로 적는다.

① 가붓이   ② 급급이   ③ 가만이   ④ 간절이   ⑤ 영구이

기출유형 2 — 준말의 표기

유형 풀이▶ 준말과 관련된 규정을 이해하고 사용하는 능력을 평가하는 문항이다.

정답 풀이▶ ⑤ '트이어 → 틔어/트여'가 옳은 표기이다. 따라서 '틔어서' 혹은 '트여서'로 표기해야 한다.

오답 해설▶
① 쇠었다 → 쐤다
② 누이었다 → 누였다
③ 깨끗하지 않다 → 깨끗지 않다
④ 뭐냐고 해도 → 뭐냬도

정답▶ ⑤

• 밑줄 친 부분의 표기가 올바르지 <u>않은</u> 것은?

① 그는 딸 덕분에 환갑을 잘 <u>쐤다</u>.
② 아빠는 잠든 아기를 침대에 <u>누였다</u>.
③ 아무리 화장실 청소를 해도 <u>깨끗지 않다</u>.
④ 은석이는 그것이 <u>뭐냬도</u> 아무런 말이 없었다.
⑤ 벽지까지 길이 <u>틔여서</u> 가는 데에 하루가 안 걸린다.

기출유형 3 — 그 외 어법에 맞는 표현

유형 풀이▶ 한글 맞춤법과 표준어 규정 등을 바탕으로 일상생활에서 틀리기 쉬운 단어의 올바른 표기를 알고 있는지 평가하는 문항이다.

오답 해설▶ '① 당최, ② 뒤치다꺼리, ③ 덤터기, ⑤ 별의별'이 올바른 표기이다.

정답▶ ④

• 밑줄 친 부분의 표기가 올바른 것은?

① 무슨 말인지 <u>당췌</u> 모르겠다.
② 은경이는 애들 <u>뒤치닥꺼리</u>에 바쁘다.
③ 엉뚱한 사람에게 <u>덤테기</u>를 씌우지 마라.
④ 아버지는 돈을 <u>허투루</u> 쓰는 분이 아니었다.
⑤ 그녀는 어릴 적부터 <u>별에별</u> 고생을 다 했다.

01 출제빈도 높은 한글 맞춤법

기출 핵심개념

1 부사 '-이/-히'의 구별법

제6장 제51항 부사의 끝음절이 분명히 '이'로만 나는 것은 '-이'로 적고, '히'로만 나거나 '이'나 '히'로 나는 것은 '-히'로 적는다.

> **학습 TIP**
> 사람에 따라 발음이 다를 수 있는데 이것으로 표기를 구분하기는 쉽지 않습니다. 하지만 이 규정도 잘 보면 규칙성을 찾을 수 있습니다. 단, 이 규칙성도 모든 경우에 반드시 적용된다고 단정할 수는 없습니다. 다만 규칙성을 이해하고 접근하면, 문제를 풀 때에 상당히 도움이 될 것입니다.

1. '이'로 적는 것

(1) (첩어* 또는 준첩어인) 명사 뒤
간간이 / 겹겹이 / 곳곳이 / 길길이 / 나날이 / 다달이 / 몫몫이 / 번번이 / 샅샅이 / 줄줄이 / 짬짬이 / 철철이

> *첩어: 한 단어를 반복적으로 결합한 복합어(파생어나 합성어).
> 예) 누구누구 / 드문드문 / 꼭꼭

(2) 'ㅅ' 받침 뒤
기웃이 / 나긋나긋이 / 남짓이 / 뜨뜻이 / 버젓이 / 번듯이 / 빠듯이 / 지긋이

(3) 'ㅂ' 불규칙 용언의 어간* 뒤
가벼이 / 괴로이 / 기꺼이 / 너그러이 / 부드러이 / 새로이 / 쉬이 / 외로이 / 즐거이 / -스러이

> *불규칙 용언 바로 가기 ☞ 233쪽
> *용언: 문장에서 서술의 기능을 하는 동사, 형용사를 통틀어 이르는 말.
> *어간: 용언의 활용에서 형태가 일반적으로 고정된 부분
> 예) '먹다 / 먹고 / 먹어라 / 먹자'에서 '먹-'

(4) '-하다'가 붙지 않는 용언 어간 뒤
같이 / 굳이 / 길이 / 깊이 / 높이 / 많이 / 실없이 / 적이 / 헛되이

(5) 부사 뒤(제25항 2. 참조: 부사에 '-이'가 붙어서 역시 부사가 되는 경우)
곰곰이 / 더욱이 / 생긋이 / 오뚝이 / 일찍이 / 히죽이

2. '히'로 적는 것

(1) '-하다'가 붙는 어근* 뒤(단, 'ㅅ' 받침 제외)

(2) '-하다'가 붙는 어근에 '-히'가 결합하여 된 부사가 줄어진 형태
익숙히 → 익히 / 특별히 → 특히

(3) 어원적으로는 '-하다'가 붙지 않는 어근에 부사화 접미사가 결합한 형태로 분석되더라도, 그 어근 형태소의 본뜻이 유지되고 있지 않은 단어의 경우는 익어진 발음 형태대로 '히'로 적는다.
그렇게 해 주시면 작히 좋겠습니까?

> *어근: 단어의 실질적인 의미를 표시하는 부분. 보통 실질 형태소가 담당함.
> 예) 공부하다
>   공부 + -하다
>   어근   접사
>   그럼 여기서 어간은? 활용할 때 변하지 않는 부분이 어간이므로 '공부하-'

참고 작히: '어찌 조금만큼만', '얼마나'의 뜻으로 희망이나 추측을 나타내는 말.

■ 기출 부사 '-이 / -히'

-이	깨끗이	괴로이	깊숙이	짬짬이	헛되이
-히	극히	급급히	**최신** 그득히	급히	꼼꼼히
	꾸준히	나란히	딱히	무던히	속히
	익히	엄격히	정확히		

2 준말의 표기

준말이란 단어나 어구의 일부를 줄여서 표현하는 것을 말한다. 준말의 표기는 한글 맞춤법 제4장 제5절에서 주로 출제된다.

제4장 제5절 제32항

단어의 끝모음이 줄어지고 자음만 남은 것은 그 앞의 음절에 받침으로 적는다.

본말	준말	본말	준말
기러기야	기럭아	가지고, 가지지	갖고, 갖지
어제그저께	엊그저께	디디고, 디디지	딛고, 딛지
어제저녁	엊저녁		

제4장 제5절 제34항

모음 'ㅏ, ㅓ'로 끝난 어간에 '-아/-어, -았-/-었-'이 어울릴 적에는 준 대로 적는다.

본말	준말	본말	준말
가아 (기출)	가	가았다	갔다
나아	나	나았다	났다
타아 (기출)	타	타았다	탔다
서어	서	서었다	섰다
켜어	켜	켜었다	켰다
펴어	펴	펴었다	폈다

[붙임 1] 'ㅐ, ㅔ' 뒤에 '-어, -었-'이 어울려 줄 적에는 준 대로 적는다.

본말	준말	본말	준말
개어	개	개었다	갰다
내어	내	내었다	냈다
베어 (기출)	베	베었다	벴다
세어	세	세었다	셌다

[붙임 2] '하여'가 한 음절로 줄어서 '해'로 될 적에는 준 대로 적는다.

본말	준말	본말	준말
하여	해	하였다	했다
더하여	더해	더하였다	더했다
흔하여	흔해	흔하였다	흔했다

제4장 제5절 제35항

모음 'ㅗ, ㅜ'로 끝난 어간에 '-아/-어, -았-/-었-'이 어울려 'ㅘ/ㅝ, ㅘㅆ/ㅝㅆ'으로 될 적에는 준 대로 적는다.

본말	준말	본말	준말
꼬아	꽈	꼬았다	꽜다
보아	봐	보았다	봤다
쏘아	쏴	쏘았다	쐈다
두어	둬	두었다	뒀다
쑤어	쒀	쑤었다 (기출)	쒔다
주어	줘	주었다	줬다

[붙임 1] '놓아'가 '놔'로 줄 적에는 준 대로 적는다.
[붙임 2] 'ㅚ' 뒤에 '-어, -었-'이 어울려 'ㅙ, ㅘㅆ'으로 될 적에도 준 대로 적는다.

본말	준말	본말	준말
기출 괴어	괘	기출 괴었다	괬다
되어	돼	되었다	됐다
뵈어	봬	뵈었다	뵀다
기출 쇠어	쇄	기출 쇠었다	쇘다
쐬어	쐐	쐬었다	쐤다

제4장 제5절 제37항

'ㅏ, ㅕ, ㅗ, ㅜ, ㅡ'로 끝난 어간에 '-이-'가 와서 각각 'ㅐ, ㅖ, ㅚ, ㅟ, ㅢ'로 줄 적에는 준 대로 적는다.

본말	준말	본말	준말
기출 싸이다	쌔다	기출 누이다	뉘다
펴이다	폐다	기출 뜨이다	띄다
보이다	뵈다	쓰이다	씌다

제4장 제5절 제38항 (빈출)

'ㅏ, ㅗ, ㅜ, ㅡ' 뒤에 '-이어'가 어울려 줄어질 적에는 준 대로 적는다.

본말	준말	본말	준말
싸이어	쌔어 / 싸여	기출 뜨이어	띄어 / 뜨여
보이어	뵈어 / 보여	쓰이어	씌어 / 쓰여
쏘이어	쐬어 / 쏘여	기출 트이어	틔어 / 트여
기출 누이어	뉘어 / 누여		

> **학습 TIP**
> 제38항에서 자주 출제되고 있습니다. 어간 끝 모음 'ㅏ, ㅗ, ㅜ, ㅡ'가 '-이어'와 결합하여 줄어질 때에는 두 가지 형태로 나타납니다.
> 누이어 → 뉘어 / 누여   트이어 → 틔어 / 트여
> 이런 형태이지요. 쉽게 설명하자면, '-이-'가 앞 음절에 붙으면 '뉘-, 틔-', 뒤 음절에 붙으면 '-여'의 형태로 나타납니다. 종종 오답으로 '뉘여'나 '틔여'가 제시되곤 하는데 이는 잘못된 표기입니다.

제4장 제5절 제39항

어미 '-지' 뒤에 '않-'이 어울려 '-잖-'이 될 적과 '-하지' 뒤에 '않-'이 어울려 '-찮-'이 될 적에는 준 대로 적는다.

본말	준말	본말	준말
그렇지 않은	그렇잖은	기출 만만하지 않다	만만찮다
적지 않은	적잖은	변변하지 않다	변변찮다

제4장 제5절 제40항

어간의 끝음절 '하'의 'ㅏ'가 줄고 'ㅎ'이 다음 음절의 첫소리와 어울려 거센소리로 될 적에는 거센소리로 적는다.

본말	준말	본말	준말
기출 간편하게	간편케	기출 다정하다	다정타
기출 연구하도록	연구토록	정결하다	정결타
가하다	가타	흔하다	흔타

> **참고** 보통 '하다'의 앞말이 울림소리(모음, ㄴ, ㄹ, ㅁ, ㅇ)일 때 ㅎ이 뒷말의 첫소리와 축약되는 양상을 보임.
> 다정하다 → 다정(울림소리인 'ㅇ'으로 끝남.) + 타('ㅎ' + ㄷ → ㅌ)

[붙임 1] 'ㅎ'이 어간의 끝소리로 굳어진 것은 받침으로 적는다.

않다	않고	않지	않든지
그렇다	그렇고	그렇지	그렇든지
아무렇다	아무렇고	아무렇지	아무렇든지
어떻다	어떻고	어떻지	어떻든지
이렇다	이렇고	이렇지	이렇든지
저렇다	저렇고	저렇지	저렇든지

[붙임 2] 어간의 끝음절 '하'가 아주 줄 적에는 준 대로 적는다.

본말	준말	본말	준말
거북하지	거북지	기출 넉넉하지 않다	넉넉지 않다
생각하건대	생각건대	못하지 않다	못지않다
생각하다 못해	생각다 못해	기출 섭섭하지 않다	섭섭지 않다
기출 깨끗하지 않다	깨끗지 않다	익숙하지 않다	익숙지 않다

> **학습 TIP**
>
> [붙임 2]의 규정은 본 규정과 차이가 나지요. 이러한 차이는 '-하-' 앞에 붙는 말의 음운론적 환경이 다르기 때문입니다. 즉, '다정하다'와 같은 경우는 앞말이 'ㅇ'인 울림소리로 끝나지만 '거북하지'의 경우는 'ㄱ'과 같이 안울림소리로 끝납니다.
>
> **참고** 울림소리와 안울림소리
> • 울림소리: 발음할 때, 목청이 떨려 울리는 소리. 국어의 모든 모음이 이에 속하며, 자음 가운데에는 'ㄴ, ㄹ, ㅁ, ㅇ' 따위가 있음. = 유성음.
> • 안울림소리: 울림소리를 제외한 나머지 자음.
>
> 쉽게 설명하자면,
> '-하-' 앞에 붙는 말이 울림소리이면 '-하-'가 통째로 줄지 않고 'ㅎ'이 남아 뒤에 오는 첫소리와 어울려 축약됩니다.
> 예 다정하다 → 다정대(×) / 다정타(○): ㅎ + ㄷ = ㅌ
>   수월하지 않다 → 수월치 않다('ㄹ' 뒤에서 '하'가 통째로 줄지 않고 'ㅎ'이 남아 뒤에 오는 첫소리 'ㅈ'과 어울려 'ㅊ'으로 축약) → 수월찮다(○)
> '-하-' 앞에 붙는 말이 안울림소리이면 '-하-'가 탈락한 형태로 나타납니다.
> 예 거북하지 → 거북치(×) / 거북지(○)
>   깨끗하지 않다 → 깨끗지 않다('-하-' 탈락) → 깨끗잖다(○)
>
> 한글 맞춤법 제4장 제5절 제39항에 따르면 어미 '-지' 뒤에 '않-'이 어울려 '-잖-'이 될 적과 '-하지' 뒤에 '않-'이 어울려 '-찮-'이 될 적에는 준 대로 적습니다. 원래는 '-지 않-'과 '-치 않-'이 축약된 말은 '쟎'과 '챦'이나 이미 한 단어로 굳어져 원형을 밝혀야 할 필요가 없는 경우에는 소리 나는 대로 '잖', '찮'으로 적습니다. 따라서 '깨끗잖다', '수월찮다'가 아닌 '깨끗잖다', '수월찮다'로 쓰게 됩니다.

[붙임 3] 다음과 같은 부사는 소리대로 적는다.

결단코	결코	기필코	무심코	아무튼	요컨대
정녕코	필연코	기출 하마터면	하여튼	한사코	

■ 기출 준말

본말	준말	본말	준말
가았다	갔다	받았다고 해요	받았대요
간다고 하니까	간다니까	보이어	뵈어 / 보여
간다고 합니까	간답니까	쇠어	쇄
간편하게	간편케	싸이어	쌔어 / 싸여
건너었지	건넜지	쏘이어	쐬어 / 쏘여
괴어	괘	쑤었다	쒔다
괴었다	괬다	아니에요	아녜요
그것으로	그걸로	어제그저께	엊그저께
깨끗하지	깨끗지	연구하도록	연구토록

본말	준말	본말	준말
누이어	뉘어 / 누여	오히려	외려
누이었다	뉘었다 / 누였다	온다고 해서	온대서
도리어	되레	찾는다고 합니까	찾는답니까
들어가았다	들어갔다	타아	타
따아	따	트이어	틔어 / 트여
뜨이어	띄어 / 뜨여	트이었다	틔었다 / 트였다
만만하지 않다	만만찮다	하냐고 해도	하내도
뭐냐고 해도	뭐내도	한다고 해요	한대요

3 사이시옷의 표기

제4장 제4절 제30항

사이시옷은 다음과 같은 경우에 받치어 적는다.

1. 순우리말로 된 합성어로서 앞말이 모음으로 끝난 경우
   (1) 뒷말의 첫소리가 된소리로 나는 것
   　　귓밥 / 나룻배 / 나뭇가지 / 냇가 / 댓가지 / 뒷갈망 / 맷돌 / 머릿기름 / 모깃불 / 못자리 / 바닷가
   (2) 뒷말의 첫소리 'ㄴ, ㅁ' 앞에서 'ㄴ' 소리가 덧나는 것
   　　멧나물 / 아랫니 / 텃마당 / 아랫마을 / 뒷머리 / 잇몸 / 깻묵 / 냇물 / 빗물
   (3) 뒷말의 첫소리 모음 앞에서 'ㄴㄴ' 소리가 덧나는 것
   　　도리깻열 / 뒷윷 / 두렛일 / 뒷일 / 뒷입맛 / 베갯잇 / 욧잇 / 깻잎 / 나뭇잎 / 댓잎

2. 순우리말과 한자어로 된 합성어로서 앞말이 모음으로 끝난 경우
   (1) 뒷말의 첫소리가 된소리로 나는 것
   　　귓병 / 머릿방 / 뱃병 / 봇둑 / 사잣밥 / 샛강 / 아랫방 / 자릿세 / 전셋집 / 찻잔 / 텃세 / 핏기 / 햇수
   (2) 뒷말의 첫소리 'ㄴ, ㅁ' 앞에서 'ㄴ' 소리가 덧나는 것
   　　곗날 / 제삿날 / 훗날 / 툇마루 / 양칫물
   (3) 뒷말의 첫소리 모음 앞에서 'ㄴㄴ' 소리가 덧나는 것
   　　가욋일 / 사삿일 / 예삿일 / 훗일

3. 두 음절로 된 다음 한자어
   　　곳간(庫間) / 셋방(貰房) / 숫자(數字) / 찻간(車間) / 툇간(退間) / 횟수(回數)

1 사이시옷

합성어를 이루는 두 단어 사이에 소리의 변화나 첨가가 이뤄지는 경우, 이를 표시하기 위해 두 단어 사이에 쓰이는 시옷을 사이시옷이라고 한다. 사이시옷의 표기 조건은 반드시 외우기를 권한다. 하지만 한글 맞춤법에 제시된 조건으로 외우기는 좀 까다롭다. 그래서 재구성을 해 보았다. 사이시옷을 적을 수 있는 단어는 다음 세 개의 조건을 만족해야 한다.

> ① 명사와 명사 사이(합성어).
> ② 하나 이상은 고유어.
> ③ 뒷말의 첫소리가 변함(된소리가 되거나 'ㄴ' 첨가가 되거나).

②의 조건이 상당히 중요하다. 보통 사이시옷 문제를 풀 때는 한 단어를 명사+명사의 구조로 쪼갠 뒤 그중 명사가 고유어인지 파악하는 것이 핵심이 되는 경우가 많다. 그렇다면 그 명사가 고유어인지 어떻게 알까? 한자를 공부한 적이 없다면 판단이 어려울 수 있다. 그렇다고 문제를 포기해서는 안 된다. 일상생활에서 사이시옷을 잘못 표기해 사용하고 있는 단어들이 이 부분에서 자주 출제된다.

■ 사이시옷을 잘못 표기하는 경우
① 합성어가 아닐 때. 예 햇님(×)
- 해 + 님 → 여기서 '-님'은 접미사이다. 즉, 명사 + 명사의 구조가 아닌 파생어이다. 따라서 'ㅅ'을 표기하지 않는다.
② 뒷말이 된소리나 거센소리로 시작할 때. 예 뒷쪽(×)
- 뒤 + 쪽 → 뒷말이 된소리로 시작했기 때문에 'ㅅ'을 표기하지 않는다.
③ 외래어와 고유어가 합성된 말. 예 피잣집(×)
- '피자'는 외래어에 해당한다. 따라서 'ㅅ'을 표기하지 않는다.
④ 한자어와 한자어 사이일 때. 예 촛점(×)
- '초점(焦點)'은 두 음절로 된 한자어이다. 한자어와 한자어 사이에는 'ㅅ'을 표기하지 않는다.('곳간, 셋방, 숫자, 찻간, 툇간, 횟수' 예외)

학습 TIP
습관적으로 굳은 여섯 개의 한자어는 예외 규정이니 반드시 외워야 합니다.
어떤 방식으로 외우면 좋을까요?
1. 곳간, 셋방, 찻간, 툇간 → 공간
2. 숫자, 횟수 → 수(數)

2 사잇소리 현상

(1) **정의**: 두 형태소나 단어가 어울려 합성 명사를 이룰 때 그 사이에 사잇소리를 삽입시키는 현상.
(2) **종류**
① 앞말의 끝소리가 울림소리(모음, ㄴ, ㄹ, ㅁ, ㅇ)이고 뒷말의 첫소리가 안울림 예사소리(ㄱ, ㄷ, ㅂ, ㅅ, ㅈ)일 때, 뒤의 예사소리가 된소리로 변하는 경우.
예 등+불 → [등뿔]
배+사공 → [배싸공/밷싸공]
② 앞말이 모음으로 끝나고 뒷말이 'ㄴ, ㅁ'으로 시작될 때, 'ㄴ' 소리가 덧나는 경우.
예 이+몸 → [인몸]
코+날 → [콘날]
③ 뒷말이 모음 'ㅣ'나 반모음 /j/로 시작될 때, 'ㄴ'이 하나 또는 둘이 겹쳐 나는 경우.
예 나무+잎 → [나문닙]
예사+일 → [예:산닐]

그러나 이런 현상 역시 하나의 경향성이라고 말할 수밖에 없다. 표기가 조건에 해당된다고 해서 꼭 사잇소리 현상이 일어나는 것은 아니다.
예 머리말 / 인사말 / 예사말 등

특히 ②, ③과 관련하여 이후에 학습할 표준어 규정 제7장 음의 첨가 제29항을 꼭 살펴보아야 한다(☞ 196쪽). 미리 간략하게 설명하자면 뒷말이 '이, 야, 여, 요, 유'로 시작하는 경우에는 'ㄴ'을 첨가하여 발음하는 경우가 많다. 그러나 이것 역시도 어떤 단어들은 'ㄴ' 첨가 없이 표기대로 발음하는 경우가 있다.
예 이기죽이기죽 → 이기죽+이기죽 → [이기주기기죽]

다만 문제를 풀 때 이런 경향성과 규칙을 알아 두면 훨씬 수월하다는 것은 분명하다.

사이시옷의 표기

사이시옷 有			사이시옷 無		
가욋일	보릿고개	윗니	뒤태	소주잔	전기세
고깃배	부싯돌	일숫돈	뒤풀이	수라상	전세방
김칫국	부챗살	잇몸	마구간	우유병	최소치
날갯죽지	북엇국	잇자국	머리기사	월세방	해님
단춧구멍	사잣밥	장밋빛	머리말	인사말	
뒷머리	선짓국	전셋집	백지장	장대비	
등굣길	수돗물	조갯살			
만둣국	아랫돌	최댓값			
모깃불	아랫집	하굣길			
모퉁잇돌	양잿물	하룻날			
바닷가	양칫물	허드렛일			
배춧잎	우렁잇속	혼잣말			
베갯잇	우윳빛	횟수			

4 그 외 어법에 맞는 표현

제4장 제2절 제15항

용언의 어간과 어미는 구별하여 적는다.

먹다 먹고 먹어 먹으니

[붙임 1] 두 개의 용언이 어울려 한 개의 용언이 될 적에, 앞말의 본뜻이 유지되고 있는 것은 그 원형을 밝히어 적고, 그 본뜻에서 멀어진 것은 밝히어 적지 아니한다.

(1) **앞말의 본뜻이 유지되고 있는 것**

넘어지다 늘어나다 늘어지다 돌아가다 되짚어가다 들어가다
떨어지다 벌어지다 엎어지다 접어들다 틀어지다 흩어지다

(2) **본뜻에서 멀어진 것**

드러나다 사라지다 쓰러지다

[붙임 2] 종결형에서 사용되는 어미 '-오'는 '요'로 소리 나는 경우가 있더라도 그 원형을 밝혀 '오'로 적는다.(ㄱ을 취하고, ㄴ을 버림.)

ㄱ	ㄴ
이것은 책이오.	이것은 책이요.
이리로 오시오.	이리로 오시요.
이것은 책이 아니오.	이것은 책이 아니요.

[붙임 3] 연결형에서 사용되는 '이요'는 '이요'로 적는다.(ㄱ을 취하고, ㄴ을 버림.)

ㄱ	ㄴ
이것은 책이요, 저것은 붓이요, 또 저것은 먹이다.	이것은 책이오, 저것은 붓이오, 또 저것은 먹이다.

| 제4장 제2절 제17항 | 어미 뒤에 덧붙는 조사 '요'는 '요'로 적는다.
　　읽어요　　　좋지요

[해설]
'요'는 주로 문장을 종결하는 어미 뒤에 붙어서 청자에게 높임의 뜻을 나타내는 보조사이다.
　　가-요　　　갈까-요
체언이나 부사어, 연결 어미 등 뒤에 결합하여 청자에게 높임의 뜻을 나타낼 수도 있다.
　　날씨는요 더없이 좋아요.　　　어서요 조금만 드셔 보세요.
'참으리요'는 '참으리'에 '요'가 결합한 말이다. '-으리'는 주로 혼잣말로 자신의 의향을 나타내는 데 쓰인다. 그런데 여기에 '요'가 결합하면 청자에게 자신의 의도를 드러내는 의미로 쓰이기도 한다.
　　이제 고향에 돌아가리요.　　　우리는 이곳을 지키리요.

제4장 제3절 제19항 | 어간에 '-이'나 '-음/-ㅁ'이 붙어서 명사로 된 것과 '-이'나 '-히'가 붙어서 부사로 된 것은 그 어간의 원형을 밝히어 적는다.

1. '-이'가 붙어서 명사로 된 것

길이	깊이	높이	다듬이	땀받이
달맞이	먹이	미닫이	벌이	벼훑이
살림살이	쇠붙이

2. '-음/-ㅁ'이 붙어서 명사로 된 것

| 걸음 | 묶음 | 믿음 | 얼음 | 엮음 |
| 울음 | 웃음 | 졸음 | 죽음 | 앎 |

3. '-이'가 붙어서 부사로 된 것

| 같이 | 굳이 | 길이 | 높이 | 많이 |
| 실없이 | 좋이 | 짓궂이 |

4. '-히'가 붙어서 부사로 된 것

| 밝히 | 익히 | 작히 |

다만, 어간에 '-이'나 '-음'이 붙어서 명사로 바뀐 것이라도 그 어간의 뜻과 멀어진 것은 원형을 밝히어 적지 아니한다.

| 굽도리 | 다리[髢] | 목거리(목병) | 무녀리 | 코끼리 |
| 거름(비료) | 고름[膿] | 노름(도박) |

[붙임] 어간에 '-이'나 '-음' 이외의 모음으로 시작된 접미사가 붙어서 다른 품사로 바뀐 것은 그 어간의 원형을 밝히어 적지 아니한다.

(1) 명사로 바뀐 것

| 귀머거리 | 까마귀 | 너머 | 뜨더귀 | 마감 | 마개 | 마중 |
| 무덤 | 비렁뱅이 | 쓰레기 | 올가미 | 주검 |

(2) 부사로 바뀐 것

| 거뭇거뭇 | 너무 | 도로 | 뜨덤뜨덤 | 바투 | 불긋불긋 | 비로소 |
| 오긋오긋 | 자주 | 차마 |

(3) 조사로 바뀌어 뜻이 달라진 것

| 나마 | 부터 | 조차 |

제4장 제4절 제29항	끝소리가 'ㄹ'인 말과 딴 말이 어울릴 적에 'ㄹ' 소리가 'ㄷ' 소리로 나는 것은 'ㄷ'으로 적는다.
	반짇고리(바느질~)　사흗날(사흘~)　삼짇날(삼질~)　섣달(설~) 숟가락(술~)　이튿날(이틀~)　잗주름(잘~)　푿소(풀~) 섣부르다(설~)　잗다듬다(잘~)　잗다랗다(잘~)

▶ 'ㄹ' 받침을 가진 단어(또는 어간)가 다른 단어(또는 접미사)와 결합할 때, 'ㄹ'이 [ㄷ]으로 바뀌어 발음되는 것은 'ㄷ'으로 적는다. 이 경우 역시 합성어나, 자음으로 시작된 접미사가 결합하여 된 파생어는 실질 형태소의 본모양을 밝히어 적는다는 원칙에 벗어나는 규정이지만, 역사적으로 'ㄷ'으로 바뀌어 굳어져 있는 단어는 어원적인 형태를 밝히어 적지 않는 것이다.

'ㄹ' 받침이 'ㄷ'으로 바뀐 단어: (나흘날)나흗날 / (잘갈다)잗갈다 / (잘갈리다)잗갈리다 / (잘널다)잗널다 / (잘다랗다)잗다랗다 / (잘타다)잗타다

참고
- 잗갈다: 잘고 곱게 갈다. 예 인절미의 고물로 쓸 것은 거칠게 갈지 말고 잗갈아야 한다.
- 잗타다: 팥이나 녹두 따위를 잘게 부서뜨리다. 예 맷돌로 콩을 잗타다.

제3장 제5절 제11항	한자음 '랴, 려, 례, 료, 류, 리'가 단어의 첫머리에 올 적에는, 두음 법칙에 따라 '야, 여, 예, 요, 유, 이'로 적는다.(ㄱ을 취하고, ㄴ을 버림.)

ㄱ	ㄴ	ㄱ	ㄴ
양심(良心)	량심	용궁(龍宮)	룡궁
역사(歷史)	력사	유행(流行)	류행
예의(禮儀)	례의	이발(理髮)	리발

다만, 다음과 같은 의존 명사는 본음대로 적는다.
리(里): 몇 리나?
리(理): 그럴 리가 없다.

[붙임 1] 단어의 첫머리 이외의 경우에는 본음대로 적는다.
개량(改良)　선량(善良)　수력(水力)　협력(協力)
사례(謝禮)　혼례(婚禮)　와룡(臥龍)　쌍룡(雙龍)
하류(下流)　급류(急流)　도리(道理)　진리(眞理)

다만, 모음이나 'ㄴ' 받침 뒤에 이어지는 '렬, 률'은 '열, 율'로 적는다.(ㄱ을 취하고, ㄴ을 버림.)

ㄱ	ㄴ	ㄱ	ㄴ
나열(羅列)	나렬	분열(分裂)	분렬
치열(齒列)	치렬	선열(先烈)	선렬
비열(卑劣)	비렬	진열(陳列)	진렬
규율(規律)	규률	선율(旋律)	선률
비율(比率)	비률	전율(戰慄)	전률
실패율(失敗率)	실패률	백분율(百分率)	백분률

제6장 제52항 한자어에서 본음으로도 나고 속음으로도 나는 것은 각각 그 소리에 따라 적는다.

본음으로 나는 것	속음으로 나는 것
승낙(承諾)	수락(受諾), 쾌락(快諾), 허락(許諾)
만난(萬難)	곤란(困難), 논란(論難)
안녕(安寧)	의령(宜寧), 회령(會寧)
분노(忿怒)	대로(大怒), 희로애락(喜怒哀樂)
토론(討論)	의논(議論)
오륙십(五六十)	오뉴월, 유월(六月)
목재(木材)	모과(木瓜)
십일(十日)	시방정토(十方淨土), 시왕(十王), 시월(十月)
팔일(八日)	초파일(初八日)

> **학습 TIP**
> 예를 들어 '어려울 난(難)'은 본음인 '난'으로 소리 날 경우 '만난(萬難)'처럼 '난'으로 적고, 속음인 '란'으로 소리 날 경우 '곤란(困難)'처럼 '란'으로 적습니다. '속음'은 원래의 음(본음)이 변하여 널리 퍼진 음을 말하는데, 이러한 소리는 현실적으로 널리 쓰이는 경우에 소리 나는 대로 적습니다.

제6장 제53항 다음과 같은 어미는 예사소리로 적는다.(ㄱ을 취하고, ㄴ을 버림.)

ㄱ	ㄴ
-(으)ㄹ거나	-(으)ㄹ꺼나
-(으)ㄹ걸	-(으)ㄹ껄
-(으)ㄹ게	-(으)ㄹ께
-(으)ㄹ세	-(으)ㄹ쎄
-(으)ㄹ세라	-(으)ㄹ쎄라
-(으)ㄹ수록	-(으)ㄹ쑤록
-(으)ㄹ시	-(으)ㄹ씨
-(으)ㄹ지	-(으)ㄹ찌
-(으)ㄹ지니라	-(으)ㄹ찌니라
-(으)ㄹ지라도	-(으)ㄹ찌라도
-(으)ㄹ지어다	-(으)ㄹ찌어다
-(으)ㄹ지언정	-(으)ㄹ찌언정
-(으)ㄹ진대	-(으)ㄹ찐대
-(으)ㄹ진저	-(으)ㄹ찐저
-올시다	-올씨다

다만, 의문을 나타내는 다음 어미들은 된소리로 적는다.

-(으)ㄹ까?   -(으)ㄹ꼬?   -(스)ㅂ니까?   -(으)리까?   -(으)ㄹ쏘냐?

제6장 제57항

다음 말들은 각각 구별하여 적는다.

가름	둘로 가름.
갈음	새 책상으로 갈음하였다.
거름	풀을 썩힌 거름.
걸음	빠른 걸음.
거치다	영월을 거쳐 왔다.
걷히다	외상값이 잘 걷힌다.
걷잡다	걷잡을 수 없는 상태.
겉잡다	겉잡아서 이틀 걸릴 일.
그러므로(그러니까)	그는 부지런하다. 그러므로 잘 산다.
그럼으로(써) (그렇게 하는 것으로)	그는 열심히 공부한다. 그럼으로(써) 은혜에 보답한다.
노름	노름판이 벌어졌다.
놀음(놀이)	즐거운 놀음.
느리다	진도가 너무 느리다.
늘이다	고무줄을 늘인다.
늘리다	수출량을 더 늘린다.
다리다	옷을 다린다.
달이다	약을 달인다.
다치다	부주의로 손을 다쳤다.
닫히다	문이 저절로 닫혔다.
닫치다	문을 힘껏 닫쳤다.
마치다	벌써 일을 마쳤다.
맞히다	여러 문제를 더 맞혔다.
목거리	목거리에 걸리다.
목걸이	금목걸이, 은목걸이.
바치다	나라를 위해 목숨을 바쳤다.
받치다	우산을 받치고 간다. 책받침을 받친다.
받히다	쇠뿔에 받혔다.
밭치다	술을 체에 밭친다.
반드시	약속은 반드시 지켜라.
반듯이	고개를 반듯이 들어라.
부딪치다	차와 차가 마주 부딪쳤다.
부딪히다	마차가 화물차에 부딪혔다. 참고 부딪히다 = 부딪는 행위를 당하다.
부치다	힘이 부치는 일이다. 편지를 부친다. 논밭을 부친다. 빈대떡을 부친다. 식목일에 부치는 글. 회의에 부치는 안건. 인쇄에 부치는 원고. 삼촌 집에 숙식을 부친다.
붙이다	우표를 붙인다. 책상을 벽에 붙였다. 흥정을 붙인다. 불을 붙인다. 감시원을 붙인다. 조건을 붙인다. 취미를 붙인다. 별명을 붙인다.
시키다	일을 시킨다.
식히다	끓인 물을 식힌다.
아름	세 아름 되는 둘레.
알음	전부터 알음이 있는 사이.
앎	앎이 힘이다.

안치다	밥을 안친다.
앉히다	윗자리에 앉힌다.
어름	두 물건의 어름에서 일어난 현상.
얼음	얼음이 얼었다.
이따가	이따가 오너라.
있다가	돈은 있다가도 없다.
저리다	다친 다리가 저린다.
절이다	김장 배추를 절인다.
조리다	생선을 조린다. 통조림, 병조림.
졸이다	마음을 졸인다.
주리다	여러 날을 주렸다.
줄이다	비용을 줄인다.
하노라고	하노라고 한 것이 이 모양이다.
하느라고	공부하느라고 밤을 새웠다.
-느니보다(어미)	나를 찾아오느니보다 집에 있거라.
-는 이보다(의존 명사)	오는 이가 가는 이보다 많다.
-(으)리만큼(어미)	그가 나를 미워하리만큼 나는 그에게 잘못한 일이 없다.
-(으)ㄹ 이만큼(의존 명사)	찬성할 이도 반대할 이만큼이나 많을 것이다.
-(으)러(목적)	공부하러 간다.
-(으)려(의도)	서울 가려 한다.
(으)로서(자격)	사람으로서 그럴 수는 없다.
(으)로써(수단)	닭으로써 꿩을 대신했다.
-(으)므로(어미)	그가 나를 믿으므로 나도 그를 믿는다.
(-ㅁ, -음)으로(써)(조사)	그는 믿음으로(써) 산 보람을 느꼈다.

5 기출 바른 표기

틀린 표현(×)	어법에 맞는 표현(○)
가난의 되물림이 심해지다.	가난의 대물림이 심해지다.
같찮은 일	같잖은 일
갯펄	개펄, 갯벌 예 바닷물이 빠져나가자 꺼멓게 개펄이 드러났다.
건너방	건넌방, 건넛방
걷어부치고	걷어붙이고
걸죽하다	걸쭉하다
최신 고냉지	고랭지
곤드래	곤드레
최신 곱배기	곱빼기
최신 공기가 좋으네요.	공기가 좋네요.
괜시리	괜스레
구슬르다 / 구실리다	구슬리다
궁시렁거리다 / 궁시렁대다	구시렁거리다 / 구시렁대다
그 나라를 제제할 것을 가결했다.	그 나라를 제재할 것을 가결했다.
금새	금세
기지개를 피다.	기지개를 펴다.
최신 깜박이	깜빡이

꺼꾸로	거꾸로
꼬리를 마구 젓고	꼬리를 마구 젓고
최신 낭낭한 목소리로	낭랑한 목소리로
최신 낮설음	낯섦
너스래	너스레
최신 널부러지다	널브러지다
넓데데하다	넙데데하다
최신 넓따란	널따란
뇌세포가 망가진다던지	뇌세포가 망가진다든지
가던지 말던지	가든지 말든지 참고 -든: 선택 / -던: 과거
느즈막하다	느지막하다
최신 닥달	닦달
담궜더니	담갔더니[기본형: 담그다('ㅡ 탈락' 규칙), 담그-+-아 → 담가]
답난	답란
당췌	당최
대갚다	대갚음하다
덤테기	덤터기
돌아올께.	돌아올게.
도로가 여기저기 패 있다.	도로가 여기저기 패어(파이어) 있다. 참고 모음이 줄어들어서 'ㅐ'가 된 경우에는 '-어'가 결합하더라도 다시 줄어들지 않는다.
동료와 치고박고 싸우다.	동료와 치고받고 싸우다.
최신 두루말이	두루마리
(성적이 남들보다) 뒤쳐져 버리다. (뒤쳐지다: 물건이 뒤집혀서 젖혀지다.) 예 바람에 현수막이 뒤쳐지다.	(성적이 남들보다) 뒤처져 버리다. (뒤처지다: 어떤 수준이나 대열에 들지 못하고 뒤로 처지거나 남게 되다.)
최신 뒤치닥꺼리	뒤치다꺼리
(물을) 들이키고 있다. (들이키다: 안쪽으로 가까이 옮기다.) 예 사람이 다닐 수 있도록 발을 들이키자.	(물을) 들이켜고 있다. (들이켜다: ① 물이나 술 따위의 액체를 단숨에 마구 마시다. ② 공기나 숨 따위를 몹시 세차게 들이마시다.)
등살(= 등에 있는 근육.)	등쌀(= 몹시 귀찮게 구는 짓.)
딸이 어느새 잼잼과 곤지곤지를 했다.	딸이 어느새 죔죔과 곤지곤지를 했다.
떡복기	떡볶이
최신 뚝빼기	뚝배기
뜨게질	뜨개질
최신 막내동생	막냇동생
머리를 빗어 주다.	머리를 빗겨 주다.
멋적다	멋쩍다
메식거리다	메슥거리다
목이 메여(메다: '메다'의 피동형) 예 가방이 어깨에 메여(메이어) 불편하다.	목이 메어(기본형: 메다 - 어떤 감정이 북받쳐 목소리가 잘 나지 않다. 메다 +-어 → 메어)
문안한 성격	무난한 성격
문을 부시고 회의장으로 난입하다.	문을 부수고 회의장으로 난입하다.
뭉기적거리다 / 밍기적거리다	뭉그적거리다 / 뭉그적대다
뭔가 캥기는 것이	뭔가 켕기는 것이
밥솥에 눌어붙은 누른밥	밥솥에 눌어붙은 눌은밥
배개	베개
별에별	별의별
붓기	부기
부숴질 듯	부서질 듯(기본형: 부서지다)
불그락푸르락	붉으락푸르락

빙그래	빙그레
뻐꾹이	뻐꾸기
사과하십시요.	사과하십시오. 참고 우리말에 '하십시요'라는 말은 없음.
사겨서	사귀어서
사윗감으로 마뜩찮게 생각하다.	사윗감으로 마뜩잖게 생각하다.
사흘이여서	사흘이어서(서술격 조사 '이다'의 활용형 '이어서')
산 넘어 남쪽에 봄이 왔음에 봄바람이 산을 너머 불어오겠네.	산 너머 남쪽에 봄이 왔으매 봄바람이 산을 넘어 불어오겠네.
생각이구만	생각이구먼(-구먼: 감탄형 종결 어미)
생강차는 기침을 삭히는 데 (삭다 「3」의 사동사: 김치나 젓갈 따위의 음식물이 발효되어 맛이 들다.) 예 밥을 삭혀 끓인 감주	생강차는 기침을 삭이는 데 (삭다 「8」의 사동사: 기침이나 가래 따위가 잠잠해지거나 가라앉다.)
서툴었다.	서툴렀다.
설을 잘 쇄려면	설을 잘 쇠려면
세상이 온통 하얍니다.	세상이 온통 하얗습니다.
속까지 휠소냐?	속까지 휠소냐? (-ㄹ소냐: '어찌 그럴 리가 있겠느냐'의 뜻으로 강한 부정을 나타내는 종결 어미.)
손사례	손사래
수두룩빽빽하다	수두룩하다
술을 마시고도 끄덕없다.	술을 마시고도 끄떡없다.
최신 시덥잖게	시답잖게
시뻘개져	시뻘게져
싯뻘겋다	시뻘겋다 참고 접두사 '새-/시-, 샛-/싯-'은 뒤에 오는 말에 따라 구별된다. 된소리, 거센소리, 'ㅎ' 앞에는 '새-/시-'가, 유성음(모음, ㄴ, ㄹ, ㅁ, ㅇ) 앞에는 '샛-/싯-'이 결합한다. '새-, 샛-'은 뒷말이 양성 모음일 때, '시-, 싯-'은 뒷말이 음성 모음일 때 결합한다. 예 샛노랗다 / 싯누렇다, 새파랗다 / 시퍼렇다
신경을 안 쓸래야	신경을 안 쓰려야
신록으로 덮혀	신록으로 덮여 ('덮이어'의 준말. 기본형 덮다+피동 접미사 '-이-'가 붙어서 된 말)
실력이 딸리다.	실력이 달리다.
쓱삭쓱삭	쓱싹쓱싹
쌀뜻물	쌀뜨물
쓰잘데기가 없다.	쓰잘머리가 없다.
씨나락 까먹는 소리	씻나락 까먹는 소리
어물적 / 어물쩡	어물쩍
어리버리	어리바리
어의없다	어이없다
어쨋든	어쨌든
어저깨	어저께
어줍잖게	어쭙잖게
언지를 주다.	언질을 주다.
최신 얼굴만은 어따 내놓아도	얼굴만은 얻다 내놓아도('어디에다'가 줄어든 말)
얻셈	엇셈 예 외상값 대신에 고구마 엇셈을 했다.
최신 얼키고설키다	얽히고설키다
에게, 이까짓 것을 어디다 쓰라고?	에게, 이까짓 것을 어디다 쓰라고?
여보란듯이	여봐란듯이
연세가 쉬흔이다.	연세가 쉰이다.
열어제치다 / 열어제끼다	열어젖히다
염치 불구하고	염치 불고하고
최신 옆엣것	옆의 것 참고 '앞엣것'은 한 단어로 붙여 씀.

오늘따라 왜 저러신데?	오늘따라 왜 저러신대? **참고** -ㄴ대: 주어진 사실에 대한 의문을 나타내는 종결 어미. 놀라거나 못마땅하게 여기는 뜻이 섞여 있다.
오유월	오뉴월
엥간한 일이면	엔간한 일이면
옷을 가방에 우겨넣고	옷을 가방에 욱여넣고
우유곽	우유갑
그는 마흔일곱의 나이로 운명을 달리했다.	그는 마흔일곱의 나이로 유명을 달리했다. ('죽다'의 완곡 표현: 운명하다 / 유명을 달리하다)
웬간히	웬만히
육게장	육개장
으례	으레
으시시	으스스
이 자리를 빌어	이 자리를 빌려 **참고** 흔히들 자리를 '빌어'라는 형태로 사용하는데 기본형이 '빌리다'이므로 활용형의 형태는 '빌리어 → 빌려'가 맞음.
일부로	일부러
일을 뚝닥 해치우다.	일을 뚝딱 해치우다.
나는 잇딴 사고로 결근을 했다.	나는 잇단 사고로 결근을 했다.
나는 잇달은 사고로 결근을 했다.	나는 잇따른 사고로 결근을 했다.
자그만치	자그마치
정들은	정든
정신이 흐리멍텅하다.	정신이 흐리멍덩하다.
좀채	좀체 / 좀처럼
죗값을 치뤘다.	죗값을 치렀다. **참고** 우리말에 '치루다'라는 단어는 없음. 치루었다(×)
죽이 눋지 않도록 잘 저어라.	죽이 눌지 않도록 잘 저어라.
집에 얼굴을 비출 시간도 없다.	집에 얼굴을 비칠 시간도 없다.
진무르다	짓무르다
짖궂다	짓궂다
짧다랗다 / 짧다란	짤따랗다 / 짤따란
찌뿌등하다	찌뿌둥하다 / 찌뿌듯하다 / 찌뿌드드하다
중구남방	중구난방
추스리다	추스르다
친구에게 한마디 쏘아부치다.	친구에게 한마디 쏘아붙이다.
퀘퀘한 냄새	퀴퀴한 냄새
통털어	통틀어
폐악한 짓	패악한 짓
푿솜	풀솜 **참고** 풀솜: 실을 켤 수 없는 허드레 고치를 삶아서 늘여 만든 솜.
학교에서 잘 가르쳐서 아이들이 학원을 안 다녀도 된데요.	학교에서 잘 가르쳐서 아이들이 학원을 안 다녀도 된대요. **참고** 남이 한 말을 간접적으로 전달할 때 쓰는 '-다고 해'의 줄임말은 '-대'로 표기
한글을 깨우치게 되었다.	한글을 깨치게 되었다.
헤이하다	해이하다
핼쓱하다	해쓱하다 / 핼쑥하다
해꼬지	해코지
허투로 / 헛으로	허투루
혼구녕내다 / 혼구멍내다	혼꾸멍내다
황당무개하다	황당무계하다
회담에서 경계 수역 확정 문제가 논의됐다. (확정: 일을 확실하게 정함.)	회담에서 경계 수역 획정 문제가 논의됐다. (획정: 경계 따위를 명확히 구별하여 정함.)
희안한	희한한

01 출제빈도 높은 한글 맞춤법

기출 응용문제

01
단어 표기가 올바르지 <u>않은</u> 것은?

① 갑갑잖다　② 깨끗잖다
③ 넉넉찮다　④ 만만찮다
⑤ 수월찮다

02
명사 뒤에 '-이'가 붙어서 된 말은 그 명사의 원형을 밝히어 적는 사례에 해당하지 <u>않는</u> 것은?

① 맞벌이　② 몫몫이
③ 바둑이　④ 삼발이
⑤ 집집이

03
'-하다'나 '-거리다'가 붙는 어근에 '-이'가 붙어서 명사가 된 것은 그 원형을 밝히어 적는 사례로 적절하지 <u>않은</u> 것은?

① 꿀꿀이　② 더펄이　③ 삐죽이
④ 오뚝이　⑤ 얼룩이

04
'겹받침을 가진 어간에 접미사가 붙어서 된 말'의 표기로 올바르지 <u>않은</u> 것은?

① 굴따랗다　② 널따랗다　③ 널찍하다
④ 말쑥하다　⑤ 얄따랗다

05
〈보기〉의 밑줄 친 내용이 적용된 단어가 <u>아닌</u> 것은?

―― 보기 ――
[한글 맞춤법 제25항] '-하다'가 붙는 어근에 '-히'나 '-이'가 붙어서 부사가 되거나, 부사에 '-이'가 붙어서 뜻을 더하는 경우에는 그 어근이나 부사의 원형을 밝히어 적는다.

① 극히　② 속히　③ 버젓이
④ 엄격히　⑤ 일찍이

06

〈보기〉의 밑줄 친 내용이 적용된 단어가 아닌 것은?

| 보기 |
[한글 맞춤법 제51항] 부사의 끝음절이 분명히 '이'로만 나는 것은 '-이'로 적고, '히'로만 나거나 '이'나 '히'로 나는 것은 '-히'로 적는다.

① 간간이 ② 더욱이 ③ 느긋이
④ 똑똑이 ⑤ 번번이

07

밑줄 친 말의 표기가 올바르지 않은 것은?

① 그는 약속을 <u>번번이</u> 어긴다.
② 오늘은 된장국이 <u>각별히</u> 맛있다.
③ 그녀는 <u>솔직이</u> 제멋대로 행동한다.
④ 아이들이 <u>생긋이</u> 웃던 때가 그립다.
⑤ 배 침몰 사건의 주범을 <u>너그러이</u> 용서해서는 안 된다.

정답 풀이 & 오답 해설

01

| 정답 풀이 | ③ '넉넉하지 않다'는 '-하-' 앞에 붙는 말이 안울림소리인 'ㄱ'이므로 '-하-'가 탈락한 형태인 '넉넉지 않다'로 줄어든다. 이를 다시 줄이면 '넉넉잖다'가 된다. '-하-' 앞에 붙는 말이 울림소리(모음, ㄴ, ㄹ, ㅁ, ㅇ)이면 '-하-'가 통째로 줄지 않고 'ㅎ'이 남아 뒤에 오는 첫소리와 어울려 축약된다.

| 오답 해설 |
① 갑갑잖다: 갑갑하지 않다 → 갑갑지 않다 → 갑갑잖다
② 깨끗잖다: 깨끗하지 않다 → 깨끗지 않다 → 깨끗잖다
④ 만만찮다: 만만하지 않다 → 만만치 않다 → 만만찮다
⑤ 수월찮다: 수월하지 않다 → 수월치 않다 → 수월찮다

02

| 정답 풀이 | ① 한글 맞춤법 제4장 제3절 제20항에 따르면, 명사 뒤에 '-이'가 붙어서 된 말은 그 명사의 원형을 밝히어 적는다. 그러나 '맞벌이'는 '벌다'의 어근 '벌-'에 명사 파생 접미사 '-이'가 결합하여 명사로 파생되고, 접두사 '맞-'이 결합한 구조이다. 즉, 명사 '벌이'에 접두사 '맞-'이 결합된 형태이다.

| 오답 해설 |
②, ⑤ 명사 '몫몫, 집집'에 부사 파생 접미사 '-이'가 결합하여 부사가 되었다.
③, ④ 명사 '바둑, 삼발'에 명사 파생 접미사 '-이'가 결합하여 명사가 되었다.

03

| 정답 풀이 | ⑤ '-하다'나 '-거리다'가 붙을 수 없는 어근에 '-이' 또는 다른 모음으로 시작되는 접미사가 붙어서 명사가 된 것은 그 원형을 밝혀 적지 않는다. ⑤의 '얼룩'은 '얼룩하다, 얼룩거리다'가 나타나지 않으므로 '얼룩이'가 아닌 '얼루기'로 적는다.

04

| 정답 풀이 | ① 명사나 용언 어간에 자음으로 시작하는 접미사가 결합하여 만들어진 단어는 그 명사나 어간의 원형을 밝혀서 적는다. 다만 용언 어간의 겹받침에서 앞의 소리가 발음이 되면 원형을 밝혀 적지 않고, 뒤의 소리가 발음이 되면 원형을 밝혀 적는다. '굵다'에서 '굵다랗다'가 될 때에는 뒤에 있는 받침인 'ㄱ'이 발음되므로 원형을 밝혀 '굵다랗다'로 적는다.

05

| 정답 풀이 | ⑤ 부사 '일찍'에 부사화 접미사 '-이'가 결합한 형태이다.

06

| 정답 풀이 | ④ '똑똑이'를 첩어로 생각하여 '-이'로 적는 경우로 혼동할 수 있다. 하지만 '똑똑-'은 첩어가 아니라 '똑똑하다'의 어근이다. 따라서 '똑똑히'로 표기해야 한다.

07

| 정답 풀이 | ③ '솔직-'은 '솔직하다'의 어근이므로 '솔직히'가 올바른 표기이다.

정답 01 ③ 02 ① 03 ⑤ 04 ① 05 ⑤ 06 ④ 07 ③

08

사이시옷의 표기가 올바른 것끼리 짝 지어진 것은?

① 촛점, 자릿세
② 뒷뜰, 피잣집
③ 횟집, 최댓값
④ 전셋방, 존댓말
⑤ 장맛비, 나랏님

09

밑줄 친 단어의 사이시옷 표기가 올바른 것은?

① 마당에 우윳빛 백합이 피었다.
② 그는 여전히 월셋방에서 지낸다.
③ 독서 모임이 끝나고 뒷풀이에 왔다.
④ 그의 말은 지나가는 인삿말이 아니다.
⑤ 그 사람은 반드시 댓가를 치를 것이다.

10

〈보기〉에 제시된 규정을 적용한 단어가 아닌 것은?

― 보기 ―
[한글 맞춤법 제29항] 끝소리가 'ㄹ'인 말과 딴 말이 어울릴 적에 'ㄹ' 소리가 'ㄷ' 소리로 나는 것은 'ㄷ'으로 적는다.

① 섣달
② 사흗날
③ 숟가락
④ 여닫이
⑤ 반짇고리

11

〈보기〉에 제시된 ㉠의 사례로 적절하지 않은 것은?

― 보기 ―
[한글 맞춤법 제40항] 어간의 끝음절 '하'의 'ㅏ'가 줄고 'ㅎ'이 다음 음절의 첫소리와 어울려 거센소리로 될 적에는 거센소리로 적는다.
[붙임 1] 'ㅎ'이 어간의 끝소리로 굳어진 것은 받침으로 적는다.
[붙임 2] ㉠어간의 끝음절 '하'가 아주 줄 적에는 준 대로 적는다.

① 거북지
② 간편게
③ 생각건대
④ 못지않다
⑤ 익숙지 않다

12

〈보기〉에 제시된 규정을 바르게 적용한 것은?

보기
[한글 맞춤법 제38항] 'ㅏ, ㅗ, ㅜ, ㅡ' 뒤에 '-이어'가 어울려 줄 적에는 준 대로 적는다.

① 틔여 ② 뉘여 ③ 띠여
④ 쐐여 ⑤ 뵈어

13

밑줄 친 말의 표기가 올바른 것끼리 짝 지어진 것은?

파생 명사	용언의 명사형
① 부엌에 <u>그을음</u>이 까맣게 꼈다.	햇볕에 얼굴이 검게 <u>그을음</u>.
② 친척들과 재미있는 <u>놀음</u>을 했다.	체육관에서 탁구를 치고 <u>놀음</u>.
③ 배추는 <u>솎음</u>을 해 줘야 잘 자란다.	머리숱이 많아서 적당히 <u>솎음</u>.
④ 고통을 견디기 위해 <u>모질음</u>을 다 썼다.	교감 선생님은 성격이 <u>모질음</u>.
⑤ 아이는 <u>부끄러움</u>을 무릅쓰고 질문을 던졌다.	거짓말을 한 내가 여전히 <u>부끄러음</u>.

정답 풀이 & 오답 해설

08

| 오답 해설 | 올바른 표기는 ① 초점, 자릿세 ② 뒤뜰, 피자집 ④ 전세방, 존댓말 ⑤ 장맛비, 나랏님이다. '초점'은 한자어끼리 결합, '뒤뜰'은 뒷말이 된소리, '전세방'은 '전세+방'의 한자어끼리 결합, '나라님'은 '-님'이 접미사이므로 사이시옷을 쓰지 않는다.

09

| 정답 풀이 | ① 우유(한자어)+빛(고유어) → 우윳빛[우유삗/우윧삗] → 합성 명사 ○, 고유어 포함 여부 ○, 소리의 변화 ○

| 오답 해설 |
② 월세+방 → 둘 다 한자어이므로 '월세방'이 정확한 표기이다.
③ 뒤+풀이 → 뒷말의 첫소리가 거센소리이므로 '뒤풀이'가 정확한 표기이다.
④ 인사+말 → 인사말은 'ㄴ 첨가'가 일어나지 않는 단어이다. 따라서 '인사말'이 정확한 표기이다.
⑤ 대+가 → 둘 다 한자어이므로 '대가'가 정확한 표기이다.

10

| 정답 풀이 | ④ '여닫이'는 한글 맞춤법 제4장 제4절 제28항 "끝소리가 'ㄹ'인 말과 딴 말이 어울릴 적에 'ㄹ' 소리가 나지 아니하는 것은 아니 나는 대로 적는다."에 따라 '열닫이'가 아닌 '여닫이'로 적는다.

11

| 정답 풀이 | ② '-하-' 앞에 붙는 말이 울림소리(모음, ㄴ, ㄹ, ㅁ, ㅇ)이면 축약된 형태, '-하-' 앞에 붙는 말이 안울림소리(울림소리를 제외한 나머지 자음)이면 '-하-'가 탈락한 형태로 나타난다. 따라서 '간편하게'를 줄이면 '간편케'가 된다.

| 오답 해설 |
① 거북하지 → 거북지
③ 생각하건대 → 생각건대
④ 못하지 않다 → 못지않다
⑤ 익숙하지 않다 → 익숙지 않다

12

| 정답 풀이 | ⑤ 보이어 → 뵈어 / 보여

| 오답 해설 |
① 트이어 → 틔어 / 트여
② 누이어 → 뉘어 / 누여
③ 뜨이어 → 띄어 / 뜨여
④ 싸이어 → 쌔어 / 싸여

13

| 오답 해설 |
① 용언의 명사형: 그을음
② 용언의 명사형: 놂
④ 용언의 명사형: 모짊
⑤ 용언의 명사형: 부끄러움(부끄럽다 → 'ㅂ' 불규칙 활용, 'ㅂ'이 모음 어미 앞에서 'ㅜ'로 변함.)

정답 08 ③ 09 ① 10 ④ 11 ② 12 ⑤ 13 ③

14

다음 중 〈보기〉의 사례에 해당하지 <u>않는</u> 것은?

| 보기 |

[한글 맞춤법 제19항 붙임] 어간에 '-이'나 '-음' 이외의 모음으로 시작된 접미사가 붙어서 다른 품사로 바뀐 것은 그 어간의 원형을 밝히어 적지 아니한다.

① 덮개 ② 마감 ③ 무덤
④ 우스개 ⑤ 귀머거리

16

밑줄 친 말의 표기가 올바르지 <u>않은</u> 것은?

① 김치를 <u>담궜더니</u> 온 집에 냄새가 난다.
② 그는 <u>베개</u>를 받치고 누워 텔레비전을 보았다.
③ 손님은 종업원에게 당장 주인을 불러오라고 <u>닦달</u>하였다.
④ 나는 미로처럼 <u>얽히고설킨</u> 비탈길을 오르락내리락했다.
⑤ 자기 대신 밤을 새워 주는 것을 생각하면 <u>어쨌든</u> 고마운 일이다.

15

밑줄 친 말의 표기가 올바른 것은?

① 약을 먹은 효과가 <u>금새</u> 나타났다.
② 뭘 그렇게 혼자 <u>궁시렁거리고</u> 있나?
③ 어머니의 흰머리를 <u>쪽집게</u>로 뽑았다.
④ 그녀는 어려움을 <u>곱배기</u>로 겪고 있다.
⑤ 불량 청년들의 <u>해코지</u>는 어른도 겁낸다.

17

밑줄 친 말의 표기가 올바르지 <u>않은</u> 것은?

① 나 삼 년 뒤엔 꼭 <u>돌아올게</u>.
② 제발 그들한테 <u>사과하십시요</u>.
③ 신경을 안 <u>쓰려야</u> 안 쓸 수가 없다.
④ 내가 가진 돈은 <u>통틀어</u> 오백 원뿐이다.
⑤ 그들은 오 년을 <u>사귀어서</u> 이젠 부부 같다.

[18~19] 다음을 읽고 물음에 답하시오.

> ㉠ 그녀는 죗값을 치뤘다.
> ㉡ 흡연을 삼가해 주십시오.
> ㉢ 비가 개인 날은 상쾌하다.
> ㉣ 빈칸에 알맞는 말을 넣으시오.
> ㉤ 매실주를 담구고 나니 뿌듯하다.

18

㉠~㉤의 밑줄 친 부분의 오류가 유형별로 올바르게 짝 지어진 것은?

기본형 인지의 오류	어미 활용의 오류
① ㉠, ㉡	㉢, ㉣, ㉤
② ㉠, ㉢, ㉤	㉡, ㉣
③ ㉡, ㉢, ㉣	㉠, ㉤
④ ㉢, ㉣, ㉤	㉠, ㉡
⑤ ㉠, ㉡, ㉢, ㉤	㉣

19

㉠~㉤의 밑줄 친 부분을 고친 것으로 적절하지 않은 것은?

① 비가 개인(→ 갠) 뒤 무지개가 하늘에 걸렸다.
② 부주의한 언행을 삼가해(→ 삼가하여) 주십시오.
③ 손을 찬물에 담구고(→ 담그고) 더위를 식혔다.
④ 각자에게 알맞는(→ 알맞은) 역할을 배분해야 한다.
⑤ 수험생들은 긴장 속에서 수능을 무사히 치뤘다(→ 치렀다).

정답 풀이 & 오답 해설

14
| 정답 풀이 | ① 덮개: 덮(다)+-개. 모음으로 시작되는 접미사가 아니며, 어간의 원형을 밝혀 적었다.

| 오답 해설 |
② 마감: 막(다)+-암
③ 무덤: 묻(다)+-엄
④ 우스개: 웃(다) + -으개
⑤ 귀머거리: 귀먹(다)+-어리

15
| 오답 해설 | ① 금세. ② 구시렁거리다. ③ 족집게. ④ 곱빼기로 바꿔야 한다.

16
| 정답 풀이 | ① 담궜더니(담구었더니) (×) → 담갔더니 (○)
'담그다'는 'ㅡ 탈락' 규칙 활용을 하는 용언으로(담그-+-아 → 담가), 어간 뒤 모음 어미가 올 경우 예외 없이 'ㅡ'가 탈락한다. 따라서 '담갔더니'가 맞는 표기이다. 우리말에 '담구다'라는 말은 없다.

17
| 정답 풀이 | ② 문장에서 종결 어미로 사용될 때는 '-요'가 아닌 '-오'를 쓴다. '-요'는 존대의 의미를 나타내는 보조사로 사용되거나, 어떤 사물이나 사실 따위를 열거할 때 쓰이는 연결 어미로 사용된다.
예 아버지, 식사하셨어요?
　이것은 말이요, 그것은 소요, 저것은 돼지이다.

18
| 정답 풀이 | ㉠ '치뤘다'는 '치루-+-었-+-다'로 분석할 수 있는데, 여기서 사용된 기본형 '치루다'는 '치르다'의 잘못된 표현이다.
㉡ '삼가해'는 기본형 '삼가하다'를 활용한 말인데, '삼가하다'는 '삼가다'의 잘못된 표현이다. 따라서 '삼가 (주십시오)'로 고쳐야 한다.
㉢ '개인'은 기본형 '개이다'를 활용한 말인데, '개이다'는 '개다'의 잘못된 표현이다. 따라서 '갠'으로 고쳐야 한다.
㉣ '알맞는'은 기본형 '알맞다'에 어미 '-는'디 결합한 것으로, 이는 잘못된 표현이다. '알맞다'는 형용사이므로 관형사형 어미 '-(으)ㄴ'이 붙는다. 따라서 '알맞은'으로 표기해야 한다.
㉤ '담고고'는 기본형 '담구다'를 활용한 말인데, '담구다'는 '담그다'의 잘못된 표현이다.

19
| 정답 풀이 | ② '삼가하다'는 '삼가다'의 잘못된 표현이다. 따라서 '삼가 (주십시오)'로 고쳐야 한다.

정답　14 ①　15 ⑤　16 ①　17 ②　18 ⑤　19 ②

02 한글 맞춤법 – 띄어쓰기

대표 기출유형

기출유형 1   띄어쓰기

유형 풀이▶ 국어 어문 규정 가운데 하나인 띄어쓰기를 정확히 알고 바르게 쓸 수 있는지를 평가하는 문항이다.

정답 풀이▶ ② '은커녕'은 어떤 사실을 부정하는 뜻을 강조하는 보조사로, '밥은커녕'과 같이 붙여 써야 한다.

오답 해설▶
① '만'이 체언에 붙어서 한정 또는 비교의 뜻을 나타내는 경우에는 조사로 쓰인 것이므로 앞말에 붙여 쓴다.
③ '차(次)'가 '목적'의 뜻을 더하는 접미사로 사용되었으므로 앞말에 붙여 쓴다.
④ '-ㄹ뿐더러'는 어미로, 용언 어간에 붙여 쓴다.
⑤ '대로'는 용언의 활용형 뒤에 올 경우 의존 명사이므로, 앞말과 띄어 쓴다.

정답▶ ②

• 밑줄 친 부분의 띄어쓰기가 옳지 <u>않은</u> 것은?

① 이것은 <u>그것만</u> 못하다.
② <u>밥은 커녕</u> 물도 못 마시고 있다.
③ <u>연수차(次)</u> 갔던 미국에서 그를 만났다.
④ 그이는 일을 <u>잘할뿐더러</u> 착하기까지 하다.
⑤ <u>말하는 대로</u> 할 수만 있다면 얼마나 좋을까.

02 한글 맞춤법 – 띄어쓰기

기출 핵심개념

1 중요한 띄어쓰기 조항

제5장 제1절 제41항	조사는 그 앞말에 붙여 쓴다.
	꽃<u>이</u> 꽃<u>마저</u> 꽃<u>밖에</u> 꽃<u>에서부터</u> 꽃<u>으로만</u>
	꽃<u>이나마</u> 꽃<u>이다</u> 꽃<u>입니다</u> 꽃<u>처럼</u>
	어디<u>까지나</u> 거기<u>도</u> 멀리<u>는</u> 웃고<u>만</u>
	조사가 둘 이상 연속되거나, 조사가 어미 뒤에 붙을 때에도 그 앞말에 붙여 쓴다.
	집<u>에서처럼</u> 학교<u>에서만이라도</u> 여기<u>서부터입니다</u> 아이<u>까지도</u>
	나가면서<u>까지도</u> 들어가기<u>는커녕</u> 옵니다<u>그려</u> "알았다."<u>라고</u>
제5장 제2절 제42항	의존 명사는 띄어 쓴다.
	아는 <u>것</u>이 힘이다. 나도 할 <u>수</u> 있다. 먹을 <u>만큼</u> 먹어라.
	아는 <u>이</u>를 만났다. 네가 뜻한 <u>바</u>를 알겠다. 그가 떠난 <u>지</u>가 오래다.

동일한 형태가 경우에 따라 '의존 명사–조사/접미사'로 사용되는 경우가 있다. '의존 명사'일 경우 띄어 쓰지만, '조사나 접미사'로 사용될 경우 앞말에 붙여 써야 한다. 자주 출제되는 부분이니 반드시 익혀 두길 바란다.

형태	띄어 씀	붙여 씀	
	의존 명사	조사	접미사
들	쌀, 보리, 콩, 조, 기장 들을 오곡(五穀)이라 한다. → 두 개 이상의 사물을 나열할 때, 그 열거한 사물 모두를 가리키거나, 그 밖에 같은 종류의 사물이 더 있음을 나타내는 경우		남자들, 학생들 → 하나의 단어에 결합하여 복수(複數)를 나타내는 경우는 접미사
뿐	웃을 뿐이다. → 용언의 관형사형 뒤에 나타나는 경우	남자뿐이다, 셋뿐이다. → 체언 뒤에 붙을 경우 **참고** '-ㄹ뿐더러'는 어미이므로 앞말에 붙여 씀. **예** 동생은 일도 잘할뿐더러 성격도 좋다.	
최신 대로	아는 대로 말한다. / 약속한 대로 이행한다. → 용언의 관형사형 뒤에 나타나는 경우	법대로 / 약속대로 → 체언 뒤에 붙을 경우	
최신 만큼 (= 만치)	볼 만큼 보았다. 애쓴 만큼 얻는다. → 용언의 관형사형 뒤에 나타나는 경우	여자도 남자만큼 일한다. / 키가 전봇대만큼 크다. → 체언 뒤에 붙을 경우	
최신 만	떠난 지 사흘 만에 돌아왔다. / 온 지 1년 만에 떠나갔다. → 경과한 시간을 나타내는 경우	하나만 알고, 둘은 모른다. / 이것은 그것만 못하다. → 체언에 붙어서 한정 또는 비교의 뜻을 나타내는 경우	
차(次)	고향에 갔던 차에 선을 보았다. → 용언의 관형사형 뒤에 나타나는 경우		연수차(研修次) 도미(渡美)한다. → 명사 뒤에 붙어서 '~하려고'라는 뜻을 나타내는 경우
지	그가 떠난 지 보름이 지났다. / 그를 만난 지 한 달이 지났다. → 용언의 관형사형 뒤에서 경과한 시간을 나타내는 경우	집이 큰지 작은지 모르겠다. → 어미의 일부이므로 붙여 씀.	**학습 TIP** 대부분 용언 뒤에 나오면 띄어 쓰고, 체언 뒤에 나오면 붙여 씁니다.

판	바둑 한 판 두자. 장기를 세 판이나 두었다. → 수 관형사 뒤에서 승부를 겨루는 일의 수효를 나타내는 경우는 의존 명사	노름판 / 씨름판 / 웃음판 → 합성어를 이루는 명사

제5장 제2절 제43항	단위를 나타내는 명사는 띄어 쓴다. 한 개　　　차 한 대　　　금 서 돈　　　소 한 마리 옷 한 벌　　　열 살　　　조기 한 손　　　연필 한 자루 버선 한 죽　　　집 한 채　　　신 두 켤레　　　북어 한 쾌 다만, 순서를 나타내는 경우나 숫자와 어울리어 쓰이는 경우에는 붙여 쓸 수 있다. 두시 삼십분 오초　　　제일과　　　삼학년　　　육층 1446년 10월 9일　　　2대대　　　16동 502호　　　제1실습실 80원　　　10개　　　7미터
제5장 제2절 제44항	수를 적을 적에는 '만(萬)' 단위로 띄어 쓴다. 십이억 삼천사백오십육만 칠천팔백구십팔　　　12억 3456만 7898
제5장 제2절 제45항	두 말을 이어 주거나 열거할 적에 쓰이는 말들은 띄어 쓴다. 국장 겸 과장　　　열 내지 스물　　　청군 대 백군 책상, 걸상 등이 있다　　　이사장 및 이사들　　　사과, 배, 귤 등등 사과, 배 등속　　　부산, 광주 등지
제5장 제2절 제46항	단음절로 된 단어가 연이어 나타날 적에는 붙여 쓸 수 있다. 좀더 큰것　　　이말 저말　　　한잎 두잎
제5장 제3절 제47항	보조 용언은 띄어 씀을 원칙으로 하되, 경우에 따라 붙여 씀도 허용한다.(본용언 + 보조 용언의 구조)

원칙	허용
불이 꺼져 간다.	불이 꺼져간다.
내 힘으로 막아 낸다.	내 힘으로 막아낸다.
그릇을 깨뜨려 버렸다.	그릇을 깨뜨려버렸다.
비가 올 듯하다.	비가 올듯하다.
그 일은 할 만하다.	그 일은 할만하다.
일이 될 법하다.	일이 될법하다.
비가 올 성싶다.	비가 올성싶다.
잘 아는 척한다.	잘 아는척한다.

다만, 다음과 같은 경우 보조 용언을 띄어 쓴다.

앞말에 조사가 붙는 경우	잘도 놀아만 나는구나!
본용언 뒤에 조사가 붙는 경우	책을 읽어도 보고…….
앞말이 합성 동사인 경우	네가 덤벼들어 보아라.
본용언이 합성어인 경우 ※ 길어지는 것을 방지하기 위해 띄어 씀.	이런 기회는 다시없을 듯하다.
중간에 조사가 들어간 경우	그가 올 듯도 하다.
의존 명사 뒤에 조사가 붙을 경우	잘난 체를 한다.

학습 TIP

보조 용언은 혼자서 쓰이지 못하며 반드시 다른 용언(본용언) 뒤에 붙어 특수한 의미를 더해 주는 용언입니다. 본용언과 보조 용언 사이에는 '서'나 다른 문장 성분이 끼어들 수 없습니다.

예 갈비를 먹어 버리다. (○) 갈비를 먹어서 버리다. (×)
　　본용언　보조 용언

따라서 '-아/-어' 뒤에 '서'가 줄어진 형식에서는 뒤의 단어가 보조 용언이 아니므로, 붙여 쓰는 것이 허용되지 않습니다.

| (시험 삼아) 붕어를 잡아 보다. | 붕어를 잡아(서) 보다. |
| → 붕어를 잡아보다. (○) | → 붕어를 잡아보다. (×) |

| (그분의) 사과를 깎아 드리다. | 사과를 깎아(서) 드리다. |
| → 사과를 깎아드리다. (○) | → 사과를 깎아드리다. (×) |

　　　　↑
본용언 + 보조 용언(붙여 쓰기 허용)

보통 보조 용언은 아래 (1), (2) 두 가지를 가리킵니다.

(1) '-아/-어' 뒤에 연결되는 보조 용언

보조 용언	원칙	허용
가다(진행)	늙어 가다	늙어가다
가지다(유지)	알아 가지고 가다	알아가지고 가다
나다(종결)	겪어 나다	겪어나다
내다(종결)	이겨 내다	이겨내다
놓다(유지)	열어 놓다	열어놓다
대다(강세)	떠들어 대다	떠들어대다
두다(유지)	알아 두다	알아두다
드리다(높임)	읽어 드리다	읽어드리다
버리다(종결)	놓쳐 버리다	놓쳐버리다
보다(시행)	뛰어 보다	뛰어보다
쌓다(강세)	울어 쌓다	울어쌓다
오다(진행)	참아 오다	참아오다

(2) 의존 명사에 '-하다'나 '-싶다'가 붙어서 된 보조 용언

보조 용언	원칙	허용
양하다	선비인 양하다	선비인양하다
체하다	잘난 체하다	잘난체하다
듯싶다	올 듯싶다	올듯싶다
뻔하다	잡을 뻔하다	잡을뻔하다

제5장 제4절
제48항

성과 이름, 성과 호 등은 붙여 쓰고, 이에 덧붙는 호칭어, 관직명 등은 띄어 쓴다.

　　김양수(金良洙)
　　서화담(徐花潭)
　　채영신 씨
　　최치원 선생
　　박동식 박사
　　충무공 이순신 장군

	다만, 성과 이름, 성과 호를 분명히 구분할 필요가 있을 경우에는 띄어 쓸 수 있다. 남궁억 / 남궁 억 독고준 / 독고 준 황보지봉(皇甫芝峰) / 황보 지봉
제5장 제4절 제49항	성명 이외의 고유 명사는 단어별로 띄어 씀을 원칙으로 하되, 단위별로 띄어 쓸 수 있다.(ㄱ을 원칙으로 하고, ㄴ을 허용함.) | ㄱ | ㄴ | |---|---| | 대한 중학교 | 대한중학교 | | 한국 대학교 사범 대학 | 한국대학교 사범대학 |
제5장 제4절 제50항	전문 용어는 단어별로 띄어 씀을 원칙으로 하되, 붙여 쓸 수 있다.(ㄱ을 원칙으로 하고, ㄴ을 허용함.) | ㄱ | ㄴ | |---|---| | 만성 골수성 백혈병 | 만성골수성백혈병 | | 중거리 탄도 유도탄 | 중거리탄도유도탄 |

2 기출 띄어쓰기

1 띄어 쓰는 경우: 조사를 제외한 단어

부사/관형사	열 명 내지	맨 먼저			
보조 형용사	도착했음 직하다	먹을 만하다			
명사	실력 면에 있어서는	중국 명 대에 유행하다			
의존 명사	전쟁 통에 흩어지다 한문 투 네 괴로움 따위 나를 속일 줄	각자 맡은 바 책임을 다하라 내 딴에는 먹는 둥 마는 둥 자기 나름의	명절도 쇨 겸 해서 십오 년 삼 년 만 구름에 달 가는 듯	가족 외의 사람은 저녁 무렵 만 원 남짓	회사 측에서는 비행 시에는 수일 내

> **학습 TIP**
> - 데: '곳, 장소, 일, 것, 경우'의 의미일 경우 의존 명사
>   - 예 원인은 구조적인 데 있다.
>   - 참고 단 '고향은 하나도 변하지 않았데.'의 꼴에서는 어미이므로 붙여 써야 함.
> - 간
>   ① 한 대상에서 다른 대상까지의 사이.
>   - 예 서울과 부산 간 야간열차.
>   ② '관계'의 뜻을 나타내는 말.
>   - 예 부모와 자식 간에도 예의를 지켜야 한다.
>   ③ 앞에 나열된 말 가운데 어느 쪽인지를 가리지 않는다는 뜻을 나타내는 말.
>   - 예 공부를 하든지 운동을 하든지 간에 열심히만 해라.
>   - 참고 단 '이틀간, 한 달간' 등 '동안'의 뜻을 더하는 경우는 접미사이므로 붙여 씀.
> - 듯이: 유사하거나 같은 정도의 뜻을 나타내거나 짐작이나 추측의 뜻을 나타내는 말.
>   - 예 뛸 듯이 기뻐하다. / 떠날 듯이 보인다.

2 붙여 쓰는 경우

조사	밥은커녕　　고의라기보다 실수다.　　애인하고 헤어졌다.　　보이는구먼그래(-는구먼: 어미) 무명만큼　　상상하기조차 싫다.　　언니더러 물어봐.　　저수지마저 조금 다치기밖에 더 해?(단, '바깥'의 의미로 사용될 경우는 명사 예 집 밖에 나가 놀아라.) 집채만 한 호랑이	
한 단어	안되다	① 일, 현상, 물건 따위가 좋게 이루어지지 않다. 　　예 올해는 비가 너무 많이 와서 과일 농사가 안돼 큰일이다. ② 사람이 훌륭하게 되지 못하다. 　　예 자식이 안되기를 바라는 부모는 없다. ③ 일정한 수준이나 정도에 이르지 못하다. 　　예 이번 시험에서 우리 중 안되어도 세 명은 합격할 것 같다.
	대거리	상대편에게 맞서서 대듦. 또는 그런 말이나 행동. 예 그녀는 한바탕 대거리를 벌일 것처럼 소리를 질러 댔다. 참고 '마실 거리, 한 입 거리, 오이 세 거리, 반나절 거리' 등에 사용된 '거리'는 의존 명사이므로 앞말과 띄어 씀.
	제삼자	일정한 일에 직접 관계가 없는 사람. 예 이것은 우리 문제니 제삼자는 상관하지 마라. 참고 '제 비용'에 사용된 '제'는 관형사, '제 눈에 안경'에 사용된 '제'는 '저'에 관형격 조사 '의'가 결합하여 줄어든 말이므로 뒤에 오는 말과 띄어 써야 한다.
	한가득	꽉 차도록 가득.
	한동안	꽤 오랫동안.
	한바탕	크게 벌어진 한판.
	한번	① 지난 어느 때나 기회.　예 한번은 그런 일도 있었지. ② 어떤 일을 시험 삼아 시도함을 나타내는 말.　예 한번 해 보다. / 한번 먹어 보다. ③ 기회 있는 어떤 때에.　예 우리 집에 한번 놀러 오세요.
	한사람	같은 사람. 예 그는 며칠 전 길에서 마주쳤던 남자와 한사람이었다. 참고 '한'을 '그 수량이 하나임을 나타내는 말.'인 관형사로 쓸 경우에는 띄어 씀. 예 30명 중에 한 사람만 손을 들었다.
	마지않다 (보조 동사)	앞말이 뜻하는 행동을 진심으로 함을 강조하여 나타내는 말. 예 건강하시기를 바라 마지않습니다.
	그까짓 (관형사)	겨우 그만한 정도의. 예 그까짓 일로 울다니.
	집집	각 집. 또는 모든 집.
	그릇그릇	있는 대로의 여러 그릇.
	그 외	그때그때 / 도와주다 / 여기저기
접두사	반죽음이 되었다.　　급회전하여　　제3 과 또는 제3과	
접미사	연구차 방문　　만 원쯤　　얼마짜리　　만 원가량 이십여 년　　만 원어치　　지배하에서　　비슷한 사람들끼리 인터넷상의　　제주산　　학급당 하나	
어미	눈이 오는데 차를 몰고 나갔다.　　　　　　맑디맑은 호수(-디: 용언의 어간을 반복하여 그 뜻을 강조하는 연결 어미) 보시다시피 제 손에는 아무것도 없습니다.　금방 후회할걸.(-ㄹ걸) 저녁을 먹었는걸.(-ㄴ걸)　　　　　　　　　기쁜 일이고말고.(-고말고) 말을 잘 듣는답니다.(-ㄴ답니다)　　　　　　해결할지(-ㄹ지)	

학습 TIP

- 의심해선 못쓰는 법이야.
  (못쓰다: 옳지 않다. 또는 바람직한 상태가 아니다.
  → 동사)
- 자식이 안되기를 바라는 부모는 없다.
  (안되다: 사람이 훌륭하게 되지 못하다. → 동사)

02 한글 맞춤법 - 띄어쓰기

기출 응용문제

01

밑줄 친 부분의 띄어쓰기가 올바르지 않은 것은?

① <u>부모 자식 간</u>에도 말은 필요하다.
② 사고의 원인은 사회 <u>구조적인 데</u> 있다.
③ 우리가 <u>사귄 지</u> 벌써 삼여 년이 흘렀다.
④ <u>수일 내로</u> 도착하지 않으면 낭패를 본다.
⑤ 행사 <u>기간중</u>에는 창고를 개방하기로 했다.

02

밑줄 친 부분의 띄어쓰기가 올바르지 않은 것은?

① 그는 항상 <u>잘난 체한다</u>.
② 오빠는 키가 <u>전봇대만큼</u> 크다.
③ 친구가 <u>파업한 지</u> 벌써 1년이 흘렀다.
④ 동생은 <u>10만 원짜리</u> 한약을 만 원에 팔았다.
⑤ 그녀는 <u>차디 찬</u> 성격이라고 가끔 오해를 받는다.

03

밑줄 친 부분의 띄어쓰기가 올바르지 않은 것은?

① 그는 <u>1년 만</u>에 나타났다.
② 그를 의심해서는 <u>못쓰는</u> 법이야.
③ 어이없는 상황에 그는 <u>웃을뿐이다</u>.
④ 자식이 <u>안되기</u>를 바라는 부모가 어디 있을까.
⑤ 이번 정부의 <u>지배하</u>에는 앞날이 보이지 않는다.

최신 04

밑줄 친 부분의 띄어쓰기가 올바른 것은?

① 너 <u>만큼</u> 나도 힘들었다.
② 우리는 이틀 <u>간</u> 헤어져 있었다.
③ 나는 그 일을 <u>상상하기조차</u> 싫다.
④ 소식을 듣고 그는 <u>먹는둥 마는둥</u> 했다.
⑤ 우리는 지금 그들을 지지할 <u>수 밖에</u> 없다.

정답 풀이 & 오답 해설

01

| 정답 풀이 | ⑤ '중'은 의존 명사이므로 띄어 써야 한다.

| 오답 해설 |
① '간'이 '관계'를 의미하는 경우 띄어 쓴다.
② '데'가 '곳, 장소, 일, 것, 경우'의 의미일 경우 띄어 쓴다.
③ '지'가 '경과한 시간'을 나타내는 경우 띄어 쓴다.
④ '내'는 의존 명사이므로 띄어 쓴다.

02

| 정답 풀이 | ⑤ '-디'는 용언의 어간을 반복하여 그 뜻을 강조하는 연결 어미로, 앞뒤를 붙여 쓴다. 따라서 '차디찬'의 꼴로 붙여 써야 한다.

| 오답 해설 |
① '체하다'는 보조 동사로 한 단어이므로 붙여 쓴다.
② '만큼'이 체언 뒤에 올 경우는 조사이므로 앞말에 붙여 쓴다.
③ '지'가 '경과한 시간'을 나타내는 경우 띄어 쓴다.
④ '-짜리'는 접미사이므로 앞말에 붙여 쓴다.

03

| 정답 풀이 | ③ '뿐'은 앞말이 용언의 활용형인 경우 의존 명사로 사용된 것이므로 '웃을 뿐이다.'로 띄어 써야 한다.

| 오답 해설 |
① '만'이 '경과한 시간'을 나타내는 경우는 띄어 쓴다.
② '못쓰다'가 '옳지 않다. 또는 바람직한 상태가 아니다.'의 의미일 경우 한 단어이므로 붙여 쓴다.
④ '안되다'가 '사람이 훌륭하게 되지 못하다.'의 의미일 경우 한 단어이므로 붙여 쓴다.
⑤ '-하'는 접미사이므로 앞말에 붙여 쓴다.

04

| 정답 풀이 | ③ '조차'는 조사이므로 앞말에 붙여 쓴다.

| 오답 해설 |
① '만큼'이 체언 뒤에 올 경우 조사이므로 앞말에 붙여 쓴다.
② '간'이 '동안'의 의미를 더할 경우 접사이므로 앞말에 붙여 쓴다.
④ '둥'은 의존 명사이므로 띄어 쓴다.
⑤ '밖에'는 조사이므로 앞말에 붙여 쓴다.
  • 수: 의존 명사
  • 밖에: '그것 말고는', '그것 이외에는' 등의 뜻을 나타내는 보조사

정답 01 ⑤ 02 ⑤ 03 ③ 04 ③

03 한글 맞춤법 – 문장 부호

대표 기출유형

기출유형 1 | 문장 부호

유형 풀이 ▶ 문장 부호 규정의 내용을 알고 이를 각 항목에 맞게 바르게 적용할 수 있는지를 평가하는 문항이다.

정답 풀이 ▶ ⑤ 글자가 들어갈 자리를 나타낼 때 쓰는 문장 부호는 '빠짐표(□)'이다. '훈민정음의 초성 중에서 아음(牙音)은 □□□의 석 자다.'라고 써야 한다.

정답 ▶ ⑤

• 문장 부호 규정의 예로 적절하지 <u>않은</u> 것은?

	문장 부호 규정	예
①	쉼표는 문장 첫머리의 접속이나 연결을 나타내는 말 다음에 쓴다.	첫째, 몸이 튼튼해야 된다.
②	큰따옴표는 남의 말을 인용할 경우에 쓴다.	예로부터 "민심은 천심이다."라고 하였다.
③	대괄호는 고유어에 대응하는 한자어를 함께 보일 때 쓴다.	낱말[單語]
④	줄임표는 할 말을 줄였을 때에 쓴다.	"어디 나하고 한번……." 하고 철수가 나섰다.
⑤	빠짐표는 글자의 자리를 비워 둠을 나타낼 때 쓴다.	훈민정음의 초성 중에서 아음(牙音)은 ○○○의 석 자다.

03 한글 맞춤법 – 문장 부호

기출 핵심개념

1 문장 부호

1988년 한글 맞춤법 규정의 부록으로 제시되었던 종전의 문장 부호는 원고지 중심의 글쓰기 환경에 맞춘 규정이었다. 최근 들어 글쓰기 환경이 인터넷을 기반으로 급격히 변하게 되면서, 다양해지고 세분화된 문장 부호의 용법을 반영한 새로운 문장 부호 규정이 2014년 개정·시행되었다. 종전 규정은 24종 66항목(가로쓰기 20종, 세로쓰기 4종)인데 새 규정은 가로쓰기만 24종 94항목(신설 47항목, 삭제 19항목)이다. 세로쓰기를 거의 하지 않는 현실을 반영한 것으로 보인다.

1 문장 부호의 허용 범주

종전 규정을 따른다고 해서 틀리는 경우는 없으나, 다만 허용 범주가 넓어진 것이 특징이다.

새 규정		종전 규정	
원칙	허용	○	×
12월 10일~12월 30일	12월 10일-12월 30일	12월 10일~12월 30일	12월 10일-12월 30일
3.1 운동	3·1 운동	3·1 운동	3.1 운동
나폴레옹은 "내 사전에 불가능은 없다."라고 말했다.	나폴레옹은 "내 사전에 불가능은 없다".라고 말했다.	나폴레옹은 "내 사전에 불가능은 없다."라고 말했다.	나폴레옹은 "내 사전에 불가능은 없다".라고 말했다.

2 바뀐 문장 부호 이름

부호	새 규정		종전 규정
	원칙	허용	
.	마침표	온점	온점
,	쉼표	반점	반점
〈 〉	홑화살괄호		
《 》	겹화살괄호		

3 문장 부호의 띄어쓰기

새 규정에서 새롭게 등장하였다.

부호	용법	띄어쓰기
쌍점	때: 2014년 12월 5일	앞말에는 붙이고 뒷말과는 띄어 쓴다.
	2:0으로 이기다.	앞뒤를 붙여 쓴다.
빗금	남반구/북반구	앞뒤를 붙여 쓰는 것이 원칙이다.
	산에 / 산에 / 피는 꽃은	앞뒤를 띄어 쓰는 것이 원칙이다.
줄표	이번 토론회의 제목은 '역사 바로잡기 ― 근대의 설정 ―'이다.	앞뒤를 띄어 쓰는 것이 원칙이다.
물결표	9월 15일~9월 25일	앞뒤를 붙여 쓴다.
줄임표	어디 나하고 한번…….	앞말에 붙여 쓴다.
	글의 일부를 통째로 생략할 때	앞뒤를 띄어 쓴다.

4 문장 부호 규정의 주요 변경 사항

26년 만에 규정이 바뀐 만큼 각 규정을 꼼꼼하게 살펴보아야 한다.

주요 변경 사항	종전 규정	설명
가로쓰기로 통합 (24종)	세로쓰기 부호 별도 규정 (가로쓰기 20종, 세로쓰기 4종)	• 세로쓰기 부호인 '고리점(˚)'과 '모점(、)'은 개정안에서 제외 • '낫표(「」,『』)'는 가로쓰기 부호로 용법을 수정하여 유지하고 '화살괄호(〈〉, 《》)'를 추가
문장 부호 명칭 정리	'.'는 '온점', ','는 '반점'	부호 '.' 와 ','를 각각 '마침표'와 '쉼표'라고 하고 기존의 '온점'과 '반점'이라는 용어도 쓸 수 있도록 함.
	'〈〉', '《》'의 명칭 및 용법 불분명	부호 '〈〉', '《》'를 각각 '홑화살괄호, 겹화살괄호'라 명명하고 각각의 용법 규정
부호 선택의 폭 확대	줄임표는 '……'만 씀.	컴퓨터 입력을 고려하여 아래 여섯 점(......)을 찍거나 세 점(…, ...)만 찍는 것도 가능하도록 함.
	가운뎃점, 낫표, 화살괄호 사용 불편	• 가운뎃점 대신 마침표(.)나 쉼표(,)도 쓸 수 있는 경우 확대 • 낫표(「」,『』)나 화살괄호(〈〉, 《》) 대신 따옴표(' ', " ")도 쓸 수 있도록 함.
항목 수 증가 (66개 → 94개)	항목 수 66개	소괄호 관련 항목은 3개에서 6개로, 줄임표 관련 항목은 2개에서 7개로 늘어나는 등 전체적으로 28개 증가

2 문장 부호의 주요 용법

문장 부호는 글에서 문장의 구조를 드러내거나 글쓴이의 의도를 전달하기 위하여 사용하는 부호이다. 문장 부호의 이름과 사용법은 다음과 같이 정한다.

1 마침표·물음표·느낌표

마침표(.)

① 서술, 명령, 청유 등을 나타내는 문장의 끝에 쓴다.
  예 젊은이는 나라의 기둥입니다.   제 손을 꼭 잡으세요.
     집으로 돌아갑시다.   가는 말이 고와야 오는 말이 곱다.

  [붙임 1] 직접 인용한 문장의 끝에는 쓰는 것을 원칙으로 하되, 쓰지 않는 것을 허용한다.(ㄱ을 원칙으로 하고, ㄴ을 허용함.)
    ㄱ. 그는 "지금 바로 떠나자."라고 말하며 서둘러 짐을 챙겼다.
    ㄴ. 그는 "지금 바로 떠나자"라고 말하며 서둘러 짐을 챙겼다.

  [붙임 2] 용언의 명사형이나 명사로 끝나는 문장에는 쓰는 것을 원칙으로 하되, 쓰지 않는 것을 허용한다.(ㄱ을 원칙으로 하고, ㄴ을 허용함.)
    ㄱ. 목적을 이루기 위하여 몸과 마음을 다하여 애를 씀.
    ㄴ. 목적을 이루기 위하여 몸과 마음을 다하여 애를 씀
    ㄱ. 신입 사원 모집을 위한 설명회 개최.
    ㄴ. 신입 사원 모집을 위한 설명회 개최

  다만, 제목이나 표어에는 쓰지 않음을 원칙으로 한다.
  예 압록강은 흐른다   꺼진 불도 다시 보자

② 아라비아 숫자만으로 연월일을 표시할 때 쓴다.
  예 1919. 3. 1.   10. 1.~10. 12.

③ 특정한 의미가 있는 날을 표시할 때 월과 일을 나타내는 아라비아 숫자 사이에 쓴다.
  예 3.1 운동   8.15 광복

  [붙임] 이때는 마침표 대신 가운뎃점을 쓸 수 있다.
    예 3·1 운동   8·15 광복

④ 장, 절, 항 등을 표시하는 문자나 숫자 다음에 쓴다.
  예 가. 인명   ㄱ. 머리말   I. 서론   1. 연구 목적

  [붙임] '마침표' 대신 '온점'이라는 용어를 쓸 수 있다.

물음표(?)	① 의문문이나 의문을 나타내는 어구의 끝에 쓴다.

예 점심 먹었어?　　　　　　　　　　　　　　　　이번에 가시면 언제 돌아오세요?
　　다섯 살짜리 꼬마가 이 멀고 험한 곳까지 혼자 왔다?　　지금?

[붙임 1] 한 문장 안에 몇 개의 선택적인 물음이 이어질 때는 맨 끝의 물음에만 쓰고, 각 물음이 독립적일 때는 각 물음의 뒤에 쓴다.
예 너는 중학생이냐, 고등학생이냐?
　　너는 여기에 언제 왔니? 어디서 왔니? 무엇 하러 왔니?

[붙임 2] 의문의 정도가 약할 때는 물음표 대신 마침표를 쓸 수 있다.
예 도대체 이 일을 어쩐단 말이냐.　　이것이 과연 내가 찾던 행복일까.

다만, 제목이나 표어에는 쓰지 않음을 원칙으로 한다.
예 역사란 무엇인가　　아직도 담배를 피우십니까

② 특정한 어구의 내용에 대하여 의심, 빈정거림 등을 표시할 때, 또는 적절한 말을 쓰기 어려울 때 소괄호 안에 쓴다.
예 우리와 의견을 같이할 사람은 최 선생(?) 정도인 것 같다.
　　30점이라, 거참 훌륭한(?) 성적이군.
　　우리 집 강아지가 가출(?)을 했어요.

③ 모르거나 불확실한 내용임을 나타낼 때 쓴다.
예 최치원(857~?)은 통일 신라 말기에 이름을 떨쳤던 학자이자 문장가이다.
　　조선 시대의 시인 강백(1690?~1777?)의 자는 자청이고, 호는 우곡이다.

느낌표(!)	① 감탄문이나 감탄사의 끝에 쓴다.

예 이거 정말 큰일이 났구나!　　　　　　　　어머!

[붙임] 감탄의 정도가 약할 때는 느낌표 대신 쉼표나 마침표를 쓸 수 있다.
예 어, 벌써 끝났네.　　날씨가 참 좋군.

② 특별히 강한 느낌을 나타내는 어구, 평서문, 명령문, 청유문에 쓴다.
예 청춘! 이는 듣기만 하여도 가슴이 설레는 말이다.　　이야, 정말 재밌다!

③ 물음의 말로 놀람이나 항의의 뜻을 나타내는 경우에 쓴다.
예 이게 누구야!　　　　내가 왜 나빠!

④ 감정을 넣어 대답하거나 다른 사람을 부를 때 쓴다.
예 네!　　네, 선생님!　　흥부야!

2 쉼표·가운뎃점·쌍점·빗금

쉼표(,)	① 같은 자격의 어구를 열거할 때 그 사이에 쓴다.

예 근면, 검소, 협동은 우리 겨레의 미덕이다.
　　충청도의 계룡산, 전라도의 내장산, 강원도의 설악산은 모두 국립 공원이다.
　　5보다 작은 자연수는 1, 2, 3, 4이다.

다만, 쉼표 없이도 열거되는 사항임이 쉽게 드러날 때는 쓰지 않을 수 있다.
예 아버지 어머니께서 함께 오셨어요.
　　네 돈 내 돈 다 합쳐 보아야 만 원도 안 되겠다.

또한, 열거할 어구들을 생략할 때 사용하는 줄임표 앞에는 쉼표를 쓰지 않는다.
예 광역시: 광주, 대구, 대전……

② 짝을 지어 구별할 때 쓴다.
예 닭과 지네, 개와 고양이는 상극이다.

③ 이웃하는 수를 개략적으로 나타낼 때 쓴다.
예 5, 6세기　　　　　　6, 7, 8개

④ 열거의 순서를 나타내는 어구 다음에 쓴다.
예 첫째, 몸이 튼튼해야 한다.　　마지막으로, 무엇보다 마음이 편해야 한다.

⑤ 문장의 연결 관계를 분명히 하고자 할 때 절과 절 사이에 쓴다.
  예 콩 심은 데 콩 나고, 팥 심은 데 팥 난다.
     저는 신뢰와 정직을 생명과 같이 여기고 살아온바, 이번 비리 사건과는 무관하다는 점을 분명히 밝힙니다.
⑥ 같은 말이 되풀이되는 것을 피하기 위하여 일정한 부분을 줄여서 열거할 때 쓴다.
  예 여름에는 바다에서, 겨울에는 산에서 휴가를 즐겼다.
⑦ 부르거나 대답하는 말 뒤에 쓴다.
  예 지은아, 이리 좀 와 봐.   네, 지금 가겠습니다.
⑧ 한 문장 안에서 앞말을 '곧', '다시 말해' 등과 같은 어구로 다시 설명할 때 앞말 다음에 쓴다.
  예 책의 서문, 곧 머리말에는 책을 지은 목적이 드러나 있다.
     원만한 인간관계는 말과 관련한 예의, 즉 언어 예절을 갖추는 것에서 시작된다.
     재성이 어머니, 다시 말해 나의 누님은 올해로 결혼한 지 20년이 된다.
⑨ 문장 앞부분에서 조사 없이 쓰인 제시어나 주제어의 뒤에 쓴다.
  예 돈, 돈이 인생의 전부이더냐?
     열정, 이것이야말로 젊은이의 가장 소중한 자산이다.
     지금 네가 여기 있다는 것, 그것만으로도 나는 충분히 행복해.
⑩ 한 문장에 같은 의미의 어구가 반복될 때 앞에 오는 어구 다음에 쓴다.
  예 그의 사랑, 계산하지 않고 나를 위해 헌신한 마음을 뒤늦게야 나는 깨달았다.
⑪ 도치문에서 도치된 어구들 사이에 쓴다.
  예 이리 오세요, 어머님.   다시 보자, 한강수야.
⑫ 바로 다음 말과 직접적인 관계에 있지 않음을 나타낼 때 쓴다.
  예 그는, 울면서 떠나는 경진이를 배웅했다.
     철원과, 대관령을 중심으로 한 강원도 산간 지대에 예년보다 일찍 첫눈이 내렸습니다.
⑬ 문장 중간에 끼어든 어구의 앞뒤에 쓴다.
  예 나는, 솔직히 말하면, 그 말이 별로 탐탁지 않아.
     영호는 미소를 띠고, 속으로는 화가 치밀어 올라 잠시라도 견딜 수 없을 만큼 괴로웠지만, 그들을 맞았다.

  [붙임 1]   이때는 쉼표 대신 줄표를 쓸 수 있다.
             예 나는 ― 솔직히 말하면 ― 그 말이 별로 탐탁지 않아.
                영호는 미소를 띠고 ― 속으로는 화가 치밀어 올라 잠시라도 견딜 수 없을 만큼 괴로웠지만 ― 그들을 맞았다.

  [붙임 2]   끼어든 어구 안에 다른 쉼표가 들어 있을 때는 쉼표 대신 줄표를 쓴다.
             예 이건 내 것이니까 ― 아니, 내가 처음 발견한 것이니까 ― 절대로 양보할 수 없다.

⑭ 특별한 효과를 위해 끊어 읽는 곳을 나타낼 때 쓴다.
  예 내가, 정말 그 일을 오늘 안에 해낼 수 있을까?   이 전투는 바로 우리가, 우리만이, 승리로 이끌 수 있다.
⑮ 짧게 더듬는 말을 표시할 때 쓴다.
  예 선생님, 부, 부정행위라니요? 그런 건 새, 생각조차 하지 않았습니다.

  [붙임]   '쉼표' 대신 '반점'이라는 용어를 쓸 수 있다.

최신 가운뎃점(·)

① 열거할 어구들을 일정한 기준으로 묶어서 나타낼 때 쓴다.
  예 중기·은재·동건·수민이가 서로 짝이 되어 윷놀이를 하였다.
     지금의 경상남도·경상북도, 전라남도·전라북도, 충청남도·충청북도 지역을 예부터 삼남이라 일러 왔다.
② 짝을 이루는 어구들 사이에 쓴다.
  예 우리는 그 일의 참·거짓을 따질 겨를도 없었다.   하천 수질의 조사·분석
     빨강·초록·파랑이 빛의 삼원색이다.
  다만, 이때는 가운뎃점을 쓰지 않거나 쉼표를 쓸 수도 있다.
  예 우리는 그 일의 참 거짓을 따질 겨를도 없었다.   하천 수질의 조사, 분석
     빨강, 초록, 파랑이 빛의 삼원색이다.
③ 공통 성분을 줄여서 하나의 어구로 묶을 때 쓴다.
  예 상·중·하위권   금·은·동메달   통권 제54·55·56호

  [붙임]   이때는 가운뎃점 대신 쉼표를 쓸 수 있다.
             예 상, 중, 하위권   금, 은, 동메달   통권 제54, 55, 56호

쌍점(:)	① 표제 다음에 해당 항목을 들거나 설명을 붙일 때 쓴다.
	예 문방사우: 종이, 붓, 먹, 벼루　　　　　　　　　　일시: 2014년 10월 9일 10시
	② 희곡 등에서 대화 내용을 제시할 때 말하는 이와 말한 내용 사이에 쓴다.
	예 김 과장: 난 못 참겠다.　　　　　　　　　　아들: 아버지, 제 말씀 좀 들어 보세요.
	③ 시와 분, 장과 절 등을 구별할 때 쓴다.
	예 오전 10:20(오전 10시 20분)　　　　　　두시언해 6:15(두시언해 제6권 제15장)
	④ 의존 명사 '대'가 쓰일 자리에 쓴다.
	예 65:60(65 대 60)　　　　　　　　　　　청군:백군(청군 대 백군)
	[붙임] 쌍점의 앞은 붙여 쓰고 뒤는 띄어 쓴다. 다만, ③과 ④에서는 쌍점의 앞뒤를 붙여 쓴다.
빗금(/)	① 대비되는 두 개 이상의 어구를 묶어 나타낼 때 그 사이에 쓴다.
	예 먹이다/먹히다　　　　　남반구/북반구　　　　　금메달/은메달/동메달
	② 기준 단위당 수량을 표시할 때 해당 수량과 기준 단위 사이에 쓴다.
	예 100미터/초　　　　　　1,000원/개
	③ 시의 행이 바뀌는 부분임을 나타낼 때 쓴다.
	예 산에 / 산에 / 피는 꽃은 / 저만치 혼자서 피어 있네
	다만, 연이 바뀜을 나타낼 때는 두 번 겹쳐 쓴다.
	예 산에는 꽃 피네 / 꽃이 피네 / 갈 봄 여름 없이 / 꽃이 피네 // 산에 / 산에 / 피는 꽃은 / 저만치 혼자서 피어 있네
	[붙임] 빗금의 앞뒤는 ①과 ②에서는 붙여 쓰며, ③에서는 띄어 쓰는 것을 원칙으로 하되 붙여 쓰는 것을 허용한다. 단, ①에서 대비되는 어구가 두 어절 이상인 경우에는 빗금의 앞뒤를 띄어 쓸 수 있다.

3 따옴표

큰따옴표(" ")	① 글 가운데에서 직접 대화를 표시할 때 쓴다.
	예 "아버지, 제가 가겠어요."
	"아니다. 내가 다녀오마."
	② 말이나 글을 직접 인용할 때 쓴다.
	예 나는 "어, 광훈이 아니냐?" 하는 소리에 깜짝 놀랐다.
	밤하늘에 반짝이는 별들을 보면서 "나는 아무 걱정도 없이 가을 속의 별들을 다 헬 듯합니다."라는 시구를 떠올렸다.
작은따옴표(' ')	① 인용한 말 안에 있는 인용한 말을 나타낼 때 쓴다.
	예 그는 "여러분! '시작이 반이다.'라는 말 들어 보셨죠?"라고 말하며 강연을 시작했다.
	② 마음속으로 한 말을 적을 때 쓴다.
	예 나는 '일이 다 틀렸나 보군.' 하고 생각하였다.

4 묶음표

소괄호(( ))	① 주석이나 보충적인 내용을 덧붙일 때 쓴다.
	예 니체(독일의 철학자)의 말을 빌리면 다음과 같다.
	② 우리말 표기와 원어 표기를 아울러 보일 때 쓴다.
	예 기호(嗜好), 자세(姿勢)　　　　　　　　　커피(coffee), 에티켓(étiquette)
	③ 생략할 수 있는 요소임을 나타낼 때 쓴다.
	예 학교에서 동료 교사를 부를 때는 이름 뒤에 '선생(님)'이라는 말을 덧붙인다.
	광개토(대)왕은 고구려의 전성기를 이끌었던 임금이다.

④ 희곡 등 대화를 적은 글에서 동작이나 분위기, 상태를 드러낼 때 쓴다.
　예 지연: (한숨을 내쉬며) 나는 젊어 보기도 했고, 늙어 보기도 했어.
　　　"관찰한 것을 쓰는 것이 습관이 되었죠. 그러다 보니, 상상력이 생겼나 봐요." (웃음)

⑤ 내용이 들어갈 자리임을 나타낼 때 쓴다.
　예 우리나라의 수도는 (　　)이다.

⑥ 항목의 순서나 종류를 나타내는 숫자나 문자 등에 쓴다.
　예 사람의 인격은 (1) 용모, (2) 언어, (3) 행동, (4) 덕성 등으로 표현된다.

중괄호({ })	① 같은 범주에 속하는 여러 요소를 세로로 묶어서 보일 때 쓴다. 　예 주격 조사 { 이 / 가 } ② 열거된 항목 중 어느 하나가 자유롭게 선택될 수 있음을 보일 때 쓴다. 　예 아이들이 모두 학교{에, 로, 까지} 갔어요.
대괄호([ ])	① 괄호 안에 또 괄호를 쓸 필요가 있을 때 바깥쪽의 괄호로 쓴다. 　예 어린이날이 새로 제정되었을 당시에는 어린이들에게 경어를 쓰라고 하였다.[윤석중 전집(1988), 70쪽 참조] ② 고유어에 대응하는 한자어를 함께 보일 때 쓴다. 　예 나이[年歲]　　낱말[單語] ③ 원문에 대한 이해를 돕기 위해 설명이나 논평 등을 덧붙일 때 쓴다. 　예 그것[한글]은 이처럼 정보화 시대에 알맞은 과학적인 문자이다. 　　그런 일은 결코 있을 수 없다.[원문에는 '업다'임.]
겹낫표(『 』)와 겹화살괄호(《 》)	책의 제목이나 신문 이름 등을 나타낼 때 쓴다. 　예 『훈민정음』은 1997년에 유네스코 세계 기록 유산으로 지정되었다. 　　윤동주의 유고 시집인 《하늘과 바람과 별과 시》에는 31편의 시가 실려 있다. [붙임]　겹낫표나 겹화살괄호 대신 큰따옴표를 쓸 수 있다. 　　　　예 "훈민정음"은 1997년에 유네스코 세계 기록 유산으로 지정되었다. 　　　　　윤동주의 유고 시집인 "하늘과 바람과 별과 시"에는 31편의 시가 실려 있다.
홑낫표(「 」)와 홑화살괄호(〈 〉)	소제목, 그림이나 노래와 같은 예술 작품의 제목, 상호, 법률, 규정 등을 나타낼 때 쓴다. 　예 사무실 밖에 「해와 달」이라고 쓴 간판을 달았다. 　　백남준은 2005년에 〈엄마〉라는 작품을 선보였다. [붙임]　홑낫표나 홑화살괄호 대신 작은따옴표를 쓸 수 있다. 　　　　예 사무실 밖에 '해와 달'이라고 쓴 간판을 달았다. 　　　　　백남준은 2005년에 '엄마'라는 작품을 선보였다.

5 이음표

줄표(—)	제목 다음에 표시하는 부제의 앞뒤에 쓴다. 　예 이번 토론회의 제목은 '역사 바로잡기 — 근대의 설정 —'이다. 다만, 뒤에 오는 줄표는 생략할 수 있다. 　예 이번 토론회의 제목은 '역사 바로잡기 — 근대의 설정'이다. [붙임]　줄표의 앞뒤는 띄어 쓰는 것을 원칙으로 하되, 붙여 쓰는 것을 허용한다.
붙임표(-)	① 차례대로 이어지는 내용을 하나로 묶어 열거할 때 각 어구 사이에 쓴다. 　예 멀리뛰기는 도움닫기 - 도약 - 공중 자세 - 착지의 순서로 이루어진다. ② 두 개 이상의 어구가 밀접한 관련이 있음을 나타내고자 할 때 쓴다. 　예 드디어 서울 - 북경의 항로가 열렸다. 　　원 - 달러 환율 　　남한 - 북한 - 일본 삼자 관계

물결표(~)	기간이나 거리 또는 범위를 나타낼 때 쓴다.
	예 9월 15일~9월 25일 김정희(1786~1856) 서울~천안 정도는 출퇴근이 가능하다.
	[붙임] 물결표 대신 붙임표를 쓸 수 있다.
	예 9월 15일-9월 25일 김정희(1786-1856) 서울-천안 정도는 출퇴근이 가능하다.

6 드러냄표

드러냄표(˙)와 밑줄(＿＿)	문장 내용 중에서 주의가 미쳐야 할 곳이나 중요한 부분을 특별히 드러내 보일 때 쓴다.
	예 한글의 본디 이름은 훈민정음이다.
	중요한 것은 왜 사느냐가 아니라 어떻게 사느냐이다.
	지금 필요한 것은 지식이 아니라 실천입니다.
	[붙임] 드러냄표나 밑줄 대신 작은따옴표를 쓸 수 있다.
	예 한글의 본디 이름은 '훈민정음'이다.
	중요한 것은 '왜 사느냐'가 아니라 '어떻게 사느냐'이다.
	지금 필요한 것은 '지식'이 아니라 '실천'입니다.

7 안드러냄표

숨김표(○, ×)	① 금기어나 공공연히 쓰기 어려운 비속어임을 나타낼 때, 그 글자의 수효만큼 쓴다.
	예 배운 사람 입에서 어찌 ○○○란 말이 나올 수 있느냐?
	그 말을 듣는 순간 ×××란 말이 목구멍까지 치밀었다.
	② 비밀을 유지해야 하거나 밝힐 수 없는 사항임을 나타낼 때 쓴다.
	예 1차 시험 합격자는 김○영, 이○준, 박○순 등 모두 3명이다.
	육군 ○○ 부대 ○○○ 명이 작전에 참가하였다.
	그 모임의 참석자는 김×× 씨, 정×× 씨 등 5명이었다.
빠짐표(□)	① 옛 비문이나 문헌 등에서 글자가 분명하지 않을 때 그 글자의 수효만큼 쓴다.
	예 大師爲法主□□賴之大□薦
	② 글자가 들어가야 할 자리를 나타낼 때 쓴다.
	예 훈민정음의 초성 중에서 아음(牙音)은 □□□의 석 자다.
줄임표(……)	① 할 말을 줄였을 때 쓴다.
	예 "어디 나하고 한번……." 하고 민수가 나섰다.
	② 말이 없음을 나타낼 때 쓴다.
	예 "빨리 말해!"
	"……."
	③ 문장이나 글의 일부를 생략할 때 쓴다.
	예 '고유'라는 말은 문자 그대로 본디부터 있었다는 뜻은 아닙니다. …… 같은 역사적 환경에서 공동의 집단생활을 영위해 오는 동안 공동으로 발견된. 사물에 대한 공동의 사고방식을 우리는 한국의 고유 사상이라 부를 수 있다는 것입니다.
	④ 머뭇거림을 보일 때 쓴다.
	예 "우리는 모두…… 그러니까…… 예외 없이 눈물만…… 흘렸다."
	[붙임 1] 점은 가운데에 찍는 대신 아래쪽에 찍을 수도 있다.
	예 "어디 나하고 한번......" 하고 민수가 나섰다.
	[붙임 2] 점은 여섯 점을 찍는 대신 세 점을 찍을 수도 있다.
	예 "어디 나하고 한번…." 하고 민수가 나섰다.
	"어디 나하고 한번...." 하고 민수가 나섰다.
	[붙임 3] 줄임표는 앞말에 붙여 쓴다. 다만, ③에서는 줄임표의 앞뒤를 띄어 쓴다.

03 한글 맞춤법 – 문장 부호

기출 응용문제

01
다음 문장에서 쉼표(,)가 사용법에 맞게 쓰이지 <u>않은</u> 것은?

① 제가 정말 하, 합격이라고요?
② 다음으로, 애국가 제창이 있겠습니다.
③ 책의 서문, 곧 머리말에는 책을 지은 목적이 드러나 있다.
④ 철원과, 대관령을 중심으로 한 강원도 산간 지대에 첫눈이 일찍 내렸다.
⑤ 이건 내 것이니까, 아니, 내가 처음 발견한 것이니까, 절대로 양보할 수 없다.

02
문장 부호 규정에 대한 설명과 그 예가 적절하지 <u>않은</u> 것은?

	규정	예
①	마침표는 아라비아 숫자만으로 연월일을 표시할 때 쓴다.	1919. 3. 1.
②	물음표는 모르거나 불확실한 내용임을 나타낼 때 쓴다.	최치원(857~?)은 통일 신라 말기에 이름을 떨쳤던 학자이자 문장가이다.
③	느낌표는 특별히 강한 느낌을 나타내는 어구, 평서문, 명령문, 청유문에 쓴다.	청춘! 이는 듣기만 하여도 가슴이 설레는 말이다.
④	쉼표는 열거의 순서를 나타내는 어구 다음에 쓴다.	첫째, 몸이 튼튼해야 한다.
⑤	대괄호는 주석이나 보충적인 내용을 덧붙일 때 쓴다.	니체[독일의 철학자]의 말을 빌리면 다음과 같다.

정답 풀이 & 오답 해설

01
| 정답 풀이 | ⑤ 쉼표는 문장 중간에 끼어든 어구의 앞뒤에 사용하지만, 끼어든 어구 안에 다른 쉼표가 들어 있을 때는 쉼표 대신 줄표를 쓴다. 따라서 "이건 내 것이니까 — 아니, 내가 처음 발견한 것이니까 — 절대로 양보할 수 없다."와 같이 문장 부호를 사용해야 한다.

| 오답 해설 |
① 짧게 더듬는 말임을 나타낼 때 그 더듬는 요소 사이에 쉼표를 쓴다.
② 열거의 순서를 나타내는 어구 다음에 쉼표를 쓴다.
③ 한 문장 안에서 앞말을 '곧', '다시 말해' 등과 같은 어구로 다시 설명할 때 앞말 다음에 쉼표를 쓴다.
④ 바로 다음 말과 직접적인 관계에 있지 않음을 나타낼 때 쉼표를 쓴다. 쉼표를 사용함으로써 '철원'과 접속 관계에 있는 어구가 '강원도 산간 지대'라는 것을 알 수 있다. 만약 쉼표를 쓰지 않으면 '철원'과 접속 관계에 있는 어구는 '대관령'이 된다.

02
| 정답 풀이 | ⑤ 주석이나 보충적인 내용을 덧붙일 때는 소괄호(( ))를 쓰는 것이 옳다.

정답 01 ⑤ 02 ⑤

03

문장 부호 규정에 대한 설명과 그 예가 적절하지 <u>않은</u> 것은?

	규정	예
①	할 말을 줄였을 때에 줄임표(……)를 쓴다.	"어디 나하고 한번……." 하고 철수가 나섰다.
②	금기어나 공공연히 쓰기 어려운 비속어의 경우, 숨김표(××, ○○)를 쓴다.	그 말을 듣는 순간 ××× 란 말이 목구멍까지 치밀었다.
③	생략할 수 있는 요소임을 나타낼 때 소괄호(( ))를 쓴다.	학교에서 동료 교사를 부를 때는 이름 뒤에 '선생(님)'이라는 말을 덧붙인다.
④	대비되는 두 개 이상의 어구를 묶어 나타낼 때 빗금(/)을 쓴다.	남반구/북반구
⑤	차례대로 이어지는 내용을 하나로 묶어 열거할 때 물결표(~)를 쓴다.	멀리뛰기는 도움닫기~도약~공중 자세~착지의 순서로 이루어진다.

04

문장 부호의 사용이 옳지 <u>않은</u> 것은?

① 그것 참 훌륭한(?) 태도야.
② 9월 15일~9월 25일
③ 커피(coffee)는 기호 식품이다.
④ 문방사우: 붓, 먹, 벼루, 종이
⑤ 육군 □□ 부대 □□ 명이 작전에 참가하였다.

05

다음 중 문장 부호의 쓰임이 옳지 <u>않은</u> 것은?

① 나는 그에게 "알겠어."라고 대답했다.
② 그는 '이성'보다 '감성'이 중요하다고 생각한다.
③ "오늘 밤에도 별이 바람에 스치운다."라는 시구가 떠올랐다.
④ 영지는 "지금 말하지 않으면 영영 기회를 놓치게 될 거야."라고 생각했다.
⑤ 그는 "여러분 '무쇠도 갈면 바늘이 된다.'라는 말을 들어보셨나요?"라고 말했다.

정답 풀이 & 오답 해설

03

| 정답 풀이 | ⑤ 차례대로 이어지는 내용을 하나로 묶어 열거할 때는 붙임표(-)를 쓴다.

04

| 정답 풀이 | ⑤ 비밀을 유지해야 하거나 밝힐 수 없는 사항임을 나타낼 때는 숨김표(○, ×)를 사용한다. 빠짐표(□)는 옛 비문이나 문헌 등에서 글자가 분명하지 않을 때 그 글자의 수효만큼 쓰거나, 글자가 들어가야 할 자리를 나타낼 때 쓴다.

| 오답 해설 |
① 물음표(?): 특정한 어구의 내용에 대하여 의심, 빈정거림 등을 표시할 때, 또는 적절한 말을 쓰기 어려울 때 소괄호 안에 쓴다.
② 물결표(~): 기간이나 거리 또는 범위를 나타낼 때 쓴다.
③ 소괄호(( )): 우리말 표기와 원어 표기를 아울러 보일 때 쓴다.
④ 쌍점(:): 표제 다음에 해당 항목을 들거나 설명을 붙일 때 쓴다.

05

| 정답 풀이 | ④ 마음속으로 한 생각을 나타낼 때는 큰따옴표가 아닌 작은따옴표를 쓴다.

| 오답 해설 |
① 직접 인용을 나타낸 부분이므로 큰따옴표를 쓴다.
② 중요한 부분을 강조하기 위한 표기이므로 작은따옴표를 쓸 수 있다.
③ 시구를 직접 인용한 것이므로 큰따옴표를 쓴다.
⑤ 인용한 말 안에 있는 인용한 말이므로 큰따옴표 안에 작은따옴표를 쓴다.

정답 03 ⑤ 04 ⑤ 05 ④

04 표준어 / 표준 발음

대표 기출유형

기출유형 1 — 표준어

유형 풀이▶ 표준어 규정과 관련된 사항을 이해하고 있는지를 평가하기 위한 문항이다.

정답 풀이▶ ② '표준어 규정 제1부 제2장 제4절 제17항'에는 '비슷한 발음의 몇 형태가 쓰일 경우, 그 의미에 아무런 차이가 없고, 그중 하나가 더 널리 쓰이면, 그 한 형태만을 표준어로 삼는다.'라고 되어 있다. 그 규정에 따라 ②는 복수 표준어가 아니라 '본새'만이 표준어이다.

정답▶ ②

• 다음 중 복수 표준어에 해당하지 <u>않는</u> 것은?

① 가뭄/가물
② 본새/뽄새
③ 우레/천둥
④ 서럽다/섧다
⑤ 어저께/어제

기출유형 2 — 표준 발음

유형 풀이▶ 표준 발음법이 규정하고 있는 음운 변동을 올바르게 이해하고 있는지를 평가하기 위한 문항이다.

정답 풀이▶ ④ 'ㄴ'이 'ㄹ'의 앞이나 뒤에서 [ㄹ]로 발음되는 것을 유음화라고 한다. '줄넘기'는 [줄럼끼]로 발음되므로 유음화 현상이 나타난다.

오답 해설▶ ⑤는 [의ː견난]으로 발음된다. 대체로 'ㄴ'으로 끝나는 2음절 한자어 뒤에 'ㄹ'로 시작하는 한자가 결합할 때에는 'ㄹ'이 'ㄴ'으로 바뀌어 발음되는 경향이 강하다. '국물', '꽃망울'은 [궁물], [꼰망울]로 비음화, '미닫이'는 [미ː다지]로 구개음화 현상이 나타난다.

정답▶ ④

• 표준 발음을 기준으로 할 때, 유음화 현상이 일어나는 것은?

① 국물
② 꽃망울
③ 미닫이
④ 줄넘기
⑤ 의견란

04 표준어 / 표준 발음

기출 핵심개념

1 표준어

1 주요 표준어 규정

제2장 제1절 제3항

다음 단어들은 거센소리를 가진 형태를 표준어로 삼는다.(ㄱ을 표준어로 삼고, ㄴ을 버림.)

ㄱ	ㄴ	비고
끄나풀	끄나불	
나팔-꽃	나발-꽃	
녘	녁	동~, 들~, 새벽~, 동틀 ~.
부엌	부억	
살-쾡이	삵-괭이	
칸	간	1. ~막이, 빈~, 방 한 ~. 2. '초가삼간, 윗간'의 경우에는 '간'임. 참고 윗간: 온돌방에서 아궁이로부터 먼 부분.
털어-먹다	떨어-먹다	재물을 다 없애다.

제2장 제1절 제6항

다음 단어들은 의미를 구별함이 없이, 한 가지 형태만을 표준어로 삼는다.(ㄱ을 표준어로 삼고, ㄴ을 버림.)

ㄱ	ㄴ	비고
돌	돐	생일, 주기.
둘-째 (최신)	두-째	'제2, 두 개째'의 뜻.
셋-째	세-째	'제3, 세 개째'의 뜻.
넷-째	네-째	'제4, 네 개째'의 뜻.
빌리다	빌다	1. 빌려주다, 빌려 오다. 2. '용서를 빌다'는 '빌다'임.

다만, '둘째'는 십 단위 이상의 서수사에 쓰일 때에 '두째'로 한다.

ㄱ	ㄴ	비고
열두-째 참고 순서가 열두 번째일 경우.		맨 앞에서부터 세어 모두 열두 개가 됨을 이를 때는 '열둘째'로.
스물두-째 참고 순서가 스물두 번째일 경우.		맨 앞에서부터 세어 모두 스물두 개가 됨을 이를 때는 '스물둘째'로.

제2장 제1절 제7항

수컷을 이르는 접두사는 '수-'로 통일한다.(ㄱ을 표준어로 삼고, ㄴ을 버림.)

ㄱ	ㄴ	비고
수-꿩	수-퀑/숫-꿩	'장끼'도 표준어임.
수-나사	숫-나사	
수-놈	숫-놈	
수-사돈	숫-사돈	
수-소	숫-소	'황소'도 표준어임.
수-은행나무	숫-은행나무	

Contents
차례

I 어휘

01	고유어	2
02	한자어	7
03	어휘의 의미 관계	13
04	한자 성어, 속담	18
05	관용구, 순화어	23

II 어법

01	맞춤법	28
02	표준어	39
03	외래어	46
04	문장 표현, 문법 요소	49

III 국어문화

01	국어학	54
02	국문학	58
03	수어, 점자	62

I. 어휘
고유어

기출 고유어
📝 회독체크 ☐☐☐

☐☐☐ **가리사니**	① 사물을 판단할 만한 지각(知覺). ② 사물을 분간하여 판단할 수 있는 실마리. 예 일이 복잡하게 얽히고설키어 **가리사니**를 잡을 수 없다.
☐☐☐ **가없다**	끝이 없다. 예 **가없는** 어머니의 은혜에 그는 눈물을 흘렸다.
☐☐☐ **가탈**	① 일이 순조롭게 나아가는 것을 방해하는 조건. 예 처음 하는 일이라 여기저기서 **가탈**이 많이 생긴다. ② 이리저리 트집을 잡아 까다롭게 구는 일. 예 **가탈**을 부리다.
☐☐☐ **갈무리**	① 물건 따위를 잘 정리하거나 간수함. 예 겨울 동안 **갈무리**를 했던 토란잎, 아주까리잎을 내다 팔았다. ② 일을 처리하여 마무리함. 예 옆 사람에게 일의 **갈무리**를 부탁했다.
☐☐☐ **거저**	① 아무런 노력이나 대가 없이. 예 그는 힘들여 만든 물건을 돈도 안 내고 **거저** 가지려 했다. ② 아무것도 가지지 않고 빈손으로. 예 아기 돌잔치에 **거저** 갈 수야 없는 일이지.
☐☐☐ **걱세다**	① 몸이 굳고 억세다. 예 그는 **걱센** 생김새와는 달리 마음씨는 매우 여린 사람이었다. ② 성질이 굳고 무뚝뚝하다.
☐☐☐ **겉말하다**	마음으로는 그렇지 않으면서 겉으로만 꾸며 말하다. 예 그는 나에게 아직도 젊다고 싱겁게 **겉말하곤** 한다.
☐☐☐ **고까이**	섭섭하고 야속하여 마음이 언짢게. 예 너무 **고까이** 여기지 말게.
☐☐☐ **고샅**	시골 마을의 좁은 골목길. 또는 골목 사이. 예 마을 **고샅**으로 접어드는 길.
☐☐☐ **곰비임비**	물건이 거듭 쌓이거나 일이 계속 일어남을 나타내는 말. 예 경사스러운 일이 **곰비임비** 일어난다.

곰실곰실	작은 벌레 따위가 한데 어우러져 조금씩 자꾸 굼뜨게 움직이는 모양. 예 벌레가 **곰실곰실** 움직인다.
구두덜거리다	못마땅하여 혼자서 자꾸 군소리를 하다. 예 그는 그저 천장에다 대고 **구두덜거렸다**.
구시렁거리다	못마땅하여 군소리를 듣기 싫도록 자꾸 하다. 예 뭘 그렇게 혼자 **구시렁거리고** 있나?
깜냥	스스로 일을 헤아림. 또는 헤아릴 수 있는 능력. 예 그는 자기의 **깜냥**을 잘 알고 있었다.
깨지락거리다	① 조금 달갑지 않은 음식을 자꾸 억지로 굼뜨게 먹다. 예 밥을 앞에 놓고 **깨지락거리기만** 하다가 일어섰다. ② 조금 달갑지 않은 듯이 자꾸 게으르고 굼뜨게 행동하다. 예 일단 의문을 품으면 **깨지락거리지** 않고 끝장을 봐야만 직성이 풀리는 성미.
너나들이	서로 너니 나니 하고 부르며 허물없이 말을 건넴. 또는 그런 사이. 예 그 사람과는 **너나들이**하는 친한 사이다.
넌출지다	식물의 덩굴 따위가 길게 치렁치렁 늘어지다.
눙치다	① 마음 따위를 풀어 누그러지게 하다. 예 그는 상대를 **눙치는** 솜씨가 대단하다. ② 어떤 행동이나 말 따위를 문제 삼지 않고 넘기다. 예 그는 지금까지 한 말을 그냥 없었던 것으로 **눙치려고** 했다.
늙수그레하다	꽤 늙어 보이다. ≒ 늙수레하다 예 어느덧 그는 사십 대 후반의 **늙수그레한** 중년 남자로 변해 있었다.
덥뻑	① 깊은 생각이 없이 무턱대고 행동하는 모양. 예 **덥뻑** 나서다. ② 서슴지 않고 단숨에 하는 모양. 예 물건을 **덥뻑** 들어 올리다.
뒤잇다	일과 일이 끊어지지 않고 곧바로 이어지다. 또는 그것을 그렇게 이어지도록 하다. 예 축가에 **뒤이어** 축사가 있겠습니다.
득달같이	잠시도 늦추지 아니하게. 예 **득달같이** 달려가다.
맞갖잖다	마음이나 입맛에 맞지 아니하다. 예 외출복이 마음에 **맞갖잖아서** 옷장 앞에서 한참 망설였다.
머쓱하다	① 어울리지 않게 키가 크다. ② 무안을 당하거나 흥이 꺾여 어색하고 열없다. 예 그는 자신의 마음을 들킨 것이 **머쓱해서** 웃고 말았다.

몽니
받고자 하는 대우를 받지 못할 때 내는 심술.
예 **몽니**를 부리다.

물곬
물이 흘러 빠져나가는 작은 도랑.
예 그는 농사를 짓기 위하여 논에 **물곬**을 잘 빼 놓았다.

바투
① 두 대상이나 물체의 사이가 썩 가깝게.
예 **바투** 다가앉다.
② 시간이나 길이가 아주 짧게.
예 날짜를 **바투** 잡다.

뱃심
① 염치나 두려움이 없이 제 고집대로 버티는 힘.
예 그는 모두가 반대하는 일을 **뱃심**으로 밀고 나갔다.
② 마음속에 다지는 속셈.

변죽
① 그릇이나 세간, 과녁 따위의 가장자리.
예 화살이 과녁의 **변죽**을 꿰뚫다.
② 제재목 가운데 나무껍질이 붙어 있는 널빤지.

본치
남의 눈에 띄는 태도나 겉모양.
예 손님들이 오자 나는 점심상을 **본치** 좋게 차렸다.

사뭇
① 거리낌 없이 마구.
예 그는 선생님 앞에서도 **사뭇** 술을 마셨다.
② 내내 끝까지.
예 이번 겨울 방학은 **사뭇** 바빴다.
③ 아주 딴판으로.
예 기질도 **사뭇** 다르다.
④ 마음에 사무치도록 매우.
예 그녀의 마음에는 **사뭇** 슬픔이 밀려왔다.

수더분하다
성질이 까다롭지 아니하여 순하고 무던하다.
예 **수더분해** 보이다.

숫제
순박하고 진실하게.
예 그도 이제는 **숫제** 착실한 생활을 한다.

시부렁거리다
주책없이 쓸데없는 말을 함부로 자꾸 지껄이다.
예 그는 술에 취해 세상이 곧 망할 것이라고 **시부렁거리더니** 어느새 잠이 들었다.

실팍하다
사람이나 물건 따위가 보기에 매우 실하다.
예 그는 **실팍한** 몸집인데도 쌀 한 가마를 제대로 못 옮겼다.

싹수
어떤 일이나 사람이 앞으로 잘될 것 같은 낌새나 징조.
예 **싹수**가 있다.

☐☐☐ **알찐대다**	남의 비위를 맞추려고 가까이 붙어서 계속 아첨하다.
☐☐☐ **얼뜨다**	다부지지 못하여 어수룩하고 얼빠진 데가 있다. 예 솜씨가 **얼뜨다**.
☐☐☐ **우수리**	① 물건값을 제하고 거슬러 받는 잔돈. 예 만 원을 내고 **우수리**로 천 원을 거슬러 받았다. ② 일정한 수나 수량에 차고 남는 수나 수량. 예 한 사람 앞에 5개씩 주었는데도 **우수리**가 7개나 된다.
☐☐☐ **으늑하다**	① 푸근하게 감싸인 듯 편안하고 조용한 느낌이 있다. 예 **으늑한** 분위기. ② 조용하고 깊숙하다. 예 **으늑한** 산골짜기.
☐☐☐ **이기죽거리다**	자꾸 입살스럽게 지껄이며 짓궂게 빈정거리다. 예 계속 **이기죽거리며** 약을 올리다.
☐☐☐ **주눅**	기운을 제대로 펴지 못하고 움츠러드는 태도나 성질. 예 **주눅**이 들다.
☐☐☐ **즐비하다**	빗살처럼 줄지어 빽빽하게 늘어서 있다. 예 지금 그곳은 고층 아파트들이 **즐비하게** 들어섰다.
☐☐☐ **지레**	어떤 일이 일어나기 전 또는 어떤 기회나 때가 무르익기 전에 미리. 예 **지레** 겁을 먹다.
☐☐☐ **징건하다**	먹은 것이 잘 소화되지 아니하여 더부룩하고 그득한 느낌이 있다. 예 그는 속이 **징건하여** 아무것도 먹고 싶지 않았다.
☐☐☐ **트레바리**	이유 없이 남의 말에 반대하기를 좋아함. 또는 그런 성격을 지닌 사람.
☐☐☐ **해읍스름하다**	산뜻하지 못하게 조금 하얗다.
☐☐☐ **허릅숭이**	일을 실답게 하지 못하는 사람을 낮잡아 이르는 말.
☐☐☐ **회목**	① 손목이나 발목의 잘록한 부분. ② 강이나 길 따위에서 꺾이어 방향이 바뀌는 곳.
☐☐☐ **흐벅지다**	① 탐스럽게 두툼하고 부드럽다. 예 사과가 **흐벅지게** 열렸다. ② 푸지거나 만족스럽다. 예 술을 **흐벅지게** 마셨다.

고유어 — 빠른 확인 테스트

※ 밑줄 친 고유어의 의미가 옳으면 O, 틀리면 X 표시하시오.

01 처음 하는 일이라 여기저기서 <u>가탈</u>이 많이 생긴다. → 끝이 없다. (O , X)
02 그저 천장에다 대고 <u>구두덜거렸다</u>. → 못마땅하여 혼자서 자꾸 군소리를 하다. (O , X)
03 <u>덤뻑</u> 나서다. → 잠시도 늦추지 아니하게. (O , X)
04 기질도 <u>사뭇</u> 다르다. → 아주 딴판으로. (O , X)
05 모두가 반대하는 일을 <u>뱃심</u>으로 밀고 나갔다. → 거리낌 없이 마구. (O , X)
06 속이 <u>징건하다</u>. → 먹은 것이 소화가 안되어 더부룩하다. (O , X)
07 경사스러운 일이 <u>곰비임비</u> 일어난다. → 물건이 거듭 쌓이거나 일이 계속 일어남. (O , X)
08 그곳은 고층 아파트들이 <u>즐비하게</u> 들어섰다. → 조용하고 깊숙하다. (O , X)

※ 빈칸에 들어갈 알맞은 고유어의 기본형을 쓰시오.

09 자꾸 밉살스럽게 지껄이며 짓궂게 빈정거리다. (   )
→ 예 옆에서 계속 (   ) 약을 올리다.

10 남의 눈에 띄는 태도나 겉모양. (   )
→ 예 손님들이 오자 나는 점심상을 (   ) 좋게 차렸다.

11 두 대상이나 물체의 사이가 썩 가깝게. (   )
→ 예 어머니는 아들에게 (   ) 다가가 두 손을 움켜쥐었다.

12 성질이 까다롭지 아니하여 순하고 무던하다. (   )
→ 예 저 사람은 (   ) 보여서 좋아.

13 마음으로는 그렇지 않으면서 겉으로만 꾸며 말하다. (   )
→ 예 그는 나에게 아직도 젊다고 싱겁게 (   ).

14 몸이 굳고 억세다. (   )
→ 예 그는 (   ) 생김새와는 달리 마음씨는 매우 여린 사람이었다.

15 마음이나 입맛에 맞지 아니하다. (   )
→ 예 외출복이 마음에 (   ) 옷장 앞에서 한참 망설였다.

정답 01. X   02. O   03. X   04. O   05. X   06. O   07. O   08. X   09. 이기죽거리다   10. 본치   11. 바투
12. 수더분하다   13. 겉말하다   14. 억세다   15. 맞갖잖다

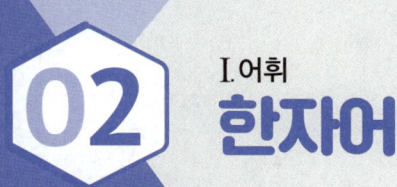

I. 어휘
한자어

기출 한자어

✏️ 회독체크 ☐☐☐

가료(加療) ☐☐☐
병이나 상처 따위를 잘 다스려 낫게 함.
📝 그곳은 **가료** 개념의 보양 온천으로 유명하다.

간여(干與) ☐☐☐
어떤 일에 간섭하여 참여함.
📝 그런 일에는 **간여**를 못 하게 돼서 마케팅부도 다 물러나지 않았습니까?

강보(襁褓) ☐☐☐
어린아이의 작은 이불. 덮고 깔거나 어린아이를 업을 때 쓴다.
📝 **강보**에 싸인 아기.

개정(改正) ☐☐☐
주로 문서의 내용 따위를 고쳐 바르게 함.
📝 회칙을 **개정**하였다.

게재(揭載) ☐☐☐
글이나 그림 따위를 신문이나 잡지 따위에 실음.
📝 그의 칼럼을 일주일에 한 번 신문에 **게재**하기로 했다.

격양(激揚) ☐☐☐
기운이나 감정 따위가 세차게 일어나 들날림.
📝 선거 유세장에 모인 사람들의 얼굴에는 **격양**의 빛이 만연했다.

결부(結付) ☐☐☐
일정한 사물이나 현상을 서로 연관시킴.
📝 그 두 문제는 매우 밀접히 **결부**되어 있다.

결재(決裁) ☐☐☐
결정할 권한이 있는 상관이 부하가 제출한 안건을 검토하여 허가하거나 승인함.
📝 **결재**를 받다.

계제(階梯) ☐☐☐
① 일이 되어 가는 순서나 절차를 비유적으로 이르는 말.
② 어떤 일을 할 수 있게 된 형편이나 기회.
📝 지금은 이것저것 가릴 **계제**가 아니다.

공표(公表) ☐☐☐
여러 사람에게 널리 드러내어 알림. '공개 발표'
📝 그는 지동설의 정당성을 확인하고 이를 **공표**하였다.

과문(寡聞) ☐☐☐
보고 들은 것이 적음.
📝 **과문**의 소치에서 비롯된 잘못

관건(關鍵) ☐☐☐
① 문빗장과 자물쇠를 아울러 이르는 말.
📝 아무 **관건** 장치도 없는 방문.
② 어떤 사물이나 문제 해결의 가장 중요한 부분.
📝 문제 해결의 **관건**을 쥐다.

관통(貫通)	① 꿰뚫어서 통함. 예 흉부 관통, 동서 관통 도로 ② 처음부터 끝까지 일관함.
구활하다(久闊하다)	오랫동안 소식이 없거나 만나지 못하다. 예 그 사람과는 구활하여 연락처도 알지 못한다.
굴지(屈指)	① 무엇을 셀 때, 손가락을 꼽음. ② 매우 뛰어나 수많은 가운데서 손꼽힘. 예 국내 굴지의 대학.
금번(今番)	곧 돌아오거나 이제 막 지나간 차례. 예 그는 금번에도 똑같은 대학을 지원하였다.
기염(氣焰)	불꽃처럼 대단한 기세. 예 도전자는 통쾌한 케이오 승을 거두겠다고 기염을 토하고 있다.
답습(踏襲)	예로부터 해 오던 방식이나 수법을 좇아 그대로 행함. 예 전통의 계승과 답습을 혼동해서는 안 된다.
망라(網羅)	물고기나 새를 잡는 그물이라는 뜻으로, 널리 받아들여 모두 포함함을 이르는 말. 예 각계각층의 지도자들이 망라되다.
묵인(默認)	모르는 체하고 하려는 대로 내버려 둠으로써 슬며시 인정함. 예 지방 수령들의 수탈이 묵인되면서 백성들의 생활고는 더 심해졌다.
미증유(未曾有)	지금까지 한 번도 있어 본 적이 없음. 예 역사 이래 미증유의 사건.
반추(反芻)	① 한번 삼킨 먹이를 다시 게워 내어 씹음. 또는 그런 일. ② 어떤 일을 되풀이하여 음미하거나 생각함. 또는 그런 일.
발군(拔群)	여럿 가운데에서 특별히 뛰어남. 예 그는 여러 학생 가운데 발군의 성적을 보였다.
방출(放出)	① 비축하여 놓은 것을 내놓음. 예 은행의 자금 방출로 기업의 숨통이 조금 트였다. ② 『물리』 입자나 전자기파의 형태로 에너지를 내보냄. 예 은하가 태양계에 방출하는 빛의 양은 은하의 기울기에 따라 달라진다.
배알(拜謁)	지위가 높거나 존경하는 사람을 찾아가 뵘. ≒ 면알, 배오, 예알 예 황제께 배알을 청하다.
백미(白眉)	흰 눈썹이라는 뜻으로, 여럿 가운데에서 가장 뛰어난 사람이나 훌륭한 물건을 비유적으로 이르는 말. 예 이번 연주회의 백미는 단연 바이올린 독주였다.

□□□ 부심(腐心)	① 근심, 걱정으로 마음이 썩음. ② 어떤 문제를 해결하기 위한 방안을 생각해 내느라고 몹시 애씀. 예 성민이의 계획서에는 여러 군데 부심의 흔적이 엿보인다.
□□□ 부정(不正)	올바르지 아니하거나 옳지 못함. 예 부정을 저지르다.
□□□ 불하(拂下)	국가 또는 공공 단체의 재산을 개인에게 팔아넘기는 일. 예 이번에 시에서 마련해 주는 땅은 곧 불하가 나올 거라고 했다.
□□□ 비상하다 (非常하다)	① 예사롭지 아니하다. 예 각 정당은 그 사건에 비상한 관심을 가지고 사건의 추이를 지켜보고 있었다. ② 평범하지 아니하고 뛰어나다. 예 그는 재주가 비상하다.
□□□ 사자후(獅子吼)	① 부처의 위엄 있는 설법을, 사자의 울부짖음에 모든 짐승이 두려워하여 굴복하는 것에 비유하여 이르는 말. ② 사자의 우렁찬 울부짖음이란 뜻으로, 크게 부르짖어 열변을 토하는 연설을 이르는 말. 예 사자후를 토하다. ③ 질투심이 강한 아내가 남편에게 암팡스럽게 떠드는 일을 비유적으로 이르는 말.
□□□ 사족(蛇足)	뱀을 다 그리고 나서 있지도 아니한 발을 덧붙여 그려 넣는다는 뜻으로, 쓸데없는 군짓을 하여 도리어 잘못되게 함을 이르는 말. 예 사족을 달다.
□□□ 산개(散開)	① 여럿으로 흩어져 벌림. ② 밀집된 군대나 병력을 적당한 간격으로 넓게 벌리거나 해산하는 일.
□□□ 산실(産室)	① 해산하는 방. 예 이 병원에는 산실이 모자란다. ② 어떤 일을 꾸미거나 이루어 내는 곳. 또는 그런 바탕. 예 우리 연구부를 기술 개발의 산실로 키우겠다.
□□□ 상고(詳考)	꼼꼼하게 따져서 검토하거나 참고함.
□□□ 소지(素地)	① 본래의 바탕. ② 문제가 되거나 부정적인 일 따위를 생기게 하는 원인. 또는 그렇게 될 가능성. 예 오해의 소지를 없애다.
□□□ 숙환(宿患)	① 오래 묵은 병. 예 아버님께서는 숙환으로 고생하시다가 별세하셨다. ② 오래된 걱정거리.
□□□ 와중(渦中)	일이나 사건 따위가 시끄럽고 복잡하게 벌어지는 가운데. 예 많은 사람이 전란의 와중에 가족을 잃었다.

□□□ 용렬하다〔庸劣하다〕	사람이 변변하지 못하고 졸렬하다. 예 그는 매사에 하는 행동이 **용렬하기** 짝이 없다.
□□□ 유숙〔留宿〕	남의 집에서 묵음. 예 길을 가다가 해가 저물어서 **유숙**을 청하였다.
□□□ 유예〔猶豫〕	① 망설여 일을 결행하지 아니함. 예 안주하고 있는 것은 회피나 **유예**에 불과하지 않은가. ② 일을 결행하는 데 날짜나 시간을 미룸. 또는 그런 기간. 예 원리금 상환을 **유예**하다. ③ 『법률』 소송 행위를 하거나 소송 행위의 효력을 발생시키기 위하여 일정한 기간을 둠. 또는 그런 기간. 예 **유예** 처분을 받다.
□□□ 재기〔才氣〕	재주가 있는 기질. 예 **재기**가 넘치다.
□□□ 전거〔典據〕	① 말이나 문장의 근거가 되는 문헌상의 출처. ② 규칙이나 법칙으로 삼는 근거. 예 **전거**를 세우다.
□□□ 제고〔提高〕	수준이나 정도 따위를 끌어올림. 예 생산성의 **제고**.
□□□ 지탄〔指彈〕	① 손끝으로 튀김. ② 잘못을 지적하여 비난함. 예 국민으로부터 **지탄**을 받다.
□□□ 진수〔眞髓〕	사물이나 현상의 가장 중요하고 본질적인 부분. 예 이번 연주회에서는 바흐 음악의 **진수**를 맛볼 수 있었다.
□□□ 질곡〔桎梏〕	① 옛 형구인 차꼬와 수갑을 아울러 이르는 말. ② 몹시 속박하여 자유를 가질 수 없는 고통의 상태를 비유적으로 이르는 말. 예 **질곡**에서 벗어나다.
□□□ 징구〔徵求〕	돈, 곡식 따위를 내놓으라고 요구함.
□□□ 징집〔徵集〕	① 물건을 거두어 모음. ② 병역 의무자를 현역에 복무할 의무를 부과하여 불러 모음. 예 **징집** 대상자
□□□ 착종〔錯綜〕	① 이것저것이 뒤섞여 엉클어짐. ② 이것저것을 섞어 모음.

☐☐☐ **천착(穿鑿)**	① 구멍을 뚫음. ② 어떤 원인이나 내용 따위를 따지고 파고들어 알려고 하거나 연구함. 예 세밀한 관찰과 **천착**을 거듭하다. ③ 억지로 이치에 닿지 아니한 말을 함.
☐☐☐ **초연하다(超然하다)**	어떤 현실 속에서 벗어나 그 현실에 아랑곳하지 않고 의젓하다. 예 돈 문제에 **초연**한 사람.
☐☐☐ **핍진하다(逼眞하다)**	① 실물과 아주 비슷하다. 예 그 작가의 필치는 생동하고 표현은 **핍진하다**. ② 사정이나 표현이 진실하여 거짓이 없다. 예 그는 남을 탓하기 전에 자신에게는 잘못이 없는지 **핍진하게** 자문해 보아야 할 것이다.
☐☐☐ **해촉(解囑)**	위촉했던 직책이나 자리에서 물러나게 함. 예 규정을 어겼다는 이유로 **해촉** 통보를 받다.
☐☐☐ **협로(夾路)**	큰길에서 갈라진 좁은 길. 예 이 고개는 워낙 **협로**가 많기 때문에 마차에서 내려 걸어가는 것이 더 안전하다.
☐☐☐ **호기(呼氣)**	① 기운을 내뿜음. ② 내쉬는 숨.
☐☐☐ **회자(膾炙)**	회와 구운 고기라는 뜻으로, 칭찬을 받으며 사람의 입에 자주 오르내림을 이르는 말. 예 그 노래는 오늘날까지 많은 사람 사이에 널리 **회자**되고 있다.
☐☐☐ **흠결(欠缺)**	일정한 수효에서 부족함이 생김. 또는 그런 부족. 예 청구인은 청구가 각하되면 부적법의 원인이 된 **흠결**을 고쳐 다시 소송 신청을 할 수 있다.

한자어 빠른 확인 테스트

※ 밑줄 친 한자어의 의미가 옳으면 O, 틀리면 X 표시하시오.

01 그의 행동이 <u>용렬(庸劣)</u>하기 짝이 없다. → 올바르지 아니하거나 옳지 못함. (O , X)
02 이번에 시에서 마련해 주는 땅은 곧 <u>불하(拂下)</u>가 나올 거라고 했다. → 국가 또는 공공 단체의 재산을 개인에게 팔아넘기는 일. (O , X)
03 역사 이래 <u>미증유(未曾有)</u>의 사건. → 본래의 바탕. (O , X)
04 그 작가의 필치는 생동하고 표현은 <u>핍진(逼眞)</u>하다. → 실물과 아주 다르다. (O , X)
05 전통의 계승과 <u>답습(踏襲)</u>을 혼동해서는 안 된다. → 예로부터 해 오던 방식이나 수법을 좇아 반대로 행함. (O , X)
06 일부 부유층의 과소비는 사회의 <u>지탄(指彈)</u>을 면하기 어렵다. → 잘못을 지적하여 비난함. (O , X)
07 <u>질곡(桎梏)</u>에서 벗어나다. → 몹시 속박하여 자유를 가질 수 없는 고통의 상태. (O , X)
08 신인임에도 불구하고 그의 기량은 단연 <u>발군(拔群)</u>이었다. → 실력이 저조함. (O , X)
09 우리 부서를 기술 개발의 <u>산실(産室)</u>로 키우겠다. → 어떤 일을 꾸미거나 이루어 내는 곳. (O , X)
10 핵 실험 <u>유예(猶豫)</u>에 동의하다. → 일을 결행하는 데 날짜나 시간을 미룸. (O , X)

※ 다음 한자어의 음을 쓰시오.

11 규정을 어겼다는 이유로 解囑 통보를 받다. (   )
12 사람들은 그의 넘치는 才氣에 혀를 내둘렀다. (   )
13 이 고개는 워낙 夾路가 많아서 위험하다. (   )
14 상급자의 默認 아래 부정을 저지르다. (   )
15 어느 누가 죽음 앞에 超然할 수 있을까? (   )
16 寡聞의 소치에서 비롯된 잘못. (   )
17 지금은 이것저것 가릴 階梯가 아니다. (   )
18 그곳은 加療 개념의 보양 온천으로 유명하다. (   )

정답 01. X 02. O 03. X 04. X 05. X 06. O 07. O 08. X 09. O 10. O 11. 해촉 12. 재기
13. 협로 14. 묵인 15. 초연 16. 과문 17. 계제 18. 가료

03. 어휘의 의미 관계

I. 어휘

기출 유의 관계

구분	유의어
가리다	은폐하다
개울	시내
거두다	간수하다, 보육하다, 수확하다, 그만두다
걸다	기름지다, 배부르다, 푸짐하다, 진하다
놀다	꿈틀거리다, 돌아다니다, 움직이다, 어울리다
대다	맞추다, 견주다, 받치다, 겨누다
두둔하다	편들다, 비호하다, 역성들다, 끼고돌다
딱하다	난처하다
머리	고개, 금액, 꼭대기, 처음
무시하다	낮보다, 얕보다, 깔보다, 낮잡다
바쁘다	분주하다, 정신없다, 다망하다, 경황없다, 조급하다, 급하다
부치다	보내다, 넘기다, 모자라다, 만들다
선명하다	뚜렷하다, 역력하다, 천명하다, 똑똑하다, 깨끗하다
수긍하다	인정하다
순박하다	순진하다, 소박하다, 질박하다
연이어	뒤달아, 잇달아, 잇따라, 줄달아
옹골차다	알차다, 야물다, 실하다, 실팍하다
잃다	날리다, 떨어뜨리다
재다	넣다, 따지다, 으스대다, 쌓다
조용하다	고요하다, 잠적하다, 얌전하다, 한적하다, 자늑자늑하다
즐겁다	기쁘다, 유쾌하다
지금	현재, 금방, 금시, 당금, 현시
착착	척척, 짝짝
측은하다	가련하다
켜다	불붙이다, 자르다, 들이마시다, 기지개하다
터	마당
편들다	두둔하다, 비호하다, 역성들다, 끼고돌다
허다하다	많다, 수두룩하다, 수많다

기출 반의 관계

구분	반의어
가명	실명
가중	경감
감소	증가
강등	승격, 승진
개강	종강
개선하다	개악하다
개전	종전
거역하다	순종하다
경직	이완
고의	과실, 과오, 우발
공기업	사기업
굴착	매립
기립	착석
길다	짧다
노련	미숙
농후	희박
높다	낮다
눌변	달변
드물다	잦다
마디다	헤프다
막연	확실, 명확
미정	기정
미혼	기혼
방출	흡수
방화범	소방관
배척	포용

구분	반의어
벗다	입다, 신다, 끼다, 쓰다, 두르다
보편	특수
비보	낭보, 명랑보, 희보
순산	난산
습득	유실
승리	패배
승진	강등
아내	남편
야만	문명
열다	닫다, 덮다, 잠그다, 채우다
염세	낙천, 낙관
영겁	찰나
오르다	내리다
이륙	착륙
주다	받다
죽다	살다
직필	곡필
진보	퇴보
차갑다	뜨겁다
착공	준공
충실	빈약
파종	수확
해산	소집
협의	광의
확대	축소
황혼	미명

기출 상하 관계

상의어	하의어
가구	장롱, 침대
과학	화학, 생물, 물리
관악기	단소, 색소폰
구름	적란운, 적운
국경일	한글날, 개천절, 삼일절
국세	소득세, 상속세
길	고샅길
만들다	조립하다
모자	휘양
문구	칼, 연필, 지우개, 가위, 자

상의어	하의어
바느질	시침질, 박음질, 새발뜨기
사군자	매화, 난초, 국화, 대나무
언어학	음성학
열매	오디
운율	압운
웃옷	마고자
자식	여식
천재	지진
포유류	늑대, 호랑이, 사자, 곰
품사	관형사, 명사, 수사, 부사

고유어 - 한자어 대응

고유어	한자어
오르다	탑승(搭乘)하다, 상륙(上陸)하다, 증가(增加)하다, 승진(昇進)하다
꾸지람	질타(叱咤)
더하다	가(加)하다
말미암아서	인(因)해서
다다르다	도달(到達)하다
꿰뚫다	관통(貫通)하다
꾸미다	단장(丹粧)하다
비슷하다	핍진(逼眞)하다
바라다	선망(羨望)하다
흩어지다	산개(散開)하다
마름질	재단(裁斷)
떨어지다	추락(墜落)하다
을러대다	위협(威脅)하다
고치다	개정(改定)하다, 치료(治療)하다, 수선(修繕)하다
잡다	체포(逮捕)하다
팔다	매도(賣渡)하다
섬기다	경공(敬恭)하다

기출 다의어와 동음이의어

구분		반의어
보전	보전02	온전하게 보호하여 유지함. 예 생태계 **보전**.
	보전03	부족한 부분을 보태어 채움. 예 적자의 **보전**.
	보전05	① 귀중한 법전(法典). ② 귀중한 책. 예 ≪훈민정음≫은 한국 문화의 **보전**이다.
불리다	불리다01	① 성질이나 모양 따위를 바꾸려고 쇠를 불에 달구어 무르게 하다. 예 쇠를 **불리고** 이기고 담그고 하는 것이 그가 하는 일의 전부였다. ② 몸이나 마음을 굳세게 하다.
	불리다02	곡식 따위를 바람에 부쳐서 필요 없는 것을 없애 버리다. 예 나락을 바람에 **불렸**다.
고르다	고르다01	여럿 중에서 가려내거나 뽑다. 예 물건을 **고르다**.
	고르다02	① 울퉁불퉁한 것을 평평하게 하거나 들쭉날쭉한 것을 가지런하게 하다. 예 땅을 **고르다**. ② 붓이나 악기의 줄 따위가 제 기능을 발휘하도록 다듬거나 손질하다. 예 붓을 **고르다**.
수용하다	수용하다02	① 거두어들여 사용하다. 예 정부는 농토를 공장 부지로 **수용하여** 공단을 조성하였다. ② 『역사』 관직에 있다가 파직되어 실무가 없는 관리를 다시 등용하여 임무를 맡기다.
부수다	부수다	① 단단한 물체를 여러 조각이 나게 두드려 깨뜨리다. 예 유리창을 **부수다**. ② 만들어진 물건을 두드리거나 깨뜨려 못 쓰게 만들다. 예 자물쇠를 **부수다**.
쟁쟁하다	쟁쟁하다02	① 옥이 맞부딪쳐 울리는 소리가 맑다. ② 전에 들었던 말이나 소리가 귀에 울리는 듯하다. ③ 목소리가 매우 또렷하고 맑다.
	쟁쟁하다04	여러 사람 가운데서 매우 뛰어나다. 예 세계의 **쟁쟁한** 과학자들.
다리	다리02	① 물을 건너거나 또는 한편의 높은 곳에서 다른 편의 높은 곳으로 건너다닐 수 있도록 만든 시설물. 예 **다리**를 건너다. ② 둘 사이의 관계를 이어 주는 사람이나 사물을 비유적으로 이르는 말. 예 그 사람을 잘 모르니 자네가 **다리**가 되어 주게나. ③ 중간에 거쳐야 할 단계나 과정. ④ 지위의 등급. 예 그는 삼 년 만에 벼슬이 한 **다리**가 올랐다.
전문	전문09	오거나 가는 사람 편을 통하여 물음.
	전문10	다른 사람을 통하여 전하여 들음. 또는 그런 말.
	전문12	전보의 내용이 되는 글. 예 **전문**을 보내다.

어휘의 의미 관계 — 빠른 확인 테스트

※ 다음 설명이 옳으면 O, 틀리면 X 표시하시오.

01 '대다'는 '맞추다, 겨누다'와 유의 관계이다. (O , X)
02 '자늑자늑하다'는 '조용하다'의 유의어이다. (O , X)
03 '허무하다'는 '허다하다'의 유의어이다. (O , X)
04 '수확'은 '파종'의 반의어이다. (O , X)
05 '지금'과 '금시, 당금, 현시'는 유의 관계이다. (O , X)
06 '영겁'과 '찰나'는 유의 관계이다. (O , X)
07 '으스대다'는 '재다'의 반의어이다. (O , X)
08 '시침질, 새발뜨기'는 '바느질'의 하의어이다. (O , X)
09 '운율'과 '압운'은 상하 관계로, '운율'이 '압운'의 상의어이다. (O , X)
10 '눌변'의 반의어는 '달변'이다. (O , X)
11 '인(因)해서'에 대응하는 고유어는 '안에서'이다. (O , X)
12 '위협(威脅)하다'에 대응하는 고유어는 '을러대다'이다. (O , X)
13 '고치다'에 대응하는 한자어로는 '개정(改定)하다, 수선(修繕)하다'가 있다. (O , X)
14 '경공(敬恭)하다'에 대응하는 고유어는 '바라다'이다. (O , X)
15 '핍진(逼眞)하다'에 대응하는 고유어는 '비슷하다'이다. (O , X)

※ 다음 빈칸에 공통적으로 들어갈 어휘의 기본형을 쓰시오.

16 생태계 (   ) / 적자의 (   )
   ≪훈민정음≫은 한국 문화의 (   )이다.   (   )

17 중간에서 (   )가 되어 주게나.
   그는 삼 년 만에 벼슬이 한 (   )가 올랐다.   (   )

18 땅을 (   ) / 물건을 (   )
   붓을 (   ) / 숨을 (   )   (   )

19 돌을 잘게 (   ) / 세간을 (   )
   사람의 이는 음식물을 잘게 (   ) 역할을 한다.   (   )

정답 01. O 02. O 03. X 04. O 05. O 06. X 07. X 08. O 09. O 10. O 11. X 12. O 13. O
      14. X 15. O 16. 보전 17. 다리 18. 고르다 19. 부수다

04　I. 어휘
한자 성어, 속담

기출 한자 성어　　　　　　　　　　　　🖉 회독체크 ☐☐☐

강호지락(江湖之樂)
자연을 벗 삼아 누리는 즐거움.
예 그는 세상의 모든 영욕을 물리치고 **강호지락**을 즐기며 한가하게 말년을 보냈다.

걸견폐요(桀犬吠堯)
걸왕의 개가 요임금을 향하여 짖는다는 뜻으로, 각자 자기의 주인에게 충성을 다함을 비유적으로 이르는 말.

격물치지(格物致知)
실제 사물의 이치를 연구하여 지식을 완전하게 함.

견물생심(見物生心)
어떠한 실물을 보게 되면 그것을 가지고 싶은 욕심이 생김.
예 **견물생심**이라고 무심코 열어 본 경대 서랍에서 돈을 본 순간 자신도 모르게 손이 갔다고 한다.

고육지책(苦肉之策)
자기 몸을 상해 가면서까지 꾸며 내는 계책이라는 뜻으로, 어려운 상태를 벗어나기 위해 어쩔 수 없이 꾸며 내는 계책을 이르는 말.
예 지겨운 가난을 면하기 위해 **고육지책**으로 개가해 간 게 오히려 고생문으로 자청해 들어간 꼴이 되었다.

곡학아세(曲學阿世)
바른길에서 벗어난 학문으로 세상 사람에게 아첨함.

관포지교(管鮑之交)
관중과 포숙의 사귐이란 뜻으로, 우정이 아주 돈독한 친구 관계를 이르는 말.

교각살우(矯角殺牛)
소의 뿔을 바로잡으려다가 소를 죽인다는 뜻으로, 잘못된 점을 고치려다가 그 방법이나 정도가 지나쳐 오히려 일을 그르침을 이르는 말.

기고만장(氣高萬丈)
① 펄펄 뛸 만큼 대단히 성이 남.
② 일이 뜻대로 잘될 때, 우쭐하여 뽐내는 기세가 대단함.

낭중지추(囊中之錐)
주머니 속의 송곳이라는 뜻으로, 재능이 뛰어난 사람은 숨어 있어도 저절로 사람들에게 알려짐을 이르는 말.

단금지교(斷金之交)
쇠라도 자를 만큼 강한 교분이라는 뜻으로, 매우 두터운 우정을 이르는 말.

단기지계(斷機之戒)
학문을 중도에서 그만두면 짜던 베의 날을 끊는 것처럼 아무 쓸모 없음을 경계한 말.

□□□ 동량지재(棟梁之材)	기둥과 들보로 쓸 만한 재목이라는 뜻으로, 집안이나 나라를 떠받치는 중대한 일을 맡을 만한 인재를 이르는 말.
□□□ 면종복배(面從腹背)	겉으로는 복종하는 체하면서 내심으로는 배반함.
□□□ 미봉지책(彌縫之策)	눈가림만 하는 일시적인 계책(計策). 예 이번 조처는 일시적인 **미봉지책**에 불과하다.
□□□ 분골쇄신(粉骨碎身)	① 뼈를 가루로 만들고 몸을 부순다는 뜻으로, 정성으로 노력함을 이르는 말. 또는 그렇게 하여 뼈가 가루가 되고 몸이 부서짐. ② 참혹하게 죽음.
□□□ 사리사욕(私利私慾)	사사로운 이익과 욕심. 예 **사리사욕**을 채우다.
□□□ 생구불망(生口不網)	산 입에 거미줄을 치지는 아니한다는 뜻으로, 아무리 곤궁하여도 그럭저럭 먹고살 수 있음을 이르는 말.
□□□ 오비삼척(吾鼻三尺)	내 코가 석 자라는 뜻으로, 자기 사정이 급하여 남을 돌볼 겨를이 없음을 이르는 말.
□□□ 우공이산(愚公移山)	우공이 산을 옮긴다는 뜻으로, 어떤 일이든 끊임없이 노력하면 반드시 기루어짐을 이르는 말.
□□□ 원후취월(猿猴取月)	원숭이가 물에 비친 달을 잡는다는 뜻으로, 욕심에 눈이 어두워 자기의 분수를 모르고 날뛰다가 목숨까지 잃게 됨을 비유적으로 이르는 말.
□□□ 익자삼우(益者三友)	사귀어서 자기에게 도움이 되는 세 가지의 벗. 심성이 곧은 사람과 믿음직한 사람, 문견이 많은 사람을 이른다.
□□□ 일모도원(日暮途遠)	날은 저물고 갈 길은 멀다는 뜻으로, 늙고 쇠약한데 앞으로 해야 할 일은 많음을 이르는 말.
□□□ 자강불식(自強不息)	스스로 힘써 몸과 마음을 가다듬어 쉬지 아니함.
□□□ 장삼이사(張三李四)	장씨의 셋째 아들과 이씨의 넷째 아들이라는 뜻으로, 이름이나 신분이 특별하지 아니한 평범한 사람들을 이르는 말.
□□□ 절치부심(切齒腐心)	몹시 분하여 이를 갈며 속을 썩임. 예 **절치부심**의 원한.
□□□ 천경지위(天經地緯)	하늘이 정하고 땅이 받드는 길이라는 뜻으로, 영원히 변하지 않는 진리나 법칙을 이르는 말.
□□□ 철중쟁쟁(鐵中錚錚)	여러 쇠붙이 가운데서도 유난히 맑게 쟁그랑거리는 소리가 난다는 뜻으로, 같은 무리 가운데서도 가장 뛰어남. 또는 그런 사람을 이르는 말.

□□□ 초동급부(樵童汲婦)	땔나무를 하는 아이와 물을 긷는 아낙네라는 뜻으로, 평범한 사람을 이르는 말.
□□□ 춘하지교(春夏之交)	봄과 여름이 바뀌는 때.
□□□ 포의지교(布衣之交)	베옷을 입고 다닐 때의 사귐이라는 뜻으로, 벼슬을 하기 전 선비 시절에 사귐. 또는 그렇게 사귄 벗을 이르는 말.
□□□ 필부필부(匹夫匹婦)	평범한 남녀. 예 그들은 **필부필부**로 만나 백년가약을 맺게 되었다.
□□□ 한우충동(汗牛充棟)	짐으로 실으면 소가 땀을 흘리고, 쌓으면 들보에까지 찬다는 뜻으로, 가지고 있는 책이 매우 많음을 이르는 말.

기출 속담

🖉 회독체크 □□□

속담	의미
가게 기둥에 입춘[주련]	추하고 보잘것없는 가겟집 기둥에 '입춘대길'이라 써 붙인다는 뜻으로, 제격에 맞지 않음을 비유적으로 이르는 말.
가는 말에도 채찍을 치랬다	형편이나 힘이 한창 좋을 때라도 더욱 마음을 써서 힘써야 함을 비유적으로 이르는 말.
가는 손님은 뒤꼭지가 예쁘다	손님 대접하기가 어려운 터에 손님이 속을 알아주어 빨리 돌아가니 고맙게 여긴다는 것을 비유적으로 이르는 말.
개 머루[약과] 먹듯	① 참맛도 모르면서 바삐 먹어 치우는 것을 이르는 말. ② 내용이 틀리거나 말거나 일을 건성건성 날려서 함을 비유적으로 이르는 말.
개밥에 도토리	개는 도토리를 먹지 아니하기 때문에 밥 속에 있어도 먹지 아니하고 남긴다는 뜻에서, 따돌림을 받아서 여럿의 축에 끼지 못하는 사람을 비유적으로 이르는 말.
꾸어다 놓은 보릿자루[빗자루]	여럿이 모여 이야기하는 자리에서 아무 말도 하지 않고 한옆에 가만히 있는 사람을 비유적으로 이르는 말.
남의 말도 석 달	소문은 시일이 지나면 흐지부지 없어지고 만다는 말.
놓아먹인 망아지 (놀듯)	들에 풀어놓고 기른 말 새끼 또는 그 노는 모양이라는 뜻으로, 교양이 없고 막돼먹은 사람 또는 그런 행동을 비유적으로 이르는 말.
눈 가리고 아웅	① 얕은수로 남을 속이려 한다는 말. ② 실제로 보람도 없을 일을 공연히 형식적으로 하는 체하며 부질없는 짓을 함을 비유적으로 이르는 말.
눈먼 놈이 앞장선다	못난이가 남보다 먼저 나댐을 비유적으로 이르는 말.
다 된 농사에 낫 들고 덤빈다	일이 다 끝난 뒤에 쓸데없이 참견하고 나섬을 비유적으로 이르는 말.
단단한 땅에 물이 괸다	① 헤프게 쓰지 않고 아끼는 사람이 재산을 모으게 됨을 비유적으로 이르는 말. ② 무슨 일이든 마음을 굳게 먹고 해야 좋은 결과를 얻게 됨을 비유적으로 이르는 말.
닭 잡아먹고 오리 발 내놓기	옳지 못한 일을 저질러 놓고 엉뚱한 수작으로 속여 넘기려 하는 일을 비유적으로 이르는 말.
덜미를 잡히다	못된 일 따위를 꾸미다가 발각되다.

동냥은 못 줘도 쪽박은 깨지 마라	남을 도와주지는 못할망정 방해는 하지 말라는 말.
땅 넓은 줄을 모르고 하늘 높은 줄만 안다	키만 홀쭉하게 크고 마른 사람을 놀림조로 이르는 말.
땅내가 고소하다[구수하다]	머지않아 죽게 될 것 같다는 말.
땅을 팔 노릇	사정이 불가능하여 할 수 없는 것을 억지로 우기며 고집을 피울 때 하는 말.
땅 짚고 헤엄치기	① 일이 매우 쉽다는 말. = 주먹으로 물 찧기 ② 일이 의심할 여지가 없이 확실하다는 말.
말 많은 집은 장맛도 쓰다	① 집안에 잔말이 많으면 살림이 잘 안된다는 말. ② 입으로는 그럴듯하게 말하지만 실상은 좋지 못하다는 말.
망건 쓰자 파장	준비를 하다가 그만 때를 놓쳐 소기의 목적을 이루지 못하게 됨을 비유적으로 이르는 말.
발 없는 말이 천 리 간다	말은 비록 발이 없지만 천 리 밖까지도 순식간에 퍼진다는 뜻으로, 말을 삼가야 함을 비유적으로 이르는 말.
병풍에 그린 닭이 홰를 치거든	도저히 불가능한 일이어서 기약할 수 없음을 비유적으로 이르는 말.
빈대 잡으려고 초가삼간 태운다	손해를 크게 볼 것을 생각지 아니하고 자기에게 마땅치 아니한 것을 없애려고 그저 덤비기만 하는 경우를 비유적으로 이르는 말.
선무당이 사람 잡는다[죽인다]	의술에 서투른 사람이 치료해 준다고 하다가 사람을 죽이기까지 한다는 뜻으로, 능력이 없어서 제구실을 못하면서 함부로 하다가 큰일을 저지르게 됨을 비유적으로 이르는 말.
소 죽은 귀신 같다	소가 고집이 세고 힘줄이 질기다는 데서, 몹시 고집 세고 질긴 사람의 성격을 비유적으로 이르는 말.
썩어도 준치	본래 좋고 훌륭한 것은 비록 상해도 그 본질에는 변함이 없음을 비유적으로 이르는 말.
아이 말 듣고 배 딴다	어리석은 사람의 말을 곧이듣고 큰 실수를 하게 되는 경우를 비유적으로 이르는 말.
앉아 주고 서서 받는다	빌려주기는 쉬우나 돌려받기는 어려움을 비유적으로 이르는 말.
약방에 감초	어떤 일에나 빠짐없이 끼어드는 사람 또는 꼭 있어야 할 물건을 비유적으로 이르는 말.
오뉴월에도 남의 일은 손이 시리다	남의 일은 힘들지 아니한 일도 하기 싫고 고되다는 말.
우물에 가 숭늉 찾는다	모든 일에는 질서와 차례가 있는 법인데 일의 순서도 모르고 성급하게 덤빔을 비유적으로 이르는 말.
이도 아니 나서 콩밥을 씹는다	아직 준비가 안 되고 능력도 없으면서 또는 절차를 넘어서 어려운 일을 하려고 달려듦을 비유적으로 이르는 말.
죽지가 처지다	기세가 꺾이거나 의기가 없어지다.
처삼촌 뫼에 벌초하듯	일에 정성을 들이지 아니하고 마지못하여 건성으로 함을 비유적으로 이르는 말.
초록은 동색	풀색과 녹색은 같은 색이라는 뜻으로, 처지가 같은 사람들끼리 한패가 되는 경우를 비유적으로 이르는 말.
하루가 여삼추(라)	하루가 삼 년 같다는 뜻으로, 짧은 시간이 매우 길게 느껴짐을 비유적으로 이르는 말.
하루 물림이 열흘 간다	한번 뒤로 미루기 시작하면 자꾸 더 미루게 된다는 뜻으로, 무슨 일이나 뒤로 미루지 말라고 경계하여 이르는 말.
행차 뒤에 나팔	사또 행차가 다 지나간 뒤에야 악대를 불러다 나팔을 불리고 북을 치게 한다는 뜻으로, 제 때 안 하다가 뒤늦게 대책을 세우며 서두름을 핀잔하는 말.
황소 뒷걸음치다가 쥐 잡는다	어쩌다 우연히 이루거나 알아맞힘을 비유적으로 이르는 말.
황소 제 이불 뜯어 먹기	어떤 일을 한 결과가 결국 제 손해가 되었다는 말.

한자 성어, 속담 빠른 확인 테스트

※ 다음 한자 성어의 의미가 옳으면 O, 틀리면 X 표시하시오.

01 견물생심(見物生心) → 어떠한 실물을 보게 되면 그것을 가지고 싶은 욕심이 생김. (O , X)
02 단금지교(斷金之交) → 쇠라도 자를 만큼 강한 우정을 이르는 말. (O , X)
03 낭중지추(囊中之錐) → 겉으로는 복종하는 체하면서 내심으로는 배반함. (O , X)
04 미봉지책(彌縫之策) → 미리미리 계획을 세움. (O , X)
05 필부필부(匹夫匹婦) → 평범한 남녀. (O , X)
06 절치부심(切齒腐心) → 몹시 분하지만 화를 참는 마음. (O , X)
07 자강불식(自強不息) → 스스로 힘써 몸과 마음을 가다듬어 쉬지 아니함. (O , X)
08 철중쟁쟁(鐵中錚錚) → 같은 무리 가운데서 가장 뒤처지는 사람을 이르는 말. (O , X)
09 오비삼척(吾鼻三尺) → 자기 사정이 급하여 남을 돌볼 겨를이 없음을 이르는 말. (O , X)
10 곡학아세(曲學阿世) → 바른길에서 벗어난 학문으로 세상 사람에게 아첨함. (O , X)

※ 다음 속담의 의미가 옳으면 O, 틀리면 X 표시하시오.

11 남의 말도 석 달 → 소문은 금방 퍼진다는 말. (O , X)
12 땅 짚고 헤엄치기 → 일이 매우 쉽다는 말. (O , X)
13 황소 뒷걸음치다가 쥐 잡는다 → 어쩌다 우연히 이루는 것을 비유적으로 이르는 말. (O , X)
14 썩어도 준치 → 본래 좋은 것이 상하면 쓸모가 없다는 말. (O , X)
15 소 죽은 귀신 같다 → 몹시 고집이 세고 질긴 사람의 성격을 비유적으로 이르는 말. (O , X)
16 개밥에 도토리 → 어떤 집단이든 적응을 잘하는 사람을 비유적으로 이르는 말. (O , X)
17 망건 쓰자 파장 → 준비를 하다가 그만 때를 놓쳐 소기의 목적을 이루지 못하게 됨을 비유적으로 이르는 말. (O , X)

정답 01. O 02. O 03. X 04. X 05. O 06. X 07. O 08. X 09. O 10. O 11. X 12. O 13. O
     14. X 15. O 16. X 17. O

I. 어휘
관용구, 순화어

기출 관용구

회독체크 ☐ ☐ ☐

관용구	의미
간담이 서늘하다	몹시 놀라서 섬뜩하다. 예 나는 그의 잔인한 행동에 **간담이 서늘했다**.
간도 쓸개도 없다	용기나 줏대 없이 남에게 굽히다. 예 그는 **간도 쓸개도 없는** 인간이다.
감투를 쓰다	벼슬자리나 높은 지위에 오름을 속되게 이르는 말. 예 그는 **감투를 쓰더니** 권력을 마음대로 휘둘렀다.
경종을 울리다	잘못이나 위험을 미리 경계하여 주의를 환기시키다. 예 우리 사회에 **경종을 울린다**.
곁을 주다	다른 사람으로 하여금 자기에게 가까이할 수 있도록 속을 터 주다. 예 그는 좀처럼 **곁을 주지** 않는 사람이다.
고택골로 가다	'죽다'를 속되게 이르는 말. 예 나한테 한 대 맞으면 **고택골로 가니까** 조심하라고 해.
교편을 잡다	학교에서 교사 생활을 하다. 예 그는 한 고등학교에서 **교편을 잡고** 있다.
구름을 잡다	막연하거나 허황된 것을 좇다.
귀에 못이 박히다	같은 말을 여러 번 듣다. 예 불 끄라는 소리는 **귀에 못이 박히도록** 들었다.
귀에 익다	① 들은 기억이 있다. 예 **귀에 익은** 멜로디. ② 어떤 말이나 소리를 자주 들어 버릇이 되다. 예 기적 소리도 이제 **귀에 익어** 시끄러운 줄 모르겠다.
눈을 거치다	글 따위를 검토하거나 분별하다. 예 위작은 대부분 여러 사람의 **눈을 거치면서** 가려진다.
눈이 곤두서다	화가 나서 눈에 독기가 오르다. 예 형님은 친구가 비웃는 소리를 하자 **눈이 곤두섰다**.
눈총(을) 맞다	남의 미움을 받다. 예 사람들의 **눈총을 맞으며** 사는 것은 너무나 힘든 일이다.
느루 가다	양식이 일정한 예정보다 더 오래가다.
덜미를 잡히다	못된 일 따위를 꾸미다가 발각되다. 예 그는 다시 도둑질을 하다가 **덜미를 잡혀** 경찰에 끌려갔다.
마각을 드러내다	말의 다리로 분장한 사람이 자기 모습을 드러낸다는 뜻으로, 숨기고 있던 일이나 정체를 드러낸다는 말.
말끝(을) 잡다	남의 말 가운데서 잘못 표현된 부분의 약점을 잡다. 예 그는 사사건건 **말끝을 잡는** 못된 버릇이 있다.

모골이 송연하다	끔찍스러워서 몸이 으쓱하고 털끝이 쭈뼛해지다.
밑이 드러나다	사건이나 일의 내막이 밝혀지다. 예 숨겨도 결국 밑이 드러나게 될 거야.
발(이) 짧다	먹는 자리에 남들이 다 먹은 뒤에 나타나다. 예 네가 발이 짧은 것을 보니 먹을 복이 없구나.
발꿈치를 물리다	은혜를 베풀어 준 상대로부터 뜻밖에 해를 입다. 예 그는 지금 친구를 위해 보증을 서 주다가 발꿈치를 물려 철창신세라네.
배알이 꼴리다	비위에 거슬려 아니꼽다. 예 그가 빈정대던 소리를 생각하면 할수록 배알이 꼴리고 열이 올랐다.
뱃심(이) 좋다	염치나 두려움이 없이 제 고집대로 하는 비위가 좋다. 예 뱃심 좋은 청년.
복장(이) 터지다	몹시 마음에 답답함을 느끼다. 예 누구 복장 터져서 죽는 꼴 보려고 이러나?
볼꼴 좋다	(놀림조로) 꼴이 보기에 흉하다. 예 내 말을 그렇게 안 듣더니 볼꼴 좋게 딱지를 맞았구나.
상투(를) 잡다	(속되게) 가장 높은 시세에 주식을 매입하다. 예 상투를 잡는 바람에 손해 봤다.
서릿발(을) 이다	머리카락이 하얗게 세다.
서릿발이 서다	① 땅거죽에 가늘고 긴 얼음 줄기의 묶음이 생기다. 예 마당에 서릿발이 선 것을 보니 춥겠다. ② 서릿발처럼 준엄하고 매서운 기운이 있다. 예 서릿발이 서서 호통을 치다.
서릿발(이) 치다	① 서릿발이 생기다. 예 날이 몹시 추워서 물로 닦은 창문에 서릿발이 쳤다. ② 기세가 매우 매섭고 준엄하다. 예 서릿발 치는 기세로 적을 물리치는 장군.
소매(를) 걷어붙이다	어떤 일에 아주 적극적인 태도를 취하다.
손(을) 맺다	할 일이 있는데도 아무 일도 안 하고 그냥 있다.
손(이) 거칠다	도둑질 같은 나쁜 손버릇이 있다.
손(이) 떨어지다	일이 끝나다. 예 이것으로 손이 떨어진 줄 알았는데 또 다른 일이 아직 남아 있다.
수(가) 좋다	수단이 매우 뛰어나다.
시색(이) 좋다	당대에 행세하는 것이 버젓하다. 예 시색이 좋은 선비.
심사(가) 꿰지다	잘 대하려는 마음이 틀어져서 심술궂게 나가다.
심사를 털어놓다	마음에 품은 생각을 다 내놓고 말하다.
연막(을) 치다	어떤 수단을 써서 약삭빠르고 교묘하게 진의를 숨기다.
오금이 저리다	저지른 잘못이 들통이 나거나 그 때문에 나쁜 결과가 있지 않을까 마음을 졸이다.
주먹으로 물 찧기	일이 매우 쉽다는 말
죽지(가) 처지다	기세가 꺾이거나 의기가 없어지다.

침이 마르다	다른 사람이나 물건에 대하여 거듭해서 말하다. 예 **침이 마르도록** 칭찬을 했다.
코가 꿰이다	약점이 잡히다. 예 그는 옆 사람에게 무슨 **코가 꿰이었는지** 꼼작도 못한다.
큰물이 가다	큰비가 내려 강이나 개울의 물이 넘쳐 논밭을 휩쓸고 지나가다.
판에 박히다	말과 행동을 정해진 격식대로 반복하여 진부하다.
피가 마르다	몹시 괴롭거나 애가 타다.
회가 동하다	구미가 당기거나 무엇을 하고 싶은 마음이 생기다.
허리를 잡다	웃음을 참을 수 없어 고꾸라질 듯이 마구 웃다.

기출 순화어

한자어	순화어	한자어	순화어
가료(加療)	치료	수순(手順)	순서, 절차, 차례
가불(假拂)	임시 지급	수범(垂範)	모범
거개(擧皆)	거의, 대개	시말서(始末書)	경위서
고수부지(高水敷地)	둔치	식대(食代)	밥값
고참(古參)	선임, 선임자, 선참, 선참자	음용수(飮用水)	먹는 물, 마실 물
나포(拿捕)하다	붙잡다	일실(逸失)치 않도록	잃지 않도록, 놓치지 않도록
노견(路肩)	갓길	임석(臨席)	현장 참석
노정(露呈)하다	드러내다	잔반(殘飯)	남은 음식, 음식 찌꺼기
목도(目睹)하다	직접 보다	전횡(專橫)	독선적 행위, 마음대로 함
별첨(別添)	따로 붙임	절취(切取)하다	자르다
부심(腐心)하다	애쓰다	지득(知得)하다	알게 되다
불입(拂入)	납부, 냄, 치름	징구(徵求)하다	받다, 요청하다
불하(拂下)하다	팔아넘기다, 매각하다	차년도(次年度)	다음 해, 다음 연도
사계(斯界)	그 방면, 이 방면, 그 분야, 이 분야	착수(着手)하다	시작하다
산입(算入)하다	포함하다, 셈에 넣다	최촉(催促)하다	재촉하다, 독촉하다
소인(消印)	날짜 도장	해태(懈怠)하다	게을리하다
수수(授受)하다	주고받다		

외래어	순화어
가스라이팅	심리(적) 지배
간지가 난다	멋지다
네임 밸류	지명도, 명성, 이름값
램프(ramp)	연결로
레트로	복고풍
로드숍	거리 매장
로컬 푸드	지역 먹을거리
리퍼브	손질 상품
리빙 랩	생활 실험실
번아웃	탈진
벌크 업	근육 키우기
뷰파인더	보기 창
블라인드	정보 가림
블랙아웃	대정전
스크린 도어	안전문
싱크로율	일치율
언택트	비대면
오픈 런	상시 공연
오픈마켓	열린 장터
유니콘 기업	거대 신생 기업
인센티브	성과급, 특전, 유인책, 조성책
제로 베이스	원점, 백지상태
체크 리스트	점검표
커리어 하이	최고 기록
컨벤션 효과	행사 효과
컨트롤 타워	통제탑, 지휘 본부, 사령탑
콜키지	주류 반입비
케어 팜	치유 농장
클러스터	산학 협력 지구
테이크 아웃	포장 판매
파운드리	조립 생산, 조립
파트너사	협력사
팸 투어	초청 홍보 여행
페이퍼 컴퍼니	유령 회사
페이백	보상 환급
하드 파워	물리적 영향력
가오	체면

외래어	순화어
뉘앙스	어감, 말맛, 느낌
다라이	대야
다크서클	눈 그늘
도비라	속표지
데드라인	한계선, 최종 한계, 마감, 기한
데뷔	등단, 첫 등장
디스카운트, 디시	에누리, 할인
레시피	조리법
리메이크	재구성, 원작 재구성
마블링	결 지방
머스트 해브	필수품
무빙워크	자동길
바캉스	휴가, 여름휴가
발레파킹	대리 주차
버킷 리스트	소망 목록
베스트	최선, 최고
벤치 클리어링	선수단 몸싸움
블랙컨슈머	악덕 소비자
소보로빵	곰보빵
소셜 커머스	공동 할인 구매
쇼부	흥정, 결판
샘플	보기, 본보기, 표본
신드롬	증후군
안티에이징	노화 방지
언론 플레이	여론몰이
와일드하다	거칠다
이북(E-book)	전자책
추리닝	운동복
카메오	깜짝출연, 깜짝출연자
케이스	경우, 상자
크레인	기중기
타입	모양, 유형
팁	도움말, 봉사료
퍼스널 컬러	맞춤 색상
팩트 체크	사실 확인
플래카드	펼침막, 현수막

관용구, 순화어 — 빠른 확인 테스트

※ 밑줄 친 관용구의 의미가 옳으면 O, 틀리면 X 표시하시오.

01 나는 그의 잔인한 행동에 <u>간담이 서늘했</u>다. → 몹시 놀라서 섬뜩하다. (O , X)
02 그는 좀처럼 <u>곁을 주지</u> 않는 사람이다. → 용기나 줏대 없이 남에게 굽히다. (O , X)
03 그에게 한 대 맞으면 <u>고택골로 갈지도</u> 몰라. → '죽다'를 속되게 이르는 말. (O , X)
04 그는 사사건건 <u>말끝을 잡는</u> 못된 버릇이 있다. → 못된 일 따위를 꾸미다가 발각되다. (O , X)
05 <u>상투를 잡는</u> 바람에 손해 봤다. → 가장 높은 시세에 주식을 매입하다. (O , X)
06 날이 몹시 추워서 물로 닦은 창문에 <u>서릿발이 쳤</u>다. → 기세가 매우 매섭고 준엄하다. (O , X)
07 숨겨도 결국 <u>밑이 드러나게</u> 될 거야. → 사건이나 일의 내막이 밝혀지다. (O , X)
08 우리 사회에 <u>경종을 울린다</u>. → 막연하거나 허황된 것을 좇다. (O , X)
09 위작은 대부분 여러 사람의 <u>눈을 거치면서</u> 가려진다. → 남의 미움을 받다. (O , X)
10 기적 소리도 이제 <u>귀에 익어</u> 시끄러운 줄 모르겠다.
    → 어떤 말이나 소리를 자주 들어 버릇이 되다. (O , X)

※ 다음 어휘의 순화어를 쓰시오.

11 레트로 → (   )
12 블랙컨슈머 → (   )
13 뷰파인더 → (   )
14 콜키지 → (   )
15 페이백 → (   )
16 커리어 하이 → (   )
17 노정(露呈)하다 → (   )
18 부심(腐心)하다 → (   )
19 일실(逸失)치 않도록 → (   )
20 임석(臨席) → (   )
21 해태(懈怠)하다 → (   )

> **정답** 01. O 02. X 03. O 04. X 05. O 06. X 07. O 08. X 09. X 10. O 11. 복고풍 12. 악덕 소비자 13. 보기 창 14. 주류 반입비 15. 보상 환급 16. 최고 기록 17. 드러내다 18. 애쓰다 19. 잃지 않도록/놓치지 않도록 20. 현장 참석 21. 게을리하다

01 II. 어법
맞춤법

사이시옷

제4장 제4절 제30항 사이시옷은 다음과 같은 경우에 받치어 적는다.

1. 순우리말로 된 합성어로서 앞말이 모음으로 끝난 경우

(1) 뒷말의 첫소리가 된소리로 나는 것
  귓밥 / 나룻배 / 나뭇가지 / 냇가 / 댓가지 / 뒷갈망 / 맷돌 / 머릿기름 / 모깃불 / 못자리 / 바닷가

(2) 뒷말의 첫소리 'ㄴ, ㅁ' 앞에서 'ㄴ' 소리가 덧나는 것
  멧나물 / 아랫니 / 텃마당 / 아랫마을 / 뒷머리 / 잇몸 / 깻묵 / 냇물 / 빗물

(3) 뒷말의 첫소리 모음 앞에서 'ㄴㄴ' 소리가 덧나는 것
  도리깻열 / 뒷윷 / 두렛일 / 뒷일 / 뒷입맛 / 베갯잇 / 욧잇 / 깻잎 / 나뭇잎 / 댓잎

2. 순우리말과 한자어로 된 합성어로서 앞말이 모음으로 끝난 경우

(1) 뒷말의 첫소리가 된소리로 나는 것
  귓병 / 머릿방 / 뱃병 / 봇둑 / 사잣밥 / 샛강 / 아랫방 / 자릿세 / 전셋집 / 찻잔 / 텃세 / 핏기 / 햇수 / 횟가루 / 횟배

(2) 뒷말의 첫소리 'ㄴ, ㅁ' 앞에서 'ㄴ' 소리가 덧나는 것
  곗날 / 제삿날 / 훗날 / 툇마루 / 양칫물

(3) 뒷말의 첫소리 모음 앞에서 'ㄴㄴ' 소리가 덧나는 것
  가욋일 / 사삿일 / 예삿일 / 훗일

3. 두 음절로 된 다음 한자어
곳간(庫間) / 셋방(貰房) / 숫자(數字) / 찻간(車間) / 툇간(退間) / 횟수(回數)

사이시옷 有				사이시옷 無			
가욋일	고깃배	김칫국	날갯죽지	뒤태	뒤풀이	마구간	머리기사
단춧구멍	뒷머리	만둣국	모깃불	머리말	백지장	소수점	소주잔
모퉁잇돌	바닷가	배춧잎	베갯잇	수라상	우유병	월세방	인사말
보릿고개	부싯돌	부챗살	북엇국	전기세	전세방	최소치	해님
사잣밥	선짓국	수돗물	아랫집				
양잿물	양칫물	우렁잇속	우윳빛				
윗니	잇몸	잇자국	장밋빛				
조갯살	최댓값	하굣길	하룻날				
혼잣말	횟수						

준말

제4장 제5절 제35항 모음 'ㅗ, ㅜ'로 끝난 어간에 '-아/-어, -았-/-었-'이 어울려 'ㅘ/ㅝ, ㅙ/ㅞ'으로 될 적에는 준 대로 적는다.

본말	준말	본말	준말
꼬아	꽈	꼬았다	꽜다
보아	봐	보았다	봤다
쏘아	쏴	쏘았다	쐈다
두어	둬	두었다	뒀다
쑤어	쒀	쑤었다	쒔다
주어	줘	주었다	줬다

[붙임 1] '놓아'가 '놔'로 줄 적에는 준 대로 적는다.
[붙임 2] 'ㅚ' 뒤에 '-어, -었-'이 어울려 'ㅙ, ㅚㅆ'으로 될 적에도 준 대로 적는다.

본말	준말	본말	준말
괴어	괘	괴었다	괬다
되어	돼	되었다	됐다
뵈어	봬	뵈었다	뵀다
쇠어	쇄	쇠었다	쇘다
쐬어	쐐	쐬었다	쐤다

제37항 'ㅏ, ㅕ, ㅗ, ㅜ, ㅡ'로 끝난 어간에 '-이-'가 와서 각각 'ㅐ, ㅖ, ㅚ, ㅟ, ㅢ'로 줄 적에는 준 대로 적는다.

본말	준말	본말	준말
싸이다	쌔다	누이다	뉘다
펴이다	폐다	뜨이다	띄다
보이다	뵈다	쓰이다	씌다

제38항 'ㅏ, ㅗ, ㅜ, ㅡ' 뒤에 '-이어'가 어울려 줄어질 적에는 준 대로 적는다.

본말	준말	본말	준말
싸이어	쌔어 / 싸여	뜨이어	띄어 / 뜨여
보이어	뵈어 / 보여	쓰이어	씌어 / 쓰여
쏘이어	쐬어 / 쏘여	트이어	틔어 / 트여
누이어	뉘어 / 누여		

본말	준말
가았다	갔다
간다고 하니까	간다니까
간다고 합니까	간답니까
간편하게	간편케
건너었지	건넜지
괴어	괘
괴었다	괬다
그것으로	그걸로
깨끗하지	깨끗지
누이었다	누였다
도리어	되레
들어가았다	들어갔다
따아	따
뜨이어	띄어
만만하지 않다	만만찮다

본말	준말
뭐냐고 해도	뭐냬도
받았다고 해요	받았대요
보이어	뵈어 / 보여
쇠어	쇄
쑤었다	쒔다
아니에요	아녜요
어제그저께	엊그저께
연구하도록	연구토록
오히려	외려
온다고 해서	온대서
찾는다고 합니까	찾는답니까
타아	타
트이었다	틔었다 / 트였다
하냐고 해도	하냬도
한다고 해요	한대요

-이/-히 구별법

제6장 제51항 부사의 끝음절이 분명히 '이'로만 나는 것은 '-이'로 적고, '히'로만 나거나 '이'나 '히'로 나는 것은 '-히'로 적는다.

'이'로만 나는 것	가붓이 나붓이 둥긋이 반듯이	산뜻이 가까이 날카로이 번거로이	적이 겹겹이 일일이 틈틈이	깨끗이 느긋이 따뜻이 버젓이	의젓이 고이 대수로이 많이	헛되이 번번이 집집이
'히'로만 나는 것	극히 딱히	속히 족히	특히 정확히	급히	작히	엄격히
'이, 히'로 나는 것	솔직히 간편히 무단히 소홀히 능히	과감히 심히 급급히 섭섭히	당당히 상당히 간소히 도저히	가만히 나른히 각별히 쓸쓸히	꼼꼼히 열심히 답답히 공평히	분명히 조용히 고요히 정결히

핵심 기출 부사

짬짬이 괴로이	익히 극히	엄격히 정확히	딱히 깊숙이	헛되이 급급히	깨끗이 속히	꼼꼼히 급히	꾸준히 열심히

구별해서 써야 할 말

표현	뜻	사례
가름	나누다.	편을 가름.
갈음	다른 것으로 바꾸어 대신하다, 대체하다.	컴퓨터를 새것으로 갈음하였다.
다리다	다리미로 문질러 펴다.	아버지가 양복을 다리신다.
달이다	끓여서 진하게 만들다.	어머니가 한약을 달이신다.
반드시	꼭, 틀림없이.	노력하는 사람에게는 반드시 성과가 있다.
반듯이	비뚤어지거나 기울거나 굽지 않고 바르게.	선을 반듯이 그려라. 반듯이 자랐구나.
아름	두 팔로 껴안을 둘레.	한 아름의 꽃을 선물받았다.
알음	얼굴을 아는 것, 면식.	그와는 전부터 알음이 있는 사이이다.
앎	학술적, 정보적 지식.	삶은 곧 앎이요, 앎은 곧 힘이다.
-던	과거의 회상.	어릴 적 뛰놀던 그 동네는 지금 얼마나 변했을까?
-든	선택.	여기 남든(지), 집에 가든(지) 마음대로 해.
-(으)로서	신분, 지위, 자격.	학급의 반장으로서 책임감을 가져라.
-(으)로써	자료, 수단, 이유.	죽음으로써 군인의 명예를 지켰다.
-오	문장의 종결 어미.	어서 오시오.
-요	문장의 연결 어미.	이것은 책이요, 저것은 공책이다.
띠다	허리에 두르다, 몸에 지니다, 사명이나 직책을 맡다, 빛깔이나 색채 따위를 가지다.	붉은빛을 띤 허리띠를 띠고 있다. 중대한 임무를 띠다.
떼다	붙어 있는 것을 떨어지게 하다.	이번 일에서 손을 떼시오.
띄다	'뜨이다('뜨다'의 피동)'의 준말.	보기 드물게 눈에 띄는 작품이로군.
띄우다	'뜨다'의 사동.	배를 띄우다. / 편지를 띄우다.
거치다	어떤 장소를 지나거나 잠깐 들르다, 경유하다.	시장을 거쳐 집으로 왔다.
걷히다	모이다.('걷다'의 피동)	적십자 회비가 잘 걷힌다.
느리다	빠르지 못하다.	걸음이 느리다.
늘이다	본디보다 더 길게 하다, 길게 처지게 하다.	고무줄을 늘이다. 커튼을 늘이다.
늘리다	늘게 하다.('늘다'의 사동)	회원 수를 늘리다.
다치다	부딪치거나 맞아서 상하다.	어제 화재로 수많은 사람이 다쳤다.
닫치다	'닫다'의 힘줌말.	문을 힘껏 닫쳤다.
닫히다	열렸던 것이 닫아지다.('닫다'의 피동)	상자가 저절로 닫혔다.
마치다	끝내다, 완수하다.	일과를 모두 마쳤다.
맞히다	적중하다, 물체에 닿게 하다.	화살을 정확히 중앙에 맞혔다. 주사를 맞히다.
맞추다	마주 대다.	입을 맞추다.
바치다	헌신하다, 아낌없이 다하다.	사랑을 위해서라면 목숨도 바칠 수 있어.

표현	뜻	사례
받치다	밑에 다른 물체를 대다. 어떤 작용이 치밀다. 안에 다른 것을 껴 대다.	공책 밑에 책받침을 받쳤다. 설움이 받치다. 조끼를 받쳐 입다.
받히다	떠받음을 당하다.('받다'의 피동)	소에게 받혔다.
밭치다	건더기가 섞인 액체를 걸러 국물만 받아 내다. ('밭다'의 힘줌말)	술을 체에 밭치다.
벌이다	일을 펼쳐 놓다. 물건을 늘어놓다. 시설을 차리다.	잔치를 벌이다. 논쟁을 벌이다. 상품을 벌여 놓다. 가게를 벌이다.
벌리다	공간을 넓히다. 열어서 속의 것을 드러내다.	팔을 벌리다. 귤껍질을 까서 벌린다.
부딪치다	세게 마주 닿다. 직면하다.(= 부닥치다. '부딪다'의 힘줌말)	차와 차가 부딪쳤다.
부딪히다	부딪음을 당하다.('부딪다'의 피동)	마차가 화물차에 부딪혔다.
시키다	하게 하다.	심부름을 시키다.
식히다	식게 하다.('식다'의 사동)	뜨거우니 식혀서 먹어라.
안치다	찌거나 끓이기 위해 냄비 등에 넣다.	밥을 안친다.
앉히다	앉게 하다. 임명하다.	그는 아이를 앉혀 놓고 잘못을 타일렀다. 사장 자리에 앉히다.
저리다	피가 통하지 못하여 아리다.	무릎을 꿇고 앉아 있었더니 다리가 저린다.
절이다	소금 등을 뿌려 절게 하다.	배추를 소금에 절이다.
조리다	국물이 바특하게 바짝 끓이다.	두부를 간장에 조리다.
졸이다	속을 태우다.	마음을 졸이며 합격자 발표를 기다렸다.
작다	길이, 넓이, 부피 등 크기와 관계됨.	그 애는 아직 키가 작다.
적다	수효, 분량, 정도 등 수량과 관계됨.	복권에 당첨될 확률은 매우 적다.
다르다	같지 않다.(different)	모양은 달라도 가격은 같다.
틀리다	맞지 않다.(wrong)	계산이 틀리다.
잊다	망각하다.	약속 시간을 깜빡 잊었다.
잃다	분실하다.	어제 잃었던 지갑을 다시 찾았다.
젖히다	안쪽이 겉으로 나오게 하다.	그는 코트 자락을 뒤로 젖히고 앉았다.
제치다	어떤 대상이나 범위에서 빼거나 신경 쓰지 않다.	그 문제는 제쳐 놓고 얘기하자.
엉기다	일을 척척 하지 못하고 굼뜨며 허둥거리다.	그는 일머리를 몰라 엉기기만 하였다.
엉키다	실, 줄, 그물 등이 꼬이거나 뭉친 상태가 되다.	머리카락이 엉켜서 잘 빗겨지지 않는다.
얽히다	이리저리 걸리고 묶이다('얽다'의 피동), 관련되다.	뇌물 수수 사건에 얽혀 들다. 이 반지에 얽힌 사연.
두껍다	물질적인 것.	옷이 두껍다.
두텁다	정신적인 것.	신앙이 두텁다.
장사	물건을 파는 행위.	장사가 잘된다.
장수	물건을 파는 사람.	그녀는 방물장수이다.

표현	뜻	사례
드러내다	밖으로 내어 두드러지게 하다.	이제야 본색을 드러내는군.
들어내다	들어서 밖으로 옮기다.	책상까지 전부 들어냅시다.
드리다	윗사람에게 주다. 정성을 바치다. 윗사람을 위해 동작함.	어머니께 꽃을 드렸습니다. 예배를 드리다. / 불공을 드리다. 편히 쉬게 해 드리겠습니다.
들이다	들어가게 하다.('들다'의 사동)	손님을 안으로 들이다.
들리다	위로 올려지다.('들다'의 피동) '듣다'의 피동.	순식간에 몸이 번쩍 들렸다. 새소리가 들린다.
들르다	지나는 길에 잠깐 거치다.	꼭 고모 댁에 들렀다 오너라.
탓	부정적 원인과 관련됨.	이건 모두 네 탓이야!
덕분	긍정적 원인과 관련됨.	당신 덕분에 건강을 회복했습니다.
때문	긍정적 원인, 부정적 원인에 모두 사용 가능함.	우리가 이긴 건 영수 때문이야. 너 때문에 시험을 망쳤어!
갱신(更新)	기간을 연장하여 계약 등이 유효한 상태가 되게 함. (更: 다시 갱)	계약 기간을 갱신했다.
경신(更新)	종전의 기록을 깨뜨림.(更: 고칠 경)	세계 기록 경신
부수다	파괴하거나 못 쓰게 만들다.	차를 부수다.
부시다	그릇 등을 물로 깨끗이 씻다.	접시를 부시다.
바람	생각대로 되기를 원하거나 기대함.	어머니와 만나는 것이 나의 간절한 바람입니다.
바램	볕이나 습기를 받아 색깔이 변함.	계절이 바뀔수록 옷감의 바램이 심해진다.

주의해야 할 표기

올바른 표기(○)	잘못된 표기(×)	올바른 표기(○)	잘못된 표기(×)
가르마	가리마	부조금	부주금
(날씨)개다	개이다	비계	비개
객쩍다	객적다	비비다	부비다
거친	거칠은	삼가다	삼가하다
겨레	겨례	서슴지(~ 않다)	서슴치(~ 않다)
게시판	계시판	설레다	설레이다
겸연쩍다	겸연적다	셋째	세째
고깔	꼬깔	(김치)소박이	소배기
고이	고히	소싯적	소실적
-고자 함	-고저 함	승낙	승락
곱빼기	곱배기	십상이다	쉽상이다
괴로워	괴로와	썩힌 거름	썩인 거름

올바른 표기(○)	잘못된 표기(×)	올바른 표기(○)	잘못된 표기(×)
구레나룻	구렛나루	아무튼	아뭏든
구태여	구태어	안절부절못하다	안절부절하다
굽이굽이	구비구비	애꿎은	애궂은
금세(금시에)	금새	애초에	애저녁에
급랭	급냉	어떡해	어떻해
깔때기	깔대기	어쨌든	어쨋든, 어쨌던
껍질째	껍질채	얼루기	얼룩이
꼬챙이	꼬창이	역할	역활
끔찍이	끔찍히	예부터	옛부터
나무라다	나무래다	예삿일	예사일
널따랗다	넓다랗다	오랜만	오랫만
널빤지	널판지	오랫동안	오랜동안
널찍하다	넓직하다	왠지	웬지
눈살	눈쌀	외곬으로	외골수로
번번이(매 때마다)	번번히	요컨대, 예컨대	요컨데, 예컨데
닦달하다	닥달하다	육개장	육계장
-더라도	-드라도	웬일이니	왠일이니
덤터기	덤테기	일찍이	일찌기
데우다	뎁히다	잠갔다	잠궜다
딱따구리	딱다구리	재떨이	재털이
뚜렷이	뚜렷히	절체절명	절대절명
뜨개질	뜨게질	조그마하다	조그만하다
-(으)ㄹ걸	-(으)ㄹ껄	짜깁기	짜집기
-(으)ㄹ게	-(으)ㄹ께	초승달	초생달
-(으)ㄹ는지	-(으)ㄹ런지	치르다	치루다
머리말	머릿말	통째로	통채로
머지않아	멀지않아	하려고	할려고
멋쩍다	멋적다	하마터면	하마트면
메밀	모밀	한갓	한갖
며칠 동안	몇일 동안	해코지	해꼬지
목돈	뭉돈	허구한 날	허구헌 날
미숫가루	미싯가루	헤매다	헤메다
발자국	발자욱	휴게실	휴계실

띄어쓰기

제5장 제1절 제41항   조사는 그 앞말에 붙여 쓴다.

꽃이 / 꽃마저 / 꽃밖에 / 꽃에서부터 / 꽃으로만 / 꽃이나마 / 꽃이다 / 꽃입니다 / 꽃처럼 / 어디까지나 / 거기도 / 멀리는 / 웃고만

조사가 둘 이상 연속되거나, 조사가 어미 뒤에 붙는 경우에도 그 앞말에 붙여 쓴다.

집에서처럼 / 학교에서만이라도 / 여기서부터입니다 / 어디까지입니까 / 나가면서까지도 / 들어가기는커녕 / 옵니다그려 / 놀라기보다는

제5장 제2절 제42항   의존 명사는 띄어 쓴다.

아는 것이 힘이다. / 나도 할 수 있다. / 먹을 만큼 먹어라. / 아는 이를 만났다. / 네가 뜻한 바를 알겠다. / 그가 떠난 지가 오래다.

제43항   단위를 나타내는 명사는 띄어 쓴다.

한 개 / 차 한 대 / 금 서 돈 / 소 한 마리 / 옷 한 벌 / 열 살 / 조기 한 손 / 연필 한 자루 / 버선 한 죽 / 집 한 채 / 신 두 켤레 / 북어 한 쾌

다만, 순서를 나타내는 경우나 숫자와 어울리어 쓰이는 경우에는 붙여 쓸 수 있다.

두시 삼십분 오초 / 제일과 / 삼학년 / 육층 / 1446년 10월 9일 / 2대대 / 16동 502호 / 제1실습실 / 80원 / 10개 / 7미터

제44항   수를 적을 적에는 '만(萬)' 단위로 띄어 쓴다.

십이억 삼천사백오십육만 칠천팔백구십팔 / 12억 3456만 7898

제45항   두 말을 이어 주거나 열거할 적에 쓰이는 말들은 띄어 쓴다.

국장 겸 과장 / 열 내지 스물 / 청군 대 백군 / 책상, 걸상 등이 있다 / 이사장 및 이사들 / 사과, 배, 귤 등등 / 사과, 배 등속 / 부산, 광주 등지

제46항   단음절로 된 단어가 연이어 나타날 적에는 붙여 쓸 수 있다.

좀더 큰것 / 이말 저말 / 한잎 두잎

제5장 제3절 제47항 보조 용언은 띄어 씀을 원칙으로 하되, 경우에 따라 붙여 씀도 허용한다.

원칙	허용
불이 꺼져 간다.	불이 꺼져간다.
내 힘으로 막아 낸다.	내 힘으로 막아낸다.
그릇을 깨뜨려 버렸다.	그릇을 깨뜨려버렸다.
비가 올 듯하다.	비가 올듯하다.
그 일은 할 만하다.	그 일은 할만하다.
일이 될 법하다.	일이 될법하다.
비가 올 성싶다.	비가 올성싶다.
잘 아는 척한다.	잘 아는척한다.

표현	사례
같이하다	(붙) 뜻을 같이하다. / 궤를 같이하다.(다르지 않고 같아지게 하다, 함께하다) (띄) 운동을 같이 하다. / 일을 같이 하다.
-고말고 -고 말았다	(붙) 그렇고말고. (띄) 실패하고 말았다.
그밖에	(붙) 반대자는 그밖에 없다.(그 사람밖에) (띄) 그 밖에도 많이 있다.(그 이외에도)
-ㄴ걸	(붙) 그거 반가운 소식인걸.(어미) (띄) 큰 걸 주시오.('-ㄴ 것을'이 줄어든 말)
-는걸	(붙) 비가 오겠는걸.(어미) (띄) 주는 걸 받다.('-는 것을'이 줄어든 말)
-ㄴ데	(붙) 얼굴은 예쁜데 마음씨는 나쁘다. (띄) 가까운 데서 오다. / 머리 아픈 데 먹는 약. / 공부하는 데 힘쓰다.
-는데	(붙) 비가 오는데 우산이 없다.(어미) (붙) 성적이 많이 올랐는데?(어미) (띄) 가는 데가 어디냐?('데'는 '곳'을 뜻하는 의존 명사) (띄) 공부하는 데 힘쓰라.('데'는 '일'을 뜻하는 의존 명사) (띄) 피 흐르는 데 바르는 약이다.('데'는 '경우'를 뜻하는 의존 명사)
-는데도	(붙) 싫다는데도 자꾸 권하다. (띄) 과일 파는 데도 가 보다.('데'는 '곳'을 뜻하는 의존 명사)
만큼	(붙) 그는 자신이 맡은 일에서만큼은 최고의 전문가다.(조사) (띄) 일한 만큼만 보수를 받다.(의존 명사)
-ㄴ지	(붙) 큰지 작은지 입어 봐라.(어미) (띄) 떠난 지 한 달.('지'는 의존 명사)
날듯이	(붙) 새가 공중을 날듯이.('-듯이'는 어미) (띄) 날 듯이 가벼운 기분.(날아갈 듯이. '듯이'는 의존 명사)
대로	(붙) 너는 너대로 나는 나대로.(조사) (띄) 본 대로 들은 대로.(의존 명사)

표현	사례
제자리	(붙) 그냥 제자리에 앉다.(본디 있던 자리) (띄) 각자 정해진 제 자리에 앉아라.(자기 자리)
치고	(붙) 학생치고 그것 모르는 사람 없다.(조사) (띄) 그 돈 기부한 셈 치고 잊어버려라. / 수석은 둘째 치고 합격이나 했으면.(동사)
하고	(붙) 연필하고 책하고 노트.(조사) (붙) 너하고 비슷하다. / 나하고 놀자.(조사) (띄) 공부를 하고 있다. / "네." 하고 대답을 하다. / '얼마나 좋을까?' 하고 생각을 하다.(동사)

핵심 기출 띄어쓰기

띄어쓰기	붙여쓰기

• 맨 먼저(부사)
• 실력 면에 있어서는(명사)
• 도착했음 직하다.(보조 형용사)
• 먹을 만하다.(보조 형용사)
• 삼 년 만
• 수일 내
• 각자 맡은 바 책임을 다하라.
• 가족 외의 사람은
• 한문 투
• 십오 년
• 비행 시에는
• 먹는 둥 마는 둥
• 만 원 남짓
• 네 괴로움 따위
• 원인은 구조적인 데 있다.
• 서울과 부산 간 야간열차(한 대상에서 다른 대상까지의 사이)
• 부모와 자식 간에도 예의를 지켜야 한다.(관계)
• 뛸 듯이 기뻐하다.(의존 명사)
	• 이틀간, 한 달간(접미사)
	• 밥은커녕
	• 고의라기보다 실수다.
	• 애인하고 헤어졌다.
	• 보이는구먼그래.(-는구먼: 어미)
	• 무명만큼
	• 의심해선 못쓰는 법이야.
	  (못쓰다: 옳지 않다. 또는 바람직한 상태가 아니다. → 동사)
	• 자식이 안되기를 바라는 부모는 없다.
	  (안되다: 사람이 훌륭하게 되지 못하다. → 동사)
	• 건강하시기를 바라 마지않습니다.
	  (마지않다 → 보조 동사)
	• 그까짓 일 정도는(관형사)
	• 연구차 방문
	• 얼마짜리
	• 이십여 년의 세월
	• 지배하에서
	• 인터넷상의
	• 학급당 하나
	• 만 원쯤
	• 만 원가량
	• 만 원어치
	• 금방 후회할걸(-ㄹ걸)

맞춤법 빠른 확인 테스트

※ 밑줄 친 어휘의 맞춤법이 맞으면 O, 틀리면 X 표시하시오.

01 <u>마굿간</u>에 말 세 마리가 있다. (O , X)
02 나는 <u>만둣국</u>을 좋아한다. (O , X)
03 <u>최대값</u> 제외하고 평균을 구해라. (O , X)
04 영이는 뭔가 못마땅한 듯 <u>혼자말</u>을 중얼거렸다. (O , X)
05 그는 실수하지 않도록 <u>꼼꼼이</u> 발표를 준비했다. (O , X)
06 컴퓨터를 새것으로 <u>갈음하였다</u>. (O , X)
07 어머니가 한약을 <u>다리신다</u>. (O , X)
08 그는 코트 자락을 <u>제치고</u> 앉았다. (O , X)
09 어제 <u>잊어버린</u> 지갑을 찾았다. (O , X)
10 어머니와 만나는 것이 나의 간절한 <u>바램</u>입니다. (O , X)

※ 다음 어휘를 바르게 고쳐 쓰시오.

11 금새 → (   )
12 구태어 → (   )
13 재털이 → (   )
14 얼룩이 → (   )
15 덤테기 → (   )
16 뚜렷히 → (   )
17 짜집기 → (   )
18 초생달 → (   )
19 머릿말 → (   )
20 넓직하다 → (   )

정답 01. X 02. O 03. X 04. X 05. X 06. O 07. X 08. X 09. X 10. X 11. 금세 12. 구태여
13. 재떨이 14. 얼루기 15. 덤터기 16. 뚜렷이 17. 짜깁기 18. 초승달 19. 머리말 20. 널찍하다

02　Ⅱ. 어법
표준어

표준어 주요 규정

제2장 제1절 제6항 다음 단어들은 의미를 구별함이 없이, 한 가지 형태만을 표준어로 삼는다. (ㄱ을 표준어로 삼고, ㄴ을 버림.)

ㄱ	ㄴ	ㄱ	ㄴ
돌 둘-째 셋-째	돐 두-째 세-째	넷-째 빌리다	네-째 빌다

다만, '둘째'는 십 단위 이상의 서수사에 쓰일 때에 '두째'로 한다.

ㄴ	
열두-째	스물두-째

제7항 수컷을 이르는 접두사는 '수-'로 통일한다. (ㄱ을 표준어로 삼고, ㄴ을 버림.)

ㄱ	ㄴ	ㄱ	ㄴ
수-꿩 수-나사 수-놈	수-퀑/숫-꿩 숫-나사 숫-놈	수-사돈 수-소 수-은행나무	숫-사돈 숫-소 숫-은행나무

다만 1. 다음 단어에서는 접두사 다음에서 나는 거센소리를 인정한다. 접두사 '암-'이 결합되는 경우에도 이에 준한다. (ㄱ을 표준어로 삼고, ㄴ을 버림.)

ㄱ	ㄴ	ㄱ	ㄴ
수-캉아지 수-캐 수-컷 수-키와 수-탉	숫-강아지 숫-개 숫-것 숫-기와 숫-닭	수-탕나귀 수-톨쩌귀 수-돼지 수-평아리	숫-당나귀 숫-돌쩌귀 숫-돼지 숫-병아리

다만 2. 다음 단어의 접두사는 '숫-'으로 한다. (ㄱ을 표준어로 삼고, ㄴ을 버림.)

ㄱ	ㄴ	ㄱ	ㄴ
숫-양 숫-염소	수-양 수-염소	숫-쥐	수-쥐

잘못 쓰기 쉬운 표준어

표준어	비표준어
가진	갖은('갖은: 골고루 다 갖춘' 관형사는 표준어)
후줄근하다	후질근하다
가깝다	가찹다
갈고리 / 갈퀴	갈쿠리
고깔	꼬깔
구레나룻	구렛나루
부조	부주
깡충깡충	깡총깡총
아등바등	아둥바둥
서투른, 서툰	서툴은
어이없다	어의없다
깍지	깍찌
널빤지	널판지
으스대다	으시대다
겨우	제우
되레('도리어'의 준말)	되려
모두 / 몽땅	몽창
께름칙하다 / 께름직하다 / 꺼림칙하다 / 꺼림직하다	께림직하다
볼썽사납다	볼쌍사납다
줄곧	줄창
어처구니	얼척
이리로 / 일로	일루
얼른	얼렁
똬리	또아리
안성맞춤	안성마춤
흉측스럽다	흉칙스럽다
(화를) 돋우다	(화를) 돋구다
살을 에는 듯한 추위	살을 에이는 듯한 추위
이래 봬도(보이+어도)	이래 뵈도
매번 밤을 새우다 보니	매번 밤을 새다 보니
시리다	시렵다
일그러지다	이그러지다
산이 가팔라서	산이 가파라서
머리를 기다랗게	머리를 길다랗게
단출	단촐
부스스	부시시
덩굴 / 넝쿨	덩쿨
설거지	설겆이
휴게실	휴계실
멋쟁이	멋장이
사글세	삭월세

비표준어라 착각하는 표준어

표준어	사례
거슴츠레하다 / 게슴츠레하다	예) 그는 졸려서 거슴츠레한 눈을 비비고 있었다.
걸핏하면	예) 그는 요즘 걸핏하면 화를 낸다.
껄떡거리다	예) 숨을 껄떡거리다.
게검스럽다	예) 그는 생긴 것부터 우락부락할 뿐 아니라 먹는 모습도 아주 게검스럽다.
낌새, 꼼수, 본때	예) 낌새가 이상하다. 꼼수를 쓰다. 본때를 보이다.
눈엣가시	예) 사사건건 참견하는 친구가 눈엣가시였다.
더부룩하다	예) 집 앞 묵정밭에는 잡초만 더부룩하게 자라 있다. / 머리가 더부룩하게 자라다.
도통, 항시, 노상, 해필	• 도통: 아무리 해도, 이러니저러니 할 것 없이 아주.(= 도무지) • 항시: 임시가 아닌 관례대로의 보통 때, 똑같은 상태로 언제나. • 노상: 언제나 변함없이 한 모양으로 줄곧. • 해필: 다른 방도를 취하지 아니하고 어찌하여 꼭.(= 하필) 예) 다른 사람도 많은데 왜 해필 제가 갑니까?
마구리, 우수리, 갈무리, 에누리	• 마구리: 길쭉한 물건의 양 끝에 대는 것. • 우수리: 물건값을 제하고 거슬러 받는 잔돈. • 갈무리: 일을 처리하여 마무리함. • 에누리: 값을 깎는 일.('단도리'는 일본어임)
딸랑, 지지리, 삐죽	예) 방 안에 혼자 딸랑 남아 있었다. 지지리 가난한 사람들. 입을 삐죽 내밀다.
먹통, 시방, 식겁하다, 욕보다	예) 전화가 먹통이다. 시방 살고 있는 주거지의 내력을 조사해 보도록 하라. 얼마나 식겁했는지 모른다. 이 먼 곳까지 오느라 욕봤네.
무지	예) 돈을 무지 벌다.
뻐기다	예) 그는 우등상을 탔다고 무척 뻐기고 다닌다.
사리	국수, 새끼, 실 따위의 뭉치를 세는 단위. 예) 점심에 냉면 두 사리를 더 먹었다.
시새움하다	예) 동생은 공부 잘하는 오빠를 시새움했다.
아서라, 애고, 어쭈, 얼씨구, 아무렴, 머시	• 모두 감탄사. • 머시: 말하는 도중에 어떤 사람이나 사물의 이름이 얼른 떠오르지 않거나 또는 그것을 밝혀 말하기 곤란할 때 쓰는 감탄사. 예) 머시, 지난번에 말한 그거 있잖아.
알큰하다	예) 그는 술을 조금 마셨지만 알큰한 기분을 느꼈다.
애끓다	예) 애끓는 하소연.

표준어	사례
어데, 어쩜, 첨, 낼	어데 → 줄어든 말. 어쩜, 첨, 낼 → 준말. • 어데: 어디에 • 어쩜: 어쩌면 • 첨: 처음 • 낼: 내일
오만, 말짱, 대뜸, 안짝, 거저, 반절	예 **오만** 설움. **말짱** 소용없는 일. **대뜸** 화부터 내다. 서른 **안짝**에 결혼하다. **거저** 가지려 한다. 문제를 **반절**만 풀다.
인제, 퍼뜩	예 **인제** 막 가려는 참이다. 친구 이름이 **퍼뜩** 떠오르지 않았다.
작작, 하도, 지레, 된통	예 거짓말 좀 **작작** 해라. **하도** 기가 막혀서 말문이 막혔다. **지레** 겁을 먹다. **된통** 혼나다.
쫄딱, 타박, 얼추, 이골	예 사업을 하다가 **쫄딱** 망하다. 아버지는 반찬 **타박**이 심해서 늘 어머니를 힘들게 하신다. 헤아려 보니 모인 사람이 **얼추** 500명은 되겠다. **이골**이 나다.
천연덕스럽다	예 그는 **천연덕스럽게** 거짓말을 했다.
해쓱하다	예 **해쓱한** 얼굴.
허우대	예 **허우대**가 멀쩡한 놈이 마냥 놀고 있다니?
후텁지근하다 / 후덥지근하다	예 비가 오려는지 날씨는 무더웠고 바람도 **후텁지근했다**.

헷갈리기 쉬운 표준어

옳은 표기	틀린 표기
오늘은 왠지('왜인지'가 줄어든 말)	오늘은 웬지
웬만큼	왠만큼
절체절명	절대절명
야반도주	야밤도주
성대모사	성대묘사
아연실색	아연질색
혈혈단신	홀홀단신
김치를 담갔다.	김치를 담궜다. * '담그다'는 '—' 탈락 규칙 활용을 하는 단어이다. 뒤에 모음 어미가 올 경우 '—'는 무조건 탈락한다. (담그 + -아 → 담가)
내로라하는 저명인사	내노라하는 저명인사
그 남자는 숙맥이다. (숙맥: 사리 분별을 못 하고 세상 물정을 잘 모르는 사람.)	그 남자는 쑥맥이다.
인마, 까불지 마.	임마, 까불지 마.
머리가 한 움큼 빠졌다.	머리가 한 웅큼 빠졌다.
돌멩이 / 굼벵이	돌맹이 / 굼뱅이
날씨가 개다 / 길을 헤매다 / 목멘 소리	날씨가 개이다 / 길을 헤매이다 / 목메인 소리
오랜만에 그를 본다.	오랫만에 그를 본다.
예부터 / 예스럽다	옛부터 / 옛스럽다
꺼리다	꺼려하다
삼가다	삼가하다
뇌졸중	뇌줄증
닦달하다	닥달하다
굽이굽이	구비구비
귀띔	귀뜸
돌하르방	돌하루방
두루뭉술 / 두리뭉실	두루뭉실
떠버리	떠벌이
모둠냄비	모듬냄비
무릅쓰다	무릎쓰다
사족	사죽
발자국	발자욱
스라소니	시라소니

옳은 표기	틀린 표기
앳되다	애띠다
젖히다, 제치다	제끼다
짓궂다	짖궂다
초승달	초생달
코방아 찧다	콧방아 찧다
파투	파토
해쓱하다 / 핼쑥하다	핼쓱하다
헹가래	행가래
흐뜨리다 / 흐트리다	흐트리다
시시닥거리다	히히닥거리다
장롱	장농
졸리다	졸립다
초주검	초죽음
허구한 날	허구헌 날
섬뜩하다 / 섬찟하다	섬짓하다

표준어 빠른 확인 테스트

※ 밑줄 친 어휘의 표기가 맞으면 O, 틀리면 X 표시하시오.

01 할머니네 개가 <u>수캉아지</u>를 낳았다. (O , X)
02 그는 항상 <u>구렛나루</u>를 길게 기른다. (O , X)
03 <u>널판지</u>로 엉성하게 만든 부엌문. (O , X)
04 살을 <u>에는</u> 듯한 추위. (O , X)
05 그는 매번 밤을 <u>새우다</u> 보니 낯빛이 창백하다. (O , X)
06 산이 <u>가파라서</u> 정상까지 가기가 어렵다. (O , X)
07 짧은 여행이기 때문에 세면도구만 들고 <u>단촐하게</u> 떠나기로 했다. (O , X)
08 그는 <u>깍지</u> 낀 두 손을 베개 삼아 풀밭에 누웠다. (O , X)
09 토끼가 <u>깡총깡총</u> 뛰어간다. (O , X)
10 힘들어도 <u>아등바등</u> 살아가고 있다. (O , X)

※ 밑줄 친 어휘를 바르게 고쳐 쓰시오.

11 <u>부시시</u> 흩어진 머리를 빗었다. → (   )
12 뱀이 <u>또아리</u>를 틀었다. → (   )
13 <u>흉칙한</u> 사건이 일어나 사회가 어수선하다. → (   )
14 <u>삭월세</u>를 내다. → (   )
15 이래 <u>뵈도</u> 내 나이가 벌써 30대이다. → (   )
16 그 남자는 <u>쑥맥</u>이다. → (   )
17 머리가 한 <u>웅큼</u> 빠졌다. → (   )
18 주말에 어머니와 김치를 <u>담궜다</u>. → (   )
19 <u>장농</u>에서 오래된 코트를 꺼냈다. → (   )
20 이번 약속은 <u>파토</u>가 났다. → (   )

정답 01. O 02. X 03. X 04. O 05. O 06. X 07. X 08. O 09. X 10. O 11. 부스스 12. 똬리
13. 흉측한 14. 사글세 15. 봬도 16. 숙맥 17. 움큼 18. 담갔다 19. 장롱 20. 파투

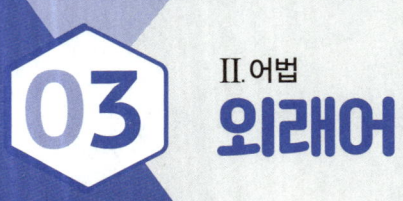

II. 어법
외래어

빈출 외래어

사람 이름	뉴턴(Newton) 루소(Rousseau) 마르크스(Marx) 모차르트(Mozart) 비틀스(The Beatles) 시저(Caesar) 앙겔라 메르켈(Angela Merkel) 차이콥스키(Tchaikovsky) 콜럼버스(Columbus) 호찌민(Ho Chi Minh)	도널드 트럼프(Donald Trump) 르누아르(Renoir) 마오쩌둥(Mao Zedong) 바흐(Bach) 셰익스피어(Shakespeare) 아인슈타인(Einstein) 잔 다르크(Jeanne d'Arc) 칭기즈 칸(Chingiz Khan) 클레오파트라(Cleopatra) 힐러리 클린턴(Hillary Clinton)
나라 이름	네덜란드(Netherlands) 말레이시아(Malaysia) 싱가포르(Singapore) 우즈베키스탄(Uzbekistan) 키르기스스탄(Kirgizstan) 투르크메니스탄(Turkmenistan)	덴마크(Denmark) 베네수엘라(Venezuela) 에티오피아(Ethiopia) 카자흐스탄(Kazakhstan) 타지키스탄(Tadzhikistan) 포르투갈(Portugal)
지역 이름	규슈(九州) 라스베이거스(Las Vegas) 로스앤젤레스(Los Angeles) 마르세유(Marseille) 모스크바(Moskva) 뮌헨(München) 블라디보스토크(Vladivostok) 상하이 / 상해(上海) 스코틀랜드(Scotland) 옌볜 / 연변(延邊) 잘츠부르크(Salzburg) 캔자스(Kansas) 타슈켄트(Tashkent) 태평양(Pacific Ocean) 파리(Paris) 홋카이도(Hokkaido)	댜오위다오/조어도(釣魚島) 랴오닝(遼寧) 리옹(Lyon) 마추픽추(Machu Picchu) 몽블랑산(Mont Blanc) 밴쿠버(Vancouver) 삿포로(Sapporo) 세비야(Sevilla) 양곤(Yangon) 인스브루크(Innsbruck) 칸(Cannes) 쿠알라룸푸르(Kuala Lumpur) 타이베이(臺北) 톈진(天津) 포르토프랭스(Port-au-Prince) 호놀룰루(Honolulu)
먹을거리	도넛 주스 피망	밀크셰이크 카레	소시지 커피	오렌지 토마토

생활	가스레인지 노즐 마켓 버저 숍 알루미늄 재킷 커튼 테이프 프랜차이즈	거즈 라디오 모바일 브러시 슈퍼마켓 알루미늄 새시 차트 컨테이너 파일 플래카드	깁스 렌터카 바이올린 브로슈어 스노타이어 앰뷸런스 카메라 코펠 팸플릿 해먹	내비게이션 마스크 밴디지 사인펜 스프링클러 에어컨 / 에어컨디셔너 카페 클리닉 폰
기타	가톨릭 노블레스 오블리주 랑데부 로켓 마라톤 메커니즘 비즈니스 쇼트 트랙 스탠퍼드 아마추어 앙케트 오프사이드 유머 커트 코미디 쿠데타 판타지 페미니즘 헥타르	나르시시즘 데뷔 레퍼토리 록 앤드 롤 / 로큰롤 마사지 밸런타인데이 빅토리 스로인 시프트 아케이드 애드리브 옥스퍼드 장르 컨트롤 콘서트 타깃 팜 파탈(팜므파탈×) 페스티벌 휴머니즘	난센스 드라큘라 로봇 리더십 매사추세츠 부르주아 샤머니즘 스케줄 심벌 알고리즘 액세스 워크숍 카운슬링 컷 콤비네이션 터치라인 팡파르 프리 킥	네트워크 라이선스 로열티 마니아 메시지 불도그 센터 서클 스태프 심포지엄 알레르기 엔도르핀 웹 칼럼 케임브리지 콩쿠르 트랜스 지방 패밀리 하버드

외래어 빠른 확인 테스트

※ 다음 외래어의 표기가 맞으면 O, 틀리면 X 표시하시오.

01 네비게이션 (O , X)
02 가스렌지 (O , X)
03 알루미늄 (O , X)
04 커튼 (O , X)
05 사인펜 (O , X)
06 쥬스 (O , X)
07 소세지 (O , X)
08 커리 (O , X)
09 토마토 (O , X)
10 팜므파탈 (O , X)
11 네트워크 (O , X)
12 넌센스 (O , X)
13 나르시시즘 (O , X)
14 데뷔 (O , X)
15 레파토리 (O , X)
16 리옹(Lyon) (O , X)
17 삿뽀로(Sapporo) (O , X)
18 깐느(Cannes) (O , X)
19 포르투갈(Portugal) (O , X)
20 뉴튼(Newton) (O , X)

정답 01. X 02. X 03. X 04. O 05. O 06. X 07. X 08. O 09. O 10. X 11. O 12. X 13. O
14. O 15. X 16. O 17. X 18. X 19. O 20. X

04 II. 어법
문장 표현, 문법 요소

올바른 문장 표현

1 주어의 확인

서점에서 친구를 만났는데, 소설책을 사러 왔다고 했다.
→ 앞 문장의 주어는 '나'이고 뒤 문장의 주어는 '친구'인데 뒤 문장의 주어가 빠져 있으므로, 이를 보충해 주어야 한다.

2 주어와 서술어의 호응 확인

우리가 패배한 원인은 상대를 너무 업신여겼던 것 같다.
→ 주어인 '원인은'에 어울리도록 서술부를 '업신여겼던 데 있는'으로 고쳐 써야 한다.

3 목적어와 서술어의 호응 확인

인간들은 한편으로는 자연에 순응하면서, 다른 한편으로는 이용하며 살아왔다.
→ '이용하며 살아왔다'의 목적어가 없으므로, 그 앞에 목적어인 '자연을'을 넣어 주어야 한다.

4 부사어와 서술어의 호응 확인

비록 그는 가난하면서 이 세상에 사는 보람을 느꼈다.
→ '비록'은 '~할지라도', '~하지만'과 호응하는 부사이므로 서술어를 고쳐 써야 한다.

5 보조사의 확인

정부는 이 문제를 일본에게 강력히 항의하였다.
→ 대상이 무정물이므로 '에'로 고쳐 써야 한다.

6 통사 구조의 확인

그는 폭넓은 독서하고 부지런히 운동을 하는 사람이다.
→ '폭넓은 독서'는 구(句)이고 '부지런히 운동을 하는'은 절(節)이므로, '폭넓게 독서하고 부지런히 운동하는'으로 자연스럽게 고쳐 써야 한다.

7 피동문의 적절성 확인

재미있게 <u>읽혀지는</u> 책이 별로 없다.

→ 피동형인 '읽히다'에 '-어지다'가 붙어서 이중 피동이 되었으므로, '읽히는'으로 고쳐 써야 한다.

8 문장의 의미가 모호하지 않은지 확인

그 거만한 시장의 삼촌은 그동안 쌓은 공덕을 깎아내리고 있었다.

→ '거만한'이 수식하는 대상이 '시장'인지 '삼촌'인지 모호하다. 수식하는 대상이 분명히 드러나게 고쳐 써야 한다.

9 중복된 표현 확인

<u>미리</u> 자료를 <u>예비</u>한 분은 별도의 자료를 만들 필요가 없습니다.

→ '미리'와 '예비'가 의미상 중복되므로 '예비'를 '준비'로 고쳐 써야 한다.

10 어휘의 적절성 확인

새로 온 사원에게 일하는 법을 <u>가리키고</u> 있는 김 과장의 모습이 보였다.

→ '가리키다'는 '손가락 따위로 어떤 방향이나 대상을 집어서 보이거나 말하거나 알리다.'라는 의미를 지닌 어휘이므로 '지식이나 기능, 이치 따위를 깨닫게 하거나 익히게 하다.'라는 의미의 '가르치다'로 고쳐 써야 한다.

기출 문법 요소

1 높임법에 맞는 표현

국어에는 높임법이 많이 나타나는데, 주체나 상대에 따라 높임법의 종류가 다르다.

① 아버지, 할아버지께서 빨리 <u>오시라고</u> 말씀하셨습니다.
  → (오라고) 청자인 아버지가 화자보다 높은 지위에 있는 사람이더라도 문장의 주체인 할아버지보다 지위가 낮다면 높임법을 쓰지 않는 것이 맞는 표현이다.

② 할머니, 아버지께서 반지를 <u>선물하셨습니다</u>.
  → (선물했습니다) 문장의 주체인 아버지가 화자보다는 높으나, 청자인 할머니보다는 낮으므로 높임법을 쓰지 않는 것이 맞는 표현이다.

③ 너, 선생님이 빨리 오래.
→ (너, 선생님께서 빨리 오라셔) '선생님'은 높여야 할 대상이므로 이에 맞는 높임 표현을 사용해야 한다. 먼저 주격 조사는 '이'가 아닌 '께서'를 사용해야 하며, 선생님의 행위를 나타내는 서술어에는 높임의 선어말 어미인 '-시-'를 삽입해야 한다. ('오래'는 '오라고 해'를 줄인 말이며, '오라셔'는 '오라고 하셔'를 줄인 말이다.)

④ 주례 선생님의 말씀이 계시겠습니다.
→ (있으시겠습니다) 간접 높임의 표현(높여야 할 대상의 신체나 소유물, 혹은 혈연 관계에 있는 사람을 높임으로써 간접적으로 높임의 효과를 얻는 것)에서는 '있다'의 높임말로 '있으시다'를 사용해야 한다.

2 적절한 사동·피동 표현

영어의 영향으로 불필요한 사동, 피동 표현이 많아졌는데, 이는 우리말 표현이 아니므로 삼가야 한다.

① 내가 친구 한 명 소개시켜 줄게.
→ (소개할게) '소개시키다'는 불필요한 사동 표현이므로 '소개하다'로 고쳐 써야 자연스럽다.

② 교육부에서는 입시 위원회를 설치시킬 예정이다.
→ (설치할) '설치시킬'은 불필요한 사동 표현이므로 '설치할'로 고쳐 써야 자연스럽다.

③ 그렇게 하는 것이 좋을 거라고 생각되어집니다.
→ (생각됩니다) '되어지다'는 이중 피동이므로 '생각되다'로 고쳐 써야 자연스럽다.

④ 그는 문이 바람에 저절로 닫아져서 들어가지 못했다.
→ (닫혀서) '닫아지다'는 불필요한 피동 표현이므로 '닫히다'로 고쳐 써야 자연스럽다.

⑤ 이 계곡물 위에는 이미 죽어진 고기들이 떠내려간다.
→ (죽은) '죽어진'은 불필요한 피동 표현이므로 '죽은'으로 고쳐 써야 자연스럽다.

3 동사·형용사의 바른 활용

① 아버님, 올해도 건강하세요.
→ (건강하시길 빕니다, 건강하게 지내세요) '건강하다'는 정신이나 신체의 상태를 나타내는 형용사이므로 명령형이나 청유형으로 쓸 수 없다. 따라서 명사화 구성으로 바꾸거나 부사어로 고쳐 써야 한다.

② 개똥도 약에 쓸려면 없다.
→ (쓰려면) '쓰다'라는 동사에 장차 하고자 하는 뜻을 나타내는 연결 어미 '-려면'이 붙은 '쓰려면'으로 고쳐 써야 한다.

③ 보세요, 잘 날라가지 않습니까?
→ (날아가지) 우리말에서 본용언과 보조 용언을 연결해 주는 어미로는 '-아/-어'가 있다. 따라서 '날다'와 '가다'를 연결하기 위해서는 '-아'를 사용하여 '날아가다'로 고쳐 써야 한다.

4 조사의 바른 사용

① 그때 나는 학교에 **가야겠다라고** 생각했어요.
   우승하겠다는 생각을 하신 적이 있습니까?
   → (가야겠다고) 간접 인용절에는 '고'를, 직접 인용절에는 '라고'를 쓴다. 그러므로 '가야겠다고'로 고쳐 써야 한다. 그리고 두 번째 문장은 인용절에 '하는'이 결합되어 있는 형태에서 '-고 하-'가 생략된 형태이다. 그래서 "우승하겠다(고 하)는 생각을 하신 적이 있습니까?"라는 형태를 띠고 있는 것이다.

② 정부는 독도의 영유권과 관련, 이 문제를 일본**에게** 강력히 항의하였다.
   → (에) '에게'는 유정물(사람이나 동물), '에'는 무정물(사물)에만 쓴다.

③ **눈이** 큰데 **귀가** 작다.
   → (눈은 큰데 귀는 작다) '은/는'과 '이/가'를 구분해서 사용해야 한다. '이/가'는 격 조사로서 주어를 받지만, '은/는'은 보조사로서 대조를 나타낸다.

④ 이천 년대의 식량 문제를 대처할 방안을 생각하자.
   → (문제에)

⑤ 그는 온갖 **역경에** 이기고 마침내 성공했다.
   → (역경을)

⑥ 우리는 이제 **아시아에** 손꼽히는 강대국이 되었습니다.
   → (아시아에서)

⑦ 재해 지역 선포를 **대통령에** 요청했다.
   → (께, 에게)

⑧ 어디를 **가던지** 자기 하기 나름이다.
   → (가든지) '-든'은 선택을 의미하고 '-던'은 과거 시제를 의미한다.

문장 표현, 문법 요소 — 빠른 확인 테스트

※ 다음 문장이 자연스러우면 O, 틀리면 X 표시하시오.

01 요즘에는 재미있게 <u>읽혀지는</u> 책이 별로 없다. (O , X)
02 비록 그는 <u>가난할지라도</u> 남에게 배푸는 즐거움을 안다. (O , X)
03 정부는 이 문제를 일본<u>에게</u> 강력히 항의하였다. (O , X)
04 우리가 패배한 <u>원인은</u> 상대를 너무 업신여겼던 것 같다. (O , X)
05 그는 <u>폭넓게 독서하고</u> 부지런히 <u>운동하는</u> 사람이다. (O , X)
06 아버지, 할아버지께서 빨리 <u>오시라고</u> 말씀하셨습니다. (O , X)
07 내가 친구 한 명 <u>소개시켜</u> 줄게. (O , X)
08 보세요. 잘 날아가지 않습니까? (O , X)
09 그는 문이 바람에 저절로 <u>닫아져서</u> 들어가지 못했다. (O , X)
10 너, 선생님<u>이</u> 빨리 오래. (O , X)

※ 올바른 문장이 되도록 알맞은 말을 고르시오.

11 개똥도 약에 (쓰려면, 쓸려면) 없다.
12 식량 (문제를, 문제에) 대처할 방안을 생각하자.
13 재해 지역 선포를 (대통령에게, 대통령에) 요청했다.
14 그는 온갖 (역경에, 역경을) 이기고 마침내 성공했다.
15 교육부에서 입시 위원회를 (설치시킬, 설치할) 예정이다.
16 미리 자료를 (예비한, 준비한) 분은 별도의 자료를 만들 필요가 없습니다.
17 계곡물 위에 이미 (죽은, 죽어진) 고기가 떠내려간다.
18 아버님, 올해도 (건강하세요, 건강하게 지내세요).
19 우리는 (아시아에서, 아시아에) 손꼽히는 강국이 되었다.
20 (눈이, 눈은) 큰데 귀는 작다.

정답
01. X 02. O 03. X 04. X 05. O 06. X 07. X 8. O 09. X 10. X 11. 쓰려면 12. 문제에
13. 대통령에게 14. 역경을 15. 설치할 16. 준비한 17. 죽은 18. 건강하게 지내세요 19. 아시아에서
20. 눈은

01 III. 국어문화
국어학

중세 국어

1 훈민정음

(1) 자음(초성)의 제자 원리

① 상형: 발음 기관의 모양을 본떠 글자를 만드는 원리이다. 'ㄱ, ㄴ, ㅁ, ㅅ, ㅇ' 다섯 개의 기본자는 상형의 원리에 따라 만들어졌다.

② 가획: 기본자에 획을 더하여 새로운 글자를 만드는 원리이다. 기본자의 소리가 강해질 때 획을 추가한다.
  예 ㄱ→ㅋ, ㄴ→ㄷ→ㅌ, ㅁ→ㅂ→ㅍ, ㅅ→ㅈ→ㅊ, ㅇ→ㆆ→ㅎ

③ 이체: 가획에 따라 소리가 거세지는 가획자와 달리 소리의 특성을 고려하여 모양을 다르게 만들었다.

구분	기본자	가획자	이체자
아음(어금닛소리)	ㄱ	ㅋ	ㆁ(옛이응)
설음(혓소리)	ㄴ	ㄷ, ㅌ	ㄹ(반설음)
순음(입술소리)	ㅁ	ㅂ, ㅍ	
치음(잇소리)	ㅅ	ㅈ, ㅊ	ㅿ(반치음)
후음(목구멍소리)	ㅇ	ㆆ, ㅎ	

(2) 모음(중성)의 제자 원리

① 상형: 하늘(·), 땅(ㅡ), 사람(ㅣ)의 모양을 본떠 기본자를 만들었다.
② 합성: '·, ㅡ, ㅣ'의 기본자를 합하여 초출자, 재출자를 만들었다.
  • 초출자: 기본자에 '·'를 한 번 합하여 'ㅏ, ㅓ, ㅗ, ㅜ'를 만들었다.
  • 재출자: 기본자에 '·'를 두 번 합하여 'ㅑ, ㅕ, ㅛ, ㅠ'를 만들었다.

기본자	초출자	재출자
·, ㅡ, ㅣ	ㅏ	ㅑ
	ㅓ	ㅕ
	ㅗ	ㅛ
	ㅜ	ㅠ

(3) 운용 규정

① 이어 쓰기(연서): 초성자 두 개를 밑으로 이어 쓰는 규정으로, 순음(ㅁ, ㅂ, ㅍ, ㅃ) 아래에 'ㅇ'을 이어 쓴다.
  예) 몽, 뵹, 퐁, 뼝
② 나란히 쓰기(병서): 초성 두 개 또는 세 개를 가로로 나란히 붙여 쓰는 것이다.
  • 각자 병서: 같은 초성 두 개를 나란히 쓴다.
    예) ㄲ, ㄸ, ㅃ, ㅆ, ㅉ, ㆅ, ㅇㅇ
  • 합용 병서: 서로 다른 초성 두 개 혹은 세 개를 나란히 쓴다.
    예) ㅅㄱ, ㅂㄷ, ㅂㅅㄱ 등
③ 붙여쓰기(부서): 자음과 모음을 합하여 한 글자를 만들 때 붙여 쓴다.
④ 점 찍기(방점): 소리의 높낮이를 나타내기 위해 음절의 왼쪽에 점을 찍어 표시한다.

2 기타

(1) 높임 선어말 어미

갈래	형태	용례
객체 높임	‑숩‑, ‑ᄉᆞᆸ‑, ‑ᄌᆞᆸ‑, ‑ᄌᆞᇦ‑, ‑ᄉᆞᇦ‑, ‑ᄉᆞᆲ‑	막ᄉᆞᆸ거눌(막다), 듣ᄌᆞᆸ게(듣다), 보ᄉᆞᆸ게(보다)
주체 높임	‑시‑, ‑샤‑	가시고, 가샤
상대 높임	‑이‑/‑잇‑(아주 높임), ‑ᇰ‑/‑ㅇ‑/‑ㅅ‑(예사 높임)	ᄒᆞᄂᆞ이다

(2) 시제 선어말 어미

갈래	형태	용례
현재 시제	‑ᄂᆞ‑	ᄒᆞᄂᆞ다(한다)
과거(회상) 시제	‑더‑	ᄒᆞ더라(하더라)
미래 시제	‑리‑	ᄒᆞ리라(하리라)

기출 남북한의 어휘

1 남한어(표준어)와 북한어(문화어)의 차이

(1) 자음과 모음의 명칭

자모	표준어	문화어
ㄱ	기역	기윽
ㄷ	디귿	디읃
ㅅ	시옷	시읏
ㄲ	쌍기역	된기윽
ㄸ	쌍디귿	된디읃
ㅃ	쌍비읍	된비읍
ㅆ	쌍시옷	된시읏
ㅉ	쌍지읒	된지읒

(2) '-아/-어' 형

표준어	문화어
피어	피여
내어	내여
세어	세여
되어	되여
뛰어	뛰여
희어	희여

(3) 불규칙 활용

표준어	문화어
아름다워	아름다와
고마워	고마와

(4) 두음 법칙

표준어	문화어
이성계	리성계
연습	련습
낙하	락하
냉수	랭수
이승	니승
여자	녀자
양강도	량강도

(5) 의존 명사 띄어쓰기

표준어	문화어
내 것	내것
할 수 있다	할수 있다
한 개	한개

(6) 보조 용언 띄어쓰기

표준어	문화어
먹어 보다 / 먹어보다	먹어보다
올 듯하다 / 올듯하다	올듯하다
읽고 있다	읽고있다
자고 싶다	자고싶다

(7) 사이시옷 표기

구분	표준어	문화어
고유어 + 고유어	고랫재, 귓밥, 나룻배, 나뭇가지, 냇가, 댓가지, 못자리, 아랫마을, 뒷머리, 잇몸, 뒷일, 베갯잇, 깻잎, 나뭇잎, 댓잎	고래재, 귀밥, 나루배, 나무가지, 내가, 대가지, 모자리, 아래마을, 뒤머리, 이몸, 뒤일, 베개잇, 깨잎, 나무잎, 대잎
한자어 + 고유어 / 고유어 + 한자어	훗일, 귓병, 깃발, 뱃병, 샛강, 아랫방, 전셋집, 제삿날, 햇수	후일, 귀병, 기발, 배병, 새강, 아래방, 전세방, 제사날, 해수
한자어 + 한자어	곳간, 셋방, 숫자, 찻간, 툇간, 횟수	고간, 세방, 수자, 차간, 퇴간, 회수

*남북한 동일: 내과, 대가, 호수, 감사장

2 남북한의 어휘 비교

표준어	문화어	표준어	문화어
가발	덧머리	미혼모	해방처녀
강낭콩	당콩	오전	낮전
고물	보숭이	오후	낮뒤
계란	닭알	초등학교	소학교
누룽지	가마치	화장실	위생실
주스	과일단물	만화영화	그림영화
빙수	단얼음	볼펜	원주필
수제비	뜨더국	서명	수표
나이프	밥상칼	대중가요	군중가요
녹차	푸른차	분유	젖가루
도넛	가락지빵	커튼	창가림막
잼	과일단졸임	횡단로	건늠길
창난젓	명태밸젓	훈제	내굴찜
한약	동약	볶음밥	기름밥
아파트	고층살림집	핸드백	손가방
원피스	달린옷	수상스키	물스키
우울증	슬픔증	슬리퍼	끌신
내구성	오래견딜성	에어컨	랭동기
스웨터	세타	소프라노	녀성고음
산책로	거님길, 유보도	일식	부분 해가림

02 III. 국어문화 국문학

고전 문학

1 향가

신라 시대에 등장한 우리 문학 최초의 정형화된 서정시.

작품명	유형	내용
서동요	4구체	백제의 서동이 선화 공주를 유혹하기 위해 아이들에게 부르게 한 노래
처용가	8구체	아내를 범한 역신을 굴복시키고자 처용이 부른 무가
제망매가	10구체	죽은 누이를 위해 월명사가 부른 추도의 노래
찬기파랑가	10구체	화랑인 기파랑을 칭송하며 부른 노래
안민가	10구체	충담사가 부른 치국의 노래

2 가전체

고려 시대에 등장한 갈래로, 한문 소설이 만들어지기 이전에 창작된 허구적 서사 양식.

작품명	작가	내용
국순전(麴醇傳)	임춘	술을 의인화. 술이 사람에게 미치는 영향을 바탕으로 적당한 술은 흥을 돋우지만, 지나치게 마시면 나라를 망칠 수도 있다는 생각을 표현. 술의 부정적 성격을 통해 사대부와 군주를 풍자함.
공방전(孔方傳)	임춘	엽전을 의인화. 탐재(貪財)를 경계함. 중국의 역사에 가탁하여 돈의 제조 및 활용을 이야기하며 고려 사회의 경제적 상황을 풍자함. 벼슬하는 이에게 돈이 집중되는 세태를 비판하고, 벼슬해서 나라를 망치는 무리에 대해 비판함.
국선생전(麴先生傳)	이규보	술을 의인화. 군자의 처신을 경계함. 술은 사람의 마음을 관대하게 하고 근심을 없애 주는 것이라 하여 이상적 마음가짐을 나타냄. 술의 긍정적 성격을 통해 사회와 현실에 대한 계도를 강조함.
청강사자현부전(淸江使者玄夫傳)	이규보	거북을 의인화. 관직에 연연하지 않는 높은 경지의 도덕적 수양을 지닌 어진 사람의 행적을 그림.
죽부인전(竹夫人傳)	이곡	대나무를 의인화. 유교 사회의 이상인 현숙하고 절개 있는 여성상을 그림.
저생전(楮生傳)	이첨	종이를 의인화. 그 내력과 문인이 취해야 할 태도를 기술하여 당시 유생을 비판함.
정시자전(丁侍者傳)	석식영암	지팡이를 의인화. 사람은 그 도를 알고 행하여야 함을 내세움. 다른 가전과 구성이 다름.

3 설(說)

사물의 이치나 인간의 도리 등의 교훈을 전하고자 한 한문 문학.

작품명	작가	내용
경설	이규보	자신을 알아주는 사람을 만날 때까지는 자신의 능력을 드러내지 않음이 현명함.
슬견설		사물의 본질을 제대로 보아야 하며, 사물이 이로운지 해로운지 판단하는 것은 인간의 편견일 뿐임.
차마설	이곡	사람이 가진 모든 것은 남으로부터 빌려 온 것이라는 점을 깨달아야 함.
주옹설	권근	편안함에 젖어 위험을 깨닫지 못하는 태도를 경계해야 함.

현대 문학

1 현대 시

작가명	작품명	작가명	작품명
김광균	와사등	이광수	우리 영웅
김기림	바다와 나비	이상	오감도
김동환	국경의 밤	이상화	나의 침실로
김소월	진달래꽃(시집)	이수익	결빙의 아버지
김영랑	모란이 피기까지는	이육사	광야, 절정
김춘수	강우, 꽃을 위한 서시	이장희	봄은 고양이로다
박재삼	울음이 타는 가을 강	정지용	유리창1
박종화	사의 예찬	최남선	해에게서 소년에게, 꽃 두고
유치환	깃발, 생명의 서	한용운	님의 침묵
윤동주	서시, 쉽게 쓰여진 시	홍사용	나는 왕이로소이다

2 현대 소설

작가명	작품명
강신재	임진강의 민들레
김동리	혈거 부족, 역마, 소년, 오누이, 혼구, 동구 앞길, 등신불
김동인	배따라기, 감자
김성한	바비도
김소진	자전거 도둑
김승옥	무진기행, 서울, 1964년 겨울, 환상수첩
김유정	봄봄, 동백꽃, 소낙비
김정한	모래톱 이야기

박경리	불신시대	
박완서	나목, 엄마의 말뚝, 그해 겨울은 따뜻했네, 지렁이 울음소리, 세상에서 제일 무거운 틀니, 우황청심환	
박태순	연애	
성석제	오렌지 맛 오렌지	
손창섭	부부, 비 오는 날	
신경숙	외딴방	
안국선	금수회의록	
염상섭	표본실의 청개구리, 만세전, 삼팔선, 두 파산	
유현종	불만의 도시	
윤흥길	장마	
이광수	무정	
이문구	관촌수필	
이범선	오발탄, 학마을 사람들	
이상	날개	
이호철	닳아지는 살들	
이효석	메밀꽃 필 무렵	
임철우	붉은 방	
전광용	꺼삐딴 리	
정비석	귀향	
조세희	난장이가 쏘아 올린 작은 공	
채만식	탁류, 치숙, 태평천하, 레디메이드 인생, 미스터 방, 민족의 죄인	
최인훈	광장	
최일남	노란 봉투	
하근찬	수난이대	
현진건	운수 좋은 날, 빈처, 술 권하는 사회, B사감과 러브레터	
황석영	객지, 삼포 가는 길	
황순원	카인의 후예, 나무들 비탈에 서다, 별, 그늘, 소나기, 학, 독 짓는 늙은이	

문학적 아름다움

구분	의미
우아미	• 자연을 바라보는 '나'가 자연의 조화라는 가치에 순응하는 태도를 보임으로써 드러나는 문학적 아름다움. 즉, 일상생활의 실상을 있는 그대로 받아들이고 작고 친근한 것을 추구하는 데서 오는 아름다움. • 아름다운 형상이나 수려한 자태를 그려 냄으로써 고전적인 기품과 멋을 드러내는 미의식.
숭고미	• 자연을 인식하는 '나'가 자연의 조화를 현실에서 추구하고 실현하고자 하는 태도를 보임으로써 드러나는 문학적 아름다움. 인간의 보통 이해력으로는 알 수 없는 경이, 외경, 위대함 따위의 느낌을 줌. • 주로 초월적 가치를 추구하거나 현실을 벗어나고자 하는 주제 의식, 사랑, 희생과 같은 종교적 가치나 유교적 지조, 절개와 같은 덕목들이 숭고미에 해당됨.
비장미	자연을 인식하는 '나'의 실현 의지가 현실적 여건 때문에 좌절되거나, 실존의 문제 등 극한 상황에 처할 때 드러나는 문학적 아름다움.
골계미	자연의 질서나 이치를 의의 있는 것으로 존중하지 않고, 추락시킴으로써 드러나는 미의식.

문학 용어

구분	내용
피카레스크식 구성	본래 스페인에서 사용하던 용어로, 악당이 주인공인 이야기를 뜻했으나 이런 소설이 신문에 연재되기 시작하면서 그 의미가 변하여 '시리즈 소설'이라는 의미를 지니게 되었음. 등장인물이나 배경은 유지되지만, 각각의 이야기가 독립적으로 존재하는 구성. 예 양귀자, 〈원미동 사람들〉
옴니버스 구성	'옴니버스'는 '합승 마차'라는 뜻으로, 독립적 이야기지만 같은 주제로 묶어 놓은 구성.
전기적 구성	비현실적인 사건들(현실적으로 불가능한 배경이나 사건)이 중심이 되어 전개되는 구성.
초점화 구성	현재 장면을 누가 보고 있는지, 무엇을 보고 있는지, 누가 알고 있는지에 관심을 두는 것을 '초점화'라고 함. 어디에 초점을 두고 이야기를 전개하고 있는가에 대한 '인지적 시점'으로 이야기가 진행됨. 참고 시점: 서술자가 누구인지, 누가 이야기를 하고 있는지에 관한 것.
액자식 구성	액자가 그림을 둘러서 그림을 꾸며 주듯, 바깥(외부) 이야기가 그 속(내부)의 이야기를 액자처럼 포함하고 있는 구성. 내부 이야기를 3인칭으로 서술하여 이야기를 객관화함으로써 신빙성, 진실성을 부여함.
아이러니	의미를 강조하거나 특정한 효과를 유발하기 위해 자기가 생각하고 있는 것과는 반대되는 말을 하여 그 이면에 숨겨진 의도를 은연중에 나타내는 표현법. 소설에서 부정적인 인물을 소설의 전면에 내세우고, 긍정적인 인물을 후면에 배치하여 긍정적 인물을 희화화하는 방식.
알레고리	어떤 한 주제 A를 말하기 위하여 다른 주제 B를 사용하여 그 유사성을 적절히 암시하면서 주제를 나타내는 수사법.
역설법	표면적으로 모순되는 것 같지만 그 표면적인 진술 너머에 진실을 담고 있는 수사법.
반어법	참뜻과는 반대로 말하여 문장의 의미를 강화하는 수사법.

시나리오 용어

용어	의미
이중 노출(D.E.)	한 화면에 다른 화면이 포개어지는 것으로, 심리 묘사나 회상 등에 쓰임.
몽타주(Montage)	따로따로 촬영한 화면을 떼어 붙여 편집하는 것.
클로즈업(C.U.)	어떤 대상이나 인물이 두드러지게 화면에 확대되는 것.
인서트(Ins.)	일련의 화면에 신문이나 편지 따위의 화면이 삽입되는 것.
오버랩(O.L.)	하나의 화면이 끝나기 전에 다음 화면이 겹치면서 먼저 화면이 차차 사라지게 하는 기법.
디졸브(D.I.S.)	이전 화면이 페이드아웃(F.O.)되는 동시에 다음 화면이 페이드인(F.I.)되면서 바뀌는 장면 전환 기법.

III. 국어문화
수어, 점자

수어

1 출제 예상 수어

넣다, 담그다		손끝이 오른쪽으로 향하게 세운 왼손의 1·5지 사이에 손끝이 아래로 향하게 편 오른손을 넣는다.
울다		양 주먹의 1·5지 끝을 맞대어 양 눈 밑에서 아래로 두 번 내린다.
먹다		오른손을 펴서, 손바닥이 위로 향하게 하여 두 번 입으로 올린다.
듣다, 소리, 소식, 청각		오른 주먹의 1지를 펴서 반쯤 구부려 끝이 오른쪽 귀로 향하게 하여 좌우로 두 번 움직인다.
찍다, 사진기, 카메라		왼손으로 받친 오른 주먹의 1·5지를 펴서 1지 끝이 위로 바닥이 밖으로 향하게 하여 1지를 반쯤 구부린다.

점자

1 점자의 주요 규정

제1항 기본 자음자 14개가 **첫소리 자리**에 쓰일 때에는 다음과 같이 적는다.

자음자	ㄱ	ㄴ	ㄷ	ㄹ	ㅁ	ㅂ	ㅅ	ㅇ	ㅈ	ㅊ	ㅋ	ㅌ	ㅍ	ㅎ
첫소리 글자	⠁	⠉	⠊	⠂	⠖	⠘	⠠	(⠛)	⠅	⠉	⠋	⠦	⠍	⠚

* 'ㅇ'이 첫소리 자리에 쓰일 때에는 이를 표기하지 않는다.

제4항 기본 자음자 14개가 **받침**으로 쓰일 때에는 다음과 같이 적는다.

자음자	ㄱ	ㄴ	ㄷ	ㄹ	ㅁ	ㅂ	ㅅ	ㅇ	ㅈ	ㅊ	ㅋ	ㅌ	ㅍ	ㅎ
받침 글자														

제7항 기본 **모음자** 'ㅏ, ㅑ, ㅓ, ㅕ, ㅗ, ㅛ, ㅜ, ㅠ, ㅡ, ㅣ'는 다음과 같이 적는다.

ㅏ	ㅑ	ㅓ	ㅕ	ㅗ	ㅛ	ㅜ	ㅠ	ㅡ	ㅣ

2 점자 표기 예시

곰	
숨	
아	

벗	
멋	
용	

국어문화 빠른 확인 테스트

※ 다음 문장의 내용이 옳으면 O, 틀리면 X 표시하시오.

01 가전체는 조선 시대에 등장한 문학 갈래이다. (O , X)
02 훈민정음의 기본자인 'ㅁ'은 순음으로 입술소리이다. (O , X)
03 'ㅋ, ㄷ, ㅌ, ㅊ'은 모두 가획으로 만들어진 글자이다. (O , X)
04 '해에게서 소년에게', '꽃 두고'를 쓴 작가는 최남선이다. (O , X)
05 '국순전'과 '공방전'은 이곡의 작품이다. (O , X)
06 이규보의 '국선생전'은 거북을 의인화하여 관직에 연연하지 않는 어진 사람을 그렸다. (O , X)
07 향가는 우리나라 최초의 정형화된 서정시로 '서동요', '처용가' 등이 있다. (O , X)
08 '설'은 사물의 이치나 인간의 도리 등의 교훈을 전하고자 한 문학 갈래이다. (O , X)
09 '운수 좋은 날', '빈처', '술 권하는 사회', 'B사감과 러브레터'의 작가는 황석영이다. (O , X)
10 죽은 누이를 위해 월명사가 부른 추도의 노래는 '제망매가'로 4구체 향가이다. (O , X)
11 술의 부정적 성격을 통해 사대부와 군주를 풍자한 작품은 임춘의 '국순전'이다. (O , X)
12 훈민정음의 모음은 하늘, 바다, 사람의 모양을 본떠 기본자를 만들었다. (O , X)
13 '슬견설'은 사람이 가진 모든 것은 남으로부터 빌려 온 것이라는 주제를 갖는다. (O , X)
14 자연의 질서나 이치를 의의 있는 것으로 존중하지 않고, 추락시킴으로써 드러나는 미의식은 '비장미'이다. (O , X)
15 가획은 기본자에 획을 더하여 새로운 글자를 만드는 원리로, 기본자의 소리가 강해질 때 획을 추가한다. (O , X)
16 표준어(남한어)에서는 보조 용언을 띄어 쓰는 것이 기본적인 원칙이지만 문화어(북한어)에서는 띄어 쓰지 않는다. (O , X)
17 자신을 알아주는 사람을 만날 때까지는 자신의 능력을 드러내지 않음이 현명하다는 교훈을 전달하는 작품은 이규보의 '경설'이다. (O , X)
18 역설법은 참뜻과는 반대로 말하여 의미를 강화하는 수사법이다. (O , X)

정답 01. X 02. O 03. O 04. O 05. X 06. X 07. O 08. O 09. X 10. X 11. O 12. X 13. X
      14. X 15. O 16. O 17. O 18. X

다만 1. 다음 단어에서는 접두사 다음에서 나는 거센소리를 인정한다. 접두사 '담-'이 결합되는 경우에도 이에 준한다.(ㄱ을 표준어로 삼고, ㄴ을 버림.)

ㄱ	ㄴ	비고
수-캉아지	숫-강아지	
수-캐	숫-개	
수-컷	숫-것	
수-키와	숫-기와	
수-탉	숫-닭	
수-탕나귀	숫-당나귀	
수-톨쩌귀	숫-돌쩌귀	
수-퇘지	숫-돼지	
수-평아리	숫-병아리	

다만 2. 다음 단어의 접두사는 '숫-'으로 한다.(ㄱ을 표준어로 삼고, ㄴ을 버림.)

ㄱ	ㄴ	비고
숫-양	수-양	
숫-염소	수-염소	
숫-쥐	수-쥐	

제2장 제2절 제8항

양성 모음이 음성 모음으로 바뀌어 굳어진 다음 단어는 음성 모음 형태를 표준어로 삼는다.(ㄱ을 표준어로 삼고, ㄴ을 버림.)

ㄱ	ㄴ	비고
깡충-깡충	깡총-깡총	큰말은 '껑충껑충'임.
-둥이	-동이	← 童-이. 귀-, 막-, 선-, 쌍-, 검-, 바람-, 흰-.
발가-숭이	발가-송이	센말은 '빨가숭이', 큰말은 '벌거숭이, 뻘거숭이'임.
보퉁이	보통이	
봉죽	봉족	← 奉足. ~꾼, ~들다.
뻗정-다리	뻗장-다리	
아서, 아서라	앗아, 앗아라	하지 말라고 금지하는 말.
오뚝-이	오똑-이	부사도 '오뚝-이'임.
주추	주초	← 柱礎. 주춧-돌.

다만, 어원 의식이 강하게 작용하는 다음 단어에서는 양성 모음 형태를 그대로 표준어로 삼는다.(ㄱ을 표준어로 삼고, ㄴ을 버림.)

ㄱ	ㄴ	비고
부조(扶助)	부주	~금, 부좃-술.
사돈(査頓)	사둔	밭~, 안~.
삼촌(三寸)	삼춘	시~, 외~, 처~.

제2장 제2절 제9항

'ㅣ' 역행 동화 현상에 의한 발음은 원칙적으로 표준 발음으로 인정하지 아니하되, 다만 다음 단어들은 그러한 동화가 적용된 형태를 표준어로 삼는다.(ㄱ을 표준어로 삼고, ㄴ을 버림.)

ㄱ	ㄴ	비고
-내기	-나기	서울-, 시골-, 신출-, 풋-.
냄비	남비	
동댕이-치다	동당이-치다	

[붙임 1] 다음 단어는 'ㅣ' 역행 동화가 일어나지 아니한 형태를 표준어로 삼는다.(ㄱ을 표준어로 삼고, ㄴ을 버림.)

ㄱ	ㄴ	비고
아지랑이	아지랭이	

[붙임 2] 기술자에게는 '-장이', 그 외에는 '-쟁이'가 붙는 형태를 표준어로 삼는다.(ㄱ을 표준어로 삼고, ㄴ을 버림.)

ㄱ	ㄴ	비고
미장이	미쟁이	
유기장이	유기쟁이	
멋쟁이	멋장이	
소금쟁이	소금장이	
담쟁이-덩굴	담장이-덩굴	
골목쟁이	골목장이	
발목쟁이	발목장이	

제2장 제2절 제10항

다음 단어는 모음이 단순화한 형태를 표준어로 삼는다.(ㄱ을 표준어로 삼고, ㄴ을 버림.)

ㄱ	ㄴ	비고
괴팍-하다	괴퍅-하다/괴팩-하다	
-구먼	-구면	
미루-나무	미류-나무	← 美柳~.
미륵	미력	← 彌勒. ~보살, ~불, 돌~.
최신 여느	여늬	
온-달	왼-달	만 한 달.
으레	으례	
케케-묵다	켸켸-묵다	
허우대	허위대	
허우적-허우적	허위적-허위적	허우적-거리다.

제2장 제2절 제11항

다음 단어에서는 모음의 발음 변화를 인정하여, 발음이 바뀌어 굳어진 형태를 표준어로 삼는다.(ㄱ을 표준어로 삼고, ㄴ을 버림.)

ㄱ	ㄴ	비고
-구려	-구료	
깍쟁이	깍정이	1. 서울~, 알~, 찰~. 2. 도토리, 상수리 등의 받침은 '깍정이'임.
나무라다	나무래다	
미수	미시	미숫-가루.
바라다	바래다	'바램[所望]'은 비표준어임.
상추	상치	~쌈.
시러베-아들	실업의-아들	
주책	주착	← 主着. ~망나니, ~없다.
지루-하다	지리-하다	← 支離.
튀기	트기	
허드레	허드래	허드렛-물, 허드렛-일.
호루라기	호루루기	

| 제2장 제2절 제12항 | '웃-' 및 '윗-'은 명사 '위'에 맞추어 '윗-'으로 통일한다.(ㄱ을 표준어로 삼고, ㄴ을 버림.) |

ㄱ	ㄴ	비고
윗-넓이	웃-넓이	
윗-눈썹	웃-눈썹	
윗-니	웃-니	
윗-당줄	웃-당줄	
윗-덧줄	웃-덧줄	
윗-도리	웃-도리	
윗-목	웃-목	
윗-입술	웃-입술	
윗-잇몸	웃-잇몸	
윗-자리	웃-자리	

다만 1. 된소리나 거센소리 앞에서는 '위-'로 한다.(ㄱ을 표준어로 삼고, ㄴ을 버림.)

ㄱ	ㄴ	비고
위-짝	웃-짝	
위-쪽	웃-쪽	
위-채	웃-채	
위-층	웃-층	
위-치마	웃-치마	

다만 2. '아래, 위'의 대립이 없는 단어는 '웃-'으로 발음되는 형태를 표준어로 삼는다.(ㄱ을 표준어로 삼고, ㄴ을 버림.)

ㄱ	ㄴ	비고
웃-돈	윗-돈	
웃-어른	윗-어른	
웃-옷	윗-옷	

| 제2장 제2절 제13항 | 한자 '구(句)'가 붙어서 이루어진 단어는 '귀'로 읽는 것을 인정하지 아니하고, '구'로 통일한다.(ㄱ을 표준어로 삼고, ㄴ을 버림.) |

ㄱ	ㄴ	비고
구법(句法)	귀법	
구절(句節)	귀절	
구점(句點)	귀점	
결구(結句)	결귀	
경구(警句)	경귀	
시구(詩句)	시귀	
어구(語句)	어귀	
절구(絕句)	절귀	

다만, 다음 단어는 '귀'로 발음되는 형태를 표준어로 삼는다.(ㄱ을 표준어로 삼고, ㄴ을 버림.)

ㄱ	ㄴ	비고
귀-글	구-글	
글-귀	글-구	

제2장 제3절 제16항	준말과 본말이 다 같이 널리 쓰이면서 준말의 효용이 뚜렷이 인정되는 것은, 두 가지를 다 표준어로 삼는다.(ㄱ은 본말이며, ㄴ은 준말임.)

ㄱ	ㄴ	비고
거짓-부리	거짓-불	작은말은 '가짓부리, 가짓불'임.
노을	놀	저녁~.
막대기	막대	
망태기	망태	
머무르다	머물다	모음 어미가 연결될 때에는 준말의 활용형을 인정하지 않음.
서두르다	서둘다	
서투르다	서툴다	
석새-삼베	석새-베	
시-누이	시-뉘/시-누	
오-누이	오-뉘/오-누	
외우다	외다	외우며, 외워 : 외며, 외어.
이기죽-거리다	이죽-거리다	
찌꺼기	찌끼	'찌꺽지'는 비표준어임.

제2장 제5절 제18항	다음 단어는 ㄱ을 원칙으로 하고, ㄴ도 허용한다.

ㄱ	ㄴ	비고
네	예	
쇠-	소-	-가죽, -고기, -기름, -머리, -뼈.
괴다	고이다	물이 ~, 밑을 ~.
꾀다	꼬이다	어린애를 ~, 벌레가 ~.
쐬다	쏘이다	바람을 ~.
죄다	조이다	나사를 ~.
쬐다	쪼이다	볕을 ~.

제2장 제5절 제19항	어감의 차이를 나타내는 단어 또는 발음이 비슷한 단어들이 다 같이 널리 쓰이는 경우에는, 그 모두를 표준어로 삼는다.(ㄱ, ㄴ을 모두 표준어로 삼음.)

ㄱ	ㄴ	비고
거슴츠레-하다	게슴츠레-하다	
고까	꼬까	~신, ~옷.
고린-내	코린-내	
교기(驕氣)	갸기	교만한 태도.
구린-내	쿠린-내	
꺼림-하다	께름-하다	
나부랭이	너부렁이	

제3장 제3절 제23항	방언이던 단어가 표준어보다 더 널리 쓰이게 된 것은, 그것을 표준어로 삼는다. 이 경우, 원래의 표준어는 그대로 표준어로 남겨 두는 것을 원칙으로 한다.(ㄱ을 표준어로 삼고, ㄴ도 표준어로 남겨 둠.)

ㄱ	ㄴ	비고
멍게	우렁쉥이	
물-방개	선두리	
애-순	어린-순	

제3장 제5절 제26항

한 가지 의미를 나타내는 형태 몇 가지가 널리 쓰이며 표준어 규정에 맞으면, 그 모두를 표준어로 삼는다.

복수 표준어	비고	복수 표준어	비고
가는-허리/잔-허리		다달-이/매-달	
가락-엿/가래-엿		-다마다/-고말고	
가뭄/가물		다박-나룻/다박-수염	
가엾다/가엽다	가엾어/가여워. 가엾은/가여운.	닭의-장/닭-장	
감감-무소식/감감-소식		댓-돌/툇-돌	
개수-통/설거지-통	'설겆다'는 '설거지하다'로.	덧-창/겉-창	
개숫-물/설거지-물		독장-치다/독판-치다	
갱-엿/검은-엿		동자-기둥/쪼구미	
-거리다/-대다	가물-, 출렁-.	돼지-감자/뚱딴지	
거위-배/횟-배		되우/된통/되게	
것/해	내 ~, 네 ~, 뉘 ~.	두동-무니/두동-사니	윷놀이에서, 두 동이 한데 어울려 가는 말.
게을러-빠지다/게을러-터지다		뒷-갈망/뒷-감당	
고깃-간/푸줏-간	'고깃-관, 푸줏-관, 다림-방'은 비표준어임.	뒷-말/뒷-소리	
곰곰/곰곰-이		들락-거리다/들랑-거리다	
관계-없다/상관-없다		들락-날락/들랑-날랑	
교정-보다/준-보다		딴-전/딴-청	
구들-재/구재		땅-콩/호-콩	
귀퉁-머리/귀퉁-배기	'귀퉁이'의 비어임.	땔-감/땔-거리	
극성-떨다/극성-부리다		-뜨리다/-트리다	깨-, 떨어-, 쏟-.
기세-부리다/기세-피우다		뜬-것/뜬-귀신	
기승-떨다/기승-부리다		마룻-줄/용총-줄	돛대에 매어 놓은 줄. '이어줄'은 비표준어임.
깃-저고리/배내-옷/배냇-저고리		마-파람/앞-바람	
꼬까/때때/고까	~신, ~옷.	만장-판/만장-중(滿場中)	
꼬리-별/살-별		만큼/만치	
꽃-도미/붉-돔		말-동무/말-벗	
나귀/당-나귀		매-갈이/매-조미	
날-걸/세-뿔	윷판의 쨀밭 다음의 셋째 밭.	매-통/목-매	
내리-글씨/세로-글씨		먹-새/먹음-새	'먹음-먹이'는 비표준어임.
넝쿨/덩굴	'덩쿨'은 비표준어임.	멀찌감치/멀찌가니/멀찍-이	
녘/쪽	동~, 서~.	멱-통/산-멱/산-멱통	
눈-대중/눈-어림/눈-짐작		면-치레/외면-치레	
느리-광이/느림-보/늘-보		모-내다/모-심다	모-내기, 모-심기.
늦-모/마냥-모	← 만이앙-모.	모쪼록/아무쪼록	
늑장/늦장		목판-되/모-되	
다기-지다/다기-차다		목화-씨/면화-씨	

무심-결/무심-중		술-안주/안주	
물-봉숭아/물-봉선화		-스레하다/-스름하다	거무-, 발그-.
물-부리/빨-부리		시늉-말/흉내-말	
물-심부름/물-시중		시새/세사(細沙)	
물추리-나무/물추리-막대		신/신발	
물-타작/진-타작		신주-보/독보(櫝褓)	
민둥-산/벌거숭이-산		심술-꾸러기/심술-쟁이	
밑-층/아래-층		씁쓰레-하다/씁쓰름-하다	
바깥-벽/밭-벽		아귀-세다/아귀-차다	
바른/오른[右]	~손, ~쪽, ~편.	아래-위/위-아래	
발-모가지/발-목쟁이	'발목'의 비속어임.	아무튼/어떻든/어쨌든/하여튼/여하튼	
버들-강아지/버들-개지		앉음-새/앉음-앉음	
최신 벌레/버러지	'벌거지, 벌러지'는 비표준어임.	알은-척/알은-체	
변덕-스럽다/변덕-맞다		애-갈이/애벌-갈이	
보-조개/볼-우물		애꾸눈-이/외눈-박이	'외대-박이, 외눈-퉁이'는 비표준어임.
보통-내기/여간-내기/예사-내기	'행-내기'는 비표준어임.	양념-감/양념-거리	
볼-따구니/볼-퉁이/볼-때기	'볼'의 비속어임.	어금버금-하다/어금지금-하다	
부침개-질/부침-질/지짐-질	'부치개-질'은 비표준어임.	어기여차/어여차	
불똥-앉다/등화-지다/등화-앉다		어림-잡다/어림-치다	
불-사르다/사르다		어이-없다/어처구니-없다	
비발/비용(費用)		어저께/어제	
뾰두라지/뾰루지		언덕-바지/언덕-배기	
살-쾡이/삵	삵-피.	얼렁-뚱땅/엄벙-떵	
삽살-개/삽사리		여왕-벌/장수-벌	
상두-꾼/상여-꾼	'상도-꾼, 향도-꾼'은 비표준어임.	여쭈다/여쭙다	
상-씨름/소-걸이		여태/입때	'여직'은 비표준어임.
생/새앙/생강		여태-껏/이제-껏/입때-껏	'여직-껏'은 비표준어임.
생-뿔/새앙-뿔/생강-뿔	'쇠뿔'의 형용.	역성-들다/역성-하다	'편역-들다'는 비표준어임.
생-철/양-철	1. '서양철'은 비표준어임. 2. '生鐵'은 '무쇠'임.	연-달다/잇-달다	
		엿-가락/엿-가래	
서럽다/섧다	'설다'는 비표준어임.	엿-기름/엿-길금	
서방-질/화냥-질		엿-반대기/엿-자박	
성글다/성기다		오사리-잡놈/오색-잡놈	'오합-잡놈'은 비표준어임.
-(으)세요/-(으)셔요		옥수수/강냉이	~떡, ~묵, ~밥, ~튀김.
송이/송이-버섯		왕골-기직/왕골-자리	
수수-깡/수숫-대		외겹-실/외올-실/홀-실	'홑겹-실, 올-실'은 비표준어임.

외손-잡이/한손-잡이		중신/중매	
욕심-꾸러기/욕심-쟁이		짚-단/짚-뭇	
우레/천둥	우렛-소리/천둥-소리.	쪽/편	오른~, 왼~.
우지/울-보		차차/차츰	
을러-대다/을러-메다		책-씻이/책-거리	
의심-스럽다/의심-쩍다		척/체	모르는 ~, 잘난 ~ .
-이에요/-이어요		천연덕-스럽다/천연-스럽다	
이틀-거리/당-고금	학질의 일종임.	철-따구니/철-딱서니/철-딱지	'철-때기'는 비표준어임.
일일-이/하나-하나		추어-올리다/추어-주다 추켜-올리다	
일찌감치/일찌거니		축-가다/축-나다	
입찬-말/입찬-소리		침-놓다/침-주다	
자리-옷/잠-옷		통-꼭지/통-젖	통에 붙인 손잡이.
자물-쇠/자물-통		파자-쟁이/해자-쟁이	점치는 이.
장가-가다/장가-들다	'서방-가다'는 비표준어임.	편지-투/편지-틀	
재롱-떨다/재롱-부리다		한턱-내다/한턱-하다	
제-가끔/제-각기		해웃-값/해웃-돈	'해우-차'는 비표준어임.
좀-처럼/좀-체	'좀-체로, 좀-해선, 좀-해'는 비표준어임.	혼자-되다/홀로-되다	
줄-꾼/줄-잡이		흠-가다/흠-나다/흠-지다	

참고 '나침반/나침판'도 복수 표준어에 해당한다.

2 구별하여 적어야 하는 표기

학습 TIP
출제 빈도가 높아지고 있으므로 구분할 수 있을 만큼 암기해 두어야 합니다.
147쪽에 수록된 제6장 제57항과 함께 보세요!

갑절 어떤 수나 양을 두 번 합한 만큼.
곱절
① 어떤 수나 양을 두 번 합한 만큼.
② 일정한 수나 양이 그만큼 거듭됨을 이르는 말.
예 세 곱절. / 영농 방식을 이처럼 개선하면 소득이 몇 곱절 높아지게 됩니다.
난이도 어려움과 쉬움의 정도.
난도 어려움의 정도.
예 시험 문제의 난이도를 조정하기가 쉽지 않다. / 시험 문제의 난도가 높다.

학습 TIP
높고 낮음을 구분할 때에는 '난도'를 쓰면 됩니다.

낟알 껍질을 벗기지 아니한 곡식의 알.
낱알 하나하나 따로따로인 알.
예 요란한 소리와 함께 거친 낟알을 먹어 치운 기계는 잠시 후 하얀 쌀들을 토해 내기 시작했다. / 참새가 쌀 낱알을 쪼아 먹고 있다.

두텁다 [최신] 신의, 믿음, 관계, 인정 따위가 굳고 깊다.
두껍다
① 두께가 보통의 정도보다 크다.
② 층을 이루는 사물의 높이나 집단의 규모가 보통의 정도보다 크다.
③ 어둠이나 안개, 그늘 따위가 짙다.
예 친분이 두터운 사이. / 두꺼운 이불. / 고객층이 두껍다. / 안개가 두껍게 깔렸다.

들추다 숨은 일, 지난 일, 잊은 일 따위를 끄집어내어 드러나게 하다.
들치다 물건의 한쪽 끝을 쳐들다.
예 남의 결점을 들추다. / 누군가가 문득 천막 포를 들치고 그들의 대화 속에 느닷없이 끼어들었다.

띠다 물건을 몸에 지니다. 감정이나 기운 따위를 나타내다.
띄다 눈에 보이다.
예 미소를 띠고 있는 여자. / 그가 내 눈에 띄었다.

맞추다 서로 떨어져 있는 부분을 제자리에 맞게 대어 붙이다.
맞히다01 문제에 대한 답을 틀리지 않게 하다.
맞히다02 어떤 좋지 아니한 일을 당하게 하다.
예) 문짝을 문틀에 맞추다. / 정답을 맞히다. / 바람을 맞히다.

벌리다
① 둘 사이를 넓히거나 멀게 하다.
② 껍질 따위를 열어 젖혀서 속의 것을 드러내다.
③ 우므러진 것을 펴지거나 열리게 하다.

벌이다
① 일을 계획하여 시작하거나 펼쳐 놓다.
② 여러 가지 물건을 늘어놓다.
예) 줄 간격을 벌리다. / 사업을 벌이다.

썩히다 물건이나 사람 또는 사람의 재능 따위가 쓰여야 할 곳에 제대로 쓰이지 못하고 내버려진 상태에 있게 하다.
썩이다 걱정이나 근심 따위로 마음이 몹시 괴로운 상태가 되게 만들다.
예) 그는 시골구석에서 재능을 썩히고 있다. / 보검이는 부모 속을 썩이거나 말을 거역한 적이 없었다.

임산부 임부와 산부를 아울러 이르는 말.
임부 ≒ 임신부 아이를 밴 여자.
산부 ≒ 산모 아기를 갓 낳은 여자.
예) 임산부로 북적이는 산부인과. / 이 약품을 임부(임신부)에게 함부로 투여하면 유산의 위험이 있다. / 다행히 순산을 하여 아이도 산부(산모)도 건강했다.

참고) 그 임산부는 태아를 위해 식단을 조절했다.(×)
그 임신부는 태아를 위해 식단을 조절했다.(○)

좇다 남의 말이나 뜻을 따르다.
쫓다 어떤 대상을 잡거나 만나기 위해 뒤를 급히 따르다.
예) 아버님의 유지를 좇아 공부를 시작했다. / 어머니는 아들을 쫓아 방에 들어갔다.

학습 TIP
대상이 무형이면 '좇다', 유형이면 '쫓다'를 쓰면 됩니다.

지긋이 나이가 비교적 많아 듬직하게.
지그시 슬며시 힘을 주는 모양.
예) 그는 나이가 지긋이 들어 보인다. / 눈을 지그시 감다.

한참 시간이 상당히 지나는 동안.
한창 어떤 일이 가장 활기 있고 왕성하게 일어나는 때. 또는 어떤 상태가 가장 무르익은 때.
예) 한참 만에 그 사람에게 연락이 왔다. / 요즘 앞산에는 진달래가 한창이다.

햇빛 해의 빛.
햇볕 해가 내리쬐는 기운.
예) 햇빛이 비치다. / 햇볕을 쬐다.

3 용언의 활용에 따른 표기

틀린 표기(×)	올바른 표기(○)
갑작스런 → 'ㅂ' 불규칙 용언이 불규칙 활용을 할 때는 'ㅂ'이 'ㅗ/ㅜ'로 바뀐다. 갑작스럽다 + -ㄴ → 갑작스러운	갑작스러운
내딛었다	내딛는, 내디디는, 내디디었다, 내디뎠다
몸도 못 추스리고	몸도 못 추스르고
서툴어 → '서툴다-서투르다, 머물다-머무르다, 내딛다-내디디다' 등은 복수 표준어로서 모음으로 된 어미가 결합하면 본딧말을 가지고 활용해야 한다. 그러나 자음으로 된 어미가 오면 준말, 본딧말 모두에 붙여서 활용할 수 있다. 서툴- + -어 → 서툴어 (×) 서투르- + -어 → 서투러 (○)	서툰, 서투른, 서툴러
얼굴이 꺼매지다	얼굴이 꺼메지다
있을른지, 있을런지	있을는지
자리에 걸맞는 행동 → 형용사는 활용할 때 현재 시제 선어말 어미 '-는'과 결합할 수 없다.	자리에 걸맞은 행동
파랐다, 퍼래, 커다랐습니다 → 'ㅎ' 불규칙 용언은 어간과 어미가 모두 바뀐다. '파랗다'는 'ㄴ, ㅁ'으로 시작하는 어미 앞에서 '파라니, 파라면'과 같이 어간의 'ㅎ'이 탈락하고, '파랗다'에 '-아'가 결합하면 어미가 바뀌어 '파래'로 활용을 한다.	파랬다, 퍼레, 커다랬습니다
할려면, 할래야, 뗄려야 뗄 수 없다	하려면, 하려야, 떼려야 뗄 수 있다

4 틀리기 쉬운 표기

틀린 표기(×)	올바른 표기(○)	틀린 표기(×)	올바른 표기(○)
가리마	가르마	시라소니	스라소니
구비구비	굽이굽이	실증	싫증
굼뱅이	굼벵이	아연질색	아연실색
귀뜸	최신 귀띔	애띠다	앳되다
그 남자는 쑥맥이다	그 남자는 숙맥이다 참고 사리 분별을 못 하고 세상 물정을 잘 모르는 사람을 일컫는 말.	야밤도주	야반도주
길을 헤메이다	길을 헤매다	어거지	억지
김치를 담궜다	김치를 담갔다 참고 '담그다'는 'ㅡ 탈락' 규칙 활용을 하는 단어. 뒤에 모음 어미가 올 경우 'ㅡ'는 무조건 탈락함. 예 담그- + -아 → 담가	옛부터 / 옛스럽다	예부터 / 예스럽다
꺼려하다	꺼리다	오늘은 웬지	오늘은 왠지 참고 '왜인지'의 준말.
날씨가 개이다	날씨가 개다	오랫만에 그를 본다	오랜만에 그를 본다
내노라하는 분야에서	내로라하는 분야에서	왠만큼	웬만큼
뇌졸증	뇌졸중	이대로 가다가는 망하기 쉽상이다	이대로 가다가는 망하기 십상이다
눈꼽	최신 눈곱	임마, 까불지 마	인마, 까불지 마
닥달하다	최신 닦달하다	장농	장롱
돌맹이	돌멩이	절대절명	절체절명
돌하루방	돌하르방	제끼다	젖히다. 제치다
되려	되레, 도리어	졸립다	졸리다
떠벌이	최신 떠버리	짖굳다	짓궂다
머리가 한 웅큼 빠졌다	최신 머리가 한 움큼 빠졌다	초생달	초승달
모듬냄비	모둠냄비	초죽음	초주검
목메인 소리	목멘 소리	콧방아 찧다	코방아 찧다
무릎쓰다	최신 무릅쓰다	트름	트림
발자욱	발자국	파토	파투
밥힘	밥심	하마트면	최신 하마터면
방방곳곳	방방곡곡	핼쓱하다	최신 해쓱하다 / 핼쑥하다
빈털털이	빈털터리	행가래	헹가래
사단이 나다	사달이 나다	허구헌 날	허구한 날
사죽	사족	홀홀단신	혈혈단신, 혈연단신
삼가하다	삼가다	흐트리다	흩뜨리다, 흩트리다
성대묘사	성대모사	히히닥거리다	시시닥거리다

5 기출 표준어

(1) 형태를 혼동하기 쉬운 표준어

비표준어(×)	표준어(○)	비표준어(×)	표준어(○)
가래떡이나 어묵으로 만든 꼬지	가래떡이나 어묵으로 만든 꼬치	머리를 길다랗게	머리를 기다랗게
가찹다	가깝다	까망	깜장
갈쿠리	갈고리/갈퀴	살을 에이는 듯한 추위	살이 에이는 듯한 추위/살을 에는 듯한 추위 참고 '에다'와 '에이다'는 능동사와 피동사의 관계일 때만 표준어가 된다.
강팍하다	강퍅하다 참고 성격이 까다롭고 고집이 세다.	서툴은	서투른, 서툰
사업체를 여럿 갖은 사업가	사업체를 여럿 가진 사업가	설겆이	설거지
건덕지	건더기	소매깃	소맷귀
개거품	게거품	손댄 자욱이 남아 있다	손댄 자국이 남아 있다
개다리밥상	개다리소반	솔찮이	수월찮이
꼬깔	고깔	아둥바둥	아등바등
구렛나루	구레나룻	안성마춤	안성맞춤
귓불	귓불 (최신)	알타리무	총각무
그는 왼쪽 눈언저리가 이그러져 있었다	그는 왼쪽 눈언저리가 일그러져 있었다	애닳다	애달프다
깍찌	깍지	애저녁	① 애초, ② 초저녁
깝깝하다	갑갑하다 (최신)	어슥하다	이슥하다 (최신)
깡총깡총	깡충깡충 (최신)	어의없다	어이없다
께름직하다	께름직하다 / 께름칙하다 / 꺼림직하다 / 꺼림칙하다	얼척	어처구니
나무 밑둥	나무 밑동	오이소배기, 차돌배기, 알박이, 네 살 박이, 진짜박이	오이소박이, 차돌박이, 알배기, 네 살배기, 진짜배기 참고 박이와 배기 • -박이 ① 무엇이 박혀 있는 사람, 짐승, 물건 ② 한곳에 일정하게 고정되어 있는 것 • -배기 ① 그 나이를 먹은 아이. ② 그것이 들어 있거나 차 있음. ③ 그런 물건.
냉냉하다	냉랭하다 (최신)	뒷발톱	며느리발톱
널판지	널빤지	옷이 후질근하다	옷이 후줄근하다
덩쿨	덩굴, 넝쿨 (최신)	왠일	웬일 참고 어찌된 일. 의외의 뜻을 나타냄.
단촐	단출 (최신)	으시대다	으스대다
담배에 불을 당기다	담배에 불을 댕기다 (최신)	이래 뵈도	이래 봬도 참고 보이- + -어도
도찐개찐	도긴개긴	이제사 도착한	이제야 도착한
돌뿌리	돌부리	정상에 거진 다 도착했다	정상에 거의 다 도착했다
되려	되레 참고 '도리어'의 준말.	제우	겨우
땀에 쩔다	땀에 절다	주구장창 누워 있다	주야장천 누워 있다
또아리	똬리	줄창	줄곧
매번 밤을 새다	매번 밤을 새우다	짜투리 시간	자투리 시간

비표준어(×)	표준어(○)	비표준어(×)	표준어(○)
덧장이	멋쟁이	세넷	서넛
등창	몽땅	짱아찌	장아찌
불쌍사납다	볼썽사납다	찬물을 마셨더니 이가 시렵다	찬물을 마셨더니 이가 시리다
브시시	부스스	창란젓	창난젓
부주	부조	천상 가수	천생 가수
부황을 뜨다	부항을 뜨다	화를 돋구다	화를 돋우다 참고 돋구다: 안경의 도수 따위를 더 높게 하다.
비게	비계 참고 짐승, 특히 돼지의 가죽 안쪽에 두껍게 붙은 허연 기름 조각.	횡경막	횡격막
삭월세	최신 사글세	휴계실	휴게실
산이 가파라서	산이 가팔라서	흉칙스럽다	흉측스럽다

(2) 흔히 비표준어로 착각하는 표준어

- 가는귀
- 갈무리
  참고 갈무리: 일을 처리하여 마무리함.
- 거슴츠레하다/게슴츠레하다
- 거저
  예 돈도 안 내고 거저 가지려 했다.
- 거지반
  예 행사장에 온 차들 중에 거지반이 고급 승용차였다.
- 걸핏하면
  예 어머니는 요즘 걸핏하면 화를 내신다.
- 게걸
  참고 게걸: 염치없이 마구 먹거나 가지려고 탐내는 모양. 또는 그런 마음.
  예 게걸이 들다.
- 게검스럽다
  예 그 남자는 음식을 너무 게검스럽게 먹는다.
- 껄떡거리다
- 꼬랑지
- 꼼수
- 끽소리
- 낌새
- 나발
  예 품위고 나발이고 다 필요 없다.
- 낼
  참고 '내일'의 준말.
- 낼모레
  참고 '내일모레'의 준말.
- 넝마
- 노상
- 눈엣가시
- 대뜸
  예 대뜸 화부터 내다.
- 더부룩하다
- 도통
- 된통
- 딴은
  예 딴은 맞는 말이다.
  참고 딴: 자기 나름대로의 생각이나 기준.
  예 내 딴은 최선을 다했다. / 제 딴에는 잘하는 일이라고 여기고 한 일이다.
- 딸랑
- 때리다
  예 음식을 때려 먹었다.
- 마구리
  참고 마구리: 길쭉한 물건의 양 끝에 대는 것.
- 마대
- 말짱
- 머
  참고 '뭐'를 구어적으로 이르는 말.
- 먹통
- 최신 멀쑥하다
- 무지
  예 돈을 무지 벌다.
- 무진장
- 반절
  예 문제를 반절만 풀다.
- 본때
- 빠릿빠릿하다
- 빼꼼
- 뻐기다
  예 그는 우등상을 탔다고 무척 뻐기고 다닌다.
- 삐죽
- 사리
- 소쿠리
- 쉬이
  예 그 일을 쉬이 잊을 수가 없다.
- 시방
- 시새움하다
- 식겁하다
- 씀빡하다
- 아서라, 애고, 어쭈, 얼씨구, 아무렴, 더시
  참고 모두 감탄사.

- 머시: 말하는 도중에 어떤 사람이나 사물의 이름이 얼른 떠오르지 않거나 또는 그것을 밝혀 말하기 곤란할 때 쓰는 감탄사.
  예 머시, 지난번에 말한 그거 있잖아.
- 하먼: '아무렴'의 전라도 방언.
- 안짝
  예 서른 안짝에 결혼하다.
- 알큰하다
- 애끓다
- 어데
  참고 '어디에'의 준말.
- 어쩜
  참고 '어쩌면'의 준말.
- 얼결
- 얼추
- 에누리
  참고 에누리: 값을 깎는 일.
- 오만
  예 오만 설움.
- 욕보다
- 욕지기
  참고 욕지기: 토할 듯 메스꺼운 느낌.
- 우수리
  참고 우수리: 물건값을 제하고 거슬러 받는 잔돈.
- 이골
  예 이골이 나다.
- 인제
- 작작
- 재까닥
  예 일을 재까닥 처리하다.
- 젬병
- 주책바가지
- 지레
- 지지리
- 진즉
  예 진즉 병원에 가 볼 것을 그랬다.
- 쫄딱
- 천연덕스럽다
- 첨
  참고 '처음'의 준말.
- 쿠리다
  참고 '구리다'와 '쿠리다'는 복수 표준어.
  예 뭔가 구린 것이 있다.(○) / 뭔가 쿠린 것이 있다.(○)
- 타박
- 툴툴거리다
- 퍼뜩
- 하도
- 항시
- 해쓱하다
- 해필
  참고 '해필'은 방언으로 착각하기 쉬운 표준어. '하필'과 같은 의미.
  예 다른 사람도 많은데 왜 해필 제가 갑니까?
- 허우대
- 후딱
- 후텁지근하다/후덥지근하다

(3) 복수 표준어

복수 표준어			
간지럽히다	간질이다	최신 소고기	쇠고기
남사스럽다	남우세스럽다	쌉싸름하다	쌉싸래하다
등물	목물	아무쪼록	모쪼록
떨어뜨리다	떨어트리다	짜장면	자장면
맨날	만날	택견	태견
묏자리	뫼자리	토란대	고운대
복숭아뼈	복사뼈	품새	품세
서럽다	섧다	허접쓰레기	허섭스레기
세간살이	세간	흙담	토담

6 새로 추가된 표준어

(1) 추가된 복수 표준어

추가된 표준어	기존 표준어	추가된 표준어	기존 표준어
개기다	개개다	삐지다	삐치다
걸판지다	거방지다	사그라들다	사그라지다
겉울음	건울음	섬찟	섬뜩
−고프다	−고 싶다	속앓이	속병

추가된 표준어	기존 표준어	추가된 표준어	기존 표준어
구안와사	구안괘사	실뭉치	실몽당이
굽신 참고 '굽신'이 표준어로 인정됨에 따라, '굽신거리다, 굽신대다, 굽신하다, 굽신굽신, 굽신굽신하다' 등도 표준어로 함께 인정됨.	굽실	의론	의논
까탈스럽다	까다롭다	이쁘다	예쁘다
꼬리연	가오리연	이크	이키
꼬시다	꾀다	잎새	잎사귀
놀잇감	장난감	찰지다	차지다
눈두덩이	눈두덩	초장초	작장초
딴지	딴죽	푸르르다	푸르다
마실	마을	허접하다	허접스럽다

(2) 추가된 표준 활용형

추가된 표준형	기존 표준형	뜻 차이
말아 말아라 말아요	마 마라 마요	'말다'에 명령형 어미 '-아', '-아라', '-아요' 등이 결합할 때는 어간 끝의 'ㄹ'이 탈락하기도 하고 탈락하지 않기도 함. 예 내가 하는 말 농담으로 듣지 마/말아. 　　얘야, 아무리 바빠도 제사는 잊지 마라/말아라. 　　아유, 말도 마요/말아요.
노랗네 동그랗네 조그맣네 …	노라네 동그라네 조그마네 …	• ㅎ 불규칙 용언이 어미 '-네'와 결합할 때는 어간 끝의 'ㅎ'이 탈락하기도 하고 탈락하지 않기도 함. • '그렇다, 노랗다, 동그랗다, 뿌옇다, 어떻다, 조그맣다, 커다랗다' 등 모든 ㅎ 불규칙 용언의 활용형에 적용됨. 예 생각보다 훨씬 노라네/노랗네. 　　이 빵은 동그라네/동그랗네. 　　건물이 아주 조그마네/조그맣네.
엘랑	에는	• 표준어 규정 제25항에서 '에는'의 비표준형으로 규정해 온 '엘랑'을 표준형으로 인정함. • '엘랑' 외에도 'ㄹ랑'에 조사 또는 어미가 결합한 '에설랑, 설랑, -고설랑, -어설랑, -질랑'도 표준형으로 인정함. • '엘랑, -고설랑' 등은 단순한 조사/어미 결합형이므로 사전 표제어로는 다루지 않음. 예 서울엘랑 가지를 마오. 　　교실에설랑 떠들지 마라. 　　나를 앞에 앉혀 놓고설랑 자기 아들 자랑만 하더라.
주책이다	주책없다	• 표준어 규정 제25항에 따라 '주책없다'의 비표준형으로 규정해 온 '주책이다'를 표준형으로 인정함. • '주책이다'는 '일정한 줏대가 없이 되는대로 하는 짓'을 뜻하는 '주책'에 서술격 조사 '이다'가 붙은 말로 봄. • '주책이다'는 단순한 명사+조사 결합형이므로 사전 표제어로는 다루지 않음. 예 이제 와서 오래전에 헤어진 그녀를 떠올리는 나 자신을 보며 '나도 참 주책이군.' 하는 생각이 들었다.

(3) 표준국어대사전 추가 표제어

추가된 표준어	뜻
그거참	'그것참'을 구어적으로 이르는 말. 예 그거참, 귀신이 곡할 노릇이네. / 그거참, 잘됐네그려.
동 주민 센터	『행정』 동(洞)의 행정 사무를 맡아보는 기관. 예 나는 주민 등록 등본을 동 주민 센터에서 발급받았다.
분리배출	『법률』 쓰레기 따위를 종류별로 나누어서 버림. 예 건설 폐기물 분리배출. / 음식물 쓰레기 분리배출.
아침내	아침 동안 줄곧. 예 사무실 이전으로 아침내 짐을 쌌는데 아직 반도 못 쌌다.
여쭈어보다	【…에게 …을】【…에게 -ㄴ지를】【…에게 -고】 '물어보다'의 높임말. 예 아이가 할아버지께 연을 만드는 방법을 여쭈어본다.

여쭤보다	【…에게 …을】【…에게 -ㄴ지를】【…에게 -고】'여쭈어보다'의 준말. 예 나는 선생님께 어제 하신 말씀의 의미를 여쭤봤다. / 나는 근처 복덕방 할아버지께 그녀를 보셨는지를 여쭤봤다. / 그녀가 주인에게 과일 한 바구니가 얼마냐고 여쭤본다.
주책맞다	일정한 줏대가 없이 이랬다저랬다 하여 몹시 실없는 데가 있다. = 주책스럽다. 예 주책맞게 들리는 소리. / 주책맞아 보이다. / 주책맞은 사람.
주책스럽다	일정한 줏대가 없이 이랬다저랬다 하여 몹시 실없는 데가 있다. ≒ 주책맞다. 예 주책스러운 행동.
차시01	「1」단원별로 가르쳐야 하는 교과 내용 전체를 시간별로 쪼갠 것. 예 수업 차시를 구성하다. / 다음 차시로 넘어가다. / 이번 차시에 배울 내용. 「2」(한자어 수 뒤에 쓰여) 「1」을 세는 단위. 예 일 차시. / 총 12차시.
강10	일정한 범위 안에 드는 강자를 이르는 말. 예 이번 경기로 4강을 가리게 된다. / 이번에는 몇 강까지 진출할 수 있을까?
세후01	세금을 낸 후. 예 세후 금리. / 세후 월급. / 이 계약서에는 세후 연봉도 따로 명시되어 있다.
짧디짧다	매우 짧다. 예 짧디짧은 치마. / 우리의 인생은 짧디짧다.
풍물패	나발, 태평소, 소고, 꽹과리, 북, 장구, 징 따위를 불거나 치면서 노래하고 춤추며 때로는 곡예를 곁들이기도 하는 무리. 예 수십 명의 풍물패가 거리로 몰려나와 떠들썩하게 공연을 하고 있다.
홑받침	『언어』하나의 자음자로 이루어진 받침. 'ㄱ', 'ㄴ', 'ㄷ', 'ㄹ', 'ㅁ', 'ㅂ', 'ㅅ', 'ㅇ', 'ㅈ', 'ㅊ', 'ㅋ', 'ㅌ', 'ㅍ', 'ㅎ' 따위가 있다.
기(旣)-35	(일부 명사 앞에 붙어) '그것이 이미 된' 또는 '그것을 이미 한'의 뜻을 더하는 접두사. 예 기구축 자료. / 기출석.
개사(改詞)02	노랫말을 고치거나 다시 지음. 예 그는 개사를 잘한다.
기다래지다	기다랗게 되다. 예 머리가 기다래지다. / 거짓말을 한 피노키오의 코가 기다래졌다.
이보십시오	듣는 이를 부를 때 쓰는 말. 하십시오할 자리에 쓴다. 예 이보십시오! 여긴 제 자립니다. 참고 '이보십시오'의 표제어 추가에 따라 '이보세요', '이보쇼', '이보시게', '이봅시오', '이봐요' 등도 함께 표준국어대사전에 등재되었다.
-궂다03	(일부 명사나 어근 뒤에 붙어) '그러한 상태가 심함'의 뜻을 더하고 형용사를 만드는 접미사. 예 심술궂다. / 앙살궂다.
금쪽같이	매우 귀하고 소중하게. 예 힘들게 농사지어 수확해 금쪽같이 여기던 감자들이 바닥에 굴러다녔다.
기반하다	【…에】바탕이나 토대를 두다. 예 그는 오랜 경험에 기반하여 사건을 해결했다.
배춧잎	배추의 잎. 예 배춧잎을 넣고 국을 끓였다.
양반다리	한쪽 다리를 오그리고 다른 쪽 다리는 그 위에 포개어 얹고 앉은 자세. = 책상다리「1」 예 양반다리를 틀고 앉다.
합격점	시험, 검사, 심사 따위에서 합격을 할 수 있는 점수. 예 합격점이 높다.
감염병	『법률』인간 및 동물의 신체에 감염 물질이 유입되거나 발육·증식하여, 공중 보건에 위험이 될 수 있는 병. 제일 급에서 제사 급까지의 감염병 및 기생충 감염병, 세계 보건 기구 감시 대상 감염병, 생물 테러 감염병 따위가 있다.
길고양이	주택가 따위에서 주인 없이 자생적으로 살아가는 고양이.
남북쪽	① 남쪽과 북쪽을 아울러 이르는 말. 예 남북쪽 지역. ② 남쪽에서 북쪽으로 향하는 방향. 예 다리가 남북쪽으로 길게 뻗어 있다.
헛딛다	'헛디디다'의 준말.
난12	'나는'이 줄어든 말. 예 난 네가 좋아.

2 표준 발음

1 장단음

(1) 기출 장단음

장음	단음
건:축	건성, 건더기, 건들거리기, 건조
경:상도	경박, 경기(景氣), 경기도, 경제
매:(새)	매매(賣買), 매력적, 매화, 매(회초리)
색이 바:래다	바람, 바지, 바닷가, 바라다
베:다, 세:다, 헤:프다, (먹는) 게:	메주
부:상(負傷)	부채, 부분적, 부자지간, 부족하다
상:상력	상거래, 상식선, 상황, 상처(傷處)
선:거	선풍기, 선배, 선두, 선박
소:망	소매, 소식(消息), 소방서, 소개하다
시:비, 시:각차, 시:련	시차(時差)
신:념	신(新)선, 신청(申請), 신화, 신체
양:쪽	양치질, 양복, 양념, 양식
여:당(與黨)	여차, 여름, 여권, 여운
연:예인, 연:습, 연:애, 연:구	연속
영:원	영어, 영하, 영감, 영광
올해 쉰:을, 만: 원, 오: 년, 사: 개월 이:(二), 이:십	천 마리, 백(百)
원:하다	원칙, 원, 원자, 원화
이:순신, 이:상하게도, 이:과에	이 장소
전:기(電氣)	전문, 전하다, 전부, 전(前)
전:화	전반기, 전적으로, 전달
정:, 정:해진, 정:말, 정:확하다	정밀(精密)
제:주도	제법, 제목, 제기(차기), 제명
한:없이, 한:을 품고, 한:강, 한:국	한기(寒氣)

(2) 동음이의어 장단음

장음	단음	장음	단음
공:에 바람이 빠졌다	공과 사	부:자(富者)	부자(父子)
굴:(窟)을 파다	굴 요리	부:정(否定)	부정(不正)
김:이 서려, 김:을 매고	김씨 성을 가진 사람	사:과(謝過)	사과(沙果)
무:력(武力)	무력(無力)	성:인(聖人)	성인(成人)
발:을 늘어뜨려	발이 닿도록	시:계(視界)	시계(時計)
벌:에 쏘인	벌을 호되게 받았다	한:눈을 팔다	한눈에 반하다

참고 장음은 단어의 첫음절에만 발음함.(단, 합성어일 경우 둘째 음절 이하에서도 분명한 긴소리를 인정하기도 함.)

2 자주 출제되는 표준 발음법

표준어 규정 중 표준 발음법과 관련해 출제되는 영역이다. 자주 출제되는 표준 발음법 규정을 익혀 두는 것이 좋다. 표준 발음은 '음운의 변동'과 밀접한 관련을 맺기 때문에, '음운의 변동' 역시 공부하는 것을 권한다.

(1) 제4장 받침의 발음
① 규정

제8항	받침소리로는 'ㄱ, ㄴ, ㄷ, ㄹ, ㅁ, ㅂ, ㅇ'의 7개 자음만 발음한다.
제9항	받침 'ㄲ, ㅋ', 'ㅅ, ㅆ, ㅈ, ㅊ, ㅌ', 'ㅍ'은 어말 또는 자음 앞에서 각각 대표음 [ㄱ, ㄷ, ㅂ]으로 발음한다. 닦다[닥따]　　키읔[키윽]　　키읔과[키윽꽈] 옷[옫]　　　　웃다[욷:따]　　있다[읻따] 젖[젇]　　　　빚다[빋따]　　꽃[꼳] 쫓다[쫃따]　　솥[솓]　　　　뱉다[밷:따] 앞[압]　　　　덮다[덥따]
제10항	겹받침 'ㄳ', 'ㄵ', 'ㄼ, ㄽ, ㄾ', 'ㅄ'은 어말 또는 자음 앞에서 각각 [ㄱ, ㄴ, ㄹ, ㅂ]으로 발음한다. 넋[넉]　　넋과[넉꽈]　　앉다[안따]　　여덟[여덜]　　넓다[널따] 외곬[외골]　　핥다[할따]　　값[갑]　　없다[업:따] 다만, '밟–'은 자음 앞에서 [밥]으로 발음하고, '넓–'은 다음과 같은 경우에 [넙]으로 발음한다. (1) 밟다[밥:따]　　　　밟소[밥:쏘]　　　　밟지[밥:찌] 　　밟는[밥:는 → 밤:는]　밟게[밥:께]　　　　밟고[밥:꼬] (2) 넓–죽하다[넙쭈카다]　넓–둥글다[넙뚱글다]
제11항	겹받침 'ㄺ, ㄻ, ㄿ'은 어말 또는 자음 앞에서 각각 [ㄱ, ㅁ, ㅂ]으로 발음한다. 닭[닥]　　흙과[흑꽈]　　맑다[막따]　　늙지[늑찌] 삶[삼:]　　젊다[점:따]　　읊고[읍꼬]　　읊다[읍따] 다만, 용언의 어간 말음 'ㄺ'은 'ㄱ' 앞에서 [ㄹ]로 발음한다. 맑게[말께]　　묽고[물꼬]　　얽거나[얼꺼나]
제12항	받침 'ㅎ'의 발음은 다음과 같다. 1. 'ㅎ(ㄶ, ㅀ)' 뒤에 'ㄱ, ㄷ, ㅈ'이 결합되는 경우에는, 뒤 음절 첫소리와 합쳐서 [ㅋ, ㅌ, ㅊ]으로 발음한다. 　　놓고[노코]　　좋던[조:턴]　　쌓지[싸치]　　많고[만:코]　　않던[안턴]　　닳지[달치] [붙임 1]　받침 'ㄱ(ㄺ), ㄷ, ㅂ(ㄼ), ㅈ(ㄵ)'이 뒤 음절 첫소리 'ㅎ'과 결합되는 경우에도, 역시 두 음을 합쳐서 [ㅋ, ㅌ, ㅍ, ㅊ]으로 발음한다. 　　각하[가카]　　먹히다[머키다]　　밝히다[발키다]　　맏형[마텽] 　　좁히다[조피다]　　넓히다[널피다]　　꽂히다[꼬치다]　　앉히다[안치다] ▶ 받침 'ㅎ'과 이 'ㅎ'이 포함된 겹받침 'ㄶ, ㅀ' 뒤에 'ㄱ, ㄷ, ㅈ'과 같은 예사소리가 결합된 경우에는 'ㅎ+ㄱ → ㅋ, ㅎ+ㄷ → ㅌ, ㅎ+ㅈ → ㅊ'과 같이 축약시켜 각각 [ㅋ, ㅌ, ㅊ]으로 발음한다. [붙임 2]　규정에 따라 'ㄷ'으로 발음되는 'ㅅ, ㅈ, ㅊ, ㅌ'의 경우에도 이에 준한다. 　　옷 한 벌[오탄벌]　　낮 한때[나탄때]　　꽃 한 송이[꼬탄송이]　　숱하다[수타다] ▶ 둘 또는 그 이상의 단어를 이어서 한 마디로 발음하는 경우에도 마찬가지임.

2. 'ㅎ(ㄶ, ㅀ)' 뒤에 'ㅅ'이 결합되는 경우에는, 'ㅅ'을 [ㅆ]으로 발음한다.
    닿소[다:쏘]   많소[만:쏘]   싫소[실쏘]

3. 'ㅎ' 뒤에 'ㄴ'이 결합되는 경우에는, [ㄴ]으로 발음한다.
    놓는[논는]   쌓네[싼네]

[붙임] 'ㄶ, ㅀ' 뒤에 'ㄴ'이 결합되는 경우에는, 'ㅎ'을 발음하지 않는다.
    않네[안네]   않는[안는]   뚫네[뚤네 → 뚤레]   뚫는[뚤는 → 뚤른]

▶ '뚫네[뚤네 → 뚤레], 뚫는[뚤는 → 뚤른]'에 대해서는 194쪽의 제20항 참조.

4. 'ㅎ(ㄶ, ㅀ)' 뒤에 모음으로 시작된 어미나 접미사가 결합되는 경우에는, 'ㅎ'을 발음하지 않는다.
    낳은[나은]   놓아[노아]   쌓이다[싸이다]   많아[마:나]
    않은[아는]   닳아[다라]   싫어도[시러도]

제13항	홑받침이나 쌍받침이 모음으로 시작된 조사나 어미, 접미사와 결합되는 경우에는, 제 음가대로 뒤 음절 첫소리로 옮겨 발음한다.	
	깎아[까까] 옷이[오시] 있어[이써] 낮이[나지] 꽂아[꼬자] 꽃을[꼬츨] 쫓아[쪼차] 밭에[바테] 앞으로[아프로] 덮이다[더피다]	
제14항	겹받침이 모음으로 시작된 조사나 어미, 접미사와 결합되는 경우에는, 뒤엣것만을 뒤 음절 첫소리로 옮겨 발음한다.(이 경우, 'ㅅ'은 된소리로 발음함.)	
	넋이[넉씨] 앉아[안자] 닭을[달글] 젊어[절머] 곬이[골씨] 핥아[할타] 읊어[을퍼] 값을[갑쓸] 없어[업:써]	
제15항	받침 뒤에 모음 'ㅏ, ㅓ, ㅗ, ㅜ, ㅟ' 들로 시작되는 실질 형태소가 연결되는 경우에는, 대표음으로 바꾸어서 뒤 음절 첫소리로 옮겨 발음한다.	
	밭 아래[바다래] 늪 앞[느밥] 젖어미[저더미] 맛없다[마덥따] 겉옷[거돋] 헛웃음[허두슴] 꽃 위[꼬뒤]	
	다만, '맛있다, 멋있다'는 [마싣따], [머싣따]로도 발음할 수 있다.	
	[붙임] 겹받침의 경우에는, 그중 하나만을 옮겨 발음한다. 넋 없다[너겁따] 닭 앞에[다가페] 값어치[가버치] 값있는[가빈는]	
제16항	한글 자모의 이름은 그 받침소리를 연음하되, 'ㄷ, ㅈ, ㅊ, ㅋ, ㅌ, ㅍ, ㅎ'의 경우에는 특별히 다음과 같이 발음한다.	
	디귿이[디그시] 디귿을[디그슬] 디귿에[디그세] 지읒이[지으시] 지읒을[지으슬] 지읒에[지으세] 치읓이[치으시] 치읓을[치으슬] 치읓에[치으세] 키읔이[키으기] 키읔을[키으글] 키읔에[키으게] 티읕이[티으시] 티읕을[티으슬] 티읕에[티으세] 피읖이[피으비] 피읖을[피으블] 피읖에[피으베] 히읗이[히으시] 히읗을[히으슬] 히읗에[히으세]	

② 기출 용례
굵다[국:따]   늙기는[늘끼는]   맑지[막찌]   몫은[목쓴]   묽지[묵찌]
밝지[박찌]   밟다[밥따]   밝도록[박또록]   밝기[발끼]   밝고[발꼬]

짧지만[짤찌만]	짧게[짤께]	짧다[짤따]	
넓디넓은[널띠널븐]	넓지[널찌]	밟고[밥:꼬]	여덟이[여덜비]
얇다[얄:따]	얇디얇더라[얄:띠얄떠라]		
끊고[끈코]	끊기가[끈키가]	삶이란[살:미란]	

(2) 제5장 음의 동화

① 규정

제17항	받침 'ㄷ, ㅌ(ㄾ)'이 조사나 접미사의 모음 'ㅣ'와 결합되는 경우에는, [ㅈ, ㅊ]으로 바꾸어서 뒤 음절 첫소리로 옮겨 발음한다.
	곧이듣다[고지듣따] 굳이[구지] 미닫이[미:다지]
	땀받이[땀바지] 밭이[바치] 벼훑이[벼훌치]
	[붙임] 'ㄷ' 뒤에 접미사 '히'가 결합되어 '티'를 이루는 것은 [치]로 발음한다.
	굳히다[구치다] 닫히다[다치다] 묻히다[무치다]

▶ 구개음화에 대한 규정임. 단 실질 형태소일 경우 구개음화는 일어나지 않음.
  예 밭이랑[반니랑], 홑이불[혼니불]
  • 밭이랑[받이랑(음절의 끝소리 규칙) → 받니랑('ㄴ' 첨가) → 반니랑(비음화)]
  • 이랑: 갈아 놓은 밭의 한 두둑과 한 고랑을 아울러 이르는 말.

제18항	받침 'ㄱ(ㄲ, ㅋ, ㄳ, ㄺ), ㄷ(ㅅ, ㅆ, ㅈ, ㅊ, ㅌ, ㅎ), ㅂ(ㅍ, ㄼ, ㄿ, ㅄ)'은 'ㄴ, ㅁ' 앞에서 [ㅇ, ㄴ, ㅁ]으로 발음한다.
	먹는[멍는] 국물[궁물] 깎는[깡는] 키읔만[키응만]
	몫몫이[몽목씨] 긁는[긍는] 흙만[흥만] 닫는[단는]
	짓는[진:는] 옷맵시[온맵씨] 있는[인는] 맞는[만는]
	젖멍울[전멍울] 쫓는[쫀는] 꽃망울[꼰망울] 붙는[분는]
	놓는[논는] 잡는[잠는] 밥물[밤물] 앞마당[암마당]
	밟는[밤:는] 읊는[음는] 없는[엄:는]
	[붙임] 두 단어를 이어서 한 마디로 발음하는 경우에도 이와 같다.
	책 넣는대[챙넌는다] 흙 말리다[흥말리다] 옷 맞추다[온맏추다]
	밥 먹는대[밤멍는다] 값 매기다[감매기다]

제19항	받침 'ㅁ, ㅇ' 뒤에 연결되는 'ㄹ'은 [ㄴ]으로 발음한다.
	담력[담:녁] 침략[침:냑] 강릉[강능] 항로[항:노] 대통령[대:통녕]

제20항	'ㄴ'은 'ㄹ'의 앞이나 뒤에서 [ㄹ]로 발음한다.
	(1) 난로[날:로] 신라[실라] 천리[철리]
	광한루[광:할루] 대관령[대:괄령]
	(2) 칼날[칼랄] 물난리[물랄리] 줄넘기[줄럼끼] 할는지[할른지]
	[붙임] 첫소리 'ㄴ'이 'ㅀ', 'ㄾ' 뒤에 연결되는 경우에도 이에 준한다.
	닳는[달른] 뚫는[뚤른] 핥네[할레]
	다만, 다음과 같은 단어들은 'ㄹ'을 [ㄴ]으로 발음한다.
	의견란[의:견난] 임진란[임:진난] 생산량[생산냥] 결단력[결딴녁]
	공권력[공꿘녁] 동원령[동:원녕] 상견례[상견녜] 횡단로[횡단노]
	이원론[이:원논] 입원료[이붠뇨] 구근류[구근뉴]

제21항	위에서 지적한 이외의 자음 동화는 인정하지 않는다.
	감기[감:기](×[강:기])　　옷감[옫깜](×[옥깜])　　있고[읻꼬](×[익꼬])
	꽃길[꼳낄](×[꼭낄])　　젖먹이[전머기](×[점머기])　　문법[문뻡](×[뭄뻡])
	꽃밭[꼳빧](×[꼽빧])

제22항	다음과 같은 용언의 어미는 [어]로 발음함을 원칙으로 하되, [여]로 발음함도 허용한다.
	되어[되어/되여]　　피어[피어/피여]
	[붙임] '이오, 아니오'도 이에 준하여 [이요, 아니요]로 발음함을 허용한다.

② 기출 용례
　별난[별란]

(3) 제6장 경음화
① 규정

제23항	받침 'ㄱ(ㄲ, ㅋ, ㄳ, ㄺ), ㄷ(ㅅ, ㅆ, ㅈ, ㅊ, ㅌ), ㅂ(ㅍ, ㄼ, ㄿ, ㅄ)' 뒤에 연결되는 'ㄱ, ㄷ, ㅂ, ㅅ, ㅈ'은 된소리로 발음한다.
	국밥[국빱]　　깎다[깍따]　　넋받이[넉빠지]　　삯돈[삭똔]
	닭장[닥짱]　　칡범[칙뻠]　　뻗대다[뻗때다]　　옷고름[옫꼬름]
	있던[읻떤]　　꽂고[꼳꼬]　　꽃다발[꼳따발]　　낯설다[낟썰다]
	밭갈이[받까리]　　솥전[솓쩐]　　곱돌[곱똘]　　덮개[덥깨]
	옆집[엽찝]　　넓죽하다[넙쭈카다]　　읊조리다[읍쪼리다]　　값지다[갑찌다]

제24항	어간 받침 'ㄴ(ㄵ), ㅁ(ㄻ)' 뒤에 결합되는 어미의 첫소리 'ㄱ, ㄷ, ㅅ, ㅈ'은 된소리로 발음한다.
	신고[신:꼬]　　껴안다[껴안따]　　앉고[안꼬]　　얹다[언따]
	삼고[삼:꼬]　　더듬지[더듬찌]　　닮고[담:꼬]　　젊지[점:찌]
	다만, 피동, 사동의 접미사 '-기-'는 된소리로 발음하지 않는다.
	안기다　　감기다　　굶기다　　옮기다

제25항	어간 받침 'ㄼ, ㄾ' 뒤에 결합되는 어미의 첫소리 'ㄱ, ㄷ, ㅅ, ㅈ'은 된소리로 발음한다.
	넓게[널께]　　핥다[할따]　　훑소[훌쏘]　　떫지[떨:찌]

제26항	한자어에서, 'ㄹ' 받침 뒤에 연결되는 'ㄷ, ㅅ, ㅈ'은 된소리로 발음한다.
	갈등[갈뜽]　　발동[발똥]　　절도[절또]　　말살[말쌀]
	불소[불쏘](弗素)　　일시[일씨]　　갈증[갈쯩]　　물질[물찔]
	발전[발쩐]　　몰상식[몰쌍식]　　불세출[불쎄출]
	다만, 같은 한자가 겹쳐진 단어의 경우에는 된소리로 발음하지 않는다.
	허허실실[허허실실](虛虛實實)　　절절-하다[절절하다](切切-)

제27항	관형사형 '-(으)ㄹ' 뒤에 연결되는 'ㄱ, ㄷ, ㅂ, ㅅ, ㅈ'은 된소리로 발음한다.
	할 것을[할꺼슬]　　갈 데가[갈떼가]　　할 바를[할빠를]　　할 수는[할쑤는]
	할 적에[할쩌게]　　갈 곳[갈꼳]　　할 도리[할또리]　　만날 사람[만날싸람]
	다만, 끊어서 말할 적에는 예사소리로 발음한다.
	[붙임] '-(으)ㄹ'로 시작되는 어미의 경우에도 이에 준한다.
	할걸[할껄]　　할밖에[할빠께]　　할세라[할쎄라]　　할수록[할쑤록]
	할지라도[할찌라도]　　할지언정[할찌언정]　　할진대[할찐대]
제28항	표기상으로는 사이시옷이 없더라도, 관형격 기능을 지니는 사이시옷이 있어야 할(휴지가 성립되는) 합성어의 경우에는, 뒤 단어의 첫소리 'ㄱ, ㄷ, ㅂ, ㅅ, ㅈ'을 된소리로 발음한다.
	문-고리[문꼬리]　　눈-동자[눈똥자]　　신-바람[신빠람]　　산-새[산쌔]
	손-재주[손째주]　　길-가[길까]　　물-동이[물똥이]　　발-바닥[발빠닥]
	굴-속[굴:쏙]　　술-잔[술짠]　　바람-결[바람껼]　　그믐-달[그믐딸]
	아침-밥[아침빱]　　잠-자리[잠짜리]　　강-가[강까]　　초승-달[초승딸]
	등-불[등뿔]　　창-살[창쌀]　　강-줄기[강쭐기]

② 기출 용례

빈출 공권력[공꿘녁]　　눈동자[눈똥자]
　　바람결[바람껼]　　불볕더위[불볃떠위]
　　이번 주[이번쭈]　　일단락[일딸락]
　　사립 학교법[사리파꾜뻡]　　신바람[신빠람]
빈출 폭발음[폭빠름]　　흠집[흠:찝]

된소리로 발음하기 쉬우나, 표기 그대로 발음해야 하는 기출 단어
고가도로[고가도로]　　등기[등기]　　문득[문득]
불장난[불장난]　　정신적[정신적]　　창고[창고]
창구[창구]

(4) 제7장 음의 첨가
① 규정

제29항	합성어 및 파생어에서, 앞 단어나 접두사의 끝이 자음이고 뒤 단어나 접미사의 첫음절이 '이, 야, 여, 요, 유'인 경우에는, 'ㄴ' 음을 첨가하여 [니, 냐, 녀, 뇨, 뉴]로 발음한다.
	솜-이불[솜:니불]　　홑-이불[혼니불]　　막-일[망닐]　　삯-일[상닐]
	맨-입[맨닙]　　꽃-잎[꼰닙]　　내복-약[내:봉냑]　　한-여름[한녀름]
	남존-여비[남존녀비]　　신-여성[신녀성]　　색-연필[생년필]　　직행-열차[지캥녈차]
	늑막-염[능망념]　　콩-엿[콩녇]　　담-요[담:뇨]　　눈-요기[눈뇨기]
	영업-용[영엄뇽]　　식용-유[시굥뉴]　　백분-율[백뿐뉼]　　밤-윷[밤:뉻]
	다만, 다음과 같은 말들은 'ㄴ' 음을 첨가하여 발음하되, 표기대로 발음할 수 있다.
	이죽-이죽[이중니죽/이주기죽]　　야금-야금[야금냐금/야그먀금]　　검열[검:녈/거:멸]
	욜랑-욜랑[욜랑뇰랑/욜랑욜랑]　　금융[금늉/그뮹]
	[붙임 1] 'ㄹ' 받침 뒤에 첨가되는 'ㄴ' 음은 [ㄹ]로 발음한다.
	들-일[들:릴]　　솔-잎[솔립]　　설-익다[설릭따]
	물-약[물략]　　불-여우[불려우]　　서울-역[서울력]
	물-엿[물렫]　　휘발-유[휘발류]　　유들-유들[유들류들]
	참고
	들일[들:닐('ㄴ' 첨가) → 들:릴(유음화)]
	솔잎[솔닙('ㄴ' 첨가, 음절의 끝소리 규칙) → 솔립(유음화)]

[붙임 2] 두 단어를 이어서 한 마디로 발음하는 경우에도 이에 준한다.

한 일[한닐]	옷 입다[온닙따]	서른여섯[서른녀섣]	3 연대[삼년대]
먹은 엿[머근녇]	할 일[할릴]	잘 입다[잘립따]	스물여섯[스물려섣]
1 연대[일련대]	먹을 엿[머글렫]		

다만, 다음과 같은 단어에서는 'ㄴ(ㄹ)' 음을 첨가하여 발음하지 않는다.
6·25[유기오]   3·1절[사밀쩔]   송별-연[송:벼련]   등-용문[등용문]

참고 'ㄴ' 첨가가 일어나지 않는 단어
이백여[이배겨]   9·11[구이릴]   월요일[워료일]

② 기출 용례

갑작갑작[갑짝깍짝]	낯익은[난니근]	뇌수막염[뇌수망념]	눈여겨보던[눈녀겨:보던]
작열(灼熱)[장녈]	태평양[태평냥]	구속 영장[구송녕짱]	늑막염[능망념]
식용유[시굥뉴]	솜이불[솜:니불]	색연필[생년필]	내복약[내:봉냑]
잘 입는데[잘림는다]			

(5) 그 외

제2장
제5항

'ㅑ, ㅒ, ㅕ, ㅖ, ㅘ, ㅙ, ㅛ, ㅝ, ㅞ, ㅠ, ㅢ'는 이중 모음으로 발음한다.

다만 1. 용언의 활용형에 나타나는 '져, 쪄, 쳐'는 [저, 쩌, 처]로 발음한다.
가지어 → 가져[가저]   찌어 → 쪄[쩌]   다치어 → 다쳐[다처]

다만 3. 자음을 첫소리로 가지고 있는 음절의 'ㅢ'는 [ㅣ]로 발음한다.

늴리리	닁큼	무늬	띄어쓰기	씌어
틔어	희어	희떱다	희망	유희

다만 4. 단어의 첫음절 이외의 '의'는 [ㅣ]로, 조사 '의'는 [ㅔ]로 발음함도 허용한다.
주의[주의/주이]   협의[혀븨/혀비]
우리의[우리의/우리에]   강의의[강:의의/강:이에]

3 2017년 표준 발음법 개정 내용

표준어	기존 발음	추가된 발음
관건02	[관건]	[관껀]
불법01	[불법]	[불뻡]
강약	[강약]	[강냑]
교과01	[교:과]	[교:꽈]
반값	[반:갑]	[반:깝]
분수06	[분쑤]	[분수]
안간힘	[안깐힘]	[안간힘]
인기척	[인끼척]	[인기척]
점수06	[점쑤]	[점수]
함수04	[함:쑤]	[함:수]
효과01	[효:과]	[효:꽈]
감언이설	[가먼니설]	[가머니설]
괴담이설	[괴:담니설]	[궤:다미설]
밤이슬	[밤니슬]	[바미슬]
연이율	[연니율]	[여니율]
영영01	[영:영]	[영:녕]
의기양양	[의:기양양]	[의:기양냥]
순이익	[순니익]	[수니익]

04 표준어 / 표준 발음

기출 응용문제

01

표준어 규정 중 "'웃–' 및 '윗–'은 명사 '위'에 맞추어 '윗–'으로 통일하여 표기"하는 사례에 해당하지 않는 것은?

① 윗목
② 윗층
③ 윗눈썹
④ 윗도리
⑤ 윗잇몸

02

밑줄 친 말이 표준어가 아닌 것은?

① 밤하늘에 <u>샛별</u>이 밝게 빛난다.
② 그는 장사가 잘된다고 <u>뻐긴다</u>.
③ 여름에는 <u>모밀</u> 국수가 최고이다.
④ 그 회장은 <u>뇌졸중</u>으로 쓰러졌다.
⑤ 나는 한때 그의 <u>끄나풀</u> 노릇을 했다.

03

밑줄 친 말이 표준어가 아닌 것은?

① 친구 결혼식에 십만 원을 <u>부조</u>했다.
② <u>널빤지</u>로 엉성하게 만든 부엌문을 열었다.
③ 아이가 <u>부스스</u> 흩어진 머리를 하고 나왔다.
④ 그는 세상 물정 모르는 <u>쑥맥</u>이다.
⑤ 부부는 <u>사글세</u>로 방을 얻어 신접살림을 시작했다.

정답 풀이 & 오답 해설

01

| 정답 풀이 | ② 표준어 규정 제2장 제2절 제12항에 관한 문항이다. 그런데 '제12항'의 예외 규정인 '다만 1'에 따르면 된소리나 거센소리 앞에서는 '위–'로 적게 되어 있다. 따라서 '윗층'이 아니라 '위층'이 올바른 표기이다.

02

| 정답 풀이 | ③ 흔히 '모밀'로 많이 쓰지만, '메밀'이 표준어이다.

| 오답 해설 |
① '샛별'은 '금성'을 뜻하는 말로 바른 표기 이다. '새벽별'은 '샛별'의 잘못된 표기이다.

03

| 정답 풀이 | ④ 흔히들 '쑥맥'으로 많이 쓰지만, '숙맥'이 표준어이다.

| 정답 | 01 ② 02 ③ 03 ④ |

04

밑줄 친 말이 표준어가 아닌 것은?

① 그는 성대모사의 달인이다.
② 아지랑이가 피어오를 때쯤 그때 만나요.
③ 다시 누군가로부터 설레임을 느낄 수 있을까.
④ 만 원을 내고 우수리로 2,100원을 거슬러 받았다.
⑤ 아들이 다쳤다는 말을 듣고 얼마나 식겁했는지 모른다.

05

밑줄 친 말의 표기가 올바르지 않은 것은?

① 싱그러운 봄나물이 입맛을 돋구었다.
② 여러 분야에서 내로라하는 전문가들만 모셨다.
③ 이번 대회에 참가할 사람이 과연 있을는지 의문이다.
④ 비가 오려는지 날씨는 무더웠고 바람도 후텁지근했다.
⑤ 국회 의원들은 가끔 자기가 뭐라도 된 것처럼 으스댄다.

06

밑줄 친 말의 표기가 올바르지 않은 것은?

① 그는 첨으로 친구를 원망하였다.
② 살을 에는 듯한 추위에 깜짝 놀랐다.
③ 그는 애정 표현에 서툰 모습을 보였다.
④ 잘못은 네가 해 놓고 되려 나한테 화를 내면 어떡해!
⑤ 이번 여행은 세면도구만 들고 단출하게 떠나기로 했다.

07

밑줄 친 말의 발음이 올바른 것은?

① 구름을 이루는 층이 얇다[얍따].
② 그의 몫은[목쓴] 그녀가 차지했다.
③ 그들 중 여덟이[여더리] 남자이다.
④ 그는 태평양[태평양] 한가운데서 발견됐다.
⑤ 갑자기 폭발음[폭파름]이 들려서 소스라치게 놀랐다.

08

〈보기〉의 발음으로 올바르지 <u>않은</u> 것은?

| 보기 |
| 민주주의의 의의 |

① [민주주의의 의의]
② [민주주이의 의의]
③ [민주주의에 의의]
④ [민주주이에 의의]
⑤ [민주주이에 이이]

09

〈보기〉를 참고할 때, 제시된 단어의 발음이 적절하지 <u>않은</u> 것은?

| 보기 |
[표준 발음법 제15항] 받침 뒤에 모음 'ㅏ, ㅓ, ㅗ, ㅜ, ㅟ'들로 시작되는 실질 형태소가 연결되는 경우에는, 대표음으로 바꾸어서 뒤 음절 첫소리로 옮겨 발음한다.
[붙임] 겹받침의 경우에는, 그중 하나만을 옮겨 발음한다.

① 늪 앞[느밥]
② 값어치[가버치]
③ 닭 앞에[달가페]
④ 맛없다[마덥따]
⑤ 헛웃음[허두슴]

정답 풀이 & 오답 해설

04
| 정답 풀이 | ③ 기본형은 '설레다'이며, 용언의 어간 '설레-'와 명사형 어미 '-ㅁ'이 결합한 '설렘'이 표준어이다.
| 오답 해설 | ④ '우수리'는 물건값을 제하고 거슬러 받는 잔돈을 의미하는 표준어이다.

05
| 정답 풀이 | ① '돋구다'는 '안경의 도수 따위를 더 높게 하다.'의 의미이다. ①은 문맥상 '돋우었다'로 바꿔야 한다.

06
| 정답 풀이 | ④ '도리어'의 준말인 '되레'를 '되려'로 잘못 쓰는 경우가 많다. 표준어는 '되레'이다.
| 오답 해설 |
① 첨: '처음'의 준말.
② '살을 에이는'은 잘못된 표기이다.
③ '서툴다-서투르다'는 복수 표준어로서, 모음으로 된 어미가 결합하면 본딧말을 가지고 활용해야 한다. 그러나 자음으로 된 어미가 오면 준말, 본딧말 모두에 붙여서 활용할 수 있다.
서툴-+-ㄴ → 서툰('ㄹ' 탈락)

07
| 정답 풀이 | ② 겹받침이 모음으로 시작된 조사나 어미, 접미사와 결합되는 경우에는, 뒤엣것만을 뒤 음절 첫소리로 옮겨 발음하는데, 이 경우 'ㅅ'은 된소리로 발음한다.
| 오답 해설 |
① 겹받침 'ㄼ'은 어말 또는 자음 앞에서 [ㄹ]로 발음한다. [얄:따]가 올바른 발음이다.
③ 겹받침이 모음으로 시작된 조사나 어미, 접미사와 결합되는 경우에는, 뒤엣것만을 뒤 음절 첫소리로 옮겨 발음한다. 따라서 [여덜비]로 발음해야 한다.
④ 합성어 및 파생어에서, 앞 단어나 접두사의 끝이 자음이고 뒤 단어나 접미사의 첫음절이 '이, 야, 여, 요, 유'인 경우에는, 'ㄴ' 음을 첨가하여 [니, 냐, 녀, 뇨, 뉴]로 발음한다. 태평양은 '태평+양'으로 이뤄진 파생어이다. 따라서 [태평냥]이 옳은 발음이다.
⑤ [폭빠름]이 옳은 발음이다.

08
| 정답 풀이 | ⑤ 'ㅢ'는 일반적으로 이중 모음인 [의]로 발음한다. 다만 단어의 첫음절 이외의 '의'는 [ㅣ]로, 조사 '의'는 [ㅔ]로 발음함도 허용한다. ⑤는 '의의'의 첫음절을 [ㅣ]로 발음하고 있으므로 틀린 발음이다.

09
| 정답 풀이 | ③ '닭 앞에'는 [닥 + 앞에] → [다가페]로 발음한다.

| 정답 | 04 ③ 05 ① 06 ④ 07 ② 08 ⑤ 09 ③ |

05 외래어 / 로마자 표기법

대표 기출유형

기출유형 1 | 외래어 표기법

유형 풀이▶ 일상 어휘, 지명, 인명 등의 외래어를 우리말로 올바르게 표기할 수 있는지 평가하는 문항이다. 외래어 표기법 규정을 숙지하고, 외래어를 규정에 따라 우리말로 바르게 표기할 수 있어야 한다.

오답 해설▶ ②, ③, ④, ⑤는 각각 '로스앤젤레스, 라스베이거스, 쿠알라룸푸르, 블라디보스토크'가 바른 표기이다.

정답▶ ①

• 외래어 표기가 올바른 것은?

① 세비야
② 로스엔젤레스
③ 라스베거스
④ 쿠알라룸푸루
⑤ 블라디보스톡

기출유형 2 | 로마자 표기법

유형 풀이▶ 인명이나 지명 등 고유 명사를 로마자로 표기할 수 있는지를 평가하는 문항이다. 로마자 표기법의 기본 원리인 전음법(소리 나는 대로 적는 방식)에 대한 이해를 바탕으로 단어를 구분할 수 있어야 한다.

정답 풀이▶ ③ 'mandu-guk' 또는 'mandutguk'으로 적어야 한다. 로마자 표기법 제3장 제1항에 따라 음운 변화가 일어날 때에는 그 결과에 따라 적지만, 된소리되기는 표기에 반영하지 않는다. 또한 'ㄱ, ㄷ, ㅂ'은 모음 앞에서는 'g, d, b'로, 자음 앞이나 어말에서는 'k, t, p'로 적는다.

정답▶ ③

• 로마자 표기가 잘못된 것은?

① 낙동강(Nakdonggang)
② 속리산(Songnisan)
③ 만둣국(mandutkuk)
④ 북평리(Bukpyeong-ri)
⑤ 삼국유사(Samgungnyusa)

05 외래어 / 로마자 표기법

기출 핵심개념

1. 외래어 표기법

외래어를 우리말로 바르게 표기하는 규칙을 외래어 표기법이라고 한다. 외래어 표기법을 묻는 유형의 문제에서 외래어의 원지음 표기는 함께 제시되지 않으므로 단어 자체의 바른 표기를 아는 것이 중요하다. 외래어도 국어의 범주이기 때문이다. 주로 일상생활에서 틀리기 쉬운 표기들을 묻는 문항이 출제되고 있으나, 인명과 지명도 출제될 가능성이 높으니 익혀 두는 것이 좋다. 외래어 표기법은 기출 단어의 활용 빈도가 높은 편이다.

1 제1장 표기의 기본 원칙

제1항	외래어는 국어의 현용 24 자모만으로 적는다.

▶ 국어에 없는 외국어음을 적기 위해 별도의 문자를 만들지 않는다.

제2항	외래어의 1 음운은 원칙적으로 1 기호로 적는다.

▶ 'f'를 'ㅎ' 혹은 'ㅍ'으로 쓰는 것이 아니라 'ㅍ'으로만 표기한다. 예를 들어 'family'는 '훼밀리'가 아니라 '패밀리'로 쓰는 것이 옳다.

제3항	받침에는 'ㄱ, ㄴ, ㄹ, ㅁ, ㅂ, ㅅ, ㅇ'만을 쓴다.

▶ coffee shop 커피숖(×) − 커피숍(○)

제4항	파열음 표기에는 된소리를 쓰지 않는 것을 원칙으로 한다.(마찰음, 파찰음도 마찬가지임.)

▶ café 까페(×) − 카페(○)   jazz 째즈(×) − 재즈(○)

제5항	이미 굳어진 외래어는 관용을 존중하되, 그 범위와 용례는 따로 정한다.

▶ radio는 [reidiou]로 발음되지만 '라디오'로 굳어졌기 때문에 그 표기를 존중한다.
▶ 영어에서 들어온 외래어는 영국식 발음을 기준으로 한다.
　　예 super ┌ 미국식 [수퍼]
　　　　　　└ 영국식 [슈퍼] → 슈퍼로 씀.
▶ 관용으로 이미 실생활 속에 굳어진 것은 그대로 적는다.
　최신 예 cut ┌ 컷: 영화 따위의 장면. 작은 삽화.
　　　　　　└ 커트: 머리를 자르거나, 탁구 등의 운동에서 공을 깎아 치는 것.
　　　　예 type ┌ 타입: 어떤 형태나 유형.
　　　　　　　└ 타이프: 타자기.
　　　　예 마네킹, 마라톤, 바겐세일, 시네마, 아나운서, 테크놀로지 등

2 주된 표기 세칙

(1) 제3장 표기 세칙

제1절	영어의 표기

제1항	무성 파열음([p], [t], [k])
	1. 짧은 모음 다음의 어말 무성 파열음([p], [t], [k])은 받침으로 적는다.
	   gap[gæp] 갭　cat[kæt] 캣　book[buk] 북
	2. 짧은 모음과 유음·비음([l], [r], [m], [n]) 이외의 자음 사이에 오는 무성 파열음([p], [t], [k])은 받침으로 적는다.
	   apt[æpt] 앱트　setback[setbæk] 셋백　act[ækt] 액트
	3. 위 경우 이외의 어말과 자음 앞의 [p], [t], [k]는 '으'를 붙여 적는다.
	   stamp[stæmp] 스탬프　cape[keip] 케이프　nest[nest] 네스트　part[pɑːt] 파트
	   desk[desk] 데스크　make[meik] 메이크　apple[æpl] 애플　mattress[mætris] 매트리스
	   chipmunk[tʃipmʌŋk] 치프멍크　sickness[siknis] 시크니스

제2항	유성 파열음([b], [d], [g])
	어말과 모든 자음 앞에 오는 유성 파열음은 '으'를 붙여 적는다.
	   bulb[bʌlb] 벌브　land[lænd] 랜드　zigzag[zigzæg] 지그재그
	   gag[gæg] 개그　kidnap[kidnæp] 키드냅　signal[signəl] 시그널

제3항	마찰음([s], [z], [f], [v], [θ], [ð], [ʃ], [ʒ])
	1. 어말 또는 자음 앞의 [s], [z], [f], [v], [θ], [ð]는 '으'를 붙여 적는다.
	   mask[mɑːsk] 마스크　jazz[dʒæz] 재즈　graph[græf] 그래프
	   olive[ɔliv] 올리브　thrill[θril] 스릴　bathe[beið] 베이드
	2. 어말의 [ʃ]는 '시'로 적고, 자음 앞의 [ʃ]는 '슈'로, 모음 앞의 [ʃ]는 뒤따르는 모음에 따라 '샤', '섀', '셔', '셰', '쇼', '슈', '시'로 적는다.
	   flash[flæʃ] 플래시　shrub[ʃrʌb] 슈러브　shark[ʃɑːk] 샤크
	   shank[ʃæŋk] 섕크　fashion[fæʃən] 패션　sheriff[ʃerif] 셰리프
	   shopping[ʃɔpiŋ] 쇼핑　shoe[ʃuː] 슈　shim[ʃim] 심
	3. 어말 또는 자음 앞의 [ʒ]는 '지'로 적고, 모음 앞의 [ʒ]는 'ㅈ'으로 적는다.
	   mirage[mirɑːʒ] 미라지　vision[viʒən] 비전

제4항	파찰음([ts], [dz], [tʃ], [dʒ])
	1. 어말 또는 자음 앞의 [ts], [dz]는 '츠', '즈'로 적고, [tʃ], [dʒ]는 '치', '지'로 적는다.
	   Keats[kiːts] 키츠　odds[ɔdz] 오즈　switch[switʃ] 스위치
	   bridge[bridʒ] 브리지　Pittsburgh[pitsbəːg] 피츠버그　hitchhike[hitʃhaik] 히치하이크
	2. 모음 앞의 [tʃ], [dʒ]는 'ㅊ', 'ㅈ'으로 적는다.
	   chart[tʃɑːt] 차트　virgin[vəːdʒin] 버진

제5항	비음([m], [n], [ŋ])
	1. 어말 또는 자음 앞의 비음은 모두 받침으로 적는다.
	   steam[stiːm] 스팀　corn[kɔːn] 콘　ring[riŋ] 링
	   lamp[læmp] 램프　hint[hint] 힌트　ink[iŋk] 잉크
	2. 모음과 모음 사이의 [ŋ]은 앞 음절의 받침 'ㅇ'으로 적는다.
	   hanging[hæŋiŋ] 행잉　longing[lɔŋiŋ] 롱잉

제6항	유음([l])
	1. 어말 또는 자음 앞의 [l]은 받침으로 적는다.
	hotel[houtel] 호텔 pulp[pʌlp] 펄프
	2. 어중의 [l]이 모음 앞에 오거나, 모음이 따르지 않는 비음([m], [n]) 앞에 올 때에는 'ㄹㄹ'로 적는다. 다만, 비음([m], [n]) 뒤의 [l]은 모음 앞에 오더라도 'ㄹ'로 적는다.
	slide[slaid] 슬라이드 film[film] 필름 helm[helm] 헬름
	swoln[swouln] 스월른 Hamlet[hæmlit] 햄릿 Henley[henli] 헨리
제7항	장모음
	장모음의 장음은 따로 표기하지 않는다.
	team[tiːm] 팀 route[ruːt] 루트
제8항	중모음([ai], [au], [ei], [ɔi], [ou], [auə])
	중모음은 각 단모음의 음가를 살려서 적되, [ou]는 '오'로, [auə]는 '아워'로 적는다.
	time[taim] 타임 house[haus] 하우스 skate[skeit] 스케이트
	oil[ɔil] 오일 boat[bout] 보트 tower[tauə] 타워

(2) 제4장 인명, 지명 표기의 원칙

제1절	**표기 원칙**
제3항	원지음이 아닌 제3국의 발음으로 통용되고 있는 것은 관용을 따른다.
	Hague 헤이그 Caesar 시저
제4항	고유 명사의 번역명이 통용되는 경우 관용을 따른다.
	Pacific Ocean 태평양 Black Sea 흑해
제2절	**동양의 인명, 지명 표기**
제1항	중국 인명은 과거인과 현대인을 구분하여 과거인은 종전의 한자음대로 표기하고, 현대인은 원칙적으로 중국어 표기법에 따라 표기하되, 필요한 경우 한자를 병기한다.

▶ 우리 한자음으로 읽는 관행이 있는 인명은 우리 한자음으로 읽을 수 있다.
   예 장개석/장제스   모택동/마오쩌둥

제4항	중국 및 일본의 지명 가운데 한국 한자음으로 읽는 관용이 있는 것은 이를 허용한다.
	東京 도쿄, 동경 京都 교토, 경도 上海 상하이, 상해
	臺灣 타이완, 대만 黃河 황허, 황하

▶ 동남아시아의 말에는 된소리의 발음이 일반화된 점을 고려하여, 된소리로 발음되는 것은 된소리로 적는다. 또 거센소리로 발음되는 것은 거센소리로 적는다.
   예 호찌민, 푸껫, 자카르타, 쿠알라룸푸르

제3절	**바다, 섬, 강, 산 등의 표기 세칙**
제1항	바다는 '해(海)'로 통일한다.
	홍해 발트해 아라비아해

제2항	우리나라를 제외하고 섬은 모두 '섬'으로 통일한다. 　타이완섬　　코르시카섬　　(우리나라 – 제주도, 울릉도)
제3항	한자 사용 지역(일본, 중국)의 지명이 하나의 한자로 되어 있을 경우, '강', '산', '호', '섬' 등은 겹쳐 적는다. 　온타케산(御岳)　　주장강(珠江)　　도시마섬(利島)　　하야카와강(早川)　　위산산(玉山)
제4항	지명이 산맥, 산, 강 등의 뜻이 들어 있는 것은 '산맥', '산', '강' 등을 겹쳐 적는다. 　Rio Grande 리오그란데강　　Monte Rosa 몬테로사산　　Sierra Madre 시에라마드레산맥

3 기출 외래어

(1) 사람 이름

뉴턴(Newton)
도널드 트럼프(Donald Trump)
루소(Rousseau)
르누아르(Renoir)
마르크스(Marx)
마오쩌둥(Mao Zedong)
모차르트(Mozart)

무함마드(Muhammad)
바흐(Bach)
비틀스(The Beatles)
셰익스피어(Shakespeare)
시저(Caesar)
아인슈타인(Einstein)
앙겔라 메르켈(Angela Merkel)

잔 다르크(Jeanne d'Arc)
차이콥스키(Tchaikovsky)
칭기즈 칸(Chingiz Khan)
콜럼버스(Columbus)
클레오파트라(Cleopatra)
호찌민(Ho Chi Minh)
힐러리 클린턴(Hillary Clinton)

(2) 나라 이름

네덜란드(Netherlands)
덴마크(Denmark)
말레이시아(Malaysia)
베네수엘라(Venezuela)
싱가포르(Singapore)
아랍 에미리트(Arab Emirates)

아이티(Haïti)
에티오피아(Ethiopia)
우즈베키스탄(Uzbekistan)
조지아(Georgia)
카자흐스탄(Kazakhstan)
콜롬비아(Colombia)

키르기스스탄(Kirgizstan)
타지키스탄(Tadzhikistan)
투르크메니스탄(Turkmenistan)
포르투갈(Portugal)

(3) 지역 이름

규슈(九州)
댜오위다오/조어도(釣魚島)
라스베이거스(Las Vegas)
랴오닝(遼寧)
로스앤젤레스(Los Angeles)
리옹(Lyon)
마르세유(Marseille)
마추픽추(Machu Picchu)
매사추세츠(Massachusetts)
모스크바(Moskva)
몽블랑산(Mont Blanc)
뮌헨(München)

밴쿠버(Vancouver)
블라디보스토크(Vladivostok)
삿포로(Sapporo)
상하이/상해(上海)
세비야(Sevilla)
스코틀랜드(Scotland)
양곤(Yangon)
옌볜/연변(延邊)
인스브루크(Innsbruck)
잘츠부르크(Salzburg)
칸(Cannes)
캔자스(Kansas)

쿠알라룸푸르(Kuala Lumpur)
타슈켄트(Tashkent)
타이베이(臺北)
태평양(Pacific Ocean)
톈진(天津)
파리(Paris)
포르토프랭스(Port-au-Prince)
푸껫(Phuket)
호놀룰루(Honolulu)
홋카이도(Hokkaido)

(4) 먹을거리

도넛
레모네이드
마요네즈
밀크셰이크
최신 리소토
바비큐
최신 비타민 시(vitamin C)
소시지

오렌지
주스
최신 초콜릿
카레
커피
캐러멜
케이크

케첩
콘플레이크
카페라테
토마토
트랜스 지방
프라이
피망

(5) 생활용품 및 가게

- 가스레인지
- 거즈
- 깁스
- 내비게이션
- 냅킨
- 노즐
- 라디오
- 렌터카
- 링거
- 〔최신〕 리넨(린넨×)
- 마스크
- 마켓
- 모바일
- 〔최신〕 미니어처
- 바이올린
- 밴디지
- 버저
- 볼(bowl)
- 브러시
- 브로슈어
- 사인펜
- 새시
- 〔최신〕 샌들
- 〔최신〕 소파
- 숍
- 〔최신〕 슈퍼마켓
- 스노타이어
- 〔최신〕 스티로폼
- 스프링클러
- 알루미늄
- 앰뷸런스
- 에어컨/에어컨디셔너
- 재킷
- 전자레인지
- 차트
- 카탈로그
- 카페
- 커튼
- 컨테이너
- 코펠
- 클리닉
- 테이프
- 팸플릿
- 폰
- 프랜차이즈
- 플래카드
- 해먹
- 〔최신〕 헤드셋

(6) 기타

- 가톨릭
- 나르시시즘
- 난센스
- 네트워크
- 노블레스 오블리주
- 데뷔
- 〔최신〕 디지털
- 〔최신〕 라이선스
- 랑데부
- 레퍼토리
- 〔최신〕 로열티
- 〔최신〕 로켓
- 록 앤드 롤/로큰롤
- 리더십
- 마니아
- 마라톤
- 〔최신〕 매머드
- 메시지
- 메커니즘
- 〔최신〕 바리케이드
- 밸런타인데이
- 부르주아
- 불도그
- 〔최신〕 블록체인
- 비즈니스
- 빅토리
- 샤머니즘
- 센터 서클
- 쇼트 트랙
- 스로인
- 〔최신〕 스릴
- 스케줄
- 스카우트
- 〔최신〕 스태프
- 스탠퍼드
- 시프트
- 〔최신〕 심벌
- 〔최신〕 심포지엄
- 아마추어
- 아케이드
- 알고리즘
- 알레르기
- 〔최신〕 앙코르
- 앙케트
- 애드리브
- 액셀러레이터(= 액셀)
- 액세스
- 에인절(엔젤×)
- 엔도르핀
- 옐로
- 오프사이드
- 옥스퍼드
- 〔최신〕 워크숍
- 웹
- 장르
- 카운슬링
- 칼럼
- 〔최신〕 커트
- 컨트롤
- 〔최신〕 컷
- 케임브리지
- 〔최신〕 코미디
- 콘서트
- 〔최신〕 콤마
- 콤비네이션
- 콩쿠르
- 쿠데타
- 크리스털
- 클라리넷
- 타깃
- 터치라인
- 〔최신〕 트럼펫
- 트롬본
- 〔최신〕 파이팅
- 판타지
- 팜파탈(팜므파탈×)
- 팡파르
- 패밀리
- 페미니즘
- 페스티벌
- 프리 킥
- 플루트
- 피에로
- 하버드
- 헥타르
- 휴머니즘

4 주의해야 할 외래어 표기

고흐
논스톱
논픽션
뉘앙스
니코틴
다이내믹
<최신> 배지(뱃지×)
밸런스
보닛
<최신> 비스킷
색소폰
센티멘털
스낵
스카프
스탠더드
스테인리스
스튜어디스
아마추어
아웃렛(아울렛×)
악센트
루주(루즈×)

논타이틀
데생
데이터
링거
러닝셔츠
레슨
<최신> 레크리에이션
로터리
액세서리
에스파냐
오디세이
오리지널
인디언
인스턴트
제스처
쥐라기
카디건(가디건×)
카세트
카펫
캐비닛
커닝(컨닝×)

컨소시엄
도스토옙스키
라디에이터
루스벨트
매니큐어
머플러
몽타주
미스터리
쿵후(쿵푸×)
클라이맥스(클라이막스×)
텀블링
트레이닝(츄리닝×)
트리
패널
패러독스
패키지
페스탈로치
프러포즈
플라멩코
플랫폼
할리우드

---

2 로마자 표기법

로마자 표기법은 국어를 로마자로 어떻게 적을지를 약속한 규정이다. 이 유형의 문제는 표기의 원칙을 철저히 이해해야 풀 수 있다.

1 제1장 표기의 기본 원칙

제1항	국어의 로마자 표기는 국어의 표준 발음법에 따라 적는 것을 원칙으로 한다.
제2항	로마자 이외의 부호는 되도록 사용하지 않는다.

2 제2장 표기 일람

제1항 모음은 다음 각호와 같이 적는다.

1. 단모음

ㅏ	ㅓ	ㅗ	ㅜ	ㅡ	ㅣ	ㅐ	ㅔ	ㅚ	ㅟ
a	eo	o	u	eu	i	ae	e	oe	wi

2. 이중 모음

ㅑ	ㅕ	ㅛ	ㅠ	ㅒ	ㅖ	ㅘ	ㅙ	ㅝ	ㅖ	ㅢ
ya	yeo	yo	yu	yae	ye	wa	wae	wo	we	ui

[붙임 1] 'ㅢ'는 'ㅣ'로 소리 나더라도 'ui'로 적는다.
　　　　　광희문 Gwanghuimun

[붙임 2] 장모음의 표기는 따로 하지 않는다.

제2항 자음은 다음 각호와 같이 적는다.

1. 파열음

ㄱ	ㄲ	ㅋ	ㄷ	ㄸ	ㅌ	ㅂ	ㅃ	ㅍ
g, k	kk	k	d, t	tt	t	b, p	pp	p

2. 파찰음

ㅈ	ㅉ	ㅊ
j	jj	ch

3. 마찰음

ㅅ	ㅆ	ㅎ
s	ss	h

4. 비음

ㄴ	ㅁ	ㅇ
n	m	ng

5. 유음

ㄹ
r, l

[붙임 1] 'ㄱ, ㄷ, ㅂ'은 모음 앞에서는 'g, d, b'로, 자음 앞이나 어말에서는 'k, t, p'로 적는다.
　　　　　([ ] 안의 발음에 따라 표기함.)
　　　　　구미 Gumi　　　　영동 Yeongdong　　　백암 Baegam
　　　　　옥천 Okcheon　　합덕 Hapdeok　　　　호법 Hobeop
　　　　　월곶[월곧] Wolgot　벚꽃[벋꼳] beotkkot　한밭[한받] Hanbat

[붙임 2] 'ㄹ'은 모음 앞에서는 'r'로, 자음 앞이나 어말에서는 'l'로 적는다. 단, 'ㄹㄹ'은 'll'로 적는다.
　　　　　구리 Guri　　　　설악 Seorak　　　　칠곡 Chilgok
　　　　　임실 Imsil　　　　울릉 Ulleung　　　대관령[대괄령] Daegwallyeong

③ 제3장 표기상의 유의점

제1항 음운 변화가 일어날 때에는 변화의 결과에 따라 다음 각호와 같이 적는다.

1. 자음 사이에서 동화 작용이 일어나는 경우
　백마[뱅마] Baengma　　　신문로[신문노] Sinmunno　　종로[종노] Jongno
　왕십리[왕심니] Wangsimni　별내[별래] Byeollae　　　신라[실라] Silla

2. 'ㄴ, ㄹ'이 덧나는 경우
　학여울[항녀울] Hangnyeoul　　알약[알략] allyak

3. 구개음화가 되는 경우
　해돋이[해도지] haedoji　　같이[가치] gachi　　　굳히다[구치다] guchida

4. 'ㄱ, ㄷ, ㅂ, ㅈ'이 'ㅎ'과 합하여 거센소리로 소리 나는 경우
　좋고[조코] joko　　　놓다[노타] nota　　　잡혀[자펴] japyeo　　낳지[나치] nachi

다만, 체언에서 'ㄱ, ㄷ, ㅂ' 뒤에 'ㅎ'이 따를 때에는 'ㅎ'을 밝혀 적는다.
　최신 묵호(Mukho)　　　집현전(Jiphyeonjeon)

	[붙임] 된소리되기는 표기에 반영하지 않는다.	
	압구정 Apgujeong 최신 죽변 Jukbyeon 낙동강 Nakdonggang	
	최신 낙성대 Nakseongdae 합정 Hapjeong 팔당 Paldang	
	샛별 saetbyeol 울산 Ulsan	

제2항 발음상 혼동의 우려가 있을 때에는 음절 사이에 붙임표(-)를 쓸 수 있다.
중앙 Jung-ang   반구대 Ban-gudae   세운 Se-un   해운대 Hae-undae

제3항 고유 명사는 첫 글자를 대문자로 적는다.
부산 Busan   세종 Sejong

제4항 인명은 성과 이름의 순서로 띄어 쓴다. 이름은 붙여 쓰는 것을 원칙으로 하되 음절 사이에 붙임표(-)를 쓰는 것을 허용한다.[( ) 안의 표기를 허용함.]
민용하 Min Yongha(Min Yong-ha)   송나리 Song Nari(Song Na-ri)

1. 이름에서 일어나는 음운 변화는 표기에 반영하지 않는다.
한복남 Han Boknam(Han Bok-nam)   홍빛나 Hong Bitna(Hong Bit-na)

2. 성의 표기는 따로 정한다.

제5항 '도, 시, 군, 구, 읍, 면, 리, 동'의 행정 구역 단위와 '가'는 각각 'do, si, gun, gu, eup, myeon, ri, dong, ga'로 적고, 그 앞에는 붙임표(-)를 넣는다. 붙임표(-) 앞뒤에서 일어나는 음운 변화는 표기에 반영하지 않는다.
충청북도 Chungcheongbuk-do   제주도 Jeju-do   의정부시 Uijeongbu-si
양주군 Yangju-gun   도봉구 Dobong-gu   신창읍 Sinchang-eup
삼죽면 Samjuk-myeon   인왕리 Inwang-ri   당산동 Dangsan-dong
봉천 1동 Bongcheon 1(il)-dong   종로 2가 Jongno 2(i)-ga   퇴계로 3가 Toegyero 3(sam)-ga

[붙임] '시, 군, 읍'의 행정 구역 단위는 생략할 수 있다.
청주시 Cheongju   함평군 Hampyeong   순창읍 Sunchang

제6항 자연 지물명, 문화재명, 인공 축조물명은 붙임표(-) 없이 붙여 쓴다.
남산 Namsan   최신 속리산 Songnisan   금강 Geumgang
독도 Dokdo   경복궁 Gyeongbokgung   무량수전 Muryangsujeon
연화교 Yeonhwagyo   최신 극락전 Geungnakjeon   안압지 Anapji
남한산성 Namhansanseong   화랑대 Hwarangdae   최신 불국사 Bulguksa
현충사 Hyeonchungsa   독립문 Dongnimmun   오죽헌 Ojukheon
최신 촉석루 Chokseongnu   종묘 Jongmyo   다보탑 Dabotap

제7항 인명, 회사명, 단체명 등은 그동안 써 온 표기를 쓸 수 있다.

4 기출 로마자 표기

(1) 먹을거리

깻잎전(kkaennipjeon)
고리찜(kkorijjim)
꽃빵(kkotppang)
나물류(namullyu)
누룽지탕(nurungjitang)

다슬깃국(daseulgitguk)
닭고기 볶음(dakgogibokkeum)
따로국밥(ttarogukbap)
맑은장국(malgeunjangguk)
쌈밥 정식(ssambapjeongsik)

오리백숙(oribaeksuk)
옻닭(otdak)
편육(pyeonyuk)

참고 한식명 로마자 표기 및 표준 번역 확정안에서는 '국' 앞에 붙임표(-)를 사용하기도 한다.
예 다슬깃국 daseulgitguk / daseulgi-guk

(2) 산

계룡산(Gyeryongsan)
관악산(Gwanaksan)
금강산(Geumgangsan)
금수산(Geumsusan)
남산(Namsan)

내설악(Naeseorak)
묘향산(Myohyangsan)
북한산(Bukhansan)
설봉산(Seolbongsan)
최신 속리산(Songnisan)

외설악(Oeseorak)
월악산(Woraksan)
치악산(Chiaksan)

(3) 강

금강(Geumgang)

낙동강(Nakdonggang)

영산강(Yeongsangang)

(4) 지명

가거도(Gageodo)
간월도(Ganwoldo)
강남대로(Gangnam-daero)
강릉(Gangneung)
곡성읍(Gokseong-eup)
괴정(Goejeong)
김해(Gimhae)
내방(Naebang)
답동(Dap-dong)
덕림동(Deongnim-dong)
독도(Dokdo)
독립문(Dongnimmun)
동성로(Dongseongno)
뒷골길(Dwitgol-gil)
마라도(Marado)
망월동(Mangwol-dong)
명파리(Myeongpa-ri)
무안(Muan)

백령도(Baengnyeongdo)
별내면(Byeollae-myeon)
북평리(Bukpyeong-ri)
소래길(Sorae-gil)
소록도(Sorokdo)
송정리(Songjeong-ri)
수원(Suwon)
압해도(Aphaedo)
양촌리(Yangchon-ri)
여의도(Yeouido)
연천(Yeoncheon)
영동(Yeongdong)
영월(Yeongwol)
우이도(Uido)
울릉(Ulleung)
울진(Uljin)
을지로 2가[Euljiro 2(i)-ga]
일산(Ilsan)

임실(Imsil)
전라북도(Jeollabuk-do)
정읍(Jeongeup)
종각(Jonggak)
종로 2가[Jongno 2(i)-ga]
차귀도(Chagwido)
청량리(Cheongnyangni)
청주(Cheongju)
충청북도(Chungcheongbuk-do)
태안(Taean)
최신 팔당(Paldang)
평창(Pyeongchang)
하의도(Hauido)
합천(Hapcheon)
해운대(Haeundae)
화성(Hwaseong)

(5) 관광지

경회루(Gyeonghoeru)
경희궁(Gyeonghuigung)
관촉사(Gwanchoksa)
낙화암(Nakhwaam)
땅끝마을(Ttangkkeutmaeul)
부벽루(Bubyeongnu)

석굴암(Seokguram)
성당못(Seongdangmot)
신륵사(Silleuksa)
쌍계사(Ssanggyesa)
쌍사자 석등(Ssangsaja seokdeung)
안압지(Anapji)

운주사(Unjusa)
은진미륵(Eunjinmireuk)
을밀대(Eulmildae)
의상대(Uisangdae)
춘장대(Chunjangdae)
화엄사(Hwaeomsa)

(6) 이름

민영호(Min Yeongho)
민용하(Min Yongha)
배찬수(Bae Chansu)

서성택(Seo Seongtaek)
송아름(Song Areum)
윤꽃님(Yun Kkotnim)

한복남(Han Boknam)
한복녀(Han Boknyeo)

(7) 기타

동의보감(Donguibogam)	중앙(Jungang)	흥부전(Heungbujeon)
삼국유사(Samgungnyusa)	청와대(Cheongwadae)	
신라(Silla)	훈민정음(Hunminjeongeum)	

(8) 주요 한식명 로마자 표기 표준안

한식명의 로마자 표기는 '로마자 표기법'을 따르는 것을 원칙으로 하지만, 가독성을 높이기 위해 단어 사이에 붙임표(-)를 넣을 수 있게 했다. 이때 붙임표 앞뒤의 음운 변화는 반영하지 않는다.

간장(ganjang)	된장(doenjang)	비빔밥(bibimbap)
감자탕(gamja-tang)	된장국(doenjang-guk)	빈대떡(bindae-tteok)
고추장(gochu-jang)	떡국(tteok-guk)	삼겹살(samgyeopsal)
곰탕(gomtang)	만둣국(mandu-guk)	신선로(sinseollo)
구절판(gujeol-pan)	모둠회(modum-hoe)	식혜(sikhye)
김밥(gimbap)	보쌈(bossam)	육회(yukhoe)
김치(kimchi)	북엇국(bugeo-guk)	잡채(japchae)
김치찌개(kimchi-jjigae)	불고기(bulgogi)	칼국수(kal-guksu)
동치미(dongchimi)	불낙전골(bullak-jeongol)	한정식(han-jeongsik)

(9) 도로·관광 안내 용어 번역 통일안

자연 지명이나 문화재명의 경우, 우리말 명칭 전체를 로마자로 표기한 후 대상의 속성을 번역한 것을 덧붙이기로 한다. 인공 지명의 경우, 명칭의 전부(前部)만 로마자로 표기한 후 대상의 속성을 번역하여 붙인다.

광장시장(Gwangjang Market)	창덕궁(Changdeokgung Palace)	한강공원(Hangang Park)
남산(Namsan Mountain)	한강(Hangang River)	

05 외래어 / 로마자 표기법

기출 응용문제

01

외래어 표기가 올바른 것은?

① 앙케이트
② 리더쉽
③ 알러지
④ 나르시시즘
⑤ 심포지움

02

외래어 표기가 올바른 것은?

① 쿠데타
② 에어콘
③ 다이나믹
④ 클라이막스
⑤ 밀크쉐이크

03

외래어 표기가 올바른 것은?

① 바하
② 뉴튼
③ 콜럼부스
④ 모짜르트
⑤ 셰익스피어

정답 풀이 & 오답 해설

01

| 오답 해설 |
① 앙케트가 올바른 표기이다.
② 리더십이 올바른 표기이다.
③ 알레르기가 올바른 표기이다.
⑤ 심포지엄이 올바른 표기이다.

02

| 오답 해설 |
② 에어컨이 올바른 표기이다.
③ 다이내믹이 올바른 표기이다.
④ 클라이맥스가 올바른 표기이다.
⑤ 밀크셰이크가 올바른 표기이다.

03

| 오답 해설 |
① 바흐가 올바른 표기이다.
② 뉴턴이 올바른 표기이다.
③ 콜럼버스가 올바른 표기이다.
④ 모차르트가 올바른 표기이다.

정답 01 ④ 02 ① 03 ⑤

04

외래어 표기가 올바른 것은?

① 네덜랜드   ② 베네주엘라
③ 싱가폴   ④ 에디오피아
⑤ 포르투갈

06

로마자 표기가 잘못된 것은?

① 울릉(Ulreung)
② 여의도(Yeouido)
③ 청와대(Cheongwadae)
④ 종로 2가(Jongno 2-ga)
⑤ 충청북도(Chungcheongbuk-do)

05

로마자 표기가 잘못된 것은?

① 안압지(Anapjji)
② 을밀대(Eulmildae)
③ 낙화암(Nakhwaam)
④ 부벽루(Bubyeongnu)
⑤ 곡성읍(Gokseong-eup)

07

로마자 표기가 잘못된 것은?

① 신라(Silla)
② 울산(Ulsan)
③ 집현전(Jipyeonjeon)
④ 석빙고(Seokbinggo)
⑤ 독립문(Dongnimmun)

08

로마자 표기가 <u>잘못된</u> 것은?

① 초지진(Chojijin)
② 오륙도(Oryukdo)
③ 대한문(Daehanmun)
④ 숙정문(Sukjeongmun)
⑤ 흥례문(Heungryemun)

09

외래어 표기가 <u>잘못된</u> 것은?

① 도쿄(東京)
② 상하이(上海)
③ 푸켓(Phuket)
④ 뮌헨(München)
⑤ 버밍엄(Birmingham)

정답 풀이 & 오답 해설

04
| 오답 해설 |
① 네덜란드가 올바른 표기이다.
② 베네수엘라가 올바른 표기이다.
③ 싱가포르가 올바른 표기이다.
④ 에티오피아가 올바른 표기이다.

05
| 정답 풀이 | ① 국어의 음운 변동은 로마자 표기에 반영하는 것이 원칙이나 된소리되기는 반영하지 않는다. 따라서 '안압지'는 'Anapji'로 표기해야 한다.

06
| 정답 풀이 | ① 'ㄹ'은 모음 앞에서는 'r'로, 자음 앞이나 어말에서는 'l'로 적는 것이 원칙이나 'ㄹㄹ'은 'll'로 적는다. 따라서 'Ulleung'으로 적어야 한다.

07
| 정답 풀이 | ③ 체언에서 'ㄱ, ㄷ, ㅂ' 뒤에 'ㅎ'이 따를 때에는 'ㅎ'을 밝혀 적어야 한다. 따라서 '집현전'은 'Jiphyeonjeon'으로 표기해야 한다.

08
| 정답 풀이 | ⑤ '흥례문'은 'Heungnyemun'이라고 표기해야 한다.

09
| 정답 풀이 | ③ 'Phuket'은 '푸껫'으로 적는다.

| 정답 | 04 ⑤ 05 ① 06 ① 07 ③ 08 ⑤ 09 ③ |

06 올바른 문장 사용 능력

대표 기출유형

기출유형 1 | 문장의 중의성

유형 풀이 ▶ 문장이 2가지 이상의 의미로 해석될 수 있는 중의성을 해소하는 능력이 있는지를 평가하는 문항이다.

정답 풀이 ▶ ① 고친 문장 역시 '남편이 소유한 사진'인지 '남편을 찍은 사진'인지 아니면 '그것'이 아니라 '이것'이 남편의 사진이라는 것인지가 명확하게 드러나지 않는다.

정답 ▶ ①

• 표현의 중의성을 해소한 것으로 적절하지 않은 것은?

① 그것은 남편 사진이 아니다. → 그것은 남편의 사진이 아니다.
② 귀여운 그의 강아지가 보고 싶다. → 귀여운, 그의 강아지가 보고 싶다.
③ 오기로 한 그들이 다 오지 않았다. → 오기로 한 그들이 다는 오지 않았다.
④ 간식으로 사과와 귤 두 개를 싸 왔다. → 간식으로 사과 한 개와 귤 한 개를 싸 왔다.
⑤ 현채는 울면서 뛰어오는 재은이를 쳐다봤다. → 울면서 뛰어오는 재은이를 현채가 쳐다봤다.

기출유형 2 | 의미상 중복 표현

유형 풀이 ▶ 문장 안에서 같은 의미의 서로 다른 표현이 중복되어 나타나는 비문을 판별하고 고칠 수 있는지를 평가하는 문항이다.

오답 해설 ▶
① '접근'에 이미 '가깝다'라는 의미가 들어 있으므로 중복 표현이다.
② '회고'는 '지나간 일을 돌이켜 생각함.'이라는 뜻이므로 '돌이켜 회고하다.'라는 표현은 중복된 표현이다.
④ '약술'은 '간략하게 논술함.'이라는 의미이므로 중복 표현이다.
⑤ '상의'는 '서로 의논함.'이라는 뜻이므로 '서로 상의하다.'는 중복 표현이다.

정답 ▶ ③

• 중복 표현이 없는 올바른 문장은?

① 가까이 접근하여 자세히 보았다.
② 돌이켜 회고해 보니 인생이 참 짧다.
③ 이번 사고로 회사는 큰 손해를 보았다.
④ 내 생각은 앞에서 짧게 약술한 바와 같다.
⑤ 부부끼리 서로 상의하는 모습이 보기 좋다.

기출유형 3 | 그 외 문장의 오류

유형 풀이 ▶ 문장 성분 간의 호응, 불필요한 문장 성분의 생략, 번역 투, 이중 피동, 관형화·명사화의 남용 등 다양한 문장의 오류를 파악하고 고칠 수 있는지를 평가하는 문항이다.

오답 해설 ▶
① 부사어 '비단'과 서술어의 호응이 어색하다.
② 번역 투 문장으로 자연스럽지 않다.
③ '생각되어지다'는 이중 피동으로 '생각되다'라는 파생적 피동사에 '-어지다'라는 통사적 피동의 요소가 동시에 결합됐다.
④ 목적어와 서술어의 호응이 적절하지 않다.

정답 ▶ ⑤

• 문장 표현이 가장 자연스러운 것은?

① 제시간에 도착한 것은 비단 나뿐이었다.
② 불조심을 하는 것은 아무리 강조해도 지나치지 않다.
③ 악어들이 이곳을 통과했을 것이라고 생각되어집니다.
④ 그녀는 SF 영화나 연애 소설을 읽으면서 시간을 보냈다.
⑤ 목요일 한때 비가 오면서 기온이 낮아질 것으로 예상된다.

06 올바른 문장 사용 능력

기출 핵심개념

1 문장의 중의성

1 개념
하나의 문장이 둘 이상의 의미로 해석되는 것을 문장의 중의성이라고 한다.

2 유형

(1) 수식의 범위에 따른 중의성

- 예쁜 모자의 장식물이 돋보였다.

▶ '예쁜 모자'인지 '예쁜 장식물'인지 불분명함. 수식의 모호함 때문에 중의성이 생김.
  [해소 방안]
  ① 쉼표 사용: 예쁜, 모자의 장식물이 돋보였다. → 장식물이 예쁜 경우
  ② 단어의 위치 이동: 모자의 예쁜 장식물이 돋보였다. → 장식물이 예쁜 경우

(2) 주어와 목적어의 범위에 따른 중의성

- 광수는 하하와 재석이를 때렸다.

▶ '광수와 하하가 재석이를 때렸다.'와 '광수가, 하하와 재석이를 때렸다.'의 두 가지 의미를 지님.
  [해소 방안]
  쉼표 사용: 광수는, 하하와 재석이를 때렸다. → 광수가 하하와 재석이를 때림.
  　　　　　 광수는 하하와, 재석이를 때렸다. → 광수와 하하가 재석이를 때림.

(3) 부정의 범위에 따른 중의성

- 학생들이 소풍을 다 가지 않았다.

▶ '소풍을 아무도 가지 않았다.'와 '소풍을 가지 않은 학생이 일부 있다.'의 두 가지 의미를 지님.
  [해소 방안]
  (소풍을 가지 않은 학생을 일부로 한정 지을 경우)
  ① 특정 어휘 사용: 학생들 중 일부는 소풍을 가지 않았다.
  ② 조사 사용: 학생들이 소풍을 다는 가지 않았다.
  ※ 전체 부정은 '아무도, 누구도, 전혀' 등의 부사를 사용

(4) 다의어나 동음이의어에 따른 중의성

- 길이 없다.

▶ '길'이 '도로'인지 '방법이나 수단'인지 불명확함.
  [해소 방안]
  문맥을 통해서 해소: 차가 다닐 만한 길이 없다.

(5) 비교 대상이 불명확하여 생기는 중의성

- 그는 나보다 혜교를 좋아한다.

▶ '그'와 '나'가 '혜교'를 좋아하는 정도를 비교하는지, '그'가 '나'와 '혜교'를 좋아하는 정도를 비교하는지 불명확함.
  [해소 방안]
  ('나'와 '혜교'가 비교 대상인 경우로 한정 지을 경우)
  ① 그는 나를 좋아하는 것보다 더 혜교를 좋아한다.
  ② 그는 나와 혜교 중에서 혜교를 더 좋아한다.

(6) 동작의 진행과 완료에 따른 중의성

- 민호는 넥타이를 매고 있다.

▶ '착용'에 사용된 '-고 있다' 구문은 동작의 진행(넥타이를 매고 있는 중)과 완료된 상태의 두 가지 의미를 지님.
[해소 방안]
(동작의 진행으로 한정 지을 경우) 민호는 넥타이를 매는 중이다.
(완료로 한정 지을 경우) 민호는 넥타이를 맨 상태이다.

3 기출 문장

기출 문장의 대부분은 앞서 말한 중의문의 유형에 포함된다.

중의문	중의성을 해소한 문장
만득이와 곱단이는 결혼했다.	만득이는 곱단이와 결혼했다.
그는 아이들을 가르치고 있다.	그의 직업은 아이들을 가르치는 것이다.
아름다운 그녀의 작품을 보고 싶다.	아름다운, 그녀의 작품을 보고 싶다.
아직도 친구들이 모두 모이지 않았다.	아직도 친구들이 아무도 모이지 않았다.
초대받은 사람들이 다 오지 않았다.	초대받은 사람들이 다는 오지 않았다.
오늘은 내가 누나와 동생을 돌봤다.	오늘은 나와 누나가 동생을 돌봤다.
나는 어제 고향에서 온 후배를 만났다.	어제 나는 고향에서 온 후배를 만났다.
그녀는 나보다 영희를 더 좋아한다.	그녀는 내가 영희를 좋아하는 것보다 더 영희를 좋아한다.
그는 기쁜 마음으로 떠나는 그녀를 바라보았다.	그는 떠나는 그녀를 기쁜 마음으로 바라보았다.
그들은 차려 놓은 음식을 다 먹지 않았다.	그들은 차려 놓은 음식을 다는 먹지 않았다.
그녀는 어떠한 사람이든지 만나고 싶어 한다.	어떠한 사람이든지 그녀를 만나고 싶어 한다.
어려운 처지에 있던 할머니의 아들은 끝내 돌아오지 않았다.	어려운 처지에 있던, 할머니의 아들은 끝내 돌아오지 않았다.
친구가 사과와 배를 세 개 주었다.	친구가 사과 세 개, 배 세 개를 주었다.

2 의미상 중복 표현 빈출

중복 표현을 파악하는 문제 유형이다. 기출 중복 표현이 빈번하게 출제되고 있으니 익혀 두는 것이 좋다.

기출 중복 표현	참고
과반수를 넘는 표를 얻어야 ~	과반수: 절반이 넘는 수.
자리에 착석하다	착석: 자리에 앉음.
짧게 약술하다 / 간략히 약술하다	약술: 간략하게 논술함.
돌이켜 회고하다	회고: 지나간 일을 돌이켜 생각함.
성품이 좋은 호인	호인: 성품이 좋은 사람.
차가운 냉기	냉기: 찬 기운.
어려운 난관	난관: 일을 하여 나가면서 부딪치는 어려운 고비.
하얀 백발	백발: 하얗게 센 머리털.
가까이 접근하다	접근: 가까이 다가감.
외로이 고군분투	고군분투: 남의 도움을 받지 아니하고 힘에 벅찬 일을 잘해 나가는 것.
문제를 다시 재론하다	재론: 이미 논의한 것을 다시 논의함.
바다로 해수욕을 하러 가다	해수욕: 바닷물에서 헤엄을 치거나 즐기며 놂.
이미 예고된 일	예고: 미리 알림.

이사할 날짜를 분명히 명기했다	명기: 분명히 밝히어 적음.
꾸며 낸 조작극	조작극: 꾸며 내거나 지어서 만든 일을 비유적으로 이르는 말.
활짝 만개하다	만개: 꽃이 활짝 다 핌.
매주 일요일마다	마다: (주로 시간을 나타내는 말 뒤에 붙어) '앞말이 가리키는 시기에 한 번씩'의 뜻을 나타내는 보조사.
미리 예측하다 미리 예매하다 미리 예단하다	예측하다: 미리 헤아려 짐작하다. 예매하다: 물건을 받기 전에 미리 값을 치르고 사 두다. 예단: 미리 판단함.
근 1년 가까이	근: 그 수량에 거의 가까움을 나타내는 말.
여러 가지 다양한 대안들이 ~	여러: 수효가 한둘이 아니고 많은.
역전 앞	역전: 역의 앞쪽.
가사일을 돌볼 사람이~	가사: 살림살이에 관한 일. '사'와 '일'이 같은 의미.
먼저 선수를 치다	선수: 남이 하기 전에 앞질러 하는 행동.
오래된 숙원	숙원: 오래전부터 품어 온 염원이나 소망.
분명히 명시하다	명시: 분명하게 드러내 보임.
통곡하며 울었다	통곡: 소리를 높여 슬피 욺.
그와 그녀 사이에 다리를 놓으며 중매를 섰다	다리를 놓다: 일이 잘되게 하기 위하여 둘 또는 여럿을 연결하다.
선도하여 앞에서 이끌어 왔다	선도: 앞장서서 이끌거나 안내함. 예 교육 문화를 선도하다.
약 37%가량	약: '대강', '대략'의 뜻으로, 그 수량에 가까운 정도임을 나타내는 말. 가량: '정도'의 뜻을 더하는 접미사.
중환자실 역시 부상자들의 비명 소리와 신음으로 가득 차 있다	비명: 슬피 욺. 또는 그런 울음소리. '비명'에 '소리'의 의미가 포함.
서로 상의하다	상의: 어떤 일을 서로 의논함.
복병이 숨어 있다	복병: 적을 기습하기 위하여 적이 지날 만한 길목에 군사를 숨김.
널리 보급하다	보급: 널리 펴서 많은 사람들에게 골고루 미치게 하여 누리게 함.
푸른 창공을 난다	창공: 맑고 푸른 하늘.
남은 여생	여생: 앞으로 남은 인생.
나라를 사랑하는 애국정신	애국: 자기 나라를 사랑함.
최후의 마지막 수단	최후: 맨 마지막.
갑자기 돌변했다	돌변: 뜻밖에 갑자기 달라지거나 달라지게 함. 또는 그런 변화.
먼저 선취점을 얻어	선취점: 운동 경기 따위에서, 먼저 딴 점수.
긴 머리카락을 삭발하였다	삭발: 머리털을 손에 잡히지 않을 정도로 아주 짧게 깎음.
지나가는 행인이	행인: 길을 가는 사람.
책의 내용을 간추려 요약해 주었다	요약: 말이나 글의 요점을 잡아서 간추림.
공기를 환기시켜야 한다	환기: 탁한 공기를 맑은 공기로 바꿈.
원고를 투고했다	투고: 의뢰를 받지 아니한 사람이 신문이나 잡지 따위에 실어 달라고 원고를 써서 보냄.
그에 대한 기억이 뇌리 속에 남았다	뇌리: 사람의 의식이나 기억, 생각 따위가 들어 있는 영역. 참고 뇌(腦, 머리 뇌), 리(裏, 속 리)
이 계획을 대체할 대안이 없다	대체: 다른 것으로 대신함. 대안: 어떤 안(案)을 대신하는 안.
새로운 신곡을 발표했다	신곡: 새로 지은 곡.

3 문장의 다양한 오류 유형

1 문장 성분 간의 호응

(1) 주어/서술어 호응의 기출 용례

- 재개발이 가져오는 변화는 단순한 주거 환경의 변화에 그치지 않은 것이다.
  → 재개발이 가져오는 변화는 단순한 주거 환경의 변화에 그치지 않는다.
- 이러한 현상은 원치 않는 재개발로 오랫동안 살아온 곳을 떠나야 하는 원주민들의 삶을 고려하지 않기 때문이다.
  → 이러한 현상은 원치 않는 재개발로 오랫동안 살아온 곳을 떠나야 하는 원주민들의 삶을 고려하지 않았기 때문에 발생한 것이다.
- 실험 순서는 반드시 선생님의 지시를 따라서 실시한다.
  → 실험 순서는 반드시 선생님의 지시를 따라야 한다.

(2) 부사어/서술어 호응의 기출 용례

- 그 사람과는 도무지 말이 잘 통한다. ('도무지'는 부정과 호응) → 그 사람과는 도무지 말이 잘 통하지 않는다.
- 제시간에 도착한 것은 비단 나뿐이었다. ('비단'은 부정과 호응) → 제시간에 도착한 것은 비단 나뿐만이 아니었다.
- 모름지기 학생은 공부를 열심히 한다. ('모름지기'는 '~어야 한다'와 호응) → 모름지기 학생은 공부를 열심히 해야 한다.
  [참고] '여간, 결코' 등도 부정과 호응하는 부사
  '반드시'는 긍정과 호응하는 부사
- 용서를 빌어야 할 하등의 이유가 많다. ('하등'은 부정과 호응) → 용서를 빌어야 할 하등의 이유가 없다.
  [참고] '절대로'는 긍정, 부정 모두와 호응하는 부사
  예) 당신의 협조가 절대로 필요합니다.
  절대로 나쁜 일을 해서는 안 된다.

(3) 목적어/서술어 호응의 기출 용례

- 저희는 승객 여러분의 건강과 쾌적한 여행 환경을 조성하기 위하여 전 객실을 금연 구역으로 지정하였습니다.
  ('승객 여러분의 건강'과 호응을 이루는 서술어가 생략되어 자연스럽지 못함.)
  → 저희는 승객 여러분의 건강을 지키고, 쾌적한 여행 환경을 조성하기 위하여 전 객실을 금연 구역으로 지정하였습니다.

2 필요한 문장 성분의 생략

(1) 주어 생략의 기출 용례

- 아마존강 유역의 열대 우림에는 놀랄 만큼 많은 생물 종이 살고 있으며, 많은 양의 산소를 공급하고 있다.
  ('많은 양의 산소를 공급'하는 주어가 생략됨.)
  → 아마존강 유역의 열대 우림에는 놀랄 만큼 많은 생물 종이 살고 있으며, 그들은 많은 양의 산소를 공급하고 있다.
- 이 열차에는 안내원이 없으므로 유의하시기 바랍니다.
  (주어와 대상 모두 생략됨.)
  → 이 열차에는 안내원이 없으므로 승객께서는 안전에 유의하시기 바랍니다.

(2) 대상 생략의 기출 용례

- 다른 사람에게 자신만의 시각으로 비도덕적이라고 비난하는 것은 옳지 않다.
  (비도덕적이라고 비난하는 대상을 분명하게 표현해야 자연스러운 문장임.)
  → 다른 사람에게 자신만의 시각으로 이번 행동을 비도덕적이라고 비난하는 것은 옳지 않다.

(3) 서술어 생략의 기출 용례

- 사실 얼마 동안은 무엇을 할지도, 딱히 해야 할 일도 없었다.
  → 사실 얼마 동안은 무엇을 할지도 몰랐었고, 딱히 해야 할 일도 없었다.

3 외래어 번역 투의 표현

- 죽음이라는 의미를 가진다. → 죽음을 의미한다.
- 아무리 강조해도 지나치지 않다. → 매우 중요하다.
- 주의가 요구된다. → 주의해야 한다.
- 소문에 의하면 → 소문에 따르면
- 행사를 가질 예정이다. → 행사가 있을 예정이다.
- 아름다운 목소리를 가지고 있다. → 목소리가 아름답다.
- 상황에 빠질 가능성을 배제할 수 없다. → 상황에 빠질 수도 있다.
- 격추시킨 바 → 격추한 바(불필요한 사동 표현이자 번역 투 표현)
- 정부는 시민의 평화적 시위를 폭력에 의해 진압했다. → 정부는 시민의 평화적 시위를 폭력으로 진압했다.
- 범인은 용감한 시민에 의하여 붙잡혔다. → 범인은 용감한 시민에게 붙잡혔다.
- 범죄에 다름 아니다. → 범죄와 다름없다.
- 이 장면은 이 영화의 백미에 다름 아니다. → 이 장면은 이 영화의 백미이다.
- 부동산 가격 폭등은 우리를 불안하게 만든다. → 부동산 가격 폭등은 우리를 불안하게 한다.
- 나는 한 잔의 커피를 마시며 하루를 시작한다. → 나는 커피 한 잔을 마시며 하루를 시작한다.
- 자원의 효율적 관리를 통해 생산성을 높이자. → 자원을 효율적으로 관리해 생산성을 높이자.
- 중국은 아시아에서 가장 중요한 시장 중 하나이다. → 중국은 아시아에서 가장 중요한 시장이다.
- 이 식물에서 마약 성분이 검출되었다는 사실을 그의 논문이 말해 주고 있다. → 이 식물에서 마약 성분이 검출되었다는 사실을 그의 논문에서 알 수 있다.
- 총장님에 의한 저서를 줄을 그어 가며 탐독했다. → 총장님께서 지으신 책을 줄을 그어 가며 탐독했다.
- 작가가 이 소설을 통해 말하고자 한 것은 → 작가가 이 소설에서 말하고자 한 것은
- 직업 체험을 함에 있어 꼭 확인해야 할 사항들이 있다. → 직업 체험을 할 때 꼭 확인해야 할 사항들이 있다.
- 그 일을 완수하기 위해서는 더 많은 사람을 필요로 한다. → 그 일을 완수하기 위해서는 더 많은 사람이 필요하다.
- 정년퇴직 후 제2의 인생을 살기 위해 문화 해설사 일에 관심을 갖기 시작했다. → 정년퇴직 후 제2의 인생을 살기 위해 문화 해설사 일에 관심을 두기 시작했다.
- 귀농을 결정하고 나니 벌써부터 고향 안에서 자연을 누리는 행복한 상상에 빠져든다. → 귀농을 결정하고 나니 벌서부터 고향에서 자연을 누리는 행복한 상상에 빠져든다.
- 이 호텔은 수많은 편의 시설을 소유하고 있다. → 이 호텔에는 수많은 편의 시설이 있다.
- 그 사람과의 이별은 나를 힘들게 하였다. → 그 사람과 이별하여 나는 힘들었다.
- 공사로 인해 소음이 발생할 수 있습니다. → 공사 때문에 소음이 발생할 수 있습니다.
- 저의 경우에는 한식을 더 좋아합니다. → 저는 한식을 더 좋아합니다.
- 우리의 목표는 기한 내 업무 완수에 있다. 우리의 목표는 기한 내 업무 완수이다.
- 선각자에 다름 아니다. → 선각자라 할 만하다.
- 어머니로부터 소식을 들은 다음 → 어머니에게서 소식을 들은 다음
- 많은 양의 물을 주십시오. → 물을 많이 주십시오.
- 조사를 행한 끝에 → 조사를 한 끝에
- 경기를 갖는다. → 경기를 한다.
- 인생에 있어 정해진 정답은 없다. → 인생에서 정해진 정답은 없다.
- 인간에게 있어서 가장 중요한 것은 사랑이다. → 인간에게 가장 중요한 것은 사랑이다.
- 이 지역에 위치한 해변은 → 이 지역에 있는 해변은

4 불필요한 피동

① '-되어지다, 불리우다'와 같은 이중 피동이나 불필요한 피동형은 되도록 능동형으로 고치는 것이 좋다.
② 기출 용례

> • 세상에는 수많은 새로운 일들이 발생되고 있다. → 세상에는 수많은 새로운 일들이 발생한다.
> • 그 방법으로는 해결이 불가능하다고 생각되어진다. → 그 방법으로는 해결이 불가능하다고 생각한다.

5 관형화의 남용

① 관형화 구성: 관형사형 어미 '-(으)ㄴ/-(으)ㄹ/-는' 이나 관형격 조사 '의'를 이용한 구성이다. 꾸미는 말을 중첩하여 쓰면 비문법적인 문장이 될 확률이 높다.
② 기출 용례

> • 국민들은 저출산 문제의 해결책이 출산 장려금 지급에 달려 있다고 생각하지 않는다.
>   → 국민들은 출산 장려금을 지급하는 것만이 저출산 문제를 해결할 수 있다고 생각하지 않는다.

6 명사화의 남용

① 명사화 구성: 명사화 구성을 남용하는 것보다는 동사나 형용사로 풀어서 설명하는 것이 자연스럽다.
② 기출 용례

> • 응시 원서의 기재 잘못으로 인한 불이익은 응시자의 감수입니다.
>   → 응시 원서를 잘못 기재하여 발생한 불이익은 응시자가 감수해야 합니다.

이 외에도 접속 부사의 사용, 조사의 사용, 시제 호응 등 다양한 문법 요소가 함께 출제되고 있다. 다만 앞에서 제시한 6가지 유형의 오류는 매번 출제되고 있으니 반드시 익혀 두어야 한다.

참고 조사 사용의 기출 용례
우리 정부는 그것을 일본 정부에게 강력히 항의하였다. → 우리 정부는 그것을 일본 정부에 강력히 항의하였다.
▶ '에게'는 사람이나 동물 따위를 나타내는 체언 뒤에서만 사용하므로, 이 문장에서는 '에'를 사용하는 것이 적절함.
바닷속에 저 고래가 우리에게 주는 위안은 ~ → 바닷속의 저 고래가 우리에게 주는 위안은 ~
▶ '에'는 앞말이 처소의 부사어임을 나타내는 격 조사이므로 '바닷속에 있는 저 고래가' 혹은 '바닷속의 저 고래가'로 쓰는 것이 적절하다.

06 올바른 문장 사용 능력

기출 응용문제

01

문장의 중의성을 해소한 것으로 적절하지 <u>않은</u> 것은?

① 그는 모자를 쓰고 있다. → 그는 모자를 쓰는 중이다.
② 회원들이 모임에 다 안 왔다. → 회원들이 모임에 다 오지 않았다.
③ 용감한 그의 아버지가 도둑을 잡았다. → 그의 용감한 아버지가 도둑을 잡았다.
④ 오늘은 큰형이 누나와 동생을 돌보았다. → 오늘은 큰형과 누나가 동생을 돌보았다.
⑤ 현채는 영희보다 나를 더 좋아한다. → 현채는 영희가 나를 좋아하는 것보다 더 나를 좋아한다.

02

문장의 의미가 두 가지 이상으로 해석되지 <u>않는</u> 것은?

① 그는 시험의 답을 몇 개 쓰지 못했다.
② 회의에 사람들이 한 명도 오지 않았다.
③ 나영이와 원빈은 어제 결혼식을 올렸다.
④ 지혜는 누구나 다 사랑할 수 있는 사람이다.
⑤ 그는 기쁜 마음으로 떠나는 그녀를 바라보았다.

03

의미상 중복 표현이 <u>없는</u> 문장은?

① 그는 요구 조건을 분명히 명시했다.
② 결혼하는 것은 그녀의 오래된 숙원이다.
③ 할아버지는 판문점에서 통곡하며 울었다.
④ 학업을 포기한 사례는 주위에 허다하게 있다.
⑤ 그와 그녀 사이에 다리를 놓으며 중매를 섰다.

정답 풀이 & 오답 해설

01

| 정답 풀이 | ② 고친 문장 역시 중의적으로 해석된다. 중의성을 해소하려면 '회원들이 모임에 다는 오지 않았다.'와 같이 표현해야 한다.

| 오답 해설 |
① '-고 있다'는 완료와 진행의 의미 둘 다로 해석된다. 고친 문장은 진행의 의미로만 해석된다.
③ '용감한' 것이 '그'인지 '아버지'인지 명확하지 않았던 문장이 수식어의 위치를 바꾸면서 중의성이 해소되었다.
④ 조사 '와'로 인해 동생을 돌본 주체가 '큰형'인지, '큰형과 누나'인지 불분명하던 문장이 그 주체가 '큰형과 누나'로 한정되었다.
⑤ '현채'와 '영희'가 '나'를 좋아하는 정도를 비교하는지, '영희'와 '나'를 비교하는지 불명확하다. 고친 문장은 '현채'와 '영희'가 '나'를 좋아하는 정도를 비교하는 문장으로만 해석된다.

02

| 오답 해설 |
① '그가 시험의 답을 거의 다 작성했으나, 몇 문제의 답만 쓰지 못했다.'라는 의미와 '시험의 답을 작성한 것이 몇 개 되지 않는다.'의 의미로 해석된다.
③ '나영이와 원빈이 서로의 배우자가 되는 결혼'과 '나영이와 원빈이 서로 다른 배우자와 결혼하는 것' 두 가지의 의미로 해석된다.
④ '지혜는 사람을 가리지 않고 누구든지 사랑하는 사람이다.'와 '누구나가 지혜를 사랑할 수 있다.'라는 의미로 해석된다.
⑤ '기쁜 마음'의 주체가 '그'인지 '그녀'인지 불분명하다.

03

| 오답 해설 |
① '명시'는 '분명히'라는 의미를 포함하고 있다.
② '숙원'은 '오래전부터 품어 온 염원이나 소망.'이라는 뜻이므로, '오래된 숙원'은 중복 표현이다.
③ '통곡'은 '소리를 높여 슬피 욺.'이라는 뜻이므로 '통곡하며 울었다.'는 중복 표현이다.
⑤ '다리를 놓다.'와 '중매를 서다.'는 비슷한 의미이므로 중복 표현이다.

정답 01 ② 02 ② 03 ④

04

의미상 중복 표현이 <u>없는</u> 올바른 문장은?

① 문제를 다시 재론해 봐도 소용이 없다.
② 그들은 국악을 널리 보급하는 데 힘썼다.
③ 언어는 의사소통을 위한 기호의 체계이다.
④ 그녀는 어려운 난관에 부딪혀 울고 말았다.
⑤ 가까운 측근에게 배신당한 그녀는 치를 떨었다.

05

〈보기〉의 문장 중 가장 자연스러운 것은?

―― 보기 ――
① 정보화 시대를 맞이하여 한글이 주목을 받고 있다. ② 그리고 아직 정보화 시대의 최적 문자라고 할 수는 없지만 일본어의 가나 문자나 중국어의 한자에 비한다면 한글은 아시아권에서는 최강이라고 할 수 있다. ③ 일본어의 가나 문자는 40개의 문자로 200여 개의 음절을 만들어 낼 수 있고 중국어의 한자는 5만 자 이상의 문자를 가지고 있으면서도 표기할 수 있는 음절은 제한하고 있다. ④ 그리고 중국 한자와 일본 가나의 경우 알파벳으로 발음을 입력한 뒤 변환해야 한다. ⑤ 컴퓨터 자판에 표시된 문자가 입력 즉시 기록되는 한글은 한자나 일본 가나에 비해 7배 이상의 경제적 효과가 있다고 믿기지고 있다.

06

문장 표현이 가장 자연스러운 것은?

① 장마철을 맞아 주의가 요구된다.
② 사장님은 경주에 자동차를 타고 떠났다.
③ 실험 순서는 반드시 선생님의 지시를 따라서 실시한다.
④ 아무리 춥더라도 언젠가는 날씨가 따뜻해지기 마련이다.
⑤ 주변에 잘 아는 사람을 다른 사람에게 소개할 때는 신중해야 한다.

07

밑줄 친 번역 투의 표현을 <u>잘못</u> 고친 것은?

① 추석에 가족끼리 <u>모임을 가졌다</u>. → 모였다.
② 범인은 용감한 <u>시민에 의하여</u> 붙잡혔다. → 시민에게
③ 그분은 <u>참스승에 다름 아니다</u>. → 참스승이라 할 만하다.
④ 소수의 <u>필요에 의해서</u> 소량 생산되었다. → 필요에 따라
⑤ 임산부는 약물 복용에 <u>주의가 요구된다</u>. → 주의가 필요하다.

08

밑줄 친 번역 투의 표현을 잘못 고친 것은?

① 각종 공해에 의한 환경 오염이 심각하다. → 공해로
② 일본은 아시아에서 가장 중요한 시장 중 하나이다. → 가장 중요한 시장이다.
③ 그가 이 소설을 통해 말하고자 한 것은 바로 인류애의 소중함이다. → 소설에서
④ 형은 아침마다 한 잔의 커피를 마시며 말끔하게 하루를 시작한다. → 커피 한 잔을
⑤ 한국 경제가 침체되었다는 사실을 그의 논문이 말해 주고 있다. → 그의 논문이 보여 준다.

정답 풀이 & 오답 해설

04
| 오답 해설 |
① '재론'은 '다시 의논함.'이라는 뜻이므로 '다시 재론'은 중복된 표현이다.
② '보급'은 '널리 펴서 많은 사람들에게 골고루 미치게 하여 누리게 함.'이라는 뜻으로 '널리'와 중복된다.
④ '난관'은 '어려운 고비.'라는 뜻이므로 '어려운 난관'은 중복 표현이다.
⑤ '측근'이라는 말에는 이미 '가까운 사람'이라는 뜻이 내포되어 있으므로 '가까운 측근'은 중복 표현이다.

05
| 오답 해설 |
② 앞뒤 문장의 연결 관계를 고려했을 때 '그리고'를 '물론' 정도의 부사로 바꾸는 것이 적합하다.
③ '중국어의 한자는 ~ 제한하고 있다.'의 주어와 서술어의 호응이 맞지 않다. '제한되어 있다'가 적절하다.
④ 필요한 문장 성분이 생략되었다. '발음을 입력한 뒤 해당 문자로 변환해야 한다.' 정도로 바꾸는 것이 좋다.
⑤ 이중 피동이 사용되었다. '믿기다'라는 피동사(믿다+파생 접미사 '-기-')에 '-어지다'라는 피동 접미사가 동시에 결합되어 있다.

06
| 오답 해설 |
① '주의가 요구된다'는 번역 투 문장이다. '주의해야 한다.' 정도로 바꾸는 것이 좋다.
② '경주에'가 아니라 '경주로'로 조사를 바꿔 써야 한다. '경주'가 움직임의 방향을 나타내므로 격 조사 '(으)로'를 쓰는 것이 적절하다.
③ 주어와 서술어가 호응이 되지 않는 문장이다. '실험 순서는 반드시 선생님의 지시를 따라야 한다.'로 고치는 것이 적절하다.
⑤ 필요한 성분이 빠져 있다. '내 주변에 (있는) 내가 잘 아는 사람을 다른 사람에게 소개할 때는 신중해야 한다.' 정도로 고치는 것이 좋다.

07
| 정답 풀이 | ⑤ '주의가 요구된다, 주의가 필요하다.'는 영어의 동사를 그대로 번역하면서 생긴 번역 투 표현이다. '주의해야 한다.'로 고치는 것이 자연스럽다.

08
| 정답 풀이 | ⑤ '그의 논문이 말해 주고 있다.'는 'his paper says~'의 번역 투 표현이며, '그의 논문이 보여 준다.'는 'his paper shows~'의 번역 투 표현이다. '그의 논문에서 알 수 있다.' 정도로 고치는 것이 적절하다.

정답 04 ③ 05 ① 06 ④ 07 ⑤ 08 ⑤

07 문법 요소의 이해

대표 기출유형

기출유형 1 — 음운 – 음운의 변동

유형 풀이▶ 음운과 관련된 문항은 주로 표준 발음법 규정을 〈보기〉로 제시한 후 그것에 해당하는 단어를 찾는 형태로 출제된다.

정답 풀이▶ 〈보기〉에서 설명하는 음운 변동 현상은 '축약'이다. ③의 '법학[버팍]'은 자음 축약에 해당한다.

정답▶ ③

• 단어를 발음할 때, 〈보기〉에서 설명하는 음운 변동 현상이 일어나는 것은?

┤ 보기 ├
두 소리가 이어질 때 두 소리의 성질을 모두 가진 소리로 줄어드는 현상

① 맏이　　　② 겪다　　　③ 법학
④ 좋은　　　⑤ 곡물

기출유형 2 — 단어 – 조사 / 어미 / 용언의 활용 / 합성어와 파생어

유형 풀이▶ 단어 및 품사와 관련된 문제는 주로 문장 속에서 기능이나 의미가 같은 것을 찾는 형태로 출제된다. 단어 자체의 문법적 특징과 의미를 정확하게 알아 두는 것이 좋다.

정답 풀이▶ ③ '뻐꾹새'는 '뻐꾹(부사)+새(체언)'로 일반적인 우리말의 통사 구조와 일치하지 않는 비통사적 합성어이다.

정답▶ ③

• 〈보기〉의 설명에 따를 때, 밑줄 친 부분에 해당하는 예로 가장 적절한 것은?

┤ 보기 ├
우리말의 합성어는 형성 방식이 국어의 정상적인 단어 배열법에 일치하는 통사적 합성어와 그렇지 않은 비통사적 합성어로 나눌 수 있다.

① 논밭　　　② 작은집　　　③ 뻐꾹새
④ 본받다　　⑤ 앞서다

기출유형 3 — 문장 – 높임 표현 / 피동·사동 표현 / 문장 성분 / 문장의 짜임

유형 풀이▶ 문장의 종결 표현과 높임 표현, 피동 표현과 사동 표현, 문장 성분과 문장의 짜임 등 문장 차원에서의 문법 요소의 기능과 의미를 묻는 문항이다.

정답 풀이▶ ④ '줌세'는 상대 높임법 중 예사 낮춤을 나타내는 '하게체'이다. 다른 선지는 모두 '하오체'가 쓰였다.

정답▶ ④

• 밑줄 친 표현 중 높임의 수준이 <u>다른</u> 것은?

① 거기에는 내가 <u>가겠소</u>.
② 그대가 오니까 참 <u>좋구려</u>.
③ 내일 물건을 찾으러 <u>갑시다</u>.
④ 다녀오는 길에 내가 갖다 <u>줌세</u>.
⑤ 내겐 그대가 무사한 것이 <u>중요하오</u>.

07 문법 요소의 이해

기출 핵심개념

지금까지는 어법 영역에서 주로 출제되었으나 최근에는 음운론, 형태론, 통사론으로 구분하여 국어문화 영역에서도 출제되고 있다.

1 음운의 변동

한 형태소가 다른 형태소와 결합할 때 그 환경에 따라 음운이 바뀌는 현상을 '음운의 변동'이라고 한다. 이러한 음운의 변동은 발음을 편하게 하기 위해 나타나는 현상이다. 음운 변동 현상은 교체, 첨가, 축약, 탈락으로 나뉜다. 음운의 변동은 표준 발음법과도 밀접한 관련이 있으니 숙지하도록 하자.

1 교체(대치): 한 음운이 다른 음운으로 바뀌는 현상

(1) 음절의 끝소리 규칙
① 음절의 끝소리로 발음될 수 있는 자음은 'ㄱ, ㄴ, ㄷ, ㄹ, ㅁ, ㅂ, ㅇ'이며, 이 7개 자음 이외의 자음이 음절 끝에 오면 7자음 중 하나로 바뀌는 현상.
예 밖[박] / 밖도[박또] / 옷[옫]
② 자음을 가진 형태소가 모음으로 시작되는 형식 형태소(조사, 어미, 접미사)와 만나면, 그 끝 자음은 다음 음절의 첫소리로 발음한다.
예 옷이[오시] / 옷을[오슬]
③ 단, 실질 형태소가 뒤에 올 경우에는 대표음으로 바뀐 뒤 연음된다.
예 옷 안[온안 → 오단] / 옷 아래[온아래 → 오다래]

(2) 비음화
'ㄱ, ㄷ, ㅂ'이 비음(ㄴ, ㅁ, ㅇ) 앞에서 비음으로 바뀌는 현상.
예 곡물[공물] / 걷는다[건는다] / 밥물[밤물]

(3) 된소리되기(경음화) [최신]
예사소리(ㄱ, ㄷ, ㅂ, ㅅ, ㅈ)가 된소리로 바뀌는 현상.
예 닫다[닫따] / 잡고[잡꼬] / 길가[길까] / 문고리[문꼬리]

(4) 구개음화
① 끝소리가 'ㄷ, ㅌ'인 형태소가 모음 'ㅣ'나 반모음 'ㅣ'로 시작되는 형식 형태소와 만나 구개음 'ㅈ, ㅊ'이 되는 현상.
예 굳이[구지] / 같이[가치]
② 'ㄷ' 뒤에 형식 형태소 '히'가 올 경우에는 축약 이후 구개음화된다.
예 닫히다[다티다 → 다치다]

(5) 유음화
① 일정한 음운론적 환경에서 'ㄴ'이 유음 'ㄹ'의 영향을 받아 유음 'ㄹ'로 동화되는 음운 현상을 말한다.
예 설날[설랄] / 권력[궐력] / 광한루[광:할루] / 대관령[대:괄령] / 물난리[물랄리] / 실내화[실래화] / 달나라[달라라]
② 단, 'ㄴ'으로 끝나고 독립성이 있는 2음절의 한자어에 'ㄹ'로 시작된 1음절의 한자가 결합되는 단어들은 뒤의 'ㄹ'이 'ㄴ'의 영향을 받아 'ㄴ'으로 발음된다.
예 임진란[임:진난] / 생산량[생산냥] / 공권력[공꿘녁] / 상견례[상견녜]

2 첨가: 없던 음운이 새로 생기는 현상

(1) 'ㄴ' 첨가: 앞 음절이 자음으로 끝나고, 뒤 음절이 모음 'ㅣ'나 반모음 'ㅣ'로 시작할 때 'ㄴ'이 첨가되는 현상.
예 맨+입 → [맨닙] / 눈+약 → [눈냑]

(2) 사잇소리 현상: 합성어가 만들어질 때, 뒷말 첫소리가 된소리로 변하거나 앞말과 뒷말 사이에 소리가 덧나는 현상.
예 나무+가지 → [나무까지/나묻까지] / 뒤+일 → [뒨:닐]

3 축약: 두 개의 음운이 하나로 합쳐지는 현상

(1) **거센소리되기(자음 축약)**: 'ㄱ, ㄷ, ㅂ, ㅈ'이 'ㅎ'과 만나 거센소리인 'ㅋ, ㅌ, ㅍ, ㅊ'이 되는 현상.
예 낳고[나코] / 많다[만:타]

(2) **모음 축약**: 모음 'ㅣ'나 'ㅗ/ㅜ'가 다른 모음과 결합하여 이중 모음을 이루는 것.
예 그리 + 어 → [그려] / 맞추 + 어 → [맞춰]

4 탈락: 원래 있던 한 음운이 없어지는 현상

(1) **자음군 단순화**: 음절의 끝에 두 개의 자음이 올 때, 이 중에서 한 자음이 탈락하는 현상.(음절의 끝소리 규칙과 혼동되기 쉬우나, 자음군 단순화는 음절의 끝에 겹받침이 오는 경우를 말한다.)
예 넋[넉] / 없다[업:따] / 밟고[밥:꼬]

(2) **'ㅎ' 탈락**: 주로 모음과 모음 사이에서 혹은 비음, 유음과 모음 사이에서 'ㅎ'이 탈락하는 현상.
예 좋은 → [조:은] / 많아서 → [마:나서]

(3) **'ㅡ' 탈락**: 'ㅡ'가 다른 모음 앞에서 탈락하는 현상. 일반적으로 어간 끝의 모음 'ㅡ'가 '-아서/-어서'처럼 모음으로 시작하는 어미와 결합할 때 나타난다.
예 크 + 어서 → [커서] / 쓰 + 어라 → [써라]

> **학습 TIP**
>
> - **모음 조화**
>   국어의 중요한 특징 중 하나인 모음 조화는 양성 모음(대표적으로 'ㅏ, ㅗ')은 양성 모음끼리, 음성 모음(대표적으로 'ㅓ, ㅜ')은 음성 모음끼리 모이려는 현상을 말합니다. 보통 음성 상징어(의성어, 의태어)나 용언 어간과 어미 사이에서 나타납니다.
>   예 졸졸 / 줄줄 / 깎아 / 꺾어
> - **모음 조화가 지켜지지 않는 경우**
>   깡총깡총(×), 깡충깡충(○)
>   아름답- + -아 → 아름다워

2 조사

1 조사의 분류

	정의	앞에 오는 체언이 문장 안에서 갖는 일정한 자격을 나타내 주는 조사.
격 조사	종류	• 주격 조사: 이, 가, 께서, 에서 • 관형격 조사: 의 • 목적격 조사: 을, 를 • 보격 조사: 이, 가 • 부사격 조사: 에게, 에, (으)로 • 호격 조사: 아, 야 • 서술격 조사: 이다
접속 조사	정의	두 단어를 같은 자격으로 이어 주는 구실을 하는 조사.
	종류	와/과, 랑, 하고 등
보조사	정의	격 조사가 올 자리에 놓이거나 격 조사와 결합되어 특별한 뜻을 더해 주는 조사.
	종류	• 대조: 은, 는 • 강조, 허용: 도 • 단독: 만, 뿐 • 극단: 까지, 마저, 조차 • 시작: 부터 • 균일: 마다

에

「1」 앞말이 처소의 부사어임을 나타내는 격 조사.
예 옷에 먼지가 묻다. / 언덕 위에 집을 짓다. / 나는 시골에 산다. / 부모님은 집에 계신다.

「2」 앞말이 시간의 부사어임을 나타내는 격 조사.
예 나는 아침에 운동을 한다. / 우리, 오후에 만나자. / 그 시간에 뭐 할 거니?

「3」 앞말이 진행 방향의 부사어임을 나타내는 격 조사.
예 학교에 가다. / 동생은 방금 집에 갔다. / 지금 산에 간다.

「4」 앞말이 원인의 부사어임을 나타내는 격 조사.
예 바람에 꽃이 지다. / 그는 요란한 소리에 잠을 깼다. / 그까짓 일에 너무 마음 상하지 마라.

「5」 앞말이 어떤 움직임을 일으키게 하는 대상의 부사어임을 나타내는 격 조사.
예 나는 그의 의견에 찬성한다. / 그의 거짓말에 속지 마시오.

「6」 앞말이 어떤 움직임이나 작용이 미치는 대상의 부사어임을 나타내는 격 조사.
예 나는 화분에 물을 주었다. / 그는 자기 일에 열의가 대단하다. / 나는 생각에 잠겼다.

「7」 앞말이 목표나 목적의 대상이 되는 부사어임을 나타내는 격 조사.
예 몸에 좋은 보약 / 이 약은 감기에 잘 듣는다. / 이걸 어디에 쓸 것인가?

「8」 앞말이 수단, 방법 따위가 되는 부사어임을 나타내는 격 조사.
예 우리는 햇볕에 옷을 말렸다. / 예전에는 등잔불에 글을 읽었다.

「9」 앞말이 조건, 환경, 상태 따위의 부사어임을 나타내는 격 조사.
예 이 무더위에 어떻게 지냈니? / 모든 것은 생각하기에 달려 있다. / 기쁨에 넘치는 나날이었다.

「10」 앞말이 기준이 되는 대상이나 단위의 부사어임을 나타내는 격 조사.
예 그것은 예의에 어긋나는 행동이다. / 시대에 뒤떨어지는 생각은 하지 마라. / 나는 하루에 두 번씩 세수를 한다. / 쌀 한 말에 얼마지요? / 두 사람에 하나씩 나눠 가져라.

「11」 앞말이 비교의 대상이 되는 부사어임을 나타내는 격 조사.
예 그 아버지에 그 아들.

「12」 앞말이 맡아보는 자리나 노릇의 부사어임을 나타내는 격 조사.
예 반장에 그가 뽑혔다. / 춘향에 성희, 이 도령에 춘수였다.

「13」 앞말이 제한된 범위의 부사어임을 나타내는 격 조사.
예 포유류에 무엇이 있지? / 이곳에서 생산되는 것에 좋은 것이 있다고 들었소.

「14」 ['관하여(관한)', '대하여(대한)', '의하여(의한)', '있어서' 따위와 함께 쓰여] 앞말이 지정하여 말하고자 하는 대상의 부사어임을 나타내는 격 조사.
예 이 문제에 관한 보고서를 작성해 오시오. / 이 점이 시장을 선출하는 데에 있어서 가장 중시되어야 할 사항이다.

「15」 앞말이 무엇이 더하여지는 뜻의 부사어임을 나타내는 격 조사.
예 국에 밥을 말아 먹다. / 커피에 설탕을 타다 / 3에 4를 더하다.

의

「1」 앞 체언이 관형어 구실을 하게 하며, 뒤 체언이 나타내는 대상이 앞 체언에 소유되거나 소속됨을 나타내는 격 조사.
예 나의 옷 / 그의 가방 / 영이의 얼굴 / 우리의 학교 / 사람의 자식 / 한강의 근원 / 어머니의 성경책

「2」 앞 체언이 관형어 구실을 하게 하며, 앞 체언이 뒤 체언이 나타내는 행동이나 작용의 주체임을 나타내는 격 조사.
예 우리의 각오 / 국민의 단결 / 너의 부탁 / 나라의 발전

「3」 앞 체언이 관형어 구실을 하게 하며, 앞 체언이 뒤 체언이 나타내는 대상을 만들거나 이룬 형성자임을 나타내는 격 조사.
예 다윈의 진화론 / 나의 작품 / 거문고의 가락

「4」 앞 체언이 관형어 구실을 하게 하며, 앞 체언이 뒤 체언의 과정이나 목표 따위의 대상임을 나타내는 격 조사.
예 승리의 길

「5」 앞 체언이 관형어 구실을 하게 하며, 앞 체언이 뒤 체언이 나타내는 행동의 대상임을 나타내는 격 조사.
예 질서의 확립 / 자연의 관찰 / 인권의 존중 / 학문의 연구

「6」 앞 체언이 관형어 구실을 하게 하며, 뒤 체언이 나타내는 사실이나 상태가 앞의 체언에 관한 것임을 나타내는 말.
예 서울의 찬가 / 한국의 지도

「7」 앞 체언이 관형어 구실을 하게 하며, 뒤 체언에 오는 인물의 행동이나 행위가 앞 체언이 나타내는 사건이나 사물을 대상으로 하고 있음을 나타내는 격 조사.
예 책의 저자 / 아파트의 주인 / 올림픽의 창시자

「8」 앞 체언이 관형어 구실을 하게 하며, 뒤 체언이 지니고 있는 정보가 앞 체언의 속성 따위임을 나타내는 격 조사.
예 금의 무게 / 물의 온도 / 국토의 면적

「9」 앞 체언이 관형어 구실을 하게 하며, 앞 체언이 뒤 체언이 나타내는 속성의 보유자임을 나타내는 격 조사.
예 꽃의 향기 / 예술의 아름다움

「10」앞 체언이 관형어 구실을 하게 하며, 뒤 체언이 앞 체언이 나타내는 어떤 동작을 주된 목적이나 기능으로 하는 것임을 나타내는 말.
예 축하의 잔치 / 가을은 독서의 계절이다.

「11」앞 체언이 관형어 구실을 하게 하며, 앞 체언과 뒤 체언이 의미적으로 동격임을 나타내는 말.
예 각하의 칭호 / 조국 통일의 위업

「12」앞 체언이 관형어 구실을 하게 하며, 관계를 나타내는 뒤의 체언이 앞 체언과 사회적·친족적 관계에 있음을 나타내는 말.
예 나의 친구 / 선생님의 아들

「13」앞 체언이 관형어 구실을 하게 하며, 앞 체언이 뒤 체언이 나타내는 사물이 일어나거나 위치한 곳임을 나타내는 격 조사.
예 몸의 병 / 시골의 인심 / 옷의 때 / 하늘의 별 / 제주의 말

「14」앞 체언이 관형어 구실을 하게 하며, 앞 체언이 뒤 체언이 나타내는 사물이 일어나거나 위치한 때임을 나타내는 격 조사.
예 여름의 바다 / 고대의 문화 / 정오의 뉴스

「15」앞 체언이 관형어 구실을 하게 하며, 앞 체언이 뒤 체언의 정도나 수량을 한정함을 나타내는 격 조사.
예 100℃의 끓는 물 / 45kg의 몸무게 / 10년의 세월 / 한 잔의 술

「16」앞 체언이 관형어 구실을 하게 하며, 전체와 부분의 관계를 나타내는 격 조사.
예 국민의 대다수 / 가진 돈의 얼마를 내놓다.

「17」앞 체언이 관형어 구실을 하게 하며, 앞 체언이 뒤 체언이 나타내는 사물의 특성을 나타내는 격 조사.
예 불굴의 투쟁 / 불후의 명작

「18」앞 체언이 관형어 구실을 하게 하며, 앞 체언이 뒤 체언에 대하여 비유의 대상임을 나타내는 말.
예 철의 여인 / 무쇠의 주먹

「19」앞 체언이 관형어 구실을 하게 하며, 앞 체언이 뒤 체언의 재료임을 나타내는 말.
예 순금의 보석

「20」앞 체언이 관형어 구실을 하게 하며, 앞 체언이 어떤 결과를 낳는 행동임을 나타내는 격 조사.
예 투쟁의 열매 / 건설의 역사

「21」앞 체언이 관형어 구실을 하게 하며, 앞 체언이 뒤에 연결되는 조사의 의미 특성을 가지고 뒤 체언을 꾸미는 기능을 가짐을 나타내는 격 조사.
예 구속에서의 탈출 / 저자와의 대화

까지

「1」어떤 일이나 상태 따위에 관련되는 범위의 끝임을 나타내는 보조사. 흔히 앞에는 시작을 나타내는 '부터'나 출발을 나타내는 '에서'가 와서 짝을 이룬다.
예 오늘은 1번부터 10번까지가 청소를 한다.

「2」이미 어떤 것이 포함되고 그 위에 더함의 뜻을 나타내는 보조사.
예 밤도 늦었고 비까지 내리니 하루 더 묵고 가거라.

「3」그것이 극단적인 경우임을 나타내는 보조사.
예 우리가 할 수 있는 데까지 해 봅시다.

만

「1」다른 것으로부터 제한하여 어느 것을 한정함을 나타내는 보조사.
예 아내는 웃기만 할 뿐 아무 말이 없다. / 하루 종일 잠만 잤더니 머리가 띵했다.

「2」무엇을 강조하는 뜻을 나타내는 보조사.
예 그를 만나야만 모든 문제가 해결될 수 있다.

「3」화자가 기대하는 마지막 선을 나타내는 보조사.
예 열 장의 복권 중에서 하나만 당첨되어도 바랄 것이 없다.

「4」('하다', '못하다'와 함께 쓰여) 앞말이 나타내는 대상이나 내용 정도에 달함을 나타내는 보조사.
예 집채만 한 파도가 몰려온다. / 청군이 백군만 못하다. / 안 가느니만 못하다.

「5」('-어도, -으면'의 앞에 쓰여) 어떤 것이 이루어지거나 어떤 상태가 되기 위한 조건을 나타내는 보조사.
예 너무 피곤해서 눈만 감아도 잠이 올 것 같다. / 할아버지는 나만 보면 못마땅한 듯 얼굴을 찌푸리셨다.

에서

「1」앞말이 행동이 이루어지고 있는 처소임을 나타내는 격 조사.
예 우리는 아침에 도서관에서 만나기로 하였다.

「2」앞말이 출발점임을 나타내는 격 조사.
예 서울에서 몇 시에 출발할 예정이냐?

「3」앞말이 어떤 일의 출처임을 나타내는 격 조사.
예 그는 모 기업에서 돈을 받은 혐의로 현재 조사 중에 있다.

「4」앞말이 어떤 행동의 이유임을 나타내는 격 조사.
예 고마운 마음에서 드리는 말씀입니다. / 그저 조그마한 보탬이라도 되고자 하는 뜻에서 행한 일이다.

「5」 앞말이 비교의 기준임을 나타내는 격 조사.
예 이에서 어찌 더 나쁠 수가 있겠어요? / 죽은 부모가 살아 돌아온들 이에서 더 기쁘지는 않을 것이다.

「6」 앞말이 행동이나 상태, 판단이 적용되는 범위임을 나타내는 격 조사.
예 다음 보기 중에서 하나를 고르세요. / 아시아에서 중국의 면적이 가장 넓다.

「7」 (단체를 나타내는 명사 뒤에 붙어) 앞말이 주어임을 나타내는 격 조사.
예 이번 대회는 우리 학교에서 우승을 차지했다. / 정부에서 실시한 조사 결과가 발표되었다.

로

「1」 움직임의 방향을 나타내는 격 조사.
예 어디로 가는 것이 좋겠어요?

「2」 움직임의 경로를 나타내는 격 조사.
예 서울에서 대구로 해서 부산에 갔다. / 바람이 나뭇가지 사이로 빠져나간다.

「3」 변화의 결과를 나타내는 격 조사.
예 얼음이 물로 되었다. / 체온이 드디어 37도로 떨어졌다.

「4」 어떤 물건의 재료나 원료를 나타내는 격 조사.
예 나무로 집을 짓는다. / 이 안경은 유리로 만들어서 무겁다.

「5」 어떤 일의 수단·도구를 나타내는 격 조사.
예 과일을 칼로 자르다. / 꿀로 단맛을 낸다.

「6」 어떤 일의 방법이나 방식을 나타내는 격 조사.
예 우리는 연필을 낱개로 판다. / 그는 큰 소리로 떠들었다.

「7」 어떤 일의 원인이나 이유를 나타내는 격 조사. '말미암아', '인하여', '하여' 등이 뒤따를 때가 있다.
예 이번 겨울에는 감기로 고생했다. / 작은 실수로 말미암아 큰 사고가 났다.

「8」 지위나 신분 또는 자격을 나타내는 격 조사.
예 그는 부잣집의 막내로 태어났다. / 그는 이 학교 교사로 있다.

「9」 시간을 나타내는 격 조사.
예 오늘 이후로 규칙적으로 생활하겠다. / 그는 봄가을로 보약을 먹는다.

「10」 시간을 셈할 때 셈에 넣는 한계를 나타내는 격 조사.
예 서울에 온 지 올해로 십 년이 된다. / 자동차 면허 시험을 보는 것이 오늘로 세 번째이다.

「11」 특정한 동사와 같이 쓰여 대상을 나타내는 격 조사. '하여금'을 뒤따르게 하여 시킴의 대상이 되게 하거나, '더불어'를 뒤따르게 하여 동반의 대상이 되게 한다.
예 나로 하여금 정의와 진리를 위해 헌신하게 하소서. / 너로 더불어 이 과업을 완수하고자 한다.

「12」 ('-기로 …하다' 구성으로 쓰여) 약속이나 결정을 나타내는 격 조사.
예 그와 내일 만나기로 약속했다. / 마당에 화초를 심기로 결심했다.

「13」 어떤 사물에 대하여 생각하는 바임을 나타내는 격 조사.
예 그는 나를 바보로 여긴다.

3 어미

1 어말 어미

(1) 개념: 활용 어미에 있어서 맨 뒤에 오는 어미.
(2) 종류
  ① 종결 어미: 한 문장을 끝맺는 기능을 하는 어미.

평서형 종결 어미	단순한 설명으로 끝맺음.	-다, -네, -오, -느니라
감탄형 종결 어미	감탄의 뜻으로 끝맺음.	-(는)구나, -군, -로구나
의문형 종결 어미	물음의 뜻으로 끝맺음.	-느냐, -는가, -니, -ㅂ니까
명령형 종결 어미	명령의 뜻으로 끝맺음.	-어라/-아라, -게, -오, -ㅂ시오
청유형 종결 어미	권유의 뜻으로 끝맺음.	-자, -세, -(으)ㅂ시다

  ② 연결 어미: 문장이나 단어를 연결해 주는 어미.

대등적 연결 어미	문장을 대등하게 이어 줌.	-고, -며, -면서
종속적 연결 어미	문장을 종속적으로 이어 줌.	-으면, -려고, -어도, -ㄹ수록
보조적 연결 어미	본용언과 보조 용언을 이어 줌.	-아/-어, -게, -고

③ 전성 어미: 용언의 어간에 붙어 다른 품사의 기능을 수행하게 하는 어미.

관형사형 전성 어미	관형사처럼 만들어서 관형어로 쓰이게 함.	-ㄴ, -는, -(으)ㄹ, -던
명사형 전성 어미	명사처럼 만들어서 체언과 같은 성분으로 쓰이게 함.	-(으)ㅁ, -기
부사형 전성 어미	부사처럼 만들어서 부사어로 쓰이게 함.	-게

> **학습 TIP**
>
> **명사형 전성 어미**
> 용언의 어간에 명사형 전성 어미 '-(으)ㅁ, -기'가 붙으면 문장에서 명사처럼 쓰이나 품사가 변하지는 않습니다. 하지만 어근에 파생 접미사 '-(으)ㅁ, -기'가 결합할 때에는 품사가 명사로 바뀝니다.
> 예 꿈을 꿈은 청소년의 특권이다.: ① 꾸-(어근)+-ㅁ(명사 파생 접미사)
>   ① ②   ② 꾸-(어간)+-ㅁ(명사형 전성 어미)

2 선어말 어미

(1) **개념**: 어말 어미 앞에 오는 어미.
(2) **종류**

시제 선어말 어미	행위가 이루어진 때를 표시.	-는-, -았/었-, -겠-
높임 선어말 어미	주체를 높임.	-시-
공손 선어말 어미	공손한 뜻을 나타냄.	-옵-

3 기출 어미

-겠-

「1」 미래의 일이나 추측을 나타내는 어미.
예 지금 떠나면 새벽에 도착하겠구나.

「2」 주체의 의지를 나타내는 어미.
예 나는 시인이 되겠다. / 이번 달까지 목표치를 달성하겠다.

「3」 가능성이나 능력을 나타내는 어미.
예 그런 것은 삼척동자도 알겠다. / 이걸 어떻게 혼자 다 하겠니?

「4」 완곡하게 말하는 태도를 나타내는 어미.
예 들어가도 좋겠습니까? / 내가 말해도 되겠니?

「5」 헤아리거나 따져 보면 그렇게 된다는 뜻을 나타내는 어미.
예 별사람을 다 보겠다.

-었-

「1」 이야기하는 시점에서 볼 때 사건이나 행위가 이미 일어났음을 나타내는 어미.
예 예전에는 명절에 선물로 설탕을 주었다. / 철수는 이미 밥을 먹었다. / 작년 소풍날은 날씨가 궂었다.

「2」 이야기하는 시점에서 볼 때 완료되어 현재까지 지속되거나 현재에도 영향을 미치는 상황을 나타내는 어미.
예 코스모스가 활짝 피었구나. / 간밤의 비로 강물이 많이 불었다.

「3」 이야기하는 시점에서 볼 때 미래의 사건이나 일을 이미 정해진 사실인 양 말할 때 쓰이는 어미.
예 야, 이대로만 공부하면 틀림없이 대학에 붙었다.

---

4   규칙 활용과 불규칙 활용

1 개념

(1) **활용**: 용언의 끝이 문법 기능에 따라 여러 가지 모습으로 바뀌는 것.
(2) **어간**: 활용할 때 변하지 않는 부분.
    예 먹다 – 먹고 – 먹네 – 먹자
(3) **어미**: 여러 형태로 활용하면서 동시에 문법적 기능을 하는 부분.
    예 먹다 – 먹고 – 먹네 – 먹자

2 종류

(1) 규칙 활용
① 활용할 때 어간과 어미의 모습이 일정한 것.
  예) 읽다- 읽고 / 읽어 / 읽는 / 읽어라
② 특정 조건에서 예외 없이 음운이 탈락하는 것.

종류	조건	용례
'ㄹ' 탈락	받침 'ㄹ'이 어미의 첫소리 'ㄴ, ㅂ, ㅅ' 및 '-오, -ㄹ' 앞에서 예외 없이 탈락.	노는 / 우는 / 나는
'ㅡ' 탈락	'ㅡ'로 끝나는 용언 어간의 'ㅡ'가 모음 어미 앞에서 예외 없이 탈락.	쓰-+-어 → 써 / 담그-+-아 → 담가

(2) 불규칙 활용
① 어간이 바뀌는 경우(특정 조건에서 예외가 있음.)

종류	조건	용례	예외
'ㅅ' 불규칙	'ㅅ'이 모음 어미 앞에서 탈락.	잇-+-어 → 이어 짓-+-어 → 지어	씻-+-어 → 씻어
'ㄷ' 불규칙	'ㄷ'이 모음 어미 앞에서 'ㄹ'로 변함.	듣-+-어 → 들어 묻(問)-+-어 → 물어	(빨래를) 걷-+-어 → 걷어
'ㅂ' 불규칙	'ㅂ'이 모음 어미 앞에서 '오/우'로 변함.	눕-+-어 → 누워 줍-+-어 → 주워	(허리가) 굽-+-어 → 굽어
'ㄹ' 불규칙	'ㄹ'가 모음 어미 앞에서 'ㄹㄹ' 형태로 변함.	흐르-+-어 → 흘러 빠르-+-아 → 빨라 (시간이) 이르-+-어 → 일러	치르-+-어 → 치러
'우' 불규칙	'우'가 모음 어미 앞에서 탈락.	푸-+-어 → 퍼	꾸-+-어 → 꾸어

② 어미가 바뀌는 경우(어미가 바뀌는 경우 모두 불규칙 활용)

종류	조건	용례
'여' 불규칙	'하-' 뒤에 오는 어미 '-아/-어'가 '-여'로 변함.	공부하-+-어 → 공부하여 '-하다'가 붙는 모든 용언
'러' 불규칙	어간이 '르'로 끝나는 일부 용언에서, 어미 '-어'가 '-러'로 변함.	(목적지에) 이르(至)-+-어 → 이르러 참고 '대중이나 기준을 잡은 때보다 앞서거나 빠르다.'는 뜻의 '이르다'는 '르' 불규칙 활용, '어떤 장소나 시간에 닿다.'라는 뜻의 '이르다'는 '러' 불규칙 활용을 한다. 푸르-+-어 → 푸르러 누르(黃)-+-어 → 누르러
'오' 불규칙	'달다'의 명령형 어미가 '오'로 변함.	달-+-아라 → 다오

③ 어간과 어미가 모두 바뀌는 경우

종류	조건	용례
'ㅎ' 불규칙	'ㅎ'으로 끝나는 어간에 '-아/-어'가 오면 어간과 어미가 모두 변함.	하얗-+-아서 → 하얘서 파랗-+-아 → 파래

---

5 합성어와 파생어

1 단어의 구조

(1) **단어의 구성 요소**: 어근과 접사
  ① 어근: 단어의 실질적인 의미를 표시하는 부분. 실질 형태소가 담당한다.
    예) '헛고생'의 '고생' / '군말'의 '말'
  ② 접사: 어근과 결합하여 그 뜻을 제한하는 부분. 접두사와 접미사가 있다.
    예) '풋사랑'의 '풋-' / '날고기'의 '날-' / '덮개'의 '-개' / '사장님'의 '-님'

(2) **단어의 유형**: 단어는 하나 이상의 형태소가 결합한 단위. 단일어, 합성어, 파생어로 구분된다.

단일어		하나의 어근으로만 이루어진 단어. 예 산, 강, 하늘
복합어	합성어	단어를 둘로 쪼개었을 때 둘 다 어근인 단어. 예 돌다리(돌＋다리 → 둘 다 어근), 새해(새＋해 → 둘 다 어근)
	파생어	단어를 둘로 쪼개었을 때 그중 하나가 접사인 단어. 예 덧나다(덧-＋나다 → '덧-'은 접사, '나다'는 어근), 구경꾼(구경＋-꾼 → '구경'은 어근, '-꾼'은 접사)

> **학습 TIP**
>
> 복합어를 둘로 쪼갠 것을 직접 구성 성분(어떤 언어 단위를 층위를 두고 분석할 때 일차적으로 분석되어 나오는 성분)이라고 부릅니다. 예를 들어 '금목걸이'의 직접 구성 성분은 '금'과 '목걸이'입니다. '금목걸이'에는 접미사 '-이'가 있지만, 이것은 직접 구성 성분이 아니므로 '금목걸이'는 합성어입니다.

2 합성어의 형성

(1) **어근과 어근의 의미적 결합 방식에 따른 분류**

대등 합성어	어근과 어근이 대등한 의미 관계로 결합되는 합성어. 예 논밭(논＋밭 → '논'과 '밭'이 대등한 의미 관계로 결합)
종속 합성어	한 어근이 다른 어근에 의미적으로 매여서 결합되는 합성어. 예 돌다리 / 갈아입다(앞의 어근 '돌'과 '갈-'이 뒤의 어근 '다리'와 '입-'에 의미적으로 매여서 결합)
융합 합성어	어근과 어근이 결합하여 전혀 다른 의미의 합성어를 만들 경우. 예 입방아(입＋방아 → '수다'의 의미) 　　돌아가(시)다(돌다＋가다 → '죽다'의 의미)

(2) **어근과 어근의 형식적 결합 방식에 따른 분류**

통사적 합성어	① 개념: 어근의 배열 방식이 국어 문장의 구성 방식과 동일한 합성어. ② 유형 　• 어간＋어미＋어간/체언 　　예 돌아가다(돌-＋-아＋가다 → 어간＋어미＋어간) 　　　건널목(건너-＋-ㄹ＋목 → 어간＋어미＋체언) 　• 관형사＋체언 　　예 새해(새＋해) 　• 부사＋용언 　　예 잘되다(잘＋되다) 　• 명사＋명사 　　예 논밭(논＋밭) 　• 부사＋부사 　　예 곧잘(곧＋잘) 　• 체언＋용언 　　예 힘들다[힘(이)＋들다]
비통사적 합성어	① 개념: 어근의 배열 방식이 국어 문장의 구성 방식과 동일하지 않은 합성어. ② 유형 　• 어간＋어간/체언 　　예 굳세다(굳＋세다 → 어간＋어간: 어미 없이 결합) 　　　늦더위(늦＋더위 → 어간＋체언: 어미 없이 결합) 　• 부사＋체언 　　예 부슬비(부슬＋비)

3 파생어의 형성

접두 파생어	어근 앞에 접두사가 결합하여 파생어가 만들어지는 경우. 예 군-: 군말 / 군불 / 군소리 　　날-: 날고기 / 날가죽 / 날것 　　풋-: 풋나물 / 풋사랑 　　짓-: 짓누르다 / 짓밟다
접미 파생어	어근 뒤에 접미사가 결합하여 파생어가 만들어지는 경우. 접미사는 접두사와 달리 그 수가 많으며, 다양한 어근에 결합할 수 있음. 또한 어근의 품사를 바꾸는 경우도 있음. 예 -꾼: 구경꾼 / 나무꾼 / 살림꾼 　　-음: 웃음 / 걸음 / 울음 　　　　참고 웃음: 웃('웃다'의 어간 '웃-' → 어근)+-음 　　　　　　　어근의 품사는 동사이나, 파생어의 품사는 명사임. 　　-이: 먹이 / 놀이 　　　　참고 먹이: 먹('먹다'의 어간 '먹-' → 어근)+-이 　　　　　　　어근의 품사는 동사이나, 파생어의 품사는 명사임. 　　-하-: 공부하다 / 가난하다 　　　　참고 공부하다: 공부(명사 → 어근)+-하- 　　　　　　　어근의 품사는 명사이나, 파생어의 품사는 동사임.

6 문장

1 문장 성분

(1) **문장**: 우리의 생각이나 감정을 완결된 내용으로 표현하는 기본 단위.
(2) **문장 성분**: 문장을 구성하는 요소. 주성분, 부속 성분, 독립 성분이 있다.
　① 주성분: 문장 형성에 필수적으로 참여하는 성분.

주성분	정의	형성 방식
주어	서술어에 의해 표현되는 동작이나 상태, 성질의 주체가 되는 문장 성분.	1. 체언(명사, 대명사, 수사) + 주격 조사(이/가, 께서) 2. 체언 + 보조사(은/는, 만, 도)
서술어	주어의 동작, 상태, 성질 등을 풀이해 주는 문장 성분.	1. 동사, 형용사 2. 체언 + 서술격 조사(이다)
목적어	서술어가 표현하는 동작의 대상이 되는 문장 성분.	1. 체언 + 목적격 조사(을/를) 2. 체언 + 보조사(만)
보어	주어와 서술어(되다, 아니다)로 구성된 내용을 보충해 주는 문장 성분.	'되다, 아니다' 앞에 체언 + 보격 조사(이/가)가 함께 쓰임.

　② 부속 성분: 주로 주성분의 내용을 수식하거나 의미를 한정하는 문장 성분.

부속 성분	정의	형성 방식
관형어	체언을 수식하는 문장 성분.	1. 관형사 2. 체언 + 관형격 조사(의) 3. 용언 + 관형사형 어미[-(으)ㄴ, -는, -던, -(으)ㄹ]
부사어	용언이나 다른 부사어 등을 수식하는 문장 성분. 참고 부사어는 관형어나 문장 전체를 꾸며 주는 역할도 함.	1. 부사 2. 체언 + 부사격 조사(에) 3. 용언 + 부사형 어미(-게, -도록, -듯이)

　③ 독립 성분: 다른 문장 성분과는 상관없이 독립적으로 쓰이는 문장 성분.

독립 성분	정의	형성 방식
독립어	다른 문장 성분과 직접적인 관련이 없는 문장 성분.	1. 감탄사 2. 체언 + 호격 조사(아, 야)

2 서술어의 자릿수

(1) **개념**: 각각의 서술어는 필요로 하는 문장 성분의 개수가 다른데, 이를 서술어의 자릿수라고 한다.

(2) **종류**

서술어의 종류	필수 성분	예
한 자리 서술어	주어	벚꽃이 피었다.
두 자리 서술어	주어+목적어	현수가 떡을 먹는다.
	주어+보어	은석이는 취객이 되었다. **학습 TIP** '되다, 아니다' 앞에 오는 문장 성분은 보어입니다.
	주어+부사어	홍삼은 몸에 좋다.
세 자리 서술어	주어+목적어+부사어	수호가 선물을 나에게 주었다.

> **학습 TIP**
> **필수적 부사어**
> 서술어에 따라서 부사어를 필수적으로 요구하기도 하는데, 이처럼 반드시 필요한 부사어를 '필수적 부사어'라고 합니다. 부사어를 필수적으로 취하는 경우는 세 자리 서술어인 '주다, 삼다, 넣다, 두다' 등과 두 자리 서술어인 형용사 '같다, 비슷하다, 닮다, 다르다' 등이 쓰일 때입니다.

(3) **기출 서술어의 자릿수**

① 두 자리 서술어

필수 성분	용례
주어 + 보어	저것은 100년 이상 된 책이 아니다.
주어 + 부사어	순진한 우영이가 교활한 승우에게 속았다. 배포된 몽타주가 범인의 실제 얼굴과 매우 비슷했다. 수분을 많이 머금은 구름은 얼마 지나지 않아 비로 변한다.

② 세 자리 서술어

필수 성분	용례
주어 + 목적어 + 부사어	졸업을 앞둔 진희는 진로 문제를 선생님과 상의하였다.

3 홑문장과 겹문장

(1) **홑문장**: 주어와 서술어의 관계가 한 번만 나타나는 문장.
   예 철수가(주어) 밥을 먹었다.(서술어)

(2) **겹문장**
   ① 개념: 주어와 서술어의 관계가 두 번 이상 나타나는 문장.
   ② 종류
   - 안은문장: 다른 문장을 절의 형식으로 안고 있는 문장.
   - 이어진문장: 둘 이상의 홑문장이 나란히 이어진 문장.

안은문장	명사절	• 절 전체가 문장에서 주어, 목적어, 부사어 등의 기능을 함. • 명사형 어미: -(으)ㅁ, -기 예 혜정이가 학교에 있음이 외부로 알려졌다.(주어) 그는 은재가 올해 결혼하기를 바랐다.(목적어) 우리는 날씨가 맑기에 걸었다.(부사어)
	관형절	• 절 전체가 문장에서 관형어의 기능을 함. • 관형사형 어미: -(으)ㄴ, -는, -(으)ㄹ, -던 예 그가 읽던 책은 재미가 없다.
	부사절	• 절 전체가 문장에서 부사어의 기능을 함. • 부사형 어미: -게, -도록 예 진달래가 빛깔이 곱게 피었다.

	서술절	• 절 전체가 문장에서 서술어의 기능을 함. • 특별한 절 표지가 없음. 예 그 집은 지붕이 크다.
	인용절	• 절 전체가 문장에서 부사어의 기능을 함. • 인용 조사: 고, 라고 예 나는 수민이가 예쁘다고 말했다.(간접 인용절) 　　나는 "수민이가 예쁘다."라고 말했다.(직접 인용절)
이어진문장	대등적으로 이어진문장	• 이어지는 홑문장의 의미 관계가 대등함.(나열, 대조) • 대등적 연결 어미: -고, -지만 예 낮말은 새가 듣고, 밤말은 쥐가 듣는다.
	종속적으로 이어진문장	• 앞 절과 뒤 절의 의미 관계가 종속적임.(이유, 조건, 의도, 결과, 전환) • 종속적 연결 어미: -아서/-어서, -(으)면, -(으)ㄹ지라도 예 바람이 불어서, 벚꽃이 흩날린다.

(3) **기출 문장**
① 명사절을 안은문장: 우리는 그녀가 진실함을 보증한다.
② 관형절을 안은문장: 저기 춤을 추는 소녀가 내 동생이다.
③ 인용절을 안은문장: 그는 간헐적 단식을 하겠다고 말했다.
④ 대등적으로 이어진문장: 나는 밥을 먹었고, 그는 떡을 먹었다.
⑤ 종속적으로 이어진문장: 폭설이 내려서, 비행편이 결항되었다.

7 높임 표현

1 상대 높임법

(1) **개념**: 말하는 이가 듣는 이에 대하여 높이거나 낮추어 말하는 방법.
(2) **실현**: 국어 높임법 중 가장 발달된 높임 표현으로, 종결 어미에 따라 실현된다.
(3) **종류**

구분		평서형	의문형	명령형	청유형	감탄형
격식체	하십시오체	가십니다	가십니까?	가십시오	가십시다	-
	하오체	가오	가오?	가오, 가구려	갑시다	가는구려 • 동사 어간 뒤: -는구려 • 형용사 어간 뒤: -구려
	하게체	가네, 감세	가는가? 가나?	가게	가세	가는구먼
	해라체	간다	가냐? 가니?	가라, 가렴, 가려무나	가자	가는구나
비격식체	해요체	가요	가요?	가요	가요	가요
	해체	가, 가지	가? 가지?	가, 가지	가, 가지	가, 가지

2 주체 높임법

(1) **개념**: 말하는 이보다 서술어의 주체가(보통 주어로 실현) 상위자일 때, 서술어의 주체를 높이는 방법.
(2) **실현**: 선어말 어미 '-시-', 주격 조사 '께서', 접사 '-님', 몇 개의 특수한 어휘(계시다, 잡수시다, 주무시다, 돌아가시다)로 실현된다.
　예 아버지께서 회사에 가셨다.(가-+-시-+-었-+-다)

> **학습 TIP**
>
> - **직접 높임**: 주어를 직접 높이는 경우
>   - 예) 할아버지께서는 지금 댁에 계신다. / 아버지께서는 아직 건강하시다.
> - **간접 높임**: 주어와 관련된 대상을 높이는 경우
>   - 예) 교장 선생님의 말씀이 있으시겠습니다.(○)
>   - 교장 선생님의 말씀이 계시겠습니다.(×) → 간접 높임의 경우에는 특수 어휘를 쓰지 않고 선어말 어미 '-시-'를 붙인다.
>   - 참고) 높여야 할 인물과 긴밀도가 높지 않은 대상을 간접적으로 높일 경우 매우 어색한 표현이 됨.
>   - 예) 손님, 카푸치노 나오셨습니다.(×)

3 객체 높임법

(1) **개념**: 일반적으로 목적어나 부사어를 높이는 방법.
(2) **실현**: 특수한 어휘(여쭈다, 뵙다, 모시다, 드리다 등), 부사격 조사 '께'로 실현되며 가장 제한적인 높임법.
- 예) 은수는 그 책을 할아버지께 드렸다.

8 피동 표현

문장은 동작이나 행위를 누가 하느냐에 따라 능동문과 피동문으로 나뉜다.

능동문	주어가 동작을 제힘으로 하는 것을 나타내는 문장.
피동문	주어가 다른 주체에 의해 동작을 당하게 되거나 영향을 받는 것을 나타내는 문장. ① 파생적 피동문: 어간+피동 접미사(-이-, -히-, -리-, -기-) 　　　　　　명사+접미사(-되다) 　예) 경찰이 도둑을 잡았다.(능동문) → 도둑이 경찰에게 잡혔다.(피동 접미사 '-히-') 　　이것은 저것과 관련된다.(접미사 '-되다') 　→ 파생적 피동문은 '접미사'로 실현되는 피동문이다. ② 통사적 피동문: 어간+'-어지다/-게 되다' 　예) 이 연필은 글씨가 잘 써진다. 　　그는 점점 더 부유하게 되었다.

불필요하게 사용하는 피동 표현: 마음이 설레이다(→ 설레다) / 몸에 냄새가 배이다(→ 배다) / 날씨가 개이다(→ 개다) / 가슴이 메이다(→ 메다)

> **학습 TIP**
>
> **이중 피동**
> 파생적 피동문의 요소와 통사적 피동문의 요소가 동시에 결합할 경우 이중 피동이 됩니다. 이중 피동은 문법적으로 옳지 않다고 봅니다.
> - 예) 그 사실이 잊혀지지 않았으면 좋겠다.(×)
>   - 잊-+-히-(피동 접미사) → 잊히-+-어지다(통사적 피동) → 잊히어지다 → 잊혀지다(×)
>   - → 그 사실이 잊히지 않았으면 좋겠다.(○)

9 사동 표현

문장은 주어가 동작이나 행위를 직접 하느냐, 아니면 다른 사람이 하도록 시키느냐에 따라 주동문과 사동문으로 나누어진다.

주동문	주어가 동작을 직접 하는 것을 나타내는 문장. 예 철수가 책을 읽었다.
사동문	주어가 다른 사람에게 행위를 하도록 시키는 것을 나타내는 문장. ① 파생적 사동문: 어간+사동 접미사(-이-, -히-, -리-, -기-, -우-, -구-, -추-) 　　　　　　　　명사+접미사(-시키다) 　　예 어머니가 아이에게 옷을 입혔다.(사동 접미사 '-히-') 　　　철수가 손을 들어 차를 정지시켰다.(접미사 '-시키다') 　　→ 파생적 사동문은 '접미사'를 통해 실현되는 사동문이다. ② 통사적 사동문: 어간+'-게 하다' 　　예 아버지가 성연이에게 짐을 지게 한다.

학습 TIP

파생적 사동문과 통사적 사동문의 의미 차이
- 어머니가 아이에게 옷을 입혔다.(파생적 사동문)
  → 어머니가 직접 행동하여 옷을 입혔다는 의미(직접 사동)
  → 아이 스스로 옷을 입도록 하고 어머니는 시키기만 했다는 의미(간접 사동)
- 어머니가 아이에게 옷을 입게 했다.(통사적 사동문)
  → 아이 스스로 옷을 입도록 하고 어머니는 시키기만 했다는 의미로만 해석(간접 사동)

파생적 사동문은 대개 직접 사동으로, 통사적 사동문은 대개 간접 사동으로 해석되지만, 문장의 맥락에 따라 파악해야 합니다.

10 기타

1 성분 부사 / 문장 부사

(1) **부사의 개념**: 주로 용언 앞에 놓여 용언을 자세하게 꾸며 주는 말.

(2) **종류**

성분 부사	문장의 한 성분만 수식 예 너무, 빨리
문장 부사	문장 전체를 수식 예 과연, 비록

▶ 성분 부사는 자신이 꾸며 주는 성분 앞에 위치해야 하므로 자리 이동이 쉽지 않고, 문장 부사는 비교적 자리 이동이 자유롭다.

(3) **기출 부사**
　① 성분 부사
　　• 나를 좋아하지 않는 사람은 바로 그녀이다.
　② 문장 부사
　　• 물론 나는 범인이 아니다.
　　• 과연 그분은 위대한 예술가였다.
　　• 우리는 다행히 그 집을 쉽게 찾을 수 있었다.
　　• 나는 이 집에 절대로 다시 오지 않을 것이다.

(4) 부사화

① 개념: 어떤 언어 단위를 부사로 변화시키거나 부사적 기능을 하도록 변화시키는 방법.

② 분류
- 어휘적 부사화: 파생법이나 합성법을 통해 부사를 만드는 것.
  - 예 희섭이는 진상을 낱낱이 밝히겠다고 다짐했다.
    - 낱낱이 → 명사 '낱낱'에 접미사 '-이'가 붙어 만들어진 부사
  - 예 그때 또다시 굉음을 울리며 오토바이 한 대가 지나갔다.
    - 또다시 → 부사 '또'와 부사 '다시'를 합성하여 만든 부사
- 통사적 부사화: 구, 절, 문장이 부사처럼 기능하도록 하는 것.
  - 예 미석이는 더럽게 어질러져 있는 방을 청소하기 시작했다.
    - 더럽게 → '더럽다'의 어간 '더럽-'에 부사형 전성 어미 '-게'가 붙어 부사처럼 기능.

2 기타

(1) '-어/-아/-여 하다' 구성

① 국어에서 '-어/-아/-여 하다'는 원래 본용언과 보조 용언을 연결하는 데 쓰는 '연결 어미+보조 용언'의 구성이다. 그런데 일부 형용사나 자동사에 '-어/-아/-여 하다'가 접미사처럼 붙어, '형용사 또는 자동사+-어/-아/-여 하다'가 하나의 단위처럼 쓰이기도 한다. 이때 이 단어는 타동사가 되고 '형용사 또는 자동사'와 '-어/-아/-여 하다'는 붙여 쓴다.

② 기출 용례
- 밉다 – 미워하다
- 귀엽다 – 귀여워하다
- 슬프다 – 슬퍼하다
- 언짢다 – 언짢아하다
- 기쁘다 – 기뻐하다

(2) 직접 명령문 / 간접 명령문

① 명령문은 직접 명령형과 간접 명령형으로 나눌 수 있다.

직접 명령형	• 화자가 청자에게 어떠한 행동을 하기를 직접적으로 요구할 때 쓰임. • '해라, 하게, 하오, 하십시오' 등의 형태로 실현.
간접 명령형	• 인쇄 매체를 통해 청자에게 전달될 때나, 화자가 3인칭으로서 단체나 복수의 성격을 띠고 있으며 불특정 청자에게 명령의 뜻을 나타낼 때 주로 쓰임. • '하라'의 형태로 실현.

② 기출 용례

직접 명령형	일분일초라도 성실히 살아라. 불성실한 수업 태도를 고쳐라. 앞으로 존경받는 선배가 돼라. 경기에서 반드시 이기고 돌아와라.
간접 명령형	다음 중 알맞은 답을 고르라.

07 문법 요소의 이해

기출 응용문제

01

단어를 발음할 때, 〈보기〉에서 설명하는 음운 변동 현상이 모두 일어나는 것은?

― 보기 ―
- 국어의 음절 끝에는 'ㄱ, ㄴ, ㄷ, ㄹ, ㅁ, ㅂ, ㅇ'의 7개 자음만이 발음될 수 있다. 그래서 여기에 속하지 않는 자음이 음절 끝에 놓이면 대표음으로 바꿔 발음해야 한다.
- 'ㄱ, ㄷ, ㅂ'이 비음 'ㄴ, ㅁ, ㅇ' 앞에서 비음으로 바뀌는 현상.

① 갖다 ② 신라 ③ 밥물
④ 잇몸 ⑤ 맏이

02

〈보기〉의 용례가 적절하지 않은 것은?

― 보기 ―
의「조사」
① 앞 체언이 뒤 체언에 대하여 비유의 대상임을 나타내는 말. 예 무쇠의 주먹
② 앞 체언이 뒤 체언이 나타내는 속성의 보유자임을 나타내는 격 조사. 예 예술의 아름다움
③ 앞 체언이 뒤 체언의 과정이나 목표 따위의 대상임을 나타내는 격 조사. 예 승리의 길
④ 앞 체언이 뒤 체언이 나타내는 행동이나 작용의 주체임을 나타내는 격 조사. 예 철의 여인
⑤ 앞 체언이 뒤 체언이 나타내는 사물이 일어나거나 위치한 곳임을 나타내는 격 조사. 예 옷의 때

정답 풀이 & 오답 해설

01

| 정답 풀이 | ④ 잇몸[읻몸 → 인몸]: 음절의 끝소리 규칙, 비음화

| 오답 해설 |
① 갖다[갇다 → 갇따]: 음절의 끝소리 규칙, 된소리되기
② 신라[실라]: 유음화
③ 밥물[밤물]: 비음화
⑤ 맏이[마지]: 구개음화

02

| 정답 풀이 | ④ '철의 여인'은 ①의 용례로 적절하다. ④의 용례로는 '국민의 단결', '너의 부탁' 등이 적절하다.

정답 01 ④ 02 ④

03

'에서'의 쓰임이 〈보기〉와 같은 것은?

―| 보기 |―
이 일은 지역에서 책임을 지고 추진합니다.

① 이에서 더 나쁠 수 있어?
② 영종도에서 분당까지 얼마나 걸리니?
③ 우리는 저녁에 강남에서 만나기로 했다.
④ 이번 학술 대회는 우리 학교에서 우승했다.
⑤ 작은 도움이라도 되고자 하는 뜻에서 했던 일이다.

04

밑줄 친 말 중 '-겠-'의 쓰임이 나머지와 다른 것은?

① 너라면 충분히 합격할 수 있겠다.
② 지금 기차 타면 저녁에는 도착하겠다.
③ 이번 시험에는 꼭 일등을 하고 말겠다.
④ 내일이면 올해 임직원 회의도 끝나겠다.
⑤ 장관님께서 식장으로 입장하시겠습니다.

05

단어의 활용형이 모두 올바른 것은?

	기본형	활용형	
①	푸다	퍼	푸는
②	날다	날아	날는
③	쓰다	쓰어	쓰는
④	긋다	긋어	긋는
⑤	푸르다	푸르어	푸른

06

〈보기〉의 내용을 참고할 때, 불규칙 용언으로 볼 수 없는 것은?

―| 보기 |―
일부의 용언은 어간과 어미가 결합하여 활용할 때 그 기본 형태가 유지되지 않을뿐더러 그 현상을 일정한 규칙으로 설명할 수 없다. 이를 불규칙 활용이라 하고, 이러한 용언을 불규칙 용언이라고 한다.

① 갈다 ② 잇다 ③ 곱다
④ 이르다 ⑤ 공부하다

07

<보기>를 참고할 때, 합성어의 앞말과 뒷말의 관계가 밑줄 친 것과 같은 것은?

| 보기 |

명사와 용언이 만나 합성어가 될 때는 앞말과 뒷말이 의미상 주어-서술어, 부사어-서술어, 목적어-서술어의 관계를 맺는 경우가 많다. 예를 들어, '힘들다'의 '힘'과 '들다'는 '힘이 들다'는 의미를 지녀 앞말과 뒷말이 주어-서술어의 관계를 맺는다.

① 본받다 ② 잘되다 ③ 맛있다
④ 남모르다 ⑤ 남부럽다

08

<보기>의 밑줄 친 특성을 지닌 접사가 쓰이지 않은 것은?

| 보기 |

'구경하다', '꿈틀거리다', '평화롭다'와 같은 말에서 '-하다', '-거리다', '-롭다'와 같은 접사는 어근의 품사를 바꾸어 주는 기능을 한다.

① 얼음 ② 덮개 ③ 높이
④ 먹히다 ⑤ 공부하다

정답 풀이 & 오답 해설

03

| 정답 풀이 | ④ 단체를 나타내는 명사 뒤에 붙어 앞말이 주어임을 나타내는 격 조사로 사용된 것이다.

| 오답 해설 |
① 앞말이 비교의 기준임을 나타내는 격 조사.
② 앞말이 출발점임을 나타내는 격 조사.
③ 앞말이 행동이 이루어지고 있는 처소임을 나타내는 격 조사.
⑤ 앞말이 어떤 행동의 이유임을 나타내는 격 조사.

04

| 정답 풀이 | ③ '-겠-'이 주체의 의지를 나타내는 어미로 사용되었다. 나머지는 모두 미래의 일이나 추측을 나타내는 어미로 사용되었다.

05

| 정답 풀이 | ① '푸다'는 '우'가 모음 어미 앞에서 탈락하는 '우' 불규칙 활용을 한다.

| 오답 해설 |
② 날아 / 나는: 'ㄹ' 탈락 규칙 활용
③ 써 / 쓰는: 'ㅡ' 탈락 규칙 활용
④ 그어 / 긋는: 'ㅅ' 불규칙 활용
⑤ 푸르러 / 푸른: '러' 불규칙 활용

06

| 정답 풀이 | ① '갈다'는 받침 'ㄹ'이 어미의 첫소리 'ㄴ, ㅂ, ㅅ' 및 '-오, -ㄹ' 앞에서 예외 없이 탈락하는 'ㄹ' 탈락 규칙 활용을 한다.

| 오답 해설 |
② 잇다: 잇-+-어 → 이어('ㅅ' 불규칙 활용)
③ 곱다: 곱-+-아 → 고와('ㅂ' 불규칙 활용)
④ 이르다: 이르-+-어 → 이르러('러' 불규칙 활용)
⑤ 공부하다: 공부하-+-아 → 공부하여('여' 불규칙 활용)

07

| 정답 풀이 | ① 본받다: 본(체언)+받다(용언)

| 오답 해설 |
② 잘되다: 잘(부사)+되다(용언)
③ 맛있다: 맛(체언)+있다(용언)
④ 남모르다: 남(체언)+모르다(용언)
⑤ 남부럽다: 남(체언)+부럽다(용언)

08

| 정답 풀이 | ④ 먹다(동사)+-하-(피동 접미사) → 먹히다(동사)

| 오답 해설 |
① 얼다(동사)+-음(접미사) → 얼음(명사)
② 덮다(동사)+-개(접미사) → 덮개(명사)
③ 높다(형용사)+-이(접미사) → 높이(명사)
⑤ 공부(명사)+-하다(접미사) → 공부하다(동사)

정답 03 ④ 04 ③ 05 ① 06 ① 07 ① 08 ④

09

밑줄 친 단어 중 〈보기〉의 설명을 모두 충족하는 것은?

―― 보기 ――
- 높임을 나타내는 표현이면서, 문장의 주체를 높이고 있다.
- 높임을 나타내는 선어말 어미를 포함하고 있지 않다.

① 할머니를 모시고 병원을 다녀왔다.
② 현수는 더 먹고 싶은지 입맛만 다셨다.
③ 그는 분노가 가시지 않은 듯 씩씩거렸다.
④ 어머니는 경기를 보시다가 치킨을 시키셨다.
⑤ 선생님은 아무래도 댁에 조용히 계실 것 같다.

10

〈보기〉를 참고할 때, '파생적 피동문'으로 바꿀 수 없는 것은?

―― 보기 ――
피동사에 의한 피동문을 '파생적 피동문'이라 하는데, 피동사는 주어가 제힘으로 행하는 동작을 나타내는 능동사 어근에 피동 접미사 '-이-, -히-, -리-, -기-' 등을 결합하여 만들 수 있다.

① 경찰이 도둑을 잡았다.
② 중기가 은재를 안았다.
③ 참새가 벌레를 먹었다.
④ 그들은 폭풍우를 만났다.
⑤ 바람이 다리를 흔들었다.

11

〈보기〉의 밑줄 친 부분에 해당하는 것은?

―― 보기 ――
능동문과 비교할 때, 피동문은 일반적으로 피동작주에 초점이 가게 되어 탈동작성의 의미를 지니는 문장이 된다. 그런데 국어에는 탈동작성의 결과와 대응되는 능동문이 나타나지 않는 피동문들이 있다. 이런 피동문들은 문장의 의미가 상황 의존성을 강하게 가져 동작성을 표현하기 어려운 경우에 쓰인다.

① 오늘은 갑자기 날씨가 풀렸다.
② 엄마의 표정을 보니 화가 풀린 모양이다.
③ 정부의 각종 규제가 풀려서 나라가 엉망이다.
④ 할아버지의 소원이 풀리려면 내가 시집을 가야 한다.
⑤ 운동화 끈이 풀린 것을 보니 누가 날 그리워하나 보다.

12

밑줄 친 부분의 쓰임이 적절하지 않은 것은?

① 매콤한 떡볶이가 입맛을 돋우었다.
② 교실에서 냄새 피우지 말고 휴게실에 가서 먹어라.
③ 선생님은 졸고 있던 학생을 자리에서 일으켜 세웠다.
④ 제 배만 불리우는 정치인들 때문에 나라가 엉망이다.
⑤ 숨소리 하나 들리지 않는 정적이 방을 메우고 있었다.

13

〈보기〉의 밑줄 친 부분에 해당하는 예는?

> ─ 보기 ─
> 사동사는 주동사의 어간에 사동 접미사 '-이-, -히-, -리-, -기-, -우-, -구-, -추-' 등이 붙어서 이루어진 타동사이다. 그런데 사동사에 의한 사동문에 대해 <u>그에 대응되는 주동문이 없는 경우</u>도 있다. 예를 들어, '그 집에서도 돼지를 먹이나요?'에서 '먹이다'는 '사육하다'라는 뜻으로 쓰였으며, 이에 대응되는 주동문이 없다.

① 그에게 짐을 <u>지울</u> 생각이다.
② 신도들은 교주를 뒷간에 <u>숨겼다</u>.
③ 어머니는 아이에게 옷을 <u>입혔다</u>.
④ 날씨가 더워지자 그들은 얼음을 <u>녹였다</u>.
⑤ 그는 한때 이름을 <u>날리던</u> 바람둥이였다.

정답 풀이 & 오답 해설

09
| 정답 풀이 | ⑤ '계시다'는 '있다'의 높임을 나타내는 특수 어휘로, 주체 높임을 나타낸다.

| 오답 해설 |
① '모시다'는 객체를 높이는 특수 어휘이다.
② '다시다'는 '음식을 먹을 때처럼 침을 삼키며 입을 놀리다.'라는 의미로 높임을 나타내는 표현이 아니다.
③ '가시다'는 '어떤 상태가 없어지거나 달라지다.'라는 의미로 높임을 나타내는 표현이 아니다.
④ '보시다'는 '보다'에 주체 높임 선어말 어미 '-시-'를 사용하여 높임의 의미를 나타낸 표현이다.

10
| 정답 풀이 | ④ '만나다'에 피동 접미사를 결합한 피동사의 형태는 어색하다. 그러나 '그들은 폭풍우를 만나게 되었다.'와 같이 통사적 피동문으로 만드는 것은 가능하다.

| 오답 해설 |
① 도둑이 경찰에게 잡혔다.
② 은재가 중기에게 안겼다.
③ 벌레가 참새에게 먹혔다.
⑤ 다리가 바람에 흔들렸다.

11
| 정답 풀이 | ① 피동문에 대응되는 능동문이 나타나지 않는 문장을 찾아야 한다. '날씨를 풀다.'라는 능동문은 어색하다.

| 오답 해설 | ② 화를 풀다. ③ 규제를 풀다. ④ 소문을 풀다. ⑤ 끈을 풀다 등의 능동문으로 바꿀 수 있다.

12
| 정답 풀이 | ④ '부르다'의 사동사는 어간 '부르-'에 사동 접미사 '-리-'가 결합한 '불리다'이다. '불리우다'는 이미 사동사인 '불리다'에 사동 접미사 '-우-'가 다시 결합한 것으로, 비표준어이다.

| 오답 해설 |
①, ②, ⑤ '돋우다'는 '돋다'의 사동사, '피우다'는 '피다'의 사동사, '메우다'는 '메다'의 사동사로, 모두 사동 접미사 '-우-'가 결합한 꼴이다. ③ '세우다'는 '서다'의 사동사로 사동 접미사 '-이우-'가 결합한 경우이다. 이와 마찬가지로 '타다, 자다' 등의 사동사는 '태우다, 재우다' 등이다.

13
| 정답 풀이 | ⑤ 주동문은 주어가 동작을 직접 하는 문장을 말한다. '날리다'는 원래 '날다'의 사동사이지만 문장에서 '명성을 떨치다.'의 의미로 사용될 때는 주동문을 만들기 어렵다.

| 오답 해설 |
① 그가 짐을 지다.
② 교주가 뒷간에 숨다.
③ 아이가 옷을 입다.
④ 얼음이 녹다.

정답 09 ⑤ 10 ④ 11 ① 12 ④ 13 ⑤

14

〈보기〉의 내용을 참고할 때, 다음 중 단어를 바르게 분류하지 못한 것은?

―| 보기 |―

합성어는 의미 관계에 따라 크게 세 가지로 나눌 수 있다. 즉, '비빔밥'과 같이 앞 성분이 뒤 성분을 수식하는 형태를 띠는 '종속 합성어', '부모'와 같이 앞 성분과 뒤 성분이 대등한 관계를 띠는 '대등 합성어', '갈등(葛藤)'과 같이 앞 성분과 뒤 성분이 원래 의미를 잃어버리고 새로운 의미로 사용되는 '융합 합성어'로 나눌 수 있다.

① 논밭(대등 합성어)
② 돌다리(대등 합성어)
③ 쇠망치(종속 합성어)
④ 입방아(융합 합성어)
⑤ 할미꽃(종속 합성어)

15

〈보기〉의 내용을 참고할 때, 밑줄 친 ㉠의 예에 해당하는 것은?

―| 보기 |―

안은문장은 전체 문장 속에 다시 주어와 서술어가 있는 절을 안고 있는 문장을 말한다. 특히 '그 집은 지붕이 작다.'와 같이 '지붕이 작다.'라는 절 전체가 문장에서 서술어의 기능을 하는 문장을 ㉠서술절을 안은문장이라 한다.

① 너구리는 앞발이 짧다.
② 그녀는 대학생이 아니다.
③ 우리 둘은 결국 결혼했다.
④ 우리는 날씨가 맑기에 걸었다.
⑤ 그가 아는 것도 없이 잘난 척한다.

정답 풀이 & 오답 해설

14

| 정답 풀이 | ② '돌다리'는 '돌로 만든 다리'라는 의미로 종속 합성어에 해당한다.

| 오답 해설 |
① 논밭: 대등 합성어
③ 쇠망치: 종속 합성어
④ 입방아: '수다'의 의미로, 융합 합성어
⑤ 할미꽃: 종속 합성어

15

| 정답 풀이 | ① '앞발이 짧다.'라는 절 전체가 문장에서 서술어의 기능을 하고 있다.

| 오답 해설 |
② '주어, 보어, 서술어'로 이루어진 홑문장에 해당한다.
③ 주어와 서술어가 한 번씩 사용된 홑문장에 해당한다.
④ '날씨가 맑기'라는 명사절을 안은 문장이다.
⑤ '아는 것도 없이'라는 부사절을 안은 문장이다.

정답 14 ② 15 ①

고등급을 위한 스페셜

어휘·어법 공략 모의고사

01

밑줄 친 말의 뜻풀이로 옳지 않은 것은?

① 마늘을 깨물었더니 혀가 <u>아리다</u>. → 혀끝을 찌를 듯이 알알한 느낌이 있다.
② <u>철겨운</u> 부채질하다 봉변 안 당하는 놈 없다. → 제철에 뒤져 맞지 아니하는.
③ 친구는 나를 <u>사박스럽게</u> 몰아붙였다. → 성질이 보기에 독살스럽고 야멸친 데가 있게.
④ 그는 이제야 <u>의뭉한</u> 속셈을 드러냈다. → 겉으로는 어리석은 것처럼 보이면서 속으로는 엉큼한.
⑤ 지훈이는 주인네 강아지 가운데 <u>무녀리</u> 한 마리를 공짜로 얻었다. → 한 태에 낳은 여러 마리 새끼 가운데 가장 마지막에 나온 새끼.

02

밑줄 친 한자어의 사전적 뜻풀이로 옳지 않은 것은?

① 급한 일이 있으면 <u>괘념(掛念)</u> 말고 가 보게. → 마음에 두고 걱정하거나 잊지 않음.
② 그는 넓은 <u>아량(雅量)</u>으로 부하 직원의 잘못을 용서했다. → 너그럽고 속이 깊은 마음씨.
③ 그와 극적인 <u>해후(邂逅)</u>를 한 정선이는 눈물을 펑펑 흘렸다. → 오랫동안 헤어졌다가 뜻밖에 다시 만남.
④ 당신을 <u>철석(鐵石)</u>같이 믿었는데 어째서 나에게 사기를 쳤어? → 매우 굳고 단단한 것을 비유적으로 이르는 말.
⑤ <u>슬하(膝下)</u>에 자녀는 몇이나 두었소? → 팔 아래라는 뜻으로, 어버이나 조부모의 보살핌 아래. 주로 부모의 보호를 받는 테두리 안을 이른다.

03

밑줄 친 한자어의 쓰임이 적절하지 않은 것은?

① 외교 사절단을 본국에 소환해 <u>문책(問責)</u>했다.
② <u>방안(方案)</u>을 강구해 봤지만 별 뾰족한 수가 없다.
③ 헛소문으로 인해 그는 명예에 <u>훼손(毁損)</u>을 입었다.
④ 합격자 명단이 과 사무실 알림판에 <u>계시(啓示)</u>되었다.
⑤ 꾸준한 노력에도 불구하고 그에 대한 평판은 <u>개선(改善)</u>될 기미가 안 보였다.

04

밑줄 친 한자어의 쓰임이 적절하지 않은 것은?

① 그에게 몇 번 물어보았으나 아무런 <u>응대(應對)</u>도 없다.
② 수도가 <u>함락(陷落)</u>되자 반군은 기세등등하게 쳐들어왔다.
③ 이 글에서는 주된 생각이나 의견을 <u>추출(抽出)</u>하기가 어렵다.
④ 도대체 <u>두서(頭緖)</u>가 잡히지 않아서 일이 진도가 나가질 않는다.
⑤ 경치가 좋은 곳은 관광지로 <u>계발(啓發)</u>하려는 시도가 끊이지 않고 있다.

05

〈보기〉의 ㉠~㉢에 들어갈 말을 올바르게 묶은 것은?

― 보기 ―
- 농악에는 우리 민족의 정서가 (㉠) 있다.
- 나는 그의 부탁을 과감하게 (㉡) 버렸다.
- 그는 가슴이 (㉢) 다음 말을 잇지 못했다.

	㉠	㉡	㉢
①	배어	때어	매어
②	배어	떼어	매어
③	배어	떼어	메어
④	베어	때어	매어
⑤	베어	떼어	메어

06

밑줄 친 말의 쓰임이 적절하지 않은 것은?

① 아이의 이마가 자글자글 끓어오르고 있다.
② 좁은 골목에 아이들이 몰려와 곰비임비 떠들어 댄다.
③ 영호는 살이 토실토실 오르고 얼굴이 희부옇게 윤이 난다.
④ 어머니와 아버지가 티적티적 다투는 것을 여러 번 보아 왔다.
⑤ 아이는 학교에서 돌아오자마자 수업 시간에 있었던 일을 조잘조잘 말했다.

07

〈보기〉의 ㉠, ㉡에 들어갈 단어를 바르게 묶은 것은?

― 보기 ―
- 근래 소설들이 점점 흥미 위주로 (㉠)되어 가고 있다.
- 그 물건은 심하게 (㉡)을 겪어서 원래 형태를 찾아볼 수 없었다.

	㉠	㉡		㉠	㉡
①	변동	변별	②	변동	변형
③	변질	변동	④	변질	변형
⑤	변형	변질			

08

〈보기〉의 ( ) 안에 공통적으로 들어갈 수 있는 단어의 기본형은?

― 보기 ―
- 어머니는 냄비에 물을 ( ) 끓였다.
- 그녀는 어젯밤에 많이 울어서 눈이 ( ).
- 약속 시간보다 늦게 갔더니 친구가 기다리다 지쳐 잔뜩 ( ) 있었다.

① 붇다 ② 붓다
③ 차다 ④ 시리다
⑤ 화나다

09

다음은 순우리말 '만들다'를 한자어로 바꾼 것이다. 적절하지 않은 것은?

① 안 대표는 새로운 정당을 결성하였다.
② 차기 예산을 금년도 수준으로 책정했다.
③ 어느 영화감독이 엉터리 영화를 제작하고 싶겠니?
④ 법률을 제정하거나 개정할 때 정부는 공청회를 열어야 한다.
⑤ 그들은 신명 나게 일할 수 있는 분위기를 조성해 달라고 부탁했다.

10

〈보기〉의 ㉠~㉤ 중 나머지와 의미의 관련성이 없는 하나는?

―― 보기 ――
㉠ 새벽이 되자 동이 튼다.
㉡ 그의 튼 입술을 보자 마음이 슬펐다.
㉢ 봄이 되어 싹이 틀 때쯤 너를 찾아오겠다.
㉣ 은행과 거래를 튼 이후로 장사가 잘된다.
㉤ 살갗이 틀 때는 로션을 제대로 발라야 한다.

① ㉠   ② ㉡   ③ ㉢
④ ㉣   ⑤ ㉤

11

밑줄 친 말의 한자 병기가 잘못된 것은?

① 그녀는 미모와 지성을 갖춘 재원(才媛)이다.
② 새해 벽두(劈頭)부터 기쁜 소식만 한가득이다.
③ 국민들은 여전히 민주주의를 신봉(信奉)하고 있다.
④ 은사님을 위해 제자들은 논문집을 봉정(奉呈)했다.
⑤ 두 사람은 서로 상이(相二)한 의견을 가지고 있었다.

12

〈보기〉의 ㉠~㉢에 해당하는 한자를 올바르게 묶은 것은?

―― 보기 ――
• 사람이 자기 분수(㉠)를 알아야지.
• 스위치를 올리자 불빛이 분수(㉡)처럼 쏟아졌다.
• 외국에서 지낸 5년이 그의 인생에 있어 중요한 분수(㉢)령이 되었다.

	㉠	㉡	㉢
①	分數	噴水	分水
②	分數	分水	噴水
③	分水	分數	噴水
④	分水	噴水	分數
⑤	噴水	分水	分數

13

속담 '갈매기도 제집이 있다'를 사용하기에 가장 적절한 상황은?

① 분수에 맞는 일을 권유하는 경우
② 자리에 맞는 복장을 하고 있는 경우
③ 아무런 보람도 없는 일을 하는 경우
④ 일이 잘못된 뒤에 손을 쓰고 있는 경우
⑤ 집 없는 사람의 서러운 처지를 한탄하는 경우

14

<보기>의 밑줄 친 말의 뜻풀이로 가장 적절한 것은?

| 보기 |
| 언뜻 보기에 그는 물 건너온 범 같았다. |

① 기가 한풀 꺾인 사람
② 속을 알 수 없는 사람
③ 겉보기와는 다른 사람
④ 몸이 아주 연약한 사람
⑤ 성격이 매우 급한 사람

15

밑줄 친 단어를 순화한 표현으로 적절하지 않은 것은?

① 한강 고수부지(→ 둔치)에서 운동하는 사람이 많다.
② 스크린 도어(→ 안전문)에 기대어 있으면 위험하다.
③ 그녀는 언제나 킬 힐(→ 키높이 구두)을 신고 다닌다.
④ 이 청소기는 필터(→ 여과지)를 바꿀 때가 된 것 같다.
⑤ 요즘 카파라치(→ 교통 신고꾼)로 활동하는 사람들이 종종 보인다.

16

사이시옷 표기가 옳은 것만으로 묶인 것은?

① 댓님, 수랏상
② 뒷태, 월셋방
③ 북엇국, 최솟치
④ 선짓국, 양잿물
⑤ 머릿기사, 혼잣말

17

〈보기〉에 제시된 규정의 사례로 볼 수 없는 것은?

---- 보기 ----
[한글 맞춤법 제29항] 끝소리가 'ㄹ'인 말과 딴 말이 어울릴 적에 'ㄹ' 소리가 'ㄷ' 소리로 나는 것은 'ㄷ'으로 적는다.
----

① 미닫이
② 숟가락
③ 이튿날
④ 잗주름
⑤ 섣부르다

18

밑줄 친 부분의 표기가 어법에 맞지 않는 것은?

① 너의 기억이 뚜렷이 각인된 것이 슬프다.
② 그는 당황하지 않고 곰곰이 생각에 잠겼다.
③ 시험을 꾸준히 준비한 덕분에 바로 합격했다.
④ 그는 큰 죄를 짓고도 버젓히 대중 앞에 나섰다.
⑤ 몸을 항상 깨끗이 씻어야 남들에게 피해를 주지 않는다.

19

밑줄 친 부분의 띄어쓰기가 잘못된 것은?

① 귤은 만 원어치만 구입하면 된다.
② 다들 할 만큼 했으니 이제는 기다려 보자.
③ 파도가 높을뿐더러 날도 궂어서 큰일이다.
④ 스무 살남짓이나 겨우 됐을까 예쁘장하게 생긴 젊은이가 다가왔다.
⑤ 서울에서는 방 두 개짜리 전세를 구하는 것도 비용이 어마어마하다.

20

밑줄 친 말이 표준어가 아닌 것은?

① 일이 돌아가는 낌새가 심상치 않아 보였다.
② 그는 허우대가 좋아 여자들에게 인기가 많았다.
③ 그는 며칠 노숙한 것처럼 볼쌍사나운 모습이었다.
④ 항상 자신을 무시하던 상사에게 본때를 보여 주었다.
⑤ 나는 주책바가지처럼 소문을 떠벌린 것을 후회한다.

21

<보기>에서 가장 문법적으로 적절한 문장은?

―― 보기 ――

우리나라는 대졸과 고졸 간의 임금 격차가 크다. ① 이런 문제를 해결할 수 있는 방법은 학력 사회를 능력 사회로 바꿔야 된다. ② 단 개인의 능력은 차이가 있으므로 이러한 차이를 합리적으로 차별화할 수 있는 방안이 강구되어져야 한다. ③ 학력만으로 임금 격차가 계속 발생한다면 사회 전체에 나쁜 악영향을 끼칠 수 있다. ④ 직무가 누구에 의해 수행되든 간에 기업에 중요한 가치를 제공하는 직무에 충실한 사람은 그에 걸맞은 대우를 받아야 한다. ⑤ 임금 구조와 인사상의 특혜를 없앨 때 비로소 합리적인 사회가 될 수 있을 것이다.

22

표현의 중의성을 해소한 것으로 적절하지 않은 것은?

① 은별이와 상호는 결혼했다. → 은별이는 상호와 결혼했다.
② 멋진 그의 목소리를 듣고 싶다. → 멋진, 그의 목소리를 듣고 싶다.
③ 그녀는 까만 양말을 신고 있다. → 그녀는 까만 양말을 신는 중이다.
④ 그가 보고 싶은 친구들이 많다. → 그를 보고 싶어 하는 친구들이 많다.
⑤ 아직도 친구들이 다 모이지 않았다. → 아직도 모든 친구들이 모이지 않았다.

23

중복 표현이 없는 올바른 문장은?

① 혜교는 활짝 핀 꽃처럼 아름답다.
② 그는 백신을 무료로 널리 보급했다.
③ 남은 여생은 제주도에서 보내고 싶다.
④ 근 1년 가까이 일을 했지만 통장에 남은 돈이 없다.
⑤ 친구와 약속을 지키려고 금요일 영화를 미리 예매했다.

24

<보기>에서 안은문장이 아닌 것을 골라 바르게 묶은 것은?

―― 보기 ――

㉠ 그 집은 지붕이 낡았다.
㉡ 비가 오고 바람이 분다.
㉢ 우리는 가족이 소중하다고 믿는다.
㉣ 나는 피자 한 판을 다 먹어 버렸다.
㉤ 우리는 은재가 결혼한다는 소식을 들었다.

① ㉠, ㉡
② ㉠, ㉡, ㉣
③ ㉡, ㉣
④ ㉢, ㉤
⑤ ㉢, ㉣, ㉤

25

<보기>의 ⊙에 해당하는 문장은?

| 보기 |
| 능동문과 비교할 때, 피동문은 일반적으로 피동작주에 초점이 가게 되어 탈동작성의 의미를 지니는 문장이 된다. 그런데 국어에는 탈동작성의 결과와 대응되는 능동문이 나타나지 않는 피동문들이 있다. ⊙이런 피동문들은 문장의 의미가 상황 의존성을 강하게 가져 동작성을 표현하기 어려운 경우에 쓰인다.

① 낙엽이 바람에 날린다.
② 그녀는 슬픔에 싸여 있다.
③ 호랑이가 사냥꾼에게 잡혔다.
④ 할아버지의 소원이 풀리려나 보다.
⑤ 요즘 무슨 책이 많이 읽히는지 아니?

26

<보기>의 설명에 따를 때, 밑줄 친 부분에 해당하는 예로 적절한 것은?

| 보기 |
| 우리말의 합성어는 형성 방식이 국어의 정상적인 단어 배열법에 일치하는 통사적 합성어와 그렇지 않은 비통사적 합성어로 나눌 수 있다.

① 손발　　　　② 덮밥
③ 부슬비　　　④ 뻐꾹새
⑤ 우짖다

27

문장 부호 규정에 대한 설명과 그 예가 적절하지 않은 것은?

	규정	예시
①	빈 자리임을 나타낼 적에 중괄호({ })를 쓴다.	우리나라의 수도는 { }이다.
②	제목 다음에 표시하는 부제 앞뒤에 줄표(—)를 쓴다.	환경 보호 — 숲 가꾸기 — 라는
③	특정한 어구 또는 그 내용에 대하여 의심, 빈정거림 등을 표시할 때 소괄호 안에 물음표[(?)]를 쓴다.	너 참 대단한(?) 사람이야.
④	기간, 거리, 범위를 나타낼 때 물결표(~)를 쓴다.	7월 1일~7월 3일
⑤	말이 없음을 나타낼 때 줄임표(……)를 쓴다.	"빨리 말해!" "……."

28

밑줄 친 부분의 소리 길이가 나머지와 다른 하나는?

① 날씨가 제법 춥다.
② 이 조각 작품의 제목은 '추억'이다.
③ 그녀의 소원은 제주도에 가는 것이다.
④ 누나와 어릴 때부터 제기를 차며 놀았다.
⑤ 그 국회 의원은 비리 때문에 제명 위기에 놓였다.

29
외래어 표기가 **틀린** 것은?

① 로켓
② 타깃
③ 스태프
④ 에어콘
⑤ 앰뷸런스

30
로마자 표기가 **틀린** 것은?

① 속리산(Songnisan)
② 낙성대(Nakseongdae)
③ 윤꽃님(Yun Konnim)
④ 낙화암(Nakhwaam)
⑤ 청량리(Cheongnyangni)

31
밑줄 친 말이 표준어가 **아닌** 것은?

① 재성이는 술에 <u>쩔어</u> 있는 철수를 보았다.
② 그때 먼 곳에서 <u>우레</u>가 치는 것이 느껴졌다.
③ <u>쌉싸래한</u> 인삼주를 잔뜩 마신 것 같아 보였다.
④ 그는 <u>애끓는</u> 마음으로 그녀를 바라만 보았다.
⑤ <u>아무쪼록</u> 그녀가 무사히 집에 들어가기를 기도했다.

32
'좀처럼 만나기 어려운 좋은 기회를 이르는 말.'을 뜻하는 사자성어는?

① 간담상조(肝膽相照)
② 맥수지탄(麥秀之嘆)
③ 주마가편(走馬加鞭)
④ 천석고황(泉石膏肓)
⑤ 천재일우(千載一遇)

33
밑줄 친 부분의 표기가 어법에 맞는 것은?

① 앞뒤 간격이 너무 <u>밭은</u> 것 같다.
② 너 때문에 얼마나 <u>놀랐든지</u> 몰라.
③ 서울에서 <u>전세집</u> 구하기가 참 어렵다.
④ 그는 사탕을 가방에 <u>우겨넣고</u> 있었다.
⑤ 성격은 <u>어따</u> 내놓아도 손색이 없을 것 같다.

34

〈보기〉의 내용을 참고할 때, '불규칙 용언'으로 볼 수 없는 것은?

| 보기 |

일부의 용언은 어간과 어미가 결합하여 활용할 때 그 기본 형태가 유지되지 않을뿐더러 그 현상을 일정한 규칙으로 설명할 수 없다. 이를 불규칙 활용이라 하고, 이러한 활용을 하는 용언을 불규칙 용언이라고 한다.

① (글을) 쓰다
② (집을) 짓다
③ (고기를) 굽다
④ (색이) 하얗다
⑤ (강물이) 흐르다

35

밑줄 친 단어를 순화한 표현으로 적절하지 않은 것은?

① 자동차 커버(→ 덮개)가 없어졌다.
② 부장은 매일 쿠사리(→ 면박)만 준다.
③ 국수 먹을 때는 다대기(→ 다진 양념)가 중요하다.
④ 요즘 방송 트렌드(→ 추세)는 요리라고 볼 수 있다.
⑤ 간식으로 고로케(→ 고로켓)를 먹을지, 붕어빵을 먹을지 고민 중이다.

어휘·어법 공략 모의고사 — 정답 풀이 & 오답 해설

정답									
01	⑤	02	⑤	03	④	04	⑤	05	③
06	②	07	④	08	②	09	②	10	④
11	⑤	12	①	13	⑤	14	①	15	③
16	④	17	①	18	④	19	④	20	③
21	④	22	⑤	23	①	24	③	25	②
26	①	27	①	28	③	29	④	30	③
31	①	32	⑤	33	①	34	①	35	⑤

01 ⑤
| 정답 풀이 |
⑤ 무녀리: 한 태에 낳은 여러 마리 새끼 가운데 가장 먼저 나온 새끼.

02 ⑤
| 정답 풀이 |
⑤ 슬하(膝下): 무릎의 아래라는 뜻으로, 어버이나 조부모의 보살핌 아래. 주로 부모의 보호를 받는 테두리 안을 이른다.

03 ④
| 정답 풀이 |
④ 합격자 명단이 과 사무실 알림판에 계시(啓示)되었다.(×) → 합격자 명단이 과 사무실 알림판에 게시(揭示)되었다.(○)
- 계시(啓示): 깨우쳐 보여 줌.
  예 이 사나이의 행동은 우리 인간의 소극적 방면을 그리고 우리 인간의 약점을 가장 명백하게 계시하고 있지나 않은가? – 박태원, 〈적멸〉
- 게시(揭示): 여러 사람에게 알리기 위하여 내붙이거나 내걸어 두루 보게 함. 또는 그런 물건.
  예 행사 일정표의 게시.

04 ⑤
| 정답 풀이 |
⑤ 경치가 좋은 곳은 관광지로 계발(啓發)하려는 시도가 끊이지 않고 있다.(×) → 경치가 좋은 곳은 관광지로 개발(開發)하려는 시도가 끊이지 않고 있다.(○)
- 계발(啓發): 슬기나 재능, 사상 따위를 일깨워 줌.
  예 상상력 계발.
- 개발(開發): 토지나 천연자원 따위를 유용하게 만듦.
  예 유전 개발. / 수자원 개발.

05 ③
| 정답 풀이 |
③ 배어–떼어–메어
- 배다: 느낌, 생각 따위가 깊이 느껴지거나 오래 남아 있다.
- 떼다: 부탁이나 요구 따위를 거절하다.
- 메다: 어떤 감정이 북받쳐 목소리가 잘 나지 않다.

06 ②
| 정답 풀이 |
② • 곰비임비: 물건이 거듭 쌓이거나 일이 계속 일어남을 나타내는 말.
  예 경사스러운 일이 곰비임비 일어난다. / 그는 곰비임비 술을 들이켰다.
• 옥실옥실: '옥시글옥시글'의 준말. 여럿이 한데 모여 몹시 들끓는 모양.

| 오답 해설 |
① 자글자글: 「3」 어린아이가 아파서 열이 자꾸 나며 몸이 달아오르는 모양.
③ 토실토실: 보기 좋을 정도로 살이 통통하게 찐 모양.
④ 티적티적: 남의 흠이나 트집을 잡으면서 자꾸 비위를 거스르는 모양.
⑤ 조잘조잘: 조금 낮은 목소리로 빠르게 말을 계속하는 모양.

07 ④
| 정답 풀이 |
④ • 변질(變質): 성질이 달라지거나 물질의 질이 변함. 또는 그런 성질이나 물질.
  예 식료품의 변질을 막기 위해서는 냉동 보관이 필요하다.
• 변형(變形): 모양이나 형태가 달라지거나 달라지게 함. 또는 그 달라진 형태.
  예 그 물건은 심하게 변형을 겪었다.

| 오답 해설 |
• 변동(變動): 바뀌어 달라짐.
  예 가격의 변동.
• 변별(辨別): 사물의 옳고 그름이나 좋고 나쁨을 가림.
  예 진위 여부가 변별되기를 바란다.

08 ②
| 정답 풀이 |
② • 붓다01
「1」 살가죽이나 어떤 기관이 부풀어 오르다.
  예 얼굴이 붓다. / 울어서 눈이 붓다.
「2」 (속되게) 성이 나서 뾰로통해지다.
  예 왜 잔뜩 부어 있니? / 친구가 기다리다 지쳐 잔뜩 부어 있었다.
• 붓다02
「1」 액체나 가루 따위를 다른 곳에 담다.
  예 자루에 밀가루를 붓다. / 가마솥에 물을 붓다. / 어머니는 냄비에 물을 붓고 끓였다.
「2」 모종을 내기 위하여 씨앗을 많이 뿌리다.
  예 볍씨를 붓다. / 모판에 배추씨를 붓다.

「3」 불입금, 이자, 곗돈 따위를 일정한 기간마다 내다.
예 은행에 적금을 붓다.
「4」 시선을 한곳에 모으면서 바라보다.
예 소년은 수평선에 눈을 부은 채 움직이지 않았다.

09 ②
| 정답 풀이 |
② 책정하다: 계획이나 방책을 세워 결정하다.
'만들다'의 다의적 의미와는 관련이 없다.
| 오답 해설 |
① '만들다'의 의미 중 '「6」 기관이나 단체 따위를 결성하다.'라는 의미.
③ '만들다'의 의미 중 '「11」 영화나 드라마 따위를 제작하다.'라는 의미.
④ '만들다'의 의미 중 '「5」 규칙이나 법, 제도 따위를 정하다.'라는 의미.
⑤ '만들다'의 의미 중 '「3」 새로운 상태를 이루어 내다.'라는 의미.

10 ④
| 정답 풀이 |
④ ㉢은 '트다02 [2] 「2」 서로 거래하는 관계를 맺다.'라는 뜻으로, 나머지와 동음이의어 관계이다.
| 오답 해설 |
트다01
「1」 너무 마르거나 춥거나 하여 틈이 생겨서 갈라지다. ····· ㉡, ㉤
예 논바닥이 트다.
「2」 식물의 싹, 움, 순 따위가 벌어지다. ························· ㉣
예 움이 트다.
「3」 날이 새면서 동쪽 하늘이 훤해지다. ···················· ㉠
예 어느새 동이 트기 시작한다.
「4」 더 기대할 것이 없는 상태가 되다.
예 차가 끊겨서 오늘 가기는 텄다.

11 ⑤
| 정답 풀이 |
⑤ 상이(相二) → 상이(相異)

12 ①
| 정답 풀이 |
① ㉠ 분수(分數): 「1」 사물을 분별하는 지혜. 「2」 자기 신분에 맞는 한도.
㉡ 분수(噴水): 압력으로 좁은 구멍을 통하여 물을 위로 세차게 내뿜거나 뿌리도록 만든 설비. 또는 그 물.
㉢ 분수-령(分水嶺): 어떤 사실이나 사태가 발전하는 전환점 또는 어떤 일이 한 단계에서 전혀 다른 단계로 넘어가는 전환점을 비유적으로 이르는 말.

13 ⑤
| 정답 풀이 |
⑤ 갈매기도 제집이 있다: 하찮은 갈매기도 다 제집이 있는 법이라는 뜻으로, 집 없는 사람의 서러운 처지를 한탄하여 이르는 말. = 까막까치도 집이 있다.

14 ①
| 정답 풀이 |
① 물 건너온 범: 한풀 꺾인 사람을 비유적으로 이르는 말.

15 ③
| 정답 풀이 |
③ '킬 힐 → 까치발구두'로 순화해야 한다.

16 ④
| 정답 풀이 |
④ 선짓국, 양잿물은 올바른 표기이다.
| 오답 해설 |
① 대님, 수라상
② 뒤태, 월세방
③ 북엇국, 최소치
⑤ 머리기사, 혼잣말

17 ①
| 정답 풀이 |
① '미닫이'는 '밀+닫이'의 구성으로 한글 맞춤법 제28항 "끝소리가 'ㄹ'인 말과 딴 말이 어울릴 적에 'ㄹ' 소리가 나지 아니하는 것은 아니 나는 대로 적는다."에 따라 적은 것이다.

18 ④
| 정답 풀이 |
④ '버젓이'는 어간이 'ㅅ'으로 끝나는 말이다. 따라서 '버젓이'로 표기하는 것이 옳다.

19 ④
| 정답 풀이 |
④ '남짓'은 의존 명사이므로 앞말과 띄어 써야 한다.
| 오답 해설 |
① '-어치'는 접미사이므로 앞말과 붙여 쓴다.
② '만큼'은 앞말이 용언의 활용형일 경우 의존 명사이므로 앞말과 띄어 쓴다.
③ '-ㄹ뿐더러'는 그 자체가 어미이므로 앞말과 붙여 쓴다.
⑤ '-짜리'는 접미사이므로 앞말과 붙여 쓴다.

20 ③
| 정답 풀이 |
③ 볼쌍사나운 → 볼썽사나운

21 ④
| 오답 해설 |
① 주어와 서술어가 호응하지 않으므로 '바꿔야 된다.'를 '바꾸는 것이다.'로 고치는 것이 적절하다.
② 이중 피동이 사용되었다. '강구되어져야'는 '강구되다'라는 피동사(강구 + 접미사 '-되다')에 '-어지다'라는 통사적 피동 요소가 동시에 결합되어 있다. '강구되어야'로 고치는 것이 적절하다.
③ '나쁜 악영향'은 의미상 중복 표현이다. '악영향'이나 '나쁜 영향' 정도로 고치는 것이 좋다.
⑤ '임금 구조와 인사상의 특혜를 없앨 때'라는 부분에서 목적어와 서술어가 호응하지 않는다. '임금 구조와'를 '임금 구조를 개선하고'로 고치는 것이 적절하다.

22 ⑤
| 정답 풀이 |
⑤ 고친 문장 역시 아무도 오지 않았다는 의미의 전체 부정과 몇 명만 왔다는 의미의 부분 부정 두 가지 의미로 해석된다.

23 ①
| 오답 해설 |
② 보급: 널리 펴서 많은 사람들에게 골고루 미치게 하여 누리게 함.
③ 여생: 앞으로 남은 인생.
④ 근: 그 수량에 거의 가까움을 나타내는 말.
⑤ 예매: 정하여진 때가 되기 전에 미리 삼.

24 ③
| 정답 풀이 |
③ ㉡ 이어진문장, ㉣ 홑문장
| 오답 해설 |
㉠ 서술절을 안은문장
㉢ 인용절을 안은문장
㉤ 관형절을 안은문장

25 ②
| 정답 풀이 |
② 능동문을 상정하기 어렵다. '누군가가 그녀를 슬픔에 쌌다.'라는 능동문은 어색하다.

26 ①
| 정답 풀이 |
① 손+발(명사+명사) - 통사적 합성어
| 오답 해설 |
② 덮+밥(어간+체언) - 어미 없이 결합하는 비통사적 합성어
③ 부슬+비(부사+체언) - 비통사적 합성어
④ 뻐꾹+새(부사+체언) - 비통사적 합성어
⑤ 우+짖다(어간+어간) - 어미 없이 결합하는 비통사적 합성어

27 ①
| 정답 풀이 |
① 빈 자리임을 나타낼 적에는 소괄호(( ))를 쓴다. 나머지는 모두 규정과 예시가 적절하다.

28 ③
| 정답 풀이 |
③ '제주도'의 '제'는 장음으로, [제:주도]로 발음한다.
| 오답 해설 |
①, ②, ④, ⑤ 모두 단음으로 발음한다.

29 ④
| 정답 풀이 |
④ '에어컨'으로 표기해야 한다.

30 ③
| 정답 풀이 |
③ 이름에서 일어나는 음운 변화는 표기에 반영하지 않는다. 따라서 윤꽃님(Yun Kkotnim)으로 표기해야 한다.
| 오답 해설 |
⑤ 청량리는 행정 구역 단위가 '리'가 아니라 단순한 지명이다. 따라서 붙임표(-)를 넣지 않고 음운 변동이 일어난 발음대로 표기한다.

31 ①
| 정답 풀이 |
① '쩔다'는 최근 자주 사용되는 비표준어이다. '사람이 술이나 독한 기운에 의하여 영향을 받게 되다.'라는 의미로 사용될 경우 '절어'로 표기하는 것이 맞다.

32 ⑤
| 정답 풀이 |
⑤ '천재일우(千載一遇)'는 천 년 동안 단 한 번 만난다는 뜻으로, 좀처럼 만나기 어려운 좋은 기회를 이르는 말이다.

| 오답 해설 |
① 간담상조(肝膽相照): 서로 속마음을 털어놓고 친하게 사귐.
② 맥수지탄(麥秀之嘆): 고국의 멸망을 한탄함을 이르는 말.
③ 주마가편(走馬加鞭): 달리는 말에 채찍질한다는 뜻으로, 잘하는 사람을 더욱 장려함을 이르는 말.
④ 천석고황(泉石膏肓): 자연의 아름다운 경치를 몹시 사랑하고 즐기는 성벽(性癖). = 연하고질.

33 ①
| 정답 풀이 |
① '밭다'는 '시간이나 공간이 다붙어 몹시 가깝다.'라는 뜻으로, 활용형인 '밭은'으로 적는 것이 옳다.
| 오답 해설 |
② 과거의 의미를 나타내므로 '놀랐던지'로 적는 것이 옳다.
③ '전셋집'으로 적는 것이 옳다.
④ '주위에서 중심으로 함부로 밀어 넣다.'를 뜻하는 '욱여넣다'의 활용형인 '욱여넣고'로 적는 것이 옳다.
⑤ '어디에다'가 줄어든 말로, '얻다'로 적는 것이 옳다.

34 ①
| 정답 풀이 |
① '쓰다'는 'ㅡ'로 끝나는 용언의 어간의 'ㅡ'가 모음 어미 앞에서 예외 없이 탈락하는 규칙 활용에 해당한다.
| 오답 해설 |
②, ③, ④, ⑤ 모두 불규칙 활용이다.

35 ⑤
| 정답 풀이 |
⑤ '고로케'는 '크로켓'으로 순화하는 것이 옳다.

PART II

국어문화

01 국어학

02 국문학

03 기타

국어문화 10%

📝 최근 13개년 기출 전 문항 분석 결과

영역	출제 유형	출제 문항 수
[91~100번] **국어문화**	국문학–작품/작가	3
	국어학–국어사/내용 파악	3
	국어학–수어/점자	2
	국어학–매체	2

- ☑ '국문학'은 정답률이 매우 낮다. 최대한 많은 작가의 성향과 작품 정보를 살펴 눈에 익히는 것이 중요하다. 고전시가의 경우 갈래(향가, 고려가요, 가사 등)를 나누어 익히고, 고전소설은 작품 제목과 내용을 연결 지으며 공부한다. 현대시와 현대소설은 해당 작가의 성향과 대표작을 함께 익혀 두어야 작품을 보고 작가를 찾거나 작가를 보고 작품을 찾는 문제를 모두 맞힐 수 있다.
- ☑ 국어학에서 '국어사'는 '훈민정음 어제 서문'과 고전 작품 관련 내용을 중심으로 출제된다. 처음 익히기는 어려우나 한번 외우면 문제 유형이 바뀌어도 언제든 적응할 수 있으니 충실히 공부한다.
- ☑ 국어학에서 개화기(근대)의 '신문 기사 내용'을 파악하는 문제는 해당 표기를 발음하면 어떻게 소리가 날지 생각하면 의미가 쉽게 이해된다.
- ☑ 수어, 점자, 북한어는 반복해서 출제되지 않으니 〈보기〉의 자료를 보고 유추해서 푼다. 어법 파트에서 익힌 로마자 표기법과 문장 부호까지도 북한어 공부에 활용된다.
- ☑ 법령 용어 및 고전의 어휘 이해 파악 문항은 난도가 높고, 방송 언어 문항은 난도가 낮은 편이다.

최신 6회분 기출 분석 [91~100번] 국어문화

문항번호	A회 유형/분류	A회 지문	A회 자료/개념	B회 유형/분류	B회 지문	B회 자료/개념	C회 유형/분류	C회 지문	C회 자료/개념
91	국문학-고전문학		속미인곡	국문학-고전문학		누항사	국문학-고전문학		오우가
92	국문학-현대문학		표본실의 청개구리	국문학-현대문학		난장이가 쏘아올린 작은 공	국문학-현대문학		꺼삐딴 리
93	국문학-작가		박목월	국문학-작가		박경리	국문학-작가		이용악
94	국어학		동아일보	국어학		동아일보	국어학		매일신보
95	국어학	심청전	하릴없소, 대명천지, 후사, 불초녀, 천명	국어학	조웅전	반반, 고금, 사고무친, 천병만마, 시석	국어학	백학선전	화설, 쇠진하다, 점막, 수간모옥, 서생
96	국어학		〈훈민정음〉 언해본	국어학		〈훈민정음〉 서문	국어학		〈훈민정음〉 서문
97	국어학-북한어		사전 배열 순서	국어학-북한어		표기	국어학-북한어		띄어쓰기
98	국어학		수어	국어학		점자	국어학		수어
99	국어학		매체 언어-법률	국어학		매체 언어-법률	국어학		매체 언어-법률
100	국어학		매체 언어	국어학		매체 언어	국어학		매체 언어

국어문화 학습 전략

KBS한국어능력시험의 국어문화 영역에서는 국어국문학의 여러 영역에 해당하는 교양 지식을 평가하는 문항이 출제된다. 지식을 전부 암기해야 하므로, 3~4문항 외에는 정답률이 낮다. 자주 출제되는 개념을 외우고, 최신 기출 문제의 정답과 나머지 선지들을 여러 번 보고 눈에 익히는 것이 좋다. 최신 기출 문항의 정답률을 살펴보면 '국어생활, 매체 언어의 탐구(법령 용어, 방송 언어)' 관련 문항의 정답률이 70~75% 이내이며 나머지 문항은 정답률이 35~60% 정도이다.

남북한의 문법을 비교하는 문항은 어법 영역의 선지가 반복적으로 출제되는 경향이 있음을 참고하여 현대 국어의 주요 문법 개념을 공부해야 한다. 수어 문항은 국립국어원의 한국 수어 사전에 실린 자료가 어떤 단어를 의미하는지를 묻는 유형이 출제되고, 점자 문항은 점자 자체에 대한 이해 유형과 〈보기〉에 제시된 자음과 모음을 바탕으로 새로운 단어를 표기하는 문항이 출제된다. 그리고 국문학은 〈보기〉에서 설명하는 문학 작품이나 작가, 문학 이론을 고르는 문항이 출제된다.

문항번호	D회 유형/분류	D회 지문	D회 자료/개념	E회 유형/분류	E회 지문	E회 자료/개념	F회 유형/분류	F회 지문	F회 자료/개념
91	국문학–고전문학		양반전	국문학–고전문학		구운몽	국문학–고전문학		한중록
92	국문학–현대문학		동백꽃	국문학–현대문학		쉽게 쓰여진 시	국문학–현대문학		독 짓는 늙은이
93	국문학–작가		기형도	국문학–작가		하근찬	국문학–작가		박재삼
94	국어학		시대일보	국어학		조선일보	국어학		동아일보
95	국어학	화의 혈	넉이고, 괴엄괴엄, 불근, 닐은, 양화	국어학	춘향전	다담, 예방, 차일, 녹의홍상, 백수나삼	국어학	심청전	징험, 족자, 시비, 삼경, 편주
96	국어학		〈훈민정음〉 서문	국어학		〈훈민정음〉 서문	국어학		〈훈민정음〉 언해본
97	국어학–북한어		어문규정	국어학–북한어		맞춤법	국어학–북한어		맞춤법
98	국어학		점자	국어학		수어	국어학		점자
99	국어학		매체 언어–법률	국어학		매체 언어–법률	국어학		매체 언어–법률
100	국어학		매체 언어	국어학		매체 언어	국어학		매체 언어

수험생이 묻고, 전문가가 답하다

국어학, 문학, 수어와 점자, 문화적인 요소까지 너무 외울 게 많은데 어떻게 해야 할까요?

국어문화는 출제되는 문항 수는 가장 적지만 공부하기가 제일 까다로운 영역입니다. 어떠한 개념이 출제될지 예측하기가 어렵고, 외우지 않으면 문제를 풀기 어렵기 때문입니다. 하지만 수어 문항은 동작을 보고 직관적으로 답을 고를 수 있고, 점자 문항은 〈보기〉의 정보로 충분히 답을 고를 수 있습니다. 그 외 유형은 기출 유형 중심의 반복 학습이 도움이 될 것입니다. 또한, 최근 고전 작품의 작품명을 묻거나 고전 작품의 어휘의 의미를 묻는 문항이 고정적으로 출제되고 있으므로 고전 작품 중 출제 빈도가 높은 것들은 전문을 파악해 두어도 좋습니다.

01 국어학

대표 기출유형

기출유형 1 — 중세 국어

유형 풀이 ▶ 《훈민정음》 서문의 내용 이해도를 확인하는 문항이다. 서문 전체의 길이가 길지 않으므로 내용을 암기하며 이해하고 문항을 풀면 된다. 단, 기존에 훈민정음의 제자 원리 관련 문항이 출제된 바 있으므로 관련 내용도 함께 파악해 두도록 한다.

정답 풀이 ▶ '(백성이 말하고자) 하는 바가 있어도'의 의미이다.

정답 ▶ ④

• 〈보기〉는 《훈민정음》 서문이다. 밑줄 친 부분에 대응하는 현대 국어로 가장 적절한 것은?

┤ 보기 ├

나·랏 :말쓰·미 中듕國·귁·에 달·아
文문字·쭝·와·로 서르 스뭇·디 아니홀·씨
·이런 젼·ᄎ·로 어·린 百·빅姓·셩·이 니르·고·져 ·홇 ·배 이셔·도
ᄆᆞᄎᆞᆷ:내 제 ·ᄠᅳ·들 시·러 펴·디 :몯홇 ·노·미 하·니·라
·내 ·이·를 爲·윙·ᄒᆞ·야 :어엿·비 너·겨
·새·로 ·스·믈 여·듧 字·쭝·를 밍·ᄀᆞ노·니
:사ᄅᆞᆷ:마·다 :ᄒᆡ·ᅇᅧ :수·ᄫᅵ니·겨
·날·로 ·ᄡᅮ·메 便뼌安한·킈 ᄒᆞ·고·져 홇 ᄯᆞᄅᆞ·미니·라

① 할 수 있어도
② 할 것이 많아도
③ 하는 바가 많아도
④ 하는 바가 있어도
⑤ 하는 배가 있어도

기출유형 2 — 문화어(북한어)

유형 풀이 ▶ 남한의 표준어와 북한의 조선말 규범 이해도를 평가하는 문항이다. 80% 가량은 내용이 동일하므로, '조선말 규범집'의 전문을 보고 한글 맞춤법 혹은 표준 발음법과 다른 부분의 예시를 참고하면 된다.

정답 풀이 ▶ 남한과 북한 모두 '얇다'의 활용형은 '얇았다'로 뒤에 양성 모음의 어미가 후행한다.

정답 ▶ ②

• 〈보기〉는 북한의 조선말 규범집의 일부이다. 남과 북의 표기가 모두 올바른 것은?

┤ 보기 ├

제11항 말줄기가 〈아, 어, 여〉 또는 〈았, 었, 였〉과 어울릴 때에는 그 말줄기의 모음의 성질에 따라 각각 다음과 같이 구별하여 적는다.

1) 말줄기의 모음이 〈ㅏ, ㅑ, ㅗ, ㅏㅡ, ㅗㅡ〉인 경우에는 〈아, 았〉으로 적는다.
   례: 막다 – 막아, 막았다   따르다 – 따라, 따랐다   얇다 – 얇아, 얇았다
       오다 – 와, 왔다   오르다 – 올라, 올랐다

2) 말줄기의 모음이 〈ㅓ, ㅕ, ㅜ, ㅡ, ㅢ, ㅜㅡ, ㅡㅡ, ㅣㅡ〉인 경우에는 〈어, 었〉으로 적는다.
   례: 거들다 – 거들어, 거들었다   겪다 – 겪어, 겪었다
       넣다 – 넣어, 넣었다   두다 – 두어, 두었다
       부르다 – 불러, 불렀다   치르다 – 치러, 치렀다
       크다 – 커, 컸다   흐르다 – 흘러, 흘렀다

	남한 표기	북한 표기
①	따랐다	따렀다
②	얇았다	얇았다
③	올랐다	올렀다
④	치뤘다	치렀다
⑤	흘렀다	흘랐다

01 국어학

기출 핵심개념

1. 중세 국어

1 훈민정음

(1) 《훈민정음》 서문

나·랏 :말쏘·미 中듕國·귁·에 달·아
우리나라의 말이 중국과는 달라

文문字·쫑·와·로 서르 ᄉᆞᄆᆞᆺ·디 아·니홀·ᄊᆡ
한자와는 서로 통하지 아니하여서

·이런 젼·ᄎᆞ·로 어·린 百·빅姓·셩·이 니르·고·져 ·홇·배 이·셔·도
이런 까닭으로 어리석은 백성이 말하고자 하는 바가 있어도

ᄆᆞ·ᄎᆞᆷ:내 제 ·ᄠᅳ·들 시·러 펴·디 :몯홇 ·노·미 하·니·라
마침내 제(자기)의 뜻을 능히 펴지 못하는 사람이 많다.

·내 ·이·를 爲·윙·ᄒᆞ·야 :어엿·비 너·겨
내가 이것을 가엾게 생각하여

·새·로 ·스·믈 여·듧 字·쫑·를 밍·ᄀᆞ노·니
새로 스물 여덟 글자를 만드니

:사ᄅᆞᆷ:마·다 :ᄒᆡ·ᅇᅧ :수·ᄫᅵ니·겨
모든 사람들로 하여금 쉽게 익혀서

·날·로 ·ᄡᅮ·메 便뼌安ᅙᅡᆫ·킈 ᄒᆞ·고·져 홇 ᄯᆞᄅᆞ·미니·라
날마다 쓰는 데 편하게 하고자 할 따름이다.

(2) 자음(초성)의 제자 원리

① 상형: 발음 기관의 모양을 본떠 글자를 만드는 원리이다. 'ㄱ, ㄴ, ㅁ, ㅅ, ㅇ' 다섯 개의 기본자는 상형의 원리에 따라 만들어졌다.
② 가획: 기본자에 획을 더하여 새로운 글자를 만드는 원리이다. 기본자의 소리가 강해질 때 획을 추가한다.
   예) ㄱ→ㅋ, ㄴ→ㄷ→ㅌ, ㅁ→ㅂ→ㅍ, ㅅ→ㅈ→ㅊ, ㅇ→ㆆ→ㅎ
③ 이체: 가획에 따라 소리가 거세지는 가획자와 달리 소리의 특성을 고려하여 모양을 다르게 만들었다.

구분	기본자	가획자	이체자
아음(어금닛소리)	ㄱ	ㅋ	ㆁ(옛이응)
설음(혓소리)	ㄴ	ㄷ, ㅌ	ㄹ(반설음)
순음(입술소리)	ㅁ	ㅂ, ㅍ	
치음(잇소리)	ㅅ	ㅈ, ㅊ	ㅿ(반치음)
후음(목구멍소리)	ㅇ	ㆆ, ㅎ	

(3) 모음(중성)의 제자 원리

① 상형: 하늘(·), 땅(ㅡ), 사람(ㅣ)의 모양을 본떠 기본자를 만들었다.
② 합성: '·, ㅡ, ㅣ'의 기본자를 합하여 초출자, 재출자를 만들었다.
  • 초출자: 기본자에 '·'를 한 번 합하여 'ㅏ, ㅓ, ㅗ, ㅜ'를 만들었다.
  • 재출자: 기본자에 '·'를 두 번 합하여 'ㅑ, ㅕ, ㅛ, ㅠ'를 만들었다.

기본자	초출자	재출자
·, ㅡ, ㅣ ⇒	ㅏ ㅓ ㅗ ㅜ	⇒ ㅑ ㅕ ㅛ ㅠ

(4) 운용 규정
① 이어 쓰기(연서): 초성자 두 개를 밑으로 이어 쓰는 규정으로, 순음(ㅁ, ㅂ, ㅍ, ㅃ) 아래에 'ㅇ'을 이어 쓴다.
　예 ㅱ, ㅸ, ㆄ, ㅹ
② 나란히 쓰기(병서): 초성 두 개 또는 세 개를 가로로 나란히 붙여 쓰는 것이다.
- 각자 병서: 같은 초성 두 개를 나란히 쓴다.
　예 ㄲ, ㄸ, ㅃ, ㅆ, ㅉ, ㆅ, ㆀ
- 합용 병서: 서로 다른 초성 두 개 혹은 세 개를 나란히 쓴다.
　예 ㅅㄱ, ㅳ, ㅲ 등
③ 붙여쓰기(부서): 자음과 모음을 합하여 한 글자를 만들 때 붙여 쓴다.
④ 점 찍기(방점): 소리의 높낮이를 나타내기 위해 음절의 왼쪽에 점을 찍어 표시한다.

2 기타

(1) 높임 선어말 어미

갈래	형태	용례
객체 높임	-ㅅㅸ-, -ㅅㅸ-, -ㅈㅸ-, -ㅈㅸ-, -ㅅㅸ-, -ㅅㅸ-	막ㅅㅸ거놀(막다), 듣ㅈㅸ게(듣다), 보ㅅㅸ게(보다)
주체 높임	-시-, -샤-	가시고, 가샤
상대 높임	-이-/-잇-(아주 높임), -ㆁ-/-ㅇ-/-ㅅ-(예사 높임)	ᄒᆞᄂᆞ이다

(2) 시제 선어말 어미

갈래	형태	용례
현재 시제	-ᄂᆞ-	ᄒᆞᄂᆞ다(한다)
과거(회상) 시제	-더-	ᄒᆞ더라(하더라)
미래 시제	-리-	ᄒᆞ리라(하리라)

2 문화어(북한어)

최신 기출 문항에서 출제된 문화어의 규범 항목은 다음과 같다.

제6장	한 형태부안에서 받침 《ㄴ, ㄹ, ㅁ, ㅇ》 다음의 소리가 된소리로 나는 경우에는 그것을 된소리로 적는다.				
		옳음	그름	옳음	그름
례		걸써 뭉뚝하다 벌써 훨씬 알뜰살뜰	걸서 뭉둑하다 벌서 훨신 알들살들	말씀 반짝반짝 활짝 옴짝달싹	말슴 반작반작 활작 옴작달삭
	그러나 토에서는 《ㄹ》 뒤에서 된소리가 나더라도 된소리로 적지 않는다.				
		옳음	그름	옳음	그름
례		~ㄹ가 ~ㄹ지라도	~ㄹ까 ~ㄹ찌라도	~ㄹ수록 ~올시다	~ㄹ쑤록 ~올씨다

제11항 말줄기가 《아, 어, 여》 또는 《았, 었, 였》과 어울릴 때에는 그 말줄기의 모음의 성질에 따라 각각 다음과 같이 구별하여 적는다.

1) 말줄기의 모음이 《ㅏ, ㅑ, ㅗ, ㅏ―, ㅗ―》인 경우에는 《아, 았》으로 적는다.
   례: 막다 – 막아, 막았다   따르다 – 따라, 따랐다   얇다 – 얇아, 얇았다
       오다 – 와, 왔다   오르다 – 올라, 올랐다

[붙임] 말줄기의 모음이 《ㅏ―, ㅗ―》인것이라도 합친말줄기인 경우에는 《어, 었》으로 적는다.
   례: 곱들다 – 곱들어, 곱들었다   받들다 – 받들어, 받들었다   올들다 – 올들어, 올들었다

2) 말줄기의 모음이 《ㅓ, ㅕ, ㅜ, ㅡ, ㅚ―, ㅠ―, ――, ㅣ―》인 경우에는 《어, 었》으로 적는다.
   례: 거들다 – 거들어, 거들었다   겪다 – 겪어, 겪었다   넣다 – 넣어, 넣었다
       두다 – 두어, 두었다   부르다 – 불러, 불렀다   치르다 – 치러, 치렀다
       크다 – 커, 컸다   흐르다 – 흘러, 흘렀다

3) 말줄기의 모음이 《ㅣ, ㅐ, ㅔ, ㅚ, ㅟ, ㅢ》인 경우와 줄기가 《하》인 경우에는 《여, 였》으로 적는다.
   례: 기다 – 기여, 기였다   개다 – 개여, 개였다   베다 – 베여, 베였다
       되다 – 되여, 되였다   쥐다 – 쥐여, 쥐였다   하다 – 하여, 하였다
       희다 – 희여, 희였다

그러나 말줄기의 끝소리마디에 받침이 있을 때에는 《어, 었》으로 적는다.
   례: 길다 – 길어, 길었다   심다 – 심어, 심었다   짓다 – 지어, 지었다

[붙임] 부사로 된 다음과 같은 단어들은 말줄기와 토를 갈라 적지 않는다.

	옳음	그름	옳음	그름
례	구태여 드디여	구태어 드디어	도리여	도리어

제13항 말줄기의 끝소리마디 《하》의 《ㅏ》가 줄어지면서 다음에 온 토의 첫 소리 자음이 거세게 될 때에는 거센 소리로 적는다.

본말	준말	본말	준말
가하다	가타	다정하다	다정타
례하건대	례컨대	발명하게	발명케
선선하지 못하다	선선치 못하다	시원하지 못하다	시원치 못하다

그러나 《아니하다》가 줄어든 경우에는 《않다》로 적는다.

	본말	준말	본말	준말
례	넉넉하지 아니하다 주저하지 아니하다	넉넉치 않다 주저치 않다	서슴지 아니하다	서슴지 않다

[붙임] 이와 관련하여 《않다》, 《못하다》의 앞에 오는 《하지》를 줄인 경우에는 《치》로 적는다.
   례: 고려치 않다   괜치 않다   넉넉치 않다
       만만치 않다   섭섭치 않다   풍부치 못하다
       똑똑치 않다   우연치 않다   편안치 못하다

표준어(남한어)와 문화어(북한어)의 여러 차이점 중 최근 기출에서 다루어진 것은 다음과 같다.

(1) 자음과 모음의 명칭

자모	표준어	문화어
ㄱ	기역	기윽
ㄷ	디귿	디읃
ㅅ	시옷	시읏
ㄲ	쌍기역	된기윽
ㄸ	쌍디귿	된디읃
ㅃ	쌍비읍	된비읍
ㅆ	쌍시옷	된시읏
ㅉ	쌍지읒	된지읒

(2) '-아/-어' 형

표준어	문화어
피어	피여
내어	내여
세어	세여
되어	되여
뛰어	뛰여
희어	희여

(3) 불규칙 활용

표준어	문화어
아름다워	아름다와
고마워	고마와

(4) 두음 법칙

표준어	문화어
이성계	리성계
연습	련습
낙하	락하
냉수	랭수
이승	니승
여자	녀자
양강도	량강도

(5) 의존 명사 띄어쓰기

표준어	문화어
내 것	내것
할 수 있다	할수 있다
한 개	한개

(6) 보조 용언 띄어쓰기

표준어	문화어
먹어 보다 / 먹어보다	먹어보다
올 듯하다 / 올듯하다	올듯하다
읽고 있다	읽고있다
자고 싶다	자고싶다

(7) 된소리

① 북한은 토에서는 'ㄹ' 뒤에서 된소리(ㄲ, ㄸ, ㅃ, ㅉ)가 나더라도 된소리로 적지 않는다.

표준어	문화어
밥을 먹을까?	밥을 먹을가?
밥을 먹을꼬?	밥을 먹을고?
밥을 먹을쏘냐?	밥을 먹을소냐?

② 남한은 형태소 내부에서 된소리를 반영하여 표기하나, 북한은 반영하지 않는다.

표준어	문화어
이빨	이발
눈썹	눈섭
손뼉	손벽
잠깐	잠간
날짜	날자
색깔	색갈

참고 단, 쪼각, 안깐힘, 원쑤 등은 된소리로 표기

(8) 자음동화
'ㄹ'의 순행동화에 대해 남한은 인정하고, 북한은 불인정한다.

표준어	문화어
심리[심니]	심리[심리]
항로[항:노]	항로[항로]

(9) '-적' 발음

표준어[적]	문화어[쩍]
감상적	감상쩍
개방적	개방쩍
경험적	경험쩍
고전적	고전쩍
공상적	공상쩍
광란적	광란쩍

(10) 'ㅚ/ㅟ' 발음
남한은 이중모음도 인정하며, 북한은 단모음만 인정한다.

(11) 'ㅢ' 발음
① 남한은 자음 뒤에서는 [ㅣ]로 발음되고, [ㅔ/ㅣ]를 허용한다.
② 북한은 한자말 '희', '의'는 [희], [의]만 인정한다.
예 [회의], [희망], [유희], [의견], [의의]

(12) 'ㅖ' 표기
'계, 례, 몌, 폐, 혜'의 표기 방식으로는 남한은 원래 소리를 인정하며 북한은 단모음화를 인정한다.

표준어	문화어
휴게실	휴계실
휴게소	휴계소
폐교(廢校)	페교(廢校)
폐회(閉會)	페회(閉會)

⑬ 복합어(파생/합성)

① 문화어는 접사의 활용이 생산적이며, 복수의 뜻을 더하는 접미사 '-들'도 표준어보다 훨씬 많이 사용한다.
  예 차례지다(몫으로 차지되다), 부러워나다(부러워하다), 급해맞다(사정이 매우 급하다)

② 표준어는 피·사동 접사 사용이 제한적인 반면, 문화어는 생산적이다.

표준어	문화어
맑히다(×), 개우다(×)	쉬우려고, 놀래워 등

③ 사이시옷: 표준어는 생산적이며, 문화어는 제한적으로 사용한다.

표준어	문화어
나룻배	나루배
나뭇가지	나무가지
냇가	내가
뱃길	배길
아랫집	아래집
깻잎	깨잎
텃세	터세

참고 예외로 빗바람, 샛별은 인정

④ 사이히읗: 표준어는 전통적 어휘에서 인정하며, 문화어는 인정하지 않는다.

표준어	문화어
수(암)강아지	수(암)강아지
수(암)캐	수(암)개
수(암)탉	수(암)닭
수(암)평아리	수(암)병아리
수(암)키와	수(암)기와

⑤ 합성어의 어근 표시: 어근 분석 방식에 따라 다르게 표기한다.

표준어	문화어
올바르다	옳바르다
벚꽃	벛꽃

⑥ 복합어 표시: 표준어는 '-' 표시로 구분하고, 문화어는 표시하지 않는다.

⑭ 문장 부호

① 표준어는 가로/세로쓰기 모두 감안하며, 문화어는 가로쓰기만 인정한다.

표준어에만 있는 것	문화어에만 있는 것
˚(고리점) ˙(모점) ·(가운뎃점) / (빗금) 『 』(겹낫표) 「 」(홑낫표) { }(중괄호)	;(반두점) 〃(같음표) Ⅰ,Ⅱ,Ⅲ…(대목/장/절 부호)

② 문장 부호 명칭 차이

문장 부호	표준어	문화어
.	마침표	점
:	쌍점	두점
" " / 《 》	큰따옴표 / 겹화살괄호	인용표
' ' / 〈 〉	작은따옴표 / 홑화살괄호	거듭인용표
( )	소괄호	쌍괄호
[ ]	대괄호	꺾쇠괄호
―	줄표	풀이표
-	붙임표	이음표
□	빠짐표	숨김표

01 국어학

기출 응용문제

01
〈보기〉를 참고하여 훈민정음의 초성 자음을 설명한 내용으로 적절하지 <u>않은</u> 것은?

┤ 보기 ├

　　훈민정음의 초성 자음은 모두 17자이다. 자음자의 경우, 기본자 'ㄱ, ㄴ, ㅁ, ㅅ, ㅇ'에 획을 더하여 가획자 아홉 글자를 만들었으며, 기본자의 모양을 다르게 하여 이체자 세 글자를 만들었다.

① 'ㅋ'은 기본자 'ㄱ'의 가획자이다.
② 'ㆁ'은 기본자 'ㅇ'의 가획자이다.
③ 'ㅊ'은 기본자 'ㅅ'의 가획자이다.
④ 'ㅍ'은 기본자 'ㅁ'의 가획자이다.
⑤ 'ㅎ'은 기본자 'ㅇ'의 가획자이다.

02
다음 중 〈보기〉의 ㉠에 해당하는 예의 묶음이 <u>아닌</u> 것은?

┤ 보기 ├

　　중세 국어에서 조사는 ㉠선행하는 체언의 끝음절 모음이 양성 모음인지 음성 모음인지에 따라 실현되는 양상이 다른 경우가 많았다.

① 바ᄅᆞᆫ(바람은)/부슬(붓을)
② 도ᄌᆞ기(도적의)/굴허에(구렁에)
③ 짜해(땅에)/거부븨(거북의)
④ 히와(해와)/얼굴과(얼굴과)
⑤ 고즐(꽃을)/수른(술은)

03
〈보기〉의 《훈민정음》 서문에 쓰인 ㉠~㉤의 의미로 적절하지 <u>않은</u> 것은?

┤ 보기 ├

　　나·랏:말ᄊᆞ·미 中듕國·귁·에 달·아 文문字·ᄍᆞ·와·로 서르 ㉠ᄉᆞᄆᆞᆺ·디 아·니 ᄒᆞᆯ·씨 ·이런 ㉡젼·ᄎᆞ·로 어·린 百·ᄇᆡᆨ姓·셩·이 ㉢니르·고·져 ·홇·배 이·셔·도 ᄆᆞᄎᆞᆷ:내 제ᄠᅳ·들 ㉣시·러 펴·디 :몯 ᄒᆞᇙ ·노·미 하·니·라 ·내·이·ᄅᆞᆯ 爲·윙·ᄒᆞ·야:어엿·비 너·겨 ·새·로·스·믈여·듧字·ᄍᆞ·ᄅᆞᆯ 밍·ᄀᆞ노·니:사ᄅᆞᆷ:마·다:ᄒᆡ·ᅇᅧ ㉤:수·ᄫᅵ 니·겨·날·로·ᄡᅮ·메 便뼌安ᅙᅡᆫ·킈 ᄒᆞ·고·져 ᄒᆞᇙ ᄯᆞᄅᆞ·미니·라

① ㉠ ᄉᆞᄆᆞᆺ디: '막힘이 없이 들고 나다'를 나타내는 말이다.
② ㉡ 젼·ᄎᆞ·로: '어떠한 결론이나 결과에 이른 까닭이나 근거'를 나타내는 말이다.
③ ㉢ 니르·고·져: '어떤 정도나 범위에 미치다'의 의미를 나타내는 말이다.
④ ㉣ 시·러: '능력이 있어서 쉽게'의 의미를 나타내는 말이다.
⑤ ㉤ :수·ᄫᅵ: '어렵거나 힘들지 아니하게'의 의미를 나타내는 말이다.

04
다음 중 북한의 문장 부호인 풀이표(-)를 사용하지 <u>않는</u> 경우는?

① 동격어의 뒤
② 제시어의 앞
③ 서로 맞대거나 대응하는 관계를 나타낼 때
④ 같은 종류의 문장 성분들과 그것에 대한 묶음 말
⑤ 특수한 글에서 주어와 술어가 토 없이 맞물렸을 때

05
다음 중 남북한의 문장 부호 사용에 대한 설명으로 옳은 것은?

① 남한에서만 중괄호({ })를 사용한다.
② 북한에서는 반두점(;)을 사용하지 않는다.
③ 남한과 북한 모두 동일한 이름으로 문장 부호를 지칭한다.
④ 북한에서는 큰따옴표(" ")와 작은따옴표(' ')를 구분하지 않는다.
⑤ 남한과 북한 모두 가로쓰기와 세로쓰기에서 동일한 문장 부호를 사용한다.

06

사이시옷 사용에 대한 남북한의 차이로 옳은 것은?

① 북한에서는 사이시옷 대신 사이히읗을 사용한다.
② 남한과 북한 모두 사이시옷을 동일하게 사용한다.
③ 남한과 북한 모두 사이시옷 사용을 완전히 폐지했다.
④ 남한은 사이시옷 사용이 생산적이고, 북한은 제한적으로 사용한다.
⑤ 남한은 사이시옷 사용을 제한적으로 하고, 북한은 광범위하게 사용한다.

07

다음 설명을 참고할 때 남북한의 띄어쓰기가 올바른 것끼리 묶인 것은?

남한의 띄어쓰기	[한글 맞춤법 제5장 제42항, 제43항] 제42항 의존 명사는 띄어 쓴다. 예 아는 것이 힘이다. 　　떠난 지가 오래다. 제43항 단위를 나타내는 명사는 띄어 쓴다. 예 소 한 마리, 연필 한 자루 다만, 순서를 나타내는 경우나 숫자와 어울리어 쓰이는 경우에는 붙여 쓸 수 있다. 예 삼학년, 육층, 80원, 10개
북한의 띄어쓰기	[띄여쓰기 제2장 제7항] 제7항 수사가 토없이 완전 명사와 어울린 것은 띄어쓰며 단위 명사(또는 이에 준하는 명사)와 어울린 것은 붙여쓰는 것을 원칙으로 한다. 1) 수사가 토없이 완전 명사와 어울린 것 　예 세 기술일군의 참관 　　일곱 녀학생의 아름다운 소행 2) 수사가 토없이 단위 명사와 어울린 것 　예 50명, 2년, 두살, 다섯개 ＊토: 조사와 어미를 아우르는 말 ＊완전 명사: 사물의 실상이 있는 내용을 나타내며 홀로 독립해서 쓰이는 명사

	남한 표기	북한 표기
①	30살	30 살
②	두 사람	두 사람
③	일곱달	일곱 달
④	세가지	세가지
⑤	고등어 한 손	고등어 한 손

정답 풀이 & 오답 해설

01
| 정답 풀이 | ② 'ㆁ'은 기본자 'ㄱ'의 이체자이다.

02
| 정답 풀이 | ④ '회와(해와)/얼굴과(얼굴과)'는 선행하는 체언의 끝이 모음인지, 자음인지로 조사의 양상이 달라진 것이다.

03
| 정답 풀이 | ③ ⓒ '니르·고·져'의 의미는 '무엇이라고 말하다'를 나타낸다.

04
| 정답 풀이 | ② 북한에서 풀이표(-)는 제시어의 뒤에 사용한다.

05
| 정답 풀이 | ① 남한(표준어)에서는 중괄호({ })를 사용하지만 북한(문화어)에서는 사용하지 않는다.

| 오답 해설 |
② 반두점(;)은 북한에서만 사용되는 문장 부호이다.
③ 남북한은 문장 부호의 명칭에 차이가 있다.
④ 북한에서도 큰따옴표(" ")와 작은따옴표(' ')를 구분하여 사용한다.
⑤ 남한은 가로/세로쓰기 모두를 고려하지만, 북한은 가로쓰기만을 고려한다.

06
| 정답 풀이 | ④ 사이시옷 사용은 남한(표준어)에서 생산적이고 북한(문화어)에서는 제한적이다. 대표적인 예로는 남한에서는 '나룻배, 냇가, 샛별' 등 다양한 단어에서 사이시옷을 사용하지만, 북한에서는 '빗바람, 샛별' 정도로 제한적으로 인정한다.

| 오답 해설 |
① 북한에서는 사이히읗 사용을 인정하지 않는다.
② 남북한의 사이시옷 사용에는 뚜렷한 차이가 있다.
③ 남북한 모두 사이시옷을 완전히 폐지하지 않았으며, 특히 남한에서는 여전히 활발히 사용한다.
⑤ 실제로는 남한이 북한보다 사이시옷을 더 광범위하게 사용한다.

07
| 정답 풀이 | ② 남한에서는 단위를 나타내는 명사는 띄어 쓴다고 했고, 북한에서는 수사가 토없이 완전 명사와 어울린 것은 띄어 쓴다고 했으므로 적절하다.

| 오답 해설 |
① 북한의 표기가 '30살'이 되어야 옳다.
③ 남한은 '일곱 달', 북한은 '일곱달'이 되어야 옳다.
④ 남한에서 단위 명사는 띄어 쓰므로 '세 가지'로 수정해야 한다.
⑤ 북한의 경우 수사와 단위 명사를 붙여 '한손'으로 써야 한다.

정답 01 ② 02 ④ 03 ③ 04 ② 05 ① 06 ④ 07 ②

08

다음 설명을 참고할 때 남북한의 띄어쓰기가 올바르게 쓰인 것끼리 묶인 것은?

남한의 띄어쓰기	북한의 띄어쓰기
[한글 맞춤법 제5장 제44항] 수를 적을 적에는 '만(萬)' 단위로 띄어 쓴다. 예 십이억 삼천사백오십육만 칠천팔백구십팔 12억 3456만 7898	[띄여쓰기 제2장 제5항] 수는 아라비아수자로만 적을 수도 있고 순수 우리 글로만 적을 수도 있으며 아라비아수자에 《백, 천, 만, 억, 조》 등의 단위를 우리 글자와 섞어서 쓸 수도 있다. 이때의 띄여쓰기는 다음과 같다. 2) 수사를 우리 글자로만 적거나 아라비아 수자에 《백, 천, 만, 억, 조》 등의 단위를 우리 글자와 섞어 적을 때에는 그것을 단위로 하여 띄여쓴다. 예 구십삼억 칠천 이백 십팔 팔만 륙천 삼백 륙십오 3만 5천 6백 25 3) 우리 글자로만 수를 적되 《십, 백, 천, 만》 등의 단위를 표시하지 않고 수자의 이름으로만 적을 때는 붙여쓴다. 예 삼오(35), 삼오삼(353), 이사오륙(2456), 칠구공공팔오(790085)

	표기하려는 숫자	남한 표기	북한 표기
①	771	칠백칠십일	7백 7십 1
②	5524	오천 오백이십사	오천 오백 이십사
③	47562	4만7562	4만 7천 5백 62
④	62035	육만 이천삼십오	륙이공삼오
⑤	156327	십오만 육천삼백이십칠	일오 륙삼 이칠

정답 풀이 & 오답 해설

08

| 정답 풀이 | ④ 남한 표기는 '만' 단위로 띄어 쓰며, 북한 표기는 '수자의 이름으로만 적을 때' 붙여 쓴다.

| 오답 해설 |
① 북한의 표기가 '7백 71'이 되어야 옳다.
② 남한의 표기가 '오천오백이십사'가 되어야 옳다.
③ 남한의 표기가 '4만 7562'이 되어야 옳다.
⑤ 북한의 표기가 '일오륙삼이칠'이 되어야 옳다.

정답 08 ④

02 국문학

대표 기출유형

기출유형 1 | 작가

유형 풀이▶ 〈보기〉에서 설명하는 작가를 찾는 유형으로, 국문학적 교양을 평가하는 문항이다. 보통 인지도가 매우 높은 작가들로 선지가 구성되므로 작가의 주요 작품이나 대표적인 이력을 알고 있다면 문항을 쉽게 풀 수 있다.

정답 풀이▶ ① 소설가 이청준에 대한 설명이다.

정답▶ ①

• 〈보기〉에서 설명하는 작가는?

| 보기 |

주로 정치, 사회적인 부분과 그 횡포에 대한 인간 정신의 대결 관계를 그려 냈다. 특히 언어의 진실과 말의 자유에 관심을 가지고 지적 방법으로 현실 세계의 부조리와 불합리를 정밀하게 해부하여 서술했다. 대표작으로는 〈매잡이〉, 〈당신들의 천국〉, 〈낮은 데로 임하소서〉, 〈소문의 벽〉 등이 있다.

① 이청준　　② 김승옥　　③ 박경리
④ 이문구　　⑤ 황석영

기출유형 2 | 작품

유형 풀이▶ 〈보기〉에서 설명하는 작품을 찾는 유형으로, 국문학적 교양을 평가하는 문항이다. 〈보기〉의 내용이 어렵지 않고, 수능에서 다루는 내용도 많이 제시되어 정답률이 높은 문항이다.

정답 풀이▶ ② 〈황조가〉는 고대 가요로, 고려 속요보다 이전의 시기에 쓰인 작품이다.

정답▶ ②

• 다음 중 〈보기〉의 ㉠에 속하지 않는 작품은?

| 보기 |

㉠고려 속요는 고려 시대 평민들이 부르던 민요적인 시가로 '고려 가요', '여요', '장가'라고도 한다. 인간성과 풍부한 정서를 형상화하며, 국문학에서 중요한 유산으로 평가되고 있다. 형식의 부분을 살펴보면 대부분 분장체(분연체, 연장체, 분절체)로 매끄러운 리듬감을 주는 후렴구가 발달하였다.

① 정석가　　② 황조가　　③ 이상곡
④ 가시리　　⑤ 쌍화점

02 국문학

기출 핵심개념

국문학 영역은 그 내용이 방대하므로 최근 출제된 작가와 작품을 중심으로 학습하는 것을 추천한다. 작가를 묻는 문항의 경우 작가의 활동, 서술 경향, 대표작이 제시되므로 주요 작가의 간단한 프로필을 추가적으로 학습하는 것도 좋다. 근래 시험에서는 고전 산문, 현대 소설 장르가 출제되었으나, 이후 언제든지 운문 계열로 출제 경향이 바뀔 수 있음에 유의해야 한다.

1. 고전 문학

(1) 가전체

정의 및 성격	• 무생물이나 추상적 개념을 인간처럼 묘사하여 전기체 형식으로 구성한 문학 갈래 • 특정 대상을 실존 인물과 같이 형상화하는 방식 채택 • 출생과 일생, 성격과 업적을 체계적으로 기록 • 의인법을 통한 문학적 형상화가 핵심	
구성 원리	• 역사적 인물의 전기 형식을 차용하여 구성 • 가계와 생애, 성품과 공과를 순차적으로 서술 • 의인법을 활용한 은밀한 사회 묘사	• 구체적 사물에서 추상적 의미로의 확장 • 현실 사회의 복잡한 양상들을 우회적 기법으로 다룸
한국 문학사적 전개	• 임춘의 「국순전」이 효시가 됨 • 고려 중엽부터 말엽까지 성행 • 개인 창작물의 성격을 지님	• 한국 고전 문학사의 중요한 장르로 자리매김 • 문학사적 발전 과정에서 독특한 위치 차지
표현 기법	• 해학적 비판 정신이 두드러짐 • 사회 비판적 관점을 우회적으로 드러냄 • 풍자와 해학을 통한 간접적 의미 전달	• 상징과 은유를 활용한 다층적 의미 구조 • 의인법의 적극적 활용을 통한 문학적 형상화
문체적 특징	• 예리한 풍자적 성격을 지님 • 사회 교화의 도덕적 지향점 제시 • 계세징인(戒世懲人)의 교훈적 목적 추구	• 민담과 근세 소설 사이의 연결고리 역할 수행 • 문학적 상상력과 현실 비판 의식의 결합

주요 기출 작품

작가	작품명	내용
식영암	정시자전 (丁侍者傳)	작가가 꿈에서 만난 정시자(지팡이)가 자신의 내력과 사람을 부축하는 사명을 설명하며 제자가 되기를 청하지만, 작가는 여러 미덕을 든 정시자에게 자격이 없다며 거절하는 내용을 그린 작품이다. 작가가 수도 과정에서 느끼는 갈등을 지팡이의 속성을 통해 표출하고, 정시자의 여러 미덕을 기리며 자신도 그와 같이 되고자 하는 염원을 드러내는 동시에, 중생을 인도하는 승려의 사명감을 비유적으로 표현하여 부패한 불교 사회를 고발하고 승려와 지도층의 자각을 촉구한다.
이곡	죽부인전 (竹夫人傳)	주인공 죽부인이 총각 의남의 희롱을 정숙한 절로 물리치고 송대부와 혼인하였으나 남편이 선유하러 떠나 돌아오지 않자 홀로 절개를 지키며 살다가 죽음을 맞는 일생을 그린 작품이다. 당시 음란한 궁중과 타락한 사회에 경종을 울리고 절부가 드물어져 가는 현실을 한탄하여, 대나무의 지조와 성품을 통해 여성의 높은 절개와 이상적 여인상을 제시하며 사회 기강 확립을 강조한다.
이규보	국선생전 (麴先生傳)	주인공 국성(술)이 임금의 총애를 받다가 자식들의 방자함으로 몰락한 후 다시 기용되어 공을 세우고 스스로 물러나는 일생을 그린 작품이다. 술과 인간의 관계에서 나타나는 덕과 패가망신을 군신 관계로 치환하여, 신하가 총애받을 때 방자해지기 쉬움을 경계하고 신하의 올바른 도리와 때를 아는 지혜의 중요성을 강조한다.
	청강사자현부전 (淸江使者玄夫傳)	주인공 현부(거북)가 선조들의 신령한 능력을 이어받아 점을 치는 직업을 가졌음에도 임금의 초빙을 거절하고 자연세계를 택하였지만, 결국 어부에게 잡히고 자손들도 삶아 먹히는 비극을 당하는 일생을 그린 작품이다. 성인도 삶에 어그러짐이 있고 앞일을 예견하는 능력을 가진 자도 위험에 빠질 수 있음을 통해 인간 삶의 위태로움을 경계하고, 복부나 미신적 신앙보다는 안분지족의 천리를 명심하여 수신하고 지족의 처세로 어지러운 시대를 살아갈 것을 강조한다.

작가	작품명	내용
이첨	저생전 (楮生傳)	주인공 저생(종이)이 채륜의 후예로 태어나 천성이 정결하여 문인을 좋아하고 모학사(붓)와 교분을 맺으며, 학문에 통달하여 제자백가의 글을 모두 기록하고 다양한 용도로 활용되어 후손들이 천하에 가득하게 되는 일생을 그린 작품이다. 한대부터 원·명대까지 종이의 발달사를 통시적으로 서술하면서 종이의 가치와 역할을 부각시키고, 나라가 변하여 집사람이 된 채씨의 역사를 통해 집안이 변하여 나라를 이루한 이씨 조선을 우회적으로 풍자한다.
임춘	공방전 (孔方傳)	주인공 공방(돈)이 황제 때 처음 채용되어 한나라 홍로경이 되었으나 탐욕스럽고 더러운 성질로 백성들이 농사를 버리고 장사 잇속만 좇게 하며 재물 많은 자만 사귀다가 탄핵받아 쫓겨나고 후에 다시 채용되었으나 배척받아 죽임을 당하는 일생을 그린 작품이다. 인간 생활에 필요한 돈이 오히려 인간을 타락시키는 폐해를 비판하고, 극도로 빈한했던 작가의 경험을 바탕으로 돈 때문에 생기는 사회적 병폐와 인간의 타락상을 고발하며 돈의 폐해를 없애야 한다는 주장을 제시한다.
	국순전 (麴醇傳)	주인공 국순(술)이 조상의 공로로 벼슬에 발탁되어 임금의 총애를 받으며 각종 의례를 주관하다가 전벽(돈을 밝히는 병통) 때문에 비난받고 스스로 물러나 죽음을 맞는 일생을 그린 작품이다. 인간과 술의 관계를 통해 임금과 신하의 관계를 조명하며, 당시 국정의 문란과 벼슬아치들의 발호·타락상을 풍자하고, 소인배들의 득세와 뛰어난 인물들이 소외되는 현실을 비판한다.

(2) 설(設)

정의 및 성격	• 해석과 논리적 서술을 중심으로 하는 한문 산문 갈래 • 당대 이후 완성된 문학 형식 • 논리적 사고와 개인적 견해 표현이 핵심	• 설득과 논증을 목적으로 하는 산문 양식 • 철학적 사유와 문학적 표현의 결합
구성 원리	• 특정한 사물이나 현상에 대한 관찰을 출발점으로 함 • 그 안에 내재된 원리나 인생의 교훈을 도출 • 작가 개인의 견해를 제시하는 방식으로 구성	• '사례 제시+논리적 해석'의 상단 논법 구조 • 구체적 현상에서 추상적 진리로의 논리적 전개
한국 문학사적 전개	• 고려 시기에 최초로 등장 • 이규보의 저작집 『동국이상국집』에서 확인 • 「경설」, 「주뢰설」, 「슬견설」, 「뇌설」 등 다수 작품 수록	• 개인 창작물로서 독창성과 개성 발휘 • 한문학 발전 과정에서 중요한 위치 점유
표현 기법	• 은유적이고 상징적인 표현 기법의 적극적 사용 • 비유나 우의를 통한 간접적 의미 전달 • 구체적 사례를 통한 추상적 개념 설명	• 논리적 추론과 감정적 호소의 조화 • 객관적 관찰과 주관적 해석의 결합
문체적 특징	• 간명하면서도 예리한 문체 추구 • 논리적 명확성과 문학적 아름다움의 통합 • 간결한 표현을 통한 강렬한 인상 전달	• 날카로운 통찰력과 정확한 판·단력 표현 • 설득력 있는 논증과 감동적인 서술의 균형

주요 기출 작품

작가	작품명	내용
이곡	차마설 (借馬說)	글쓴이가 노둔한 말을 빌려 탈 때는 전전긍긍하지만 후회가 적고, 준마를 빌려 탈 때는 의기양양하고 방자하게 행동하다가 위험에 빠지는 경험을 통해 외물에 따른 인간 심리의 변화를 성찰한 작품이다. 이러한 개인적 체험을 바탕으로 자신의 모든 소유물은 사실 남에게서 빌린 것인데도 사람들이 본래부터 자기 것인 양 행동하며 반성하지 않음을 비판하고, 권력을 포함한 모든 소유는 빌린 것이라는 삶의 이치를 제시하여 소유에 대한 올바른 인식과 겸손한 자세의 필요성을 강조한다.
이규보	경설 (鏡說)	거사에게 먼지 낀 흐린 거울을 사용하는 이유를 묻자, 거사가 맑은 거울은 잘생긴 사람은 기뻐하지만 못생긴 사람은 꺼려하므로 깨뜨릴 위험이 있어 차라리 먼지 낀 것이 낫다고 답하는 내용을 그린 작품이다. 깨끗한 거울(똑똑함을 드러낸 사람)보다 더러운 거울(똑똑함을 감춘 사람)이 오히려 수명을 연장할 수 있다는 비유를 통해, 자기를 알아주는 사람을 만날 때까지는 자신의 능력을 드러내지 않는 것이 현명한 처세법임을 강조하고 발상의 전환을 통한 참신한 시각을 제시한다.
	슬견설 (虱犬說)	손님이 개에게 붙은 이를 보고 더럽다며 혐오감을 표하자, 작자가 이의 입장에서 개야말로 자신들에게 해로운 존재라고 반박하는 대화를 그린 작품이다. 개는 이를 잡아 죽이지만 이는 개를 죽이지 않으므로 오히려 이가 인자하다는 역설적 논리를 통해, 선입견에 사로잡히지 말고 사물의 본질을 정확히 파악해야 하며 이롭고 해로운 것은 관점에 따른 인간의 편견일 뿐이라는 교훈을 재치 있게 제시하고 인간의 고정관념을 풍자한다.

(3) 고전 소설

정의 및 성격	• 갑오개혁 이후 등장한 신소설과 구별하기 위한 명칭 • 고대 소설, 고소설, 구소설 등 다양한 용어로 불림 • 산문으로 기록된 서사 문학 갈래	• 현대 소설에 비해 환상적이고 관념적인 면이 강함 • 기이한 사건 전개와 초현실적 요소가 특징적
구성 원리	• 주인공의 출생부터 죽음까지를 차례대로 서술하는 일대기 형식 • '영웅의 일생'이라는 전승적 유형에 근거 • 장편 소설을 여러 장회로 구분한 장회소설 형식도 존재	• 연대기적 서술과 구조적 완결성 추구 • 전기적 요소와 허구적 상상력의 결합
한국 문학사적 전개	• 15세기 말 김시습의 『금오신화』에서 비롯됨 • 『금오신화』는 설화와 유사성을 지니면서도 소설 요건을 갖춤 • 조선조 광해군 때 허균의 『홍길동전』이 국문 소설의 효시	• 조선 후기로 갈수록 현실주의적 경향이 강화됨 • 개인 창작물로서 작가 의식이 분명하게 드러남
표현 기법	• 설화와 달리 구전이 아닌 기록 문학으로 존재 • 생활이나 사회 관계를 구체적이고 자세하게 묘사 • 판소리계 소설의 경우 율격적 요소 보존	• 환상적 상상력과 현실적 묘사의 조화 • 상징과 우의를 통한 주제 의식 구현
문체적 특징	• 영웅적 인물과 일상적 인물의 두 가지 인물 유형 설정 • 지역적 배경은 주로 중국과 한국으로 한정 • 귀족적 소설에서는 영웅적 인물, 평민 소설에서는 일상적 인물 등장	• 평민 소설과 비판적 지식인 소설은 한국을 무대로 설정 • 사회 계층과 작품 성격에 따른 차별화된 문체 구사

주요 기출 작품

작가	작품명	내용
김만중	구운몽 (九雲夢)	승려 성진이 팔선녀와 서로 희롱한 죄로 인간 세상으로 추방되어 8명의 여인과 인연을 맺고 부귀공명을 누리다가 인생의 무상함을 깨닫고 꿈에서 깨어 득도하는 일생을 그린 작품이다. 삼교 화합 사상을 바탕으로 유교의 현실주의, 불교의 은둔사상, 도교의 향락주의가 조화롭게 나타나며, 현실과 이상, 속세와 종교의 대립을 통해 인생의 무상함과 깨달음의 중요성을 강조하고 음양오행론과 주역 사상을 서사적으로 구현하여 절망적 상황에서 희망과 구원의 의미를 제시한다.
김만중	사씨남정기 (謝氏南征記)	유연수가 현명한 부인 사정옥과 혼인했으나 자식이 없어 사 씨의 권유로 교채란을 첩으로 맞았는데, 교 씨가 간악한 성품으로 동청과 모의하여 사 씨를 모함함으로써 사 씨를 쫓아내고 본처가 되었다가, 결국 진실이 밝혀져 교 씨와 동청은 처형되고 사 씨가 다시 본처로 복귀하는 이야기를 그린 작품이다. 숙종의 인현왕후 폐출과 희빈 장씨 책봉 사건을 우회적으로 비판하여 숙종이 잘못을 깨닫고 원상회복하도록 풍간하는 목적을 담고 있으며, 사씨의 덕행을 통해 이상적인 여성상을 제시하고 선악의 대립을 통한 권선징악의 교훈을 강조하면서 악인의 세속적 욕망을 구체적으로 형상화하여 현실 비판 의식을 드러낸다.
작자 미상	운영전 (雲英傳)	유영이 수성궁에서 꿈속에서 만난 안평대군 시절의 궁녀 운영과 김 진사로부터 들은 이야기로, 운영이 안평대군의 엄격한 통제하에 있으면서도 김 진사와 사랑에 빠져 무녀를 통해 편지를 주고받고 밀회를 나누다 들키게 되어 운영은 자결하고 김 진사도 뒤따라 죽는 비극적 사랑을 그린 작품이다. 중세 신분제도에 저항하여 애정을 성취하고자 하는 남녀의 자유의지를 담아내면서도 궁녀라는 신분적 한계로 인해 사랑이 용납될 수 없는 현실을 보여 주고, 복잡한 다층 액자 구조와 1인칭 서술을 통해 여성의 섬세한 내면 세계를 형상화하여 중세 사회의 억압적 현실을 비판한다.
작자 미상	유충렬전 (劉忠烈傳)	유심이 남악 형산에 치성을 드려 얻은 아들 유충렬이 정한담과 최일귀의 모함으로 부모와 이별하고 고난을 겪으며 강희주의 사위가 되었다가, 남적과 북적의 반란 때 등장하여 반란군을 토벌하고 정한담을 사로잡아 부모와 재회하며 부귀영화를 누리는 일생을 그린 작품이다. 충신과 간신의 대립을 통해 조선조 중세 질서 속 이상적인 충신상을 표현하고, 영웅의 극단적 하락과 상승을 통해 인간 삶의 영고성쇠를 보여 주며, 무능한 왕권에 대한 규탄과 병자호란 이후 청나라에 대한 민족적 적개심을 우회적으로 표현하여 몰락한 계층의 권력 회복 의지를 투영한다.

2 현대 문학

출제된 작가	기출 작품	출제 예상 작품
빈출 강신재	〈젊은 느티나무〉	〈임진강의 민들레〉, 〈오늘과 너일〉, 〈파도〉, 〈절벽〉
빈출 김동리	〈역마〉, 〈흥남철수〉	〈무녀도〉, 〈등신불〉
김동인	〈감자〉	-
빈출 김승옥	〈서울, 1964년 겨울〉, 〈무진기행〉	-
빈출 김정한	〈모래톱 이야기〉	〈인간단지〉, 〈수라도〉
빈출 김유정	〈동백꽃〉, 〈소낙비〉, 〈금 따는 콩밭〉	-
김주영	〈홍어〉	-
나도향	〈벙어리 삼룡이〉, 〈여이발사〉, 〈물레방아〉	-
빈출 박태원	〈천변풍경〉	〈소설가 구보 씨의 일일〉
신석정	〈나의 꿈을 엿보시겠습니까〉, 〈아직 촛불을 켤 때가 아닙니다〉	
안수길	〈제3인간형〉	-
빈출 염상섭	〈삼대〉, 〈만세전〉, 〈표본실의 청개구리〉	〈두 파산〉
유치환	〈생명의 서〉	〈바위〉, 〈귀고〉
이문열	〈우리들의 일그러진 영웅〉	〈젊은 날의 초상〉, 〈추락하는 것은 날개가 있다〉
빈출 이청준	〈눈길〉, 〈축제〉, 〈아름다운 흉터〉	〈병신과 머저리〉, 〈당신들의 천국〉
이태준	〈복덕방〉	〈해방 전후〉
장유정	〈오빠는 풍각쟁이야〉	-
전영택	-	〈화수분〉
주요섭	〈사랑손님과 어머니〉	〈사랑손님과 어머니〉
최서해	〈탈출기〉	
빈출 최인훈	〈광장〉	
한강	〈채식주의자〉, 〈몽고반점〉, 〈소년이 온다〉	-
빈출 현진건	〈빈처〉, 〈할머니의 죽음〉	〈운수 좋은 날〉, 〈술 권하는 사회〉
황석영	〈삼포 가는 길〉	〈삼포 가는 길〉
빈출 황순원	〈별〉, 〈독 짓는 늙은이〉	〈학〉, 〈나무들 비탈에 서다〉

참고 기출 문항의 〈보기〉에서 제시된 작가의 작품명을 기억해 두면 이후 작가명을 선택하는 문항 풀이에 유용하다.

02 국문학

기출 응용문제

01

〈보기〉에서 설명하는 작가는?

┤ 보기 ├

《백조》 동인으로 참가해 활동하였고 주로 당시의 현실을 고발하는 경향의 작품을 썼다. 작품에 〈술 권하는 사회〉, 〈무영탑〉, 〈운수 좋은 날〉 등이 있다.

① 최서해　　　　② 전영택
③ 현진건　　　　④ 주요섭
⑤ 나도향

02

〈보기〉에서 설명하는 작가는?

┤ 보기 ├

1934년에 조선일보의 신춘문예로 등단하였다. 전통, 종교, 민속의 세계에 큰 관심을 기울여 작품을 썼다. 작품으로는 〈무녀도〉, 〈등신불〉, 〈역마〉 등이 있다.

① 김동리　　　　② 현진건
③ 이문열　　　　④ 강신재
⑤ 최인훈

03

〈보기〉에서 설명하는 작가는?

┤ 보기 ├

자신의 유년 시절의 고학, 노동, 가난 등의 고통을 자전적으로 풀어내고, 개인적 체험을 일제 강점기 사람들의 참담하고 어려운 현실과 연관시켰다. 또한 공장과 어촌 등으로 시에서 서술하는 공간을 확장하여 근로자들의 생활에 대한 이야기를 다루기도 하였다. 1935년에 등단하였으며, 〈노한 눈들〉, 〈짓밟히는 거리에서〉, 〈빗발 속에서〉, 〈오랑캐꽃〉 등의 시를 발표하였다.

① 박재삼　　　　② 김수영
③ 김광섭　　　　④ 김현승
⑤ 이용악

04

〈보기〉에 제시된 문학 작품을 쓴 작가는?

┤ 보기 ├

고향과 농토를 잃고 어두운 시대의 흐름에 휩쓸려 무너지는 한 가족과 그 주변의 인물들을 그려 낸 작품으로, 1930년대의 시대 상황을 현실감 있게 그려 낸 풍속 소설이자 장편 소설이다. '군산'을 배경으로 하여 1930년대 식민지 시대의 경제적, 정신적 파탄으로 황폐화된 어두운 사회를 제목에 담았다.

① 김유정　　　　② 채만식
③ 김동리　　　　④ 김정한
⑤ 황순원

05

〈보기〉에서 설명하는 문학 작품은?

> ─── 보기 ───
> 사족 집안의 심생이 호조계사 출신 중인의 딸과 우연히 만나 사랑에 빠져 한 달간 담장을 넘어 구애한 끝에 뜻을 이루었으나, 부모의 반대로 북한산 산사로 보내져 떨어져 있는 동안 여인이 그리움에 병들어 죽고 심생도 무과에 급제했지만 요절하는 비극적 사랑을 그린 작품이다. 사족과 중인 계층 간의 신분 갈등으로 인한 혼사 장애를 통해 조선 후기 신분제 동요라는 사회상을 반영하고, 여주인공이 언문소설을 즐겨 읽었다는 설정을 통해 당시 국문소설 독자층이 부유한 중인이나 상인 부녀자였음을 보여 준다. 또한 진실한 마음으로 임하면 못할 일이 없다는 교훈을 제시하면서도 현실적 제약으로 인한 사랑의 좌절을 사실적으로 형상화한다.

① 구운몽
② 심생전
③ 저생전
④ 사씨남정기
⑤ 이생규장전

정답 풀이 & 오답 해설

01
| 정답 풀이 | ③ 현진건에 관한 설명이다. 현진건은 제시된 활동 외에 역사 장편 소설을 통하여 민족혼을 표현하려고 시도하기도 하였다.

| 오답 해설 |
① 최서해의 대표 작품으로는 〈탈출기〉 등이 있다.
② 전영택의 대표 작품으로는 〈화수분〉 등이 있다.
④ 주요섭의 대표 작품으로는 〈사랑손님과 어머니〉 등이 있다.
⑤ 나도향의 대표 작품으로는 〈물레방아〉, 〈벙어리 삼룡이〉 등이 있다.

02
| 정답 풀이 | ① 김동리는 당대의 역사적 상황과 지식인의 고민을 정면으로 다룬 작품들에서도 주목할 만한 성과를 낸 작가이다.

| 오답 해설 |
② 현진건의 대표 작품으로는 〈운수 좋은 날〉, 〈술 권하는 사회〉 등이 있다.
③ 이문열의 대표 작품으로는 〈우리들의 일그러진 영웅〉 등이 있다.
④ 강신재의 대표 작품으로는 〈젊은 느티나무〉, 〈임진강의 민들레〉, 〈오늘과 내일〉, 〈파도〉, 〈절벽〉 등이 있다.
⑤ 최인훈의 대표 작품으로는 〈광장〉, 〈회색인〉 등이 있다.

03
| 오답 해설 |
① 박재삼의 대표작은 〈울음이 타는 가을 강〉으로, 일상적인 소재들로 깊은 한과 슬픔을 그려 냈다.
② 김수영은 모더니즘 성향을 강하게 나타내다가 점차 강한 현실 인식의 경향을 보였다. 대표작으로는 〈풀〉, 〈폭포〉 등이 있다.
③ 김광섭은 고요한 서정과 지적 경향을 드러냈던 시인이며 대표작은 〈해바라기〉, 〈성북동 비둘기〉 등이다.
④ 김현승은 〈가을의 기도〉, 〈눈물〉 등의 대표작을 통해 인간의 절대적인 고독과 영혼의 순결성을 표현했다.

04
| 정답 풀이 | ② 채만식의 〈탁류〉에 관한 설명이다. 제목 '탁류'는 주인공 '초봉'의 기구한 일생과 식민지의 역사적인 흐름을 빗댄 것이다.

05
| 오답 해설 |
① 〈구운몽〉은 꿈속에서 부귀영화를 누리지만 결국 꿈임을 깨닫고 승려가 되는 이야기이다.
③ 〈저생전〉은 주인공 저생(종이)이 채륜의 후예로 태어나 천성이 정결하여 문인을 좋아하고 모학사(붓)와 교분을 맺으며, 학문에 통달하여 제자백가의 글을 모두 기록하고 다양한 용도로 활용되어 후손들이 천하에 가득하게 되는 일생을 그린 작품이다.
④ 〈사씨남정기〉는 사 씨가 첩 교채란의 듯모로 쫓겨났다가 복권되는 과정을 그린 이야기이다.
⑤ 〈이생규장전〉은 귀신이 된 부인과의 사랑을 이어가려는 이생의 이야기를 다룬다.

정답 01 ③ 02 ① 03 ⑤ 04 ② 05 ②

06

<보기>에서 설명하는 문학 작품은?

| 보기 |

1920년대 하층 노동자인 인력거꾼의 비참한 삶을 주제로 한 작품으로, 일제 강점기, 어느 비 오는 겨울날의 서울을 배경으로 하고 있다. 사실주의 경향의 단편 소설로 제목이 반어적인 의미를 지니고 있다.

① 봄봄
② 혈의 누
③ 배따라기
④ 태평천하
⑤ 운수 좋은 날

07

<보기>에서 설명하는 문학 작품은?

| 보기 |

26권으로 구성된 작품으로, 정조 4년에 청나라 건륭 황제의 70세 생신을 축하하기 위해 외교 사절단으로 청에 가는 사신을 따라 연경까지 갔을 때를 소상하게 기록한 기행문이다. 대제국인 청나라 연경의 풍속, 경제, 병사, 천문, 문학 등에 대한 여러 내용을 담고 있다.

① 순오지
② 북학의
③ 열하일기
④ 학산초담
⑤ 서포만필

08

다음 중 <보기>의 ㉠에 속하는 작품이 아닌 것은?

| 보기 |

㉠향가는 신라에서 고려 초까지 향찰로 기록한 우리나라 고유의 시가이며 최초의 정형시이다. 4구체에서 시작하여 8구체로, 그 후에 10구체 향가로 완성된 형식을 취했으며, 특히 10구체 향가는 본격적인 기록 문학의 출발점이 되었다. 향가는 주로 불교적인 분위기를 지니며 화랑에 대한 찬양이 주류를 이루기도 하였다. 작가 역시 승려와 화랑이 대부분이다.

① 서동요
② 도솔가
③ 구지가
④ 처용가
⑤ 제망매가

09

<보기>에서 설명하고 있는 문학 작품은?

| 보기 |

이 작품은 현실에 지쳐 있는 '나'를 주인공이자 서술자로 설정하고 있는 소설로, 좌절한 지식인의 고뇌가 1인칭 시점 및 일부 전지적 작가 시점으로 서술되어 있다. 문장보다는 내면적인 사상성을 중시한 염상섭의 작품 경향이 반영되어 있고 자연주의 소설의 효시로 평가된다.

① 역마
② 화수분
③ 두 파산
④ 무진기행
⑤ 표본실의 청개구리

10

〈보기〉에서 설명하고 있는 작품은?

―― 보기 ――

주인공이 절에서 하룻밤 도박을 하며 겪는 기이한 이야기를 다룬다. 도박과 운명, 인연을 주제로 하여 인간의 탐욕과 우연성을 그리고, 인간의 욕망과 도박의 위험성을 경고하는 내용을 담고 있다. 도박이 인생을 좌우할 수 있는 요소임을 강조하는 작품이다.

① 공방전
② 취유부벽정기
③ 만복사저포기
④ 용궁부연록
⑤ 경설

정답 풀이 & 오답 해설

06
| 정답 풀이 | ⑤ 현진건의 〈운수 좋은 날〉에 관한 설명이다.
| 오답 해설 |
① 김유정의 소설이다.
② 이인직의 신소설이다.
③ 〈감자〉와 함께 김동인의 대표작이다.
④ 채만식의 소설로 풍자적인 소설이다.

07
| 오답 해설 |
① 〈순오지〉는 조선 후기 인조 때의 학자인 홍만종의 문학 평론집이며, 부록으로 130여 종의 속담을 실었다.
② 〈북학의〉는 정조 때 박제가가 청나라의 풍속과 제도를 시찰하고 돌아와 쓴 기행문으로, 우리 사회 개혁의 필요성을 담은 작품이다.
④ 〈학산초담〉은 허균이 선조 때 쓴 작품으로, 그 무렵의 시인들에 대한 시화, 시평 등을 적었다.
⑤ 〈서포만필〉은 김만중의 평론집이다. 제자·백가 가운데서 의심스러운 점을 밝히고 신라 이후 시에 대한 평론을 덧붙였다.

08
| 정답 풀이 | ③ 〈구지가〉는 작자·연대 미상의 고대 가요이다.
| 오답 해설 |
① 〈서동요〉는 백제 무왕이 쓴 최초의 향가이다. 서동이 선화 공주를 얻기 위하여 궁중 주변의 아이들에게 부르게 한 노래이다.
② 〈도솔가〉는 해가 둘이 나타나자 월명사가 지어 부른 주술가이다.
④ 〈처용가〉는 처용이 쓴 8구체의 향가이다. 아내를 범한 역신을 굴복시켰다는 무가로 주술적인 성격이 강하다.
⑤ 〈제망매가〉는 월명사의 10구체 향가로 죽은 누이의 '명복'을 비는 제를 올릴 때 부른 추도의 노래(의식요)이다.

09
| 정답 풀이 | ⑤ 염상섭의 소설 〈표본실의 청개구리〉는 '나'를 서술자로 내세우며 정신 이상자 '김창억'이라는 인물을 통해 인생의 어두운 면과 좌절한 지식인의 면모를 그려 내고 있다.
| 오답 해설 |
① 〈역마〉는 김동리의 소설이다.
② 〈화수분〉은 전영택의 소설이다.
③ 〈두 파산〉은 염상섭의 소설로, 전지적 작가 시점에서 물질적 파산과 정신적 파산의 두 가지 파산 유형을 그려 냈다.
④ 〈무진기행〉은 김승옥의 소설이다.

10
| 정답 풀이 | ③ 〈만복사저포기〉에 관한 설명이다. 이 작품은 도박과 운명을 주제로 하여 인간의 욕망과 도박의 위험성을 다루고 있다.
| 오답 해설 |
① 〈공방전〉은 돈을 의인화하여 물질주의를 풍자한 이야기이다.
② 〈취유부벽정기〉는 술에 취해 환상적인 경험을 하는 이야기이다.
④ 〈용궁부연록〉은 용궁에 초대돼 연회를 즐기고 돌아오는 이야기이다.
⑤ 〈경설〉은 고래를 통해 인간과 자연의 관계를 다룬 이야기이다.

정답 06 ⑤ 07 ③ 08 ③ 09 ⑤ 10 ③

03 기타

대표 기출유형

※ 기출유형 익히기는 출제되는 문제의 유형을 보여 주기 위한 장치로, 지면상 지문은 싣지 않습니다.

기출유형 1 — 수어

유형 풀이▶ 그림의 수어가 나타내는 의미를 찾는 문항이다. 비교적 유추하기 쉬운 난도로 출제되지만 수어를 하는 동작을 영상으로 보는 것이 아니므로 화살표, 순서 표시 등에 유의하며 동작을 머릿속에 떠올려 보아야 정답을 찾기가 수월하다.

정답 풀이▶ ⑤ 왼손을 펴서 손바닥이 오른쪽으로 향하게 비스듬히 세우고, 그 오른쪽 뒤에서 오른 주먹의 1지를 펴서 끝이 밖으로 향하게 하여 왼 손바닥 오른쪽으로 밀어 넣는다.

정답▶ ⑤

• 다음 수어가 나타내는 의미는?

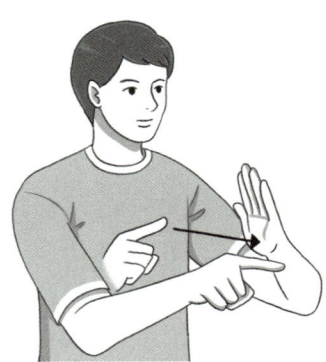

① 치다
② 뜨다
③ 넣다
④ 드러눕다
⑤ 들어가다

기출유형 2 — 점자

유형 풀이▶ 점자의 표기와 한글의 연결이 바르게 되었는지 묻는 문항이다. 점자의 표기를 모두 암기할 필요는 없으며, 〈보기〉에 제시되는 내용을 기반으로 문제를 풀면 된다.

정답 풀이▶ ⑤ '겁'을 점자로 표기하면 다음과 같다.

정답▶ ⑤

• 〈보기〉를 바탕으로 할 때 점자 표기가 적절하지 않은 것은?

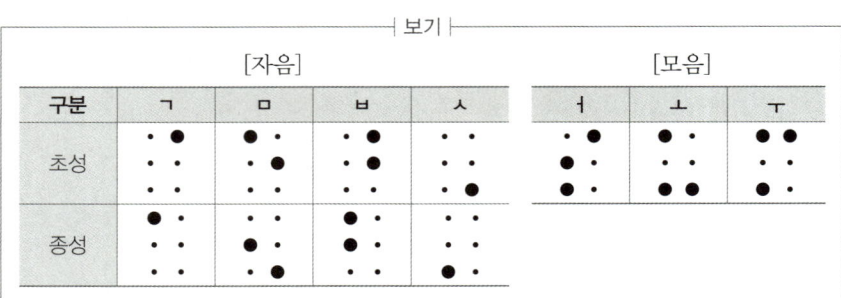

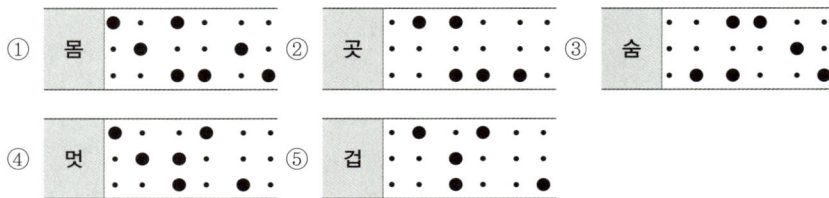

기출유형 3 — 법령 용어

정답 풀이▶ ③ '소요되는'은 '드는' 또는 '필요한'으로 바꿔야 적절하다.

정답▶ ③

• 밑줄 친 법령 용어를 쉬운 용어로 정비한 예로 적절하지 <u>않은</u> 것은?

① 압수물을 <u>환부하지</u>(→ 도로 돌려주지) 않을 때에는 계속 보관의 결정을 해야 한다.
② <u>당해</u>(→ 그) 물품의 수급 상황을 감안하여 결정해야 한다.
③ 6월 이내에 <u>소요되는</u>(→ 소비되는) 비용을 산정하여 익일까지 보고해야 한다.
④ 규정에 <u>위반하여</u>(→ 어긋나) 허위 신고를 한 자는 처벌된다.
⑤ 임원의 임기가 만료된 때에는 지체 없이 후임자를 <u>개임하다</u>(→ 바꾸다).

기출유형 4 — 근대 국어

유형 풀이▶ 근대 국어 자료를 해석하는 능력과 어법상의 변화를 파악하는 능력을 평가하는 문항이다. 자료의 내용 자체는 낯설 수 있으나, 선지와 자료의 내용을 비교하면 그리 어렵지 않게 정답을 택할 수 있다.

정답 풀이▶ ④ 'ㅺ'은 합용 병서이다.

정답▶ ④

• 다음 〈보기〉의 근대 신문 광고에 대한 설명으로 옳지 <u>않은</u> 것은?

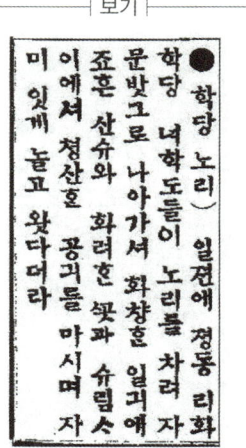

┤ 보기 ├

① '노리', '죠흔'을 통해 일부 연철 표기가 여전히 사용되고 있음을 알 수 있다.
② '리화', '녀학도'를 통해 두음 법칙이 적용되고 있지 않음을 알 수 있다.
③ '화챵흔', '화려흔'을 통해 아래아가 여전히 사용되고 있음을 알 수 있다.
④ '꼿과'를 통해 어두에 각자 병서가 남아 있음을 알 수 있다.
⑤ '잇게', '왓다'를 통해 종성에 된소리를 쓰지 않았음을 알 수 있다.

03 기타

기출 핵심개념

1 수어

수어는 청각 장애인을 위한 '보이는 언어'이다. 한국 수어는 한국어와 문법 체계가 다른, 대한민국 농인의 고유한 언어이다.

국립국어원의 '한국수어사전'에 있는 수어를 나타내는 그림이 출제된다. 해당 동작이 어떤 의미인지를 묻는 문제로, 대부분 직관적으로 의미를 파악할 수 있다. 손가락의 위치와 움직이는 방향을 보고 정답을 고르면 된다.

2 점자

점자는 시각 장애인을 위한 특수 문자로서, 손가락으로 더듬어 읽도록 점이 볼록하게 튀어나와 있다.

(1) 한국 점자 표기의 주요 기본 원칙

① 한국 점자는 한 칸을 구성하는 점 6개를 조합하여 64가지의 점형으로 적는다. 점형이란 점의 개수와 위치로 구별되는 점의 모양으로, 점칸 하나의 6점으로 만들어 낼 수 있는 점형의 수는 총 64개이다. 그중에서 점이 하나도 찍히지 않은 경우를 제외하고 점의 개수와 위치를 조합한 점형 63개를 이용하여 점자를 표기하고 있다.

② 한 칸을 구성하는 점의 번호는 왼쪽 위에서 아래로 1점, 2점, 3점, 오른쪽 위에서 아래로 4점, 5점, 6점으로 한다.

③ 한글이 기본적으로 모아쓰기 방식을 채택하고 있지만, 한글 점자는 풀어쓰기 방식을 갖는다. 한글 점자는 모음 표기에 상단의 점과 하단의 점, 왼쪽 열(123점)과 오른쪽 열(456점)의 점 중에서 한 개 이상은 반드시 포함한다. 그리고 첫소리 글자는 오른쪽 열의 점, 받침 글자는 왼쪽 열의 점 중에서 한 개 이상을 반드시 포함한다.

(2) 주요 규정(제1장 자모)

제1항 | 기본 자음자 14개가 **첫소리 자리**에 쓰일 때에는 다음과 같이 적는다.

제4항 | 기본 자음자 14개가 **받침**으로 쓰일 때에는 다음과 같이 적는다.

제7항 | 기본 **모음자** 'ㅏ, ㅑ, ㅓ, ㅕ, ㅗ, ㅛ, ㅜ, ㅠ, ㅡ, ㅣ'는 다음과 같이 적는다.

03 기타

기출 응용문제

01

다음 수어가 의미하는 것은?

① 보다
② 놀라다
③ 내려놓다
④ 들어가다
⑤ 배부르다

02

〈보기〉는 '직'의 점자 표기를 나타낸 것이다. 이에 대한 설명으로 적절하지 않은 것은?

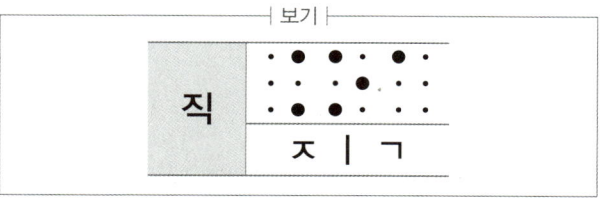

① 풀어쓰기 방식으로 적는다.
② 한 음소는 점자 세 칸을 차지한다.
③ 읽을 때에는 왼쪽에서 오른쪽 방향으로 읽는다.
④ 받침 글자는 왼쪽 열의 점 중에서 한 개 이상을 반드시 포함하고 있다.
⑤ 첫소리 글자는 오른쪽 열의 점 중에서 한 개 이상을 반드시 포함하고 있다.

정답 풀이 & 오답 해설

01

| 정답 풀이 | ① 두 손의 1·5지 끝을 맞대어 동그라미를 만들어 두 눈에 댔다가 약간 힘주어 밖으로 내민다.

02

| 정답 풀이 | ② 음소는 자음과 모음을 뜻한다. 한 음소는 점자 한 칸씩을 차지한다.

정답 01 ① 02 ②

03

밑줄 친 법령 내용을 정비한 예로 적절하지 않은 것은?

① 공청회 개최 7일 전까지 참석자에게 <u>통지하여야</u>(→ 알려야) 한다.
② 예산의 편성에 <u>관하여</u>(→ 관한) 대통령령으로 정하는 사항을 준수하여야 한다.
③ 위원회는 의결된 사항에 대하여 <u>지체 없이</u>(→ 즉시로) 관계 기관에 통보하여야 한다.
④ 국무총리는 각 중앙행정기관의 장을 <u>지휘·감독함에 있어</u>(→ 지휘·감독할 때) 필요한 조치를 취할 수 있다.
⑤ 국회의원 <u>선거에 있어서</u>(→ 선거에서) 후보자가 기탁금을 납부하지 아니한 때에는 등록을 무효로 한다.

04

밑줄 친 법령 내용을 정비한 예로 적절하지 않은 것은?

① 외국인등록증을 <u>교부받은</u>(→ 발급받은) 자는 그 등록증을 항상 지니고 다녀야 한다.
② 공무원은 재직 중은 물론 퇴직 후에도 직무상 알게 된 비밀을 <u>누설하여서는 아니 된다</u>(→ 해서는 안 된다).
③ 정부는 재해 발생 시 긴급구조기관의 장에게 필요한 인력과 장비의 동원을 <u>요청할 수 있다</u>(→ 요구할 수 있다).
④ 국가는 국민의 기본적 생활을 보장하고 국민 모두의 생활 수준을 향상시키는 데에 <u>노력하여야</u>(→ 힘써야) 한다.
⑤ 선거관리위원회는 투표소의 질서가 <u>심히 문란하여</u>(→ 매우 어지러워) 투표를 실시할 수 없다고 인정하는 때에는 투표를 중지할 수 있다.

05

〈보기〉의 근대 신문 광고에 대한 설명으로 가장 적절한 것은?

― 보기 ―

세계에 데일 죠흔 금계랍을 이 회샤에서 또 새로 만히 가져 와서 파니 누구면지 금계랍 쟝수 ᄒ고 싶흔이는 이 회샤에 와서 사거드면 도매 금으로 쓰게 주리라
― 〈독립신문〉, 1897. 12. 9.

① 'ㅎ' 종성 체언이 나타나 있다.
② 구개음화가 반영되었음을 알 수 있다.
③ 표기에 아래아를 사용하지 않았음을 알 수 있다.
④ 합용 병서는 근대부터 허용되지 않았음을 알 수 있다.
⑤ 이중 모음의 단모음화가 적용되기 이전의 표기를 살펴볼 수 있다.

06

밑줄 친 법령 용어를 쉬운 용어로 정비한 예로 적절하지 않은 것은?

① <u>요하는</u>(→ 필요한) 서류는 미리 준비해야 한다.
② <u>통폐합</u>(→ 통합하거나 없애는) 조치를 시행한다.
③ 해당 법규를 <u>참작하여</u>(→ 고려하여) 결정한다.
④ <u>내지</u>(→ 부터 ~까지) 기간을 정확히 산정하여 보고한다.
⑤ <u>경감하여</u>(→ 줄여서) 처리해야 할 금액이 있다면 보고한다.

07

밑줄 친 법령 문장을 정비한 예로 적절하지 않은 것은?

① <u>당해</u>(→ 그) 물품의 처리를 신속히 진행해야 한다.
② <u>시행에 관하여 필요한</u>(→ 시행에 필요한) 조치를 취한다.
③ <u>지정된 기일까지</u>(→ 지정된 날까지) 보고서를 제출해야 한다.
④ <u>허위</u>(→ 해태)로 서류를 작성한 자는 법적인 처벌을 받게 된다.
⑤ <u>각 호의 1에 해당하는 경우</u>(→ 각 호의 어느 하나에 해당하는 경우), 관련 조치를 취해야 한다.

정답 풀이 & 오답 해설

03

| 정답 풀이 | ③ '지체 없이'는 그대로 사용하거나 '바로'로 바꿀 수 있다.

04

| 정답 풀이 | ③ '요청할 수 있다'는 그대로 사용하는 것이 적절하다.

05

| 정답 풀이 | ⑤ 제시된 신문 광고는 말라리아 치료약인 금계랍에 관한 광고이다. '셰계', '회샤' 등에서 이중 모음이 사용된 것으로 보아 단모음화가 적용되기 이전임을 알 수 있다.

| 오답 해설 |
① 'ㅎ' 종성 체언은 체언이 조사와 결합될 때 'ㅎ'이 덧붙는 것을 말한다. 〈보기〉에 'ㅎ' 종성 체언은 나타나 있지 않다.
② '뎨일'에서 구개음화가 이루어지지 않고 있음을 알 수 있다.
③ '쟝수', 'ᄒᆞ고' 등을 통해 아래아가 사용되고 있음을 알 수 있다.
④ 'ᄯᅩ'를 통해 합용 병서가 사용되었음을 알 수 있다.

06

| 정답 풀이 | ② '통폐합'은 '통합하거나 폐지'로 바꿀 수 있다.

07

| 정답 풀이 | ④ '허위'는 '거짓'으로 정비하는 것이 적절하다. '해태'는 행동이 느리고 움직이거나 일하기를 싫어하는 태도나 버릇을 뜻한다.

정답 03 ③ 04 ③ 05 ⑤ 06 ② 07 ④

PART III

듣기·말하기

01 듣기

02 듣기+말하기(통합 문제)

유형에 대한 전략적 연습이 필요한

4일 완성 연승편

듣기·말하기, 쓰기, 창안, 읽기

목표등급, 2주면 끝!

PART 3 듣기·말하기 ················ 288p

PART 4 쓰기 ················ 308p

PART 5 창안 ················ 324p

PART 6 읽기 ················ 344p

eduwill

듣기·말하기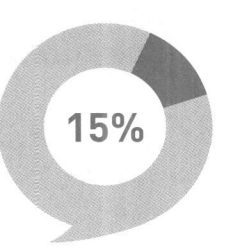

최근 13개년 기출 전 문항 분석 결과

영역	출제 유형	출제 문항 수
[1~15번] 듣기·말하기	사실적 이해	7~14
	추론적 이해	1~7
	비판적 이해	0~1

- ☑ '설명(그림, 강연, 라디오 방송), 발표, 사적 대화, 공적 대화, 협상과 중재, 낭독'의 세부 요소를 평가한다.
- ☑ '설명(라디오 방송, 강연), 낭독, 공적 대화'의 정답률이 75% 미만이다.
- ☑ '사적 대화(대화 참여자의 말하기 방식으로 적절하지 않은 것) 고르기'의 정답률이 70% 미만이므로 주의해야 한다.

최신 6회분 기출 분석 [1~15번] 듣기 · 말하기

문항 번호	A회 유형/분류	A회 지문	A회 자료/개념	B회 유형/분류	B회 지문	B회 자료/개념	C회 유형/분류	C회 지문	C회 자료/개념
1	사실적 이해	테오도르 제리코, 〈메두사호의 뗏목〉	설명(그림)	사실적 이해	뱅크시, 〈눈 먹는 아이〉	설명(그림)	사실적 이해	샤갈, 〈약혼자와 에펠탑〉	설명(그림)
2	추론적 이해	제 꾀에 제가 넘어감	이야기	추론적 이해	모략을 경계	이야기	추론적 이해	노력의 중요성	이야기
3	사실적 이해	일회용품 사용과 환경 오염	강연	사실적 이해	식물의 자기보호	강연	사실적 이해	찌개	강연
4	사실적 이해	〈미스티〉	미디어(라디오)	사실적 이해	첼로	미디어(라디오)	사실적 이해	〈놀람 교향곡〉	미디어(라디오)
5	추론적 이해	문정희, 〈율포의 기억〉	시	추론적 이해	최승호, 〈아마존 수족관〉	시	추론적 이해	공광규, 〈얼굴 반찬〉	시
6	사실적 이해	재생에너지	대화(인터뷰)	사실적 이해	롤, 이스포츠	대화(인터뷰)	사실적 이해	인구 문제와 출산율	대화(인터뷰)
7	사실적 이해 (말하기 전략)	재생에너지	대화(인터뷰)	사실적 이해 (말하기 전략)	롤, 이스포츠	대화(인터뷰)	사실적 이해 (말하기 전략)	인구 문제와 출산율	대화(인터뷰)
8	사실적 이해	지붕 뚫고 하이킥 (MBC)	대화(일상 대화)	사실적 이해	부부의 대화	대화(일상 대화)	사실적 이해	나의 하제를 위해 (KBS 무대)	대화(일상 대화)
9	추론적 이해	지붕 뚫고 하이킥 (MBC)	대화(일상 대화)	사실적 이해 (말하기 전략)	부부의 대화	대화(일상 대화)	사실적 이해 (말하기 전략)	나의 하제를 위해 (KBS 무대)	대화(일상 대화)
10	사실적 이해	타인의 시선	강연-인문	사실적 이해	비상식량	강연-과학	사실적 이해	모기와 말라리아	강연-사회
11	사실적 이해 (강연의 특징)	타인의 시선	강연-인문	사실적 이해 (말하기 전략)	비상식량	강연-과학	사실적 이해 (말하기 전략)	모기와 말라리아	강연-사회
12	사실적 이해	컨테이너 박스	발표-사회	사실적 이해	청소년 도박 중독	발표-사회	사실적 이해	휴식의 중요성	발표-과학
13	사실적 이해 (내용 구성 전략)	컨테이너 박스	발표-사회	사실적 이해 (내용 구성 전략)	청소년 도박 중독	발표-사회	사실적 이해 (말하기 전략)	휴식의 중요성	발표-과학
14	사실적 이해	직장 내 대화	대화	사실적 이해	담당자와 주민 대표의 대화	대화	사실적 이해	시청 담당자와 주민 대표의 대화	대화
15	추론적 이해	직장 내 대화	대화	추론적 이해	담당자와 주민 대표의 대화	대화	추론적 이해	시청 담당자와 주민 대표의 대화	대화

듣기 · 말하기 학습 전략

KBS한국어능력시험의 듣기 영역에서 듣기 단독 문항의 경우 대부분 평이한 수준으로 출제되고 있어 난도가 낮은 편이나, 들은 내용과 일치하지 않는 것을 고르는 문항의 풀이에는 꼼꼼함이, 들은 내용을 바탕으로 드러나지 않은 내용을 추론하는 문항의 풀이에는 집중력이 필요하다.

말하기 영역은 단독으로 출제되지 않고, 듣기와 연계되어 출제되고 있다. 그러므로 하나의 텍스트를 듣고 먼저 듣기와 관련된 문항을 푼 후, 말하기와 관련된 문항을 풀어야 한다. 강연의 내용을 듣고 세부 내용이나 주제를 파악하는 문항은 쉬운 편이지만, 말하기 전략을 파악하는 문항은 오답률이 높으므로 말하기 전략을 묻는 문항의 유형 파악은 필수적이다. 또한 강연이나 뉴스를 듣고 이어지는 말을 고르는 문항의 경우, 주어진 텍스트의 요점과 맥락을 이해하여 답을 골라야 하는 점도 반드시 기억해 두도록 한다.

문항 번호	D회 유형/분류	D회 지문	D회 자료/개념	E회 유형/분류	E회 지문	E회 자료/개념	F회 유형/분류	F회 지문	F회 자료/개념
1	사실적 이해	피에트 몬드리안, 〈꽃 피는 사과나무〉	설명(그림)	사실적 이해	윌렘 클라스존 헤다, 〈블랙베리파이가 있는 아침 식탁〉	설명(그림)	사실적 이해	셰익스피어, 〈햄릿〉	설명(그림)
2	추론적 이해	〈이솝우화〉	이야기	추론적 이해	자신만의 길을 만들어 가는 것의 중요성	이야기	추론적 이해	장자, 〈달생편〉	이야기
3	사실적 이해	북	강연	사실적 이해	모세혈관	강연	사실적 이해	건축물의 구조	강연
4	사실적 이해	베토벤	미디어(라디오)	사실적 이해	깊이에의 강요	미디어(라디오)	사실적 이해	아리랑	미디어(라디오)
5	추론적 이해	이성복, 〈그렇게 소중했던가〉	시	추론적 이해	이장욱, 〈절규〉	시	추론적 이해	박상천, 〈5679는 나를 불안케 한다〉	시
6	사실적 이해	인간과 동물의 언어	대화(인터뷰)	사실적 이해	합성 계면 활성제	대화(인터뷰)	사실적 이해	고혈압	대화(인터뷰)
7	사실적 이해 (말하기 전략)			사실적 이해 (말하기 전략)			사실적 이해 (말하기 전략)		
8	사실적 이해	남녀의 대화	대화(일상 대화)	사실적 이해	오은영 리포트: 결혼지옥	대화(일상 대화)	사실적 이해	가정 내 대화	대화(일상 대화)
9	추론적 이해			사실적 이해 (말하기 전략)			사실적 이해 (말하기 전략)		
10	사실적 이해	부호화	강연–인문	사실적 이해	도파민 디톡스	강연–과학	사실적 이해	마약 중독	강연–사회
11	사실적 이해 (말하기 전략)			사실적 이해 (말하기 전략)			사실적 이해 (말하기 전략)		
12	사실적 이해	바이오필릭디자인	발표–사회	사실적 이해	가사 노동	발표–사회	사실적 이해	동물권	발표–사회
13	사실적 이해 (말하기 전략)			사실적 이해 (내용 구성 전략)			사실적 이해 (내용 구성 전략)		
14	사실적 이해	주민 대표와 시청 직원의 대화	대화	사실적 이해	박 고문과 김 대표의 대화	대화	사실적 이해	공영버스 담당자와 아파트 주민 대표의 대화	대화
15	추론적 이해			추론적 이해			추론적 이해		

수험생이 묻고, 전문가가 답하다

 듣기·말하기 영역의 문항의 난도는 대략 어떤가요? 어떤 장르의 텍스트를 자주 접해야 하죠?

 듣기·말하기 영역의 문항 난도는 낮은 편입니다. 회화 등 시각 자료와 현대 시, 뉴스 등 방송 언어에 대한 기본적인 이해가 필요합니다. 대화 속의 갈등 요소 파악 및 발표의 전략 등 일상 및 공적 말하기에 관해 세부 내용을 정확하게 파악하는 연습을 해야 합니다.

01 듣기

기출 핵심개념

1 듣기·말하기 기출 주제

1 예술

- 권천학, 〈7월의 바다〉(시)
- 김만중, 〈사씨남정기〉
- 김사형 등, 〈혼일강리역대국도지도〉
- 김성태, 〈검은 우주〉(시)
- 김충규, 〈거미〉(시)
- 김현승, 〈지각〉(시)
- 김현승, 〈파도〉(시)
- 김홍도, 〈타작도〉(그림)
- 김홍도, 〈편자 박기〉(그림)
- 최신 김홍도, 〈포의풍류도〉(그림)
- 최신 들라크루아, 〈민중을 이끄는 자유의 여신〉(그림)
- 최신 루이 초카, 〈최강의 멘탈〉(이야기)
- 류시화, 〈잠〉(시)
- 뭉크, 〈절규〉(그림)
- 박라연, 〈메주〉(시)
- 박정자, 〈대나무〉(시)
- 박지원, 〈열하일기〉
- 배한봉, 〈봄비〉(시)
- 서양미술사
- 최신 쇼팽, 에튀드 중 〈폭포〉(음악)
- 최신 숙종 시대 화원, 팔준도첩 중 〈응상백〉(그림)
- 양진모, 〈명화와 친해지기〉
- 에드가 드가, 〈벨렐리 가족〉(그림)
- 오영지, 〈판소리 심청가〉(창)
- 유안, 〈회남자〉
- 최신 이대흠, 〈동그라미〉(시)
- 이병기, 〈수선화〉(시조)
- 이수익, 〈거미〉, 〈별〉(시)
- 이재무, 〈갈퀴〉(시)
- 이해인, 〈가을비에게〉(시)
- 작자 미상, 〈금방울전〉(고전)
- 전통 현악기 아쟁
- 정선, 〈인곡유거도〉(그림)
- 정약용, 〈목민심서〉
- 정완영, 〈조국〉(시)
- 작자 미상, 〈조씨 삼형제 초상〉(그림)
- 조선윤, 〈사군자〉(시)
- 토끼 이야기
- 〈내 딸의 완벽한 결혼식〉(드라마)
- 〈하회별신굿탈놀이〉의 탈
- 최신 허영자, 〈씨앗을 받으며〉(시)
- KBS, 〈바람이 된 사랑〉(드라마)
- KBS, 〈한국의 미〉(시사)

2 사회 현상

- 최신 감정의 인문학적 해부학
- 최신 길고양이 갈등
- 낙태죄 존속이냐 폐지냐
- 노블레스 오블리주
- 대학 구조 개혁 방안
- 대형견 입마개 의무화
- 리우 올림픽이 남긴 교훈
- 만 나이
- 메르켈 독일 총리의 '위안부' 관련 발언
- 무분별한 게임 개발의 미래
- 최신 붉은 여왕의 가설*
- 시속 10km 감속, 사고 위험 16% 줄어
- 아파트 면적과 공간
- 이스터섬과 모아이
- 자동차 리콜, 완벽한 자동차를 위하여
- 자동차 승차 예절
- 최신 자립 준비 청년
- 저출산 고령화
- 정의롭게 공존하는 사회
- 촉법소년 연령 기준 하향
- 키워드 토크 '병역'
- 최신 '티끌 모아' 다음에 올 말, 생성형 AI는 알고 있다
- 하이힐 운전의 위험성
- 한·중·일 밥상 문화
- 최신 협상과 중재
- 최신 AI 자아에 관하여
- 10대들의 위험한 다이어트
- 4차 산업 혁명
- 90년대생이 말하는 이해 안 가는 상사 유형

> **참고** 붉은 여왕의 가설
> ① 정의: 생물들이 경쟁 환경에서 상대적 적합도를 유지하기 위해 지속적으로 진화해야 한다는 진화생물학 이론이다. 루이스 캐럴의 소설에 나오는 "같은 자리에 있으려면 계속 달려야 한다"는 구절에서 유래되었다.
> ② 핵심 원리: 한 종이 진화적 우위를 획득하면 경쟁 상대나 상호작용하는 다른 종들도 이에 대응하여 진화하는 공진화 과정이다. 이는 생물학적 군비경쟁과 같은 양상을 보인다.
> ③ 주요 사례: '기생충 – 숙주' 관계에서 기생충의 감염력 향상과 숙주의 저항성 증대가 대표적 예이다. '포식자 – 피식자' 관계에서도 포식자의 사냥 능력과 피식자의 도피 능력이 상호 발전한다. 유성생식의 진화적 이점을 설명하는 데도 활용된다.

3 경제

- 니케이 지수
- [최신] 소비 심리
- [최신] 소비자 물가 지수
- 자동차 리콜 제도
- 정부의 부동산 종합 대책 발표
- 통화 정책의 영향에 따른 원·달러 환율 하락
- 한국은행 성장률 조망
- 한미 금리 역전, 금융 불안 우려

4 건강

- 갑상선 기능 항진증
- 건망증
- 계단 오르기의 건강 효과
- 당뇨병
- 대리 처방
- 루푸스의 증상
- 메르스 / 코로나 바이러스
- 물 중독증
- 미세 먼지
- 백내장과 녹내장
- 보건용 마스크
- [최신] 브레인 트레이닝 트라우마*
- 비상 걸린 의약품 안전
- 심장 자동 제세동기 사용법
- 양성 종양과 악성 종양
- 은밀한 고통 '치질'
- 자폐증
- 전기 경련 요법
- [최신] 청소년에게 더 위험한 소셜미디어
- 코어 운동
- 하지 불안 증후군
- 해외 유입 감염병
- 혈압 항진증
- 희귀 난치성 질환
- A형 간염, E형 간염, C형 간염
- O(오)다리
- [최신] 24시 헬스클럽

> **참고** 브레인 트레이닝 트라우마
> ① 개념: 두뇌 훈련 게임이나 인지능력 향상 프로그램에 참여한 후 발생하는 부정적인 심리 반응이나 스트레스 상태를 의미한다.
> ② 발생 원인: 과도한 경쟁 의식, 성과에 대한 압박감, 반복적 실패 경험이 주요 원인이다. 특히 점수나 순위에 집착하거나 완벽주의 성향이 강한 사람들에게 나타날 가능성이 높다.
> ③ 주요 증상: 인지 훈련에 대한 거부감, 집중력 저하, 자존감 하락이 일반적이다. 심한 경우 두뇌 활동 자체에 대한 불안감이나 학습 회피 행동으로 이어질 수 있다.
> ④ 심리적 메커니즘: 기대했던 인지 능력 향상이 나타나지 않을 때 좌절감이 증가한다. 반복적인 훈련 과정에서 느끼는 지루함과 의무감이 스트레스로 작용한다.
> ⑤ 예방과 대응: 적절한 휴식과 다양한 활동의 균형이 중요하다. 과정 자체를 즐기는 태도와 현실적인 목표 설정이 필요하다. 심각한 경우 전문적인 상담이나 치료가 도움이 된다.

5 기타

개천절
고양이 눈동자가 세로로 길쭉한 이유
괌 관제 시설 오작동
최신 국립국어연구원, 《우리 문화 길라잡이》
기상 정보
나를 위한 글쓰기
뇌파를 통한 특별한 훈련
다운 점퍼의 세탁 방법
대입 정시 확대
라면 끓이는 방법
라퐁텐 우화

미세 먼지 감축
방파제 주변 파도 주의
봉수제
사하라 사막
사랑의 발견
서양 건축 이야기
손난로의 작동 원리
수학 포기자의 발생 원인
아파트 공동 체육 시설
엔지니어 정약용
최신 우리 음식의 언어

최신 일란성 쌍둥이
최신 잘못된 과학 상식
점자로 세상을 열다
조선 시대 왕의 놀이 '투호'
지진 대응 방안
지퍼의 고안 과정과 역할
테니스 경기 방법과 규칙
한반도, 지진 안전지대 아니다
한옥의 지붕 구조

2 최신 기출 문항의 발문으로 확인하는 문항 유형

① 그림에 대한 설명으로 가장 적절한 것은?
② 이야기의 주제로 가장 적절한 것은?
③ 강연의 내용에 대한 이해로 적절하지 <u>않은</u> 것은?
④ 방송의 내용에 대한 이해로 적절하지 <u>않은</u> 것은?
⑤ 이 시의 주제로 가장 적절한 것은?
⑥ 전문가가 설명한 내용으로 가장 적절한 것은?
⑦ 진행자의 말하기 전략에 대한 설명으로 가장 적절한 것은?
⑧ 대화를 통해 알 수 있는 내용으로 가장 적절한 것은?
⑨ 대화 참여자의 말하기 방식으로 적절하지 <u>않은</u> 것은?
⑩ 강연의 내용으로 적절하지 <u>않은</u> 것은?
⑪ 강연의 말하기 방식에 대한 설명으로 가장 적절한 것은?
⑫ 발표의 내용에 대한 이해로 적절하지 <u>않은</u> 것은?
⑬ 발표의 내용 구성 전략으로 적절하지 <u>않은</u> 것은?
⑭ 두 사람의 입장에 대한 이해로 적절하지 <u>않은</u> 것은?
⑮ 두 사람의 갈등 해결 방식으로 가장 적절한 것은?

3 최신 기출 문항의 선지로 확인하는 문항 풀이의 접근

1 '말하기 전략'과 관련한 최신 선지

① 대담의 핵심 주제를 소개하며 대화를 시작하고 있다.
② 전문적인 개념에 대해 구체적인 예시를 덧붙여 보강하고 있다.
③ 전문가의 설명으로 해소되지 않은 예외적인 경우에 대해 질문하고 있다.

④ 남아 있는 문제를 환기하며 청취자의 사회적 관심과 참여를 당부하고 있다.
⑤ 대담의 신뢰성과 객관성을 높이기 위해 객관적인 통계 자료를 요청하고 있다.

2 '발표 내용 구성 전략'과 관련한 최신 선지

① 궁금증을 유발하는 내용으로 청중의 관심을 끌고 있다.
② 언론 보도를 예로 들어 주제의 시의성을 드러내고 있다.
③ 자신의 경험을 밝힘으로써 내용의 설득력을 높이고 있다.
④ 전문가의 말을 인용하여 문제의 심각성을 강조하고 있다.
⑤ 비유적 표현을 활용하여 자신의 견해를 마무리하고 있다.

3 '갈등 해결 방식'과 관련한 최신 선지

① 구단 관계자는 우승을 전제로 자신의 입장을 양보하고 있다.
② 선수 대리인은 정신적 피해를 근거로 상대의 양보를 요구하고 있다.
③ 양측은 공동의 목표를 달성하기 위해 각자의 입장을 조정하고 있다.
④ 양측은 협상이 결렬되는 것을 막기 위해 제3자의 절충을 요청하고 있다.
⑤ 구단 관계자는 여러 대안의 장단점을 비교하여 상대의 양보를 요구하고 있다.

01 듣기

기출 응용문제

🎧 에듀윌 도서몰(book.eduwill.net) 도서자료실에서 듣기 MP3 파일을 무료로 다운 받으세요. 대본은 302~304쪽에 수록되어 있습니다.

01
강연에서 설명하지 <u>않은</u> 석탑은?

①  ②  ③

④  ⑤

02
그림에 대한 설명으로 적절하지 <u>않은</u> 것은?

① 소녀들의 옷과 머리, 집 안의 구조가 안락함을 준다.
② 부드러운 터치로 밝고 온화한 분위기를 표현하였다.
③ 넓은 면으로 채색하는 인상주의적인 기법을 사용했다.
④ 사랑이나 이성 간의 교제가 아닌 '젊음'을 표현하였다.
⑤ 화면을 채우는 구도를 이용해 소녀들의 모습을 그려 냈다.

03
강연자가 말하고 있는 내용으로 옳은 것은?

① 훈민정음은 문자의 기원상 예외적인 존재이다.
② 세종은 학자들의 의견에 따라 훈민정음을 창제하였다.
③ 훈민정음이 창제되면서 곧바로 언문일치가 실현되었다.
④ 훈민정음은 대중들에게 사용되며 점차 언문이라 불리었다.
⑤ 훈민정음에 관심을 가진 사람들은 생활 전반에 문자를 애용하였다.

04
이 수필의 특징에 대한 설명으로 적절하지 <u>않은</u> 것은?

① 글의 대상에 대한 다양하고 참신한 비유가 돋보인다.
② 그믐달에서 느껴지는 애절함과 한스러움을 잘 담아냈다.
③ 단정적인 표현을 통해 주로 인간의 허물을 비판하고 있다.
④ 대상을 바라보는 독특한 시각과 세밀한 관찰력이 드러나 있다.
⑤ 글쓴이가 대상에 대해 느끼는 애정을 직접적으로 표현하고 있다.

05

강의의 내용을 바르게 이해한 것은?

① 학생들은 실험 내내 인류학 강의를 흥미롭게 들었다.
② 실험에 참여한 학생들은 호응의 효과를 미리 알고 있었다.
③ 심리학 강의를 듣는 인류학과 학생들이 듣기 실험에 참여하였다.
④ 심리학 교수는 자신의 수업을 듣는 학생들을 대상으로 실험을 했다.
⑤ 실험 전에 인류학 교수는 강의하면서 학생들과 시선을 맞추지 않았다.

06

이 시에 대한 설명으로 가장 적절한 것은?

① 행인이 배를 애타게 기다리는 모습을 묘사하고 있다.
② 밤에서 낮까지 강의 경치가 변화하는 모습을 묘사하고 있다.
③ 배를 타고 떠나가는 임을 멀리서 지켜보는 사람을 묘사하고 있다.
④ 나룻배가 망망대해에서 거침없이 나아가는 모습을 묘사하고 있다.
⑤ 험난한 날씨 속에서도 하염없이 행인을 기다리는 나룻배를 묘사하고 있다.

07

이 시의 주제로 가장 적절한 것은?

① 희망이 없는 삶의 막막함
② 삶과 죽음의 적대적인 관계
③ 존재의 소멸을 통한 자연과의 합일
④ 일상의 고달픔과 세상에 대한 원망
⑤ 돌아갈 수 없는 과거에 대한 아쉬움

정답 풀이 & 오답 해설

01

| 정답 풀이 | ⑤에 대한 설명은 제시되지 않았다.

| 오답 해설 | ①은 강연의 첫 번째 석탑인 '서울 홍제동 오층 석탑', ②는 강연의 두 번째 석탑인 '원주 흥법사지 진공대사탑', ③은 강연의 네 번째 석탑인 '충주 정토사 터 홍법국사탑', ④는 강연의 세 번째 석탑인 '개성 남계원 터 칠층 석탑'과 부합한다.

02

| 정답 풀이 | ③ 〈피아노 치는 소녀들〉은 르누아르가 전반기의 인상주의적 화풍에서 벗어나 점차 데생과 구도에 중점을 둔 후반기의 작품으로, 부드럽고 자유로운 선으로 인물의 옷과 머리 모양을 표현하였다.

03

| 정답 풀이 | ① 강연자의 설명에 따르면 훈민정음은 문자의 기원상으로 볼 때 독창적인, 즉 예외적인 존재라고 볼 수 있다.

| 오답 해설 |
② 훈민정음 창제는 세종의 의견에 따라 서종이 주도적으로 이룬 개인적 업적이었음을 언급하고 있다.
③ 훈민정음이 창제된 후에도 한문의 위상이 쉽게 무너지지 않았음을 밝혔다.
④ 훈민정음은 창제 당초부터 언문이라 불리었다고 제시되었다.
⑤ 언문에 관심을 가진 사람들도 특수한 경우에만 이 문자를 활용하였다고 설명하였다.

04

| 정답 풀이 | ③ 그믐달과 초승달, 보름달을 여인에 비유하여 표현하고 있을 뿐, 단정적인 표현을 사용하지 않았으며 인간의 허물을 비판하는 태도도 드러나지 않는다.

05

| 정답 풀이 | ⑤ 실험이 시작된 후에, 인류학 교수는 학생들의 적극적인 듣기와 호응에 따라 학생들과 시선을 마주치기 시작했다고 하였다.

06

| 정답 풀이 | ⑤ '당신'은 나룻배인 '나'에게 무심한 태도를 보이지만, '나'는 '당신'을 헌신적으로 기다리고 있다. 바람을 쐬고 눈비를 맞으면서도 밤에서 낮까지 하염없이 행인을 기다리는 '나룻배'의 모습을 묘사하여 '당신'에 대한 '나'의 마음을 드러내고 있는 것이다.

07

| 정답 풀이 | ③ 제시된 시는 죽음에 대한 달관과 초탈의 정서가 중심이 되는 작품으로, 죽음 이후에 바람과 어울려 가볍고 자연스럽게 흘러가고 싶은 소망과 의지를 드러내고 있다.

| 오답 해설 | ② 삶과 죽음을 적대적인 관계로 보고 있지 않으며, 인간에게 공포일 수 있는 죽음을 새로운 관점으로 바라보고 있다.

정답 01 ⑤ 02 ③ 03 ① 04 ③ 05 ⑤ 06 ⑤ 07 ③

02 듣기 + 말하기(통합 문제)

기출 응용문제

🎧 에듀윌 도서몰(book.eduwill.net) 도서자료실에서 듣기 MP3 파일을 무료로 다운 받으세요. 대본은 304~307쪽에 수록되어 있습니다.

01

강연을 통해 알 수 있는 속담의 특성으로 적절하지 않은 것은?

① 격언과 속담의 경계가 애매모호하다.
② 구체적이고 특수한 사례를 진술한다.
③ 단순하고 간결한 형식을 지니고 있다.
④ 단순한 비유를 속담으로 보기는 어렵다.
⑤ 글자 그대로의 의미보다 넓은 의미를 유발한다.

02

강연에서 사용한 말하기 전략에 대한 설명으로 가장 적절한 것은?

① 대상의 특성을 보여 주기 위해 다른 대상과 견주어 설명하고 있다.
② 정확한 분석을 위해 대상의 구성 요소를 자세히 나누어 제시하고 있다.
③ 이해를 돕기 위해 다른 대상을 세밀하게 묘사하는 방식을 택하고 있다.
④ 어려운 개념을 설명하기 위해 익숙한 대상을 비유적으로 활용하고 있다.
⑤ 대상이 지니고 있는 여러 가지 장점과 단점을 순서대로 나열하여 말하고 있다.

03

강연의 내용과 일치하지 않는 것은?

① 이글루라는 말은 본래의 의미가 확대되어 사용된 것이다.
② 이누이트는 온도에 따른 물의 변화를 난방에 이용하였다.
③ 이글루의 얼음은 방출되는 복사파를 차단하는 역할을 한다.
④ 이글루는 내부의 온도를 높이면 눈의 융해 현상이 발생한다.
⑤ 이글루의 내부 온도를 높이려면 뜨거운 물을 사용하는 것이 좋다.

04

강연자가 사용한 말하기 방식으로 가장 적절한 것은?

① 대립된 관점을 종합적으로 묶어 전달하고 있다.
② 구체적 현상에 포함된 과학적 원리를 설명하고 있다.
③ 다른 대상과의 비교를 통하여 공통점을 발견하고 있다.
④ 과학적인 근거를 들어 고정 관념의 오류를 비판하고 있다.
⑤ 실험을 한 결과를 통해 특정한 원리를 이끌어 내고 있다.

05

뉴스 해설을 듣고 파악할 수 있는 내용이 아닌 것은?

① 산란과 부화 같은 생식 단계에서는 생존 온도 범위가 좁아진다.
② 생물은 생식 단계에서 서식지의 온도 변화에 대해 민감하게 반응을 한다.
③ 생물의 생존 온도 범위는 유전적으로 고정되어 있지 않지만 종별로는 동일하다.
④ 봄, 가을에는 온배수의 방출로 해수의 수온이 상승하면서 식물 플랑크톤이 증가한다.
⑤ 여름에는 자연 수역보다 온배수가 유입되는 해역의 식물 플랑크톤의 생산력이 감소한다.

06

뉴스 해설자가 사용한 말하기 전략으로 가장 적절한 것은?

① 통계 자료를 제시하여 신뢰성을 높이고 있다.
② 시각 매체를 사용하여 청중의 이해를 돕고 있다.
③ 일반적 인식의 문제점을 들어 논의를 시작하고 있다.
④ 널리 알려진 대상에 비유하여 독자의 이해를 돕고 있다.
⑤ 과학적 이론을 바탕으로 문제가 되는 현황에 대해 설명하고 있다.

07

대화를 통해 알 수 있는 등장인물의 생각으로 적절하지 <u>않은</u> 것은?

① 교사: 선이나 면을 섬세하게 표현하는 것은 그림을 그리는 데 있어 기본적인 것이다.
② 학생: 유명한 작가의 작품을 보는 것은 자신의 작품 창작에 큰 도움이 될 것이다.
③ 교사: 심사 위원들이 평가하는 주요 항목을 파악하여 그에 맞는 그림을 그려야 한다.
④ 학생: 기초적인 사물 묘사법을 익히는 시간을 보내는 것은 창의성 발현과 거리가 멀다.
⑤ 교사: 발명은 재료에 대한 기초적인 이해 없이 갑자기 탄생하게 되는 것이 아니다.

08

등장인물 간 갈등의 근본적인 원인으로 가장 적절한 것은?

① 그림의 재료에 대한 시각 차이
② 발명의 개념에 대한 시각 차이
③ 유명 작가의 작품에 대한 시각 차이
④ 구체적인 사물의 형태에 대한 시각 차이
⑤ 그림 그리기의 기본기에 대한 시각 차이

정답 풀이 & 오답 해설

01
| 정답 풀이 | ③ 속담의 형식에 대한 설명은 제시되어 있지 않다.

02
| 정답 풀이 | ① 속담의 특성을 명확하게 설명하기 위해 '격언, 관용어'와의 공통점과 차이점을 견주고 있다.

03
| 정답 풀이 | ① 이글루라는 말은 빙설을 이용한 집 외에도 목재나 가죽으로 만든 천막 등 이누이트의 모든 주거 시설을 이르는 말이었으나, 눈으로 만든 집이 외지인의 시선을 끌면서 그것만 일컫는 말이 되었다고 강연의 서두에 제시하고 있다.

04
| 정답 풀이 | ② 이누이트가 이글루를 만드는 방법과 이글루 내부의 온도를 유지하는 방법에 어떠한 과학적 원리가 숨어 있는지 밝히고 있다.

05
| 정답 풀이 | ③ 생물의 생존 온도 범위는 유전적으로 고정되어 있으며, 종별로 다르다고 하였다.

06
| 정답 풀이 | ⑤ 생물의 생존과 온도의 상관관계에 대한 과학적인 내용을 제시하고, 이를 바탕으로 발전소의 온배수 문제에 대해 설명하고 있다.

07
| 정답 풀이 | ③ 교사는 학생에게 그림을 그릴 때 기본기가 필요하다고 말했을 뿐, 심사 위원의 평가 항목에 맞는 그림을 그리라고 이야기하지 않았다.

08
| 정답 풀이 | ⑤ 학생은 그림의 기본기가 없어도 창의성이 있으면 된다고 생각하고 있고, 교사는 그림 그리기의 기본기가 있어야 창의적 그림을 그리는 것이 가능하다고 말하고 있다.

| 오답 해설 |
① 그림의 재료에 대한 대화는 주고받지 않았다.
② 교사는 그림 그리기의 기본기가 중요하다는 것을 말하기 위해 발명을 빗대어 언급하였다.
③ 학생은 유명 작가의 작품을 보고 창의적인 영감을 얻고 싶다고 했고 교사가 이에 반대하였을 뿐, 유명 작가의 작품에 대해 평가를 내린 것은 아니다.
④ 구체적인 사물의 형태에 대한 시각 차이가 아니라, 구체적인 사물 그리기가 창작에 어떤 역할을 하는지에 대한 가치관의 차이가 나타나 있다.

정답 01 ③ 02 ① 03 ① 04 ② 05 ③ 06 ⑤ 07 ③ 08 ⑤

09

두 사람의 입장과 일치하지 <u>않는</u> 것은?

① 여자: 정보화로 인해 부정적 사회 현상이 발생하고 있다.
② 남자: 정보화는 그 변화의 속도가 앞으로도 빠를 것이다.
③ 여자: 정보화로 인해 어떤 사람들은 일자리를 잃어버리고 있다.
④ 남자: 노년층은 스마트폰을 잘 사용하지 못하는 정보화의 소외 계층이다.
⑤ 여자: 정보화는 특정 세대에게는 긍정적으로 작용하지만 어떤 세대에게는 그렇지 않다.

10

두 사람의 상반된 입장을 중재하기 위해 제공되어야 할 자료로 적절하지 <u>않은</u> 것은?

① 최신 스마트폰의 사용법에 대한 안내 책자
② 정보화로 인해 새롭게 생겨난 직종에 대한 자료
③ 빈부 격차에 따른 정보 접근성에 대한 분석 자료
④ 중장년층의 전자 민원 서비스 이용 불편에 대한 사례
⑤ 취약 계층의 거주 지역 인터넷 보급률에 대한 통계 자료

11

뉴스 보도의 내용에 비추어 볼 때, 실제 방송에서 사용했음 직한 장면이 <u>아닌</u> 것은?

①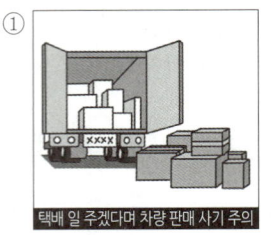
택배 일 주겠다며 차량 판매 사기 주의

②
택배 업체 수익 과장 사기 반복

③
계약서 구체적 내용 확인 필요

④
수수료 인상 과도해 문제

⑤
수익 부풀리고 차량 구입 유도

12

뉴스 보도에 대한 설명으로 가장 적절한 것은?

① 택배 차량 계약의 조항을 구체적으로 밝히며 보도 내용을 시작하고 있다.
② 구체적 수치를 제시하며 피해가 매년 증가하고 있는 현실을 강조하고 있다.
③ 인터뷰를 통해 피해자들이 피해를 입는 이유가 무엇인지 구체적으로 밝히고 있다.
④ 택배 업체 면접 시 바로 택배 차량 구입을 할 경우 얻게 되는 혜택을 설명하고 있다.
⑤ 관계 기관에서 계약서에 명시하도록 정해 둔 내용을 강조하며 보도 내용을 마무리하고 있다.

정답 풀이 & 오답 해설

09
| 정답 풀이 | ④ 남자는 노년층도 스마트폰을 사용하며 정보화 사회를 누리고 있다고 주장하고 있다.

10
| 정답 풀이 | ① 대화에서 두 사람은 정보화 사회에 대한 상반된 입장을 말하고 있으므로 최신 스마트폰의 사용법에 대한 안내 책자는 두 입장을 중재하기 위해 제공되어야 할 자료로 적절하지 않다.

11
| 정답 풀이 | ④ 수수료 인상이 과도하다는 내용은 뉴스에서 언급하지 않았다. 면접에 응하고 차량을 구입하는 사람들에게 받는 금액의 일부를 업체에서 자체적으로 수수료의 용도로 나누어 가진다는 언급만 있을 뿐이다.

12
| 정답 풀이 | ③ 업계 관계자의 인터뷰를 통해 피해자들이 어떻게 불공정한 계약을 하게 되고, 택배 업체가 어떻게 이익을 가져가는지 밝히고 있다.

| 오답 해설 |
① 택배 차량 계약의 조항이 아니라, 택배 일자리를 미끼로 한 사기의 현황을 소개하며 뉴스 보도를 시작했다.
② 구체적 수치를 제시하지는 않았다.
④ 택배 업체 면접 시 당일에 계약하는 것은 피하는 게 좋다고 하였다. 얻게 되는 혜택은 제시되지 않았다.
⑤ 택배 일자리 사기 관련 문제의 해결을 위한 관계 기관의 노력이 필요하다는 점을 언급했을 뿐, 관계 기관에서 계약서에 명시하도록 정해 둔 내용을 언급하지는 않았다.

정답 09 ④ 10 ① 11 ④ 12 ③

I. 듣기·말하기

대본

01 듣기 296~297쪽

01

먼저 석탑에 대한 강연을 들려드립니다.

> 석탑은 시대와 문화에 따라 다양한 형태로 만들어졌는데요. 오늘은 그중 네 개의 석탑을 소개해 드릴까 합니다.
> 첫 번째 석탑은 서울 홍제동 오층 석탑으로 1층 몸돌에는 장식이 없으며 지붕돌은 넓고 얇은 편이나 육중해 보이고, 두꺼워 보이는 처마는 수평으로 펼쳐지다가 양 끝으로 치켜 오르면서 더 두꺼워진 듯한 느낌을 줍니다.
> 두 번째 석탑은 원주 흥법사지 진공대사탑으로 팔각 집 모양을 기본 평면으로 하였으나 기단 중간부는 원통형으로 하여 구름과 용무늬를 새겼고, 아담한 탑신 위에는 곡선이 강한 지붕을 얹은 특징을 지니고 있습니다.
> 세 번째 석탑은 개성 남계원 터 칠층 석탑입니다. 몸체가 되는 탑신의 층수가 많으며, 추녀 끝에서 지붕 밑이 들려지며 전체적으로도 묵직한 조형 감각을 나타내고 있는 점 등에서 고려 석탑의 특색이 잘 나타나 있습니다.
> 끝으로 네 번째 석탑은 충주 정토사 터 홍법국사탑으로 탑신이 원구형(圓球形)을 이루고 있습니다. 옥개석에는 별다른 조각 장식은 없으나 팔각 귀퉁이에 귀꽃이 있어 시선을 끌며, 옥개석 하면은 삿갓 모양으로 깊숙이 파져 탑신 위에 놓인 원통형 석재(石材) 위에 얹혀 있는 것이 특징입니다.

02

이번에는 그림에 대한 설명을 들려드립니다.

> 오늘은 명화를 함께 감상해 보도록 하겠습니다. 〈피아노 치는 소녀들〉은 1892년 초, 르누아르가 프랑스 정부로부터 뤽상부르 미술관에 전시할 그림으로 요청을 받아 완성한 작품입니다. 르누아르는 전반기의 인상주의 화풍에서 벗어나, 후반기로 가면서 점차 데생과 구도에 중점을 두는 그림을 그렸습니다.
> 이 그림은 매우 섬세한 필치로 그려졌습니다. 부드럽고 자유로운 선으로 인물의 옷과 머리 모양을 표현하는 것은 르누아르 후기 작품의 대표적인 특징이기도 합니다. 이러한 표현은 그림 전체 분위기를 리드미컬하게 흐르는 듯하고, 부드럽게 서로 맞물리도록 하는 데 효과적입니다. 갈색 머리에 분홍색 옷을 입은 소녀와 금발에 흰 옷을 입고 있는 소녀는 때때로 다른 버전의 그림에서는 서로의 옷이 바뀌기도 하지만, 소녀들은 모두 뒤의 커튼과 그들 앞에 놓인 화병과도 잘 어우러지고 있습니다.
> 화면이 꽉 찬 구성은 관람자로 하여금 피아노 치는 소녀들에 모든 시선이 가도록 이끕니다. 전체적인 그림 분위기를 따뜻하고 부드럽게 만드는 금빛의 사용은 같은 시대의 또 다른 프랑스 화가 카유보트를 연상시키기도 합니다.
> 르누아르의 작품들은 당시 유행했던 '사랑'과, '이성 간의 교제'라는 친근한 주제에서 벗어나 있으며, 동시대 다른 화가들과는 달리 어떠한 알레고리도, 정확한 주제의 프로그램도 찾아볼 수 없습니다. 젊음의 무고함과 찬란함이 그의 작품의 중심 테마인데요, 〈피아노 치는 소녀들〉은 그의 주제를 가장 효과적으로 드러낸 작품 중 하나라고 할 수 있습니다.

03

이번에는 강연을 들려드립니다.

> 훈민정음의 창제는 국어의 전면적 문자화라는 오랜 민족적 소망을 달성한 것이었습니다. 이 소망이 한자와는 본질적으로 다른 음소적 문자 체계로 실현된 것은 하나의 역사적 필연이었다고도 할 수 있습니다. 입으로 말하는 국어를 그대로 만족스럽게 적을 수 있는 길이 열리게 되었기 때문입니다.
> 훈민정음에 관련된 기록들은 한결같이 세종의 창제를 말하고 있습니다. 이것은 흔히 있을 수 있는 과장된 표현으로 들리기 쉽습니다. 그러나 세종 25년 12월 이후에 훈민정음에 관계한 유신들의 행적을 조사해 보면 그 이전에 훈민정음에 관련된 일을 했음 직한 사람은 없는 것 같습니다. 그러므로 훈민정음은 세종의 개인적 업적이었다고 결론지을 수 있습니다.
> 훈민정음의 가장 두드러진 특징은 그 독창성과 과학성에 있습니다. 세계의 여러 나라에서 자국어를 문자화하려는 소망은 이미 존재하는 문자 체계를 채택하여 다소 손질함으로써 달성되는 것이 보통이었습니다. 고대의 한자에 의한 국어 표기법의 발달도 이러한 일례에 해당하는 것입니다. 그 결과 오늘날 지구상에서 사용하고 있는 문자들의 기원을 살펴보면 크게 몇 계통이 있을 뿐입니다. 그런데 훈민정음은 그 어느 계통에도 속하지 않는 독창적인 문자인 것입니다.
> 그러나 훈민정음이 창제되기는 했으나 이미 굳어진 한문의 지위는 좀처럼 흔들리지 않았습니다. 훈민정음은 창제 당초부터 언문이라 불리어 한문의 중압 밑에 놓이게 되었습니다. 사대부 계층은 여전히 한문을 썼고 그중의 소수만이 이 언문에 관심을 보였는데, 이런 사람들도 특수한 경우에만 이것을 사용하였습니다. 즉, 훈민정음은 주로 시가의 표기, 한문 서적의 번역 등에 국한되어 사용되었던 것입니다.

04

다음은 수필 한 편을 들려드립니다.

나는 그믐달을 몹시 사랑한다. 그믐달은 요염하여 감히 손을 댈 수도 없고 말을 붙일 수도 없이 깜찍하게 예쁜 계집 같은 달인 동시에, 가슴이 저리고 쓰린 가련한 달이다. 서산 위에 잠깐 나타났다 숨어 버리는 초승달은 세상을 후려 삼키려는 독부(毒婦)가 아니면, 철모르는 처녀 같은 달이지마는, 그믐달은 세상의 갖은 풍상을 다 겪고 나중에는 그 무슨 원한을 품고서 애처롭게 쓰러지는 원부(怨婦)와 같이 애절하고 애절한 맛이 있다. 보름에 둥근 달은 모든 영화와 끝없는 숭배를 받는 여왕과도 같은 달이지마는, 그믐달은 애인을 잃고 쫓겨남을 당한 공주와 같은 달이다. 초승달이나 보름달은 보는 이가 많지마는, 그믐달은 보는 이가 적어 그만큼 외로운 달이다. 객창(客窓) 한등에 정든 임 그리워 잠 못 들어 하는 분이나, 못 견디게 쓰린 가슴을 움켜잡은 무슨 한 있는 사람이 아니면 그 달을 보아 주는 이가 별로 없을 것이다. 그는 고요한 꿈나라에서 평화롭게 잠들은 세상을 저주하며, 홀로이 머리를 흩뜨리고 우는 청상과 같은 달이다. 내 눈에는 초승달 빛은 따뜻한 황금빛에 날카로운 쇳소리가 나는 듯하고, 보름달은 치어다보면 하얀 얼굴이 언제든지 웃는 듯하지마는, 그믐달은 공중에서 번듯하는 날카로운 비수(匕首)와 같이 푸른빛이 있어 보인다. 내가 한이 있는 사람이 되어서 그러한지는 모르지만, 내가 그 달을 많이 보고 또 보기를 원하지만, 그 달은 한 있는 사람만 보아 주는 것이 아니라, 늦게 돌아가는 술주정꾼과 노름하다 오줌 누러 나온 사람도 혹 어떤 때는 도둑놈도 보는 것이다. 어떻든지 그믐달은 가장 정 있는 사람이 보는 동시에, 또는 가장 한 있는 사람이 보아 주고, 또 가장 무정한 사람이 보는 동시에 가장 무서운 사람들이 많이 보아 준다. 내가 만일 여자로 태어날 수 있다면 그믐달 같은 여자로 태어나고 싶다.

― 나도향, 〈그믐달〉

05

이번에는 심리학 강의를 들려드립니다.

어느 대학의 심리학 교수가 그 학교에서 강의를 재미없게 하기로 정평이 나 있는 한 인류학 교수의 수업을 대상으로 듣기의 효과에 관한 실험을 하였습니다. 그 심리학 교수는 인류학 교수에게는 이 사실을 철저히 비밀로 하고 그 강의를 수강하는 학생들에게만 사전에 다음의 몇 가지 주의 사항을 전달했지요. 첫째, 교수의 말 한 마디 한 마디에 주의를 집중하면서 열심히 들을 것. 둘째, 얼굴에는 약간의 미소를 띠면서 눈을 반짝이며 고개를 끄덕이기도 하고 간간이 질문도 하면서 강의가 매우 재미있다는 반응을 겉으로 드러나게 할 것이었습니다.

한 학기 동안 계속된 이 실험의 결과는 매우 흥미롭게 나타났습니다. 우선 그 재미없던 인류학 교수는 줄줄 읽어 나가던 강의 노트에서 드디어 눈을 떼고 학생들과 시선을 마주치기 시작했고, 가끔씩은 한두 마디 유머 섞인 농담을 던지기도 하더니 그 학기가 끝날 즈음엔 가장 열의 있게 강의하는 교수로 바뀌게 된 것이지요. 더욱 놀라운 것은 학생들의 변화였습니다. 처음에는 단순히 실험 차원에서 재미 삼아 강의를 열심히 듣는 척하던 학생들은 이 과정을 통해서 정말로 강의를 흥미롭게 듣게 되었고, 그 가운데는 소수이긴 하지만 아예 전공을 인류학으로 바꾸기로 결심하게 된 학생들도 나오게 되었습니다.

06

이번에는 시 한 편을 들려드립니다.

나는 나룻배
당신은 행인.

당신은 흙발로 나를 짓밟습니다.
나는 당신을 안고 물을 건너갑니다.
나는 당신을 안으면 깊으나 얕으나 급한 여울이나 건너갑니다.

만일 당신이 아니 오시면 나는 바람을 쐬고 눈비를 맞으며 밤에서 낮까지 당신을 기다리고 있습니다.
당신은 물만 건너면 나를 돌아보지도 않고 가십니다그려.
그러나 당신이 언제든지 오실 줄만은 알아요.
나는 당신을 기다리면서 날마다 날마다 낡아 갑니다.

나는 나룻배
당신은 행인.

― 한용운, 〈나룻배와 행인〉

07

끝으로 시 한 편을 들려드립니다.

> 내 세상 뜨면 풍장시켜 다오.
> 섭섭하지 않게
> 옷은 입은 채로 전자시계는 가는 채로
> 손목에 달아 놓고
> 아주 춥지는 않게
> 가죽 가방에 넣어 전세 택시에 싣고
> 군산(群山)에 가서
> 검색이 심하면
> 곰소쯤에 가서
> 통통배에 옮겨 실어 다오.
>
> 가방 속에서 다리 오그리고
> 그러나 편안히 누워 있다가
> 선유도 지나 무인도 지나 통통 소리 지나
> 배가 육지에 허리 대는 기척에
> 잠시 정신을 잃고
> 가방 벗기우고 옷 벗기우고
> 무인도의 늦가을 차가운 햇빛 속에
> 구두와 양말도 벗기우고
> 손목시계 부서질 때
> 남 몰래 시간을 떨어뜨리고
> 바람 속에 익은 붉은 열매에서 툭툭 튕기는 씨들을
> 무연히 안 보이듯 바라보며
> 살을 말리게 해 다오.
> 어금니에 박혀 녹스는 백금(白金) 조각도
> 바람 속에 빛나게 해 다오.
>
> 바람을 이불처럼 덮고
> 화장(化粧)도 해탈(解脫)도 없이
> 이불 여미듯 바람을 여미고
> 마지막으로 몸의 피가 다 마를 때까지
> 바람과 놀게 해 다오.
>
> — 황동규, 〈풍장〉

---

02 듣기 + 말하기(통합 문제)

298~301쪽

01~02

먼저 속담에 대한 강연을 들려드립니다. 1번은 듣기 문항, 2번은 말하기 문항입니다.

속담은 우리의 언어생활과 관계가 있기 때문에 퍽 친숙한 말의 벗이기도 합니다. 그러나 그 의미를 정의하는 것은 그리 간단하지 않습니다. 속담을 속된 말이라고 한다면, 속된 말 중에는 비어, 은어도 있으니 이들과 구별을 해야 합니다. 또한 '옛날부터 전해 오는 격언'이라고 해도 '격언이 무엇이냐?'라는 문제가 남아 있습니다. 격언과 속담은 같은 것인가, 다른 것인가도 밝힐 필요가 있습니다.

속담집의 자료를 기초로 속담의 정의를 내린다면 '민중에 유통되는 관용 어구'라고 할 수도 있습니다. 그러나 간단한 비유를 하기 위해 사용되는 관용어를 속담으로 볼 것인지 아닌지가 문제가 됩니다. 이처럼 속담의 정의는 간단하지 않습니다.

먼저 격언과의 차이부터 살펴보면, 우선 속담과 격언은 그 언어의 기능이 같다고 할 수 있습니다. 또한 양자 사이의 명확한 경계를 찾기는 거의 불가능합니다. 그러나 개략적인 차이는 지적될 수 있으리라 봅니다. 격언은 속담보다 시공의 제한이 없고 주로 교훈적인 내용을 담고 있는 것이라고 할 수 있습니다.

그렇다면 속담과 관용어의 차이는 무엇일까요? 관용어는 좀 더 넓은 의미로서 그 가운데는 속담, 격언, 금기어, 단순한 비유, 은어 등이 모두 포함될 것입니다. 그러면 속담은 이들과 구별되는 어떠한 특징이 있을까요? 속담은 구체적이고 특수한 사례를 진술함으로써 일반적이고 보편적인 의미를 유발하는 기능을 가지고 있습니다. 언술된 문면 그대로의 의미 이외에 보다 넓은 일반적 의미를 유추할 수 있도록 하는 것이 속담의 특징입니다.

즉, '원인이 있어야 결과가 있다.'라고 하는 것은 일반적 언술이며, 그 자체의 의미 이외에 다른 뜻이 유추되기는 어렵습니다. 그러나 '아니 땐 굴뚝에 연기 날까.'라고 하는 것은 구체적이고 특수한 사실을 가지고 보편적 의미를 유발하고 있습니다. 이런 점에서 속담은 보통의 언술과 구별되고 다른 관용어와도 구분이 됩니다. 은어는 특수 사회의 관용어이며 그것을 표준어로 바꿔 쓸 수 있을 뿐, 더 큰 의미나 보편적 의미로 확대되지는 않습니다. 금기어, 길흉어는 역시 민속 신앙과 결부되어 민중 사이에 유통되고 있으나 언술된 금기, 길흉의 사실만을 의미하지 다른 자극적인 구실은 없는 것입니다.

'쥐 죽은 듯', '어중이떠중이', '서슬이 푸르다' 등과 같은 말 역시 단순한 관용어로 속담은 아닙니다. 속담은 결국 보편적 의미를 강조하기 위하여 쓰이는 말이기는 하지만 교훈을 주고 풍자나 비판을 하기 위해 어떤 사실을 비유하여 말하는 방법인 것입니다.

03~04

이번에는 강연을 들려드립니다. 3번은 듣기 문항, 4번은 말하기 문항입니다.

이누이트, 즉 에스키모 하면 연상되는 것 중의 하나가 이글루입니다. 그들의 주거 시설에는 빙설을 이용한 집 외에도 목재나 가죽으로 만든 천막 등이 있습니다. 이글루라는 말은 이러한 주거 시설의 총칭이었으나, 눈으로 만든 집이 외지인의 시선을 끌어 그것만 일컫는 말이 되었습니다. 이글루는 눈을 벽돌 모양으로 잘라서 반구 모양으로 쌓은 것인데요. 눈 벽돌로 만든 집이 어떻게 얼음집으로 될까요? 또한 이글루에서는 어떻게 난방을 할까요?

일단 눈 벽돌로 이글루를 만든 후에, 이글루 안에서 불을 피워 온도를 높입니다. 온도가 올라가면 눈이 녹으면서 벽의 빈틈을 메워 줍니다. 어느 정도 눈이 녹으면 출입구를 열어 물이 얼도록 합니다. 이 과정을 반복하면서 눈 벽돌집을 얼음집으로 변하게 하는 것입니다. 이 과정에서 눈 사이에 들어 있던 공기는 빠져나가지 못하고 얼음 속에 갇히게 됩니다. 이글루가 뿌옇게 보이는 것도 미처 빠져나가지 못한 기체에 부딪힌 빛의 산란 때문입니다.

이글루 안은 밖보다 온도가 높습니다. 그 이유 중 하나는 이글루가 단위 면적당 태양 에너지를 지면보다 많이 받기 때문입니다. 이것은 적도 지방이 극지방보다 태양 빛을 더 많이 받는 것과 같은 이치입니다. 다른 이유로 일부 과학자들은 온실 효과를 듭니다. 지구에 들어오는 태양 복사 에너지의 대부분은 자외선, 가시광선 영역의 단파이지만, 지구가 열을 외부로 방출하는 복사 에너지는 적외선 영역의 장파입니다. 단파는 지구의 대기를 통과하지만, 복사파인 장파는 지구의 대기에 의해 흡수됩니다. 이 때문에 지구의 온도가 일정하게 유지됩니다. 이를 온실 효과라고 하는데, 온실 유리가 복사파를 차단하는 것과 같다는 데서 유래되었습니다. 이글루도 내부에서 외부로 나가는 장파인 복사파가 얼음에 의해 차단되어 이글루 안이 따뜻한 것입니다.

이글루 안이 추울 때 이누이트는 바닥에 물을 뿌립니다. 마당에 물을 뿌리면 시원해지는 것을 경험한 사람은 이에 대해 의문을 품을 것입니다. 여름철 마당에 뿌린 물은 증발되면서 열을 흡수하기 때문에 시원해지는 것이지만, 이글루 바닥에 뿌린 물은 곧 얼면서 열을 방출하기 때문에 실내 온도가 올라가게 됩니다. 물의 물리적 변화 과정에서는 열의 흡수와 방출이 일어나기 때문입니다. 이때, 찬물보다 뜨거운 물을 뿌리는 것이 더 효과적입니다. 바닥에 뿌려진 뜨거운 물은 온도가 높고 표면적이 넓어져서 증발이 빨리 일어나고 증발로 물의 양이 줄어들어 같은 양의 찬물보다 어는 온도까지 빨리 도달하기 때문입니다.

이누이트가 융해와 응고, 복사, 기화 등의 과학적 원리를 이해하고 이글루를 짓지는 않았을 것입니다. 그러나 그들은 접착제를 사용하지 않고도 눈으로 구조물을 만들었으며, 또한 물을 이용하여 난방을 하였습니다. 이글루에는 극한 지역에서 살아가는 사람들이 경험을 통해 터득한 삶의 지혜가 담겨 있습니다.

05~06

이번에는 뉴스 해설을 들려드립니다. 5번은 듣기 문항, 6번은 말하기 문항입니다.

해양 생물의 생존에 영향을 미치는 가장 중요한 환경 요인은 바로 온도입니다. 물론 생물의 종류에 따라 온도 변화에 대한 반응에 다소 차이가 있지만, 서식지의 온도가 올라가면 일반적으로 비슷한 반응을 보입니다. 즉, 주변 환경의 온도가 약간 올라가면 생물의 세포 내 효소 반응이 빠르게 진행돼 대체로 생장이 촉진되죠.

그러나 온도가 더 올라가 임계점을 넘으면 세포 기능이 급격하게 감소해 결국 죽게 됩니다. 본질적으로 대부분의 생물은 고정된 온도 범위에서 생존할 수 있는데, 이것은 유전적인 것으로 생존 온도 범위는 생물의 종류마다 다릅니다. 같은 생물이라도 태어나서 성체에 이르고 생식을 하는 각 생존 단계마다 생존할 수 있는 온도 범위가 달라집니다. 특히 산란과 부화 같은 생식 단계에서는 그 범위가 매우 좁아지죠. 따라서 해양 동물의 부화기나 해양 식물 발아기에 주변 환경의 온도가 비정상적으로 변하면 생존에 큰 차질을 빚을 수 있습니다.

그래서 요즘, 발전소에서 배출되는 온배수 문제에 대한 논란이 일고 있는 것입니다. 발전소의 온배수가 유입되는 해역의 식물 플랑크톤은 계절에 따라 다르게 반응합니다. 대체로 봄과 가을에는 자연 수역보다 온배수가 유입되는 해역에서 식물 플랑크톤의 생산력이 증가합니다. 이는 온배수의 방출로 수온이 상승하면서 식물 플랑크톤이 최적의 생장 조건에 근접하기 때문이죠. 하지만 여름에는 온배수가 유입되는 해역에서 식물 플랑크톤의 생산력이 온배수의 영향을 받지 않는 곳보다 감소하는 양상을 보입니다. 그 이유는 자연적인 해수 온도가 높은 여름에 온배수가 지닌 열에너지 때문에 온도가 더 올라가면서 식물 플랑크톤의 최적의 생존 온도를 넘거나, 간혹 생존 상한 온도를 초과하기 때문입니다.

07~08

다음은 교사와 학생의 대화를 들려드립니다. 7번은 듣기 문항, 8번은 말하기 문항입니다.

> 학생: 선생님. 저 이번에 개최되는 미술 공모전에 추상적이면서도 새로운 그림을 출품하고 싶어요.
> 교사: 아직 너의 실력으로는 기초적인 사물 그리기 연습이 더 적절해 보이는데?
> 학생: 에이, 그런 건 재미없잖아요. 누구나 그려 낼 수 있는 것 말고 완전히 새롭고 창의적인 추상적 형태를 담아낸다면 심사 위원의 눈에도 확 띌 수 있을 거예요.
> 교사: 새로운 물건을 발명하는 것도 발명의 재료에 대한 기초적인 이해가 있어야 다 가능한 거야.
> 학생: 기초만 반복하다가 더 나아지는 게 없으면요?
> 교사: 우선 기초적인 묘사를 연습하고 그것이 익숙해지면 그때 네가 가진 창의적 시선을 얹어서 그려 봐야겠지.
> 학생: 그냥 제가 생각한 주제와 관련한 유명 작가의 작품 같은 걸 정리해서 보여 주시면 안 돼요?
> 교사: 유명한 작가의 작품은 얼마든지 검색을 통해서 볼 수 있지만 그게 지금 네 단계에서는 의미가 크지 않을 거야.
> 학생: 유명한 작가의 독특한 작품을 많이 보면 어떤 영감이 떠올라서 도움이 될 거예요.
> 교사: 아직은 선이나 면을 섬세하게 표현하는 방법을 구체적인 사물을 그리면서 충분히 익히는 시간을 가져야 해.
> 학생: 기본만 반복하는 지겨운 방법으로 예술을 배우고 싶지 않아요. 선생님은 왜 제 마음을 몰라주세요?
> 교사: 뱁새가 황새 쫓아가다가 다리 찢어지는 일이 생겨. 어서 이 조각상 그리기부터 연습해!
> 학생: 아휴…… 정말 답답해요. 선생님.

09~10

이번에는 대화의 한 장면을 들려드립니다. 9번은 듣기 문항, 10번은 말하기 문항입니다.

> 여자: 안녕하세요. 사회학자 함시은입니다. 최근 정보화로 인한 사회 문제가 심각합니다. 민원 처리를 하거나 햄버거를 주문하려 해도 특정한 기계를 사용할 줄 모르면 어떤 일도 할 수가 없습니다. 이러한 흐름은 청년층에게는 편리한 변화이지만 중장년층이나 노년층에게는 깜깜이로 살아가는 것과 다를 바가 없습니다. 정보화로 공장과 편의점 등에는 더 이상 점원이 필요하지 않아 실업률도 더 높아지고 있습니다. 정보의 빈부 격차로 학생들의 학업에도 큰 차이가 벌어지고 있는 현실도 무시할 수 없습니다. 정보화는 이제 그 속도를 조절하고 문제점을 바로잡아야 합니다.
> 남자: 안녕하세요. 교수 최현우입니다. 저는 정보화는 지금보다 더욱더 활발하게 진행되어야 하고, 이러한 변화의 속도는 이제 늦춰지지 않으리라 생각합니다. 최근에는 버스나 지하철, 길가에서도 인터넷에 접속할 수 있도록 설비가 갖춰지지 않았습니까? 스마트폰도 마찬가지입니다. 청년층뿐만 아니라 노년층도 스마트폰을 이용해 다양한 영상을 접하고 메신저를 사용하는 것을 즐기는 사회가 되었습니다. 정보화를 통해 인공지능 사회로 나아가면서 새로운 일자리 역시 창출되고 있습니다. 빠르게 진행되는 정보화는 앞으로도 우리 사회에 긍정적인 영향력을 끊임없이 줄 것입니다.

11~12

끝으로 뉴스 보도를 들려드립니다. 11번은 듣기 문항, 12번은 말하기 문항입니다.

기자: 얼마 전 노인들에게 택배 일자리를 미끼로 차량을 강매하고 수수료를 챙기는 사기 행태, 전해 드렸는데요. 뉴스 보도 뒤 경찰이 수사에 착수했지만 업체는 유유히 법망을 빠져나갔습니다. 이렇듯 피해 보상이나 처벌이 어려워 비슷한 피해가 반복되고 있습니다. 최근에 발생한 사기 사건입니다. 한 30대 남성은 돈을 많이 벌 수 있다는 택배 업체의 말에 새벽 택배 일을 시작했습니다. 이때 업체의 알선으로 6천만 원짜리 트럭도 구입을 했으나 실상은 달랐습니다. 한 달 수입이 업체에서 제시한 것의 3분의 1에도 미치지 못하는 경우가 많았고, 목돈을 들여 구입한 트럭은 무용지물이 되고 말았습니다. 이 피해자들의 공통점은 계약을 급하게 맺었다는 것입니다. 빚이 있거나, 취업난의 현실에서 벗어나고자 하는 면접자들은 면접 당일에 큰 수익이 있을 거라는 업체의 말에 계약서의 구체적 내용을 확인하지 않고 업체가 유도한 대로 따라가는 실수를 하기도 합니다. 이 업체들은 수익을 부풀려 안내하고, 바로 택배 차의 구입을 유도하는 방식을 사용했습니다. 업계 관계자의 이야기를 들어 보겠습니다.

업계 관계자: 찻값이 시세보다 부풀려지는 면이 있긴 하지요. 탁송료, 보험료를 빼놓고 차액의 상당 부분은 수수료로 인식하고 회사와 직원들이 나눠 가지는 일이 많고요. 수수료를 높여서 이익을 높이려고 하다 보면 트럭의 가격을 시세의 2배 이상으로 올리는 업체들도 있으니까요. 계약서도 회사에서 임의로 작성하기 때문에, 계약하는 사람들이 수수료나 보험료를 정확하게 알 도리가 없고 고스란히 손해를 보게 되는 겁니다.

기자: 이와 같은 피해를 입지 않기 위해서는 면접 당일에 계약서에 서명하는 것은 피하는 것이 좋습니다. 주변 시세 등을 충분히 확인한 후에 계약을 하는 것도 소비자의 피해를 예방할 수 있는 방법입니다. 일단 계약을 하고 나면 피해를 돌이키기 어렵다는 점에 유의해야 합니다. 이와 관련해 관계 기관의 노력이 필요해 보입니다. 박영은 기자였습니다.

쓰기

01 쓰기

02 쓰기

쓰기 5%

최근 13개년 기출 전 문항 분석 결과

영역	출제 유형	출제 문항 수
[46~50번] 쓰기	글쓰기 계획	1
	자료 활용 방안	1
	개요 수정 및 상세화 방안	1
	퇴고	2

- ☑ 평균 70% 내외의 정답률을 보인다.
- ☑ 최근에는 '5문항 1주제'의 구성으로 출제되고 있다.
- ☑ 해석해야 할 텍스트 자료의 양은 많으나 난도는 낮은 편이다.
- ☑ 개요 수정 및 상세화 방안, 자료 활용 방안의 정답률이 상대적으로 낮은 편이다.
- ☑ 최근 기출에서 텍스트가 가장 먼저 제시되는 문제 구성이 나타나고 있으나, 접근 방법과 풀이법은 기존과 같다.

최신 6회분 기출 분석 [46~50번] 쓰기

문항 번호	A회 유형/분류	자료/개념	B회 유형/분류	자료/개념
46	글쓰기 계획	주제: 수면 부족의 문제점과 대처 방안	글쓰기 계획	주제: 청소년 우울증
47	자료 활용 방안		자료 활용 방안	
48	개요 수정 및 상세화 방안		개요 수정 및 상세화 방안	
49	퇴고		퇴고	
50	퇴고		퇴고	

문항 번호	C회 유형/분류	자료/개념	D회 유형/분류	자료/개념
46	글쓰기 계획	주제: 독도의 날	글쓰기 계획	주제: 1인 미디어 확산에 따른 문제와 해결 방안
47	자료 활용 방안		자료 활용 방안	
48	개요 수정 및 상세화 방안		개요 수정 및 상세화 방안	
49	퇴고		퇴고	
50	퇴고		퇴고	

문항 번호	E회 유형/분류	자료/개념	F회 유형/분류	자료/개념
46	글쓰기 계획	주제: 헌혈	글쓰기 계획	주제: 일회용 플라스틱 용기 사용의 문제와 해결 방안
47	자료 활용 방안		자료 활용 방안	
48	개요 수정 및 상세화 방안		개요 수정 및 상세화 방안	
49	퇴고		퇴고	
50	퇴고		퇴고	

쓰기 학습 전략

　KBS한국어능력시험의 쓰기 영역으로 출제되는 5문제는 한 세트로 구성되어 하나의 주제를 다루고 있다. 글쓰기 전략 수립과 개요 작성 등은 전체적인 맥락만 파악하면 어렵지 않다. 그래프와 표, 전문가의 인터뷰에 대한 정확한 분석과 활용 능력이 요구되며, 정답률이 다소 낮은 편이므로 집중하여 문항을 풀어야 한다.

　최근 공식화된 사회나 환경 문제와 관련된 주제가 자주 출제되었다. 특히 미세 플라스틱 등 최근 이슈인 환경 및 질병 관련 주제가 출제될 가능성이 매우 높다.

'쓰기' 영역 최신 기출 경향

1. 쓰기 문항의 전체 흐름 파악

텍스트가 가장 먼저 제시되고, 텍스트가 어떤 과정으로 작성된 것인지를 귀납적으로 짚어 나가는 순으로 진행된다.

최신 기출 구성 예시
[46~50] 다음은 '○○○'을 주제로 작성한 초고이다. 글을 읽고 물음에 답하시오.
텍스트 제시
46. 다음은 윗글을 쓰기 전에 세운 글쓰기 계획이다. 윗글에 반영된 것으로만 묶은 것은?
47. 다음은 윗글을 수정·보완하기 위해 추가로 수집한 자료이다. 자료의 활용 방안으로 적절하지 않은 것은?
48. 다음은 윗글을 쓰기 전에 작성한 글의 개요이다. 윗글을 쓰는 과정에서 필자가 점검하여 반영한 내용으로 적절하지 않은 것은?
49. 윗글의 ㉠~㉤을 고쳐 쓰기 위한 방안으로 적절하지 않은 것은?
50-1. 〈보기〉를 [A]에 추가한다고 할 때, 그 의도로 가장 적절한 것은?
50-2. 글의 내용으로 미루어 볼 때, ⓐ에 들어갈 내용으로 가장 적절한 것은?

2. 자료의 활용 방안

'그래프, 전문가 인터뷰, 저서, 연구 보고서, 신문 기사' 등 다양한 자료를 활용한 방안이 글의 완성도를 높이는 데에 적합한지/적합하지 않은지 파악해야 한다.

3. 출제 예상 사회적 이슈

• 가짜뉴스와 미디어 리터러시 교육	• 의료대란과 의료진 부족 문제
• 고령화 사회와 고령자 일자리 창출	• 인공지능(AI) 발전과 일자리 대체 문제
• 공연예술 지원과 문화 접근권	• 저출생 위기와 인구절벽 대응
• 기후 변화와 탄소 중립 실현 방안	• 전세사기 피해 대책과 주거권 보장
• 대중교통 요금 인상과 교통복지	• 청년 주거 문제와 공공임대주택 확대
• 디지털 격차와 정보 접근권	• 청소년 디지털 중독과 규제 방안
• 디지털 성범죄와 딥페이크 규제	• 학교 복합시설 개방과 지역사회 활용
• 미세 먼지와 대기오염 해결책	• 학교폭력과 교권 침해 문제
• 소상공인 보호와 플랫폼 규제	• 해외인력 유입과 다문화 사회 통합
• 온라인 쇼핑 중독과 소비문화	• ESG 경영과 기업의 사회적 책임

01~02 쓰기(5문항 1주제)

기출 핵심개념

1 세트 구성 및 기출 주제

1 세트 구성
① 글쓰기 계획
② 자료 활용 방안
③ 개요 수정 방안
④ 퇴고 (1) – 문장 단위의 수정(문장 성분의 호응 등)
⑤ 퇴고 (2) – 텍스트 단위의 수정(글의 완성도 보완 방안 등)

2 최신 기출 주제

① 환경과 지속 가능성	② 기술과 사회 변화
국제 환경 협약의 중요성 기후 변화와 탄소 중립 대체 단백질 산업의 성장 사막화 저탄소 경제 전환 지속 가능한 농업 청정 에너지 기술 개발 친환경 에너지의 확대 탄소세 도입의 찬반 플라스틱 폐기물 문제	기술 발전에 따른 법적 규제 디지털 화폐와 경제적 영향 메타버스와 사회적 영향 빅데이터의 활용과 프라이버시 사이버 폭력 온라인 플랫폼 독점 문제 인공지능과 윤리 자율 주행차의 안전성 4차 산업혁명과 일자리 변화
③ 경제와 노동	④ 사회와 윤리
공유 경제와 소유 개념 변화 과시 소비 노동 시간 단축 소비자 보호와 온라인 쇼핑 원격 근무의 장단점 청년 실업 문제와 해결책	국민 건강과 운동 장려 동물 실험 소셜 미디어와 정치적 양극화 의료 기술 발전과 윤리적 문제 인터넷 개인 정보 보호 젠더 평등과 직장 내 차별 치매 지칭 용어 변경
⑤ 도시와 생활	⑥ 거버넌스와 정책
간접흡연 고속 인터넷 보급 공공 데이터 개방 국내 여행 활성화 도시 재생 프로젝트 도심 교통 혼잡 문제 소음 공해 안전한 식품 공급 장애인 이동권 중고 의류 재활용	공공 서비스의 디지털화 국가적 방역 체계 강화 디지털 격차 해소 문화재 보호와 복원 반려동물 보유세 인터넷 개인 방송 규제 저출생 실태와 대책 전자담배 규제 혐오 표현 규제 방안
⑦ 기타	
과도한 나트륨 섭취에 따른 문제와 해결 방안 문해력	

2 최근 기출 발문과 선지의 구성

1 글쓰기 계획

보고서를 작성하기 위하여 계획한 내용으로 적절하지 않은 것은?
① 국회 의원 증원이 쟁점화된 배경을 제시한다.
② 국회 의원 증원을 위한 법적 절차를 제시한다.
③ 국회 의원 증원에 대한 국민의 반응을 제시한다.
④ 국회 의원 증원에 찬성하거나 반대하는 근거를 각각 제시한다.
⑤ 국회 의원 증원을 논의하기 이전에 우선적으로 해결해야 할 문제를 제시한다.

2 자료 활용 방안

다음은 윗글을 수정·보완하기 위해 추가로 수집한 자료이다. 자료의 활용 방안으로 적절하지 않은 것은?
① (가)를 활용하여 사이버 폭력에 대한 처벌뿐 아니라 사회적 규범 교육이 필요하다는 근거로, 피해자가 가해자가 되고 가해자가 피해자가 되는 악순환 문제를 제기한다. (통계 자료)
② (나)를 활용하여 사회적 손실을 가져오는 범죄에 대한 실효성 있는 조치로, 재발 방지를 위한 제도적 방안을 제시한다. (신문 기사)
③ (다)를 활용하여 아바타에 대한 범죄 처벌의 필요성을 제시하며, 새로운 형태의 사이버 폭력에 대한 법적 공백이 없어야 한다는 주장을 뒷받침한다. (연구 논문)
④ (라)를 활용하여 온라인 플랫폼의 자체 규제 활성화 및 책임 강화 등의 내용을 문제 해결을 위한 방안으로 추가한다. (전문가 인터뷰)
⑤ (마)를 활용하여 사이버 폭력 발생의 원인으로, 사이버 폭력에 대한 성인들의 왜곡된 인식을 제시한다. (보고서)

다음은 윗글을 수정·보완하기 위해 추가로 수집한 자료이다. 자료의 활용 방안으로 적절하지 않은 것은?
① (가)를 활용하여 실험동물의 사용량 및 고통 등급 비율의 상승 추이 등 동물 실험의 실태를 시각적으로 보여 준다. (그래프)
② (나)를 활용하여 동물은 생명체로부터 누려야 할 권리인 동물권을 지닌다는 내용을 뒷받침한다. (전문가 인터뷰)
③ (다)를 활용하여 동물과 인간이 보이는 부작용이 달라 동물 실험의 효용성이 높지 않다는 내용을 뒷받침한다. (저서)
④ (라)를 활용하여 의약품이 동물과 인간에게 미치는 영향이 다름을 보여 주는 사례로 추가한다. (연구 보고서)
⑤ (마)를 활용하여 동물 실험으로 수많은 동물이 생명을 잃어 가고 있는 현실을 부각한다. (연구 보고서)

3 개요 수정 방안

위의 계획과 자료를 바탕으로 〈글쓰기 개요〉를 작성하였다. 수정 방안으로 적절하지 않은 것은?
① ㉠은 하위 항목과의 관계를 고려하여 '국회 의원 증원 찬성 입장'으로 바꾼다.
② ㉡은 'Ⅱ-3'과의 논리적 관계를 고려하여 '국회 의원 증원과 관련된 국민 여론'으로 고친다.
③ ㉢은 상위 항목과의 연관성을 고려하여 'Ⅰ'의 하위 내용으로 옮긴다.
④ ㉣은 글의 목적에 부합하지 않는 내용이므로 삭제한다.
⑤ ㉤은 글의 마지막 내용으로 부적절하므로 '국회 의원 증원 논란 해결 및 국회 신뢰 회복을 위한 선거구제 개선 논의 촉구'로 바꾼다.

위의 계획과 자료를 바탕으로 〈글쓰기 개요〉를 작성하였다. 수정 방안으로 적절하지 않은 것은?
① ㉠은 논리적 흐름을 고려하여 'Ⅰ-2'와 순서를 바꾸어 제시한다.
② ㉡은 글의 주제나 목적과 관련성이 부족하므로 삭제한다.
③ ㉢은 구체성이 부족하므로 '특례 혜택 대상자 선정 기준의 문제점'으로 고친다.
④ ㉣은 'Ⅱ-1'을 고려하여 '국민의 의무와 평등권의 관계'로 수정한다.
⑤ ㉤은 글의 마지막 내용으로 부적절하므로 '체육계 병역 특례 제도 개선을 위한 국가적 관심 촉구'로 바꾼다.

4 퇴고 (1) - 문장 단위의 수정(문장 성분의 호응 등)

㉠~㉤을 수정하기 위한 방안으로 적절하지 않은 것은?
① ㉠: 의미를 명확히 하기 위하여 '우리나라 국회 의원이 대변해야 할 국민의 수가'로 수정한다.
② ㉡: 조사의 사용이 적절하지 않으므로 '국회 의원을'로 수정한다.
③ ㉢: 주어가 '양당이'이므로 능동형인 '독점할'로 고쳐 쓴다.
④ ㉣: 글의 통일성을 해치는 내용이므로 삭제한다.
⑤ ㉤: 문맥상 흐름을 고려해 '그대로'로 바꾼다.

㉠~㉤을 수정하기 위한 방안으로 적절하지 않은 것은?
① ㉠: 불필요한 이중 피동 표현이므로 '야기되고'로 바꾼다.
② ㉡: 글의 흐름상 통일성을 해치므로 삭제한다.
③ ㉢: 주술 호응을 고려해 '추산된다는'으로 수정한다.
④ ㉣: 문맥상 흐름을 고려해 '이에 따라'로 수정한다.
⑤ ㉤: 정확한 의미 전달을 위해 '획득'으로 바꾼다.

5 퇴고 (2) - 텍스트 단위의 수정(글의 완성도 보완 방안 등)

윗글을 보완할 수 있는 방안으로 가장 적절한 것은?
① 글의 신뢰성을 높이기 위해 관련 분야 전문가의 의견을 제시한다.
② 글의 완결성을 높이기 위해 선거구 제도의 종류를 설명한 내용을 추가한다.
③ 국회 의원을 증원했을 때, 국회 의원에게 지급되는 세비 총액의 변화를 제시한다.
④ 글의 타당성을 높이기 위해 국내와 외국의 인구수를 비교한 통계 자료를 추가한다.
⑤ 체계적인 내용 전개를 위해 선거구 제도 개편을 위한 절차들을 순차적으로 제시한다.

〈보기〉를 [A]에 추가한다고 할 때, 그 의도로 가장 적절한 것은?
① 문제 해결에 따른 사회적 파급 효과를 강조하기 위해
② 기존 정책의 한계를 재진술하여 주장을 강조하기 위해
③ 문제 상황이 지속될 경우 예상되는 전망을 제시하기 위해
④ 실현 가능한 문제 해결 방안을 구체적으로 제시하기 위해
⑤ 문제 해결을 위해서는 원인 파악이 시급함을 역설하기 위해

01~02 쓰기(5문항 1주제)

기출 응용문제

[01~05] 다음은 '인공지능(AI) 기술의 윤리적 문제'를 주제로 작성한 초고이다. 다음 글을 읽고 물음에 답하시오.

> 인공지능(AI) 기술은 교육, 의료, 금융, 교통 등 다양한 분야에서 큰 변화를 이끌고 있다. AI의 사용은 효율성과 정확성을 높여 주며, 일상생활을 혁신적으로 변화시키고 있다. 그러나 이러한 AI 기술의 발전에는 윤리적 문제가 뒤따른다. AI 기술이 야기하는 다양한 윤리적 문제로는 사생활 침해, 알고리즘의 편향성, AI의 오용과 악용이 대표적이다. 과연 AI 기술의 발전은 이 모든 윤리적 문제를 감수할 만큼 가치가 있는가?
> 우선 사생활 침해의 문제를 들 수 있다. ㉮ AI 기술은 데이터를 기반으로 학습하고 결정을 내리는데, 이 과정에서 수집된 데이터가 개인의 사생활을 침해할 수 있기 때문이다. 특히 얼굴 인식 기술이나 위치 추적 서비스는 사생활 보호의 경계를 넘나들 수 있다. 2023년 한 보고서에 따르면, AI를 이용한 개인 정보 수집 사례는 전년 대비 30% 증가했다고 한다. 이는 AI 기술이 개인의 프라이버시를 심각하게 위협할 수 있다는 점을 시사한다. ㉯ 또한, AI 기술은 편향되어진 데이터를 학습할 가능성이 높다. 편향된 데이터는 AI의 결정에 영향을 미치며, 이는 인종, 성별, 나이 등에 따라 특정 그룹을 차별할 위험을 안고 있다. 예를 들어 취업 과정에서 AI가 사용될 경우, 과거의 데이터가 편향되어 있다면 AI는 특정 그룹의 지원자를 부당하게 배제할 수 있다.
> 다음으로 AI 기술의 오용과 악용의 문제를 고려해야 한다. AI 기술이 잘못된 의도로 사용될 경우 그 결과는 파괴적일 수 있다. 예를 들어 AI를 이용한 사이버 공격은 이전에 비해 급증하고 있으며, AI 챗봇을 통한 허위 정보의 유포도 새로운 사회적 문제로 떠오르고 있다. 2023년의 통계에 따르면, AI를 악용한 사이버 공격 건수는 전년 대비 40% 증가한 것으로 나타났다. AI 기술이 오용되면 인류에게 큰 ㉰ 선물이 될 수 있다. AI를 의도적으로 잘못된 정보를 퍼뜨리기 위한 도구로, 혹은 자동화된 무기로 사용하는 경우 그 피해는 막대할 것이다. 이처럼 AI 기술의 부작용은 그 자체로 인류의 안전을 위협할 수 있다.
> 물론 AI 기술이 가진 잠재적인 이점을 부정할 수는 없다. AI는 의료 분야에서의 진단 정확성을 향상시키고, 교통 분야에서는 자율주행차를 통해 교통 체증을 줄이며, 산업 현장에서는 생산성을 극대화하는 등의 이점을 제공한다. 그러나 ㉱ 따라서 AI 기술의 발전에는 규제와 통제가 필수적이다. 과학 기술의 발전이 반드시 긍정적인 결과만을 가져오는 것은 아니며, 이에 따른 부작용을 최소화하기 위한 제도적 장치가 필요하다. 예를 들어 AI 윤리 가이드라인의 마련, 투명성과 공정성을 강화하는 법적 규제 등이 필요하다.
> 19세기 이후 기술의 발전은 인류의 삶을 크게 바꾸어 왔다. ㉲ 하지만 AI 기술이 가져오는 이점이 윤리적 문제를 충분히 상쇄할 수 있는가에 대해서는 확신한다. AI 기술은 편리함과 효율성을 제공하지만, 그 이면에는 해결해야 할 수많은 윤리적 문제들이 존재한다. AI 기술은 우리 삶을 더욱 편리하고 효율적으로 만들어 줄 잠재력을 지니고 있지만, 이러한 기술이 윤리적 문제를 일으키지 않도록 하는 것은 우리의 몫이다. 앞으로 (㉳). 법적 규제 마련, 공정한 데이터 사용, AI의 투명성 확보 등이 그 예가 될 수 있다. AI와 인간이 조화롭게 공존할 수 있는 미래를 기대한다.

01 글쓰기 계획 |

다음은 윗글을 쓰기 전에 떠올린 글쓰기 계획이다. 윗글에 반영된 것을 모두 고른 것은?

┤ 글쓰기 계획 ├
- ㉠ 윤리적 문제의 심각성을 강조하기 위해 관련 통계 자료를 제시해야겠어.
- ㉡ 독자의 이해를 돕기 위해 구체적인 사례를 제시해야겠어.
- ㉢ 주장의 설득력을 높이기 위해 전문가의 견해를 인용하여 근거로 활용해야겠어.
- ㉣ 주장의 타당성을 높이기 위해 예상되는 반론을 제시한 후 반박을 제시해야겠어.
- ㉤ AI 기술의 긍정적 측면과 부정적 측면을 모두 제시하여 균형 잡힌 시각을 제공해야겠어.

① ㉠, ㉢
② ㉠, ㉣
③ ㉠, ㉡, ㉤
④ ㉠, ㉣, ㉤
⑤ ㉡, ㉢, ㉣

02 자료 활용 방안 I

다음은 윗글을 수정·보완하기 위해 추가로 수집한 자료이다. 자료의 활용 방안으로 적절하지 <u>않은</u> 것은?

구분	자료내용	유형
(가)	2020~2023년까지의 AI 사용 증가와 사생활 침해 사례의 증가 추이	그래프
(나)	AI 윤리 전문가 김철수 박사는 "AI가 사생활을 침해하지 않도록 강력한 규제와 제도가 필요하다."라고 언급하였다. 그는 AI 기술이 방대한 데이터를 처리하는 과정에서 사적 정보를 무분별하게 수집하고, 이를 활용하여 개인의 행동을 예측하거나 감시하는 문제가 발생할 수 있다고 지적했다. 김 박사는 특히 AI 기반의 얼굴 인식 기술이 공공장소에서 무단으로 사용되는 경우, 개인의 위치 추적이나 행동 분석이 사생활 침해로 이어질 수 있다고 경고했다. 이를 해결하기 위해 그는 각국 정부가 AI 기술 사용에 대한 명확한 규제 기준을 마련하고, 개인 정보 보호법을 강화해야 한다고 주장했다.	전문가 인터뷰
(다)	AI가 사용된 편향된 결정의 구체적인 사례로, 한 글로벌 기업에서 시행된 AI 채용 시스템이 여성 지원자들의 이력서를 자동으로 필터링한 사건이 있다. 해당 기업은 AI를 활용하여 지원자들을 평가하고 선발하는 시스템을 도입했으나, 시스템이 과거의 남성 중심 데이터에 기반하여 여성 지원자들을 차별적으로 배제한 것으로 드러났다. 이는 채용 과정에서 AI가 편향된 데이터를 학습함으로써 특정 그룹을 부당하게 배제할 위험성을 보여 주는 사례다.	편향 사례
(라)	AI를 이용한 금융 사기는 2022년에 비해 20% 증가했으며, 이는 AI 기술의 악용 사례로 볼 수 있다. 구체적으로는 AI가 자동으로 금융 거래를 모니터링하고 예측하는 과정에서 취약점을 파고든 해킹 기술이 발전하여 개인의 금융 정보를 탈취하거나, AI로 생성한 허위 거래 기록을 사용해 자금을 빼돌리는 등의 범죄가 늘어났다.	연구 보고서
(마)	AI 기술 발전에 따른 윤리적 문제를 해결하기 위해 유럽연합은 AI 규제법을 제정하였다. 유럽연합의 AI 규제법은 고위험 AI 시스템에 대한 엄격한 규제와 함께, AI의 투명성과 책임성을 강화하는 내용을 포함하고 있다. 예를 들어, AI가 자동으로 결정하는 과정에서 이해하기 어려운 블랙박스 알고리즘 사용을 제한하고, AI 시스템이 내리는 결정에 대한 설명 가능성을 의무화하였다.	신문 기사

① (가)를 활용하여 AI 기술의 발전과 함께 증가하는 사생활 침해 사례를 시각적으로 보여 준다.
② (나)를 활용하여 AI가 사생활을 침해하지 않도록 강력한 규제와 제도가 필요함을 뒷받침한다.
③ (다)를 활용하여 AI 기술이 편향된 결정을 내릴 수 있다는 점을 구체적으로 보여 준다.
④ (라)를 활용하여 AI 기술의 오용과 악용의 문제를 구체적으로 설명한다.
⑤ (마)를 활용하여 AI 기술의 긍정적 측면을 강조하고, AI 규제법의 필요성을 축소한다.

03 개요 수정 방안 l

다음은 윗글을 쓰기 전에 세웠던 글쓰기 개요이다. 윗글을 쓰는 과정에서 필자가 점검하여 반영한 내용으로 적절하지 <u>않은</u> 것은?

┤ 글쓰기 개요 ├

Ⅰ. 서론
  1. AI 기술의 윤리적 문제 제기
  2. AI 기술의 발전과 적용 현황
Ⅱ. AI 기술의 부정적 영향 분석
  1. 개인정보와 사생활 침해
  2. AI 알고리즘의 데이터 편향성
Ⅲ. AI 기술의 순기능 검토
  1. 산업 분야별 활용 사례
  2. 효율성과 생산성 향상
  3. 기술의 오용과 악용 위험
Ⅳ. AI 기술의 적절한 활용을 위한 방안
  1. AI 기술의 혁신성 전망
  2. 윤리적 가이드라인 확립
  3. 법적 규제 체계 마련
Ⅴ. 결론
  1. AI 기술과 윤리의 조화로운 발전

① Ⅰ-1은 글의 주제와 어울리지 않는 내용이므로 삭제한다.
② Ⅰ-2와 Ⅰ-1의 위치를 바꾸어 현황을 설명한 후 문제를 제기한다.
③ Ⅲ-3은 Ⅱ의 하위 항목이 되는 것이 적절하므로 Ⅱ-3 항목으로 이동한다.
④ Ⅳ-1은 상위 항목인 Ⅳ의 내용 전개에 방해가 되는 요소이므로 삭제한다.
⑤ Ⅴ는 글의 흐름을 고려하여 'Ⅳ의 내용과 Ⅲ의 내용의 절충안'으로 수정한다.

정답 풀이 & 오답 해설

01
| 정답 풀이 | ③ ㉠ 통계 자료가 제시되었다.
㉡ 구체적인 사례가 언급되었다.
㉢ AI 기술의 긍정적 측면과 부정적 측면이 모두 제시되었다.

| 오답 해설 |
㉣ 전문가의 견해는 인용되지 않았다.
㉤ 예상되는 반론과 반박이 제시되지 않았다

02
| 정답 풀이 | ⑤ (마)는 AI 기술의 윤리적 문제를 해결하기 위한 규제법의 필요성을 강조하는 데 사용할 수 있다. AI 규제법의 필요성을 축소하기 위한 자료의 활용 방안으로 적절하지 않다.

03
| 정답 풀이 | ① Ⅰ-1은 AI 기술의 부정적 영향을 다루는 글 전체 내용의 핵심이 시작되는 부분이므로 삭제해서는 안 된다.

정답 01 ③ 02 ⑤ 03 ①

04 퇴고 (1)

윗글의 ㉮~㉲를 고쳐 쓰기 위한 방안으로 적절하지 <u>않은</u> 것은?

① ㉮는 문장의 흐름상 적절하므로 유지한다.
② ㉯는 불필요한 사동 표현이 쓰였으므로 이를 '편향된'으로 수정한다.
③ ㉰는 어휘의 적절성을 위해 '혜택'으로 수정한다.
④ ㉱는 접속사가 중복되었으므로 '따라서'를 삭제한다.
⑤ ㉲는 앞뒤 맥락과 어울리지 않으므로 '하지만 AI 기술이 가져오는 이점이 윤리적 문제를 충분히 상쇄할 수 있는가에 대해서는 의문이 제기된다'로 수정한다.

05 퇴고 (2)

글의 내용으로 미루어 볼 때, ㉲에 들어갈 내용으로 가장 적절한 것은?

① AI 기술의 부작용을 방지하기 위해 인식의 변화를 촉구해야 한다.
② AI 기술의 윤리적 문제를 해결하기 위한 다양한 노력과 실천이 요구된다.
③ AI 기술의 발전을 위해 개인의 데이터 사용을 더욱 확대해야 한다.
④ AI 기술에 대한 긍정적 측면과 부정적 측면을 모두 고려해야 한다.
⑤ AI 기술로 인한 문제는 사회에 긍정적 영향을 미칠 수 있다.

[06~10] 다음은 '미세 플라스틱 규제와 대처 방안'을 주제로 작성한 초고이다. 다음 글을 읽고 물음에 답하시오.

최근에 미세 플라스틱의 분포와 축적이 커다란 환경적 문제가 되고 있다. 미세 플라스틱이란 학자들과 기관에 따라 333μm에서부터 5mm보다도 작은 입자까지로 정의하지만, 보편적으로는 1mm 이하의 플라스틱 입자로 인식되고 있다. 사람들의 편의를 위해 개발된 플라스틱은 자동차, 컴퓨터, 의자, 해양 부표, 냉장고, 스타킹, 스마트폰 등 온갖 제품에 포함되어 우리 생활에 사용되고 있다.

사람들은 수많은 플라스틱 성형 제품을 사용하며 편리하게 살고 있지만, 그 대가가 만만하지 않다. 유엔환경계획(UNEP)이 발간한 '해양 플라스틱 쓰레기와 마이크로플라스틱' 보고서에 따르면, 2010년에만 최소 480만 톤에서 최대 1,270만 톤의 플라스틱이 바다로 흘러들어 갔다고 한다. 1997년 태평양에서 발견된 거대한 쓰레기 더미는 2009년에는 두 배가량 증가해 한반도 면적의 7배에 달했는데, 이 쓰레기 더미의 90%는 플라스틱이라고 한다. ㉮<u>해양에 투기된 플라스틱은 햇빛, 바람과 풍랑에 잘게 쪼개져서 물에 섞이게 되고 물고기들이 먹게 되는데, 바다 쓰레기 더미 주변에서 채취된 어류의 35%는 뱃속에서 작은 플라스틱이 발견됐다고 한다.</u> ㉯<u>바다 생물에 접합된 미세 플라스틱은</u> 결국 먹이 사슬을 통해 사람에게 들어온다. 미세 플라스틱이 인체에 미치는 영향은 아직 밝혀진 바가 없다. 다만, ○○대 환경보건과학과 연구팀에서 우리나라 강에 주로 서식하는 '유리 물벼룩'을 대상으로 실험했더니, 미세 플라스틱으로 인한 유리 물벼룩의 치사율은 약 83%였다고 한다. 연구팀은 "물벼룩의 수가 앞으로 감소할 수 있다는 것은 생태계 먹이 사슬에도 문제가 생길 가능성까지 ㉰<u>도달하며</u>, 강이나 호수로 유입되는 플라스틱을 효율적으로 걸러 내기 위한 지속적인 연구가 필요하다."고 지적했다.

다행히 우리 생활 주변에서 플라스틱의 사용을 규제할 제도적 움직임과 구체적 협력의 필요성이 강조되고 있으며 일회용 플라스틱 사용을 자제하고자 하는 시민 환경 활동도 점차 힘을 얻어 퍼져 나가고 있다. 그러나 이와 함께 미세 플라스틱이 대기 중에, 물속에, 음식물 속에 어떻게 유입되고, 어떻게 이동하고 축적되는지, 하수를 처리하는 과정에서 얼마나 제거되고, 얼마나 하천으로 들어가는지 등 미세 플라스틱의 ㉱<u>위해성 특성</u> 외에도 앞으로 해야 할 조사와 연구가 많다. 알아야 효과적으로 규제할 수 있기 때문이다. 인간은 지구상에 존재하는 어떤 생명체보다 지구를 괴롭히는 존재인 것 같다. 아마 인공지능에게 지속 가능한 지구를 위하여 가장 먼저 해야 할 일을 선택하라고 한다면 ㉲<u>인류에게 죽으라고 할 것이다.</u> 생활의 편의를 위해 어쩔 수 없다면 하다못해 관련 연구라도 철저히 해야 할 것이다. 환경에 대한 연구는 인류의 생존과 직결되는 연구다.

06 글쓰기 계획 |

다음은 윗글을 쓰기 전에 떠올린 글쓰기 계획이다. 윗글에 반영된 것을 모두 고른 것은?

┤ 글쓰기 계획 ├

㉠ 문제의 심각성을 강조하기 위해 통계 자료를 제시해야겠어.
㉡ 미세 플라스틱이 환경과 생명체에 미치는 영향에 대한 실험 결과를 제시해야겠어.
㉢ 주장의 설득력을 높이기 위해 전문가의 인터뷰 내용을 직접 인용하여 근거로 활용해야겠어.
㉣ 주장의 타당성을 높이기 위해 예상되는 반론을 제시한 후 반론에 대한 반박을 제시해야겠어.
㉤ 독자의 이해를 돕기 위해 구체적인 사례를 제시해야겠어.

① ㉠, ㉡
② ㉠, ㉣
③ ㉡, ㉤
④ ㉠, ㉣, ㉤
⑤ ㉡, ㉢, ㉣

정답 풀이 & 오답 해설

04
| 정답 풀이 | ③ ⓒ은 AI 기술의 오용이 인류에게 큰 위협이 될 수 있다는 내용과 이어지므로 '위협, 위험 요소' 등으로 변경해야 적절하다.

05
| 정답 풀이 | ② 글에서는 AI 기술의 발전과 더불어 발생하는 윤리적 문제를 해결하기 위한 노력이 필요하다고 강조하고 있으므로, 이에 따라 '윤리적 문제 해결을 위한 다양한 노력과 실천'이 요구된다는 내용이 ⓗ에 들어가야 적절하다.

| 오답 해설 |
①, ④ 문제 해결을 위한 구체적 행동이 부족하다.
③, ⑤ 내용의 방향과 맞지 않는다.

06
| 정답 풀이 | ① ㉠ 통계 자료가 제시되었다.
㉡ 미세 플라스틱이 환경과 생명체에 미치는 영향에 대한 실험 결과가 언급되었다.

| 오답 해설 |
㉢ 전문가의 인터뷰는 직접 인용되지 않았다.
㉣ 예상되는 반론과 반박이 제시되지 않았다.
㉤ 구체적인 사례는 충분히 제시되지 않았다.

정답 04 ③ 05 ② 06 ①

07 자료 활용 방안 I

다음은 윗글을 수정·보완하기 위해 추가로 수집한 자료이다. 자료의 활용 방안으로 적절하지 않은 것은?

구분	자료내용	유형
(가)	2010~2023년까지의 미세 플라스틱 발생량과 해양 오염도의 증가 추이 (그래프: 미세 플라스틱 발생량, 해양 오염도의 증가)	그래프
(나)	해양 환경 전문가 김 교수는 미세 플라스틱은 단순히 해양 생태계에만 영향을 미치는 것이 아니라, 결국 인간에게도 해를 끼칠 수 있다고 경고하였다. 그는 미세 플라스틱이 어류와 조개류를 통해 인간의 식탁에 오르는 과정과 이로 인한 잠재적인 건강 문제를 설명하며, 플라스틱 사용의 규제와 폐기물 관리 시스템의 개선이 시급하다고 강조하였다.	전문가 인터뷰
(다)	미세 플라스틱의 생물 축적에 대한 연구 보고서로, 특정 해양 생물들이 플라스틱을 섭취한 후 체내에 축적되는 과정을 상세히 설명하고 있다. 연구 결과에 따르면, 미세 플라스틱이 소화되지 않고 축적되면서 생물의 성장과 생존율에 부정적인 영향을 미치며, 이로 인해 생태계 전체에 연쇄적인 부작용이 나타날 수 있다.	연구 보고서
(라)	국민의 미세 플라스틱 문제에 대한 인식을 조사한 설문 결과로, 약 70%의 응답자가 미세 플라스틱이 건강에 미칠 영향을 우려하고 있으며, 60%는 일회용 플라스틱 사용을 줄이기 위한 정부의 규제 강화에 찬성한다고 응답하였다.	설문 조사 결과
(마)	한 뉴스 기사는 최근 국내에서 발생한 미세 플라스틱 오염 사건을 다루며, 미세 플라스틱이 하천과 바다뿐만 아니라 도심의 대기 중에도 존재한다는 사실을 보도하였다. 기사는 미세 플라스틱이 바람을 타고 이동할 수 있으며, 도시 거주민들이 일상적으로 이를 흡입할 위험이 있다는 점을 지적하면서, 대기 중 미세 플라스틱에 대한 규제의 필요성을 강조하였다.	뉴스 기사

① (가)를 활용하여 미세 플라스틱 발생량과 해양 오염도의 증가 추이를 시각적으로 보여 준다.
② (나)를 활용하여 미세 플라스틱이 해양 생태계뿐만 아니라 인간에게도 해를 끼칠 수 있음을 뒷받침한다.
③ (다)를 활용하여 미세 플라스틱의 생물 축적이 생태계 전체에 미치는 부정적 영향을 설명한다.
④ (라)를 활용하여 미세 플라스틱 문제에 대한 대중의 인식과 정책적 대응의 필요성을 강조한다.
⑤ (마)를 활용하여 미세 플라스틱의 긍정적 측면을 강조하고, 대기 중 미세 플라스틱 문제를 축소한다.

08 개요 수정 방안 Ⅰ

다음은 윗글을 쓰기 전에 세웠던 글쓰기 개요이다. 윗글을 쓰는 과정에서 필자가 점검하여 반영한 내용으로 적절하지 않은 것은?

┤ 글쓰기 개요 ├

Ⅰ. 미세 플라스틱의 정의와 실태
   1. 미세 플라스틱의 정의
   2. 미세 플라스틱의 심각성
   3. 미세 플라스틱의 축적 과정
Ⅱ. 미세 플라스틱의 영향
   1. 해양 생태계에 나타난 현황
   2. 인체에 미치는 잠재적 위험
   3. 미세 플라스틱의 오염 사례
Ⅲ. 미세 플라스틱 문제 해결의 필요성
   1. 제도적 규제
   2. 국제적 협력
Ⅳ. 추가적인 연구 필요성 강조
   1. 지속적인 연구와 조사의 필요성
   2. 인공지능을 통한 미세 플라스틱 연구

① Ⅰ-2는 내용을 고려하여 '플라스틱 쓰레기의 위협'으로 수정한다.
② Ⅰ-3은 이 글에서 다루기에 지나치게 전문적인 내용이므로 삭제한다.
③ Ⅱ-2는 맥락의 흐름을 고려하여 Ⅲ의 하위 항목으로 위치를 이동한다.
④ Ⅲ에서 시민의 활동에 대해 추가로 언급하여 문제 해결 방안의 다양화를 꾀한다.
⑤ Ⅳ-2는 내용 전개에 맞지 않는 요소이므로 삭제한다.

정답 풀이 & 오답 해설

07

| 정답 풀이 | ⑤ (마)는 미세 플라스틱의 부정적인 측면을 강조하기 위해 사용해야 하며, 대기 중 미세 플라스틱 문제를 축소하는 것은 자료의 활용 방안으로 적절하지 않다. 미세 플라스틱이 대기 중에도 존재하며 인체에 부작용을 미칠 수 있음을 충분히 설명하는 데 활용 가능하다.

08

| 정답 풀이 | ③ Ⅱ-2는 미세 플라스틱이 인체에 미칠 수 있는 잠재적 영향을 다루므로 '미세 플라스틱의 영향'인 현재의 위치를 유지하는 것이 적절하다.

정답 07 ⑤ 08 ③

09 퇴고 (1)

윗글의 ㉮~㉲를 고쳐 쓰기 위한 방안으로 적절하지 않은 것은?

① ㉮는 미세 플라스틱이 해양에서 잘게 쪼개진다는 내용을 명확히 하므로 유지한다.
② ㉯는 불필요한 사동 표현이므로 '바다 생물에 흡수된 미세 플라스틱은'으로 수정한다.
③ ㉰는 어휘의 사용이 적절하지 않으므로 '시사하며'로 수정한다.
④ ㉱는 명확한 어휘 사용을 위해 '위해성 조사'로 수정한다.
⑤ ㉲는 지나치게 과격한 표현이므로 '인류의 멸종을 선택할 수도 있을 것이다'로 완화한다.

10 퇴고 (2)

글의 내용으로 미루어 볼 때, ㉠에 들어갈 내용으로 가장 적절한 것은?

(㉠) 미세 플라스틱 문제를 해결하기 위해서는 플라스틱 사용을 줄이는 것만으로는 충분하지 않다. 근본적인 대책으로서 플라스틱의 생산 과정에서부터 친환경적인 대안을 마련하고, 플라스틱 폐기물의 처리와 재활용 시스템을 강화해야 한다. 또한, 미세 플라스틱이 생태계와 인체에 미치는 영향을 지속적으로 연구하고, 그 결과를 바탕으로 정책을 수립해야 한다. 이러한 노력이 이루어져야 미세 플라스틱으로부터 환경과 인류를 보호할 수 있을 것이다.

① 플라스틱 사용을 전면 금지해야 한다는 의견이 많다.
② 플라스틱을 대체할 수 있는 신소재 개발이 시급하다.
③ 미세 플라스틱의 해결을 위해서는 개개인의 노력이 중요하다.
④ 미세 플라스틱 문제는 인류의 생존에 직접적인 위협이 되지 않는다.
⑤ 미세 플라스틱 문제 해결을 위한 다양한 노력과 실천이 요구된다.

정답 풀이 & 오답 해설

09
| 정답 풀이 | ② 사동 표현이 아니므로, 적절한 문맥을 위해 어색한 어휘를 수정하는 것으로 보아야 한다.

10
| 정답 풀이 | ⑤ 글에서는 미세 플라스틱 문제의 해결을 위한 포괄적인 접근이 필요하다고 강조하고 있으며, 다양한 노력과 실천이 필요함을 지적하고 있다.

| 오답 해설 |
①, ② 뒤에 이어지는 내용과 직접적인 연관이 없다. 글은 플라스틱 사용을 줄이는 것만으로는 충분하지 않다면서, 근본적인 대책을 강조하고 있다.
③ 정책에 관한 언급 등이 있으므로 적절하지 않다.
④ 이어지는 내용과 인과 관계가 성립하지 않으므로 적절하지 않다.

정답 09 ② 10 ⑤

에듀윌이 너를 지지할게
ENERGY

가장 어두운 시간은
바로 해 뜨기 직전

– 파울로 코엘료(Paulo Coelho), 『연금술사』, 문학동네

PART V

창안

01 유비 추론

02 기타

창안 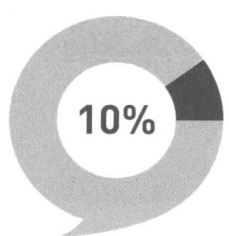 10%

최근 13개년 기출 전 문항 분석 결과

영역	출제 유형	출제 문항 수
[51~60번] 창안	시각 자료를 통한 내용 생성	2~5
	조건에 따른 내용 생성	7~8

- ☑ '창안'은 유비 추리의 대상이 되는 근거 자료의 형태에 따라 '시각 자료(그림)를 통한 내용 생성'과 '조건(텍스트)에 따른 내용 생성'으로 분류된다. 그러나 '유비 추리'를 통해 도출해야 하는 결과물은 크게 차이가 나지 않으므로, 같은 유형으로 보고 공부하면 된다.
- ☑ ① 특정 상황을 '인간의 행동'에 유비할 때 이끌어 낼 수 있는 주제(교훈, 속담, 고사성어)를 도출하거나, ② 특정 내용을 새로운 영역이나 상황에 비유할 때 적절한 것을 찾아내고, ③ 자료들 사이의 공통점과 차이점(표현, 핵심, 주제 등)을 분석하고, ④ 해당 상황에 어울리는 표어나 문구를 창작하거나 그림을 고른다.
- ☑ 최근 시험에서는 상황에 적절하거나 그렇지 않은 광고 그림과 문구를 1:1로 대응하여 고르는 문제가 출제되었다. '광고'라는 영역이 다를 뿐, 공통점에 근거하여 다른 맥락에 있는 자료를 고른다는 흐름은 변하지 않았다.

최신 6회분 기출 분석 [51~60번] 창안

문항번호	A회 유형/분류	A회 자료/개념	B회 유형/분류	B회 자료/개념	C회 유형/분류	C회 자료/개념
51	조건에 따른 내용 생성	유비	조건에 따른 내용 생성	유비	조건에 따른 내용 생성	이끌어 낼 수 있는 내용
52	조건에 따른 내용 생성	유비	조건에 따른 내용 생성	유추	조건에 따른 내용 생성	유추
53	조건에 따른 내용 생성	은유	조건에 따른 내용 생성	사례	조건에 따른 내용 생성	이끌어 낼 수 있는 교훈
54	시각 자료에 따른 내용 생성	유비	시각 자료에 따른 내용 생성	표 분석	시각 자료에 따른 내용 생성	표 분석
55	시각 자료에 따른 내용 생성	사례	시각 자료에 따른 내용 생성	사례	시각 자료에 따른 내용 생성	사례
56	시각 자료에 따른 내용 생성	사례	시각 자료에 따른 내용 생성	유추	시각 자료에 따른 내용 생성	유추
57	조건에 따른 내용 생성	광고 사례	조건에 따른 내용 생성	광고 사례	조건에 따른 내용 생성	광고 사례
58	조건에 따른 내용 생성	문구	조건에 따른 내용 생성	광고 문구	조건에 따른 내용 생성	광고 문구
59	조건에 따른 내용 생성	유추할 수 있는 교훈	조건에 따른 내용 생성	유추할 수 있는 교훈	조건에 따른 내용 생성	유추
60	조건에 따른 내용 생성	관용 표현	조건에 따른 내용 생성	주제	조건에 따른 내용 생성	이끌어 낼 수 있는 내용

창안 학습 전략

'창안'은 '글(조건)' 또는 '그림'을 보고 실생활에 어떻게 적용할 수 있는지를 묻는 영역이다. 대부분은 유비추리(類比推理), 즉 특정 원리와 현실 사이의 유사성을 근거로 새로운 내용을 도출하는 형식이며 10문항 가운데 2~3문항 정도의 정답률이 매우 낮다. 글이든 그림이든 유사성을 바탕으로 다른 상황에 적용할 때 비약이 없는지를 잘 확인해야 답을 맞힐 수 있다.

문항번호	D회 유형/분류	D회 자료/개념	E회 유형/분류	E회 자료/개념	F회 유형/분류	F회 자료/개념
51	조건에 따른 내용 생성	이끌어 낼 수 있는 내용	조건에 따른 내용 생성	유비	조건에 따른 내용 생성	이끌어 낼 수 있는 내용
52	조건에 따른 내용 생성	사례	조건에 따른 내용 생성	이끌어 낼 수 있는 교훈	조건에 따른 내용 생성	사례
53	조건에 따른 내용 생성	문구	조건에 따른 내용 생성	문구	조건에 따른 내용 생성	문구
54	시각 자료에 따른 내용 생성	표 분석	시각 자료에 따른 내용 생성	표 분석	시각 자료에 따른 내용 생성	표 분석
55	시각 자료에 따른 내용 생성	유추	시각 자료에 따른 내용 생성	사례	시각 자료에 따른 내용 생성	유추
56	시각 자료에 따른 내용 생성	유비	시각 자료에 따른 내용 생성	시사점	시각 자료에 따른 내용 생성	착안
57	시각 자료에 따른 내용 생성	유비	시각 자료에 따른 내용 생성	유비	조건에 따른 내용 생성	사례
58	시각 자료에 따른 내용 생성	유비	시각 자료에 따른 내용 생성	문구	조건에 따른 내용 생성	공익 광고 문구
59	조건에 따른 내용 생성	사례	조건에 따른 내용 생성	사례	조건에 따른 내용 생성	사례
60	조건에 따른 내용 생성	반응	조건에 따른 내용 생성	이끌어 낼 수 있는 내용	조건에 따른 내용 생성	이끌어 낼 수 있는 내용

수험생이 묻고, 전문가가 답하다

 창안 영역을 대비할 때 어떤 자료를 참고하면 좋을까요?

 창안 영역은 유비 추론 문항과 공익 광고에 대한 내용이 주를 이룹니다. 유비 추론 문항은 특정한 대상의 특징과 원리를 인간사에 적용하는 방향성을 파악하면 되며, 공익 광고는 '공익광고협의회'의 자료들을 참고하면 큰 도움이 됩니다.

01 유비 추론

기출 핵심개념

1 유비 추론의 개념

유비 추론이란 낯선 개념 혹은 어렵고 복잡한 내용을 설명할 때, 전달하고자 하는 내용을 보다 친숙하고 단순한 어떤 개념이나 주제와 하나씩 비교해 나가는 전개 방법이다. 이는 잘 알려진 것을 통하여 잘 알려지지 않은 것을 설명하고자 할 때 사용된다.

예 지구에는 생물이 있다. / 화성은 여러 측면에서 지구와 유사하다. → 화성에도 생물이 있을 것이다.

> **학습 TIP**
>
> **비교와 유비 추론의 차이점**
> - 비교는 근본적으로 서로 관련된 것 두 개 이상을 두고 유사한 점을 관찰하는 것입니다.
> - 유비 추론은 어느 하나와, 그리고 그것과는 전혀 다른 범주에 속하는 다른 하나가 비교됩니다. 이때 '다른 하나'는 '어느 하나'와 형태나 행위에서 결정적인 유사성을 가지고 있습니다.

2 기출 주제 및 구성

1 최신 기출 주제

주제	유비·적용 내용
와인 제조에서의 고려 요소	→ 창업 준비
에스프레소 추출 및 크레마 형성	→ 인재와 성과
이끼	→ 기업의 운영 전략, 신제품 개발
레밍의 행동	→ 인간의 행동
개미 사회의 작동 원리	→ 기업의 운영 원리
물 끓이기의 원리	→ 인간의 동기 부여 과정
가지치기	→ 퇴고하기
택배 배송 방식	→ 갈등 해결 방식

2 최신 기출 발문과 선지의 구성

(1) 유비 추론을 활용한 내용 생성

> 윗글의 ㉠과 관련지어 활용할 수 있는 내용으로 가장 적절한 것은?
> ① 스트레스와 분노가 쌓이면 결국 터지게 된다.
> ② 모두가 책임을 미루다 보면 결국 약한 자가 뒤집어쓰게 된다.
> ③ 부적절한 처방으로 오히려 상황을 위험에 빠트리게 할 수 있다.
> ④ 충분한 휴식 없이 업무를 강행하면 결국 효율이 떨어지게 된다.
> ⑤ 계획 없이 무조건 열심히 한다고 해서 목표를 달성할 수 있는 것이 아니다.

윗글의 ⓒ과 관련지어 활용할 수 있는 사자성어로 가장 적절한 것은?

① 과유불급(過猶不及)
② 연목구어(緣木求魚)
③ 일취월장(日就月將)
④ 천우신조(天佑神助)
⑤ 순망치한(脣亡齒寒)

(가)를 활용하여 사회 현상을 연구하는 방법론을 설명할 때 이끌어 낼 수 있는 내용으로 가장 적절한 것은?

① 전통적 관점에 의거한 연구만이 최적의 연구 방법이다.
② 관찰에 의한 객관적 수치 기록이 가장 타당한 연구 방법이다.
③ 반복적인 경험에 의해 수집된 자료는 높은 타당성을 보증한다.
④ 객관적 수치로 계량화할 수 있는 자료만을 대상으로 연구해야 한다.
⑤ 연구와 관련된 요소를 엄밀하게 통제해야 정확한 결과를 얻을 수 있다.

(2) 조건에 따른 내용 생성

〈조건〉에 맞는 공익 광고 문구로 가장 적절한 것은?

― 조건 ―
- '다문화 존중'과 관련하여 발휘할 수 있는 지혜를 윗글의 ⓐ를 참고하여 표현할 것.
- 비유 표현을 사용한 청유형 문장으로 제시할 것.

① 여러 원두가 모여 한 잔의 커피를 만듭니다.
② 커피콩에 따라 여러 가지 맛이 난다는 사실을 아십니까?
③ 서로 다른 우리가 모여 다양함을 존중하는 사회를 만들어 갑시다.
④ 커피콩이 각각의 특징을 가지듯, 사람들의 개성을 존중해 줍시다.
⑤ 내가 좋아하는 커피도, 친구가 좋아하는 커피도 모두 커피입니다.

(3) 시각 자료를 활용한 내용 생성

윗글을 토대로 아래와 같은 주가 변동 현상에 빗대어 설명할 수 있는 사자성어와 내용으로 가장 적절한 것은?

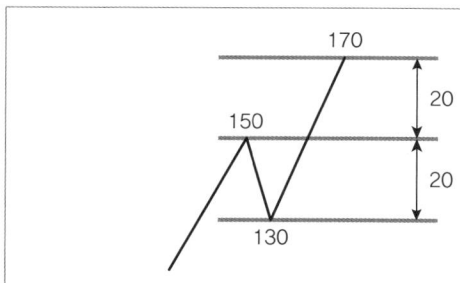

◎ 현상: 150만 원이던 주가가 130만 원으로 떨어졌다가, 150만 원을 회복한 후 170만 원이 되었다.

① 괄목상대(刮目相對): 길게 보면 주가는 계속 떨어질 수밖에 없습니다.
② 지지부진(遲遲不進): 길게 보면 주가가 오른 양만큼 떨어지게 되어 있습니다.
③ 용두사미(龍頭蛇尾): 길게 보면 주가가 오른 양만큼 떨어지게 되어 있습니다.
④ 전화위복(轉禍爲福): 길게 보면 주가가 내린 양만큼 더 오르게 되어 있습니다.
⑤ 주마가편(走馬加鞭): 길게 보면 주가는 오르고 내리기를 반복하게 되어 있습니다.

(4) 시각 자료의 비판적 이해

다음은 그림 (가)와 (나)를 분석한 표이다. 적절하지 않은 것은?

	(가)	(나)
표현	에스프레소와 아메리카노	알사탕과 솜사탕
특징	① 결국 커피의 종류가 다른 것이 아니라 물의 함량이 다를 뿐이다.	② 결국 사탕의 종류가 다른 것이 아니라 설탕의 종류가 다를 뿐이다.
	에스프레소는 조금씩 음미하고, 아메리카노는 바로 마신다.	③ 알사탕은 입안에서 천천히 녹지만 솜사탕은 바로 녹는다.
주제	④ 진한 것이 좋을 때도 있고, 연한 것이 좋을 때도 있다.	⑤ 뭉쳐져 있는 것이 좋을 때도 있고, 흩어져 있는 것이 좋을 때도 있다.

3 출제 예상 유비 주제

개미 사회의 협력 원리
개미들은 협력하여 식량을 모으고 둥지를 지키며, 개별적으로는 불가능한 거대한 군체를 유지한다. 인간 사회에서도 협력과 분업을 통해 공동의 목표를 달성하고 큰 성과를 얻을 수 있다.

벌집의 구조적 효율성
벌들은 육각형의 벌집을 만들어 공간을 효율적으로 활용한다. 인간 사회도 자원을 효율적으로 사용하고 최적의 구조와 시스템을 설계하여 공간 활용과 비용 절감을 이뤄야 한다.

강물의 유연한 흐름
강물은 장애물을 만나면 이를 피해 유연하게 흐른다. 인간 사회에서도 문제에 직면했을 때 유연하게 대처하고 적응하는 것이 성공의 열쇠가 된다.

나무의 성장 과정
나무는 뿌리가 깊고 튼튼할수록 더 높이 성장한다. 인간 사회에서도 기초가 튼튼할수록 더 큰 성과를 이룰 수 있으며, 더 높은 목표를 추구할 수 있다.

하늘의 별자리와 방향 찾기
별자리는 항해자가 방향을 찾는 데 중요한 지표였다. 인간 사회에서도 명확한 목표와 방향을 설정하는 것이 혼란스러운 상황에서도 올바른 길을 선택하는 데 필요하다.

벌의 꽃가루 수집과 경제 활동
벌들은 꽃가루를 모아 꿀을 만들며, 이를 통해 자연 생태계의 균형을 유지한다. 마찬가지로, 인간 사회에서도 경제 활동은 자원을 모아 생산 활동을 통해 사회의 균형과 발전을 이루는 중요한 역할을 한다.

사막의 오아시스와 희망의 가치
사막에서 오아시스는 생명의 원천이자 여행자들에게는 희망을 주는 장소이다. 인간 사회에서도 희망은 어려운 상황 속에서 삶을 지속하고 목표를 향해 나아가게 하는 중요한 원동력이 된다.

철새의 이동과 적응력
철새들은 계절에 따라 수천 킬로미터를 이동하며, 환경 변화에 적응해 살아남는다. 인간 사회에서도 변화하는 환경에 적응하고 새로운 도전에 대비하는 능력이 생존과 발전에 필수적이다.

거미줄의 구조와 네트워크
거미줄은 강한 구조로 되어 있어 외부 충격에도 쉽게 무너지지 않는다. 인간 사회에서도 강력한 네트워크와 조직 구조는 위기 상황에서 안정성을 제공하고 문제를 효과적으로 해결하는 데 기여한다.

산의 높이와 목표 설정
산이 높을수록 오르기 어렵지만, 정상에 도달했을 때 더 넓은 경관을 볼 수 있다. 인간 사회에서도 높은 목표는 달성하기 어렵지만, 이룰 때 더 큰 성취감과 성장을 경험할 수 있다.

01 유비 추론

기출 응용문제

[01~03] '집수리'를 인간 사회에 유비(類比)하고자 한다. 다음 글을 읽고 물음에 답하시오.

> 행랑채가 퇴락하여 지탱할 수 없게끔 된 것이 세 칸이었다. 나는 마지못하여 이를 모두 수리하였다. 그런데 그중의 두 칸은 앞서 장마에 비가 샌 지가 오래되었으나, 나는 그것을 알면서도 이럴까 저럴까 망설이다가 손을 대지 못했던 것이고, 나머지 한 칸은 비를 한 번 맞고 샜던 것이라 서둘러 기와를 갈았던 것이다. 이번에 수리하려고 본즉 ㉠비가 샌 지 오래된 것은 그 서까래, 추녀, 기둥, 들보가 모두 썩어서 못 쓰게 되었던 까닭으로 수리비가 엄청나게 들었고, 한 번밖에 비를 맞지 않았던 한 칸의 재목들은 완전하여 다시 쓸 수 있었던 까닭으로 그 비용이 많지 않았다.
>
> – 이규보, 〈이옥설〉

01

윗글의 밑줄 친 ㉠을 활용하여 주장할 수 있는 내용으로 가장 적절한 것은?

① 요리사가 모든 재료를 조화롭게 이용해야 훌륭한 요리가 된다.
② 취업 눈높이가 너무 높은 응시생들은 인턴 경험을 해 보아야 한다.
③ 발목 염좌 치료를 게을리하면 발목 관절염으로 악화될 수 있다.
④ 기준이나 기본이 되는 것보다 추가하거나 덧붙이는 것이 많으면 실패할 수 있다.
⑤ 목표를 정확하게 설정하고도 일관성 있게 실천하지 못하면 목표를 수정해야 한다.

02

윗글의 ㉠과 관련지어 활용할 수 있는 사자성어로 가장 적절한 것은?

① 과유불급(過猶不及)
② 고장난명(孤掌難鳴)
③ 교각살우(矯角殺牛)
④ 후회막급(後悔莫及)
⑤ 결자해지(結者解之)

정답 풀이 & 오답 해설

01

| 정답 풀이 | ③ 문제를 장기간 방치하면 큰 손해를 입게 된다는 본문의 내용을 활용하여 주장하기에 가장 적절하다.

02

| 정답 풀이 | ④ 처음 비를 맞았을 때 수리를 했더라면 수리비가 많이 들지 않았을 것이나 이미 때를 놓쳐 돌이킬 수 없게 되었으므로, '이미 잘못된 뒤에 아무리 후회하여도 다시 어찌할 수가 없음.'을 뜻하는 '후회막급(後悔莫及)'이 적절하다.

| 오답 해설 |
① 정도를 지나침은 미치지 못함과 같다는 뜻이다.
② 외손뼉만으로는 소리가 울리지 아니한다는 뜻으로, 혼자의 힘만으로 어떤 일을 이루기 어려움을 이르는 말이다. 맞서는 사람이 없으면 싸움이 일어나지 아니함을 이르기도 한다.
③ 소의 뿔을 바로잡으려다가 소를 죽인다는 뜻으로, 잘못된 점을 고치려다가 그 방법이나 정도가 지나쳐 오히려 일을 그르침을 이르는 말이다.
⑤ 맺은 사람이 풀어야 한다는 뜻으로, 자기가 저지른 일은 자기가 해결하여야 함을 이르는 말이다.

정답 01 ③ 02 ④

03

윗글을 참조하여 공익 광고 문구를 〈조건〉에 맞게 창작한 것으로 가장 적절한 것은?

―| 조건 |―
'사회 정의'가 필요한 상황에서 발휘할 수 있는 지혜를 '집수리'에 빗대어 표현할 것.

① 사회 정의를 구현하기 위해서는 법이 개정되어야 합니다.
② 누구든 불법적으로 은닉한 재산이 있다면 환수해야 합니다.
③ 국민들에게 낱낱이 드러난 공공 기관의 채용 비리를 척결해야만 합니다.
④ 적절한 시기에 적절한 지원을 해 주어야 사회가 빠른 속도로 발전할 수 있습니다.
⑤ 작은 부정과 비리를 지나치지 않고 즉시 바로잡아야 나라가 위태롭게 되지 않습니다.

04

다음은 (가)와 (나)를 분석한 표이다. 적절하지 않은 것은?

	(가)	(나)
표현	① 선풍기에서 바람개비 날개를 없앤 것을 표현.	② '읍참마속(泣斬馬謖)'을 그림으로 표현.
핵심	③ 창의적 아이디어가 중요하다.	임시방편은 근본적 해결책이 아니다.
주제	④ 모두를 가진 것보다 무언가를 제거하는 것이 혁신이 될 수 있다.	⑤ 문제가 발생하면 근본적인 문제점을 찾아 해결하기 위해 노력하자.

[04~06] '선풍기'와 '돌'을 인간 사회에 유비(類比)하고자 한다. 다음 그림을 보고 물음에 답하시오.

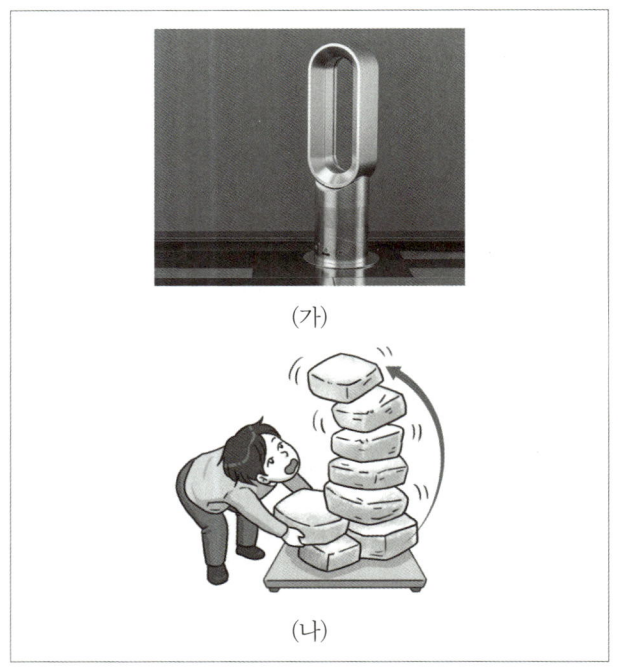

(가)

(나)

05

(가)를 활용하여 설명할 수 있는 능력으로 가장 적절한 것은?

① 새로운 시각으로 제품을 개발하는 능력
② 구체적인 계획을 세우고 이를 지키는 능력
③ 자신의 장점과 단점을 파악할 수 있는 능력
④ 나와 의견 차이가 있는 사람들을 설득할 수 있는 능력
⑤ 서로 다른 생각을 구조화하여 한데 모아 정리하는 능력

06

(나)와 비슷한 사례로 적절하지 <u>않은</u> 것은?

① 천장에서 물이 새자 물이 새는 곳 아래에 대야를 놓아 두었다.
② 수돗물에서 적수(赤水)가 나오자 수전을 새것으로 교체하였다.
③ 바지 허리의 단추가 떨어져 클립으로 고정하고 회사에 출근했다.
④ 신용카드 대금을 마련하기 어려워 단기 대출을 받아 납부했다.
⑤ 소화에 불편함이 빈번하게 느껴지자 병원을 찾아 의사의 진찰을 받았다.

정답 풀이 & 오답 해설

03
| 정답 풀이 | ⑤ 본문 내용의 핵심은 어떠한 문제점을 발견했을 때 빠르게 조치하여야 더 큰 문제가 생기지 않는다는 것이다. 즉 문제를 해결하는 '시점'에 대한 언급이 포함되어야 하므로, ⑤가 가장 적절하다.

| 오답 해설 |
①, ②, ③ 비리를 바로잡는 내용을 제시하고 있으나 조속히 처리한다는 내용이 나타나 있지 않다.
④ 시기에 대한 언급은 있으나 '사회 정의'가 아닌 '사회 발전'이 필요한 상황에서 쓸 수 있는 표현이다.

04
| 정답 풀이 | ② '읍참마속(泣斬馬謖)'은 '큰 목적을 위하여 자기가 아끼는 사람을 버림.'을 이르는 말이다. 이는 중국 촉나라 제갈량이 군령을 어기어 주요한 요충지를 지키는 싸움에서 패한 마속을 눈물을 머금고 참형에 처하였다는 데서 유래한다. 이는 윗돌 빼서 아랫돌 괴고 아랫돌 빼서 윗돌 괴는 (나)의 그림과 관련이 없다. 제시된 그림과 관련이 있는 한자 성어는 '임시변통으로 이리저리 둘러맞춤을 이르는 말.'을 뜻하는 '하석상대(下石上臺)'이다.

05
| 정답 풀이 | ① 선풍기에는 바람개비 날개가 필요하다는 고정 관념에서 벗어나 창의적인 생각으로 바람개비를 제거한 선풍기를 만들어 상용화한 것이 (가)이다. 따라서 (가)를 활용하여 새로운 시각으로 제품을 개발하는 능력을 설명할 수 있다.

06
| 정답 풀이 | ⑤ 소화에 불편함이 느껴지자 의사의 진찰을 받은 것은 근본적인 해결책을 찾고자 한 것이므로 임시방편으로 볼 수 없다.

정답 03 ⑤ 04 ② 05 ① 06 ⑤

[07~10] 다음 글을 읽고 물음에 답하시오.

조종사는 항공기가 착륙할 때 공항 활주로의 사정 혹은 기상의 조건 등에 따라 그 방법을 결정한다. ㉠기상 상황이 원활하고 활주로의 노면이 양호하며 그 길이도 길 때는 느린 속도로 부드럽게 착륙한다. 이를 소프트 랜딩(Soft Landing)이라고 한다.

하지만 활주로 노면이 미끄럽거나 활주로에 강한 바람이 부는 경우는 부드럽게 착륙하기보다 충격적인 착륙을 해야 안전하다. 이러한 착륙 방식은 펌 랜딩(Firm Landing), 즉 충격식 착륙 방법이라고 한다. 활주로와 타이어의 마찰을 높여 항공기가 활주로에서 이탈하는 것을 방지하는 기법이다. ㉡이때 승객들은 '쿵' 하는 착륙의 느낌을 강하게 받으며 조종사의 착륙 기술이 서툴다고 오해하기도 하지만 활주로가 상대적으로 여유가 없는 공항이라면 이러한 펌 랜딩이 더 안전하다.

㉢의도적으로 충격을 주는 펌 랜딩과 달리 갑작스러운 돌풍 등으로 예기치 않게 항공기가 활주로에 강하게 부딪히면서 착륙하는 경우도 종종 있는데, 이는 하드 랜딩(Hard Landing)이라고 한다.

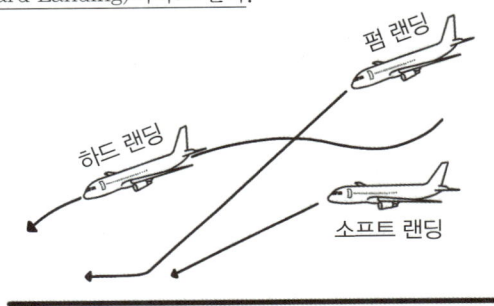

08

윗글의 밑줄 친 ㉡과 관련지어 활용할 수 있는 한자 성어로 가장 적절한 것은?

① 마부위침(磨斧爲針)
② 전화위복(轉禍爲福)
③ 괄목상대(刮目相對)
④ 새옹지마(塞翁之馬)
⑤ 망양보뢰(亡羊補牢)

07

윗글의 밑줄 친 ㉠과 관련지어 설명할 수 있는 상황으로 가장 적절한 것은?

① 소자본으로 안정적인 아이템을 선정하여 창업하는 것
② 정부가 경제를 위해 기본적으로 필요한 편의 시설을 짓는 것
③ 고리타분한 전통에 집착하지 않고 현대 문물을 배우고 사용하는 것
④ 급격한 경기 침체를 불러일으키지 않으면서 경제 성장률을 낮추는 것
⑤ 다주택자의 세액을 급격히 늘려 매물을 내놓게 함으로써 부동산 시장을 안정화하는 것

09

윗글의 밑줄 친 ㉢을 '자녀 훈육 방법'에 비유하여 주장할 수 있는 내용으로 가장 적절한 것은?

① 자녀를 훈육할 때도 아이의 체면을 존중해야 한다.
② 갑작스럽게 매를 들거나 하면 아이는 씻을 수 없는 상처를 받게 된다.
③ 우발적으로 화를 내는 것과 훈육을 위해 일부러 충격을 주는 것은 다른 것이다.
④ 경제관념이 없어 절제를 모르는 아이들에게는 용돈을 버는 연습을 시켜야 한다.
⑤ 훈육을 할 때는 질문으로 아이의 생각을 묻지 않고 단호한 어투로 지침을 제시해야 한다.

10

건강 관리법에 대해 설명하면서 공항의 '활주로'를 '운동 시간'에, '착륙 방법'을 '운동 방법'에 비유하기로 하였다. 이끌어 낼 수 있는 내용으로 가장 적절한 것은?

	활주로	착륙 방법	비유한 아이디어
①	긴 활주로	소프트 랜딩	시간이 부족할지라도 매일 매일 운동해야 한다.
②	긴 활주로	하드 랜딩	시간이 충분할지라도 한 번에 몰아서 운동해야 한다.
③	긴 활주로	하드 랜딩	시간이 충분해도 돌발 상황이 있을 경우 몰아서 운동해야 한다.
④	짧은 활주로	소프트 랜딩	시간이 충분한 경우에는 한 번에 몰아서 운동해야 한다.
⑤	짧은 활주로	펌 랜딩	시간이 부족한 경우에는 한 번에 몰아서 운동해야 한다.

정답 풀이 & 오답 해설

07
| 정답 풀이 | ④ 항공기가 기상 상황을 고려하여 느린 속도로 부드럽게 착륙하는 것과, 급격한 경제 침체를 불러일으키지 않으며 경제 성장률을 낮추는 것은 유사한 면이 있다고 볼 수 있다.

| 오답 해설 |
①, ②, ③ 느린 속도로 어떤 일을 수행해 내는 것과 관련이 없다.
⑤ 펌 랜딩과 관련지어 설명할 수 있는 상황이다.

08
| 정답 풀이 | ② 충격이 있는 것이 위험한 것으로 느껴질 수 있으나 활주로의 상황이 안 좋거나 거리가 짧을 때는 펌 랜딩이 더 안전하다고 하였다. 따라서 걱정이 바뀌어 오히려 복이 된다는 '전화위복(轉禍爲福)'이 가장 적절하다.

| 오답 해설 |
① 도끼를 갈아서 바늘을 만든다는 뜻으로, 아무리 어려운 일이라도 끊임없이 노력하면 반드시 이룰 수 있음을 이르는 말이다.
③ 눈을 비비고 상대편을 본다는 뜻으로, 남의 학식이나 재주가 놀랄 만큼 부쩍 늚을 이르는 말이다.
④ 인생의 길흉화복은 변화가 많아서 예측하기가 어렵다는 말이다.
⑤ 양을 잃고 우리를 고친다는 뜻으로, 이미 어떤 일을 실패한 뒤에 뉘우쳐도 아무 소용이 없음을 이르는 말이다.

09
| 정답 풀이 | ③ ⓒ에서는 의도적으로 충격을 주는 펌 랜딩과 달리 하드 랜딩은 예기치 않게 충격을 받는다고 하였다. 이는 훈육을 위해 의도적으로 충격을 주는 것과 우발적으로 화를 내는 것은 다르다는 내용과 관련지을 수 있다.

| 오답 해설 |
①, ④, ⑤ 의도적인 것과 우발적인 것의 차이와 관계없는 내용이다.
② 우발적인 행동의 위험성을 말하고 있을 뿐, ⓒ의 내용과는 거리가 멀다.

10
| 정답 풀이 | ⑤ '짧은 활주로'는 '짧은 운동 시간'을, '펌 랜딩'은 충격이나 강한 자극을 주는 방법을 의미하므로 시간이 부족한 경우에는 한 번에 몰아서 운동해야 한다는 아이디어를 이끌어 내는 것이 적절하다.

정답 07 ④ 08 ② 09 ③ 10 ⑤

02 기타

대표 기출유형

※ 기출유형 익히기는 출제되는 문제의 유형을 보여 주기 위한 장치로, 지면상 지문은 싣지 않습니다.

기출유형 1 | 시각 자료를 활용한 내용 생성

• 아래의 시각 자료를 통해 전달할 수 있는 내용으로 가장 적절한 것은?

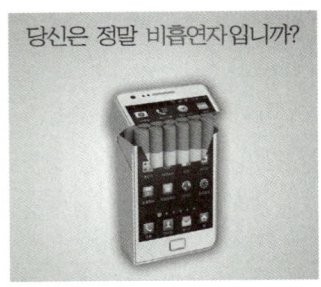

① 스마트폰 중독은 자신의 가정을 외면하고 외롭게 만듭니다.
② 스마트폰 중독 사회, 우리는 자유로워지는 방법을 찾아야 합니다.
③ 스마트폰을 잡고 있는 것이 아니라 잡혀 있지 않은지 돌아봅시다.
④ 스마트폰 중독은 흡연 중독만큼 위험하니 사용을 절제해야 합니다.
⑤ 스마트폰에 중독되어 우리가 모르는 사이 소중한 시간이 낭비되고 있습니다.

유형 풀이▶ 시각 자료(그림, 포스터 등)를 보고 이 자료에서 전달하고자 하는 메시지가 무엇인지 확인하는 문항이다. 대부분 국내, 국외의 공익 광고 포스터를 활용하여 문항이 출제되고 있으며 문항의 난도가 낮고, 시각 자료가 전달하는 메시지가 명확한 편이다. 하나의 시각 자료를 두고 묻기도 하고, 주제가 비슷한 두 개의 시각 자료를 제시하여 묻기도 한다.

정답 풀이▶ ④ 스마트폰 중독 현상을, 스마트폰 안에 담배가 있는 것에 비유하여 그 심각성을 알리고 있는 공익 광고이다. 일상에서 스마트폰을 손에서 놓지 못하는 것이 흡연과 같이 위험하므로 스마트폰의 사용을 절제해야 함을 강조하고 있다.

정답▶ ④

출처▶ 한국방송광고진흥공사 / 공익광고협의회

• 〈보기〉에 언급된 내용을 시각 자료로 나타내고자 할 때, 적절하지 <u>않은</u> 것은?

보기
발치 후 주의 사항
1. 술, 담배 등은 1주일 동안 절대 삼가 주세요.
2. 발치 당일 지나친 운동 및 목욕은 삼가 주세요.
3. 시술 부위는 48시간 동안 냉찜질을 해 주세요.
4. 물고 계신 거즈는 약 1~2시간 정도 뒤에 빼세요.
5. 입에 고인 침이나 피는 절대로 뱉지 말고 삼키세요.

①  ②  ③

④  ⑤

유형 풀이▶ 사용 방법, 주의 사항 등 제시된 조건과 관련이 없는 시각 자료를 선택하는 문항이다. '비데 사용자 안전을 위한 주의 사항', '공공 주택의 층간 소음을 예방하는 생활 수칙' 등 일상생활과 밀접한 내용을 주제로 하여 문항이 출제되고 있다. 제시된 내용과 관련이 없는 시각 자료를 선택해야 할 경우가 있고, 제시된 내용과 반대의 것을 나타낸 시각 자료를 선택해야 하는 경우가 있으니 이 점에 유의하자.

정답 풀이▶ ② '입에 고인 침이나 피는 절대로 뱉지 말고 삼키세요.'라는 발치 후 주의 사항을 지키지 않고 침을 뱉는 행동을 나타낸 모습의 시각 자료는 적절하지 않다.

정답▶ ②

기출유형 2 　 조건에 따른 내용 생성

유형 풀이▶ 조건을 반영한 신문 기사의 제목이나 공익 광고의 문구를 선택하는 문항이다. '조건'은 '문장 구조, 언어유희의 방법, 주제 표현 의식'과 관련이 있는 것이 2개 내외로 제시된다. 이때, 제시된 조건을 모두 충족하는 선지를 선택해야 하므로, 쉬워 보이더라도 각 선지의 조건 충족 여부를 잘 살펴보며 문제를 풀어야 한다.

정답 풀이▶ ① 끝자리가 '5'인 호수끼리 유대감이 있는 이웃사촌임을 강조하기 위해서, 우리나라의 문화에 있는 '돌림자'를 공익 광고 문구로 활용할 수 있다. 가족 간에 돌림자로 유대감을 느끼는 것처럼 아래, 위에 있는 호수도 크게 다를 바 없는 관계임을 강조하는 공익 광고의 표어이다.

정답▶ ①

출처▶ 한국방송광고진흥공사 / 공익광고협의회

• 〈조건〉을 모두 반영하여, 〈보기〉의 빈칸에 들어갈 문구를 창작한 것으로 가장 적절한 것은?

┤ 보기 ├

┤ 조건 ├

• '이웃 배려'에 대한 마음을 일깨우는 내용을 다룰 것.
• 〈보기〉에서 특정한 숫자를 반복하여 강조한 의도를 살릴 것.

① 우리는 5자 돌림 이웃사촌입니다.
② 피해가 가지 않게 서로 피해 주세요.
③ 이해와 배려, 행복한 우리 집을 만드는 첫걸음.
④ 층간 내리사랑 이웃 간의 새로운 사랑법입니다.
⑤ '아파'트에 사세요? 아래위의 아픔에 더 관심을 가집시다.

02 기타

기출 핵심개념

1 창안 문제 유형

1 시각 자료를 통한 내용 생성

(1) 시각 자료만을 통한 내용 생성

발문 유형	유형 풀이
〈보기〉를 활용해 전달할 수 있는 내용으로 가장 적절한 것은?	그림을 활용하여 어떤 메시지를 전달할 수 있는지 묻는 문항이다. 공익과 관련된 문구들이 대부분이며, 그중 적절한 것을 택하는 것으로 문항이 구성된다. 이미지가 2개인 경우 2개의 이미지를 연결하여 이야기하고자 하는 바를 파악하는 것이 중요하며, 제시한 이미지에 담긴 정보보다 과한 내용이 들어 있는 선지에 주의해야 한다.

(2) 텍스트와 시각 자료를 통한 내용 생성

발문 유형	유형 풀이
〈보기〉에 언급된 내용을 시각 자료로 나타내고자 할 때, 제시할 필요가 없는 것은?	특정 주제(유의 사항, 대피 요령, 사용법 등)에 대한 4~5개 내외의 항목이 제시되고 이 내용과 〈보기〉에 등장하는 시각 자료의 내용 일치를 확인하는 문항이다. 난도가 높지 않고, 시각 자료도 복잡하게 구성되지 않으므로 제시된 조건을 읽고 바로 선지의 적합성을 판단하면 된다. 단, 시각 자료는 텍스트의 내용 순서와 동일하게 배열되어 있지 않음에 유의해야 한다.

2 조건에 따른 내용 생성

발문 유형	유형 풀이
다음 〈의도〉를 반영하여 〈조건〉에 맞는 제목을 지으려고 할 때, 가장 적절한 것은?	제시된 조건을 충족하는 공익 광고의 문구나 뉴스, 기사의 제목 등을 택해야 하는 문항이다. 2~3개 정도로 주어지는 조건 중 1~2가지는 일반적으로 주제의 일치성과 관련된 사항이어서 그다지 난도가 높지 않으며, 마지막 한 가지는 수사법에 대한 조건을 제시하고 있어 비유법, 설의법, 대구법 등 제시된 수사법을 활용한 것을 고르는 데 집중하면 문제를 쉽게 풀 수 있다. **학습 TIP** 빈출 수사법 바로 가기 ☞ 352쪽

2 인쇄, 방송 공익 광고의 주요 기출 주제

창안 영역의 70% 정도는 공익 광고와 깊은 연관성을 갖는다. 따라서 공익 광고의 개념과 대략의 주제들을 숙지하면 정답에 쉽게 접근할 수 있다.

대주제	소주제
사회공동체(38%)	타인 배려/공공매너, 사회 화합, 나눔/이웃, 안전, 인터넷 예절, 장애인, 언어생활, 교통안전, 부정부패, 스마트기기 바른 사용, 공공질서&예절
경제사회/기타(31%)	국민의식/나라사랑, 국가경제, 국가브랜드, 선거, 절약/소비, 통일
자연환경(15%)	환경 보전, 불조심, 한강, 에너지 절약, 재활용, 일회용품 자제, 물
가정/청소년(12%)	가족/대화, 청소년, 폭력 예방, 가족계획
공중보건/복지(4%)	헌혈, 보건/위생, 담배/마약

02 기타

기출 응용문제

01

다음 그림을 활용하여 전달할 수 있는 내용으로 가장 적절한 것은?

① 서로 마주 대하면 대화를 여는 문이 될 수 있습니다.
② 다른 사람을 배려하는 신중한 대화의 태도가 필요합니다.
③ 눈높이를 맞추고 상대방의 이야기를 잘 들어 주어야 합니다.
④ 선입견을 가지고 대화하는 것은 벽을 두고 대화하는 것과 같습니다.
⑤ 나는 다른 사람에게 어떤 사람인지 객관적인 시선으로 생각해 봐야 합니다.

정답 풀이 & 오답 해설

01
| 정답 풀이 | ① 마주 보고 있는 의자의 모습이 '門(문)'이라는 한자어와 비슷한 모양이 되는 것에 초점을 맞춰야 한다. 서로 마주 보고 대화의 시작을 열 기회를 만드는 것이 중요하다는 의미를 전달하고 있는 공익 광고이다.
| 출처 | 한국방송광고진흥공사 / 공익광고협의회

정답 01 ①

02

다음 그림을 활용하여 만든 광고 문구로 가장 적절한 것은?

① 이런 유명한 작품을 모른다면 지금부터 예술을 가까이 합시다!
② 아름다운 선율도 아래층 이웃에게는 때로 큰 고통이 될 수 있습니다!
③ 유명한 예술 작품들을 꾸준히 감상하여 지적 욕구를 충족시켜야 합니다!
④ 과도한 조명을 사용하는 것은 에너지를 낭비하고 지구를 망치는 행위입니다!
⑤ 시대의 아픔을 표현한 작품을 통해 아이들이 올바른 가치관을 갖도록 합시다!

03

〈보기〉에 언급된 내용을 시각 자료로 나타내고자 할 때, 제시할 필요가 없는 것은?

┤ 보기 ├

지진 대처법

1. 지하철 안에서는 가방 등으로 머리를 보호하고, 자세를 최대한 낮춘다.
2. 흔들림이 멈췄을 때 언제든 피난할 수 있도록 문을 열고 출구를 확보한다.
3. 지진으로 흔들리면 밖으로 나가지 않고 책상 밑에 숨어 안전을 확보한다.
4. 더 큰 사고로 이어질 수 있으므로 다급한 상황이라도 혼자 구조 활동을 하지 않는다.
5. 자동차 운전 중에는 응급 차량이 통행할 수 있도록 갓길에 정차하고, 다른 대피자가 긴급 시 차를 이용할 수 있도록 열쇠를 꽂아 둔 채 하차한다.

①  ②

③  ④

⑤

04

〈보기〉에 언급된 내용을 시각 자료로 나타내고자 할 때, 제시할 필요가 없는 것은?

| 보기 |

화재 시 소화기를 사용할 때에는 다음 사항을 기억하세요!

1. 지진으로 불이 났을 땐 초기 진화가 중요합니다. 소화기를 들고 불난 곳 가까이(3~5m 정도) 접근합니다.
2. 소화기 상단의 안전핀을 뺍니다. 이때 묶여 있는 줄 때문에 잘 뽑히지 않으니 안전핀을 돌리며 뽑아 주세요.
3. 호스를 불난 곳으로 향합니다. 화재 진압 실패에 대비해 출입구를 등지고, 실외에선 바람을 등지고 사용하세요.
4. 손잡이를 힘껏 움켜쥐고 빗자루로 쓸듯이 앞에서부터 뿌려 나갑니다. 불길이 천장까지 번지면 대피하세요.
5. 대피할 때는 한 손으로 코와 입을 젖은 수건 등으로 막고 낮은 자세로 이동하세요.

①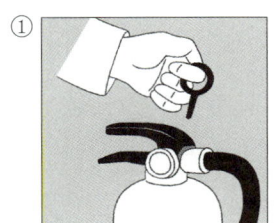
②
③
④
⑤

정답 풀이 & 오답 해설

02
| 정답 풀이 | ② 층간 소음 문제를 예술 작품을 통해 표현한 그림이다. 자신에게는 소음이 아닐지라도 아래층 사람에게는 큰 고통을 주는 소음으로 느껴질 수 있다는 의미를 담고 있다.
| 출처 | 한국방송광고진흥공사 / 공익광고협의회

03
| 정답 풀이 | ⑤ 지진 대처법에 따르면 긴급한 상황에서 혼자 구조를 하면 부상자가 더 늘어나거나, 추가 사고가 발생할 수 있으므로 혼자 구조 활동을 하지 않아야 한다. 따라서 혼자 구조 활동을 시도하는 모습의 시각 자료는 적절하지 않다.
| 출처 | 일본 도쿄 지진 대응 설명서, '도쿄방재', '지진이츠모매뉴얼'

04
| 정답 풀이 | ⑤ 〈보기〉에서 다치거나 화상을 입은 부위를 처치하는 내용은 언급하고 있지 않다.
| 출처 | 조선일보, '우리 집 지진 안전 설명서' 소화기 사용법, 2016. 10. 25.

정답 02 ② 03 ⑤ 04 ⑤

05

<조건>을 모두 반영하여, <보기>를 통해 전달할 수 있는 내용으로 가장 적절한 것은?

| 보기 |

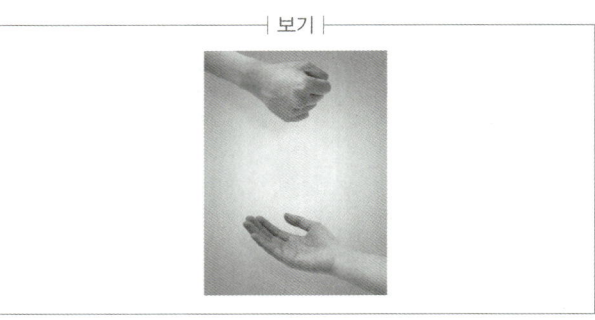

| 조건 |

- 계몽적인 목적으로 활용할 것.
- 배려와 관심의 의미를 포함할 것.
- 앞뒤의 말이 유사한 문장 구조로 짝을 이룰 것.

① 양보할수록 이기는 것입니다.
② 서로 다투면 서로 지는 것입니다.
③ 삶의 지혜, 소통 속에서 찾읍시다.
④ 쥐면 폭력이지만 펴면 함께입니다.
⑤ 따뜻한 손길이 마음을 움직이는 힘이 됩니다.

06

<조건>을 활용하여 지은 치과의 이름으로 가장 적절한 것은?

| 조건 |

- 동음이의어를 활용할 것.
- 관형격 조사를 사용할 것.

① 사과나무치과
② 드림치과의원
③ 함박웃음치과
④ 이라인미소치과
⑤ 이상한 나라의 치과

07

<조건>을 고려하여, <보기>의 ㉠에 들어갈 문구를 작성하려고 할 때, 가장 적절한 것은?

| 보기 |

(㉠)

오프라인 매장을 찾아 직접 제품을 확인한 뒤 저렴한 온라인 매장에서 제품을 사는 쇼루밍족이 더 진화하고 있다. 기존에 쇼루밍족은 오프라인 매장에서 본 의류나 운동화 등의 품목이나 브랜드명을 온라인에서 검색하는 경우가 많았다. 그러나 이 경우 물건을 찾기가 쉽지 않았다.

최근 유통 업계에 따르면 상품 코드로 제품을 검색하는 건수가 증가하고 있다고 한다. 올 상반기 오픈 마켓에서는 상품 코드로 제품을 검색한 건수가 작년 같은 기간보다 2배나 증가한 것으로 조사되었다. 이러한 경향은 상대적으로 고객 연령대가 낮은 모바일 쇼핑에서 더 뚜렷하게 나타났다.

| 조건 |

- 변화된 상황을 드러낼 것.
- 명사형으로 종결할 것.
- 대구법을 사용할 것.

① 모바일 쇼핑 갈수록 증가 추세
② 현명한 소비, 쇼루밍족의 진화
③ 낮은 연령대, 쇼핑 경향의 뚜렷한 변화
④ 오프라인 매장 물건 구입의 불편함 해소
⑤ 브랜드 검색은 옛말, 상품 코드 검색이 대세

08

⟨조건⟩을 반영하여, ⟨기획 의도⟩에 맞는 제목을 지으려고 할 때 가장 적절한 것은?

―| 기획 의도 |―

남극의 빙하가 녹는 속도가 이미 돌이킬 수 없는 수준이라는 연구 결과가 잇따라 발표되고 있다. 미 항공 우주국, 나사(NASA)가 지난 40년 동안 레이더 관측 위성을 이용해 빙하가 녹는 속도를 관찰한 결과 빙하가 사라지는 것을 더 이상 막을 수 없다는 결론을 도출했다. 빙하가 육지로부터 떨어져 나가는 속도가 이미 돌이킬 수 없을 정도로 빨라지고 있다는 것이다. 미 캘리포니아대의 에릭 리그노 교수는 2011년과 비교하면 빙하가 35킬로미터나 뒤로 물러나 있으며 물러나는 속도가 일 년에 거의 2킬로미터씩 빨라지고 있다는 연구 결과를 발표했다. 미국 워싱턴대 연구팀도 남극 서쪽 지역 빙하 가운데 하나인 스웨이트 빙하를 연구한 결과 이미 빙하가 사라지는 단계의 초기에 접어들었다는 사실을 확인했다고 밝혔다. 이에 본 프로그램에서는 빙하에 대해 연구한 전문가들의 연구 결과와 인터뷰 내용을 바탕으로 현재 빙하의 녹는 현상에 대한 실상을 확인하고, 앞으로의 지구 해수면의 상승 등 닥칠 수 있는 재앙에 대한 대비책에 무엇이 있는지 알아보고자 한다.

―| 조건 |―

- 기획 의도를 충분히 반영할 것.
- 제재의 문제점을 부각시킬 것.
- 의문형 종결을 사용할 것.

① 남극 빙하 녹는 속도, 돌이킬 수 없는가?
② 남극 빙하, 사라지는 단계의 초기에 돌입!
③ 남극 빙하 녹는 속도, 얼마나 빨라지고 있는가?
④ 온난화의 여파로 인한 해수면 상승, 대비가 필요하다
⑤ 녹아 사라지는 남극 빙하, 우리의 대비책은 무엇인가?

정답 풀이 & 오답 해설

05

| 정답 풀이 | ④ ⟨보기⟩는 학교 폭력, 가정 폭력, 사회의 폭력 문제 등을 협력으로 해결해 나가자는 의미를 전달하는 공익 광고로, ④는 ⟨조건⟩을 모두 반영하고 있다.
| 출처 | 법무부

06

| 정답 풀이 | ⑤ '이상(異常)하다'와 '이(치아) 상하다'의 동음이의 관계를 활용했으며, 관형격 조사 '의'를 사용하였다.

07

| 정답 풀이 | ⑤ 대구법은 어조가 비슷한 문구를 나란히 두어 문장의 변화와 안정감을 주는 수사법이다. ⑤에서 이 수사법이 사용되었으며, 과거와 현재의 변화된 구매 방법을 뚜렷하게 담아냈다.

08

| 정답 풀이 | ⑤ 남극 빙하가 급속도로 녹는 현재의 문제점을 부각시키고, 앞으로의 논의거리를 제시하였다.

정답 05 ④ 06 ⑤ 07 ⑤ 08 ⑤

읽기

01 문학 – 현대 시 / 현대 소설

02 학술문 – 인문 / 예술 / 과학 / 사회

03 실용문

04 기타

읽기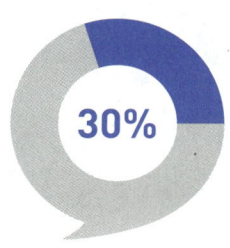

최근 13개년 기출 전 문항 분석 결과

영역		출제 유형	출제 문항 수
[61~90번] 읽기	현대 시	시에 내포된 의미	2~3
		표현상의 특징 및 효과	
		화자의 심리 상태	
		시어의 의미와 역할	
	현대 소설	서술상의 특징 및 효과	2~3
		작품의 이해와 감상	
		추론적 이해	
		비판적 이해	
	학술문	사실적 이해	7~10
		추론적 이해	
	실용문	사실적 이해	10~19
		추론적 이해	
		비판적 이해	

- ☑ 최신 회차에서 정답률 60%대가 3문항, 50%대가 4문항, 40%대가 2문항, 30%대가 2문항으로 나타났다. 전반적으로 읽기 텍스트의 난도가 향상되고 정답률이 낮아지고 있다.
- ☑ 학술 추론, 비판하기 문항을 유의해서 풀어야 한다.
- ☑ 문학 작품에서 낯선 작가, 작품이 등장하기 시작했음에 유의해야 한다.
- ☑ 출제 비중은 '학술문(56.7%) 〉 실용문(26.6%) 〉 문학(16.7%)' 순이다.

최신 6회분 기출 분석 [61~75번] 읽기(1)

문항번호	A회 유형/분류	A회 자료/개념	B회 유형/분류	B회 자료/개념	C회 유형/분류	C회 자료/개념
61	표현상의 특징 및 효과	현대시-오장환, 〈성탄제〉	표현상의 특징 및 효과	현대시-진은영, 〈그 머나먼〉	표현상의 특징 및 효과	현대시-이육사, 〈노정기〉
62	시어의 의미와 역할		시어와 구절의 의미		시어의 의미와 역할	
63	서술상의 특징 및 효과	현대문학-윤대녕, 〈그를 만나는 깊은 봄날 저녁〉	작품의 이해와 감상	현대문학-이문구, 〈장곡리 고욤나무〉	서술상의 특징 및 효과	현대문학-황정은, 〈초코맨의 사회〉
64	작품의 이해와 감상		추론적 이해		추론적 이해	
65	작품의 이해와 감상		작품의 이해와 감상		비판적 이해	
66	사실적 이해-정보 확인	인문-문지영, 〈자유〉	사실적 이해-정보 확인	사회-김민철, 〈프랑스 혁명에 대한 결산으로서의 19세기 정치사상〉	사실적 이해-정보 확인	사회-데니스 뇌르마르크 외, 〈가짜노동〉
67	추론적 이해-의미 추론		추론적 이해-생략된 내용 추리		추론적 이해-생략된 내용 추리	
68	비판적 이해		비판적 이해		비판적 이해	
69	사실적 이해-정보 확인	사회-권재문, 〈민법강의: 친족상속법〉	사실적 이해-정보 확인	사회-〈공문서의 종류와 법적 효력〉	사실적 이해-정보 확인	사회-정종휴, 〈역사 속의 민법〉
70	사실적 이해-정보 확인		추론적 이해		추론적 이해	
71	추론적 이해-의미 추론		추론적 이해		추론적 이해	
72	사실적 이해-정보 확인		비판적 이해		비판적 이해	
73	사실적 이해-정보 확인	과학-〈융합과학으로 이어주는 대학 물리학 제2판〉	사실적 이해-정보 확인	과학-〈Chemical Engineering Journal〉	사실적 이해-정보 확인	과학-〈Influence of Weber Number on Crown Morphology During an Oblique Droplet Impact on a Thin Wall Film〉
74	추론적 이해		추론적 이해		추론적 이해	
75	비판적 이해		비판적 이해		비판적 이해	

읽기 학습 전략

KBS한국어능력시험의 읽기 영역 중 문학의 경우 인지도가 높은 작가의, 다소 인지도가 낮은 작품으로 출제되어 작품에 대한 배경지식만으로는 문항을 풀 수 없도록 하는 경향이 있다. 문학의 여러 영역에 걸쳐 텍스트의 정보 확인하기, 텍스트를 바탕으로 내용 추론하기, 적절한 표현이나 어휘 택하기 등의 문항이 출제되며, 난도는 낮다.

학술문의 경우 인문 / 예술 / 과학 / 사회 영역에서 다양한 내용의 텍스트가 출제되고 있는데 수능의 국어 독서 영역과 문항의 형태는 유사하나, 텍스트의 내용이 좀 더 깊이 있고 난도가 높은 편이다. 각 장르별로 출제되는 문항의 유형이 고정되어 있으나, 텍스트의 주제가 매회 달라지고 글의 길이도 짧지 않기 때문에 텍스트를 빠르게 분석하는 능력이 요구된다.

문항 번호	D회 유형/분류	D회 자료/개념	E회 유형/분류	E회 자료/개념	F회 유형/분류	F회 자료/개념
61	표현상의 특징 및 효과	현대시-백석, 〈나와 나타샤와 흰 당나귀〉	표현상의 특징 및 효과	현대시-장석남, 〈배를 밀며〉	표현상의 특징 및 효과	현대시-손택수, 〈귀의 가난〉
62	시어의 의미와 역할		시어와 구절의 의미		시어의 의미와 역할	
63	서술상의 특징 및 효과	현대문학-김금희, 〈너무 한낮의 연애〉	서술상의 특징 및 효과	현대문학-김애란, 〈도도한 생활〉	서술상의 특징 및 효과	현대문학-김혜진, 〈9번의 일〉
64	작품의 이해와 감상		추론적 이해		추론적 이해	
65	작품의 이해와 감상		비판적 이해		비판적 이해	
66	사실적 이해-정보 확인	인문-백종현, 〈철학의 주요개념〉	사실적 이해-정보 확인	예술-임효성, 〈인공지능을 활용한 음악창작과 저작물성〉	사실적 이해-정보 확인	예술-최연희·정준영, 〈문화비평과 미학〉
67	추론적 이해-의미 추론		추론적 이해-필자의 입장		추론적 이해-생략된 내용 추리	
68	비판적 이해		비판적 이해		비판적 이해	
69	사실적 이해-정보 확인	사회-〈포스트모더니즘의 이해: 모더니즘과의 관계 및 주요 특징〉	사실적 이해-설명 방식	사회-〈법전의 체계와 의미〉	사실적 이해-정보 확인	사회-〈재판 방식의 변천: 신판(神判)과 배심제〉
70	사실적 이해-정보 확인		추론적 이해		추론적 이해	
71	추론적 이해-의미 추론		추론적 이해-생략된 내용 추리		추론적 이해	
72	추론적 이해-생략된 내용 추리		비판적 이해		비판적 이해	
73	사실적 이해-정보 확인	과학-앳킨슨 외, 〈앳킨슨의 물리화학 제12판〉	사실적 이해-정보 확인	과학-E. Bruce Goldstein, 〈감각과 지각〉	사실적 이해-설명 방식	과학-〈라그랑주점〉, 〈Origin of the Moon in a Giant Impact Near the End of the Earth's Formation〉
74	추론적 이해		추론적 이해		추론적 이해	
75	비판적 이해		비판적 이해		비판적 이해	

수험생이 묻고, 전문가가 답하다

문학 작품을 미리 다 읽어 봐야 하나요?
출제되는 다른 학술문이나 실용문 등의 글은 도대체 어디에서 나오는 건가요?

문학 작품 영역에서 역사적인 배경을 바탕으로 해석해야 하는 작품이나 과도한 수사법이 사용된 작품은 출제되지 않으므로, 배경지식 없이도 문항을 풀 수 있습니다. 학술문이나 실용문 등은 큰 주제 영역인 인문, 예술, 과학, 사회 등의 분야에서 다양한 저자의 글이 출제되므로, 글의 전개 방식과 중심 내용을 먼저 파악하는 것이 중요합니다.

최신 6회분 기출 분석 [76~90번] 읽기(2)

문항번호	A회 유형/분류	A회 자료/개념	B회 유형/분류	B회 자료/개념	C회 유형/분류	C회 자료/개념
76	사실적 이해-정보 확인	과학-M. Castellanos, A. Somoza, ⟨Emerging Clinically Tested Detection Methods for Covid-19⟩	사실적 이해-정보 확인	과학-이일수, ⟨첨단기술의 기초⟩	사실적 이해-정보 확인	과학-이일수, ⟨첨단기술의 기초⟩
77	추론적 이해		추론적 이해		추론적 이해	
78	비판적 이해		비판적 이해		비판적 이해	
79	사실적 이해-문제의식	과학-피터케이브, ⟨로봇이 인간이 될 수 있을까?⟩	사실적 이해-정보 확인	인문-최훈, ⟨1페이지 철학⟩	사실적 이해-정보 확인	예술-데이비드 잉글리스 외, ⟨예술사회학⟩
80	추론적 이해		추론적 이해		추론적 이해	
81	추론적 이해		사실적 이해		추론적 이해	
82	비판적 이해		비판적 이해		비판적 이해	
83	사실적 이해-정보 확인	실용문-안내	사실적 이해-정보 확인	실용문-안내	사실적 이해-정보 확인	실용문-안내
84	추론적 이해		추론적 이해		추론적 이해	
85	사실적 이해-정보 제시 전략	실용문-보도자료	사실적 이해-정보 제시 전략	실용문-보도자료	사실적 이해-정보 제시 전략	실용문-보도자료
86	비판적 이해-반응 및 수용		비판적 이해-반응 및 수용		비판적 이해-반응 및 수용	
87	추론적 이해		추론적 이해		추론적 이해	
88	사실적 이해-정보 확인	실용문-공문	사실적 이해-정보 확인	실용문-공문	사실적 이해-정보 확인	실용문-공문
89	비판적 이해-반응 및 수용		비판적 이해-반응 및 수용		비판적 이해	
90	추론적 이해		추론적 이해		추론적 이해	

문항번호	D회 유형/분류	D회 자료/개념	E회 유형/분류	E회 자료/개념	F회 유형/분류	F회 자료/개념
76	사실적 이해-정보 확인	과학-Raymond 외, 〈최신 대학 물리학〉	사실적 이해-정보 확인	과학-〈한옥 구조의 이해〉	사실적 이해-정보 확인	과학-〈맥머리의 유기화학〉
77	추론적 이해		추론적 이해		추론적 이해	
78	비판적 이해		비판적 이해		비판적 이해	
79	사실적 이해-정보 확인	인문-최훈, 〈라플라스의 악마, 철학을 묻다〉	사실적 이해-내용전개방식	인문-마리타 스터르큰·리사 카트라이트, 〈영상문화의 이해〉	사실적 이해-정보 확인	인문-최훈, 〈1페이지 철학〉
80	추론적 이해		추론적 이해		추론적 이해	
81	추론적 이해		추론적 이해		추론적 이해	
82	비판적 이해		비판적 이해		비판적 이해	
83	사실적 이해-정보 확인	실용문-안내	사실적 이해-정보 확인	실용문-안내	사실적 이해-정보 확인	실용문-안내
84	추론적 이해		추론적 이해		추론적 이해	
85	사실적 이해	실용문-보도자료	사실적 이해	실용문-보도자료	사실적 이해-정보 제시 전략	실용문-보도자료
86	비판적 이해-반응 및 수용		비판적 이해-반응 및 수용		비판적 이해-반응 및 수용	
87	추론적 이해		추론적 이해		추론적 이해	
88	사실적 이해-정보 확인	실용문-공문	사실적 이해-정보 확인	실용문-공문	사실적 이해-정보 확인	실용문-공문
89	비판적 이해-반응 및 수용		비판적 이해-반응 및 수용		비판적 이해-반응 및 수용	
90	추론적 이해		추론적 이해		추론적 이해	

01 문학 – 현대 시 / 현대 소설

대표 기출유형

※ 기출유형 익히기는 출제되는 문제의 유형을 보여 주기 위한 장치로, 지면상 지문은 싣지 않습니다.

기출유형 1 | 작품의 이해와 감상

유형 풀이▶ 작품의 전반적인 이해와 감상에 대해 묻는 문항이다. 주로 시나 소설의 핵심 내용, 작품을 읽은 독자의 반응, 주제에 대한 감상으로 적절한 것 등을 묻는다. 작품에 대한 개괄적 이해를 통해 어렵지 않게 풀 수 있는 문항이다.

• 윗글의 핵심 내용에 대한 반응으로 가장 적절한 것은?

① 이기적 욕망이 빚는 인간들의 왜곡된 삶에 대한 태도를 읽을 수 있었어.
② 쳇바퀴를 돌듯 반복되는 일상도 소중한 의미가 있다는 것을 알 수 있었어.
③ 경직된 제도가 인간의 자유로운 사고를 억압한다는 사실을 확인할 수 있었어.
④ 거짓말로 눈앞의 상황을 모면한다고 하더라도 진실은 늘 드러나는 것임을 알 수 있었어.
⑤ 주인공의 아이다운 천진함과 순수함이 차갑고 어두운 시대 속의 희망을 상징함을 볼 수 있었어.

기출유형 2 | 화자(인물)의 심리 및 태도

유형 풀이▶ 화자나 등장인물 혹은 그 심리 상태를 평가하는 문항으로, 주로 작품의 시간적인 배경이나 공간적인 배경을 화자나 인물이 어떻게 바라보고 있는가를 파악해야 한다. 이때 화자나 인물이 직접적으로 감정을 드러내는 경우도 있지만, 여러 수사법 또는 대화나 행동으로 완곡하게 감정을 표현하는 경우도 있으므로 주의가 필요하다.

• 윗글의 화자에 대한 설명으로 적절하지 않은 것은?

① 가족의 중요성을 잊고 지낸 자신의 어리석음을 자책하고 있다.
② 특정 대상에 대한 반복적 행위를 통해 즐거움과 행복을 느끼고 있다.
③ 자연의 섭리 속에서 세상살이의 지혜를 얻게 된 것에 감사하고 있다.
④ 화자가 경험하고 있는 사회적 현실을 만족스러운 세계로 느끼고 있다.
⑤ 획일적이고 소외된 삶을 살아가는 현대 도시인의 삶을 안타까워하고 있다.

| 기출유형 3 | 시어(소재)의 의미와 기능 |

유형 풀이▶ 시나 소설에 제시된 시어 및 소재의 의미와 기능을 정확하게 파악했는지를 평가하는 문항이다. 작품의 시간적인 흐름과 감정적인 흐름을 파악하는 것이 중요하며, 화자 또는 등장인물의 심리 상태나 현실을 상징하는 시어나 소재가 무엇인지 알아야 한다. 시의 경우 시의 구절을 시각적 이미지로 연상해 보는 것이 문항을 푸는 데 도움이 될 수 있다.

• ㉠~㉤에 대한 설명으로 적절하지 <u>않은</u> 것은?

① ㉠: 화자가 소녀와의 동질감을 확인하는 부분이다.
② ㉡: 화자가 자신의 태도를 성찰한 후 보인 행동이다.
③ ㉢: 꿈과 이상을 추구하려는 화자의 소망이 드러난 부분이다.
④ ㉣: 추억이 남아 있는 고향의 변화에 대해 안타까워하는 부분이다.
⑤ ㉤: 시적 화자가 현실을 극복하기 위해 노력하는 모습을 상징하는 부분이다.

| 기출유형 4 | 서술상의 특징 및 효과 |

유형 풀이▶ 소설의 서술상의 특징 및 효과를 묻는 문항이다. 소설의 서술자의 시점에 대한 이해가 필요하다. 1인칭 주인공/관찰자 시점, 3인칭 전지적 작가/관찰자 시점 등 각 시점의 차이를 파악해 두어야 하며, 작품이 전개되는 방식이나 주로 사용되는 수사법 등도 알아 두어야 한다.

• 윗글에 대한 설명으로 가장 적절한 것은?

① 배경 묘사를 통해 인물의 심리 상태를 드러내고 있다.
② 인물의 외양을 구체적으로 묘사하여 성격을 나타내고 있다.
③ 서술자가 자신이 경험한 사건을 시간의 흐름에 따라 그리고 있다.
④ 이야기 바깥의 서술자가 중심인물의 시각으로 사건을 서술하고 있다.
⑤ 등장인물이 서술자가 되어서 보고 들은 사건들을 주로 이야기하고 있다.

01 문학 – 현대 시 / 현대 소설

기출 핵심개념

1 현대 시

1 최신 기출 작품

고은, 〈선제리 아낙네들〉
기형도, 〈질투는 나의 힘〉
김광규, 〈대장간의 유혹〉
김광균, 〈노신(魯迅)〉
김광섭, 〈저녁에〉
김기림, 〈연륜〉
김선우, 〈감자 먹는 사람들〉
김선우, 〈단단한 고요〉
김수영, 〈눈〉
김수영, 〈폭포〉
김종길, 〈바다에서〉
김춘수, 〈강우〉
김춘수, 〈꽃〉

최신 나희덕, 〈뿌리로부터〉
문정희, 〈찬밥〉
문정희, 〈한계령을 위한 연가〉
문태준, 〈평상이 있는 국숫집〉
최신 박목월, 〈가정(家庭)〉
박재삼, 〈울음이 타는 가을 강〉
박재삼, 〈흥부 부부상〉
백석, 〈수라〉
복효근, 〈잔디에게 덜 미안한 날〉
서정주, 〈견우의 노래〉
서정주, 〈춘향유문 – 춘향의 말 3〉
최신 오은, 〈면접〉
유안진, 〈춘천은 가을도 봄이지〉

윤동주, 〈아우의 인상화〉
유치환, 〈행복〉
유하, 〈자동문 앞에서〉
이상, 〈거울〉
이수익, 〈결빙의 아버지〉
이육사, 〈광야〉
이장욱, 〈절규〉
정호승, 〈맹인 부부 가수〉
최두석, 〈성에꽃〉
최승호, 〈북어〉
최영미, 〈선운사에서〉
함민복, 〈긍정적인 밥〉
함민복, 〈눈물은 왜 짠가〉

2 시적 화자

시적 화자란 시 속에서 말하는 사람을 의미하는데, 화자가 시의 전면에 드러나는 경우도 있고 다른 대상으로 대체되어 표현되는 경우도 있다.

3 시적 대상에 대한 화자의 정서 및 태도

시적 정서는 그 시에서 느낄 수 있는 특정한 분위기를 말하며, 시적 화자의 정서 및 태도는 시적 화자가 시의 소재·대상·사회에 대한 경험, 생각, 느낌을 표현하는 방식을 뜻한다. 희망적, 절망적, 격정적, 관조적, 애상적, 비판적, 우호적 등의 정서와 태도가 시에서 드러나게 된다.

4 시상 전개 방식

기승전결	'기'에서 시상을 불러일으키고, '승'에서 반복적으로 심화한 다음, '전'에서 시상을 전환하고, '결'에서 시상을 마무리하는 전개 방식이다. 이 방식의 묘미는 '전'에 있는데, '전'은 시상 전개에 변화를 주는 동시에 '결'에서 주제를 제시할 수 있는 기반을 마련해 준다.
선경후정	시조나 한시 등 전통적인 시가에서 흔히 사용되는데, 먼저 사물이나 풍경을 그림을 그리듯 보여 주고 난 다음에 화자의 정서를 표출하는 방식이다. 이때 '선경'은 서정을 간접적으로 환기하며, 이에 따라 서정의 표출에 개연성을 부여하는 역할을 담당하게 된다.
공간(시선)의 이동	화자의 움직임에 따른 공간의 변화에 따라 시상이 전개되거나 화자의 시선의 이동에 따라 시상이 전개되는 방법이다. 위에서 아래로, 혹은 가까운 곳에서 먼 곳으로 시선을 옮기면서 대상을 묘사하기도 한다.
시간의 흐름	'과거 → 현재 → 미래', 혹은 '봄 → 여름 → 가을 → 겨울'과 같이 시간적 변화에 따라 시상이 전개되는 방법이다. 역순행적 시상 전개 방법도 있다.
점층적 전개	시어나 시구의 의미, 화자의 정서나 의지가 점차적으로 고조되어 가는 시상 전개 방식이다.

5 빈출 수사법

시험에 자주 출제되는 수사법은 은유법, 직유법, 의인법, 설의법, 반어법, 역설법이며, 이 수사법들은 '창안' 영역에서도 많이 활용되어 출제되므로 그 개념을 반드시 숙지해 두어야 한다.

수사법	개념	종류
비유법	원관념을 그것과 유사한 다른 보조 관념으로 표현하여 선명한 인상을 주거나 함축적인 의미를 드러내는 표현 방법	은유법, 직유법, 활유법, 의인법, 의성법, 의태법, 대유법, 풍유법, 중의법 등
강조법	표현하고자 하는 내용을 강하게 드러내는 표현 방법	과장법, 반복법, 열거법, 점층법, 점강법, 비교법, 대조법, 억양법, 예증법, 미화법, 연쇄법, 영탄법, 현재법 등
변화법	문장에 변화를 주는 표현 방법	도치법, 대구법, 설의법, 인용법, 반어법, 역설법, 생략법, 문답법, 명령법, 경구법, 돈호법 등

(1) **은유법**: 원관념(A)과 보조 관념(B)을 연결어를 사용하여 연결하지 않고 두 대상이 동일한 것처럼 나타내는 표현 방법이다. 원관념과 보조 관념의 관계가 직접적으로 드러나지 않을 수도 있다.
  ① 'A는 B이다.'
   예) • 내 마음은 호수요.
       • 수필은 난이요, 학이요, 청초하고 몸맵시 날렵한 여인이다.
       • 낙엽은 폴란드 망명 정부의 지폐
  ② 'A의 B'
   예) • 삶은 언제나 은총의 돌층계의 어디쯤이다.
       • 걷잡을 수 없는 슬픔의 힘을 옮겨서 새 희망의 정수박이에 들어부었습니다.
  ③ '(A) = B'
   예) • 이것은 소리 없는 아우성
       • 귀밑에 해묵은 서리

(2) **직유법**: 원관념을 보조 관념에 직접적으로 연결하는 표현 방법을 말한다. '마치', '흡사', '~같이', '~처럼', '~양', '~듯' 등의 연결어를 사용하여 표현하는 비유법이다.
   예) • 어린 날개가 물결에 절어서 공주처럼 지쳐서 돌아온다.
       • 사과 같은 내 얼굴
       • 돌담에 속삭이는 햇발같이
       • 번개와 같이 떨어지는 물방울
       • 병든 나무처럼 생명이 부대낄 때

(3) **의인법**: 사람이 아닌 무생물이나 동식물에 인격적 요소를 부여하는 표현 방법으로, 객관적 상관물이 사람의 의지, 감정, 생각 등을 지니도록 하는 방법이다.
   예) • 소복한 백화는 한결같이 슬프게 서 있고 눈물 머금은 초저녁 달이 중천에 서럽다.
       • 지리산이 저문 강물에 얼굴을 씻고 / 일어서서 껄껄 웃으며 / 무등산을 보며 그렇지 않느냐고 물어보면
       • 하늘도 그만 지쳐 끝난 고원 / 서릿발 칼날진 그 위에 서다.
       • 네 이름을 쓴다 민주주의여 / 내 머리는 너를 잊은 지 오래

(4) **설의법**: 처음에는 일반적인 서술문으로 표현하다가 결론이나 마지막 부분에서 의문 형식으로 강조하는 표현 방법이다. 누구나 알 수 있는 사실을 의문의 형식으로 표현하여 독자가 스스로 판단하게 하는 기법이다. 내용상으로는 일반적인 사실을 확인하는 정도가 되며, 정말로 몰라서 묻는 것은 설의법이라고 볼 수 없다.
   예) • 님 향한 일편단심이야 가실 줄이 있으랴.
       • 고요히 떨어지는 오동잎은 누구의 발자취입니까?
       • 어데 닭 우는 소리 들렸으랴.
       • 그렇지 않아도 구슬픈 내 가슴이어든 심란한 이 정경에 어찌 견디랴?

(5) **반어법**: 겉으로 표현한 내용과 속에 숨어 있는 내용을 서로 반대되게 나타내는 표현 방법이다.
- 예
  - 나 보기가 역겨워 / 가실 때에는 / 죽어도 아니 눈물 흘리오리다.
  - 외우기도 좋아라 하급반 교과서
  - 하늘의 선물처럼 / 소리 없는 백성 위에 저녁놀이 떴다.
  - 먼 훗날 당신이 찾으시면 / 그때에 내 말이 잊었노라

(6) **역설법(모순 형용)**: 표면적으로는 이치에 맞지 않는 듯하나, 실은 그 속에 진실한 뜻을 포함하는 수사법이다.
- 예
  - 겨울은 강철로 된 무지갠가 보다.
  - 밤에 홀로 유리를 닦는 것은 / 외로운 황홀한 심사이어니
  - 결별(訣別)이 이룩하는 축복에 싸여 / 지금은 가야 할 때
  - 뵈오려 안 뵈는 님 눈 감으니 보이시네.
  - 두 볼에 흐르는 빛이 / 정작으로 고와서 서러워라.
  - 괴로웠던 사나이 / 행복한 예수 그리스도에게 / 처럼
  - 사형은 오히려 그에게 내릴 수 있는 최대의 자비였다.
  - 나는 향기로운 님의 말소리에 귀먹고 꽃다운 님의 얼굴에 눈멀었습니다.
  - 아아, 님은 갔지마는 나는 님을 보내지 아니하였습니다.
  - 찬란한 슬픔의 봄
  - 이것은 소리 없는 아우성
  - 타고 남은 재가 다시 기름이 됩니다.
  - 용서한다는 것은 최대의 악덕이다.
  - 어린이는 어른의 아버지다.
  - 시(詩)를 쓰면 이미 시(詩)가 아니다.

> **학습 TIP**
>
> **반어와 역설의 차이점**
> 반어는 표면적 의미와 문맥적 의미(내포적 의미)가 다른 것을 의미하고, 역설은 표현상의 논리적 모순을 통하여 어느 한 의미를 강하게 드러내고자 하거나, 겉으로는 모순되는 것 같지만 사실 그 속에 일종의 진리를 담고 있는 관념, 말, 이미지 또는 태도를 말합니다.

6 시대별 주요 작가 및 작품

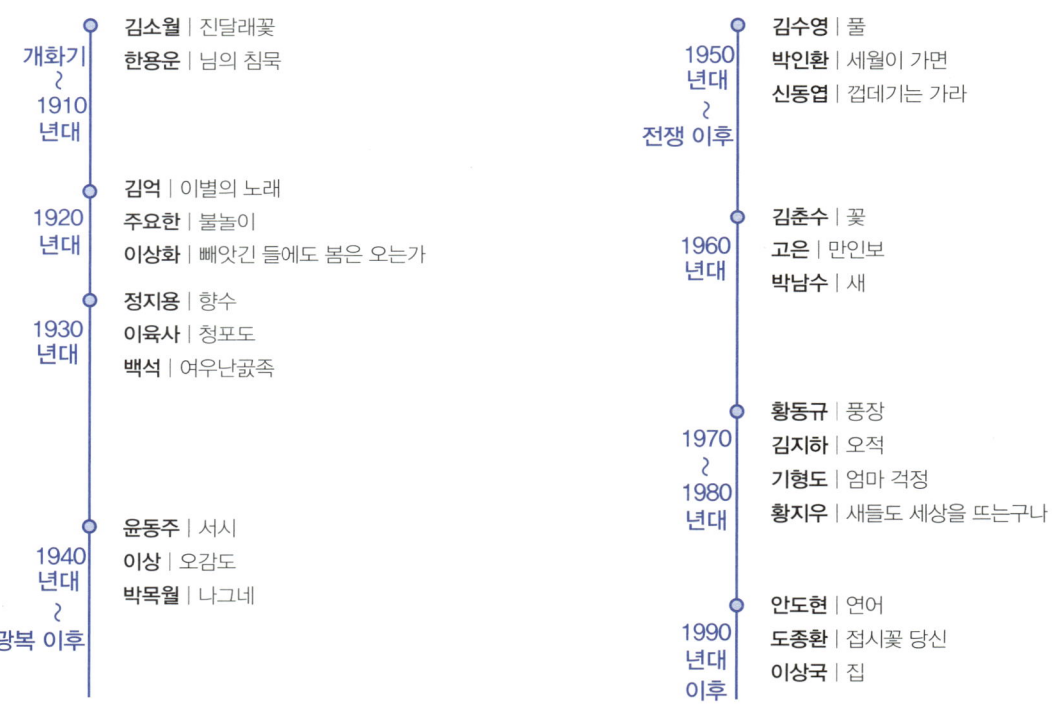

2 현대 소설

1 최신 기출 작품

계용묵, 〈별을 헨다〉
김동인, 〈태형〉
김소진, 〈눈사람 속의 검은 항아리〉
구병모, 〈어디까지를 묻다〉
김영하, 〈엘리베이터에 낀 그 남자는 어떻게 되었나〉
김훈, 〈칼의 노래〉
김훈, 〈현의 노래〉
문순태, 〈징 소리〉
박범신, 〈나마스테〉
박영준, 〈모범 경작생〉
박완서, 〈해산바가지〉
성석제, 〈황만근은 이렇게 말했다〉
손홍규, 〈투명 인간〉
송기원, 〈월문리에서 4 – 김매기〉
신경숙, 〈엄마를 부탁해〉
양귀자, 〈비 오는 날이면 가리봉동에 가야 한다〉
양귀자, 〈일용할 양식〉
최신 염상섭, 〈해방의 아들〉
윤지완, 〈당신의 아름다운 세탁소〉
윤흥길, 〈날개 또는 수갑〉
윤흥길, 〈완장〉
윤흥길, 〈아홉 켤레의 구두로 남은 사내〉

은희경, 〈빈처〉
이동하, 〈폭력 연구〉
이문구, 〈암소〉
이문구, 〈해벽〉
이청준, 〈축제〉
임철우, 〈사평역〉
임치균, 〈검은 바람〉
전상국, 〈우리들의 날개〉
정이현, 〈아무것도 아닌 것〉
정지아, 〈목욕 가는 날〉
조선작, 〈고압선〉
채만식, 〈미스터 방〉
채만식, 〈태평천하〉
채만식, 〈탁류〉
최신 최명익, 〈심문(心紋)〉
최서해, 〈탈출기〉
최일남, 〈서울 사람들〉
최일남, 〈쑥이야기〉
현기영, 〈지상에 숟가락 하나〉
현진건, 〈빈처〉
현진건, 〈할머니의 죽음〉
황순원, 〈독 짓는 늙은이〉

2 출제 예상 작품

김숨, 〈떠도는 땅〉
김애란, 〈두근두근 내 인생〉
김영하, 〈살인자의 기억법〉
김인숙, 〈꽃잎〉
박민규, 〈삼미 슈퍼스타즈의 마지막 팬클럽〉
배수아, 〈알려지지 않은 밤과 낮〉
윤성희, 〈상냥한 폭력의 시대〉
윤이형, 〈러브 레플리카〉

이장욱, 〈천국보다 낯선〉
정세랑, 〈지구에서 한아뿐〉
정유정, 〈28〉
조남주, 〈82년생 김지영〉
최은영, 〈쇼코의 미소〉
편혜영, 〈사육장 쪽으로〉
한강, 〈소년이 온다〉

3 소설의 인물 제시 방법

(1) **직접적 제시**: 서술자가 인물의 성격을 직접 설명하거나 작품 속의 한 인물이 다른 인물의 성격, 심리 상태 등을 직접 설명 혹은 논평하는 방법이다. 사건의 빠른 전개에 용이하며 작가가 자신의 견해를 효과적으로 표현할 수 있다.
(2) **간접적 제시**: 등장인물의 객관적인 상황(외양, 행동, 대화 등)을 묘사하여 인물의 성격이나 심리 상태를 암시하고 간접적으로 인물의 성격을 제시하는 방식이다. 장면을 생생하게 묘사하여 현장감을 높일 수 있으며, 입체적 인물을 제시할 때 자주 사용된다. 독자의 추측과 상상을 유도한다는 점에서 흥미로운 인물 제시 방법이지만, 한편으로는 작가의 견해가 명확하게 드러나지 않는다는 단점을 지니고 있다.

4 소설의 인물 유형

(1) **주동 인물**: 작품의 주인공으로서 작품 속에서 주동적이고 능동적으로 자신의 의지대로 행동하는 인물이다.
(2) **반동 인물**: 주인공과 대립하여 갈등을 일으키는 역할을 수행하는 인물이다.
(3) **전형적 인물**: 집단, 계층과 같은 미리 규정된 범주의 속성들을 가진 인물이다. 따라서 집단적 성격을 대표하며 성격의 보편성을 내포한다.
(4) **개성적 인물**: 강렬한 개성을 지니고 독특함을 보여 주는 인물이다.
(5) **평면적 인물**: 처음부터 끝까지 성격적 변화를 보이지 않으며, 상황 변화 등에도 영향을 받지 않는 정적인 인물 유형이다.
(6) **입체적 인물**: 환경이나 상황 등의 영향으로 사건의 진전에 따라 성격의 변화를 보이는 동적인 인물 유형이다.

5 서술자와 시점 (빈출)

서술자	시점	시점의 특징	주인공과 서술자의 거리
작품 속에 '나'가 등장함.	1인칭 주인공 시점	주인공의 심리 묘사와 내면 의식을 표현하는 데 효과적임.	거리가 없음.
	1인칭 관찰자 시점	서술자가 관찰한 내용만을 제시하므로 주인공의 내면을 다루지 않아 긴장감을 자아냄.	멂.
작품 속에 '나'가 등장하지 않음.	3인칭 전지적 작가 시점	주인공의 감정, 심리적 변화를 설명하는 데 가장 효과적임.	유동적임.
	3인칭 관찰자 시점 (작가 관찰자 시점)	냉철한 묘사가 중심을 이루며, 독자의 상상을 유도해 독특한 긴장감을 자아냄.	가장 멂.

6 시점별 대표 작품

시점	작품
1인칭 주인공 시점	현진건 〈빈처〉, 최서해 〈탈출기〉, 염상섭 〈만세전〉, 이상 〈날개〉, 김유정 〈봄봄〉, 이청준 〈눈길〉, 이문열 〈우리들의 일그러진 영웅〉, 조세희 〈난장이가 쏘아 올린 작은 공〉
1인칭 관찰자 시점	채만식 〈치숙〉, 김정한 〈모래톱 이야기〉, 윤흥길 〈아홉 켤레의 구두로 남은 사내〉
3인칭 전지적 작가 시점	나도향 〈물레방아〉, 현진건 〈운수 좋은 날〉, 채만식 〈레디메이드 인생〉, 박태원 〈소설가 구보 씨의 일일〉, 이효석 〈메밀꽃 필 무렵〉, 황순원 〈나무들 비탈에 서다〉
3인칭 관찰자 시점 (작가 관찰자 시점)	김동인 〈감자〉, 김유정 〈금 따는 콩밭〉, 현진건 〈술 권하는 사회〉

7 시대별 주요 작가 및 작품

개화기
- 이인직 | 혈의 누, 귀의 성, 은세계
- 이해조 | 자유종
- 최찬식 | 추월색
- 안국선 | 금수회의록

1910년대
- 이광수 | 무정
- 현상윤 | 핍박

1920년대
- 김동인 | 배따라기, 감자
- 염상섭 | 표본실의 청개구리
- 현진건 | 운수 좋은 날
- 나도향 | 뽕, 물레방아
- 최서해 | 홍염, 탈출기
- 조명희 | 낙동강
- 전영택 | 화수분

1930년대
- 박태원 | 소설가 구보 씨의 일일
- 김유정 | 봄봄, 동백꽃
- 이태준 | 복덕방
- 이상 | 날개
- 이효석 | 메밀꽃 필 무렵
- 채만식 | 탁류, 치숙, 태평천하
- 심훈 | 상록수
- 유진오 | 김 강사와 T 교수
- 박종화 | 금삼의 피
- 이기영 | 고향
- 계용묵 | 백치 아다다

1940년대
- 안수길 | 한여름 밤, 벼
- 황순원 | 별

광복 이후
- 김동리 | 역마
- 이태준 | 해방 전후
- 채만식 | 미스터 방, 민족의 죄인

6.25 전쟁 이후
- 선우휘 | 불꽃
- 손창섭 | 비 오는 날
- 이범선 | 오발탄
- 황순원 | 소나기, 학
- 하근찬 | 수난이대

1960년대
- 최인훈 | 광장
- 김승옥 | 무진기행
- 전광용 | 꺼삐딴 리
- 이청준 | 병신과 머저리

1970~1980년대
- 윤흥길 | 장마
- 황석영 | 삼포 가는 길
- 조세희 | 난장이가 쏘아 올린 작은 공
- 이문구 | 관촌수필
- 조정래 | 태백산맥
- 양귀자 | 비 오는 날이면 가리봉동에 가야 한다

01 문학 – 현대 시 / 현대 소설

기출 응용문제

[01~02] 현대 시 | 다음 글을 읽고 물음에 답하시오.

> 낙엽은 폴란드 망명 정부의 지폐
> ㉠포화(砲火)에 이즈러진
> 도룬 시(市)의 가을 하늘을 생각게 한다.
> 길은 ㉡한 줄기 구겨진 넥타이처럼 풀어져
> 일광(日光)의 폭포 속으로 사라지고
> 조그만 담배 연기를 내어 뿜으며
> 새로 두 시의 급행차가 들을 달린다
> 포플라 나무의 근골(筋骨) 사이로
> 공장의 지붕은 흰 이빨을 드러내인 채
> 한 가닥 구부러진 철책이 바람에 나부끼고
> 그 위에 ㉢셀로판지(紙)로 만든 구름이 하나.
> ㉣자욱한 풀벌레 소리 발길로 차며
> 호올로 황량한 생각 버릴 곳 없어
> 허공에 띄우는 돌팔매 하나
> ㉤기울어진 풍경의 장막 저쪽에
> 고독한 반원을 긋고 잠기어 간다
>
> – 김광균, 〈추일서정〉

01

위 시에 대한 설명으로 적절하지 <u>않은</u> 것은?

① 화자의 내면세계를 상징하는 객관적 상관물이 나타나 있다.
② 도시적 공허와 소시민이 느끼는 고독 의식을 표현하고 있다.
③ 앙상한 나뭇가지를 의인화하여 현실 극복의 의지를 드러냈다.
④ 화자는 현실의 고독감에서 벗어나고자 하지만 곧 실패하고 만다.
⑤ 가을의 황량한 풍경을 다양한 비유를 통해 감각적으로 묘사하고 있다.

02

㉠~㉤ 중 〈보기〉의 밑줄 친 부분이 사용된 시구로 가장 적절한 것은?

> ─ 보기 ─
> 여러 감각으로 동시에 무언가를 느끼는 듯한 '공감각적 심상'은 어떤 하나의 감각이 다른 영역의 감각을 일으켜 두 가지 이상의 감각을 동시에 느끼는 것이다.

① ㉠ ② ㉡ ③ ㉢
④ ㉣ ⑤ ㉤

[03~04] 현대 시 | 다음 글을 읽고 물음에 답하시오.

> 가문 섬진강을 따라가며 보라
> 퍼 가도 퍼 가도 전라도 실핏줄 같은
> 개울물들이 끊기지 않고 모여 흐르며
> 해 저물면 저무는 강변에
> 쌀밥 같은 토끼풀꽃,
> 숯불 같은 자운영꽃 머리에 이어 주며
> 지도에도 없는 동네 강변
> 식물도감에도 없는 풀에
> 어둠을 끌어다 죽이며
> 그을린 이마 훤하게
> 꽃등도 달아 준다
> 흐르다 흐르다 목메이면
> 영산강으로 가는 물줄기를 불러
> 뼈 으스러지게 그리워 얼싸안고
> 지리산 뭉툭한 허리를 감고 돌아가는
> 섬진강을 따라가며 보라
> 섬진강 물이 어디 몇 놈이 달려들어
> 퍼낸다고 마를 강물이더냐고,
> 지리산이 저문 강물에 얼굴을 씻고
> 일어서서 껄껄 웃으며
> 무등산을 보며 그렇지 않느냐고 물어보면
> 노을 띤 무등산이 그렇다고 훤한 이마 끄덕이는
> 고갯짓을 바라보며
> 저무는 섬진강을 따라가며 보라
> 어디 몇몇 애비 없는 후레자식들이
> 퍼 간다고 마를 강물인가를.
>
> – 김용택, 〈섬진강 1〉

03

위 시에 대한 설명으로 적절하지 <u>않은</u> 것은?

① 공동체적 삶에 대한 불안함을 표현했다.
② 섬진강은 공간적 배경이자 민중을 상징한다.
③ 호탕하게 흐르는 섬진강의 기세를 느낄 수 있다.
④ 소박하고 건강한 삶을 상징하는 소재를 사용하였다.
⑤ 반복과 명령의 어투를 사용하여 장중한 느낌을 준다.

04

위 시에서 '섬진강'의 이미지로 적절하지 <u>않은</u> 것은?

① 부드럽고 포용력 있는 존재
② 끈질긴 생명력을 지닌 존재
③ 연합하고 교감을 이루는 존재
④ 주변의 사물과 조화로운 존재
⑤ 냉혹함과 비정함을 지닌 존재

정답 풀이 & 오답 해설

01

| 정답 풀이 | ③ "포플라 나무의 근골(筋骨)"에서 앙상한 나뭇가지를 의인화하고 있으며, 그 뒤에 공장의 황폐한 모습을 배치하여 가을날의 황량함과 도시 문명의 삭막함을 표현하였으나, 현실 극복에 대한 의지는 찾아보기 어렵다.

02

| 정답 풀이 | ④ '풀벌레 소리(청각적 심상) + 자욱한(시각적 심상)'을 결합하여 공감각적 심상 중 '청각의 시각화'를 사용하였다.

| 오답 해설 | ①, ②, ③, ⑤ 시각적 심상만을 표현하고 있다.

03

| 정답 풀이 | ① 민중의 고달픈 삶과 이들을 위협하는 '몇 놈'에 대해서 서술하고 있으나, 그러한 부정적인 존재들의 억압에 휩쓸리지 않고 민중들의 삶이 끈질기게 영위되고 있음을 강조하고 있다. 공동체적 삶에 대한 불안함과는 거리가 멀다.

04

| 정답 풀이 | ⑤ 시에서는 '섬진강'을 민중의 소박함과 생명력을 담고 있는 긍정적 존재로 표현하고 있다. ⑤는 시에서 나타난 '섬진강'의 이미지와는 대조적인 해석이다.

정답 01 ③ 02 ④ 03 ① 04 ⑤

[05~07] 현대 소설 | 다음 글을 읽고 물음에 답하시오.

[앞부분 줄거리] 광복 직후, 이명준은 남한과 북한 사회 모두에 환멸을 느낀다. 6.25 전쟁에 참여했다가 포로가 된 명준은 석방 과정에서 남도 북도 아닌 중립국을 선택하고, 배를 타고 제3국으로 떠난다.

 펼쳐진 부채가 있다. 부채의 끝 넓은 테두리 쪽을, 철학과 학생 이명준이 걸어간다. 가을이다. 겨드랑이에 낀 대학 신문을 꺼내 들여다본다. 약간 자랑스러운 듯이. 여자를 깔보지는 않아도, 알 수 없는 동물이라고 여기고 있다. 책을 모으고, 미라를 구경하러 다닌다.
 정치는 경멸하고 있다. 그 경멸이 실은 강한 관심과 아버지 일 때문에 그런 모양으로 나타난 것인 줄은 알고 있다. 다음에, 부채의 안쪽 좀 더 좁은 너비에, 바다가 보이는 분지가 있다. 거기서 보면 갈매기가 날고 있다. 윤애에게 말하고 있다. 윤애 날 믿어 줘. 알몸으로 날 믿어 줘. 고기 썩는 냄새가 역한 배 안에서 물결에 흔들리다가 깜빡 잠든 사이에, 유토피아의 꿈을 꾸고 있는 그 자신이 있다. 조선인 콜호스* 숙소의 창에서 불타는 저녁놀의 힘을 부러운 듯이 바라보고 있는 그도 있다. 구겨진 바바리코트 속에 시래기처럼 바랜 심장을 안고 은혜가 기다리는 하숙으로 돌아가고 있는 9월의 어느 저녁이 있다. 도어에 뒤통수를 부딪히면서 악마도 되지 못한 자기를 언제까지나 웃고 있는 그가 있다. ㉠그의 삶의 터는 부채꼴, 넓은 데서 점점 안으로 오므라들고 있었다. 마지막으로 은혜와 둘이 함께 있던 동굴이 그 부채꼴 위에 있다. 사람이 안고 뒹구는 목숨의 꿈이 다르지 않으니. 어디선가 그런 소리도 들렸다. 그는 지금, 부채의 사북* 자리에 서 있다. ⓐ삶의 광장은 좁아지다 못해 끝내 그의 두 발바닥이 차지하는 넓이가 되고 말았다. 자 이제는? 모르는 나라, 아무도 자기를 알 리 없는 먼 나라로 가서, 전혀 새사람이 되기 위해 이 배를 탔다. 사람은, 모르는 사람들 사이에서는, 자기 성격까지도 마음대로 골라잡을 수도 있다고 믿는다. 성격을 골라잡다니! 모든 일이 잘될 터이었다. 다만 한 가지만 없었다면. 그는 두 마리 새들을 방금까지 알아보지 못한 것이었다. 무덤 속에서 몸을 푼 한 여자의 용기를, 방금 태어난 아기를 한 팔로 보듬고 다른 팔로 무덤을 깨뜨리고 하늘 높이 치솟는 여자를, 그리고 마침내 그를 찾아내고야 만 그들의 사랑을.
 ㉡돌아서서 마스트*를 올려다본다. 그들은 보이지 않는다. 바다를 본다. 큰 새와 꼬마 새는 바다를 향하여 미끄러지듯 내려오고 있다. 바다. 그녀들이 마음껏 날아다니는 광장을 명준은 처음 알아본다. 부채꼴 사북까지 뒷걸음질 친 그는 지금 핑그르르 뒤로 돌아선다. ㉢제정신이 든 눈에 비친 푸른 광장이 거기 있다.
 자기가 무엇에 홀려 있음을 깨닫는다. ㉣그 넉넉한 뱃길에 여태껏 알아보지 못하고, 숨바꼭질을 하고, 피하려 하고 총으로 쏘려고까지 한 일을 생각하면, 무엇에 씌었던 게 틀림없다. 큰일 날 뻔했다. ㉤큰 새, 작은 새는 좋아서 미칠 듯이, 물속에 가라앉을 듯, 탁 스치고 지나가는가 하면, 되돌아오면서, 그렇다고 한다. 무덤을 이기고 온, 못 잊을 고운 각시들이, 손짓해 부른다. 내 딸아. 비로소 마음이 놓인다. 옛날, 어느 벌판에서 겪은 신내림이, 문득 떠오른다. 그러자, 언젠가 전에, 이렇게 이 배를 타고 가다가, 그 벌판을 지금처럼 떠올린 일이, 그리고 딸을 부르던 일이, 이렇게 마음이 놓이던 일이 떠올랐다. 거울 속에 비친 남자는 활짝 웃고 있다.

— 최인훈, 〈광장〉

*콜호스: 소련의 집단 농장.
*사북: 접었다 폈다 하는 부채의 아랫머리나 가위다리의 교차된 곳에 박아 돌쩌귀처럼 쓰이는 물건.
*마스트: 돛대.

05

윗글에 대한 설명으로 가장 적절한 것은?

① 인물들의 대화와 행동을 중심으로 사건이 전개되고 있다.
② 장면의 빠른 전환으로 사건의 극적 긴장감이 형성되고 있다.
③ 풍자적인 어조를 사용하여 현실의 비극성을 약화하고 있다.
④ 향토적 소재를 통해 인물이 앞으로 겪게 될 사건을 암시하고 있다.
⑤ 작품 밖의 서술자가 인물의 행동과 내면 심리를 직접 서술하고 있다.

06

윗글의 흐름으로 비추어 볼 때, ㉠~㉤에 대한 반응으로 적절하지 <u>않은</u> 것은?

① ㉠: 명준의 삶에 닥친 위기가 점차 고조되고 있음을 표현하고 있군.
② ㉡: 상념에서 현실 세계로 의식이 전환되고 있음을 보여 주고 있군.
③ ㉢: 주인공이 사회적 지위를 회복하고 싶어 하는 의지를 드러내고 있군.
④ ㉣: 그동안 자신을 따라온 새들에 대한 명준의 의식이 바뀌었음을 드러내고 있군.
⑤ ㉤: 경쾌하게 날고 있는 새의 모습에 명준의 심리를 투영하여 나타내고 있군.

07

문맥에 비추어 볼 때 ⓐ와 관련이 있는 한자 성어로 가장 적절한 것은?

① 진퇴유곡(進退維谷) ② 궁여지책(窮餘之策)
③ 망양지탄(亡羊之歎) ④ 유유자적(悠悠自適)
⑤ 허장성세(虛張聲勢)

정답 풀이 & 오답 해설

05

| 정답 풀이 | ⑤ 전지적 작가 시점의 서술 방식을 사용한 작품이다. 이는 작가가 전지전능한 위치에서 등장인물의 행동, 내면과 외면을 묘사하고 서술하는 방식이다. 전지적 작가는 그가 바라는 대로 인물의 생활 태도나 사고방식을 용이하게 표현할 수 있기 때문에 삶의 총체적인 모습을 그려 내는 장편 소설에서 대개 이 방법을 사용한다.

06

| 정답 풀이 | ③ 주인공인 '명준'은 아무도 자신을 알지 못하는 또 다른 '밀실'인 중립국을 택하여 배를 타고 제3국으로 가고 있는 중인데, '삶의 광장'이 극도로 좁아짐을 느끼며 참된 '광장'을 그리워하고 있다. 따라서 잃어버린 '사회적 지위를 회복하고 싶어 하는 의지'를 드러내고 있다는 감상 내용은 적절하지 않다.

07

| 정답 풀이 | ① '명준'은 삶의 광장이 줄어드는 위기감 속에 빠져 있다. 따라서 앞으로도 뒤로도 나아가거나 물러서지 못해 꼼짝할 수 없는 궁지에 빠진 상태를 표현한 '진퇴유곡(進退維谷)'이 적절하다.

| 오답 해설 |
② 궁한 나머지 생각다 못하여 짜낸 계책을 이르는 말이다.
③ 갈림길이 매우 많아 잃어버린 양을 찾을 길이 없음을 탄식한다는 뜻으로, 학문의 길이 여러 갈래여서 한 갈래의 진리도 얻기 어려움을 이르는 말이다.
④ 속세를 떠나 아무 속박 없이 조용하고 편안하게 사는 것을 이르는 말이다.
⑤ 실속은 없으면서 큰소리치거나 허세를 부리는 것을 이르는 말이다.

정답 05 ⑤ 06 ③ 07 ①

[08~10] 현대 소설 | 다음 글을 읽고 물음에 답하시오.

[앞부분 줄거리] '나'와 아내는 임 씨가 공사비를 많이 받으려 한다고 생각하다가 임 씨의 일하는 성실성을 보고는 가끔 물이 새는 옥상도 수리하기로 하고, 임 씨에게 옥상 방수 공사를 부탁한다. 임 씨는 군말 없이 일을 시작하고 한밤이 되어서 일을 마무리를 짓는다.

㉠옥상 일까지 시켜 놓고 돈을 다 내주기가 아깝다는 뜻이렸다. 그는 아내가 제발 딴소리 없이 이십만 원에서 이만 원이 모자라는 견적 금액을 다 내놓기를 대신 빌었다. 그때 임 씨가 먼저 손을 휘휘 내젓고 나섰다.

"사모님. 내 뽑아 드린 견적서 좀 줘 보세요. 돈이 좀 틀려질 겁니다."

아내가 손에 쥐고 있던 견적서를 내밀었다. 인쇄된 정식 견적 용지가 아닌, 분홍 밑그림이 아른아른 내비치는 유치한 편지를 사용한 그것을 임 씨가 한참씩이나 들여다보았다. 그와 그의 아내는 임 씨의 입에서 나올 말에 주목하여 잠깐 긴장하였다.

"술을 마셨더니 눈으로는 계산이 잘 안 되네요."

임 씨는 분홍 편지지 위에 엎드려 아라비아 숫자를 더하고 빼고, 또는 줄을 긋고 하였다.

그는 빈 술병을 흔들어 겨우 반 잔을 채우고는 서둘러 잔을 비웠다.

임 씨의 머릿속에서 굴러다니고 있을 숫자들에 잔뜩 애를 태우고 있는 스스로가 정말이지 역겨웠다.

"됐습니다. 사장님. 이게 말입니다. 처음엔 파이프가 어디서 새는지 모르니 전체를 뜯을 작정으로 견적을 뽑았지요. 아까도 말씀드렸지만 일이 썩 간단하게 되었다 이 말씀입니다. 그래서 노임에서 4만 원이 빠지고 시멘트도 이게 다 안 들었고, 모래도 그렇고, 에, 쓰레기 치울 용달차도 빠지게 되죠. 방수액도 타일도 반도 못 썼으니 여기서도 요게 빠지고 또…….''

임 씨가 볼펜심으로 쿡쿡 찔러가며 조목조목 남는 것들을 설명해 갔지만 그의 귀에는 제대로 들리지 않았다. 뭔가 단단히 잘못되었다는 기분, 이게 아닌데, 하는 느낌이 어깨의 뻐근함과 함께 그를 짓누르고 있을 뿐이었다.

"그렇게 해서 모두 칠만 원이면 되겠습니다요."

선언하듯 임 씨가 분홍 편지지를 아내에게 내밀었다. 놀란 것은 그보다 아내 쪽이 더 심했다. 그녀는 분명 칠만 원이란 소리가 믿기지 않는 모양이었다.

"칠만 원요? 그럼 옥상은…….''

"옥상에 들어간 재료비도 여기에 다 들어 있습니다. 그거야 뭐 몇 푼 되나요."

"그럼 우리가 너무 미안해서…….''

아내가 이번에는 호소하는 눈빛으로 그를 처다보았다. 할 수 없이 그가 끼어들었다.

"계산을 다시 해 봐요. 처음에는 십팔만 원이라고 했지 않소?"

"이거 돈을 더 내시겠다 이 말씀입니까? 에이, 사장님도. 제가 어디 공일 해 줬나요. 조목조목 다 계산에 넣었습니다요. 옥상 일한 품값은 지가 써비스로다가…….''

"써비스?"

그는 아연해서 임 씨의 말을 되받았다.

"그럼요. 저도 써비스할 때는 써비스도 하지요."

그는 입을 다물어 버렸다. 뭐라 대꾸할 말이 없었다.

"토끼띠이면서도 사장님이 왜 잘 사는가 했더니 역시 그렇구만요. 다른 집에서는 노임 한 푼이라도 더 깎아 보려고 온갖 트집을 다 잡는데 말입니다. 제가요, 이 무식한 노가다가 한 말씀 드리자면요, 앞으로 이 세상 사실려면 그렇게 마음이 물러서는 안 됩니다요. 저는요, 받을 것 다 받은 거니까 이따 겨울 돌아오면 우리 연탄이나 갈아 주세요."

임 씨는 아내가 내민 칠만 원을 주머니에 쑤셔 넣고 자리에서 일어섰다.

그는 일층 현관까지 내려가 임 씨를 배웅하기로 했다. 어두워진 계단을 앞서거니 뒤서거니 내려가면서 임 씨는 연장 가방을 몇 번이나 난간에 부딪쳤다. 시원한 밤공기가 현관 앞을 나서는 두 사람을 감쌌고 그는 무슨 말로 이 사내를 배웅할 것인가를 궁리하던 중이었다. 수고했다는 말도, 고맙다는 말도 이 사내의 그 '써비스'에 대면 너무 초라하지 않을까.

– 양귀자, 〈비 오는 날이면 가리봉동에 가야 한다〉

08

윗글의 서술 방식으로 가장 적절한 것은?

① 새로운 사건을 제시하면서 서술자를 교체해 긴장감을 조성하고 있다.
② 배경 묘사를 통해 인물의 심리를 보여 주고 분위기를 형성하고 있다.
③ 인물 간의 대화와 요약적 서술을 통해 사건의 변화 과정을 보여 주고 있다.
④ 특정 인물의 시각에서 바라본 사건과 인물의 심리를 구체적으로 드러내고 있다.
⑤ 다양한 인물의 시점으로 서술하여 사건의 의미를 다각도로 보도록 유도하고 있다.

09

윗글에서 드러나는 '그'의 생각으로 적절하지 않은 것은?

① 임 씨의 정직함에 오히려 당황하고 있다.
② 임 씨의 처지에 대해 안타까워하고 있다.
③ 임 씨의 노동이 가치 있음을 인식하고 있다.
④ 임 씨를 의심했던 것이 오해였음을 깨닫고 있다.
⑤ 임 씨의 노고를 공사 비용에 따른 당연한 수고로 여기고 있다.

10

윗글의 맥락을 고려할 때, ㉠의 상황을 표현할 수 있는 말로 가장 적절한 것은?

① 아전인수(我田引水)
② 교언영색(巧言令色)
③ 와신상담(臥薪嘗膽)
④ 사필귀정(事必歸正)
⑤ 교학상장(敎學相長)

정답 풀이 & 오답 해설

08

| 정답 풀이 | ④ '그'의 시각으로 '임 씨'가 일하는 모습을 보며 느낀 감정과 생각을 구체적으로 드러내고 있다. '그'와 그의 '아내'가 처음에는 노동자인 '임 씨'를 의구심 가득한 눈으로 바라보다가, '임 씨'의 성실함과 정직한 모습을 보고 부끄러움을 느끼는 심리를 잘 그려 내고 있다.

| 오답 해설 | ①, ②, ③, ⑤ 서술자를 교체하거나, 배경 묘사를 통해 인물의 심리를 보여 주지 않았고, 요약적 서술이 없으며, 다양한 인물의 시점으로 서술된 바도 없다.

09

| 정답 풀이 | ⑤ '그'는 '임 씨'의 노고가 공사 비용보다 훨씬 크다고 생각하기 때문에 공사 비용을 예상보다 적게 부른 '임 씨'의 말에 놀라며 당황하고 있는 것이다. 또한 '임 씨'에게 수고했다거나, 고맙다는 말을 하는 것이 그의 수고로움에 비해 부끄러운 말이 아닐까 생각하며 그의 노동을 가치 있는 일로 여기고 있다

10

| 정답 풀이 | ① 추가로 일을 요청하고도 돈을 다 내놓기 아까워하는 '아내'의 태도는, 자기 논에 물을 댄다는 뜻으로서 자기에게만 이롭게 되도록 생각하거나 행동하는 것을 뜻하는 '아전인수(我田引水)'로 표현할 수 있다.

| 오답 해설 |
② 말을 교묘하게 하고 얼굴빛을 꾸민다는 뜻으로, 다른 사람의 환심을 사기 위해 말을 번지르르하게 하고 표정을 그럴싸하게 지어 아첨하고 알랑거리는 태도를 말한다.
③ 가시 많은 거친 나무 위에서 자고 쓰디쓴 쓸개를 먹는다는 뜻으로, 어떤 목적을 달성하기 위해 온갖 고난을 참고 견디어 심신을 단련함을 비유하는 말이다.
④ 모든 일은 반드시 바른길로 돌아감을 이르는 말이다.
⑤ 스승은 학생에게 가르침으로써 성장하고, 제자는 스승에게 배움으로써 성장한다는 말이다.

정답 08 ④ 09 ⑤ 10 ①

02 학술문 - 인문/예술/과학/사회

대표 기출유형

※ 기출유형 익히기는 출제되는 문제의 유형을 보여 주기 위한 장치로, 지면상 지문은 싣지 않습니다.

기출유형 1 | 사실적 이해 – 정보 확인

유형 풀이▶ 인문/예술/과학/사회 분야의 텍스트를 읽고 그 내용과 일치하지 않는 진술을 찾는 문항으로, 글에 대한 사실적 이해 능력을 평가한다. 정답률이 매우 높은 편에 속하나, 텍스트를 꼼꼼하게 분석하는 능력이 부족하다면 틀리기 쉬우므로 지문과 대응하여 세부적인 내용을 꼼꼼하게 확인하는 것이 좋다. 특히 일반적인 상식을 넘어서는 예술/과학/의학 등 전문적인 분야의 이론이 제시될 경우에는 정보를 정확하게 확인하고 선지를 선택해야 한다. 자신의 전공 분야가 아닌 경우 통념상 알고 있던 지식과 실제가 다를 수 있으므로 이와 같은 부분도 고려해야 한다.

• 윗글의 내용과 일치하지 않는 것은?

① 암 환자의 대부분은 부모의 돌연변이 유전자를 가지고 있다.
② 정상적인 자연형 유전자를 가진 사람은 암에 걸릴 확률이 적다.
③ 우리 몸속의 세포는 매초마다 50만 개가 파괴되거나 없어지고 있다.
④ 유전성 암의 특징은 비교적 젊은 나이에 발병한다는 연구 결과가 있다.
⑤ 암이 발생하고 나서 치료를 하는 것보다 암을 예방하는 것이 중요하다.

기출유형 2 | 사실적 이해 – 핵심 정보

유형 풀이▶ 글의 핵심 내용을 찾는 문항이다. 글의 제목, 글에서 이야기하고자 하는 바, 글쓴이의 궁극적인 주장 등을 찾으라는 유형의 발문이 많이 제시된다. 핵심 주제 어휘와 단락 간의 연결 관계를 통해 글 전체의 흐름을 파악하면 문제를 풀 때 용이하다. 핵심 주제 어휘는 본문에서 반복되는 어휘를 중심으로 찾고, 주제 어휘와 단락 간의 연결 관계는 접속 부사 등 담화 표지의 사용을 통해 확인한다.

• 윗글에서 이야기하고자 하는 바로 적절하지 않은 것은?

① 지배와 규율의 산물인 일상 의식을 버리자.
② 학교는 학생들을 일사불란하게 통제해야 한다.
③ 대중의 민주적 심성을 키우고 민주주의를 확장해야 한다.
④ 민주적 심성을 통해 우리의 고유한 전통 의식을 계승해야 한다.
⑤ 권력에 의해 자발적으로 복종하게 되는 것은 권위주의적 심성 때문이다.

기출유형 3 | 사실적 이해 – 전개 방식

유형 풀이▶ 글의 서술상 특징을 파악하는 능력을 평가하는 문항이다. 인용한 사례의 활용 방법, 주장을 강조하기 위해 활용되는 서술 방법, 사용되는 수사법의 유형, 대상에 대한 접근 방법 등을 주로 물으며, 난도는 낮은 편에 속한다. 길이가 긴 지문을 전부 읽고 빠른 시간 안에 수사법과 내용 전개 방식을 파악하는 것은 어려울 수 있으므로, 글을 한 단락 정도씩 끊어 읽으며 선지에서 제시하는 전개 방식이 나타나 있는지 확인하는 방법을 사용해도 좋다.

• 윗글의 내용 전개 방식으로 적절하지 않은 것은?

① 대상의 과정을 단계별로 나누어 체계적으로 설명하고 있다.
② 글의 내용에 대한 독자의 이해를 돕기 위해 다양한 사례를 제시하고 있다.
③ 글쓴이의 주장을 부각하기 위해 대조적 속성을 지닌 대상을 제시하고 있다.
④ 예상되는 반론을 예측하여 강하게 논박함으로써 자신의 주장을 강화하고 있다.
⑤ 일반적인 통념을 소개하고 문제점을 지적한 뒤 상반되는 결론을 제시하고 있다.

기출유형 4 — 추론적 이해 – 생략된 내용 추리

유형 풀이▶ 텍스트를 읽은 후 빈칸에 들어갈 적절한 어휘, 구, 속담, 한자 성어 등을 찾는 문항으로, 추론적 이해 능력이 요구된다. 앞뒤에 언급된 내용을 통해 답을 추론해 볼 수 있다. 빈칸에 들어갈 적절한 어휘를 찾을 때에는 주로 중심 주제어나 이와 관련되는 시대 상황 및 비유 대상 등을 찾는 것이 유용하다. 속담, 한자 성어를 찾아야 할 경우에는 해당 빈칸의 가까이에 제시된 특정 상황을 잘 드러내는 표현을 선택하는 것이 바람직하다. 한자 성어는 별도로 암기하여 선지를 적절히 선택할 수 있도록 해야 한다.

• ㉠에 공통적으로 들어갈 말로 가장 적절한 것은?

① 공리주의
② 심리주의
③ 역사주의
④ 개인주의
⑤ 공산주의

기출유형 5 — 추론적 이해 – 전제 및 근거 추리

유형 풀이▶ 글에서 등장하는 새로운 개념, 의식 구조 등의 전제가 무엇이며 글쓴이의 의도가 무엇일지 추론하는 문항이다. 글에 제시되는 표현이 그대로 선지에 나오지는 않으므로, 글쓴이가 궁극적으로 말하고자 하는 바가 무엇인지 정확히 이해하고 문항에 접근해야 한다. 이때 글쓴이가 궁극적으로 말하는 바가 무엇인지를 무작정 상상하며 선지를 선택하는 것이 아니라, 글의 서론이나 본론에서 주제로 다루는 의식과 방법이 적용된 선지를 택해야 한다.

• 윗글의 관점을 바탕으로 다음 문장의 이유를 제대로 파악한 것은?

① 세밀한 묘사보다는 추상적인 표현을 선호한 탓이다.
② 그림 원료의 재질적 특성상 물을 섞어 쓴 것이 문제가 되었다.
③ 인물의 성격을 잘 드러내기 위해 세밀한 묘사의 방법을 택한 것이다.
④ 그 시대의 사람들은 현대 사람들과 얼굴과 신체 비례가 달랐기 때문이다.
⑤ 서양 초상화의 영향을 많이 받았고 우리 전통의 방식으로 그리지 않았다.

기출유형 6 — 추론적 이해 – 구체적(다른) 사례에 적용

유형 풀이▶ 글쓴이가 주장하거나 제시하는 어떠한 개념이나 주장을 다른 사례에 적용한 것의 적절성을 묻는 문항이다. 바로 앞에 소개된 유형과 마찬가지로 글의 주제를 파악하는 능력이 필요하며, 구체적인 사례에 적용하는 응용력이 요구된다. 구체적 사례에 등장하는 주체가 어떻게 설정되어 있는지를 확인하고, 그 주체가 학술문의 주요 제시 내용에 부합하는 어떤 행동을 했는지까지 그 긴밀성을 점검하여 선지를 선택해야 한다.

• ㉠의 사례로 가장 적절한 것은?

① 직장인 박 씨는 더 빠른 승진을 위해 회사 업무를 적극적으로 맡았다.
② 강사 김 씨는 같은 지위에 있으나 연륜이 많은 이 씨의 의견을 존중하였다.
③ 가난한 시민 정 씨는 소외 계층을 위한 정책을 제안한 후보에게 투표권을 행사했다.
④ 대학생 윤 군은 학사 경고를 받지 않기 위해 출석에 신경을 쓰고 시험공부를 했다.
⑤ 직장인 서 씨는 추운 겨울이었지만 자원 절약 캠페인을 떠올리며 온풍기 사용을 자제했다.

02 학술문 – 인문/예술/과학/사회

기출 핵심개념

학술문은 대부분 정답률이 높은 편이다. 그러나 이 영역에서 '사실적 이해–전개 방식'을 묻는 문항이 2~3개 이상 출제되는데, 평균 정답률이 65% 내외로 어려운 문항에 속한다. 게다가 정답 외 4개의 오답을 택하는 수험생의 분포가 비슷하다. 따라서 학술문의 '사실적 이해–전개 방식' 유형의 선지 종류를 미리 파악하여 두면 도움이 될 것이다.

1 최신 기출 주제

(1) 인문
- 권석만, 〈인간 이해를 위한 성격심리학〉
- 사라 마자, 〈역사에 대해 생각하기〉
- 김기봉, 〈역사학 너머의 역사〉
- 김민철, 〈누가 민주주의를 두려워하는가〉
- 최훈, 〈생각을 발견하는 토론학교 철학〉
- 최훈, 〈읽기만 하면 내 것이 되는 1페이지 철학 365〉
- 최훈, 〈라플라스의 악마, 철학을 묻다〉
- 홍성욱, 〈파놉티콘 – 정보사회 정보감옥〉

(2) 사회
- [최신] 노직, 〈아나키에서 유토피아로〉
- [최신] 최현숙, 〈착한 소비와 나쁜 소비〉
- 이창순, 〈직장이여 안녕〉
- 강영안, 〈타인의 얼굴〉
- 양창수, 〈민법입문〉
- 민경배, 〈처음 만나는 사회학〉
- 한인섭, 〈100년의 헌법〉
- 다수결의 원리
- 법전/법률행위

(3) 예술
- 안민수, 〈연극연출: 원리와 기술〉
- 안나 모진스카, 〈20세기 추상 미술의 역사〉
- 강소영, 〈베토벤의 월광소나타〉(영상 콘텐츠)
- 최규용, 〈재즈〉
- 최연희·정준영, 〈문화비평과 미학〉
- 박일호, 〈진지한 예술과 키치〉

(4) 과학
- [최신] 박찬 외, 〈새로운 물리학의 세계〉
- 네이버캐스트, 〈보일–홉스 논쟁: 과학 밖의 정치, 과학이라는 정치〉
- 김유정, 〈액체 반용매 공정을 이용한 제약 성분의 재결정화〉
- 워렌 리 맥카베 외, 〈McCabe의 단위조작〉
- 김명원 역, 〈생명과학 개념과 현상의 이해〉
- William F. Smith, 고진현 역, 〈Smith의 재료 과학과 공학 5판〉
- 이일수, 〈첨단 기술의 기초〉
- 정재승 외, 〈상대성 이론 그 후 100년〉

(5) 기타
- [최신] 관성 모멘트

2 전개 방식 – 자료의 활용 방법에 관련된 빈출 선지

- 역사적 기록을 근거로 주장의 타당성을 입증하고 있다.
- 가설을 설정한 후 다양한 실험을 통해 이를 검증하고 있다.
- 권위 있는 사람의 말을 인용하여 글쓴이의 생각을 뒷받침하고 있다.
- 글의 내용에 대한 독자의 이해를 돕기 위해 다양한 사례를 제시하고 있다.
- 권위 있는 전문가의 의견을 비판적으로 수용하면서 논지를 전개하고 있다.
- 글의 제재에 대한 독자의 궁금증을 유발하기 위해 묻고 답하는 형식을 사용하고 있다.

어떠한 자료를 어떻게 활용하는가를 묻는 선지가 해당 유형 선지 중 35~40% 정도를 차지하고 있다. 글쓴이가 어떠한 것을 주장하거나 설명할 때, 이를 뒷받침해 주는 것이 무엇인지를 찾으면 된다.

3. 전개 방식 – 주제, 주장에 접근하는 방법에 관련된 빈출 선지

- 대상을 관찰하면서 느낀 점을 서술하고 있다.
- 대상의 변화 과정을 단계별로 나누어 설명하고 있다.
- 예시를 통해 대상의 특징을 구체적으로 설명하고 있다.
- 기존의 통념을 반박하며 자신의 주장을 강조하고 있다.
- 특정한 결과에 대한 논리적 원인을 규명하여 제시하고 있다.
- 비유적인 방식으로 대상의 의의를 효과적으로 설명하고 있다.
- 두 대상을 비교하여 공통점을 도출한 후 이를 일반화하고 있다.
- 대상에 대한 상반된 견해를 제시한 후, 절충안을 제시하고 있다.
- 예상되는 반론을 미리 논박함으로써 자신의 주장을 강화하고 있다.
- 질문을 제기하고 그에 대해 답하면서 내용을 자연스럽게 전개한다.
- 대립적 견해를 대비시켜 설명하려는 대상의 의미를 부각하고 있다.
- 글쓴이의 주장을 부각하기 위해 대조적 속성을 지닌 대상을 제시하고 있다.
- 중심 화제의 장점과 단점을 병렬적으로 제시하여 글의 객관성을 높이고 있다.
- 중심 화제에 대한 글쓴이의 주장과 근거를 제시하여 글의 설득력을 높이고 있다.

특정 대상, 개념, 이론, 현상에 접근하는 방법을 묻는 선지들이 큰 비중을 차지하고 있다. 주제 및 주장에 접근하는 방법을 확인할 수 있는 가장 간단한 방법은 '주제어'를 찾는 것이다. 그리고 이 '주제어'를 관찰하며 설명하는지, 그 의의를 부각하고자 하는지, 그와 관련하여 새롭게 등장한 이론을 지지하거나 이에 반대하는 입장을 말하고 싶어 하는지 등을 판단해야 한다. 글의 종류가 설명문일 경우에는 비교나 대조의 방법을 사용하는 경우가 많으며, 글의 종류가 논설문일 경우에는 논박, 반박, 문제 제시하기 등의 방법을 사용하는 경우가 많다.

4. 전개 방식 – 독자를 위한 서술자의 글쓰기 전략에 관련된 빈출 선지

- 주변의 사례를 들어 독자의 흥미를 유발하고 있다.
- 주요 용어의 개념을 정리하여 독자의 이해를 돕고 있다.
- 글의 내용에 대한 독자의 이해를 돕기 위해 다양한 사례를 제시하고 있다.
- 독자가 글의 내용에 쉽게 공감할 수 있도록 평이한 어휘와 표현을 사용하고 있다.
- 글의 제재에 대한 독자의 궁금증을 유발하기 위해 묻고 답하는 형식을 사용하고 있다.

글쓴이가 글의 주제나 주장을 독자가 쉽게 이해하고 흥미를 느끼도록 하기 위해 어떠한 글쓰기 방법을 사용하는지 묻는 선지가 5~6개 정도 제시되고 있다. 독자의 흥미를 유발하기 위해 주로 지문의 서두에서 의문문을 사용하는 경우가 많고, 독자가 누구인지에 따라 글에서 사용하는 어휘의 난도를 조절하고 사례를 제시하는 방법을 활용할 수도 있다.

주변의 사례를 들거나 질문을 하는 방법으로 기존의 항목에 대해 새로운 이론과 내용 등을 제시하는 경우, 어렵고 전문적인 내용을 일반인이 이해하기 쉽게 일상 용어 등으로 풀어서 제시하는 경우, 독자를 설득하기 위해 통계 자료나 설문 자료 등을 제시하는 경우 등으로 나눌 수 있다.

02 학술문 – 인문/예술/과학/사회

기출 응용문제

[01~03] 인문 | 다음 글을 읽고 물음에 답하시오.

　자동차는 우리의 발의 사용 가치를 제거해 버렸다. 자동차는 사람이 세계에 접근하는 것을 방해한다. 원래 라틴어에서 자동차(Automobile)는 '자신의 발을 사용하여 어딘가로 간다.'라는 뜻인데도 말이다. '스스로의 발로 어디로 간다'는 것은 자동차 때문에 엄두도 못 내는 일이 되었다. 최근에 누군가에게 내가 안데스산맥을 걸어서 내려왔다고 얘기했더니 그가 "당신 거짓말쟁이군요!"라고 하는 것이었다. 16세기, 17세기에는 스페인 사람 누구나가 그렇게 걸었다. 누군가 단순히 그냥 걸을 수 있다는 것, 이것을 지금은 상상하지 못하는 것이다. 아침마다 조깅은 할 수 있지만 걸어서는 아무 데도 못 가는 것이다! 우리가 자동차를 몰고 다니는 바람에 세계는 우리에게 접근 불가능한 곳이 되어 버렸다.
　물건과 인공물은 우리가 누구인지 이해하는 방식을, 그리고 좀 더 깊이, 우리의 감각이 기능하는 방식을 변화시킨다. 전통적으로 응시(凝視)한다는 것은 손가락으로 어루만지는 행위의 일종으로 생각되었다. 옛 그리스 사람들은 바라보는 행위를 내가 당신의 얼굴을 어루만지기 위하여, 그리하여 우리 둘 사이에 관계를 맺기 위하여 나의 영혼의 팔다리를 밖으로 뻗는 방식의 하나로 이해하였다. 이러한 관계를 그들은 비전이라고 불렀다. 그러다가 갈릴레오 이후 눈은 단지 빛이 외부로부터 무엇인가를 그 속으로 가져다주는 수용기(受容器)라는 생각이 발전하였고, 그리하여 내가 당신을 바라보고 있을 적에도 타인과 나는 ⓐ_____ 이다.
　사람들이 자기의 눈을 일종의 카메라 렌즈로 생각하기 시작한 것이다. 우리 시대의 사람들은 실제로 자기의 눈을 기계의 일부인 것처럼 여기고 사용하고 있다. 사람들은 지금 '인터페이스'에 관해 말하고 있다. 누구라도 나에게 "나는 당신과 인터페이스를 갖고 싶습니다."라고 말하는 사람이 있으면 나는 "죄송하지만 제발 딴 데로 가 보십시오. 화장실이든 어디든, 거울한테로 가 보십시오."라고 말한다. 또, 누구라도 "나는 당신과 커뮤니케이션을 갖고 싶습니다."라고 말하면 나는 이렇게 대답한다. "당신은 말을 할 수 없습니까? 당신은 얘기를 나눌 수 없습니까? 나와 당신 사이에는 깊은 타자성(他者性)이 가로놓여 있다는 것을 보지 못합니까? 당신과 같은 방식으로 나도 프로그램화된다는 것은 나로서는 참을 수 없습니다."
　위에서 지적한 것처럼 우리는 근원적인 변화를 겪고 있는 중이다. 우리는 지금 사람끼리 얼굴을 맞대고 살기보다는 다양한 종류의 스크린 앞에서 더 많은 시간을 보내고 있다. 텔레비전 스크린이건, 컴퓨터 영상이건, 지금 여기 바로 내 앞에 있는 조그만 디지털 시계의 자판이건 말이다. 그리고 우리가 세계를 경험하는 방식은 우리가 자동차를 운전하고 갈 때 앞 유리창이 일종의 스크린이 되는 것과 같다. 그 스크린에 비치는 세계는 납작하게 단순화된 모습이다.

01

윗글을 읽고 파악할 수 있는 내용으로 적절하지 않은 것은?

① 자동차가 있기 때문에 사람들은 걷는 행위를 어려워하게 되었다.
② 우리가 세계를 경험하는 방식은 기존에 비해 단조롭고 제한적인 면이 많다.
③ 그리스 사람들은 응시를 할 때 타인과 자신 사이의 깊은 타자성을 인식하였다.
④ 현대의 사람들은 눈으로 바라보는 것을 소통이 아닌 단순한 수용으로 받아들인다.
⑤ 현대인은 눈으로 응시하고 말하여 대화를 나누는 방식으로 소통하지 않게 되어 버렸다.

02

윗글의 내용 전개 방식에 대한 설명으로 가장 적절한 것은?

① 상반된 두 주장을 비판하고 대안을 모색하고 있다.
② 구체적 현상에 들어 있는 과학적 원리를 밝히고 있다.
③ 질문을 제기하고 그에 답하면서 내용을 자연스럽게 전개하고 있다.
④ 다양한 사례를 제시하여 자신의 주장에 대한 설득력을 높이고 있다.
⑤ 대책의 신뢰성을 높이기 위해 권위 있는 전문가의 견해에 기대고 있다.

03

㉠에 들어갈 내용으로 가장 적절한 것은?

① 공존하게 된 것이다.
② 소통할 수 있게 된 것이다.
③ 논쟁할 수 있게 된 것이다.
④ 분리되어 있게 된 것이다.
⑤ 고뇌하게 되어 버린 것이다.

정답 풀이 & 오답 해설

01

| 정답 풀이 | ③ 옛 그리스 사람들은 응시하는 행위를 서로의 영혼이 만나는 방식의 하나로 보았다고 서술하고 있으므로, ③의 내용은 적절하지 않다.

02

| 정답 풀이 | ④ 옛 그리스 사람들과 현대인들의 '보는 행위'에 대한 차이를 설명하며, 글쓴이의 경험을 들어 현대인들이 세계를 인식하는 방식이 제한적이라는 글쓴이의 주장을 설득력 있게 전달하고 있다.

03

| 정답 풀이 | ④ ㉠의 뒤 문장을 보면, 사람의 눈이 단지 카메라 렌즈이며 무언가를 보는 것 이상의 개념을 지니지 못함을 시사하고 있다. 따라서 타인과 내가 소통하며 교감하는 것이 아니라 '분리'되어 있다고 보는 것이 적절하다.

정답 01 ③ 02 ④ 03 ④

[04~06] 예술 | 다음 글을 읽고 물음에 답하시오.

(가) 풍속화에서는 대상을 세밀하고 구체적으로 묘사하는 방식을 선호한다. 단원의 일련의 풍속화첩들을 보면 인물이 화면을 거의 다 차지하고 있다. 길 가는 행상 두세 명이 화면을 가득 채우기도 하고, 삼현 육각을 원으로 배치하고 한 무동이 춤을 추는 모습이 화면을 가득 채우기도 한다. 따라서 인물이 입은 옷자락의 선 하나까지도 뚜렷하게 포착되지 않을 수 없다. 인물의 눈동자 하나까지도 유의미하게 처리할 정도로 섬세하게 그리는 것이다.

(나) 대상의 정밀 묘사는 당시 화단에 성행하던 화풍이었다. 일련의 초상화들은 얼굴과 옷차림새를 있는 그대로 극세필로 묘사하고 있다. 이러한 사실주의적 정밀 묘사는 임금 행차 시의 행렬도나 계회도, 그리고 연회도와 부사나 감사의 부임도와 같은 기록화에서도 행해진 전통으로서, 당시 화단에는 이러한 즉물 사진적인 화풍이 상당히 번져 있었던 것으로 보인다.

(다) 문인화에도 인물이 그려지고는 있으나 그것은 자연 속의 미세한 부분으로 그려졌고, 그래서 전체 화면에서 차지하는 비중이 아주 미미하게 처리되었으며, 그것도 ㉠ 적인 자세로 자연을 관조하고 자연 속에서 유유자적하는 존재로 포착되었다.

(라) 그러나 풍속화에서는 자연이 생략되거나, 배경으로 멀리 물러나고 인물이 화면의 중심을 차지한다. 단원의 일련의 풍속화를 보면 거의가 동적인 순간을 확대경을 통해 포착해 놓은 것들이다. 움직임의 기운을 듬뿍 담은 모습이 화면을 가득 채우고 있어 삶의 ㉡ 이 느껴진다. 그 인물은 무엇을 관조하거나 감상하는 관념적인 모습이 아니라 삶의 현장에서 힘차게 일하는 인물 군상이다. 그리고 그 인물들 중 대부분은 당시 사회에서 생산 활동을 맡던 서민 또는 천민인 점도 중요한 내용이다.

(마) 풍속화에서 볼 수 있는 사실주의적 정밀 묘사는 우리의 산하와 인간들의 감정을 진솔하게 표현하는 진경 문화와 당시 여러 분야에서 나타난 실학의 정신을 바탕으로 하고 있다.

04
윗글의 내용과 일치하지 <u>않는</u> 것은?

① 풍속화의 인물들은 생생하게 묘사되었다.
② 풍속화의 인물 묘사 방식은 즉물적이었다.
③ 사실적 묘사는 당시 유행하던 방식이었다.
④ 풍속화에서는 배경을 생동감 있게 담아냈다.
⑤ 문인화에서는 인물보다 자연의 비중이 컸다.

05
(가)~(마)의 중심 내용으로 적절하지 <u>않은</u> 것은?

① (가): 풍속화의 묘사 방식
② (나): 정밀 묘사의 전통성
③ (다): 문인화의 인물 묘사 방법
④ (라): 풍속화 화면의 중심
⑤ (마): 정밀 묘사의 배경 정신

06
윗글의 ㉠과 ㉡에 들어갈 말을 바르게 묶은 것은?

	㉠	㉡
①	적극	역동
②	일반	개성
③	수동	생명
④	정태	활력
⑤	감성	환멸

[07~08] 과학 | 다음 글을 읽고 물음에 답하시오.

생물학자들은 유기체와 환경과의 연관성에 대해 연구하며, 특히 유기체가 어떻게 작동하는가 그 원리에 대해 기초적인 연구를 수행한다. 이들은 생명체를 '하나의 복잡한 생화학적 기계'로 간주하며, 생명은 생화학으로 완전히 설명이 가능하다고 확신한다.

이와 같이 생물학은 생명을 다양한 계층 구조에 의하여 구성된 하나의 생화학적 기계로 보기 때문에, 상위 계층부터 하위 계층까지 더듬어 내려가는 '하향식 방법'으로 물질을 분석하여 생명의 기제를 연구한다. 따라서 오로지 탄소 화합물의 생화학에 의존하는 생물학은, 모든 생명체가 본질적으로 공유하고 있는 특성인 역동적인 형식을 설명할 수 없는 한계를 노출하고 있다.

한편 인공 생명론에서는 생명체를 생물학의 입장과 같이 '하나의 복잡한 기계'라기보다는 오히려 '비교적 단순한 기계의 복잡한 집단'으로 본다. 요컨대 생명은 수많은 무생물 분자가 모인 조직에서 나타나는 창발적인 행동이라는 것이다. 이 창발적 행동은 인공 생명론의 핵심 개념이며, 인공 생명론에서는 생명이란 생물체를 조직하는 물질을 정확한 방식으로 조작했을 때 물질의 상호작용으로부터 발생되는 특성이라고 간주한다.

그렇기 때문에 인공 생명론에서는 생명체의 행동을 구성 요소로 분석하는 방법 대신에 구성 요소를 모아서 행동을 합성하는 방법으로 생명을 연구한다. 그리고 그 구성 요소들이 상호작용을 만들어 내는 것들을 모아 거대한 집합체를 만들어 내는 '상향식 방법'으로 행동의 합성을 시도하여 생명의 역동적인 형식을 연구한다.

과학자들은 아직까지 아무도 규명해 내지 못한 생명의 역동적 과정을 인공 생명론에서 밝히게 될 경우 생물학의 한계를 보완해 줄 것으로 기대하고 있다.

07

윗글을 통해 알 수 있는 내용이 아닌 것은?

① 인공 생명론에서는 생명체를 무생물 분자의 결합으로 본다.
② 인공 생명론에서는 생명의 역동적 과정을 완전하게 밝혀냈다.
③ 생명의 역동적 과정은 생화학으로 완전하게 설명할 수 없다.
④ 생물학만으로 생명체의 역동적인 형식을 설명하는 것은 역부족이다.
⑤ 인공 생명론에서는 생명체 조직 물질의 결합과 상호작용을 중요시한다.

08

윗글의 내용 전개 방식에 대한 설명으로 가장 적절한 것은?

① 생물학의 연구 방법의 문제점을 단계별로 짚어 나가고 있다.
② 인공 생명론의 연구 방법과 생물학의 연구 방법의 공통점을 강조하고 있다.
③ 생물학의 단점을 병렬적으로 제시하여 중심 화제의 특징을 부각하고 있다.
④ 인공 생명론과 생물학의 공통점을 도출한 후 이를 일반화하여 서술하고 있다.
⑤ 인공 생명론이 생물학과 다른 점을 밝힌 후 그 의의를 생물학과 연관 지어 설명하고 있다.

정답 풀이 & 오답 해설

04
| 정답 풀이 | ④ (라)의 내용에서 "풍속화에서는 자연이 생략되거나, 배경으로 멀리 물러나고 인물이 화면의 중심을 차지한다."라고 밝히고 있다.

05
| 정답 풀이 | ② (나)의 중심 내용은 '정밀 묘사의 성행' 정도로 파악하는 것이 적절하다. 여러 기록화에서 행해진 전통인 정밀 묘사가 당시 화단에서 성행했음을 서술하고 있기 때문이다.

06
| 정답 풀이 | ④ 문인화에서는 인물이 유유자적하며 '정태'적인 모습의 존재라는 것을 유추할 수 있으며, 풍속화에서는 움직임의 기운을 담았다는 것에서 '활력'을 연상할 수 있다.

07
| 정답 풀이 | ② 인공 생명론에서 아직까지 아무도 규명해 내지 못한 생명의 역동적 과정을 밝히게 될 경우, 생물학의 한계를 보완해 줄 것으로 기대한다고 서술하고 있으므로, '완전하게 밝혀냈다.'는 내용은 적절하지 않다.

08
| 정답 풀이 | ⑤ 생물학의 연구 방법과 그 한계점을 밝히고, 생물학과 인공 생명론의 차이를 설명한 후 인공 생명론이 생물학의 한계를 보완해 줄 수 있을 것이라며 그 의의를 제시하고 있다.

정답 04 ④ 05 ② 06 ④ 07 ② 08 ⑤

[09~10] 사회 | 다음 글을 읽고 물음에 답하시오.

인공지능(AI) 기술의 급속한 발전은 지적 재산권 체계에 근본적인 패러다임 전환을 요구하고 있다. 특히 최근 등장한 생성형 AI는 창작성과 저작자성의 전통적 개념에 대한 철학적·법리적 재고를 촉발하고 있으며, 이는 인간의 창조적 본질에 대한 근본적 질문으로 이어진다.

베른 협약과 TRIPS 협정으로 대표되는 국제 지적재산권 체계는 '인간 중심적 창작 패러다임'을 전제로 구축되었다. 이러한 체계 하에서 저작권의 발생 요건인 창작성은 인간의 정신적 노력과 개성의 발현을 의미하며, 이는 로마법 이래의 법적 전통에서 확고히 자리 잡은 개념이다. 그러나 AI가 자율적으로 생성한 창작물이 기존의 창작성 판단 기준을 충족할 수 있는지에 대한 논란이 가열되고 있다.

더욱 복잡한 쟁점은 AI의 학습 과정에서 발생하는 잠재적 저작권 침해 문제이다. 딥러닝 알고리즘은 수백만 개의 기존 저작물을 학습 데이터로 활용하여 새로운 콘텐츠를 생성한다. 이러한 과정에서 원본 저작물의 '실질적 유사성'이 AI 생성물에 나타날 가능성이 존재하며, 이는 전통적인 페어유즈(Fair Use) 독트린의 적용 범위를 넘어서는 새로운 법적 쟁점을 야기한다. 특히 변형적 이용의 개념이 AI의 창작 과정에 어떻게 적용될 수 있는지에 대한 명확한 법리적 기준이 부재한 상황이다.

국제적으로는 AI 발명에 대한 특허권 인정 문제도 중요한 쟁점으로 부상하고 있다. 유럽특허청(EPO)과 미국특허상표청(USPTO)은 AI 시스템 'DABUS'를 발명자로 명시한 특허 출원을 거부한 바 있으나, 남아프리카공화국과 호주에서는 이를 일부 인정하는 상반된 결정을 내렸다. 이러한 국가 간 법적 판단의 불일치는 글로벌 AI 기술 발전에 있어 '규제 차익 거래(Regulatory Arbitrage)' 현상을 초래할 가능성이 높다.

한편, AI 창작물의 보호 기간 설정 문제는 더욱 근본적인 철학적 딜레마를 제기한다. 전통적으로 저작권 보호 기간은 자연인인 저작자의 생존 기간을 기준으로 설정되어 왔으나, AI 시스템의 경우 이러한 기준을 적용할 수 없다. 따라서 [ⓐ]. 이는 공공 영역으로의 조기 이행을 통한 사회적 후생 증대와 AI 기술 투자 인센티브 보장 간의 미묘한 균형을 요구한다.

향후 AI 지적재산권 법제는 '기술 중립성' 원칙과 '혁신 친화적 규제' 접근법을 조화시키는 방향으로 발전할 것으로 예상된다. 이는 기존의 이분법적 사고를 탈피하여, AI와 인간이 협업하는 하이브리드 창작 모델에 적합한 새로운 법적 프레임워크를 구축하게 되리라는 의미이다.

09

윗글을 통해 알 수 있는 것으로 가장 적절한 것은?

① 국가별로 AI 발명에 대한 특허권 인정 여부에 차이가 존재한다.
② 변형적 이용의 개념은 AI 창작 과정에 명확하게 적용되고 있다.
③ 규제 차익 거래 현상은 AI 기술 발전에 긍정적 영향만을 미친다.
④ 베른 협약은 AI 창작물의 저작권 보호를 명시적으로 배제하고 있다.
⑤ 페어유즈 독트린은 AI의 학습 과정에서 발생하는 모든 저작권 문제를 해결할 수 있다.

10

다음 중 ⓐ에 들어갈 내용으로 가장 적절한 것은?

① AI 창작물은 창작 즉시 공공 영역으로 이행되어야 한다.
② 인간과 AI의 협업 비율에 따라 차등적으로 보호 기간을 적용해야 한다.
③ AI 창작물에 대해서는 기존의 저작권 보호 기간을 그대로 적용해야 한다.
④ AI 창작물의 보호 기간을 결정하는 새로운 기준과 방법론의 개발이 필요하다.
⑤ AI 시스템의 기술적 수명을 기준으로 보호 기간을 설정하는 것이 합리적이다.

정답 풀이 & 오답 해설

09

| 정답 풀이 | ① "유럽특허청(EPO)과 미국특허상표청(USPTO)은 AI 시스템 'DABUS'를 발명자로 명시한 특허 출원을 거부한 바 있으나, 남아프리카공화국과 호주에서는 이를 일부 긍정하는 상반된 결정을 내렸다."라고 지문에 명확히 제시되어 있다. 이는 국가별로 AI 발명에 대한 특허권 인정 여부에 차이가 존재함을 보여 준다.

| 오답 해설 |
② 지문에서 "변형적 이용의 개념이 AI의 창작 과정에 어떻게 적용될 수 있는지에 대한 명확한 법리적 기준이 부재한 상황이다."라고 하여 명확하게 적용되지 않음을 명시하고 있다.
③ 지문에서 규제 차익 거래 현상이 긍정적 영향만 미친다는 내용은 언급되지 않았으며, 오히려 "글로벌 AI 기술 발전에 있어 '규제 차익 거래(Regulatory Arbitrage)' 현상을 초래할 가능성이 높다."라고 하여 문제로 인식하고 있다.
④ 베른 협약이 AI 창작물을 명시적으로 배제한다는 내용은 지문에 없다. 지문에서는 베른 협약이 '인간 중심적 창작 패러다임'을 전제로 구축되었다고만 언급하고 있다.
⑤ 지문에서 "이는 전통적인 페어유즈(Fair Use) 독트린의 적용 범위를 넘어서는 새로운 법적 쟁점을 야기한다."고 하여 페어유즈 독트린으로 모든 문제를 해결할 수 없음을 명시하고 있다.

10

| 정답 풀이 | ④ 빈칸 앞에서 "전통적으로 저작권 보호 기간은 자연인인 저작자의 생존 기간을 기준으로 설정되어 왔으나, AI 시스템의 경우 이러한 기준을 적용할 수 없다."라고 하여 기존 기준의 한계를 지적하고, 빈칸 뒤에서 "공공 영역으로의 조기 이행을 통한 사회적 후생 증대와 AI 기술 투자 인센티브 보장 간의 미묘한 균형을 요구한다."라고 하여 새로운 접근이 필요함을 시사한다. 따라서 새로운 기준과 방법론의 개발이 필요하다는 내용이 적절하다.

| 오답 해설 |
① 창작 즉시 공공 영역으로 이행하면 'AI 기술 투자 인센티브 보장'이라는 후반부 내용과 모순된다.
② 인간과 AI의 협업 비율에 따른 차등 적용은 지문에서 전혀 언급되지 않은 내용이며, 문맥상 적절하지 않다.
③ 빈칸 앞에서 기존의 기준(자연인 저작자의 생존 기간)을 '적용할 수 없다'고 명시하여 이 선택지와 직접 배치된다.
⑤ 기술적 수명만을 기준으로 하는 것은 빈칸 뒤의 '사회적 후생 증대와 AI 기술 투자 인센티브 보장 간의 미묘한 균형'이라는 복합적 고려 사항을 반영하지 못한다.

정답 09 ① 10 ④

[11~13] 사회 | 다음 글을 읽고 물음에 답하시오.

촉법소년 처벌제도는 만 10세 이상 14세 미만의 범죄 행위자에 대한 법적 대응 체계로, 소년의 건전한 성장과 사회복귀를 목적으로 하는 교육적 처분을 중심으로 운영되고 있다. 그러나 최근 촉법소년에 의한 강력범죄가 증가하면서 현행 제도의 실효성에 대한 사회적 논란이 가열되고 있으며, 이에 따라 처벌 강화론과 교육적 접근법 유지론이 첨예하게 대립하고 있다.

현행 소년법은 촉법소년에 대해 형벌이 아닌 보호처분을 부과하도록 규정하고 있다. 이는 아동의 미성숙한 판단력과 가소성을 고려하여 처벌보다는 교육과 치료를 통한 개선을 우선시하는 것이다. 보호처분은 보호관찰, 사회봉사명령, 소년원 송치 등으로 구성되며, 소년의 연령과 범죄의 경중에 따라서 차등 적용된다. 특히 만 10세 미만의 경우에는 형사미성년자로 분류되어 어떠한 법적 처벌도 받지 않으며, 오직 아동보호기관의 상담과 치료만이 가능하다.

그러나 일부 전문가들은 현행 제도가 피해자의 권리와 사회 안전을 충분히 보장하지 못한다고 비판한다. 특히 촉법소년의 재범률이 성인 범죄자보다 높게 나타나는 현상을 지적하며, 현재의 교육적 처분이 범죄 억제 효과를 제대로 발휘하지 못하고 있다고 주장한다. 또한 중대범죄를 저지른 촉법소년에 대해서도 단순한 보호처분만으로는 사회적 응보감정을 충족시키기 어렵다는 점을 문제로 제기한다.

반면 다른 전문가들은 촉법소년에 대한 처벌 강화가 오히려 역효과를 낳을 수 있다고 경고한다. 이들은 뇌과학 연구 결과를 근거로 청소년기 뇌의 전전두엽이 완전히 발달하지 않아 충동 조절 능력과 결과 예측 능력이 제한적임을 강조한다. 따라서 강력한 처벌보다는 지속적인 상담과 교육을 통해 인격 형성을 도모하는 것이 더욱 효과적이라고 주장하며, 처벌 위주의 접근법은 낙인효과를 유발하여 오히려 사회복귀를 저해할 수 있다고 경고한다.

해외 사례를 살펴보면, 국가별로 촉법소년 처벌에 대한 접근법이 상이하게 나타난다. 미국의 경우 주별로 다르지만 일부 주에서는 중대범죄에 한해 성인법정으로의 이송을 허용하고 있으며, 독일은 14세 미만에 대해서는 일체의 형사처벌을 금지하고 있다. 반면 영국은 만 10세부터 형사책임을 인정하되 교육적 처분을 우선 적용하는 절충적 모델을 채택하고 있다.

최근 우리나라에서도 촉법소년 연령 하향 조정, 처벌 수위 강화, 피해자 보호 확대 등을 내용으로 하는 소년법 개정안이 논의되고 있다. 그러나 이러한 개정 논의는 범죄 예방 효과성, 인권 보장, 사회복귀 가능성 등을 종합적으로 고려한 신중한 접근이 필요하다는 것이 전문가들의 공통된 견해이다.

11

윗글을 읽고 파악할 수 있는 내용으로 적절하지 않은 것은?

① 촉법소년이 범죄를 다시 저지를 확률은 성인 범죄자보다 낮게 나타나고 있다.
② 국가별로 촉법소년 처벌에 대한 접근법이 상이하게 나타난다.
③ 원칙적으로 현행 소년법은 촉법소년에게 형벌을 부과하지 않는다.
④ 만 10세 미만은 형사미성년자로 분류되어 법적 처벌을 받지 않는다.
⑤ 청소년기에는 전전두엽이 완전히 발달하지 않아 충동 조절 능력이 제한적이다.

12

윗글을 바탕으로 할 때 〈보기〉에 대한 반응으로 적절한 것은?

─ 보기 ─

13세 A군이 동급생을 흉기로 위협하여 중상해를 입힌 사건이 발생했다. 피해자 가족은 "가해자가 촉법소년이라는 이유로 솜방망이 처벌을 받는 것은 부당하다."라며 강력한 처벌을 요구하고 있다. 반면 A군의 변호인은 "미성년자의 특성을 고려한 교육적 접근이 우선되어야 한다."라고 주장하고 있다.

① 피해자와 가해자 모두의 권리를 균형적으로 고려해야 한다.
② 이 사건은 성인법정으로 이송하여 처리하는 것이 적절하다.
③ 피해자 가족의 요구는 현행 소년법의 교육적 목적과 상충된다.
④ A군은 만 14세 미만이므로 어떠한 법적 조치도 취할 수 없다.
⑤ 변호인의 주장은 뇌과학적 근거가 부족하여 설득력이 떨어진다.

13

'촉법소년의 재범률이 성인 범죄자보다 높게 나타나는 현상'에 대한 비판으로 적절하지 <u>않은</u> 것은?

① 재범률 데이터만으로는 제도 전반의 효과성을 판단하기 어렵다.
② 재범률 통계가 단순히 처벌 강화의 근거로 활용되어서는 안 된다.
③ 재범의 원인을 다각도로 분석하여 근본적 해결책을 모색해야 한다.
④ 사회복귀 지원 시스템의 미비가 재범으로 이어질 가능성을 고려해야 한다.
⑤ 촉법소년과 성인의 범죄 유형이 다르므로 재범률 비교 자체가 무의미하다.

정답 풀이 & 오답 해설

11
| 정답 풀이 | ① 지문에서 '촉법소년의 재범률이 성인 범죄자보다 높게 나타나는 현상'이라고 명시하고 있어, 촉법소년의 재범률이 더 높다는 것을 알 수 있다.

| 오답 해설 |
② 지문에서 "국가별로 촉법소년 처벌에 대한 접근법이 상이하게 나타난다."라고 명시되었다.
③ 지문에서 '촉법소년에 대해 형벌이 아닌 보호처분을 부과하도록 규정'이라고 명시되었다.
④ 지문에서 '만 10세 미만의 경우에는 형사미성년자로 분류되어 어떠한 법적 처벌도 받지 않으며'라고 명시되었다.
⑤ 지문에서 '청소년기 뇌의 전전두엽이 완전히 발달하지 않아 충동 조절 능력과 결과 예측 능력이 제한적'이라고 명시되었다.

12
| 정답 풀이 | ① 지문에서 처벌 강화론과 교육적 접근법 유지론이 대립하고 있으며, "범죄 예방 효과성, 인권 보장, 사회복귀 가능성 등을 종합적으로 고려한 신중한 접근이 필요하다."라고 제시되어 있다. 따라서 피해자와 가해자 모두의 권리를 균형 있게 고려하는 것이 적절하다.

| 오답 해설 |
② 현행법상 촉법소년은 성인법정으로 이송되지 않는다.
③ 피해자 가족의 요구도 이해할 만한 측면이 있으며, 단순히 상충된다고 볼 수 없다.
④ A군은 13세로 촉법소년에 해당하므로 보호처분 등의 법적 조치가 가능하다.
⑤ 지문에서 뇌과학 연구 결과를 근거로 한 변호인 주장의 타당성이 제시되었다.

13
| 정답 풀이 | ⑤ 이 선택지는 비판의 관점이 잘못되었다. 촉법소년과 성인 범죄자의 재범률 비교가 '무의미하다'고 단정하는 것은 지나친 논리적 비약이다. 범죄 유형의 차이는 있을 수 있지만, 이것이 재범률 비교 자체를 무의미하게 만드는 것은 아니며, 오히려 이러한 차이점을 고려한 분석이 더 필요하다는 관점이 적절하다.

| 오답 해설 |
① 데이터 해석의 한계를 지적하는 합리적 비판이다.
② 통계의 단순한 활용에 대한 경고로 적절한 비판이다.
③ 근본적 원인 분석의 필요성을 제기하는 건설적 비판이다.
④ 사회복귀 지원 시스템의 중요성을 강조하는 비판이다.

정답 11 ① 12 ① 13 ⑤

[14~16] 예술 | 다음 글을 읽고 물음에 답하시오.

"기술의 본질은 결코 기술적인 것이 아니다." 마르틴 하이데거의 이 명제는 20세기 기술문명에 대한 가장 급진적인 철학적 성찰 중 하나로 평가받는다. 하이데거에게 기술은 단순한 도구나 인간 활동의 수단이 아니라, 인간이 존재와 관계를 맺는 근본적 방식 자체를 규정하는 존재론적 현상이다. 특히 그는 현대의 기술(Technik)과 고대 그리스의 기예(Techne) 사이의 존재론적 차이를 통해 현대 기술문명이 은폐하고 있는 존재 망각의 문제를 날카롭게 진단한다.

하이데거의 분석에 따르면, 고대 그리스어 테크네(Techne)는 우리가 일반적으로 생각하는 기능적 제작 활동과는 본질적으로 다르다. 테크네는 '탈은폐'의 한 양식으로, 존재자를 그 자체의 진리 속에서 현존하도록 하는 근원적 드러냄이다. 플라톤의 《파이드로스》에서 언급되는 장인의 활동은 이데아의 단순한 모방이 아니라, 존재자가 자신의 본래적 존재 방식으로 나타날 수 있도록 하는 '존재론적 배려'의 실천이다. 이때 테크네는 포이에시스(Poiesis), 즉 '앞으로-나아가-있음'과 밀접히 연관되며, 존재자로 하여금 은폐성에서 벗어나 자신의 존재를 드러내도록 하는 활동이다.

그러나 현대의 기술(Technik)은 전혀 다른 존재론적 지평에서 작동한다. 하이데거는 이를 '닦달'이라는 개념으로 설명한다. 닦달은 존재자를 '상비량'으로 간주하는 특수한 탈은폐 방식이다. 여기서 존재자는 더 이상 그 자체로 현존하는 것이 아니라, 언제든지 동원 가능하고 조작 가능한 자원으로만 파악된다. 라인강이 수력발전소에 의해 전력 생산의 원료로 전락하는 하이데거의 유명한 사례는 이러한 존재론적 전환을 극명하게 보여준다. 닦달은 자연을 포함한 모든 존재자를 효율성과 최적화의 논리에 종속시킨다.

이러한 존재론적 차이는 현존재의 존재 이해 방식과도 직결된다. 테크네적 존재 이해에서 현존재는 존재자와의 배려적 관계를 통해 세계-내-존재로서의 자신의 본래적 가능성을 실현한다. 반면 기술적 존재 이해에서는 현존재 자기 자신마저 닦달의 대상으로 전락하며, 이는 하이데거가 말하는 '본래성의 상실'과 '일상성으로의 침몰'을 의미한다.

중요한 것은 하이데거가 기술 자체를 맹목적으로 부정하지 않는다는 점이다. 기술의 위험은 기술 그 자체에 있는 것이 아니라, 기술이 유일한 탈은폐 방식으로 고착화될 때 발생한다. 이때 인간은 존재에 대한 다른 접근 가능성을 상실하게 되며, 이는 존재 망각의 극한적 형태로 나타난다.

하이데거는 이러한 위기 상황에서 '다른 시작'의 가능성을 모색한다. 이는 예술작품과 시적 언어를 통한 존재의 재발견, 그리고 기술에 대한 '놓아줌'의 태도를 의미한다. 놓아줌은 기술을 거부하는 것이 아니라, 기술을 사용하면서도 그것에 완전히 종속되지 않는 자유로운 관계를 뜻한다.

결국 하이데거의 기술철학은 현대 기술문명에 대한 단순한 비판을 넘어서, 존재와 존재자의 근본적 차이를 사유함으로써 인간의 본래적 존재 가능성을 회복하고자 하는 근본존재론적 기획의 일환이다. 이는 21세기 디지털 기술 시대를 살아가는 현존재에게 여전히 유효한 철학적 통찰을 제공한다.

14

윗글을 읽고 파악할 수 있는 내용으로 적절하지 않은 것은?

① 기술의 본질은 존재론적 차원에서 이해되어야 한다.
② 현대 기술은 존재자를 상비량으로 간주하는 닦달의 존재 양식으로 작동한다.
③ 테크네는 존재자를 그 자체의 진리 속에서 현존하도록 하는 탈은폐 활동이다.
④ 하이데거는 현대 기술 자체를 근본적으로 부정하고 배척해야 한다고 주장한다.
⑤ 테크네적 존재 이해에서 현존재는 배려적 관계를 통해 본래적 가능성을 실현한다.

15

윗글을 바탕으로 할 때 〈보기〉에 대한 반응으로 적절한 것은?

| 보기 |

한 도예가가 흙을 빚어 항아리를 만드는 과정에서 "흙의 본성을 거스르지 않고 그것이 스스로 형태를 드러내도록 돕는다."라고 말했다. 반면 대량생산 공장에서는 동일한 규격의 그릇을 효율적으로 생산하기 위해 자동화 시스템을 도입하여 시간당 천 개의 제품을 만들어 낸다.

① 두 방식 모두 포이에시스의 본질을 동일하게 구현하고 있다.
② 두 방식 모두 현대적 기술의 범주에 속하므로 본질적 차이가 없다.
③ 도예가의 활동은 비효율적이므로 현대 사회에서는 의미를 상실했다.
④ 공장의 자동화 시스템이 더 진보된 기술이므로 존재론적으로 우월하다.
⑤ 도예가의 방식은 테크네적 탈은폐에, 공장 방식은 닦달적 존재 양식에 해당한다.

16

'존재론적 배려(ontological care)'에 대한 이해로 적절하지 않은 것은?

① 테크네의 본질적 특성으로서 포이에시스와 밀접히 연관된다.
② 존재자를 효율성과 최적화의 논리에 따라 관리하는 것을 의미한다.
③ 현존재가 세계-내-존재로서의 가능성을 실현하는 방식과 관련된다.
④ 존재자로 하여금 은폐성에서 벗어나 자신의 존재를 드러내도록 한다.
⑤ 존재자가 자신의 본래적 존재 방식으로 나타날 수 있도록 돕는 활동이다.

정답 풀이 & 오답 해설

14

| 정답 풀이 | ④ 하이데거가 기술 자체를 부정하지 않는다고 명시하고 있으며, 기술을 거부하는 것이 아니라, 기술을 사용하면서도 그것에 완전히 종속되지 않는 자유로운 관계인 '놓아줌'의 태도를 제시한다고 하였다.

| 오답 해설 |
① 기술의 본질은 결코 기술적인 것이 아니라는 하이데거의 선언이 제시되었다.
② 현대의 기술은 '닦달'이라는 존재 양식하에서 작동하며, 존재자를 '상비량'으로 간주한다고 서술하고 있다.
③ 테크네는 본질적으로 '탈은폐'의 한 양식으로, 존재자를 그 자체의 진리 속에서 현존하도록 한다고 언급하였다.
⑤ 테크네적 존재 이해에서 현존재는 존재자와의 '배려적 관계'를 통하여 세계-내-존재로서의 자신의 본래적 가능성을 실현한다고 하였다.

15

| 정답 풀이 | ⑤ 도예가의 방식은 "흙의 본성을 거스르지 않고 그것이 스스로 형태를 드러내도록 돕는다."라는 설명으로 보아, 존재자를 그 자체의 진리 속에서 현존하도록 하는 테크네적 탈은폐에 해당한다. 반면 공장의 대량생산 방식은 효율성과 규격화를 추구하여 존재자를 상비량으로 다루는 닦달적 존재 양식에 해당한다.

| 오답 해설 |
① 두 방식은 서로 다른 탈은폐 방식을 구현하는 것이 아니다.
② 테크네와 기술은 존재론적으로 본질적 차이가 있다고 제시되어 있다.
③ 효율성이 존재론적 의미를 결정하지 않는다.
④ 기술의 진보성이 존재론적 우월성을 의미하지 않는다.

16

| 정답 풀이 | ② '존재론적 배려'는 존재자가 자신의 본래적 존재 방식을 드러내도록 돕는 테크네적 활동을 의미한다. 반면 "존재자를 효율성과 최적화의 논리에 따라 관리하는 것"은 지문에서 설명하는 현대 기술의 '닦달' 방식에 해당하므로, 존재론적 배려와는 정반대의 개념이다.

| 오답 해설 |
① 테크네가 포이에시스와 밀접히 연관된다고 하였다.
③ 테크네적 존재 이해와 현존재의 본래적 가능성 실현이 연결된다고 설명하고 있다.
④ 존재자로 하여금 은폐성에서 벗어나 자신의 존재를 드러내도록 하는 활동이라고 설명하였다.
⑤ 존재론적 배려를 '존재자가 자신의 본래적 존재 방식으로 나타날 수 있도록 하는 활동'이라고 설명하였다.

정답 14 ④ 15 ⑤ 16 ②

03 실용문

기출 핵심개념

실용문은 교술, 설명서, 전자 문서, 보도 자료 등이 출제되며, 텍스트의 분량은 '교술 > 설명서 ≧ 정책 안내문(보도 자료)'의 길이로 제시되고 있다.

1 최신 기출 주제

(1) 자료(그래프, 설문 조사, 통계 자료 등 포함)
- 가축 동향 조사 결과
- 노인 일자리 창출 및 제공 건수
- 종이책 + 전자책 독서량 변화 추이
- 고령층 인구, 취업자 및 고용률 추이

(2) 안내문
- 공공마이데이터 서비스 안내
- 국민건강보험 본인 부담 상한제 안내
- 경찰청 유실물 통합 포털 유실물 종합 안내
- 국민건강보험 직장가입자의 피부양자 등록 조건
- 현역 복무 지원서 작성 시 유의 사항 안내
- 평생 학습 도시 중장기 종합 발전 계획 용역 제안서 평가 위원회 위원(후보) 추천 요청
- '폭염 재난예방 대책설비' 보조 지원 사업 안내
- 미세 먼지 발생 시 조치 안내

(3) 보도 자료
- 사교육비 조사 결과 주요 특징 및 대응 방안
- 산림 내 무단 방치된 폐기물 처리 3,400톤 수거 추진
- 1마을 1마을 기업 육성으로 새로운 지역 경제 기반 만든다
- 전국 지자체 배출 가스 5등급 차량 운행 제한 실시

(4) 기타
- 대학생 놀이돌봄 인턴십 참여자 모집 공고
- 붕어빵 노점 허가제 논의
- 스포츠 강좌 이용권 추가 접수 안내
- 일교차 일기 예보
- 중년의 수면 장애
- 코로나19 백신 접종 재개에 따른 협조
- R&D 분야 지원을 위한 기업 수요 설문 조사 협조 요청
- 국민신청실명제
- 1차 학교 폭력 실태 조사 결과 발표
- 숲길 조성 계획 공고

2 교술, 평론 등

교술 영역은 공공 기관 및 정부의 정책 공고문이 아닌 일반인이 작성한 편지글 형식의 공고문이나, 예술 작품 등에 대한 감상을 서술한 글이 제시된다. 즉, 전문적인 글보다는 주로 일반인이 작성한 가벼운 글이 제시된다. 예술 작품 등에 대한 감상문의 경우 글쓴이가 느낀 점에 공감하며 문항에 접근해야 한다. 제목을 묻는 문항, 내용을 전개하는 방법을 묻는 문항, 해당 내용을 바탕으로 연상하는 내용을 묻는 문항 등이 출제된다. 특정한 작품을 감상한 글이 제시될 경우 학습자의 주관적인 해석과 출제자의 의도가 충돌하면 답을 선택할 때 어려우므로 주의해야 한다.

3 전자 문서, 정책 안내문(보도 자료) 등

최근에 정부 정책 안내문, 조사 결과 발표 등의 내용이 자주 출제되고 있다. 보도 자료(정책 안내문) 등은 세부 항목이 많아 난도가 조금 높은 편이나, 사회 이슈와 관련된 것이 출제되므로 최근의 정부 정책을 개괄적으로 이해할 수 있다면 어렵지 않게 풀 수 있다.

03 실용문

기출 응용문제

[01~02] 교술 | 다음 글을 읽고 물음에 답하시오.

출근, 퇴근이 반복되다가 문득 공연에 대한 목마름이 깊어지는 때가 온다. 연극이든 영화든 보고는 싶지만 돈이 없다거나 혹은 공연을 같이 즐길 사람이 곁에 없거나 할 때 그 목마름은 절박함이 되기도 한다. 늘상 둘러보는 공연 예매 사이트들을 뒤지다가 비주얼이 강한 한 포스터를 보고 눈길이 멈췄다. 아름답지만 차갑고 무거운 눈빛의 여자가 첫 번째, 곧 키스라도 할 듯 다가서 있지만 숨겨진 어떤 이유로 인해 공기만으로 사랑을 나누는 듯한 남자의 옆모습이 두 번째. 그래서 공연을 보게 되었다.

로댕과 그의 연인이었던 까미유 끌로델이라는 익숙한 인물의 이야기여서 이해하기도 비교적 쉬웠고 감정의 공감도 순식간에 이루어졌다. 그들의 사랑 노래의 한 구절이 들린 어느 순간에는 눈을 감고 그들의 사랑을 넘어 나의 사랑을 떠올리기도 하였다.

주인공인 여배우는 나로서는 처음 보는 배우였으나 뮤지컬계에서는 촉망을 받고 있다고 하여 기대 반 의심 반의 마음으로 무대를 지켜보았는데, 기대 이상의 오라(Aura)를 느끼게 되었다. 한순간에 스승이자 예술적인 영역에서 경쟁자가 된 로댕과 사랑에 빠지는 그녀, 자신의 노력이 로댕의 그늘에 가려지자 괴로워하고 고민하는 그녀. 결국 정신 병원에 감금되기에 이르는, 안타깝게 사그라져 버린 열정과 사랑에 지는 그녀. 각기 다른 감정의 영역을 확연하게 넘나들며 열과 성을 다한 여배우는 찬사를 받을 만했다.

주인공과 스토리에 관한 내용 중 일부가 각색되면서 현재 유행하고 있는 유머가 가미되어, 극이 진행되는 내내 관객들이 흥미를 잃지 않고 관심을 가질 수 있게 했다. 또한 주인공 남녀 배우가 춤으로 로댕과 끌로델의 내면 상태를 표현하는 장면이 많았는데, 구구절절한 설명의 나열보다 그들의 감정을 더 선연하게 전달해 주었다.

지옥의 문과 로댕의 아틀리에뿐, 세트의 이동이나 큰 변환이 없어 밋밋함이 있기는 했으나, 얇은 천을 이용하여 배우의 감정을 그림자로 담아낸 것이나 조명의 적절한 조정으로 분위기의 전환을 꾀한 점이 좋았다. 특히 무대의 중앙에 듬직한 느낌으로 자리한 지옥의 문 세트는 어느 조각가를 초빙하여 돌 위에 무늬를 새긴 것처럼 섬세하게 만들어져 웅장함을 더해 주었으며, 단순한 소품의 차원을 넘어 수많은 의미를 함축하는 매개체의 역할을 하였다.

딱딱한 의자, 중도에 예의 없게 울려 퍼진 한 번의 벨소리 이외에는 딱히 흠잡을 것이 없었던 공연이었다.

01

윗글에 대한 설명으로 가장 적절한 것은?

① 생활 주변의 경험을 통해 문제를 제기하고 있다.
② 공간의 이동에 따라 느끼게 되는 감정의 변화를 제시하고 있다.
③ 서술자가 등장인물의 내면 심리의 흐름을 설명하듯이 진술하고 있다.
④ 서술자가 인상적으로 느낀 장면들을 간추려 전체적인 감상을 전하고 있다.
⑤ 작품의 주인공에 대해 비판적 시각을 유지하며 삶의 각성을 강하게 촉구하고 있다.

02

윗글의 글쓴이에 대한 설명으로 적절하지 않은 것은?

① 작품의 주연 배우의 명성을 고려하여 공연을 선택했다.
② 이 작품의 모델이 된 실제 인물에 대한 배경지식이 있었다.
③ 배우의 연기와 함께 무대 공간에 대해서도 세밀하게 관찰했다.
④ 작품에 등장하는 여배우에 대해 기대와 의심을 가지고 있었다.
⑤ 이 공연을 감상하면서 주인공의 이야기에 감정 이입을 하게 되었다.

[03~05] 평론 | 다음 글을 읽고 물음에 답하시오.

인터넷으로 무한대의 지식을 접속하고 처리하는 것이 가능해진 인공지능이 감정을 가지게 된다면, 인간과 과연 무엇이 다를까? 지식만이 아니라 기억을 복제하고 만들어 낼 수 있다면, '나'라는 정체성은 과연 어떻게 존재할 수 있을까?

〈트랜센던스〉와 〈그녀〉가 SF의 영역에서 '인간'이란 무엇인지를 파고든다면, 노벨 문학상을 수상한 포르투갈 작가 주제 사라마구의 〈도플갱어〉를 각색한 〈에너미〉는 마술적 리얼리즘으로 '나'의 존재를 의심한다. 〈그을린 사랑〉과 〈프리즈너스〉를 만들었던 드니 빌뇌브의 〈에너미〉는 '나'와 똑같은 사람을 발견하면서 벌어지는 기이한 상황을 그린다.

대학에서 역사학을 가르치는 애덤 벨은 지루한 일상을 보낸다. 강의를 하고 집에서 여자 친구를 만나는 것 말고는 별다른 취미나 오락도 없다. 어느 날, 우연히 보게 된 영화에서 자신과 꼭 닮은 배우를 발견한다. 이름은 앤서니 클레어. 애덤은 앤서니의 소속사를 찾아가서 주소와 전화번호를 알아내고, 그를 만난다.

두 사람은 똑같다. 얼굴만이 아니라 목소리도, 가슴의 상처도 동일하다. 도플갱어다. 호기심 때문에 앤서니를 만났던 애덤은 뒤늦게 두려움을 느끼고 도망친다. 반면 배우인 앤서니는 악의를 드러내며 애덤을 협박한다. 믿기 힘든 현실을 만난 애덤은, 자신과 동일한 외모의 남자에 의해 더욱 불가해한 현실로 인도된다. 애덤과 앤서니는 외모가 똑같지만 내면은 다르다. 처음에는 그렇게 보인다. 하지만 이야기가 흘러가면서 결국 도착한 지점은 처음 우리가 만났던 애덤과는 전혀 다르다.

〈에너미〉에는 안개 낀 흐린 도시와 거미의 이미지가 곳곳에서 출몰한다. 확신할 수 있는 것은 없다. 애덤이 만난 것은 ㉠ 이었다. 내가 다른 사람이 되어도, 연인이 벌레가 되어도 그는 받아들일 수 있다. 이해하지 못해도, 아직 내가 해석하지 못했을 뿐이니까. 끔찍한 폭력의 세상과 지금 우리가 살아가는 보통의 세계는 과연 다른 시공간일까? 애덤은 학생들에게 가르친다. '사상과 지식을 통제'하면서 사람들을 무지하게 만드는 독재 정권, 그것이 반복되는 역사를. 우리가 보고 듣는 것, 경험하는 것은 어쩌면 환상이 아닐까? '통제'를 당한 우리들이 꾸는 꿈.

애덤이 처한 상황은 도저히 상식으로 이해할 수 없는 일이다. 하지만 벌어진다. 불가사의한 사건들이, 이미지가 현실을 침범해 들어온다. 〈그을린 사랑〉에서 출생의 비밀을 찾아 중동으로 간 남매는 끔찍한 역사를 목격하고 비극적인 운명을 받아들인다. 〈프리즈너스〉에서 켈러는 딸의 유괴범이라고 믿는 남자를 납치하여 고문한다. 그들은 모두, 차마 받아들일 수 없는 현실 속에서 고통받으며 전진한다. 〈에너미〉는 설명하지 않는다. 애덤이 조용히 빨려 들어가는 상황을 보여 줄 뿐이다. 우리는 과연 이 세상을 이해하는 것일까? 내가 누구인지, 과연 알고 있는 것일까?

03

윗글을 통해 알 수 있는 내용으로 가장 적절한 것은?

① 앤서니와 애덤의 내면의 차이점
② 애덤의 도플갱어가 존재하는 이유
③ 애덤이 결국에 도착한 지점의 의미
④ 앤서니가 애덤을 협박하게 된 계기
⑤ 애덤이 앤서니를 찾아내 만난 까닭

04

윗글의 서술 방식에 대한 설명으로 가장 적절한 것은?

① 영화가 지닌 오락성에 주목하여 감상하고 있다.
② 인상적인 장면을 간추려 전체 줄거리를 설명하고 있다.
③ 서술자가 경험하게 된 내적 갈등을 점층적으로 제시하고 있다.
④ 사건이 일어나게 된 원인을 밝히고 그에 따른 결과를 제시하고 있다.
⑤ 영화 속 세계와 실제 세계를 연결하며 독자에게 새로운 성찰을 권하고 있다.

05

문맥상 ㉠ 에 들어갈 말로 가장 적절한 것은?

① 쾌락
② 기쁨
③ 혼돈
④ 조롱
⑤ 조작

정답 풀이 & 오답 해설

01
| 정답 풀이 | ④ 글쓴이는 극을 감상하고 인상적으로 느낀 장면들을 간추려 전체적인 감상을 전하고 있다.

02
| 정답 풀이 | ① 글쓴이는 작품의 주연 배우의 명성을 고려해서가 아니라, 공연 포스터에서 강한 이미지를 느껴 공연 관람을 선택했음을 글의 서두에서 확인할 수 있다.

03
| 정답 풀이 | ⑤ 애덤은 '호기심 때문에' 앤서니의 연락처를 알아내 그와 만난다.

04
| 정답 풀이 | ⑤ 작품 속에서 애덤이 겪는 상황이 우리의 세계와 무관하지 않을 수 있음을 시사하며 독자들에게 물음을 던지고 있다.

05
| 정답 풀이 | ③ ㉠의 앞뒤 맥락을 살펴보면 "확신할 수 있는 것은 없다.", "내가 다른 사람이 ~ 해석하지 못했을 뿐이니까."를 통해 애덤이 혼돈의 상태에 있음을 알 수 있다.

정답 01 ④ 02 ① 03 ⑤ 04 ⑤ 05 ③

06 전자 문서 I

다음을 수신자에게 발송한 후 발신자가 해야 할 업무로 적절한 것은?

행복중심생협연합회

- 수신: 행복중심 소비자생활협동조합 생산지
- 참조: 각 생산지 담당자님
- 제목: '생활재 특별한 이야기 6' 발간을 위한 생산지 취재 협조 요청 건

---

1. 지속 가능한 생산을 위해 노력하는 귀 단체에 응원의 박수를 보냅니다.
2. 행복중심생협연합회 생활재위원회를 중심으로 생산지 취재가 진행될 예정입니다. 이번 취재는 생활재의 투명한 정보 전달을 통해 조합원들의 궁금증을 해소하고 생산자와 조합원의 신뢰 기반을 구축하기 위한 활동입니다.
3. 행복중심생협은 지난 10년 동안 생산지의 철학과 생산 과정 등을 담은 생활재 안내 책자 '생활재 특별한 이야기' 5권을 발간하였습니다. 그동안 변경된 생산지의 내용을 담은 '생활재 특별한 이야기 6'의 발간을 준비하며, 2022년 5월~11월까지 조합원들이 각 산지를 직접 방문하여 생산지 소개 및 생산자의 철학, 행복중심생협과 함께해 온 역사 등을 취재할 예정입니다.
4. 생산지 방문 일정 및 인터뷰 내용 관련한 안내는 이후 각 생산지를 방문하는 생활재위원과 조합원들이 직접 연락을 드릴 예정입니다. 바쁘시겠지만, 행복중심생협 생산자 여러분의 많은 참여와 격려를 부탁드립니다.

행복중심 소비자생활협동조합 연합회

---

① 책자에 담긴 생산지의 철학과 생산 과정을 통계로 정리한다.
② 조합원들이 방문했을 때 설명할 생산지 소개 내용을 만든다.
③ 조합원들이 연합회에 질문해 온 것에 대한 답변을 정리한다.
④ 생활재위원과 조합원들이 생산지에 연락하여 방문 일정을 잡는다.
⑤ 생산자와 조합원의 신뢰 기반 구축을 위한 활동의 유형을 확인한다.

07 전자 문서 I

다음을 읽고 수신자가 취해야 할 조치로 가장 적절한 것은?

한국에너지공단

수신자: ○○은행, ○○증권, ○○손해보험, ○○생명, ○○방송, ○○아웃렛
경유 제목: 건축물「온실가스·에너지 목표관리제」관리업체 지정을 위한 활동 자료 조사표 제출 요청

---

1. 귀사의 무궁한 발전을 기원하오며, 에너지 절약에 대한 관심과 노력에 깊은 감사를 드립니다.
2. 관련 근거
   - 저탄소 녹색성장기본법 제42조(기후변화 대응 및 에너지의 목표 관리)
   - 같은 법 제44조(온실가스 배출량 및 에너지 사용량 등의 보고)
   - 같은 법 시행령 제29조(관리업체 지정기준 등)
   - 같은 법 제64조(과태료의 부과 등)
   - 온실가스·에너지 목표관리 운영 등에 관한 지침(환경부 고시 제2011-29호) 제10조(관리업체 지정대상 선정 등)
3. 위와 관련하여, 중기 국가 온실가스 배출량 감축 목표(22년 온실가스 배출전망치 대비 30% 감축) 달성을 위한「온실가스·에너지 목표관리제」의 대상인 관리업체 지정을 위해 다음과 같이 조사를 실시하오니 귀사의 적극적인 협조를 부탁드립니다.

– 다음 –

가. 조사명: 관리업체 지정을 위한 활동자료 조사
   * 건축물 부문 주체: 관장기관(국토해양부), 전담기관(한국에너지공단)
나. 조사 대상: 은행, 증권사, 보험사, 방송국 및 에너지 다소비 사업장
다. 조사 내용: 사업장의 21~22년 에너지 사용량 정보 및 업체 현황
라. 조사 기간: ~2022.6.1.(수)
마. 조사 방식: 첨부된 관리업체 지정 활동자료 조사표*를 작성하여 공단에 E-mail(energy123@energy.or.kr)로 제출
   * 조사표 양식 및 자료는 공단 홈페이지(http://www.energy.or.kr)의 정보마당 – 공개자료실에서 다운로드 가능

한국에너지공단 이사

① 온실가스 목표관리 운영 지침을 확인한다.
② 에너지 사용량 정보 및 업체의 현황을 조사한다.
③ 에너지 다소비 사업장의 유형에 무엇이 있는지 확인한다.
④ 에너지 사용량 정보 및 업체의 현황 조사 기준을 마련한다.
⑤ 중기 국가 온실가스 배출량 감축 목표의 타당성을 검토한다.

정답 풀이 & 오답 해설

06

| 정답 풀이 | ④ '생산지를 방문하는 생활자위원과 조합원들이 직접 연락을 드릴 예정'이라고 하였다.

| 오답 해설 |
① 책자에 담긴 내용을 통계로 정리한다는 내용은 나타나 있지 않다.
② 발신자가 조합원들이므로, 행동의 주체가 맞지 않는다.
③ 조합원들의 궁금증을 해소하기 위한 인터뷰를 진행할 '예정'이라고 하였으므로 질문에 대한 답변을 정리한다는 내용은 적절하지 않다.
⑤ 생산자와 조합원의 신뢰 기반 구축을 위한 활동 유형을 확인한다는 내용은 나타나 있지 않다.

07

| 정답 풀이 | ② 에너지 사용량 정보 및 업체의 현황을 조사해 첨부된 관리업체 지정 활동자료 조사표를 작성한 후 공단에 제출해야 한다.

| 오답 해설 |
① 온실가스 목표관리 운영 지침을 확인하는 것은 공문의 주요 협조 요청 사항이 아니다.
③ 에너지 다소비 사업장의 유형에 무엇이 있는지는 확인할 필요가 없다.
④ 에너지 사용량 정보 및 업체의 현황 조사 기준을 마련하는 것은 수신자의 담당 업무로 볼 수 없다.
⑤ 중기 국가 온실가스 배출량 감축 목표의 타당성을 검토하는 것은 수신자의 담당 업무로 볼 수 없다.

정답 06 ④ 07 ②

04 기타

기출 핵심개념

1. 설명서, 안내문 등

　설명서와 안내문은 세부적인 항목을 파악하고 '날짜, 금액, 숫자' 등에 유의하며 문항을 풀어야 한다. 설명서와 안내문은 학습자의 일상생활과 밀접한 '전시, 보험, 전자 제품, 약품, 식품' 등과 관련된 주제를 주로 다루고 있다.

　전시 등에 대한 안내는 문항의 난도가 높지 않으나, 입장 일정과 티켓 할인 적용 등의 문항이 자주 출제되어 주의해야 한다.

　실용문에서 주로 출제되는 자료는 안내문, 공고문, 의약품의 설명서 등이지만, 이 외에도 인터넷 홈페이지에 게시되는 구입 안내 및 주의 사항 등도 출제되고 있다. '일시, 특징, 금액, 장소, 대상, 내용' 등 여러 항목이 포함된 자료를 정확하게 이해하고 적절한 선지를 선택해야 한다.

　제시된 글의 내용이 그대로 선지로 제시되지는 않는다. 글의 내용을 바탕으로 실제 사례에 적용하여 풀어야 하는 문항이 출제될 수 있다. 금액과 숫자에 유의하며 적용해야 한다.

2. 통계 자료 등

　'승용차 수입량, 고용 추이, 봉사 활동 참여 인원, 인구 성장률, 교과서 역사 변천' 등 폭넓은 주제를 다루는 통계 자료를 제시하고 세부적인 사항을 묻는 문항이 출제된다. 기초적인 그래프와 표를 보고 통계 자료의 추이, 순위 등을 올바르게 분석한다면 쉽게 풀 수 있는 유형이다.

　두 가지 이상의 시각 자료(통계 자료)와 인터뷰 자료가 결합된 문항의 경우 자료의 활용 방안에 대해 묻는 문항이 고정적으로 출제되고 있으며, 자료의 활용과 전개 및 서술 방식에 대해 종합적으로 묻는 문항도 출제되고 있다.

04 기타

기출 응용문제

01 설명서 Ⅰ

다음 글을 읽고 보인 반응으로 가장 적절한 것은?

교환 및 반품 안내

1. 상품 수령 후 약 7일 이내에 고객센터나 해당 게시판에 신청해 주시기 바랍니다.
2. 교환 및 반품 처리는 당사가 제품을 회수한 시점에서 최소 2~3일 이후에 처리되오니 제품을 우선 반송해 주셔야 합니다.
3. 제품 불량 및 오배송일 경우 당사가 왕복 배송비를 부담합니다.
4. 제품 불량에 의한 교환 신청 시에는 같은 모델에 한해서만 가능하며 타 제품으로의 교환은 불가합니다.
5. 변심에 의한 반품 및 교환 시 고객님께서 왕복 배송비를 부담해 주셔야 합니다.

〈고객 반품 및 교환에 의한 배송 비용 안내〉
- 제품을 무료 배송으로 받았을 경우: 5,000원 동봉
- 제품을 착불 배송으로 받았을 경우: 2,500원 동봉
- 제품 배송비를 선결제하였을 경우: 2,500원 동봉

① 상품을 교환하려면 반드시 게시판에 신청을 해야 하겠군.
② 서비스 홈페이지를 이용해 제품을 반품하려면 보름 안에는 연락해야겠군.
③ 제품에 문제가 있어 교환을 할 때도 동일 모델의 제품으로 바꾸기는 어렵겠군.
④ 교환이나 반품의 처리 여부는 회사에 제품을 보내면 즉시 확인할 수 있겠군.
⑤ 내가 착불로 산 물건에 이상이 없지만 바꾸고 싶을 때는 배송비 2,500원을 동봉해야겠군.

정답 풀이 & 오답 해설

01

| **정답 풀이** | ⑤ 제품 불량 및 오배송일 시에는 회사가 배송비를 부담하지만, 고객의 변심에 의한 반품 및 교환 시에는 고객이 왕복 배송비를 부담해야 하며, 제품을 착불 배송으로 받은 경우 2,500원을 동봉해야 한다.

정답 01 ⑤

02 안내문 I

다음 안내문을 읽고 이해한 내용으로 옳지 않은 것은?

〈정관헌에서 명사와 함께〉

봄빛 가득한 덕수궁에서 문화와 커피의 향기를 느껴 보세요.

덕수궁 정관헌에서 이 시대의 문화인을 초청하여 관람객과 함께하는 시간을 마련했습니다.

관심 있으신 분들의 많은 참석 바랍니다.

1. **일시**: 5월 14일, 5월 21일, 5월 28일, 6월 11일
2. **장소**: 덕수궁 정관헌
3. **일정**: 19:00~20:30
4. **관람료**: 무료(덕수궁 입장료 별도)
5. **신청 접수**
   - 정관헌 내부의 수용 규모를 고려하여 사전 인터넷 예약제로 운영하오니, 참가를 희망하시는 분은 덕수궁 홈페이지에서 접수를 해 주시기 바랍니다.

접수 방법	일시	회당 인원	접수처
인터넷 접수	5월 8일 10:00~	선착순 회당 200명	덕수궁 홈페이지

   - 두 명 이상 접수 시 한 명의 접수를 마치신 후 다시 다른 한 명을 접수해 주셔야 합니다. 신청 시 별도의 회원 가입이나 로그인이 필요하지 않습니다.
   - 예약 접수하신 분 중 행사 참여가 불가능하신 분은 다른 분이 참여하실 수 있도록 예약 행사일 2일 전까지 인터넷으로 예약을 취소해 주시기 바랍니다. 예약 취소 없이 행사에 참여하지 않으신 분은 추후 행사 참여에 제한을 두도록 할 예정이오니 협조 부탁드립니다.
   - 예약 접수가 되신 분은 예약 접수증을 출력해서 지참해 오시면 예약 확인 절차를 간소화하실 수 있습니다. 피치 못할 사정으로 접수증을 출력하지 못하신 분은 예약자 리스트 대조 과정을 거치셔야 합니다.
   - 모든 예약 접수자는 저녁 6시 30분까지 예약 확인을 마치고 6시 45분까지 착석하셔야 하며, 그렇지 않을 경우 참석하지 않으시는 것으로 간주, 다른 분이 앉을 수 있도록 하겠습니다.
   - 예약 접수가 되신 분에 한해 행사 당일 저녁 6시부터 빵을 드리니 현장에서 수령하시기 바랍니다. 커피는 모든 분(비예약자 포함)들에게 제공됩니다.
   - 예약자 중 참석하지 않으신 분의 자리는 행사장에서 대기표를 배포하며 다른 분들이 앉을 수 있도록 하고 있으니, 예약하지 못하신 분 중 정관헌 내부에서 강연을 듣기를 원하시는 분은 조금 일찍 와 주시기 바랍니다.
   - 예약하지 못하신 분은 정관헌 마당에 설치된 LED 화면으로 야외에서 강연을 보실 수 있습니다.(행사 당일 선착순 100명/100개의 의자 비치, 현장에서 착석 가능)
   - 본 행사는 정관헌 내부에서 진행되어, 우천 시에도 정상적으로 진행됩니다.

---

① 예약을 하지 않더라도 강연을 볼 수 있는 방법이 있어 다행이군.
② 강연을 제대로 들으려면 6시 45분까지는 예약 접수를 완료해야 하겠군.
③ 예약을 했으나 가지 못하는 경우 예약 취소를 제대로 해 두는 것이 좋겠군.
④ 여러 명이 단체로 예약 접수를 할 경우에는 인터넷 예약을 하는 데 시간이 좀 걸리겠군.
⑤ 입장료는 내야 하지만 명사의 강연을 무료로 듣고 커피도 즐길 수 있어 일석이조로군.

03 통계 자료 |

다음 자료를 통해 파악할 수 있는 내용으로 적절하지 <u>않은</u> 것은?

서울 방문 횟수당 쇼핑 지출액

(단위: 명, %, 만 원)

구분	사례 수	방문 비중	쇼핑 경비
1회	591	56.6	110
2~3회	283	27.1	113
4~6회	95	9.1	80
7회 이상	76	7.3	78
전체	1,045	100.0	106

- 주: 이번 여행을 포함한 최근 3년간 방문 횟수

국적별 최근 3년간 방문 횟수 및 쇼핑 지출 금액

(단위: 명, 회, 만 원)

구분	사례 수	방문 횟수	쇼핑 경비
일본	200	4.9	33
중국	296	1.9	213
동남아	368	1.9	79
미/구/대양주	162	3.1	66

- 주: 이번 여행을 포함한 최근 3년간 방문 횟수
- 출처: 서울연구원, 「서울시 쇼핑관광 실태분석 연구」, 2016

① 동남아에 비해 일본 국적자의 서울 방문 횟수가 2배 이상으로 나타났다.
② 최근 3년간 서울 방문에 가장 많은 쇼핑 경비를 지출한 것은 중국 국적자이다.
③ 최근 3년간 서울 방문 횟수가 가장 많았던 것은 미/구/대양주 국적자이다.
④ 일본 국적자가 쇼핑에 지출한 경비가 동남아 국적자의 쇼핑 경비보다 적었다.
⑤ 서울 방문 횟수가 1회인 경우의 쇼핑 경비가 4~6회인 경우의 쇼핑 경비보다 많았다.

정답 풀이 & 오답 해설

02

| 정답 풀이 | ② 강연을 제대로 듣기 위해 선착순으로 마감되는 예약 접수를 해야 하며, 강연 당일 6시 30분까지 예약 확인 절차를 마쳐야 한다.

03

| 정답 풀이 | ③ 최근 3년간 서울 방문 횟수가 가장 많았던 것은 일본 국적자였다.

정답 02 ② 03 ③

04 통계 자료 |

다음 자료를 통해 파악할 수 있는 내용으로 적절하지 않은 것은?

여가 활동 목적

(단위: %)

분류 1	분류 2	개인의 즐거움	스트레스 해소	마음의 안정과 휴식	건강	자기 만족	대인 관계/교제	시간 보내기	가족과의 시간	자기 계발	기타
전체	소계	37.1	14	16.9	10.3	8	5.2	3.2	3	2.3	0
연령	15~19세	47.2	22.1	10.5	1.2	6.1	5	0.5	1.9	5.5	0
	20대	44.1	16.6	12.4	4.6	10.9	5.9	0.6	1.7	3.2	0
	30대	37.3	17.6	16.2	5.8	8.7	5	5.4	2.1	1.9	0
	40대	34.4	14.6	18	8.2	8.1	5.6	7	2.1	1.9	0
	50대	35.4	12.8	18.8	14.2	6.9	5.3	2.6	2	2	0
	60대	33.4	8.3	20.7	18.7	7	4.4	1.4	4.3	1.7	0
	70대 이상	31.8	6.1	19.8	19.5	6.3	4.9	1	9.1	1.4	0

– 출처: 문화체육관광부, 국민여가활동조사

① 자기 계발을 위해 여가 활동을 하는 비중이 가장 높게 나타난 것은 10대이다.
② 30대에 비해 20대가 개인의 즐거움을 위해 여가 활동을 즐기는 것으로 확인되었다.
③ 스트레스 해소를 위해 여가 활동을 하는 비중은 70대 이상에서 가장 낮은 것을 알 수 있다.
④ 60대에 여가 활동을 하는 가장 큰 목적은 마음의 안정과 휴식을 누리기 위해서로 나타났다.
⑤ 건강을 위해 여가 활동을 하는 것은 연령대의 증가와 비례하여 상승하는 추세를 보이고 있다.

정답 풀이 & 오답 해설

04

| 정답 풀이 | ④ 60대의 20.7%는 '마음의 안정과 휴식'을 위해, 33.4%는 '개인의 즐거움'을 위해 여가 활동을 하는 것으로 나타났다. 따라서 60대에 여가 활동을 하는 가장 큰 목적은 '개인의 즐거움'이다.

정답 04 ④

**에듀윌이
너를
지지할게**
ENERGY

삶의 순간순간이
아름다운 마무리이며
새로운 시작이어야 한다.

– 법정 스님

memo

memo

여러분의 작은 소리 에듀윌은 크게 듣겠습니다.

본 교재에 대한 여러분의 목소리를 들려주세요.
공부하시면서 어려웠던 점, 궁금한 점,
칭찬하고 싶은 점, 개선할 점, 어떤 것이라도 좋습니다.
에듀윌은 여러분께서 나누어 주신 의견을
통해 끊임없이 발전하고 있습니다.

에듀윌 도서몰 book.eduwill.net
- 부가학습자료 및 정오표: 에듀윌 도서몰 → 도서자료실
- 교재 문의: 에듀윌 도서몰 → 문의하기 → 교재(내용, 출간) / 주문 및 배송

2026 에듀윌 KBS한국어능력시험
13개년 기출분석으로 2주끝장 + 무료특강

발 행 일	2026년 1월 5일 초판
편 저 자	신은재, 김지학
펴 낸 이	양형남
개 발	정상욱, 남궁현
펴 낸 곳	(주)에듀윌
등록번호	제25100-2002-000052호
주 소	08378 서울특별시 구로구 디지털로34길 55 코오롱싸이언스밸리 2차 3층
ISBN	979-11-360-3827-2(13710)

* 이 책의 무단 인용·전재·복제를 금합니다.

www.eduwill.net
대표전화 1600-6700

한국어 교재 48만 부 판매 돌파
327개월 베스트셀러 1위

에듀윌이 만든 한국어 BEST 교재로
합격의 차이를 직접 경험해 보세요

KBS한국어능력시험

   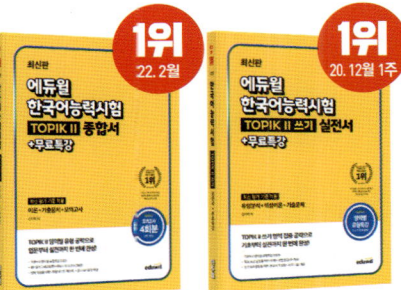

한국실용글쓰기　　ToKL국어능력인증시험　　TOPIK 한국어능력시험

* 에듀윌 KBS한국어능력시험 한권끝장/2주끝장/통기출 600제/통기출 600제②/더 풀어볼 문제집, ToKL국어능력인증시험 한권끝장/2주끝장, 한국실용글쓰기 1주끝장, TOPIK한국어능력시험 TOPIK Ⅰ/Ⅱ/Ⅱ 쓰기 (이하 '에듀윌 한국어 교재') 누적 판매량 합산 기준 (2014년 7월~2025년 7월)
* 에듀윌 한국어 교재 YES24 베스트셀러 1위 (2015년 2월, 4월~2025년 7월 월별 베스트. 매월 1위 아이템은 다를 수 있으며, 해당 분야별 월별 베스트셀러 1위 기록을 합산하였음)
* YES24 국내도서 해당 분야별 월별, 주별 베스트 기준

2026 최신판

© eduwill · edugong

에듀윌 KBS한국어능력시험
13개년 기출분석으로 2주끝장

실전 모의고사 + 어휘·어법 문제 반복 생성 <AI 듀봇> + 무료특강

파이널 실전 모의고사
실전 모의고사 1회분 / 정답 & 오답률 줄이는 해설 / OMR 답안지

최종 마무리 실전 점검을 위한!

파이널 실전 모의고사

파이널 실전 모의고사

풀이 시간	소요 시간	맞힌 개수	정답과 해설
___:___ ~ ___:___	_____ 분/120분	_____ 개/100개	32쪽

※ 듣기 음원 경로: 에듀윌 도서몰(book.eduwill.net) ▶ 도서자료실 ▶ MP3 자료실 ▶ 'KBS' 검색

듣기·말하기   1번~15번

01
강연에서 언급한 내용으로 볼 수 <u>없는</u> 것은?

① 반닫이의 용도
② 반닫이의 재료
③ 반닫이의 형태
④ 반닫이의 지방 특색
⑤ 반닫이의 내부 구조

02
사회자의 진행 방식에 대한 설명으로 가장 적절한 것은?

① 설문 조사 결과를 자료로 활용하여 전문가의 설명을 돕고 있다.
② 상대방의 의견을 인정하면서도 반대되는 의견을 주장하고 있다.
③ 상대방에게 주제와 관련한 주장의 근거를 제시하기를 권유하고 있다.
④ 상대방의 의견에 적극적으로 공감하며 자신의 의견을 덧붙이고 있다.
⑤ 상대방에게 주제와 긴밀한 질문을 던지며 대화를 이끌어 나가고 있다.

03
강연의 주제로 가장 적절한 것은?

① 모든 예술 작품에는 생명력이 숨겨져 있다.
② 작가는 애정을 가지고 예술 작품을 만들어야 한다.
③ 그림을 그릴 때는 실물과 구별하기 어려울 정도로 섬세하게 그려야 한다.
④ 작가와 독자 모두 미술에서 생명의 아름다움을 발견하고 느끼는 자세를 지녀야 한다.
⑤ 애정이 없으면 어떠한 대상과 함께하든 깊이 있는 대화를 나누고 공감하기 어려워진다.

04
강연의 내용과 일치하지 <u>않는</u> 것은?

① 소식은 검증된 장수 비결이다.
② 불포화 지방은 심장병 예방에 매우 효과적인 성분이다.
③ 양배추와 당근 등은 노화를 멈추게 하고 암 치료에 도움을 준다.
④ 장수 식단은 무조건 고기와 지방을 피하는 것이라고 보기 어렵다.
⑤ 지중해식 식사에는 불포화 지방이 많이 들어 있어 혈관 건강에 좋다.

05

시의 주제로 가장 적절한 것은?

① 가을의 슬픔
② 이별의 괴로움
③ 현대인의 고독감
④ 생명의 가치 고취
⑤ 낯선 곳에 대한 두려움

06

강연에 소개된 내용과 일치하지 않는 것은?

① 키덜트 문화는 어린 시절을 추억하는 어른들에게만 적용되는 문화이다.
② 키덜트 문화의 긍정적인 면과 부정적인 면을 함께 고려해 향유해야 한다.
③ 키덜트 문화는 세대 간의 경직된 문화적 경계를 허무는 기능을 하고 있다.
④ 키덜트 문화는 어른들에게 치열한 경쟁 속 일상을 벗어날 수 있는 기회를 제공한다.
⑤ 키덜트 문화는 어른들의 동심을 되찾아 주지만, 그 이면에 소비 자본주의의 상술이 자리 잡고 있다.

07

강연에서 사용한 말하기 전략으로 적절한 것은?

① 대상의 변화 과정을 단계별로 나누어 설명하고 있다.
② 문제의 원인을 역사적인 측면에서 접근하여 서술하고 있다.
③ 대상에 대한 상반된 견해를 제시한 후, 절충안을 제시하고 있다.
④ 과장된 표현을 사용하여 자신이 말하고자 하는 바를 드러내고 있다.
⑤ 사회 현상에 대한 개념을 제시하여 확산 원인을 분석하고 있다.

08

대화를 통해 알 수 있는 등장인물의 생각으로 볼 수 없는 것은?

① 여자: 미래의 일에 대해서 예측을 하는 것은 불확실하고 불안한 것이다.
② 남자: 신혼집으로 전세를 얻는 것보다는 대출을 받아서 집을 사는 것이 낫다.
③ 여자: 위험을 감수하는 삶보다는 현재의 벌이에 만족하면서 사는 것이 편하다.
④ 남자: 편의 시설이 잘 마련되어 있고 안전한 동네에서 사는 것이 현명한 선택이다.
⑤ 남자: 큰 이익을 얻을 수 있는 집을 구하기 위해서는 경제적인 무리도 감당해야 한다.

09

등장인물 간 미묘한 갈등의 근본적인 원인으로 가장 적절한 것은?

① 노후 대책에 대한 시각 차이
② 경제적 관념에 대한 시각 차이
③ 전세난 해결 방안에 대한 시각 차이
④ 은행의 대출 가능 조건에 대한 시각 차이
⑤ 거주지 재건축 가능성에 대한 시각 차이

10

강연의 내용과 일치하지 <u>않는</u> 것은?

① 민주주의와 시장 경제는 극단적으로 대립되는 이념이라고 보기 어렵다.
② 시장적 의사 결정 과정에서는 모두가 동등한 결정권을 가지고 있지 않다.
③ 민주주의와 시장 경제는 자유주의 사상에 바탕을 두고 있다는 공통점이 있다.
④ 시장 경제는 민주주의의 발전에 도움이 되지만 정치 권력의 남용을 유발할 수 있다.
⑤ 정치적 의사 결정에서 다수결로 무엇인가가 결정이 되면, 반대한 사람도 이를 수긍하고 따라야 한다.

11

강연자가 사용한 말하기 전략과 효과에 대한 설명으로 가장 적절한 것은?

① 문제 개선의 의의를 제시하여 주장의 설득력을 높이고 있다.
② 일반적 인식의 문제점을 들어 새로운 이론에 대한 논의를 하고 있다.
③ 자신의 주장을 부각하기 위해 역사적 관점에서 대상을 제시하고 있다.
④ 앞에서 논의한 내용을 현재의 우리에게 적용하여 문제점을 지적하고 있다.
⑤ 두 대상의 차이점을 분석하고, 상호 발전적인 결론의 방향을 암시해 주고 있다.

12

두 사람의 입장과 일치하지 <u>않는</u> 것은?

① 국회 의원: 위험에 처한 타인을 돕지 않는 일이 보편화되는 현상이 심각하다.
② 변호사: 위험에 처한 타인을 돕는 것을 개인의 양심에만 맡겨서는 안 되는 일이다.
③ 국회 의원: 도덕적 행동을 법적으로 규정하는 것이 선한 양심의 회복에 도움이 된다.
④ 변호사: 다른 사람에게 피해를 주거나 상해를 입히는 경우 법으로 규제를 해야 한다.
⑤ 국회 의원: 자신이 위험에 처할 때 다른 사람이 돕는 것을 기대하는 것은 보편적인 것이다.

13

두 사람의 상반된 입장을 중재하기 위해 제공되어야 할 자료로 가장 적절한 것은?

① 119에 신고되는 사건에 관한 통계 자료
② 피해와 상해를 입힐 시 부과되는 벌금에 관한 자료
③ 착한 사마리아인의 법의 기준을 마련한 외국의 사례 자료
④ 스스로 선한 일을 택해서 행하는 사람의 성장 배경 조사 자료
⑤ 도덕과 양심을 회복하는 사회 구현에 관한 사회 운동가의 의견

14

뉴스 보도의 내용에 비추어 볼 때, 실제 방송에서 사용했음 직한 장면이 아닌 것은?

①
②
③
④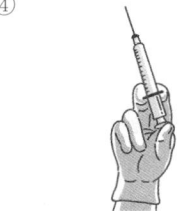
⑤

15

뉴스 보도에 대한 설명으로 적절한 것은?

① 병원에서 일하는 정규직 노동자와 비정규직 노동자의 급여, 처우가 다름을 소개하고 있다.
② 비정규직 노동 종사자들을 대상으로 하는 인권 교육 내용에 문제가 있음을 지적하고 있다.
③ 비정규직 노동자와의 인터뷰를 통하여 고용 계약의 변화 양상을 구체적으로 제시하고 있다.
④ 안전이 보장되지 않아 사고가 발생했을 시 사후 처리 과정이 어떠해야 하는지를 제시하고 있다.
⑤ 비정규직의 고용 안정과 안전 보장 문제의 해결을 촉구하며 뉴스 보도를 마무리하고 있다.

어휘·어법   16번~45번

16

'흐뭇한 태도로 귀엽게 살짝 한 번 웃다.'를 의미하는 고유어는?

① 해끔하다
② 해사하다
③ 해족하다
④ 해찰하다
⑤ 해해하다

17

다음 한자어의 사전적 뜻풀이로 옳지 않은 것은?

① 몰각: 무시해 버림.
② 두각: 뛰어난 학식이나 재능을 비유적으로 이르는 말.
③ 채근: 어떤 일의 내용, 원인, 근원 따위를 캐어 알아냄.
④ 폭등: 물건의 값이나 주가 따위가 갑자기 큰 폭으로 오름.
⑤ 항간: 얼마 되지 않은 지나간 날부터 현재 또는 바로 직전까지의 기간.

18

밑줄 친 고유어의 뜻풀이가 옳지 않은 것은?

① 그는 26일 하오 4시 비행기로 출국한다. → 오후.
② 이따가 들마에 들르겠습니다. → 가게 문을 닫을 무렵.
③ 사방은 어느새 저녁 어스름이 깔려 오고 있었다. → 조금 어둑한 때.
④ 달포 전에 보았을 때보다 얼굴이 상했구나. → 한 달이 조금 넘는 기간.
⑤ 그가 떠난 지 단 며칠이 안 되건만 그녀에게는 해포가 넘는 것 같았다. → 두 해가 조금 넘는 동안.

19

밑줄 친 한자어의 쓰임이 적절하지 않은 것은?

① 신의 실존(實存)에 대해 많은 논란이 있다.
② 막간(幕間)을 이용해서 안내 말씀을 드리겠습니다.
③ 교수는 명예를 버리고 은둔(隱遁)의 생활을 택했다.
④ 부끄러운 줄 모르고 면목(面目) 없이 그런 말을 하지 마라.
⑤ 그는 매사에 신중(愼重)하여 무리하게 일을 진행하지 않는다.

20

'예사롭지 아니하다.'를 의미하는 '비상(非常)하다'의 용례로 가장 적절한 것은?

① 자유롭게 비상하는 갈매기를 보며 우리도 탈출을 꿈꿨다.
② 고향을 오래 떠나 있어야 한다는 생각을 하니 비상한 마음이 들었다.
③ 각 정당은 비상한 관심을 가지고 그 사건의 추이를 지켜보고 있었다.
④ 하늘로 비상하는 비행기를 보면서 해외여행을 가고 싶은 마음을 달랬다.
⑤ 그는 짧은 시간에도 깊은 잠을 자고 피로를 풀 수 있는 비상한 체력을 지녔다.

21

'세로 3번'에 들어갈 단어와 유사한 의미를 지닌 고유어는?

1보	슬	1비			2
				3	
			2		
		4승			
		4무	간	하	다

[가로 열쇠]
1. 바람이 없는 날 가늘고 성기게 조용히 내리는 비.
2. 소홀하게 보아 넘김.
3. 전투에 필요한 장비를 갖춤. 또는 그 장비.
4. 무예에 익숙하고 능란하다.

[세로 열쇠]
1. 여럿이 모두 엇비슷하게.
2. 예식을 치를 수 있도록 설비를 갖추어 놓은 장소.
3. 사물의 존재 의의나 가치를 알아주지 아니하다.
4. 장삼과 고깔을 걸치고 북채를 쥐고 추는 민속춤.

① 낮보다 ② 늦되다 ③ 재겹다
④ 흉보다 ⑤ 뒤넘스럽다

22

밑줄 친 단어의 쓰임이 적절하지 않은 것은?

① 그는 한참 말이 없었다.
② 그녀는 생선 가시를 발라서 버렸다.
③ 할머니는 손녀를 위해 한약을 다렸다.
④ 그는 일이 힘에 부쳐 회사를 그만뒀다.
⑤ 오늘 선친의 제사가 있어서 일찍 들어가야 합니다.

23

〈보기〉의 ㉠~㉢에 해당하는 한자로 올바르게 묶인 것은?

─ 보기 ─
- 이번 발굴 작업에서 새로운 사료(㉠)가 발견되었다.
- 사료(㉡) 가격이 올라 소를 키우는 일이 어렵게 됐다.
- 이 이상 그를 놔두심은 일을 더욱 어렵게 하는 것으로 사료(㉢)되옵니다.

	㉠	㉡	㉢
①	史料	飼料	思料
②	史料	思料	飼料
③	思料	史料	飼料
④	思料	飼料	史料
⑤	飼料	史料	思料

24

다음 중 한자어와 고유어의 대응이 적절하지 않은 것은?

① 그를 아무리 위협(威脅)해도[얼러도] 원하는 바를 얻을 수 없을 걸세.
② 무증상 감염자는 자가 격리 중 증상이 발현(發顯)되기도[나타나기도] 한다.
③ 요즘 같은 시장에서는 주식을 언제 매도(賣渡)해야[팔아야] 할지 모르겠어.
④ 자꾸 훼방(毁謗)하는[헐뜯는] 말로 일을 그르치게 하는 자와 가까이 지내서는 안 된다.
⑤ 국운이 쇠퇴(衰退)하는[이우는] 기미가 보이자 주변 나라에서 호시탐탐 침략의 기회를 노렸다.

25

〈보기〉의 ㉠~㉤ 중, 다른 것과 의미 사이의 관련이 없는 것은?

─ 보기 ─
㉠ 가는 김에 나도 좀 묻어 타자.
㉡ 그녀는 지친 몸을 침대에 묻었다.
㉢ 아우는 형의 말을 비밀로 묻어 드었다.
㉣ 아이는 어머니의 가슴에 얼굴을 묻었다.
㉤ 그는 땅을 파 일기장을 나무 밑에 묻었다.

① ㉠ ② ㉡ ③ ㉢ ④ ㉣ ⑤ ㉤

26

밑줄 친 속담을 사용한 표현이 적절하지 않은 것은?

① 나무 될 것은 떡잎 때부터 알아본다더니 걔는 어릴 때부터 재주가 남다르긴 했어.
② 나무에도 못 대고 돌에도 못 댄다고 둘 중에 도대체 누구 편을 들어야 할지 모르겠어.
③ 나무에서 고기 찾는다고 백화점에서만 파는 드레스를 시골 장터에서 어떻게 구하겠느.
④ 나무라도 고목이 되면 오던 새도 아니 온다고 선거에서 떨어지니 요즘 찾아오는 사람이 없어.
⑤ 나무도 옮겨 심으면 삼 년은 뿌리를 앓는다고 하잖아. 직장 옮긴 지 얼마 안 됐으니 적응할 때까지 조금 기다려 봐.

27

'은혜'와 관련된 한자 성어끼리 바르게 묶인 것은?

① 각골난망(刻骨難忘), 견마지로(犬馬之勞)
② 각골난망(刻骨難忘), 결초보은(結草報恩)
③ 견마지로(犬馬之勞), 풍수지탄(風樹之嘆)
④ 결초보은(結草報恩), 하석상대(下石上臺)
⑤ 풍수지탄(風樹之嘆), 하석상대(下石上臺)

28

다음 관용 표현의 의미가 적절하지 않은 것은?

① 너는 일은 하지 않고 공밥만 먹으려고 하냐?
→ 공밥을 먹다: 마땅히 해야 할 일을 하지 않거나 일을 제대로 하지 못하고 보수만 받다.
② 그는 개구쟁이 동생에게 늘 골탕을 먹곤 한다.
→ 골탕을 먹다: 한꺼번에 크게 손해를 입거나 낭패를 당하다.
③ 친구는 저녁을 소같이 먹고 바로 잠에 들었다.
→ 소같이 먹다: 음식을 천천히 먹다.
④ 이 사람이 화통을 삶아 먹었나, 왜 이렇게 야단이야?
→ 화통을 삶아 먹다: 목소리가 크다.
⑤ 쌀을 느루 먹기 위하여 보리를 많이 섞어서 밥을 지었다.
→ 느루 먹다: 양식을 절약하여 예정보다 더 오랫동안 먹다.

29

밑줄 친 부분을 쉬운 말로 표현한 것으로 적절하지 않은 것은?

① 그는 시방(時方) 운동을 하고 있다. → 열심히
② 교통사고로 친구는 빈사(瀕死) 상태에 빠졌다. → 반죽음
③ 업체에 성화같이 최촉(催促)을 하여 답변을 얻었다. → 재촉
④ 극심한 굶주림으로 수피(樹皮)를 먹으며 목숨을 연명했다. → 나무껍질
⑤ 장관은 취임식에서 공정한 인사를 재삼(再三) 강조하였다. → 거듭

30

밑줄 친 표현을 순화한 말이 적절하지 않은 것은?

① 대통령은 취임 후 도어스테핑(→ 출근길 문답)을 시작했다.
② 그 선수는 맞트레이드(→ 맞교역)를 통해 우리 구단으로 오게 됐다.
③ 무더위로 전력 사용량이 크게 늘면서 블랙아웃(→ 대정전)이 발생했다.
④ 언니는 그 회사의 쇼룸(→ 체험 전시실)에서 다양한 가구를 구경하고 왔다.
⑤ 그녀는 뛰어난 스타일리스트(→ 맵시 가꿈이)를 채용한 후 여러 광고에 섭외되었다.

31

밑줄 친 단어의 사이시옷 표기가 옳지 않은 것은?

① 우리 결혼의 행복 최댓값은 얼마였을까.
② 우리 결혼은 실패했다고 그는 혼잣말을 했다.
③ 그리고 혼자 만둣국을 먹고 있는 아내를 보았다.
④ 그들은 결혼식을 올리며 장밋빛 미래를 꿈꾸었다.
⑤ 그들의 보금자리인 전셋방에 혼자 앉아 그는 생각했다.

32

발음 변화에 따른 표준어 규정 중, '비슷한 발음의 몇 형태가 쓰일 경우, 그 의미에 아무런 차이가 없고, 그중 하나가 더 널리 쓰이면, 그 한 형태만을 표준어로 삼는다.(ㄱ을 표준어로 삼고, ㄴ을 버림)'라는 조항이 있다. 여기에 해당하지 않는 것은?

	ㄱ	ㄴ
①	본새	뽄새
②	구린내	쿠린내
③	댑싸리	대싸리
④	짓무르다	짓물다
⑤	상판대기	쌍판대기

33

〈보기〉의 밑줄 친 내용이 적용된 단어가 아닌 것은?

보기
[한글 맞춤법 제51항] 부사의 끝음절이 분명히 '이'로만 나는 것은 '-이'로 적고, '히'로만 나거나 '이'나 '히'로 나는 것은 '-히'로 적는다.

① 괴로이   ② 급급이   ③ 번번이
④ 짬짬이   ⑤ 헛되이

34
밑줄 친 부분의 띄어쓰기가 잘못된 것은?

① 그렇게 해 봤자 조금 <u>다치기밖에</u> 더해?
② 계획에 성공하기를 바라 <u>마지않습니다</u>.
③ 착한 그분을 해코지해서는 <u>못쓰는</u> 법이야.
④ 리스본과 <u>마드리드 간</u> 야간열차를 타고 떠났다.
⑤ 비슷한 <u>사람들 끼리</u> 모여 남 험담이나 하고 잘하는 짓이다.

35
밑줄 친 말이 표준어가 아닌 것은?

① 야 <u>인마</u>, 너나 잘해.
② 연휴 내내 <u>줄창</u> 집에만 있었니?
③ 그는 로또에 당첨됐다고 <u>으스댔다</u>.
④ 이렇게 <u>아등바등</u> 살아 봤자 남는 게 없다.
⑤ 머리가 한 <u>움큼씩</u> 빠져서 스트레스를 받고 있다.

36
〈보기〉에서 가장 자연스러운 문장은?

┤ 보기 ├

① 이번 여름 방학에 한 봉사 활동은 어려운 이웃을 위해 집을 지었다. ② 담임 선생님께서는 "선생님보다 봉사 활동을 더 좋아하게 되기 바란다."라고 말씀하셨다. ③ 우리는 담임 선생님의 멋진 말씀에 보답하기 위해 열심히 노력했다. ④ 우리가 만든 집을 보니 정말 멋져서 믿겨지지 않았다. ⑤ 우리들은 진심으로 다른 사람을 돕겠다는 마음으로 봉사했기 때문에, 좋은 호평을 받았다.

37
문장의 의미가 두 가지 이상으로 해석되지 않는 것은?

① 철수는 양말을 신고 있다.
② 회원들이 모임에 다 안 왔다.
③ 은석이는 나보다 수호를 더 좋아한다.
④ 어제는 누나와 형이 동생을 돌보았다.
⑤ 형은 웃으면서 걸어오는 시은이를 보았다.

38
중복 표현이 없는 올바른 문장은?

① 이미 예고된 일인데 왜 지금 난리니?
② 그녀는 하얀 백발의 남자에게 말을 걸었다.
③ 과반수 이상 찬성했으므로 가결됐습니다.
④ 내빈 여러분께서는 자리에 앉아 주시기 바랍니다.
⑤ 어려운 난관 앞에서 우리는 모두 좌절하고 말았다.

39
〈보기〉의 내용을 참고할 때, '모음 조화 현상'이 지켜지지 않은 것은?

┤ 보기 ├

국어 모음의 특질로 모음 조화 현상을 들 수 있다. 모음 조화란 양성 모음은 양성 모음끼리 음성 모음은 음성 모음끼리 어울리려는 현상을 뜻한다.

① 먹어 ② 아장아장 ③ 아름다워
④ 얼룩덜룩 ⑤ 찰랑찰랑

40

〈보기〉의 내용을 참고할 때, 불규칙 용언으로 볼 수 없는 것은?

| 보기 |

일부의 용언은 어간과 어미가 결합하여 활용할 때 그 기본 형태가 유지되지 않을뿐더러 그 현상을 일정한 규칙으로 설명할 수 없다. 이를 불규칙 활용이라 하고, 이러한 용언을 불규칙 용언이라고 한다.

① 긋다 ② 푸다 ③ 쓰다
④ 하얗다 ⑤ 흐르다

41

〈보기〉의 설명에 따를 때, 밑줄 친 부분에 해당하는 예로 적절한 것은?

| 보기 |

우리말의 합성어는 형성 방식이 국어의 정상적인 단어 배열법에 일치하는 통사적 합성어와 그렇지 않은 비통사적 합성어로 나눌 수 있다.

① 손발 ② 맛있다 ③ 새마을
④ 어린이 ⑤ 우짖다

42

문장 부호 규정에 대한 설명이 잘못된 것은?

	규정	예시
①	같은 자격의 어구가 열거될 때에 쉼표(,)를 쓴다.	근면, 검소, 협동은 우리 겨레의 미덕이다.
②	제목 다음에 표시하는 부제의 앞뒤에 줄표(—)를 쓴다.	이번 토론회의 제목은 '역사 바로잡기 — 근대의 설정 —'이다.
③	특정한 어구의 내용에 대하여 의심이나 빈정거림 등을 표시할 때, 소괄호 안에 물음표[(?)]를 쓴다.	그것 참 훌륭한(?) 태도야.
④	대비되는 두 개 이상의 어구를 묶어 나타낼 때 그 사이에 쌍점(:)을 쓴다.	남반구:북반구
⑤	두 개 이상의 어구가 밀접한 관련이 있음을 나타내고자 할 때 붙임표(-)를 쓴다.	원-달러 환율

43

밑줄 친 단어의 발음이 틀린 것은?

① 영화의 사전 검열[거:멸]이 폐지되었다.
② 그녀의 아들은 얼굴이 넓둥글다[넙뚱글다].
③ 하천을 맑게[막께] 하기 위해 주민들은 노력하고 있다.
④ 그 친구가 결혼했다는 얘기를 바람결[바람껼]에 들었네.
⑤ 정신적[정신적] 고통이 때로는 육체적 고통보다 괴로울 때가 있다.

44

다음 중 외래어 표기법에 맞게 쓴 것은?

① 싱가폴 ② 말레이시아 ③ 베네주엘라
④ 에디오피아 ⑤ 우즈배키스탄

45

국어의 로마자 표기에 대한 설명으로 틀린 것은?

① 된소리되기는 표기에 반영한다.
② 고유 명사의 첫 글자는 대문자로 쓴다.
③ 인명은 성과 이름의 순서로 띄어 쓴다.
④ 'ㅢ'는 'ㅣ'로 소리 나더라도 'ui'로 적는다.
⑤ '시, 군, 읍'의 행정 구역 단위는 생략할 수 있다.

쓰기 46번~50번

[46~50] 다음은 '온라인 교육의 장점과 문제점'을 주제로 작성한 초고이다. 다음 글을 읽고 물음에 답하시오.

온라인 교육은 인터넷과 디지털 기술을 활용하여 시간과 공간의 제약 없이 이루어지는 교수-학습 활동으로, 기술의 발전과 함께 급속히 확산되고 있으며, 특히 COVID-19 팬데믹 기간 동안 비대면 수업의 대안으로 자리 잡았다. 온라인 교육은 시간과 장소의 제약을 극복할 수 있어 학생들에게 유연한 학습 환경을 제공한다. 예를 들어, 학교에 직접 가지 않고도 인터넷만 있으면 언제 어디서든 수업을 들을 수 있어, 이동의 불편함을 줄이고 학습 효율성을 높일 수 있다. 또한, 다양한 멀티미디어 자료를 활용해 학생들의 흥미를 끌 수 있다는 장점도 있다. 디지털 기기를 통해 제공되는 실시간 강의나 녹화된 수업을 반복적으로 학습할 수 있어, 학습자의 이해도를 높이는 데 도움을 준다.

그러나 이러한 장점에도 불구하고, 온라인 교육은 여러 문제점을 동반한다. 첫째, 인터넷 접근성이 부족한 학생들은 온라인 학습에서 소외될 수 있다. 특히 농어촌 지역이나 저소득층 가정의 학생들은 적절한 인터넷 환경을 갖추지 못해 학습에 큰 어려움을 겪고 있다. 예를 들어, 인터넷 속도가 느리거나 컴퓨터가 부족하여 수업에 참여하지 못하는 경우가 빈번히 발생한다. 둘째, 화면을 통한 수업은 학생들의 집중력을 저하시킬 수 있다. 장시간의 화면 시청은 피로감을 유발하고, 온라인 수업 중 주의가 산만해지기 쉽다. 특히 초등학생의 경우, 화면 앞에 오래 앉아 있는 것이 힘들어 수업에 제대로 참여하지 못하는 사례가 보고되고 있다. 이로 인해 온라인 수업은 교육의 질을 떨어뜨릴 수 있는 ㉮우려가 되었다. 셋째, 교사와 학생 간의 상호작용이 부족하여 교육의 질이 저하될 우려가 있다. 오프라인에서 이루어지던 즉각적인 질문과 피드백이 온라인 환경에서는 어렵기 때문에, 학생들의 개별적인 이해도가 떨어질 수 있다. 또한, 교사들도 학생들의 표정이나 반응을 직접적으로 확인할 수 없어, 학습 진도를 적절히 조절하기 어려움을 겪는다.

이와 같은 문제를 해결하기 위해서는 온라인 교육의 인프라를 개선하고, 교사와 학생 간의 소통을 강화할 수 있는 방안이 필요하다. 예를 들어, 실시간 질의응답 시스템이나 가상 교실에서의 토론을 활성화하는 것이 그 방법이 될 수 있다. 또한, 학교와 정부는 모든 학생이 온라인 교육에 접근할 수 있도록 기술적 지원을 강화해야 한다. 이와 함께, ㉯교사들로 부터 온라인 수업의 효과적인 운영을 위한 교육과 지원이 필요하다. 이를 위해 다양한 온라인 수업 도구와 활용법을 교육하는 프로그램이 마련되어야 하며, 교사들이 자신의 수업 스타일에 맞게 디지털 도구를 적절히 활용할 수 있도록 해야 한다. 이러한 지원은 교사들의 수업 준비 시간을 줄이고, 보다 효율적으로 수업을 운영하는 데 기여할 수 있다.

또한, 학부모의 역할도 중요하다 가정에서 학생들이 온라인 수업에 잘 참여할 수 있도록 환경을 조성해 주고, 수업 중 방해 요소를 최소화하는 것이 필요하다. 특히 초등학생의 경우, 학부모의 지속적인 관심과 참여가 학습의 질을 높이는 데 중요한 요소로 작용한다. ㉰온라인 교육의 장점을 최대한 활용하면서도, 발생할 수 있는 문제점들을 보완하는 노력인 것이다. 이를 위해 학부모와 교사, 학교 간의 긴밀한 협력이 이루어져야 하며, 학생들이 더욱 효과적으로 온라인 수업에 참여할 수 있도록 도와야 한다.

결론적으로, ㉱온라인 교육은 다양한 이점이 많다. 이 기술이 교육의 미래로 자리 잡기 위해서는 이러한 문제들을 해결하기 위한 지속적인 노력이 필요하다. 앞으로 온라인 교육의 인프라가 더욱 개선되고, 학생들이 보다 쉽게 접근할 수 있는 환경이 조성되기를 기대한다. ㉲게다가, 교사와 학생 모두가 온라인 교육의 변화에 적응하고, 이를 적극적으로 활용할 수 있는 역량을 키워 나가야 할 것이다.
(㉳   )

46

다음은 윗글을 쓰기 전에 떠올린 글쓰기 계획이다. 윗글에 반영된 것만을 있는 그대로 고른 것은?

―| 글쓰기 계획 |―

㉠ 온라인 교육의 장단점을 균형 있게 제시해야겠어.
㉡ 인터넷 접근성 부족으로 인한 문제를 구체적으로 설명해야겠어.
㉢ 교사와 학생 간의 상호작용 부족 문제를 강조하기 위해 구체적인 사례를 제시해야겠어
㉣ 문제 해결을 위한 구체적인 방안을 제시하고 그 필요성을 강조해야겠어.
㉤ 온라인 교육의 부정적 측면과 한계점을 중점적으로 지적해야겠어.

① ㉠, ㉡
② ㉡, ㉣
③ ㉡, ㉤
④ ㉠, ㉡, ㉣
⑤ ㉡, ㉢, ㉤

47

다음은 윗글을 수정·보완하기 위해 추가로 수집한 자료이다. 자료의 활용 방안으로 적절하지 않은 것은?

구분	자료내용	유형
(가)	2020~2023 인터넷 접근성에 따른 온라인 교육 참여율	그래프
(나)	교육학자 김교수는 "온라인 교육이 효율적이기 위해서는 기술적 지원과 함께 교사와 학생 간의 상호작용 강화가 필수적이다"라고 언급하였다. 그는 온라인 수업이 학생들의 주의력을 끌어 모으기 어렵다고 지적하며, 이를 해결하기 위해 인터랙티브 콘텐츠의 사용과 실시간 피드백 시스템의 도입을 제안했다.	전문가 인터뷰
(다)	한 연구 보고서에 따르면, 온라인 교육이 학생의 집중력과 학습 성과에 미치는 부정적 영향이 뚜렷하게 나타났다. 이 연구는 전국의 중·고등학생 1,500명을 대상으로 설문조사를 실시한 결과, 응답자의 45%가 온라인 수업에서 집중하기 어렵다고 답변했다. 연구에서는 이러한 문제를 해결하기 위해 교사들이 온라인 수업에서 더 다양한 참여 방법을 도입하고, 학생들과의 상호작용을 늘릴 필요가 있다고 제안하였다.	연구 보고서
(라)	온라인 교육에 대한 학생들의 만족도 조사에서, 약 40%의 학생들이 집중하기 어렵다고 응답하였다. 설문조사는 중학생, 고등학생, 대학생을 포함한 다양한 연령대를 대상으로 진행되었으며, 특히 대학생들의 경우, 전공 수업에서의 온라인 교육 만족도가 상대적으로 낮았다.	설문 조사 결과
(마)	온라인 교육의 장기화에 대비하여, 약 40%의 학생들이 집중하기 어렵다고 응답하였다. 이러한 현상은 학교 유형, 지역 수준과는 관계없이 일관되게 나타나는 것으로 분석되었다. 이는 학습 공백 및 격차 발생의 주요 원인이 될 수 있음을 시사한다.	뉴스 기사

① (가)를 활용하여 인터넷 접근성에 따른 온라인 교육 참여율을 시각적으로 보여 준다.
② (나)를 활용하여 온라인 교육의 효율성을 높이기 위한 상호작용 강화의 필요성을 강조한다.
③ (다)를 활용하여 온라인 교육의 문제점을 구체적으로 설명한다.
④ (라)를 활용하여 온라인 교육에 대한 학생들의 부정적 인식을 보여 준다.
⑤ (마)를 활용하여 온라인 교육의 효율성을 높이기 위한 접근성 강화의 필요성을 강조한다.

48

다음은 윗글을 쓰기 전에 세웠던 글쓰기 개요이다. 윗글을 쓰는 과정에서 필자가 점검하여 반영한 내용으로 적절하지 않은 것은?

┤ 글쓰기 개요 ├

Ⅰ. 온라인 교육의 정의와 확산 배경
  1. COVID-19 팬데믹과 온라인 교육의 확산
  2. 온라인 교육의 정의
Ⅱ. 온라인 교육의 장점
  1. 시간과 장소의 제약 극복
  2. 학습 효율성 향상
Ⅲ. 온라인 교육의 문제점
  1. 인터넷 접근성 부족 문제
  2. 학생들의 집중력 저하
  3. 교사와 학생 간의 상호작용 부족
Ⅳ. 해결 방안과 필요성
  1. 온라인 교육 인프라 개선
  2. 교사 교육 및 기술적 지원 강화
  3. 학부모와의 협력 강화

① Ⅰ-1과 Ⅰ-2의 순서를 바꾸어 '온라인 교육의 정의'를 먼저 제시한다.
② Ⅱ-2는 온라인 교육의 장점을 구체적으로 다루고 있어 Ⅱ의 하위 항목으로 적절히 유지한다.
③ Ⅲ-3은 상호작용 부족 문제를 강조하는 내용이므로 삭제하지 않는다.
④ Ⅳ는 해결 방안을 제시하는 부분이므로 삭제하지 않고 유지한다.
⑤ Ⅲ-1은 문제점 중에서도 핵심적인 내용이므로 Ⅳ로 이동하여 문제 해결의 필요성을 강조한다.

49

윗글의 ㉮~㉲를 고쳐 쓰기 위한 방안으로 적절하지 <u>않은</u> 것은?

① ㉮는 문장의 흐름에 알맞지 않으므로 '우려를 낳는다'로 수정한다.
② ㉯는 '교사들에게는'으로 수정하는 것이 문장의 맥락에 적절하다.
③ ㉰는 문장의 의미를 명확히 하기 위해 '문제점들을 해결하는 노력이 필요하다'로 수정한다.
④ ㉱는 교육의 문제점과 이점을 균형 있게 다루기 위해 유지한다.
⑤ ㉲는 앞뒤 문장의 문맥을 고려하여 '또한'으로 수정한다.

50

글의 내용으로 미루어 볼 때, ㉳에 들어갈 내용으로 가장 적절한 것은?

① 온라인 교육은 전통적인 교육 방식을 완전히 대체해야 한다.
② 교사와 학생 간의 상호작용을 강화하는 새로운 교육 모델이 필요하다.
③ 온라인 교육의 문제를 해결하고, 모든 교육 주체가 변화를 수용해야 한다.
④ 온라인 교육은 기술적 발전만으로는 충분하지 않으며, 정책적 지원이 필수적이다.
⑤ 이를 통해 온라인 교육이 단순한 대체 수단을 넘어, 미래 교육의 중심으로 자리 잡을 수 있을 것이다.

창안 | 51번~60번

[51~53] '최소량의 법칙'을 '인간 사회'에 유비(類比)하고자 한다. 다음 글을 읽고 물음에 답하시오.

> 사람이 탄수화물과 단백질, 지방을 골고루 먹어야 하듯이 식물도 다르지 않아서 영양소를 두루 줘야 잘 자란다. '리비히의 최소량의 법칙(Liebig's law of minimum)'이라는 것이 있다. 이것은 무기화학 비료의 선구자이자 비료의 아버지라 불리는 독일의 화학자 리비히(Justus von Liebig, 1803~1873)가 제창한 것으로, ㉠'10대 필수 영양소(원소) 중 성장을 좌우하는 것은 넘치는 요소가 아니라 가장 모자라는 요소'라는 것이다.
> 가령 탄소, 산소, 수소, 질소, 인산, 유황, 칼륨, 칼슘, 마그네슘, 철 중 한 가지가 부족하면 다른 것이 제아무리 많이 들어 있어도 식물은 제대로 자랄 수 없다. 경작물의 성장은 가장 부족한 것에 의해서 제한된다는 것으로, 이를 '최소량의 법칙', 또는 '한정요인설'이라 한다.
>
> – 권오길, 〈괴짜 생물 이야기〉

51

윗글의 밑줄 친 ㉠을 활용하여 주장할 수 있는 내용으로 적절하지 <u>않은</u> 것은?

① 가장 취약한 점이 무엇인지 파악하고 이를 개선해야 회사가 성장한다.
② 다른 사람의 노력을 가로채서 부당한 이득을 취하지 않도록 해야 한다.
③ 좋은 재료를 많이 사용하더라도 간을 하지 않으면 맛없는 요리가 된다.
④ 한 사람의 부정적인 생각이 전파되면 공동체 전체에 영향력을 미치게 된다.
⑤ 다른 과목에서 만점을 받았더라도 한 과목에서 과락이 되면 불합격 처리된다.

52

윗글의 '최소량의 법칙'이 적용된 사례로 보기 <u>어려운</u> 것은?

① 약물을 반복 복용하면 약효가 저하한다.
② 가장 약한 고리가 사슬의 전체 강도를 결정한다.
③ 상대 선수의 부상 부위를 공격하면 쉽게 승리한다.
④ 표면의 작은 흠집으로 제품이 전량 회수되었다.
⑤ 신입 직원의 업무 미숙으로 은행 지점의 영업이 정지되었다.

53

공익 광고 문구를 〈조건〉에 맞게 창작한 것으로 가장 적절한 것은?

조건
'조직의 성장'이 필요한 상황에서 발휘할 수 있는 지혜를 '최소량의 법칙'의 속성에 빗대어 표현할 것.

① 조직의 성장은 구성원이 다수결로 선택한 방향으로 진행되어야 합니다.
② 직위에 관계없는 평등한 소통은 조직을 빠르게 성장시킬 수 있습니다.
③ 기여도에 비례하는 적절한 보상이 있어야 직원들이 적극적으로 업무를 수행합니다.
④ 업무 능력이 부족한 사원들의 교육을 적극적으로 지원해야 조직이 성장할 수 있습니다.
⑤ 조직이 성장하기 위해서는 직원의 채용 과정을 공정하고 투명하게 운영해야 합니다.

54

윗글 ㉠에 해당하는 내용으로 가장 적절한 것은?

① 아동이 견고한 이해를 바탕으로 문제를 해결하는 것
② 아동이 또래 사이에서 따돌림을 당하는 것을 신고하는 것
③ 경제적인 지원을 받지 못한 아동이 학업의 기회를 박탈당하는 것
④ 부정적 상호작용으로 아동이 독립적으로 성장하지 못한 것
⑤ 유능한 또래의 조력으로 자기 문화 속에서 성숙함을 얻는 것

[54~56] '비계'를 '아동의 인지 발달'에 유비(類比)하고자 한다. 다음 글을 읽고 물음에 답하시오.

그림 (가)

그림 (나)

비유	비유 대상
건축물	아동의 인지 발달
작업자	아동의 주변 구성원
그림 (가)	주변 구성원(교사, 성인, 또래 학습자)이 도움이나 실마리를 제공해 주는 행위
그림 (나)	㉠

건축 공사 시 높은 곳에서 일할 수 있도록 설치하는 임시 가설물 '비계(飛階)'는 교육심리학 영역에서 아동의 인지 발달에 도움이 되는 조력을 의미하는 용어로 사용된다. 이는 학습자가 자신의 삶에 가까운 영역에서 인지 발달이 가능하도록 교사(성인 또는 또래 학습자)가 도움이나 실마리를 제공해 주는 행위를 말한다. 공사가 끝나면 임시 가설물은 철거하는 것과 마찬가지로 [㉡].

55

윗글 ㉡에 들어갈 논리로 가장 적절한 것은?

① 아동이 스스로 문제를 해결할 수 있도록 주변인이 돕지 말아야 한다.
② 아동의 인지 발달에 부정적으로 영향을 주는 요소들을 제거해야 한다.
③ 아동이 궁극적으로 스스로의 힘으로 문제를 해결할 수 있도록 해야 한다.
④ 아동이 어릴 때는 간단한 도움을 주지만 점차 실질적인 격려를 제공해야 한다.
⑤ 아동이 인지 발달에 자극을 받을 수 있도록 가능한 한 많은 구성원을 경험해야 한다.

56

다음 중 아동의 인지 발달에 조력하는 것과 같은 기능을 하는 부품으로 적절한 것은?

57

윗글을 바탕으로 '알약의 종류'를 '인재의 유형'에 비유한 내용으로 적절한 것은?

알약의 종류	비유한 아이디어
① 당의정	다른 이의 조언을 수용하고 변화하는 인재
② 연질 캡슐	다른 사람들이 꺼리는 일을 해내는 인재
③ 장용정	자신의 능력이 필요한 상황에서 실력을 발휘하는 인재
④ 서방정	하나로 합쳐지지 않는 의견들을 수용하고 중재하는 인재
⑤ 경질 캡슐	금방 달아오르고 금방 식어 버리는 양은 냄비 같은 인재

[57~60] '알약'을 '인간 사회'에 유비(類比)하고자 한다. 다음 글을 읽고 물음에 답하시오.

알약의 종류에는 연질 캡슐, 경질 캡슐, 일반 알약, 당의정, 장용정, 서방정이 있다. 연질 캡슐은 액체나 기름 성분을 담을 수 있도록 만든 캡슐이다. 경질 캡슐은 잘 뭉쳐지지 않는 가루 형태의 약을 젤라틴 성분의 용기에 담은 것이다. 당의정은 ㉠고약한 냄새와 역한 맛을 숨기기 위해 일반 알약을 설탕으로 코팅한 약이다. 장용정은 ㉡산성인 위에서는 녹지 않고, 알칼리성인 장에서만 녹도록 만든 약이다. 유산균제가 주로 장용정의 형태로 만들어진다. 서방정은 약물을 서서히 방출하여 효과가 오래가도록 만든 약이다. 일반 알약의 약효가 4시간 지속된다면 서방정은 8시간 약효가 지속된다. ㉢아래 그래프는 일반 알약의 경우 4번을 먹어야 하지만, 서방정의 경우는 한 번만 먹어도 혈중 농도가 유지됨을 나타내고 있다.

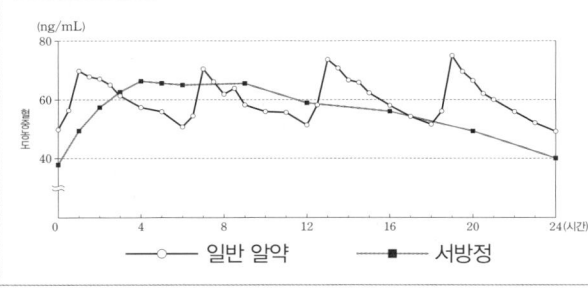

58

윗글의 밑줄 친 ㉠을 활용하여 주장할 수 있는 내용으로 가장 적절한 것은?

① 미리 준비가 잘 되어 있으면 뒷걱정이 없다.
② 나쁜 사람을 가까이하면 나쁜 버릇에 물들기 쉽다.
③ 사랑하는 자녀를 훈육하여 올바른 성품을 지니게 한다.
④ 결점이나 흠을 고치려다 방법이 지나치면 일을 그르치게 된다.
⑤ 작품에 내포된 자극적 요소도 삶의 교훈을 전달하는 매개체가 된다.

59

윗글의 밑줄 친 ㉡의 특성과 관련지어 활용할 수 있는 한자 성어로 가장 적절한 것은?

① 구우일모(九牛一毛) ② 연목구어(緣木求魚)
③ 적재적소(適材適所) ④ 순망치한(脣亡齒寒)
⑤ 천우신조(天佑神助)

60

윗글의 밑줄 친 ㉢을 활용하여 설명할 수 있는 논지로 가장 적절한 것은?

① 직원을 위한 복지가 적절하게 지원되어야 일정한 생산량을 유지할 수 있다.
② 학교는 학생들에게 수시로 강의 평가를 받아 교수자들에게 이를 전달해야 한다.
③ 사업의 목표를 세운 후에는 지시를 빠르게 이행할 수 있는 인재를 뽑아야 한다.
④ 서로 다른 의견이 있을 때는 적극적인 소통을 통해 문제점을 빠르게 해결해야 한다.
⑤ 아르바이트생 여러 명을 고용하는 것보다 정규직 한 명을 고용하는 것이 효율적이다.

읽기 61번~90번

[61~62] 다음 글을 읽고 물음에 답하시오.

> 눈은 살아 있다.
> 떨어진 눈은 살아 있다.
> 마당 위에 떨어진 눈은 살아 있다.
>
> ㉠기침을 하자.
> 젊은 시인(詩人)이여 기침을 하자.
> 눈 위에 대고 기침을 하자.
> 눈더러 보라고 마음 놓고, 마음 놓고
> 기침을 하자.
>
> ㉡눈은 살아 있다.
> 죽음을 잊어버린 영혼과 육체를 위하여
> ㉢눈은 새벽이 지나도록 살아 있다.
>
> 기침을 하자.
> 젊은 시인(詩人)이여 기침을 하자.
> 눈을 바라보며
> ㉣밤새도록 고인 가슴의 가래라도
> ㉤마음껏 뱉자.
>
> — 김수영, 〈눈〉

61

위 시에 대한 설명으로 바르지 않은 것은?

① 시구의 반복을 통해 리듬감을 강조하였다.
② 상징적 이미지의 대립을 통해 주제를 심화하였다.
③ 일상적 행위에 의미를 부여하여 공감을 확산시키고 있다.
④ 문장의 변형과 첨가를 통해 의미를 점층적으로 전개하고 있다.
⑤ 일상에서 쉽게 접할 수 없는 시어를 활용하여 시적 화자의 강한 소망을 표현하고 있다.

62

㉠~㉤에 대한 이해로 적절하지 않은 것은?

① ㉠: 자신의 마음속에 고여 있는 온갖 불결한 것을 버리는 행위를 표현한 것이다.
② ㉡: 일상적 생활에 굴레를 씌우는 환경들이 변하지 않고 삶을 괴롭게 함을 표현한 것이다.
③ ㉢: 일상의 억압 속에 매몰되어 있는 자신을 반성하게 되는 계기가 된 현상을 표현한 것이다.
④ ㉣: 시적 화자를 괴롭히고 순수함을 좀먹는 더럽고, 무가치하고, 어두운 것을 표현한 것이다.
⑤ ㉤: 더러움을 씻어 내고 순수한 삶에 도달하고자 하는 시적 화자의 의지와 소망을 표현한 것이다.

[63~65] 다음 글을 읽고 물음에 답하시오.

[앞부분 줄거리] '나'는 오랫동안 고향을 등지고 타관에 떠돌아다니다가 20여 년 만에 할아버지 산소에 성묘차 고향에 들어선 순간 감회가 교차한다.

관촌 부락에서 등성이를 끼고 돌면 요까티라는 작은 부락이 있었다. 원래 이웃하고 농사짓는 초가집 대여섯 가구뿐으로 일년 내내 대사 한 번 치르지 않아 사는 것 같지 않던 동네였으나, 해방 이듬해부터는 금융 조합 창고 같은 연립 주택이 몇 채 들어서고 한 채에 여남은 가구씩, 북해도에서 왔다는 전재민들을 들여 정착시키자, 밤낮 조용한 날이 없게 시끄러운 마을로 변하면서 전재민촌이라는 새 이름이 붙은 곳이었다. 읍내의 지게꾼, 신기료장수, 리어카꾼과, 주제꼴이 남루한 낯선 사람은 모두 전재민촌에서 사는 사람들이라고 해도 무방할 지경이었다. 그 전재민촌이란 이름은 차츰 도둑놈 소굴이라는 뜻의 대명사로 불리어져 갔다. 관촌 사람들은 집 안에서 무엇이 없어진다거나, 논밭에 심은 것이 축난 듯싶으면 으레 전재민촌 사람들의 소행으로 여겨 버릇했고, 서툰 임고리장수가 들어서도 전재민촌 사람으로 판단, 물건을 갈아주기보다 집어 가는 것이 없는가를 살피려는 도사림으로 냉대해 보내기 일쑤였다. 그런 중에도 옹점이는 조금 달랐다. 그네들의 살아온 이야기, 살아가는 이야기를 들어 보면 불쌍하기 그지없다던 거였다. 굶다 못해 이불솜을 빼다 팔아 겨울에도 홑이불을 덮는다든가, 변변한 옷가지는 죄 팔아먹어 주제꼴이 그처럼 비렁뱅이 꼴이라는 거였다. 그렇다면서 전재민만 오면 어머니를 졸라 무엇이든 한 가지는 갈아 주도록 꾀던 것이다. 그녀는 특히 그녀만 보면,

"옥상, 오꼬시 사 먹소."

하며 들어붙던 절름발이 늙은이를 가장 측은하게 여기고 있었다. 일본에서 건너오다 처자를 놓쳐 홀로 된 늙은이라는 거였다.

"그 옥상만 보면 지 애비가 모집 나갔다 나오면서 고상했던 생각이 나서 딱해 못 견디겄슈."

옹점이가 어머니한테 하던 말이다. 과자를 먹어 어디서 난 것이냐고 물으면 옹점이는 서슴지 않고,

"쭉젱이 보리 한 종발 주구 옥상헌티 샀지." 했다.

옥상에게 곡식을 빼돌려 가면서까지 그녀가 내게 군것질을 시킨 이유는, 옥상이라고 부르던 그 불우한 늙은이를 돕는 마음이었지만, 그러나 더 갸륵한 뜻이 없지 않았음을 나는 알고 있었다. 근래에 들어와 크게 유행을 본 말 가운데서 내가 가장 깨닫기 수월찮던 말이 주체 의식이니 주체성 운운하던 단어들이었다. 어떡하는 것이 주체 의식이 있는 일이고 무엇이 주체성을 지키는 것인지 얼른 이해하기 어려운 말이었다. 세상이 어지러운 난세일수록 ㉠ 가 난무함이 예사이고, 말을 않으면 병신 대접 받기 십상인 줄 모르지 않으나, 주체 의식이나 주체성이란 말을 외래어보다도 막연하게, 개나 걸이나 지껄여 대지 않으면 행세를 못하는 줄 알던 많은 사람을 보아 온 터여서, 그 천한 말을 옹점이는 일찍이 내게 행동으로써 보여 준 셈이라고 장담하게 되지 않았나 싶기도 하다. 한 번 더 다짐해 두지만, 그 무렵 옹점이의 태도를 주체 의식, 또는 주체성이 있는 것으로 보아 무방하다면, 나는 그녀만 한 정신 자세를 가진 인간을, 내가 이 사회에 나와 벌어먹게 된 뒤로는 몇 사람 외에 구경하지 못했다고 단언할 수 있으리라 믿는다.

― 이문구, 〈관촌수필〉

63

윗글의 서술 방식으로 적절한 것은?

① 배경 묘사를 통해 인물의 심리 상태를 드러내고 있다.
② 시대 상황을 구체적으로 서술하여 사건을 부각하고 있다.
③ 서술자가 독백체의 회고적 어투로 감상을 표현하고 있다.
④ 작품 속의 주인공이 다른 등장 인물의 심리를 추측하고 있다.
⑤ 의식의 흐름 기법을 사용하여 인물의 무의식을 나타내고 있다.

64

윗글에 등장하는 '옹점이'에 대한 설명으로 가장 적절한 것은?

① 전재민들을 측은하게 여겼다.
② 변변한 옷은 모두 팔아 버렸다.
③ 오지랖이 넓고 낭비벽이 있었다.
④ 비렁뱅이 꼴로 동네를 돌아다녔다.
⑤ 주체 의식이 부족한 태도를 보였다.

65

문맥에 비추어 볼 때 ㉠ 에 들어갈 말로 가장 적절한 것은?

① 호연지기(浩然之氣)
② 회자인구(膾炙人口)
③ 오만무도(傲慢無道)
④ 권모술수(權謀術數)
⑤ 유언비어(流言蜚語)

[66~68] 다음 글을 읽고 물음에 답하시오.

인류는 역사상 처음으로 휴대 전화에 의해 한 사람이 두 개의 다른 공간 속에서 동시에 살아가는 것을 실현하는 시대에서 살게 되었다. 이로 인해 때로는 휴대 전화의 사공간과 사회의 공적 공간이 충돌하거나 단절된다. 휴대 전화는 사공간(私空間)을 낳고 그것이 공공간(公空間)을 위협한다.

일본의 여고생들은 지하철 객차 안에서 옷을 갈아입고 남학생들은 사람들이 지나다니는 길에서 태연하게 앉아 도시락을 먹기도 한다. 한마디로 휴대 전화가 생기고부터 남녀노소를 막론하고 공공 공간과 사공간을 구별하지 못하는 일이 많아진 것이다.

일본만이 아니다. 왕자병, 공주병에 걸린 한국의 젊은이나 분청(憤靑)이라고 불리는 중국의 젊은이도 상황은 비슷하다. 이들에게서 발견되는 공통적인 문제점은 나이가 들어도 사회화와 자기 객관화가 안 된다는 사실이다. 휴대 전화에 한번 친구를 입력하면 공간의 구애를 받지 않고 계속하여 교우 관계가 지속되는 것도 이와 관련이 깊다. 관계의 형성과 분리의 과정을 제대로 경험할 수 없고 온전한 대인 관계를 누리지 못하게 되기 때문이다. 그래서 성장을 하고 성인이 되어도 새 사회에 적응하지 못하고 타인 의존적인 성향을 보이게 되는 것이다.

휴대 전화가 없을 때에는 집안 식구 전체가 전화 한 대를 놓고 공용으로 사용했기 때문에 가족의 일상에 대해 곁에서 들으며 자연스럽게 정보를 얻을 수 있었다. 부모들 역시 아이들이 누구와 사귀고 무엇을 하고 노는지 특별히 신경을 쓰지 않아도 알 수 있었다. 그러나 휴대 전화가 생기고부터는 각자가 자기 전화를 쓰고 받기 때문에 그러한 소통이 어려워졌다. 그것은 ㉠ 정보 시대의 패러독스이며, 심한 경우에는 가족을 쪼개고 무너뜨리기도 한다.

그러나 그 반대의 예도 찾아볼 수 있다. 요즘 젊은 교사들은 휴대 전화를 이용하여 문자 메시지로 매일같이 학생들에게 개별적으로 그날 배운 내용들을 퀴즈 문제로 만들어 보내고 답을 받는다. 그냥 숙제를 내면 응하지 않았을 문제 학생들도 일대일로 교사가 보이는 관심을 무시하기는 쉽지 않다. 가족 공동체를 붕괴시킨 바로 그 휴대 전화의 사공간의 힘을 이용해 더욱 긴밀하고 긍정적인 사제 간의 사적 관계를 형성하고 있는 것이며, 휴대 전화 사공간이 가진 힘의 긍정적인 모습이 발견되기 시작한 것이다.

66
윗글의 제목으로 가장 적절한 것은?

① 휴대 전화로 인한 가족의 분리와 대화 단절
② 휴대 전화를 활용한 새로운 교육 방법의 장점
③ 휴대 전화로 인해 발생하는 사공간의 힘의 양면성
④ 휴대 전화의 사공간의 힘을 활용한 가족 공동체의 회복
⑤ 휴대 전화에 의해 두 개의 다른 공간에서 공존하는 현대인

67
윗글에서 사용된 내용 전개 방식이 <u>아닌</u> 것은?

① 대상을 설명하고 구체적 사례를 들어 독자의 이해를 돕고 있다.
② 대상이 지니고 있는 단점과 장점을 순차적으로 제시하고 있다.
③ 단점과 장점에 대한 충분한 사례를 제시하며 글을 전개하고 있다.
④ 질문을 제기하고 그에 대해 답하면서 내용을 자연스럽게 전개하고 있다.
⑤ 대상에 대한 문제점을 부각하다가 그 반대편의 입장을 제시하고 있다.

68
문맥상 ㉠ 에 들어갈 속담으로 가장 적절한 것은?

① 수박 겉 핥기인
② 등잔 밑이 어두운
③ 울며 겨자 먹기인
④ 핑계 없는 무덤 없다는
⑤ 고양이 목에 방울을 단

[69~71] 다음 글을 읽고 물음에 답하시오.

(가) 예술은 어떤 특별한 재료, 기교, 양식 등으로 감상의 대상이 되는 아름다움을 표현하려는 인간의 활동 및 그 작품을 뜻한다. '예술' 또는 '예술 작품'이라는 말은 문맥에 따라 다양한 의미로 사용되기도 하는데, 디키는 그중 대표적인 두 가지를 평가적 의미와 분류적 의미라고 서술하였다.

(나) 사람들은 일반적으로 예술 작품에는 당연히 아름다움이 있는 것으로 생각하는 경향이 있는데, 이는 바로 '예술'을 평가적 의미에서 규정하고 있는 바의 영향을 받고 있는 것이라고 할 수 있다. 반면, 예술 작품의 분류적 의미란 '예술 작품'이라는 말의 일차적이고 표면적인 의미를 가리킨다. 이것은 어떤 사물이 예술 작품들의 집합에 속한다는 사실을 단순히 지적하는 것이며 가치 중립적인 것이다.

(다) 일상적으로 우리가 분류적인 의미로서 '예술'이라는 말을 쓰는 경우는 흔치 않지만 현대의 예술 작품들 중에는 눈으로 보아서는 예술인지 아닌지 구별하기 어려운 작품들이 많다. 그렇기 때문에 예술 작품과 그것이 아닌 것을 구분하기 위하여 분류적 의미를 사용하게 된다. 이러한 디키의 정의는 현대의 다양한 예술 현상에서 탄생한 작품들이 예술인지 아닌지를 결정할 때 의미가 있다.

(라) 분류적 의미에서 예술에 대한 디키의 정의에서는 '인공성(artifactuality)'과 '감상의 후보로서의 자격 수여'라는 두 가지의 필요 조건으로 구성되어 있다. 우선 첫 번째 요건은 모든 예술 작품은 인공적인 사물의 조건을 갖추고 있어야 한다는 것이다. 즉, 분류적 의미에서 어떤 대상을 예술 작품이라고 할 때에는 적어도 그 대상이 인공품들 중의 어떤 것이어야 한다는 것이다. 예를 들어, 기존의 인공품이나 자연물을 물리적인 힘으로 가공하지 않고도 예술가에 의해 예술로 취급되어 미술 전시회라는 새로운 맥락 안에 놓이면 인공성을 획득하게 된다.

(마) 예술 작품의 두 번째 필요조건은 감상 후보의 자격 수여와 관련된 것이다. 예술계는 음악, 문학, 연극, 회화 등의 체계로 이루어져 있고, 각 체계에 속하는 대상들에게 예술의 자격을 부여하기 위한 고유의 제도적인 배경을 가지고 있다. 이 예술계에 의해 감상 후보로서의 자격이 수여되어야 비로소 예술 작품이 된다는 것이다. 즉, 디키는 좋은 예술이건 나쁜 예술이건 관계없이 분류적인 의미에서 감상의 '후보'라는 잠재적 가능성을 예술 작품의 필요 조건에 포함시켰던 것이다.

69
윗글의 내용과 일치하지 않는 것은?

① 기존의 인공품이나 물건들은 분류적 의미에서 볼 때 예술 작품이 될 수 없다.
② 예술 작품은 반드시 물리적 가공을 받아야만 인공성을 획득하는 것이 아니다.
③ 예술 작품을 보는 두 가지 관점 중 작품의 가치를 따지는 것은 평가적 의미가 된다.
④ 인공품이나 자연 그대로의 것이라도 전시된다면 예술 작품으로 볼 수 있다.
⑤ 분류적 의미는 어떠한 대상이 예술인지 아닌지를 구분하는 하나의 기준으로 작용한다.

70
윗글의 내용 전개 방식으로 적절한 것은?

① 대상을 설명하고 구체적 사례를 들어 독자의 이해를 돕고 있다.
② 예상되는 반론을 미리 논박함으로써 자신의 주장을 강화하고 있다.
③ 시간의 흐름에 따라 글쓴이가 직접 경험한 사실과 심리를 제시하고 있다.
④ 대상의 변화 과정을 통시적으로 분석하여 대상에 대한 이해를 돕고 있다.
⑤ 독자의 호기심을 유발하고 설득력을 높이기 위해 유명인을 소개하고 있다.

71
(가)~(마)의 중심 내용으로 적절하지 않은 것은?

① (가): 디키가 주장한 예술 작품의 두 가지 대표적 의미
② (나): 예술 작품의 평가적 의미와 분류적 의미
③ (다): 분류적 의미의 개념과 영향력
④ (라): 분류적 의미에서 예술의 필요조건 ① - 인공성
⑤ (마): 분류적 의미에서 예술의 필요조건 ② - 감상의 후보로서의 자격 수여

[72~73] 다음 글을 읽고 물음에 답하시오.

소우주라고도 하는 뇌의 신비를 밝히기 위해 많은 학자들이 노력해 왔지만 뇌는 좀처럼 자신의 비밀을 드러내지 않고 있다. 최근 인간의 뇌가 외부에서 받아들인 기억 정보를 어떻게, 어디에 저장하는지 알아내고자 하는 연구들이 이어지고 있다.

그중 뉴런(신경 세포) 간 연결 구조인 시냅스의 물리·화학적 변화에 의해 이루어진다는 학설이 가장 설득력을 얻고 있다. 인간의 뇌에는 약 1천억 개의 뉴런이 존재하는데, 뉴런 1개당 수천 개의 시냅스를 형성한다. 시냅스 전 뉴런에서 전기가 발생하면 그 말단에서 시냅스 틈으로 신경전달물질이 분비되고, 이 물질은 시냅스 후 뉴런의 수용체 — 신호를 받아들이는 물질 — 를 자극해 전기를 발생시킨다. 뇌가 작동하는 것은 시냅스로 이뤄진 신경망을 통해 이렇게 신호가 전달되어 정보 처리가 이루어지기 때문이다.

뇌가 받아들인 기억 정보는 그 유형에 따라 각각 다른 장소에 저장된다. 우리가 기억하는 것들은 크게 서술 정보와 비서술 정보로 나뉜다. 서술 정보란 학교 공부, 영화 줄거리, 장소나 위치, 사람 얼굴처럼 말로 표현할 수 있는 정보이다. 반면 비서술 정보는 몸으로 습득하는 운동 기술, 습관, 버릇, 반사적 행동 등과 같이 말로 표현할 수 없는 정보이다. 이 중에서 서술 정보를 처리하는 중요한 기능을 담당하는 것은 뇌의 내측두엽에 있는 해마로 알려져 있다. 교통사고를 당해 해마 부위가 손상된 이후 서술 기억 능력이 손상된 사람의 예가 그 사실을 뒷받침한다. 그렇지만 그는 교통사고 이전의 오래된 기억을 모두 회상해 냈다. 해마가 장기 기억을 저장하는 장소는 아니라는 것이 밝혀진 것이다.

서술 정보가 오랫동안 저장되는 곳으로 많은 학자들은 대뇌피질을 들고 있다. 내측두엽으로 들어온 서술 정보는 해마와 그 주변 조직들에서 일시적으로 머무는 동안 쪼개져 신경정보신호로 바뀌고 어떻게 나뉘어 저장될 것인지가 결정된다. 내측두엽은 대뇌피질의 광범위한 영역과 신경망을 통해 연결되어 이런 기억 정보를 대뇌피질의 여러 부위로 전달한다. 다음 단계에서는 기억과 관련된 유전자가 발현되어 단백질이 만들어지면서 기억 내용이 공고해져 오랫동안 저장된 상태를 유지한다.

그렇다면 비서술 정보는 어디에 저장될까? 운동 기술은 대뇌의 선조체나 소뇌에 저장되며, 계속적인 자극에 둔감해지는 '습관화'나 한 번 자극을 받은 뒤 그와 비슷한 자극에 계속 반응하는 '민감화' 기억은 감각이나 운동 체계를 관장하는 신경망에 저장된다고 알려져 있다. 감정이나 공포와 관련된 기억은 편도체에 저장된다.

72

윗글의 내용과 일치하지 <u>않는</u> 것은?

① 비서술 정보 중 운동 기술은 대뇌의 선조체나 소뇌에 저장된다.
② 인간의 뇌가 작동하는 것은 시냅스의 물리·화학적인 변화에 의한 것이다.
③ 장기 기억을 저장하는 해마 부위가 손상되면 오래된 기억을 모두 잃게 된다.
④ 신경전달물질은 시냅스 후 뉴런의 수용체를 자극하여 전기를 발생시키게 된다.
⑤ 기억 정보는 대뇌피질의 여러 부위로 전달된 후 장기 기억의 상태를 유지한다.

73

윗글의 내용 전개 방식으로 가장 적절한 것은?

① 대상을 관찰하며 느낀 감상을 구체적으로 서술하고 있다.
② 특정한 결과에 대한 논리적 원인을 규명하여 제시하고 있다.
③ 문제의 원인을 설명하고 이를 해결할 수 있는 방안을 밝히고 있다.
④ 권위 있는 전문가의 의견을 비판적으로 수용하면서 논지를 전개하고 있다.
⑤ 대상에 대해 연구된 결과와 관련 이론들을 구체적 사례를 들어 소개하고 있다.

[74~75] 다음 글을 읽고 물음에 답하시오.

전통적으로 미국의 많은 신문들은 후보의 정치적 신념, 소속 정당, 정책을 분석하여 자신의 입장과 같거나 그것에 근접한 후보를 선택하여 지지해 왔다. 이러한 현상에 대해 신문이 특정 후보를 지지하는 것이 실제로 영향력이 있는지, 또는 공정한 보도를 사명으로 하는 신문이 특정 후보를 지지하는 행위가 과연 바람직한지 등과 관련하여 근본적인 의문이 제기되고 있다.

신문의 특정 후보 지지가 유권자의 표심(票心)에 미치는 영향은 생각보다 강하지 않다는 것이 학계의 일반적인 시각인데, 이것은 '선별 효과 이론'과 '보강 효과 이론'으로 설명할 수 있다.

선별 효과 이론에 따르면, 개인은 미디어 메시지에 선택적으로 노출되고, 그것을 선택적으로 인지하며, 선택적으로 기억한다. 예를 들면, '가' 후보를 싫어하는 사람은 '가' 후보의 메시지에 노출되는 것을 꺼려할 뿐만 아니라, 그것을 부정적으로 인지하고, 그것의 부정적인 면만을 기억하는 경향이 있다. 한편 보강 효과 이론에 따르면, 미디어 메시지는 개인의 태도나 의견의 변화로 이어지지 못하고, 기존의 태도와 의견을 보강하는 차원에 머무른다. 가령 '가' 후보의 정치 메시지는 '가' 후보를 좋아하는 사람에게는 긍정적인 태도를 강화시키지만, 그를 싫어하는 사람에게는 부정적인 태도를 강화시킨다. 이 두 이론을 종합해 보면, 신문의 후보 지지 선언이 유권자의 후보 선택에 크게 영향을 미치지 못한다는 것을 알 수 있다.

㉠ 각 신문의 후보 지지 선언이 과연 바람직한가에 대한 논쟁도 계속되고 있다. 후보 지지 선언이 언론의 공정성을 훼손할 수 있다는 것이 이 논쟁의 핵심 내용이다. 이런 논쟁이 일어나는 이유는 신문의 특정 후보 지지가 언론의 권력을 강화하는 도구로 이용될 뿐만 아니라, 수많은 쟁점들이 복잡하게 얽혀 있는 선거에서는 후보에 대한 독자의 판단을 선점하려는 비민주적인 행위가 될 수 있기 때문이다. 일부 정치 세력이 신문의 후보 지지 선언을 정치 선전에 이용하는 문제점 또한 이에 대한 비판의 근거로 제시되고 있다.

신문이 특정 후보를 공개적으로 지지하는 것은 사회적 가치에 대한 신문의 입장을 분명히 드러내는 행위이다. 하지만 그로 인해 보도의 공정성을 담보하는 데에 어려움이 따를 수도 있다. 따라서 신문은 지지 후보의 표명이 보도의 공정성을 해치지 않는지 신중하게 따져 보아야 하며, 독자 역시 지지 선언의 함의를 분별할 수 있는 혜안을 길러야만 할 것이다.

74

윗글의 내용과 일치하지 않는 것은?

① 신문의 특정 후보 지지는 유권자의 표심에 절대적 영향력을 끼치지 않는다.
② 신문이 특정 후보를 지지하는 메시지는 개인의 태도와 의견을 극적으로 변화시킨다.
③ 신문이 특정 후보를 지지할 때에는 보도의 공정성을 해치지 않도록 심사숙고를 해야 한다.
④ 선별 효과 이론에 따르면 개인은 미디어 메시지에 선택적으로 노출이 되며, 그것을 선택적으로 기억하게 된다.
⑤ 선별 효과 이론과 보강 효과 이론으로 볼 때 신문의 후보 지지 선언은 영향력이 크지 않다.

75

㉠의 상황에 어울리는 한자 성어로 가장 적절한 것은?

① 무소불위(無所不爲)   ② 백가쟁명(百家爭鳴)
③ 수서양단(首鼠兩端)   ④ 물심일여(物心一如)
⑤ 전전반측(輾轉反側)

[76~77] 다음 글을 읽고 물음에 답하시오.

　길가를 스치는 수많은 사람들의 얼굴 속에서 그는 '행복'을 발견한다. 귀티 나는 옷차림이어서, 혹은 미소가 넘치는 얼굴이어서? 아니다. 그가 사람들 속에서 발견하는 행복은 돈을 벌 수 있는 일자리. 정해진 시간에 출근하고, 쉴 새 없이 전화통을 붙들고 고객과 신경전을 벌이며, 조여드는 넥타이를 뿌리치며 퇴근하는 직장인의 삶. 시기를 잘못 선택해서 구입한 물품들이 팔리지 않아 수입이 생기지 않는 상황에서 크리스와 린다 그리고 아들 크리스토퍼는 각자의 삶의 방식을 만들어 나간다. 크리스는 주식 중개인이라는 새로운 꿈을 향한 도전으로, 린다는 생존을 위해 새로운 직장을 찾아 가족과 결별하는 것으로, 아들 크리스토퍼는 불평을 조금만 쏟아 내기로.
　전 재산이 밀린 세금을 납부하는 데 차압되고, 마지막 구세주가 될 의료기기를 타임머신이라고 칭하고 아들과 깔깔거리며 장난을 치다가 어느 공룡시대의 동굴 속으로 잠입한 부자는 곧 현실과 맞닥뜨린다. 차가운 화장실 바닥과, 그 화장실 바닥밖에 머물 곳이 없는 상황에서 잠든 어린 아들을 안고 숨죽여 우는 크리스의 눈물 속에는 가정을 지켜 내지 못한 무능함과 자신이 원하는 것을 아직은 이루어 내지 못한 좌절감이 스며 있다.
　그러나 그의 손에 들린 미지의 퍼즐 큐브가 수많은 교차와 회전 속에 완벽한 각각의 색을 가진 면으로 완성된 것처럼, ㉠수많은 사소한 노력과 때로 무모하게 보이는 열정으로 실력을 키워 다시 도전해 나가며 그는 행복이라는 퍼즐을 완성해 낸다. '버스 타기', '달리기', '인턴십', '세금 내기'라는 각 장의 제목들은 행복에 이르기까지 크리스가 지나온 과정들이다. 판매할 물품들을 들고 탄 버스와 지하철에서 사소한 문제들이 그를 괴롭히고, 노숙자 센터에서 하룻밤을 지내기 위해 짐을 들고 크리스토퍼의 손을 잡고 뛰고 또 뛴다. 주식 중개인이라는 꿈을 포기하지 않고 인턴십의 과정에서 할 수 있는 모든 노력을 쏟아붓는다. 그리고 그 모든 험난함 속에서도 아들에 대한 애정을 잃지 않는다. 드디어 손에 잡힌 행복. 우연히 찾아온 행복이 아닌, 끊임없는 고민과 열정으로 얻어진 그것은 크리스에게 기쁨의 눈물과 환호를 선사한다.
　영화의 중간중간에 절묘한 필연성을 부여하는 복선들과, 배우들의 연기 모두가 섬세하다. 특히 이번 영화에서 친아들과 연기를 한 윌 스미스는 더 이상 검은 양복을 빼입고 사람들의 기억을 지우고 다니지 않아도 배우로서 소화할 수 있는 역할들의 영역이 무한해 보인다. 영화의 제목과 포스터를 통해 우리는 영화의 시작과 끝을 미리 알고 영화를 보게 되지만, 영화가 끝난 뒤 다가오는 감동은 예상했던 것 이상이다. 사랑, 노력, 열정, 인내 그 모든 삶의 진실들이 만들어 낸 행복이라는 결과물은 우리도 늘 찾고 있는 목표물이기 때문이다. 오늘과 내일, 그리고 평생 추구할 그것. 우리는 어떤 방법으로 행복을 찾을 수 있을까? 부디 그 방법이 거짓에서는 미련하고, 진실에서는 자유로운 것이기를.

76
윗글의 제목으로 가장 적절한 것은?

① 불평 대신 감사하자
② 진실한 행복을 찾아서
③ 노력과 열정으로 얻은 결과
④ 누구에게나 행복할 권리가 있다
⑤ 일상 속 행운을 통해 찾는 삶의 행복

77
㉠의 상황에 어울리는 한자 성어는?

① 건곤일척(乾坤一擲)
② 금의야행(錦衣夜行)
③ 망양지탄(亡羊之歎)
④ 권토중래(捲土重來)
⑤ 연목구어(緣木求魚)

[78~79] 다음 글을 읽고 물음에 답하시오.

한국전기공업협동조합

수신: 수신처 참조
제목: 단체표준인증 공장·제품 심사 대상 업체 알림

---

1. 귀 기관의 무궁한 발전을 기원합니다.
2. 단체표준인증 업무규정 제28조(단체표준인증 표시제품의 사후관리)에 의거 공장·제품 심사 대상 업체를 붙임 1과 같이 안내하오니 사후 심사 신청서 붙임 2를 작성한 후 회신하여 주시기 바랍니다.
3. 공장·제품 심사 실시 결과 단체 표준 심사 기준에 미달하거나 기간 내에 심사를 하지 않을 경우에는 단체표준인증 업무규정 제33조(처분) 별표 4「인증 받은 자에 대한 처분 기준」에 따라 개선 권고, 표시 정지, 인증 취소 등의 조치가 있을 수 있사오니 제품 인증 활동에 만전을 기하여 주시기 바랍니다.
4. 심사 준비 자료는 '홈페이지 → 품질인증 → 단체표준인증 → 자료실'에 있으며, 공장 심사는 공장 심사 보고서를 참조하여 주시고, 제품 심사는 제품 심사 보고서와 제품 검수 시험을 준비해 주시기 바랍니다.
5. 신청서를 작성하여 팩스 또는 이메일로 보내 주시고, 문의 사항은 제품인증본부 홍길동 대리에게 연락주시기 바랍니다.

붙임
1) 단체표준인증 공장·제품 심사 대상 업체 1부.
2) 사후 심사 신청서 1부.

끝.

78

윗글을 읽고 수신자가 가장 먼저 취해야 할 조치로 적절한 것은?

① 단체표준인증 공장·제품 심사 과정 계획서를 확인한다.
② 사내에 단체표준인증 업무규정 제33조의 처분 사항을 안내한다.
③ 공장·제품 심사 대상 업체에 해당하는지 붙임 1 파일의 내용을 확인한다.
④ 제품 심사 보고서와 제품 검수 시험을 준비하여 팩스 또는 이메일로 발신처에 발송한다.
⑤ '홈페이지 → 품질인증 → 단체표준인증 → 자료실'에 접속하여 자료를 다운로드 받는다.

79

윗글의 조치가 취해진 후 발신자가 해야 할 업무로 적절하지 않은 것은?

① 사후 심사 신청서를 작성한 후 수신자에게 전달한다.
② 심사 대상인 업체를 심사한 후 결과에 따라 조치를 취한다.
③ 단체표준인증 공장·제품 심사의 기간 내에 심사를 진행한다.
④ 단체표준인증 공장·제품 심사에 관한 문의 사항에 응대한다.
⑤ 공장 심사 보고서, 제품 심사 보고서의 내용이 적절한지 심사한다.

[80~81] 다음 글을 읽고 물음에 답하시오.

보도 정책
공공 데이터, 「개방 2.0」으로 다양한 형태의 데이터를 개방합니다.
대한민국 행정안전부 2021.04.01. 16:12

　정부 중심의 양적인 공급 방식에서 나아가 시장이 필요로 하는 다양한 형태의 데이터를 민관 협업으로 편리하게 제공하는 차세대 공공 데이터 개방 전략이 발표됐습니다.

〈공공 데이터 개방 2.0 추진 전략〉
　한국형 뉴딜, 디지털 정부, 데이터 경제의 기본 자원으로 역할과 중요성이 증대되고 있는 공공 데이터에 대한 시장의 다양한 수요를 충족하기 위해 '공공 데이터 개방 2.0'으로 패러다임 전환을 추진합니다.
① 수요자 중심으로 질 좋은 데이터를 개방합니다.
- 지금까지 공공이 보유한 데이터 중 개방 가능한 데이터를 개방해 왔다면, 앞으로는 국민이 필요로 하는 데이터를 우선적으로 품질 높게 개방합니다.
- 코로나 19, 재난 안전 등 국민 생활과 밀접하거나 신(新) 산업 데이터 등 민간 산업 발전에 필요한 데이터의 개방을 강화하고, 기업 간담회, 온·오프라인 수요 조사 등 국민과 기업의 수요를 지속적으로 수렴합니다.
- 공공 데이터 생성 전부터 데이터 표준 등을 반영하는 '예방적 품질 관리*' 제도를 본격적으로 도입합니다.
  * 데이터 구축 시 적용해야 하는 필수 요건(데이터 표준·구조·관리 체계 등)을 구축 계획 단계부터 검토·점검
② 다양한 형태의 공공 데이터를 편리한 방식으로 제공합니다.
- 기존의 정형 데이터 위주 개방에서 나아가 비정형 등 다양한 데이터를 파일 형태의 단순 개방 외에 오픈 API 등 여러 방식으로 개방 추진합니다.
- 인공 지능(AI) 학습 등에 활용할 수 있도록 이미지, 영상, 텍스트, 사물 인터넷 등 비정형 데이터를 단계적으로 개방합니다.
- 개인 정보 등의 사유로 개방하지 못했던 국세·보건 의료 등의 데이터는 진위 확인 및 마이 데이터 등의 방법을 활용하여 제공합니다.
③ 민관 협력을 통해 공공 데이터의 활용을 강화합니다.
- 시민 개발자와 사회 문제 해결을 위한 협업을 확대하고, 국민이 참여하는 크라우드 소싱 방식으로 데이터를 수집·생성합니다.
- 또한 공공 데이터를 쉽게 접하고 활용할 수 있도록 '공공 데이터 큐레이팅'을 추진하고, 공공 데이터의 구축과 가공이 필요한 공공 기관과 전문 기업을 연결하는 등 데이터 기업 육성 지원도 강화합니다.

〈2021년 국가 중점 데이터 개방〉
　코로나 19 극복을 적극 지원하기 위해 감염병 확산 대응 정보 및 진료 정보, 감염병 관리 시설 정보와 의약품 안전 정보 및 임상 시험 정보 등 헬스 케어 주제 영역에 가장 많은 7개 분야의 데이터를 발굴·개방합니다. 국내 자율 주행 산업 성장을 촉진하기 위해 드론 영상이 결합된 정밀 도로 지도, 위험 상황 시 운전자의 행동·신체 상태 데이터 등 다양한 비정형 데이터와 차량·교통 신호·도로에서 취득한 센서 데이터도 개방합니다.

80
'공공 데이터 2.0'에 대한 설명으로 적절하지 않은 것은?

① 공급자가 아닌 수요자 중심으로 공공 데이터를 개방하는 전략이다.
② 데이터가 경제와 산업 분야에서 중요한 역할을 하고 있음을 인식한 전략이다.
③ 국민과 기업이 협력하여 주도적으로 정부의 공공 데이터를 관리하고 공개하는 전략이다.
④ 개방하는 공공 데이터는 파일 형태, 비정형 데이터 등 다양한 방식으로 수요자에게 제공된다.
⑤ 기존에 개방하지 못했던 데이터 중 일부는 진위 확인 및 마이 데이터 등의 방법으로 제공한다.

81
'공공 데이터 2.0'에 대해 판단한 내용으로 적절하지 않은 것은?

① 기업과 국민이 필요로 하는 데이터의 개방에 제한을 두지 않는 것이 장점이군.
② 일상생활과 밀접한 재난 안전과 관련 있는 데이터가 개방되면 자주 참고를 해야겠군.
③ 공공 데이터를 만들기 전부터 예방적인 품질 관리를 한다니 데이터의 질이 좋아지겠군.
④ 첨단 기술을 활용한 데이터를 활용하게 되면 자율 주행 산업 성장에 큰 도움이 되겠군.
⑤ 필요로 하는 데이터를 손쉽게 확인할 수 있게 되어 시간과 자원의 낭비를 줄일 수 있겠군.

[82~84] 다음 글을 읽고 물음에 답하시오.

사전을 만드는 사람들의 이야기를 그린 〈행복한 사전〉의 원제는 '배를 엮다'이다. 국내에 나온 미우라 시온의 원작 소설도 〈배를 엮다〉로 나왔다. 사람과 사람 사이에는 거대한 언어의 바다가 있고, '사전'이라는 배를 타고 건너간다는 의미다.

1995년 겐부 출판사의 사전 편집부. 아내의 병간호를 위해 사직해야 하는 아라키는 후임 직원을 영입하고자 한다. 혼자 사전 편찬을 떠맡기 싫은 마사시는 영업부의 마지메를 추천한다. 이름부터가 '성실함'을 의미하는 마지메는 언어학과를 나왔고, 사람들과의 소통에는 영 서툴지만 끈질기게 하나에 몰두하는 성정만은 타고났다. 사전 편집부는 '대도해(大渡海)'라는 이름의 새로운 사전 편찬 작업에 들어간다.

1995년은 온라인 소통이 활발해지던 시기다. 세대별·직업별로 쓰이던 은어나 약어들이 온라인 공간에서 비약적으로 생겨나고 확산되기 시작했다. 〈대도해〉는 기존 단어만이 아니라 새로운 세대들이 쓰기 시작한 단어들까지 담으려 한다. 우리 식으로 말한다면 '헐', '안습', '지름신' 같은 낱말도 포함시키는 것이다. 언어는 거대한 바다다. 올바르고 정확한 단어와 표현 방법이라도 영원불멸하지는 않다. 시대가 흐르면서 부정적인 의미가 긍정적인 의미로 변하기도 하고, 전혀 다른 의미로 쓰이기도 한다. 〈행복한 사전〉은 그러한 변화를 포용하고 과거와 미래의 소통을 위해 '사전'을 만드는 이들의 이야기다.

사전을 만들기 위해서는 일단 표제어를 뽑는다. 다른 사전과 비교해 반드시 넣어야 할 표제어를 결정하고, 다른 사전에 없는 단어를 얼마나 넣을 것인가를 고른다. 그것이야말로 새로운 사전의 개성이고 편찬의 이유다. 표제어가 결정되면 집필에 들어간다. '사랑'을, '오른쪽'을 어떻게 글로 설명하고 표현할 것인가. 어떤 용례를 들어서 설명할 것인가. 성실한 건 그리 멋은 없어 보이지만, 뭔가 재미있다. 무려 15년에 걸친, 사전을 만드는 과정도 지루하지만 흥미롭고, 오로지 사전에 인생을 건 그들의 인생은 나름대로 ㉠ 이다.

영업부에 있을 때의 마지메는 그저 이상한 사람이었다. 거래처와의 관계도 어색하고, 새로운 아이디어나 전략을 세우지도 못했다. 하지만 사전을 만들 때의 마지메는 전혀 다른 사람이다. 사전을 만들기 위해서는 성실함과 끈기가 가장 중요하다. 마사시는 자신이 사전 편찬에 적합한 인간이 아님을 안다. 하지만 마지메는 안다. 표제어 집필을 필자에게 맡기는 일과 새로운 유행어의 집필에는 마사시가 적임이라는 것을.

아마도 〈행복한 사전〉에서 작업하는 방식으로 사전이 다시 만들어지는 일은 앞으로 없을 것이다. 이미 존재하는 사전에 덧붙이고, 수정하고, 빼는 식으로 인터넷에 열린 사전이 유지·보수될 테니까. 하지만 매체가 변하고, 방식이 바뀌어도 성실함과 소통이라는 절대적인 가치는 변하지 않는다. 바다에 나가려면 배가 있어야 하고, 배를 엮는 것은 언제까지나 사람이 해야만 하는 일이니까.

82
윗글을 통해 알 수 있는 내용이 아닌 것은?

① '아라키'가 '겐부 출판사'를 사직하는 이유
② 시대에 따라 달라질 수 있는 언어의 의미
③ '마지메'가 이상한 사람으로 평가받았던 사례
④ '마사시'가 표제어 집필에 적합한 인물임을 '마지메'가 확신하는 이유
⑤ '대도해(大渡海)'가 새로운 세대가 사용하는 단어도 사전에 담으려고 하는 이유

83
윗글의 서술 방식에 대한 설명으로 가장 적절한 것은?

① 인상적인 장면을 간추려 전체 줄거리를 설명하고 있다.
② 영화 속 주인공들의 삶의 모습을 냉소적으로 비판하고 있다.
③ 글쓴이가 경험하게 된 외적 갈등을 점층적으로 제시하고 있다.
④ 글쓴이가 작품 속 주인공의 심정의 변화 과정을 세밀하게 묘사하고 있다.
⑤ 작품 속 주인공의 삶의 태도에서 발견한 가치를 독자에게 전달하고 있다.

84

㉠에 들어가기에 적절한 것은?

① 비판적 ② 회의적
③ 희망적 ④ 냉소적
⑤ 매력적

[85~87] 다음 글을 읽고 물음에 답하시오.

일용근로자 실업급여

■ **고용보험 실업급여란?**

고용보험 가입근로자가 실직하여 재취업 활동을 하는 기간에 소정의 급여를 지급함으로써 생계 불안을 극복하고 재취업을 지원해 주는 제도로서, 구직급여와 취업촉진수당(조기재취업수당, 직업능력개발수당, 광역구직활동비, 이주비)이 있습니다.

■ **일용근로자 고용보험 가입 의무화**

2004년 법 개정으로 모든 일용근로자의 고용보험 가입이 의무화되었습니다. 고용보험 가입 시 여러 가지 혜택이 있으므로 가입하는 것이 유리합니다.

■ **지급 대상**

- 수급자격 인정 이직일 이전 18개월 동안 피보험단위기간이 통산하여 180일 이상이고, 수급자격 신청일 이전 1개월간 근로한 일수가 10일 미만이어야 합니다.
- 건설일용근로자의 경우 수급자격 인정신청일 전 1개월간 10일 미만 근로한 경우 이외에 '수급자격 인정신청일 이전 14일간 연속하여 근로내역이 없는 경우'에도 구직급여 수급 가능합니다(2019.7.16. 수급자격신청자부터 적용).
- 근로할 의사 및 능력이 있음에도 불구하고 취업하지 못한 상태에서 적극적으로 재취업 활동(구직활동 또는 자영업 준비활동)을 하여야 합니다.
- 다만, 전직·자영업을 위하여 스스로 그만두었거나, 자신의 중대한 귀책 사유로 해고된 경우에는 실업급여를 받을 수 없습니다.
  * 중대한 귀책사유로 해고된 경우
    - 형법 또는 직무와 관련된 법률을 위반하여 금고 이상의 형을 선고 받고 해고된 경우
    - 공금횡령, 회사기밀누설, 기물파괴 등으로 회사에 막대한 재산상의 손해를 끼쳐 해고된 경우
    - 정당한 사유 없이 장기간 무단결근하여 해고된 경우

■ **지급액**

- 구직급여는 퇴직 당시 연령과 고용보험 가입 기간에 따라서 짧게는 120일에서 길게는 270일 범위 내에서 퇴직 전 평균 임금의 60%를 받을 수 있습니다.
  * 이직일 2019.10.1. 이전은 90일~240일 범위 내에서 퇴직 전 평균 임금의 50%
- 소정급여일수 기간 중에 구직급여를 받다가 취업을 하게되면 취업한 날은 구직급여를 받을 수 없고, 취업하지 못한 날에 대하여 구직급여가 지급됩니다.
- 수급자격자가 소정급여일수 기간 중에 재취업하여 6개월('14년 수급자격 신청자부터는 12개월) 이상 고용되거나 사업을 영위한 경우에는 남은 지급액의 일부 또는 전액을 조기재취업수당으로 받을 수 있습니다.
- 일용근로자 평균임금 = 이직일 이전 4개월 중 최종 1개월을 제외한 3개월 간의 임금 총액/이직일 이전 4개월 중 최종 1개월을 제외한 3개월간의 총 일수

■ **구직급여 지급일수(소정급여일수)**

- 이직일 2019.10.1. 이후(연령은 퇴사 당시의 만 나이)

연령 및 가입기간	1년 미만	1년 이상 3년 미만	3년 이상 5년 미만	5년 이상 10년 미만	10년 이상
50세 미만	120일	150일	180일	210일	240일
50세 이상 및 장애인	120일	180일	210일	240일	270일

- 이직일 2019.10.1. 이전(연령은 퇴사 당시의 만 나이)

연령 및 가입기간	1년 미만	1년 이상 3년 미만	3년 이상 5년 미만	5년 이상 10년 미만	10년 이상
30세 미만	90일	90일	120일	150일	180일
30세 이상 ~ 50세 미만	90일	120일	150일	180일	210일
50세 이상 및 장애인	90일	150일	180일	210일	240일

85

다음 중 윗글을 이해한 내용으로 적절하지 <u>않은</u> 것은?

① 현재 모든 일용근로자는 고용보험에 가입이 되어 관련 혜택을 받을 수 있다.
② 뚜렷한 근거 없이 장기간 무단결근하여 해고된 경우 실업급여를 받을 수 없다.
③ 공금횡령으로 회사에 재산상의 손해를 끼쳐 해고된 경우 실업급여를 받을 수 없다.
④ 구직급여를 받던 수급자가 이직한 경우 조기재취업수당은 이직 신고를 한 다음 날 지급된다.
⑤ 지급 기준일을 충족하였더라도 자기 사정으로 자영업을 하기 위하여 그만둔 경우 수급자격이 없다.

86

윗글에 따라 〈보기〉에서 구직급여 지급일수가 가장 짧은 사람은?

| 보기 |

㉠ 이직일 2019년 9월 – 42세의 3년 가입자
㉡ 이직일 2020년 9월 – 35세의 9년 가입자
㉢ 이직일 2018년 5월 – 47세의 5년 가입자
㉣ 이직일 2020년 5월 – 52세의 2년 가입자
㉤ 이직일 2019년 1월 – 65세의 8년 가입자

① ㉠   ② ㉡   ③ ㉢   ④ ㉣   ⑤ ㉤

87

윗글을 〈보기〉와 비교하여 이해한 내용으로 적절하지 <u>않은</u> 것은?

| 보기 |

자영업자 실업급여

■ **자영업자 고용보험제도란?**
• 자영업자의 생활 안정 및 재취업을 지원하는 제도입니다.
• 0~49인의 근로자가 있는 자영업자는 본인이 희망하는 경우에 가입이 가능합니다.
• 가입 후 고용안정 및 직업능력개발사업, 실업급여 지원을 받을 수 있습니다.

■ **가입대상**
근로자를 사용하지 않거나 50명 미만의 근로자를 사용하는 사업주

■ **수급요건**
• 자영업자 고용보험에 1년 이상 가입 후 부득이한 사정으로 사업을 지속하기 어려워 비자발적 폐업과, 적극적인 재취업 노력을 한 경우에 가입기간에 따라 120~210일까지 구직급여 지급(이직일 2019.10.1. 이전은 90~180일)
  * 부득이한 사정: 매출액 감소, 적자지속, 자연재해, 건강악화 등(법 시행규칙 제115조의2 내지 3조)
• 구직급여, 직업능력개발수당, 광역구직활동비, 이주비는 적용되나, 연장급여, 조기재취업수당 등은 적용되지 않습니다.
• 구직급여일액은 기준보수의 60%(2019.10.1. 이전은 기준보수의 50%)

① 일용근로자와 달리 자영업자는 조기재취업수당을 받을 수 없다.
② 일용근로자에 비해 자영업자의 소정급여일수의 최대 기간이 더 길다.
③ 일용근로자와 달리 자영업자는 사업장의 규모가 실업급여 수급에 영향을 미친다.
④ 일용근로자는 고용보험 가입이 의무화되어 있으나 자영업자는 고용보험 가입이 선택 사항이다.
⑤ 자영업자와 일용근로자 모두 적극적인 재취업 노력을 해야 실업급여를 받을 수 있다.

[88~89] 다음 글을 읽고 물음에 답하시오.

 공정거래위원회

공정한 시장경제 질서 확립
경제민주화·창조경제 구현

기술유용 등 중대한 법위반행위에 부과되는 과징금액 증가
– 공정위, 하도급법 위반행위에 대한
과징금 고시 개정·시행 –

- 공정위는 올해 1월 하도급법 시행령이 개정(공포 후 6개월 뒤 시행)되어 과징금 부과방식*이 변경된 것에 맞추어 과징금 부과기준을 새롭게 규정한 과징금 고시를 7월 25일부터 시행함.
  * (종전) 하도급대금의 2배×부과율 → (개정) 하도급대금의 2배×법위반금액 비율×부과율
- 부과율은 먼저 각 위반행위를 대상으로 ① 법위반행위 유형, ② 피해 수급사업자의 비율, ③ 수급사업자의 경영 악화에 영향을 미친 정도 등 3가지 요소에 따라 1점부터 3점까지 점수가 부여되도록 하고, 그 부여된 점수를 합산한 총점에 따라 '중대성 정도'를 3단계로 구분하여 20%~80%의 범위에서 결정되도록 함.
  ○ 법위반사업자에게 잔존하는 불법적 이익은 모두 과징금으로 환수되도록 하고, 산정된 과징금 기본금액이 잔존하는 불법적 이익보다 적은 경우에는 잔존하는 불법적 이익에 해당하는 금액을 기본금액으로 함.
- 정액과징금 부과기준을 신설하여 기술유용, 보복조치 등 시장에 미치는 폐해가 큰 행위에 대해서는 법위반금액 산정이 곤란하더라도 위반행위 억제에 필요한 충분한 과징금이 부과되도록 함.
- 과징금 가중·감경 기준도 정비하였는데, 특정 사유에 따른 가중·감경의 폭을 20% 이내로 제한하여 가중·감경이 보다 엄격히 이루어지도록 함.

□ 공정거래위원회는「하도급법 위반사업자에 대한 과징금 부과기준에 관한 고시」를 개정하여 7월 25일부터 시행함.
  ○ 개정 고시는 불법적 이익(법위반금액)에 비례하여 과징금이 부과되도록 하되, 법위반금액 산정이 곤란한 위반행위에 대해서는 정액과징금이 부과되도록 하였으며, 과징금 가중·감경 폭을 축소함으로써 가중·감경이 보다 엄격히 이루어지도록 함.

88

보도 자료의 내용을 파악한 내용으로 적절하지 <u>않은</u> 것은?

① 기술을 유용하는 것은 법을 위반하는 위험한 행동이다.
② 법위반행위 유형에 따라 중대성의 정도를 3단계로 구분한다.
③ 과징금의 부과율을 계산할 때에는 총 3단계의 과정을 거치게 된다.
④ 법위반금액 산정이 곤란한 경우를 대비한 별도의 부과 기준을 신설했다.
⑤ 과징금이 가중되거나 감경되는 기준의 폭을 제한하여 엄격한 기준을 적용했다.

89

보도 자료의 내용을 읽고 보인 반응으로 적절하지 <u>않은</u> 것은?

① 과징금 부과방식에 맞춰 과징금 고시도 함께 시행이 되는 것이로군.
② 앞으로는 법을 위반하는 사업자가 불법적 이익을 쌓기가 어려워지겠군.
③ 과징금이 무서워서라도 기술을 유용하거나 보복조치하는 일에 유의해야겠네.
④ 3가지 요소에 동등한 점수를 부여하여 점수를 합산하는 것은 고민이 필요한 부분이군.
⑤ 시장에 위해를 미치는 행위이더라도 법위반금액 산정이 되어야 과징금을 부과할 수 있군.

90

보도 자료의 내용을 잘못 이해한 것은?

**알기 쉬운
검진 결과 통보서 마련**

수요자 맞춤형으로 건강검진 결과 통보서 개선

□ 보건복지부는 국가 건강검진 후 개인에게 통보하는 결과 통보서 서식을 도표를 이용하여 시각적으로 쉽게 이해할 수 있도록 전면적으로 개편할 방침이다.
  ○ 개인별 종합 소견을 구체적으로 기술하여 검진자의 전반적인 건강 상태를 알려 주고, 2차 검진항목과 폐결핵 확진이 필요한 경우 추가 검진 일정과 검진 기관도 명시하여 안내할 수 있도록 하였다.
  ○ 또한 비만·혈압 등 5개 항목의 국제기준 정보를 제공하여 개인별 검진 결과를 국제기준과 비교하여 건강 수준을 한눈에 알 수 있도록 개선하게 된다.
  ○ 검사 수치를 현재 단순하게 숫자로 기입하여 제공하는 방식에서 도표·그래프를 이용한 시각적 디자인 기법을 활용하여 보다 이해하기 쉽도록 개선하였다.

□ 알기 쉬운 건강검진 결과 통보서 개선으로 현재까지 단순하고 평면적으로 제공되어 일반 국민이 이해하기 어려웠던 문제를 수요자 맞춤형 검진 결과를 제공함으로써 해결할 계획이다.
  ○ 건강검진을 받은 국민이 검진 결과를 정확히 이해할 수 있어 질병의 조기 발견과 건강 관리에 큰 도움을 줄 것으로 예상하고 있다.
  ○ 금번 개선사항은 일반 건강검진과 생애 전환기(만 40세, 만 66세) 건강진단의 1차 건강검진 결과 통보서를 대상으로 금년 9월부터 우선 적용하고, 향후 디자인을 추가 개발하여 전체 검진 유형별 결과 통보서로 확대 적용해 나갈 계획이라고 밝혔다.

① 수요자의 건강검진 신뢰도와 만족도를 높일 수 있는 개선책이다.
② 이 건강검진 결과 통보서는 금년부터 일부 연령대에게 적용이 된다.
③ 국제적인 기관에서 개인별 검진 결과를 비교하여 건강 수준을 확인해 준다.
④ 단순하고 평면적이던 결과 통보서가 다채롭고 시각적으로 제시될 예정이다.
⑤ 검진 결과를 알기 쉽도록 결과 통보서의 서식을 개선하는 변화를 꾀한 것이다.

국어문화 91번~100번

91

다음 중 〈보기〉의 밑줄 친 ㉠과 ㉡의 음운 변동이 일어난 단어를 바르게 묶인 것은?

― 보기 ―

동화는 하나의 음운이 단어 혹은 문장 안에 있는 다른 음운으로부터 영향을 받아 같은 소리로 변하거나 이와 비슷하게 되는 것이다. 이때 앞소리의 영향을 뒷소리가 받는 것을 ㉠<u>순행 동화</u>, 뒷소리의 영향을 앞소리가 받는 것을 ㉡<u>역행 동화</u>라고 부른다.

	㉠	㉡
①	달님	국물
②	진리	달님
③	국물	달님
④	국물	진리
⑤	진리	찰나

92

〈보기〉를 참고할 때 가획자가 아닌 것은?

― 보기 ―

세종 대왕은 17개의 자음과 11개의 모음자를 만들었다. 이 중에서 'ㄱ, ㄴ, ㅁ, ㅅ, ㅇ'이 다른 글자를 만드는 기본이 되는 글자들이며, 이 기본자에 획을 더하여 만들어진 것이 가획자이다. 한편 어떤 자음은 기본자의 모양을 본뜨거나 획을 더하지 않고 소리의 특성을 고려하여 모양을 달리하여 만들었다. 이 글자들을 이체자라고 한다.

① ㅋ ② ㅎ ③ ㄹ ④ ㅊ ⑤ ㅍ

93
다음의 수어가 의미하는 것은?

① 부끄럽다
② 불쌍하다
③ 솔직하다
④ 어지럽다
⑤ 훌륭하다

94
다음은 한글 '국'의 점자 표기를 나타낸 것이다. 이에 대한 설명으로 적절한 것은?

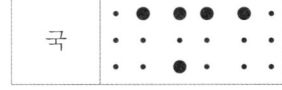

① 풀어쓰기 방식으로 적는다.
② 읽을 때는 오른쪽에서 왼쪽 방향으로 읽는다.
③ 초성의 자음은 왼쪽 열의 점을 반드시 포함한다.
④ 종성의 자음은 오른쪽의 열의 점을 반드시 포함한다.
⑤ 점자는 한 칸을 구성하는 점 3개를 조합하여 적는다.

95
다음 〈보기〉에서 설명하고 있는 고전 작품은?

| 보기 |

이 작품은 조선 후기 양반가의 몰락과 인간 욕망의 복잡성을 그린 소설이다. 주인공은 본래 양반 출신이나 몰락하여 첩으로 살아가게 되고, 그 속에서 다양한 인간 군상들과 얽히며 벌어지는 일들이 전개된다. 작품은 당시의 사회적 모순과 인간 본성에 대한 깊은 통찰을 담고 있으며, 특히 여성의 억압된 삶을 현실적으로 묘사한 것이 특징이다. 또한, 당시 사회에서 신분과 권력의 변천을 섬세하게 표현하여 시대적 배경을 잘 드러낸다. 주제는 인간의 욕망과 그로 인한 비극적인 결말을 중심으로 전개된다.

① 가시리
② 춘향전
③ 구운몽
④ 설공찬전
⑤ 사씨남정기

96
〈보기〉에서 설명하고 있는 작가는?

| 보기 |

이 작가는 한국 서정시의 전통적인 음색을 재현하면서 소박한 일상생활과 자연에서 소재를 찾아 섬세한 가락을 노래했다. 그는 "누님의 치맛살 곁에 앉아 / 누님의 슬픔을 나누지 못하는 심심한 때는 / 골목을 빠져나와 바닷가에 서자"(〈밤바다에서〉 1연)에서 보는 바와 같이, 슬픔이라는 삶의 근원적 정서에 한국적 정한의 세계를 절제된 가락으로 실어, 그 속에서 삶의 예지와 감동을 전해 주고 있다. 그의 시에 있어서 자연이란, 삶의 이치를 완벽하게 구현하고 있음으로써 영원하고 지순한 아름다움을 보여 주는 세계이다.

그는 자연에 의지하여 위로와 지혜를 얻지만, 때로는 자연의 완벽한 아름다움과 인간과의 거리 때문에 절망하기도 한다. 이 작가의 시는 1950년대의 주류이던 모더니즘 시의 관념적이고 이국적인 정취와는 달리 한국어에 대한 친화력과 재래적인 정서에 대한 강한 애착을 보여 주었다. 특히 그의 시에서 볼 수 있는, 독특한 구어체의 어조와 잘 조율된 율격은, 그의 시의 아름다움과 자연스러움을 보장하는 장치라고 할 수 있다. 대표작으로 〈다시 그리움으로〉, 〈울음이 타는 가을 강〉 등이 있다.

① 박목월
② 김수영
③ 김소월
④ 박재삼
⑤ 이청준

97

<보기>에서 설명하고 있는 문학 작품은?

| 보기 |

이 작품은 한 섬에서 일제 식민지 시대에 우리 민족이 총독부 권력에 의해 수탈당한 비극적 역사를 그려내고 있는, 김정한이 지은 단편 소설이다. 1966년에 발표되었다.

① 광장
② 타인의 방
③ 모래톱 이야기
④ 당신들의 천국
⑤ 서울, 1964년 겨울

98

<보기>에서 설명하고 있는 작가는?

| 보기 |

1924년 "조선문단"에 단편 작품으로 등단하였다. 계급적 관념의 현실 인식 감각과 전래의 구전문학 형식을 오늘에 되살리는 특유의 진술 형식을 창조하였다. 작품에는 〈레디메이드 인생〉, 〈태평천하〉, 〈탁류〉, 〈치숙〉 등이 있다.

① 이태준   ② 채만식
③ 이광수   ④ 황순원
⑤ 염상섭

99

밑줄 친 법령 용어를 쉬운 용어로 정비한 예로 적절하지 <u>않은</u> 것은?

① 압수물을 환부하지(→ 도로 돌려주지) 않을 때에는 계속 보관의 결정을 해야 한다.
② 해당 물품의 수급 상황을 감안하여(→ 고려하여) 결정해야 한다.
③ 기한을 초과한 경우에는 연체료를 부과하여(→ 추가하여) 징수한다.
④ 규정에 위반하여(→ 규정을 어겨서) 허위 신고를 한 자는 처벌된다.
⑤ 임원의 임기가 만료된 때에는 지체 없이 후임자를 개임한다(→ 바꾸어 임명하다).

100

같은 의미이지만 남북한이 다르게 표기하는 단어를 나타낸 ㉠, ㉡에 들어갈 적절한 말은?

북한-문화어	남한-표준어
㉠	업신여기다
㉡	다그치다
배워주다	가르쳐 주다
내굴	연기
아지	가지
꽝포쟁이	거짓말쟁이
망탕	되는대로 마구

	㉠	㉡
①	눅다	그쯔하다
②	살밭다	그쯔하다
③	눅다	살밭다
④	숙보다	다우치다
⑤	다우치다	눅다

파이널 실전 모의고사

정답 & 오답률 줄이는 해설

정답

01	⑤	02	⑤	03	④	04	③	05	③
06	①	07	⑤	08	④	09	②	10	④
11	⑤	12	②	13	③	14	②	15	⑤
16	③	17	②	18	⑤	19	③	20	④
21	①	22	③	23	①	24	①	25	①
26	②	27	③	28	③	29	①	30	②
31	⑤	32	②	33	②	34	⑤	35	②
36	①	37	④	38	④	39	③	40	③
41	④	42	④	43	③	44	②	45	①
46	④	47	⑤	48	⑤	49	④	50	⑤
51	②	52	①	53	④	54	①	55	③
56	⑤	57	③	58	⑤	59	②	60	⑤
61	⑤	62	②	63	②	64	⑤	65	①
66	②	67	④	68	②	69	①	70	①
71	③	72	③	73	⑤	74	②	75	②
76	②	77	④	78	②	79	①	80	②
81	⑤	82	②	83	⑤	84	⑤	85	②
86	①	87	②	88	②	89	⑤	90	③
91	⑤	92	③	93	④	94	①	95	③
96	④	97	③	98	②	99	③	100	④

듣기·말하기 1번~15번

01 먼저 우리 전통 가구인 반닫이에 대한 강연을 들려드립니다.

오늘은 우리 전통의 가구인 반닫이에 대해 소개해 드리도록 하겠습니다. 반닫이는 '반쪽을 여닫다'라는 말에서 붙여진 이름인데 전, 후, 좌, 우, 상, 하의 육면을 막고 전면 상반부를 경첩을 달아 문짝으로 만들어 상하로 개폐하는 형식의 궤의 한 종류를 뜻합니다. 일부 지역에서는 문을 앞쪽으로 열고 닫는다 하여 앞닫이라 부르기도 합니다.

우리나라는 사계절의 변화가 뚜렷하고 한서의 차가 심한 기후적 영향으로 다양한 의복을 소장하기 위해 사용하기 편하고 보존에 편리한 반닫이류가 많이 이용되어 왔습니다. 이 반닫이는 다용도의 수납 가구로 옷가지는 물론 서책, 문서, 그릇, 제기, 귀중품 등 여러 가지 생활용품을 보관하는 용도로 사용되었습니다.

한편 안방과 사랑방에서 사용하는 반닫이의 경우 귀중품을 내부에 보관하고 위에는 이부자리를 올려놓기도 하였습니다. 반닫이는 혼수품으로 마련하기도 하지만 사용자의 필요에 의해 장인에게 주문·제작하거나, 경제력이 넉넉한 집에서는 장인을 집으로 들여 제작하는 경우도 적지 않았습니다. 또한 솜씨 있는 집에서는 직접 만들어 쓰기도 하였습니다.

반닫이의 일반적 크기는 높이 80cm 내외로 앞면에는 장식 금구를 크게 부착하였고, 위는 이불을 얹어 놓고 사용해도 무방하도록 튼튼하게 짜였습니다. 두껍고 폭이 넓은 판재를 사용하므로 장과 농에 비해 견고하며, 작지만 무거운 편입니다. 목재는 일반적으로 구하기 쉽고 가공이 용이한 소나무가 가장 많이 쓰였지요. 이 밖에 목질이 단단하고 나뭇결이 아름다운 느티나무, 엄나무, 가래나무, 참죽나무, 먹감나무, 물푸레나무, 단풍나무 등을 사용하기도 하였습니다.

반닫이는 지방에 따라 특색이 있는데, 강화 반닫이는 반닫이 중 가장 뛰어난 것으로 손꼽히며 섬세하고 치밀한 세공이 특징입니다. 이 외에도 크기가 작고 장식이 많지 않아 소박한 느낌을 주는 밀양 반닫이 등이 유명합니다.

| 정답 해설 |
⑤ 강연에서 반닫이의 내부 구조에 관한 내용은 언급되지 않았다.

02 이번에는 인터뷰를 들려드립니다.

사회자: 안녕하십니까? 최근 유네스코 총회에서 회원국들의 압도적인 지지로 문화 다양성 협약이 채택되었습니다. 오늘은 오 교수님을 모시고 이에 대한 이야기를 나누어 보겠습니다. 먼저 오 교수님, 이 협약의 의의는 무엇이라고 할 수 있을까요?

오 교수: 문화 다양성 협약이란 세계 각국의 문화적 다양성을 인정하는 국제 협약입니다. 각 나라가 자국의 다양한 문화 지원 정책이나 재정 지원 정책을 자율적으로 세울 수 있는 국제법적 근거가 마련되었다는 점에서 큰 의의가 있습니다.

사회자: 네, 그러면 이 협약이 채택된 배경에는 어떠한 것들이 있을까요?

오 교수: 그동안 세계는 세계무역기구 체제 아래, 모든 영역에서 자유 시장화를 추구하게 되면서 소비적인 대중문화가 전 세계의 문화를 지배하여 각국이 지닌 고유한 문화적 정체성이 파괴될 위기에 직면하게 되었습니다. 이 협약은 이러한 점을 문제점으로 인식하여 채택된 것입니다.

사회자: 이 협약이 우리 문화 산업에 미치는 영향이 많이 있을 거라고 예상하시나요?

오 교수: 네, 물론입니다. 문화 산업 육성과 관련한 각종 제도적 장치를 도입함으로써 우리 문화 산업이 장차 국내적으로나 국제적으로 경쟁력을 확보할 수 있는 바탕이 마련될 것입니다.

사회자: 네, 그렇겠군요. 그런데 일부 국가에서는 이 협약에 대해 강하게 반발하고 있는 것으로 알고 있습니다. 과연 이 협약이 실제적인 효력을 발휘할 수 있을지 궁금하네요.

오 교수: 중요한 것은 우리와 입장이 같은 나라들과의 연대라고 생각합니다. 일부 국가가 이 협약을 비준하지 않더라도 우리를 비롯한 여러 나라가 이 협약을 비준한다면, 국제법으로 충분히 효력이 있지 않을까요? 앞으로는 문화와 관련한 통상 분쟁이 발생했을 때, 이 협약이 우선적으로 적용되어야 할 것입니다.

| 정답 해설 |
⑤ 사회자는 전문가에게 협약에 대한 구체적인 정보를 이끌어 내기 위해 다양한 질문을 던지고 있다.

03 다음은 강연을 들려드립니다.

> 우리는 여러 장르의 예술 작품을 대할 때 작품이 마치 살아 있는 것 같은 인상을 받는 경우가 있습니다. 이런 경우 그 작품 속에는 생명력이 녹아 있다고 볼 수 있습니다. 그렇다면 어떻게 이런 생명력이 작품 속에 깃들여지는 것일까요?
> 그것은 바로 작가가 작품을 창작하는 과정에 담겨져 있습니다. 동서고금을 막론하고 작가의 대상에 대한 깊은 애정에서부터 창작은 시작됩니다. 애정이 결여되면 대상의 심장 소리를 들을 수 없고 내밀한 대화도 나눌 수 없게 됩니다. 고갱은 타히티섬을 진정으로 좋아했기에 그곳 여인들의 강렬하고 아름다운 생명력을 작품을 통해 전할 수 있었고, 공재 윤두서는 말을 진정으로 사랑하였기에 살아 움직이는 섬세한 필치로 말을 그릴 수 있었던 것처럼 말이지요.
> 이렇게 작가가 대상을 그리려면 대상에 대한 깊은 애정이 필수적입니다. 그렇다고 애정만 갖고 되는 것은 아닙니다. 작품을 대하는 기본적인 감정인 애정은 물론 대상에 접근하는 방법도 알아야 합니다. 이때의 방법은 대상을 그릴 때 대상의 본질을 이해하기 위한 창작 과정을 말합니다. 북송대 문인화의 대가였던 문동의 대나무 그리는 과정에 대해 소동파는 이른바 '흉중성죽(胸中成竹)', 즉 '가슴속에 대나무를 이룬다'고 하여 대나무가 그인지 그가 대나무인지 구별하기 어려울 정도가 되어야 대나무의 참모습을 볼 수 있다고 하였습니다. 가슴속에 맺힌 대나무를 풀어 놓으면 대나무가 살아 움직인다고 한 것입니다.
> 생명의 미학은 우리 조상들이 미술을 보아 왔던 기준이었고, 앞으로 우리들이 미술을 보아야 할 표준입니다. 작가가 대상의 생명력을 작품 속에 그리듯이 독자도 작품을 통해 그것을 발견할 수 있는 안목을 배양해야만 합니다. 미술을 생명체로 인식하고 바라보고자 하는 '생명의 미학'이야말로 진정으로 미술을 사랑하고 이해하는 자세인 것입니다.

| 정답 해설 |
④ 강연 마무리 부분의 내용으로 볼 때 주제로 가장 적절하다.
| 오답 해설 |
② 강연의 내용과 일치하나, 강연의 '주제'를 택하는 것이므로 적절하지 않다.

04 다음은 장수에 대한 강연을 들려드립니다.

> 오늘은 100세 시대에 맞춰 장수하기 위한 건강한 식단의 사례를 알려 드리려고 합니다.
> 오키나와 사람들은 돼지고기를 좋아합니다. 그러나 이들은 고기를 아와모리라는 오키나와 전통 술에 삶아 기름이 완전히 빠진 '단백질' 덩어리인 돼지고기만 먹습니다. 이들은 또 두부 등 콩을 원료로 한 음식을 즐겨 먹습니다. 양배추와 당근 등 야채와 해산물도 많이 섭취하는데, 이 식품들은 노화를 늦추고 암을 예방하는 항산화 물질이거나 심장병 예방에 효과적인 불포화 지방이 풍부한 것들입니다. 또한 오키나와의 장수인들은 소식주의자들입니다. 소식은 지금까지 노화를 연구하는 학자들이 증명해 낸 장수 비결 가운데 가장 신뢰할 만한 것으로 꼽히는 방법입니다.
> 이번에는 지중해식 식사에 대해 소개를 하도록 하겠습니다. 이 식단의 키워드는 올리브유와 토마토, 적포도주입니다. 지방의 섭취량만 놓고 본다면 지중해식 식사는 고지방식에 속합니다. 그러나 이 지방을 올리브유, 생선, 종자, 너트류 등 불포화 지방에서 얻게 되면 혈관의 건강에 이로운 콜레스테롤인 고밀도 지단백의 혈중 농도가 올라가게 됩니다. 전통적인 지중해식 식사는 올리브유를 듬뿍 뿌린 샐러드와 파스타를 먹고 항상 과일로 식사를 끝내며 포도주로 자주 목을 축이는 것입니다.
> 생각보다 아주 특별하고 훌륭한 재료만 사용해야 하는 것이 아니므로 여러분도 이제부터 장수 식단으로 건강을 지켜 보시기 바랍니다.

| 정답 해설 |
③ 양배추와 당근 등의 야채는 노화를 늦추는 것이지 멈추게 하는 것이 아니며, 암 역시 예방하는 정도이지 치료의 기능까지 담당한다고 하지는 않았다.

05 다음은 시 한 편을 들려드립니다.

> 차단-한 등불이 하나 비인 하늘에 걸려 있다
> 내 호올로 어딜 가라는 슬픈 신호냐
>
> 긴- 여름 해 황망히 날개를 접고
> 늘어선 고층 창백한 묘석같이 황혼에 젖어
> 찬란한 야경 무성한 잡초인 양 헝클어진 채
> 사념 벙어리 되어 입을 다물다
>
> 피부의 바깥에 스미는 어둠
> 낯설은 거리의 아우성 소리
> 까닭도 없이 눈물겹구나
>
> 공허한 군중의 행렬에 섞이어
> 내 어디서 그리 무거운 비애를 지고 왔기에
> 길-게 늘인 그림자 이다지 어두워
>
> 내 어디로 어떻게 가라는 슬픈 신호기
> 차단-한 등불이 하나 비인 하늘에 걸리어 있다
>
> – 김광균, 〈와사등〉

| 정답 해설 |
③ 이 시는 도시 문명 속에서 현대인이 느끼는 고독감과 불안함, 소외감 등을 그려 냈다.

06~07 다음은 강연을 들려드립니다. 6번은 듣기 문항, 7번은 말하기 문항입니다.

'키덜트(Kidult)'란 '아이'를 뜻하는 영어 '키드(Kid)'와 '어른'을 뜻하는 영어 '어덜트(Adult)'가 합쳐진 말로, '키덜트 문화'는 최근의 영화, 문학, 패션, 광고 등 소비 사회의 전역에서 성인 문화와 아동 문화의 경계를 허무는 새로운 문화 증후군을 의미하고 있습니다. 키덜트 문화는 어린이들뿐만 아니라 어린 시절로 돌아가고 싶어 하는 어른들에게도 선풍적인 인기를 끌며 두 세대를 아우르는 문화로 급격하게 부상하고 있는데요. '키덜트 문화'의 가장 큰 인기 비결은 어린이의 취향을 지니고 있으면서 동시에 치열한 생존 경쟁 속에서 살아가야 하는 어른들에게 일상에서 벗어날 수 있는 기회를 제공한다는 것입니다.

어른들은 애니메이션이나 동화가 주는 환상의 분위기에 빠져들면서 현실에 대한 불안과 공포를 잠시 잊기도 하고, 어린 시절에 사용하던 물건을 통해 그 시절로 돌아간 듯한 기분을 느끼곤 합니다. 이처럼 과거에 대한 애틋함을 느끼고 있는 어른들과, 인터넷의 급속한 발달 등으로 인해 '조기 성인화'를 겪는 요즘 어린이들의 정서가 맞물리면서 두 세대 간의 문화적 경계는 점점 흐릿해져 가고 있습니다. 그 모호한 경계에 키덜트 문화가 자리를 잡으면서 급속히 성장하게 된 것입니다.

이렇게 새로운 문화로 떠오른 키덜트 문화는 삭막한 현실 속에서 살고 있는 어른들에게 동심을 되찾아 주고, 어른과 어린이가 공유할 수 있는 문화의 장을 열어 주었다는 점에서 긍정적인 면으로 작용하고 있습니다. 그러나 어린 시절에 대한 향수와 동화적 상상력까지 상품으로 이용하려는 소비 자본주의의 얄팍한 상술이 한 면을 차지하고 있다는 점도 간과해서는 안 될 것입니다. 키덜트 문화의 이러한 양면을 모두 짚어 낼 수 있을 때만이 우리는 새로운 문화적 현상을 부작용 없이 새로운 흐름으로 받아들이며 즐기게 될 것입니다.

06 ①

| 정답 해설 |

어른뿐만 아니라, 조기 성인화를 겪는 아이들까지도 아우르는 문화의 범주임이 제시되어 있다.

07 ⑤

| 정답 해설 |

'키덜트'라는 새로운 문화의 개념을 소개하고, 이것이 인기를 끌게 된 원인 등을 구체적으로 제시하고 있다.

08~09 이번에는 드라마 속 대화를 들려드립니다. 8번은 듣기 문항, 9번은 말하기 문항입니다.

여자: 결혼 준비는 잘 되고 있어?
남자: 말도 마. 신혼집이 문제지, 뭐.
여자: 다들 그런 이야기를 하기는 하더라. 보통은 대출 조금 해서 전세를 얻지 않아?
남자: 무리를 해서라도 집을 사는 쪽으로 하려고 해. 집을 선택할 때 동네를 잘 보고 선택해야 할 것 같더라고.
여자: 아, 동네 안전이나 편의 시설 같은 게 잘 되어 있는 곳으로 가려고 하는 거구나?
남자: 아니, 그런 건 중요한 문제가 아니지. 집값이 얼마나 오를 수 있는지가 중요하지.
여자: 미리 알아본다고 해도 이후에 결과가 어떨지 모르는데 그게 예측이 잘 될 수 있나 의문이네.
남자: 어떻게든 재산을 늘리려면 이런저런 방법을 써야지.
여자: 나는 이런저런 방법을 쓰는 게 오히려 불안해서 저축만 열심히 하는 중인데.
남자: 그렇게 살면 평생 이익이 확 늘어나는 일도 없고 경제적으로 성장이 없지.
여자: 나는 일한 만큼 버는 것에 만족하고 잘 모아 두는 걸로 충분하다고 생각하는 편이라서.
남자: 지금은 나이가 적으니까 그렇지만 나이 들어서 버는 돈이 없을 때를 생각하면 머리를 써야지. 돈은 불려야 맛이야.
여자: 불리려다가 되레 마이너스가 될 수도 있잖아. 차곡차곡 모으는 게 안전하지.
남자: 돈은 가만히 지키는 게 아니라 투자를 해야 하는 거야.
여자: 그러다가 한순간에 모아 놓은 돈도 잃으면 어떡해. 나는 지금처럼 은행에 고이 버는 돈을 모셔 두겠어.
남자: 그래. 각자 가치관이 다른 거니까. 너도 잘 생각해 봐.

08 ④

| 정답 해설 |

남자는 편의 시설이나 안전과 같은 기준보다는, 집값이 얼마나 더 오를 것인가를 기준으로 신혼집을 구하고자 한다.

09 ②

| 정답 해설 |

남자는 자금을 투자하여 이익을 얻어 재산을 늘려야 한다고 생각하고 있고, 여자는 이와 달리 벌어들인 돈을 잘 저축하고 온전히 보유하는 것이 낫다고 생각하고 있다. 즉, 경제적 관념에 대한 시각 차이가 나타나고 있다.

| 오답 해설 |

① 노후 대책보다는 돈을 어떻게 운용할지에 대한 생각의 차이를 드러내고 있다.
③ 전세를 얻기가 어렵다거나 이를 어떻게 해결하는 것이 좋겠다는 의견은 제시되지 않았다.
④ 은행의 대출 가능 조건에 대한 언급은 없다.
⑤ 거주지의 재건축 여부는 대화에서 다루지 않고 있다.

10~11 다음은 강연을 들려드립니다. 10번은 듣기 문항, 11번은 말하기 문항입니다.

> 민주주의 사회에서 정치적 의사 결정은 투표에 의해서 이루어집니다. 이 경우 구성원들은 자신의 경제력에 관계없이 똑같은 정도의 결정권을 가지고 참여하게 됩니다. 즉, 의사 결정 과정에서의 민주적 절차와 형평성을 중시하는 것입니다. 그러나 시장적 의사 결정에서는 자신의 경제력에 비례하여 차별적인 결정권을 가지고 참여하며, 철저하게 수요-공급의 원칙에 따라 의사 결정이 이루어집니다. 경제적인 효율성이 중시되기 때문입니다.
> 정치적 의사 결정은 다수결과 강제성을 전제로 하지만, 시장적 의사 결정은 완전 합의와 자발성을 근간으로 하고 있습니다. 투표를 통한 결정이든, 선거에 의해 선출된 사람들의 합의에 의한 결정이든 민주주의 제도하에서 정치적 의사 결정은 다수결로 이루어지며, 이 과정에서 반대를 한 소수도 결정이 이루어진 뒤에는 그 결정에 따라야 합니다. 그러나 시장적 의사 결정에서는 시장 기구가 제대로 작동하는 한, 거래를 원하는 사람만이 자발적으로 의사 결정에 참여하며 항상 모든 당사자의 완전 합의에 의해서만 거래가 이루어지게 됩니다.
> 물론 민주주의와 시장 경제가 전적으로 상치(相馳)되는 것은 아닙니다. 이 둘은 공통적으로 개인의 자유, 책임, 경쟁, 참여, 법치 등의 가치를 존중하는 자유주의 사상에 바탕을 두고 있기 때문에 병행하여 발전하는 속성도 지니고 있습니다. 민주주의는 정치 권력의 남용을 차단하고 자유로운 분위기를 조성함으로써 시장 경제의 성장과 발전에 기여합니다. 또한 시장 경제는 각자의 능력과 노력에 따라 정당한 보상을 받게 함으로써 민주주의의 발전에 필요한 물적 기반을 제공하며 정치적 안정에도 기여합니다.

10 ④

| 정답 해설 |

시장 경제는 민주주의의 발전에 도움이 되는 물적 기반을 제공하며, 정치적 안정에도 기여하는 등 긍정적인 영향을 끼치고 있다고 제시되었다.

| 오답 해설 |

①, ③ 민주주의와 시장 경제가 전적으로 상치되는 것이 아니며 자유주의 사상에 바탕을 두고 있다고 밝히고 있다.
② 시장적 의사 결정은 차별적 결정권을 가지게 된다고 하였다.
⑤ 정치적 의사 결정에서는 반대를 한 소수도 결정이 이루어진 뒤에는 그 결정을 따라야 한다고 하였다.

11 ⑤

| 정답 해설 |

강연자는 정치적 의사 결정과 시장적 의사 결정의 차이를 서술·분석하고, 그 둘이 민주주의의 성장과 발전에 상호 기여한다는 결론을 제시하고 있다.

12~13 이번에는 대화의 한 장면을 들려드립니다. 12번은 듣기 문항, 13번은 말하기 문항입니다.

> **국회 의원:** 안녕하세요. 국회 의원 이정현입니다. 최근 다른 사람이 위험에 처한 것을 보고도 외면하는 사람들이 많습니다. 차에 치인 사람을 보고도 아무런 조치를 하지 않고 신고조차도 하지 않아서 생명을 건질 수 있음에도 사망하는 사례가 보도되고 있지요. 이러한 사례들을 볼 때 강제적이기는 하지만 착한 사마리아인의 법이 우리 사회에 필요하다고 생각합니다. 사회에는 도덕이라는 것이 필요합니다. 도덕이 흔들리면 법의 질서도 무너지기 마련이지요. 처벌을 피하기 위해 돕는 행동을 할 수도 있겠지만 그런 행동이 사회 안에서 이어지면 선한 양심이 회복될 수 있습니다. 우리가 그런 일을 당할 때에도 누군가가 도와주기를 바라는 마음은 당연하지 않나요? 이를 법으로 제정하고 실현하자는 것입니다.
>
> **변호사:** 안녕하세요. 변호사 신은호입니다. 사회 내에는 법으로 규제해야 할 행동들이 있습니다. 다른 사람에게 피해를 주거나 상해를 입히는 경우가 대표적일 것입니다. 하지만 양심대로 돕지 않는 선택을 하는 것을 법으로 규제하는 것이 정당할까요? 법 때문에 착한 일을 억지로 해야 하는 것은 스스로 착한 일을 하는 것에 비해 좋은 방법이 아닐 겁니다. 어느 정도의 위험에 대해 어느 정도의 도움을 주는 것이 법적으로 적절한지 그 기준을 정하는 것도 쉽지 않고요. 적극적으로 돕는 것이 아니더라도 경찰이나 119에 신고할 수 있도록 사회 분위기를 형성하는 것까지만 하는 것이 맞습니다. 착한 사마리아인도 법의 규제에 따라 그런 행동을 하지는 않았으니까요.

12 ②

| 정답 해설 |

위험에 처한 타인을 돕는 것을 개인의 양심에만 맡겨서는 안 된다는 의견을 가지고 있는 사람은 국회 의원이다.

13 ③

| 정답 해설 |

변호사는 착한 사마리아인의 법의 기준을 마련하는 것이 어렵다고 언급하고 있다. 외국의 사례 자료가 제시될 경우 자료의 수용 여부에 따라 국회 의원과 변호사의 갈등을 중재할 수 있을 것이다.

| 오답 해설 |

① 119에 신고하는 사건에 관한 통계 자료는 언급되지 않았고, 두 사람의 논점과도 직접적 관련이 없다.
② 해당 내용은 대화에서 아예 다루지 않은 내용이다.
④ 착한 사마리아인의 법 제정에 관한 상반된 의견이 중점적 사안이므로, 선한 일을 하는 사람의 성장 배경에 대한 조사 자료를 제시할 필요가 없다.
⑤ 사회 운동가의 의견은 법 제정에 대한 찬반을 중재할 때 유용

한 방안이 될 수 없다. 법 제정을 하지 않고 사회 운동으로만 문제점을 해결하고자 할 때 구체적인 방안에 대해 이견이 있다면 그때 활용할 수 있을 것이다.

14~15 이번에는 뉴스 보도를 들려드립니다. **14**번은 듣기 문항, **15**번은 말하기 문항입니다.

> 기자: 전국의 병원에서 일하는 비정규직 노동자들은 청소 노동자들을 포함해 경비와 설비, 환자 운송, 주차까지 맡으며 병원의 중요한 일들을 담당하고 있습니다. 생명·안전과 관련이 있는 이와 같은 업무를 하는 비정규직도 정규직이 돼야 마땅할 것이고 정부에서도 이를 적극적으로 추진하려는 의지를 내보이고 있습니다. 하지만 병원들의 외면 속에 비정규직 노동자들은 제대로 된 교육이나 안전 장비도 없이 생명과 안전을 위협받으며 일하고 있습니다. 이와 관련해 최근 발생한 사건을 살펴보겠습니다. 병원 청소를 하는 서지혜 씨. 올해 초, 주삿바늘에 찔렸습니다. 알고 보니 에이즈 환자에게 쓴 바늘이었습니다. 비정규직인 서지혜 씨에게 조심하라며 미리 알려 준 이는 없었습니다. 에이즈에 감염이 되지 않았다는 결과를 받기까지 2주는 끔찍했습니다. 이 병원에서만 올해 청소 노동자가 바늘에 찔린 사고가 6차례, 한 달에 한 번 꼴로 발생했습니다. 비정규직 노동자들이 병원에 안전 장갑을 요구하면 하청 업체에 말하라 하고, 하청 업체는 돈이 없다고 합니다. 그래서 어쩔 수 없이 비닐장갑을 사용하며 불안한 마음으로 일을 합니다. 다른 병원도 마찬가지입니다. 재고용이 안 될까 싶어 안전에 대한 불만도 말 못합니다. 안전에 대한 불만을 이야기하다 해고가 되어도 비정규직 종사자가 딱히 하소연할 곳이 없기 때문입니다. 주삿바늘에 찔렸던 비정규직 청소 노동자 역시 이 일을 겪은 후 다른 안전 조치를 받지 못했습니다. 이 사건과 관련된 피해자의 이야기를 들어 보겠습니다.
> 비정규직 노동자: 바늘 있는 줄 나는 몰랐거든요, 막 따끔해요. 찔리기도 깊이 찔려서 이렇게 뺐는데도 안 빠져나오더라고요. 병원에서 사과도 못 받았어요. 그러니까 내가 더 분하죠. 세상 만사도 귀찮고 돈도 싫고 사람도 싫고 정말 괴로운 심정이었어요. 이 병원에서 일한 지 3년차 들어가고 있는데 고용 계약은 6번째를 앞두고 있습니다. 진짜 고용이 불안해요. 정규직이 되고, 더 안정적인 환경에서 일하고 싶을 따름이죠.
> 기자: 안전한 병원을 만들기 위해서는 비정규직의 정규직 전환이 조속히 진행되어야 할 것입니다. 이들은 위험 정보나 보호 장비 등 최소한의 안전을 위해서라도 정규직을 바라고 있습니다. 임강현이었습니다.

14 ②

| 정답 해설 |

청소 노동자의 안전 문제와 비정규직의 정규직화에 관련된 내용을 주제로 뉴스 보도가 진행되었다. 손 씻기에 대한 언급은 등장하지 않았다.

15 ⑤

| 정답 해설 |

안정적 고용, 안전한 근로 환경의 보장을 위해 비정규직 노동자의 정규직 전환을 강조하며 뉴스 보도를 마무리하고 있다.

| 오답 해설 |

① 정규직과 비정규직의 급여와 처우의 차이를 제시하지 않았다.
② 인권 교육에 대한 내용은 보도되지 않았다.
③ 고용 계약의 변화 양상이나 추세에 대한 보도 내용은 없다.
④ 발생한 사고의 사후 처리 과정이 어떠해야 하는지에 대한 설명은 보도에 등장하지 않았다.

어휘·어법　　　　　　　　16번~45번

16 ③

| 오답 해설 |

① 해끔하다: 조금 하얗고 깨끗하다.
② 해사하다: 얼굴이 희고 곱다랗다.
④ 해찰하다: 마음에 썩 내키지 아니하여 물건을 부질없이 이것저것 집적거려 해치다.
⑤ 해해하다: 입을 조금 벌리고 자꾸 힘없이 싱겁게 웃다.

17 ⑤

| 정답 해설 |

- 항간(巷間): 일반 사람들 사이.
- 얼마 되지 않은 지나간 날부터 현재 또는 바로 직전까지의 기간은 '최근(最近)'이다.

18 ⑤

| 정답 해설 |

해포: 한 해가 조금 넘는 동안.

19 ④

| 정답 해설 |

면목(面目) → 염치(廉恥)
- 면목(이) 없다: 부끄러워 남을 대할 용기가 나지 않다.
- 염치(廉恥): 체면을 차릴 줄 알며 부끄러움을 아는 마음.

20 ③

| 오답 해설 |

① '공중을 날다.'를 뜻하는 '비상(飛翔)하다'의 용례이다.
② '마음이 슬프고 쓰리다.'를 뜻하는 '비상(悲傷)하다'의 용례이다.
④ '높이 날아오르다.'를 뜻하는 '비상(飛上)하다'의 용례이다.

⑤ '평범하지 아니하고 뛰어나다.'를 뜻하는 '비상(非常)하다'의 용례이다.

21 ①
| 정답 해설 |
세로 3번에 들어갈 단어는 '무시하다'로 이와 유사한 의미를 지닌 고유어는 '낮보다'이다.
낮보다: 남을 업신여기어 자기보다 낮게 보다.
| 오답 해설 |
② 늦되다: 곡식이나 열매 따위가 제철보다 늦게 익다.
　예 벼가 늦되다.
③ 재겹다: 몹시 지겹다.
　예 아내는 남편의 입에서 얼음이 깨물리는 소리가 참으로 재겹게 들리었다.
④ 흠보다: 남의 결점을 들어 말하다.
⑤ 뒤넘스럽다: 주제넘게 행동하여 건방진 데가 있다.
　예 매번 잘난 척하는 그는 뒤넘스러워.
[가로 열쇠]
2. 소홀하게 보아 넘김. - 등한시
3. 전투에 필요한 장비를 갖춤. 또는 그 장비. - 무장
[세로 열쇠]
1. 여럿이 모두 엇비슷하게. - 비등비등
2. 예식을 치를 수 있도록 설비를 갖추어 놓은 장소. - 예식장
3. 사물의 존재 의의나 가치를 알아주지 아니하다. - 무시하다

22 ③
| 정답 해설 |
'달였다'로 고쳐 써야 한다.
• 다리다: 옷이나 천 따위의 주름이나 구김을 펴고 줄을 세우기 위하여 다리미나 인두로 문지르다.
　예 다리미로 옷을 다리다.
• 달이다
「1」 액체 따위를 끓여서 진하게 만들다.
　예 간장을 달이다.
「2」 약재 따위에 물을 부어 우러나도록 끓이다.
　예 보약을 달이다.
| 오답 해설 |
⑤ 선친(先親): 남에게 돌아가신 자기 아버지를 이르는 말.

23 ①
| 정답 해설 |
• 사료(史料): 역사 연구에 필요한 문헌이나 유물. 문서, 기록, 건축, 조각 따위를 이름.
　예 사료 수집.
• 사료(飼料): 가축에게 주는 먹을거리.
• 사료(思料): 깊이 생각하여 헤아림.

24 ①
| 정답 해설 |
'위협(威脅)하다'는 '힘으로 으르고 협박하다.'를 뜻하는데, '어르다'는 '어떤 일을 하도록 사람을 구슬리다.'를 뜻하므로 서로 대응하지 않는다. '위협(威脅)하다'는 '위협적인 언동으로 울러서 남을 억누르다.'를 뜻하는 '을러대다'와 대응한다.
| 오답 해설 |
④ '훼방(毁謗)하다'는 '남을 헐뜯어 비방하다.'를 의미하므로 '헐뜯다'와 대응한다.
⑤ '쇠퇴(衰退)하다'는 '기세나 상태가 쇠하여 전보다 못하여 가다.'를 뜻하므로 '점점 쇠약하여지다.'를 의미하는 '이울다'와 대응한다.

25 ①
| 정답 해설 |
㉠의 '묻다'는 '('묻어', '묻어서' 꼴로 다른 동사와 함께 쓰여) 함께 팔리거나 섞이다.'라는 묻다01의 뜻으로 다른 것과 동음이의 관계로 관련이 없다.
묻다02
「1」 물건을 흙이나 다른 물건 속에 넣어 보이지 않게 쌓아 덮다. … ㉤
「2」 일을 드러내지 아니하고 속 깊이 숨기어 감추다. ……… ㉢
「3」 얼굴을 수그려 손으로 감싸거나 다른 물체에 가리듯 기대다. … ㉣
「4」 의자나 이불 같은 데에 몸을 깊이 기대다. ……………… ㉡

26 ②
| 정답 해설 |
'나무에도 못 대고 돌에도 못 댄다'는 '아무 데도 의지할 곳이 없음을 비유적으로 이르는 말.'이다. 따라서 ②와 같은 문맥에서는 사용하기 어렵다.
| 오답 해설 |
① 잘될 사람은 어려서부터 남달리 장래성이 엿보인다는 말.
③ 물에서 사는 물고기를 산에서 구한다는 뜻으로 도저히 불가능한 일을 하려고 애쓰는 어리석음을 비유적으로 이르는 말.
④ 사람이 세도가 좋을 때는 늘 찾아오다가 그 처지가 보잘것없게 되면 찾아오지 아니함을 비유적으로 이르는 말.
⑤「1」 어떤 일을 치르고 난 뒤에 그 뒷수습과 새로운 질서가 이루어지기 위한 어려움이 많음을 비유적으로 이르는 말.
「2」 무엇이나 옮겨 놓으면 자리를 잡기까지 상당한 시일이 걸림을 비유적으로 이르는 말.

27 ②
| 정답 해설 |
• 각골난망(刻骨難忘): 남에게 입은 은혜가 뼈에 새길 만큼 커서 잊히지 아니함.
• 결초보은(結草報恩): 죽은 뒤에라도 은혜를 잊지 않고 갚음.

28 ③
| 정답 해설 |
'소같이 먹다'는 '엄청나게 많이 먹다.'라는 뜻이다.

29 ①
| 정답 해설 |
'시방'은 '말하는 바로 이때에.'를 의미하므로 '어떤 일에 온 정성을 다하여 골똘하게.'를 뜻하는 '열심히'로 바꾸어 쓰는 것은 적절하지 않다. '지금' 정도로 순화할 수 있다.

30 ②
| 정답 해설 |
'맞트레이드'는 '맞-+trade'의 결합으로, '맞-'은 '마주 대하여 하는' 또는 '서로 엇비슷한'의 뜻을 더하는 접두사이다. 그리고 'trade'는 '프로 팀 사이에서 전력을 향상할 목적으로 소속 선수를 이적시키거나 교환하는 일.'을 의미한다. 따라서 '맞교환'으로 순화하는 것이 적절하다. '교역'은 '주로 나라 사이에서 물건을 사고팔고 하여 서로 바꿈.'을 의미한다.
| 오답 해설 |
① '도어스테핑'은 '정치인이나 주요 인사가 집이나 관청 따위의 문을 드나들 때에 기자들과 간단하게 묻고 답하는 일.'을 의미한다.

31 ⑤
| 정답 해설 |
사이시옷을 표기하기 위해서는 어근 중 하나가 순우리말이어야 하는데, '전세(傳貰)+방(房)'은 둘 다 한자어이다. '전세방'이 올바른 표기이다.

32 ②
| 정답 해설 |
'구린내/쿠린내'는 '어감의 차이를 나타내는 단어 또는 발음이 비슷한 단어들이 다 같이 널리 쓰이는 경우에는, 그 모두를 표준어로 삼는다.'는 표준어 규정 제1부 제2장 제5절 제19항에 따른 복수 표준어이다.

33 ②
| 정답 해설 |
'급급이'를 첩어(한 단어를 반복적으로 결합한 복합어)로 생각하고 '-이'로 적는 경우로 혼동할 확률이 높다. 하지만 '급급-'은 첩어가 아니라 '급급하다'의 어근이다. 따라서 '급급히'로 표기해야 한다.

34 ⑤
| 정답 해설 |
'-끼리'는 접미사이므로 앞말에 붙여 써야 한다.
| 오답 해설 |
① '밖에'는 조사이므로 앞말에 붙여 쓴다.
② '마지않다'는 보조 동사로 한 단어이므로 붙여 쓴다.
③ '못쓰다'는 '옳지 않다. 또는 바람직한 상태가 아니다.'라는 뜻의 한 단어이므로 붙여 쓴다.
④ '간'은 '한 대상에서 다른 대상까지의 사이.'의 의미일 경우 의존 명사이므로 띄어 쓴다.

35 ②
| 정답 해설 |
'줄창'은 '줄곧'으로 바꿔 써야 한다.
| 오답 해설 |
① '인마'는 '이놈아'가 줄어든 말이다.

36 ③
| 오답 해설 |
① 주어와 서술어가 호응하지 않으므로 '이번 여름 방학에 한 봉사 활동은 ~ 집을 짓는 것이었다.'로 고치는 것이 적절하다.
② 중의성을 지닌 문장이다. 선생님과 봉사 활동 중 봉사 활동을 더 좋아하게 되기 바란다는 뜻일 수도 있고, 선생님이 봉사 활동을 좋아하는 것보다 더 많이 봉사 활동을 좋아하게 되기를 바란다는 뜻일 수도 있다.
④ 이중 피동이 사용되었다. '믿기다'라는 피동사(믿다+파생 접미사 '-기-')에 '-어지다'라는 통사적 피동문이 동시에 결합되어 있다.
⑤ '호평'은 좋은 평판이나 평가를 뜻하기 때문에 '좋은 호평'은 중복 표현이다.

37 ④
| 정답 해설 |
동생을 돌본 주체가 '누나와 형'으로만 해석된다.
| 오답 해설 |
① '-고 있다' 때문에 중의성이 발생한 경우이다. 상태(완료)나 진행의 의미 둘 다로 해석이 가능하다.
② 모두가 오지 않은 전체 부정과 몇 명만 온 부분 부정 두 가지 의미로 해석이 가능하다.
③ 비교 대상이 불명확하여 생기는 중의문이다. '은석'이가 '수호'를 좋아하는 정도와 내가 '수호'를 좋아하는 정도를 비교하는지, '나'와 '수호'를 비교하는지 불명확하다.
⑤ '웃으면서'라는 부사어의 수식 범위가 모호하여 중의성이 발생했다. 즉, '형'이 웃는지 '시은'이가 웃는지 불분명하다.

38 ④
| 오답 해설 |
① '예고'에 '이미'의 의미가 들어 있으므로 중복된 표현이다.
② '백발'은 '흰 머리'라는 뜻이므로 '하얀'과 중복된 표현이다.
③ '과반수'는 '절반이 넘는 수'라는 의미이므로 '과반수 이상'은 중복된 표현이다.
⑤ '난관'은 '어려운 고비'라는 뜻이므로 '어려운'과 중복된 표현이다.

39 ③
| 정답 해설 |
국어의 중요한 특징 중 하나인 모음 조화는 양성 모음(대표적으로 'ㅏ, ㅗ')은 양성 모음끼리 음성 모음(대표적으로 'ㅓ, ㅜ')은 음성 모음끼리 모이려는 현상이다. 보통 음성 상징어(의성어, 의태어)와 용언의 어간과 어미 사이에서 나타난다.
'아름다워'는 '아름답-+-아 → 아름다워(어미 '-아'가 '-어'의 형태로 바뀜.)'로 모음 조화 현상이 지켜지지 않은 경우이다.

40 ③
| 정답 해설 |
'쓰다'는 'ㅡ' 탈락 규칙 활용이 적용된다. 어간에 'ㅡ'를 가진 모든 용언은 모음 어미와 결합할 때 예외 없이 탈락한다.
| 오답 해설 |
①, ②, ④, ⑤은 모두 불규칙 활용으로, '한글 맞춤법' 제18항을 살피면 활용형을 이해하는 데 도움이 된다.

41 ⑤
| 정답 해설 |
울다+짖다(어간+어간). 어미가 없이 결합된 비통사적 합성어이다.
| 오답 해설 |
①, ②, ③, ④ 모두 통사적 합성어이다.
① 손+발(명사+명사)
② 맛+있다(주어+서술어)
③ 새+마을(관형사+체언)
④ 어린+이(용언의 활용형+체언)

42 ④
| 정답 해설 |
쌍점이 아니라 빗금(/)을 사용한다.
| 오답 해설 |
①, ②, ③, ⑤ 모두 문장 부호 규정과 예시가 적절하다.

43 ③
| 정답 해설 |
맑게[말게]: 용언의 어간 말음 'ㄺ'은 'ㄱ' 앞에서 [ㄹ]로 발음한다.

44 ②
| 오답 해설 |
① 싱가폴 → 싱가포르
③ 베네주엘라 → 베네수엘라
④ 에디오피아 → 에티오피아
⑤ 우즈배키스탄 → 우즈베키스탄

45 ①
| 정답 해설 |
국어의 로마자 표기는 국어의 표준 발음법에 따라 적는 것을 원칙으로 하지만, 된소리되기는 표기에 반영하지 않는다.

쓰기 46번~50번

46 ④
| 정답 해설 |
㉠은 반영되었으며, 온라인 교육의 장단점이 균형 있게 제시되었다. ㉡도 반영되었고, 인터넷 접근성 부족으로 인한 문제가 구체적으로 설명되었다. ㉣은 문제 해결을 위한 방안이 제시되었고 그 필요성이 강조되었다.
| 오답 해설 |
㉢ 교사와 학생 간의 상호작용 문제를 언급했으나 구체적인 사례는 제시되지 않았다.
㉤ 온라인 교육의 부정적 측면은 언급했으나 한계점을 중점적으로 지적하기보다 이를 보완하고 개선하는 방안에 집중하고 있다.

47 ⑤
| 정답 해설 |
(마)는 접근성 문제보다는 집중력 저하와 학습 격차에 초점을 맞추고 있기 때문에, 접근성 강화 필요성을 강조하기 위한 자료로 적합하지 않다.

48 ⑤
| 정답 해설 |
Ⅲ-1은 온라인 교육의 문제점 중 핵심적인 내용으로, 문제를 명확히 드러내기 위해 Ⅲ에 유지되어야 한다. 이를 Ⅳ로 이동시키면 문제점을 충분히 설명하지 못하게 되므로, 원래 위치를 유지하는 것이 적절하다.

49 ④
| 정답 해설 |
문제점에 관한 언급을 이어가고 있으므로, 온라인 교육에 이점이 많지만, 문제점을 고려해야 한다는 내용 전개가 요구된다.

50 ⑤

| 정답 해설 |

글에서는 온라인 교육의 문제점을 해결하고, 인프라 개선과 교사·학생의 적응 노력을 통해 온라인 교육이 미래 교육의 중심으로 자리 잡을 수 있음을 강조하고 있다. 나머지 선택지는 본문의 논점을 충분히 반영하지 못하거나 일부 내용에만 집중하고 있다.

| 오답 해설 |

① 본문에서는 온라인 교육을 전통 교육의 완전한 대체가 아닌, 보완적이고 미래 교육의 중심으로 자리 잡을 수 있는 수단으로 언급하고 있다.
② 본문은 상호작용 강화의 필요성을 언급하지만, ㉮에서는 전체적인 교육 주체의 변화와 적응에 초점을 맞추고 있다.
③ 본문에서 모든 교육 주체의 변화는 중요하게 다뤄지지만, ㉮는 궁극적인 미래 교육의 중심으로 자리 잡는 방향을 강조하고 있다.
④ 본문에서는 정책적 지원의 필요성도 언급되지만, ㉮에서는 온라인 교육의 확대와 미래 교육의 중심으로 자리 잡는 것을 목표로 한다.

| 창안 | 51번~60번 |

51 ②

| 오답 해설 |

①, ③, ④, ⑤ 가장 모자라는 요소가 다른 것에 영향을 준다는 내용을 활용한 주장이라 볼 수 있다.

52 ①

| 정답 해설 |

'최소량의 법칙'은 가장 부족한 요소가 식물의 성장을 좌우한다는 것이다. ①은 이러한 특성과 무관하게 내성의 법칙을 적용한 사례이다.

53 ④

| 정답 해설 |

가장 취약한 부분을 보완하면 전체의 성장에 이로움을 가져올 수 있다는 속성을 활용해야 하므로 ④가 가장 적절하다.

54 ④

| 정답 해설 |

그림 (나)에서는 비계의 구조가 불완전하여 작업을 긍정적으로 달성하지 못하고 추락하는 모습이 제시되어 있다. 따라서 긍정적인 도움과 실마리로 아동의 인지 발달을 돕는 것과 반대의 내용이 적절하다. 부정적인 상호작용으로 아동이 독립적으로 성장하지 못하는 것으로 비유할 수 있다.

| 오답 해설 |

⑤ 그림 (가)에 해당하는 내용이다.

55 ③

| 정답 해설 |

공사가 끝나면 임시 가설물인 비계가 철거되는 것과 같이, 아동에게 주어지는 도움은 아동이 궁극적으로 스스로의 힘으로 문제를 해결할 수 있도록 적절한 시점에 거두어야 한다는 것이 ㉡에 들어갈 논리로 적절하다.

| 오답 해설 |

① 주변인의 도움은 비계의 역할과 긴밀하게 연결된다.
② 발달에 부정적인 영향을 미치는 요소의 제거에 대한 언급은 제시되지 않았다.

56 ⑤

| 정답 해설 |

아동의 인지 발달에 조력하는 것과 같은 기능을 하는 부품은 자전거 타기가 서툰 사람을 돕는 역할을 하는 '보조 바퀴'와 가장 가깝다. 자전거를 타는 것이 익숙해지면 보조 바퀴를 떼어 버려도 된다는 점에서 비계와 더욱 밀접하다고 볼 수 있다. 이 외에도 아동이 젓가락질이나 펜을 쓰는 방법을 배울 때 사용하는 도구 등이 비계의 역할을 하는 다른 사례가 될 수 있다.

| 오답 해설 |

①, ②, ③, ④ 나머지 부품들은 각기 본래의 기능을 담당하며 없어져서는 안 된다.

57 ③

| 정답 해설 | 장용정은 특정한 환경에서만 잘 녹게 만들어진 약이므로 자신의 능력이 필요한 상황에서 실력을 발휘하는 인재가 비유의 대상으로 적절하다.

| 오답 해설 |

① 당의정은 의도를 숨기고 사람들을 유혹하는 인재에 비유할 수 있다.
② 연질 캡슐은 특정한 성격으로 비유하기 어렵다. 글에 성분을 담는 것 이외의 특성이 뚜렷하게 나타나지 않아서이다.
④ 서방정은 서서히 달아오르지만 쉽게 식지 않는 뚝배기 같은 인재에 비유할 수 있다.
⑤ 경질 캡슐은 뭉쳐지지 않는 의견들을 수용하는 인재에 비유할 수 있다.

58 ⑤

| 정답 해설 |

고약한 냄새와 역한 맛을 감추기 위해 달콤한 맛을 내었지만, 그것이 약의 효과가 있어 결국에는 도움이 된다는 특성을 활용한 것으로 적절하다.

59 ③

| 정답 해설 |

장용정은 필요한 곳에서 적절한 역할을 하는 약품으로서, 이와 관련짓기에 가장 적절한 한자 성어는 알맞은 인재를 알맞은 자리에 쓰거나 또는 그런 자리를 의미하는 '적재적소(適材適所)'가 적절하다.

| 오답 해설 |

① 아홉 마리의 소 가운데 박힌 하나의 털이란 뜻으로, 매우 많은 것 가운데 극히 적은 수를 이르는 말이다.
② 나무에 올라가서 물고기를 구한다는 뜻으로, 도저히 불가능한 일을 굳이 하려 함을 비유적으로 이르는 말이다.
④ 입술이 없으면 이가 시리다는 뜻으로, 서로 이해관계가 밀접한 사이에 어느 한쪽이 망하면 다른 한쪽도 그 영향을 받아 온전하기 어려움을 이르는 말이다.
⑤ 하늘이 돕고 신령이 도움. 또는 그런 일을 이르는 말이다.

60 ⑤

| 정답 해설 |

한 번만 먹어도 혈중 농도가 유지된다는 특성을 활용하여 설명하기에 적절하다.

| 읽기 | 61번~90번 |

61 ⑤

| 정답 해설 |

'눈', '마당', '기침' 등의 소박한 일상어를 사용하여 시적 이미지를 형상화하며 순수한 삶을 살고자 하는 시적 화자의 강한 소망을 표현하고 있다.

62 ②

| 정답 해설 |

제시된 시에서 '눈'은 순수하고 정의로운 것, 혹은 그러한 삶을 의미하는 것이다. 눈의 순수함이 녹아 사라지지 않고 살아서 남아 있는 것과 같이 시적 화자도 순수한 삶을 살고자 하는 의지를 표현하고 있다.

63 ③

| 정답 해설 |

제시된 소설은 오랜 타관 생활을 하다 고향에 들러 옛 터전을 둘러 보며 떠오르는 감상을 서술한 작품이다. 1인칭 주인공 시점으로 농촌 세태의 사실적인 묘사와 마을 사람들의 인정미를 드러냈다.

64 ①

| 오답 해설 |

서술자는 전재민촌 사람들을 측은지 여기고 돕던 옹점이의 행동을 긍정적으로 묘사하고 있다.

| 오답 해설 |

③ 남을 돕기 위해 일부러 늙은이에게 과자를 사기도 하였으나, 낭비벽이 있다는 것은 적절하지 않다.

65 ⑤

| 정답 해설 |

'주체 의식이나 주체성이란 말을 외래어보다도 막연하게', '천한 말'들의 내용을 통해 ㉠에 들어갈 말이 '유언비어'임을 추측할 수 있다.

| 오답 해설 |

① 호연지기(浩然之氣): 거침없이 넓고 큰 기개.
② 회자인구(膾炙人口): 널리 사람들에게 알려져 입에 오르내리고 찬양을 받음.
③ 오만무도(傲慢無道): 태도나 행동이 건방지거나 거만하여 도의(道義)를 지키지 아니함.
④ 권모술수(權謀術數): 목적 달성을 위하여 수단과 방법을 가리지 아니하는 온갖 모략이나 술책.

66 ③

| 정답 해설 |

휴대전화 사공간의 힘의 폐해와 긍정적인 활용 방안, 두 가지에 대해 함께 서술하고 있다.

67 ④

| 정답 해설 |

'휴대 전화의 사공간의 힘'에 대해 구체적으로 사례를 들어 제시한 후, 이 힘을 긍정적으로 활용할 수 있는 사례를 들어 반대편의 가능성도 제시하고 있다. 그러나 질문을 제기하고 답하며 서술하고 있지는 않다.

68 ②

| 정답 해설 |

같은 공간에서 생활하는 가족임에도 불구하고 서로의 일상을 알 수 없는 정보 시대의 폐해에 대해 서술하고 있기 때문에 대상에서 가까이 있는 사람이 도리어 대상에 대하여 잘 알기 어렵다는 말인 '등잔 밑이 어두운'이 적절한 답이 된다.

69 ①

| 정답 해설 |

(라)에서 제시한 분류적 의미에서의 필요 조건 첫 번째가 '인공성'이므로, ①은 내용과 일치하지 않는 설명이다.

70 ①

| 정답 해설 |
'예술'의 의미와 필요 조건에 대해 설명하고, 구체적 사례를 들어 이해를 돕고 있다.

71 ③

| 정답 해설 |
(다)에서는 예술에서의 분류적 의미가 필요한 이유에 대해 밝히고 있다.

72 ③

| 오답 해설 |
해마는 서술 정보를 처리하는 곳이며, 이 부위가 손상이 되어서 서술 기억 능력이 손상되더라도, 교통사고 이전의 장기 기억은 회상할 수 있다. 해마가 장기 기억을 저장하는 장소가 아니라는 것이 밝혀졌다고 제시되어 있다. 따라서 해마 부위가 손상되면 오래된 기억을 모두 잃게 된다는 ③의 내용은 지문의 내용과 일치하지 않는다.

73 ⑤

| 정답 해설 |
제시된 글에서는 뇌에서 정보가 기억되는 과정과 관련하여 학자들이 제시한 주장 및 그간의 연구 결과, 그 주장과 관련된 사례들을 소개하고 있다.

74 ②

| 정답 해설 |
선별 효과 이론과 보강 이론 효과를 종합하여 봤을 때 신문의 후보 지지 선언은 유권자의 후보 선택에 크게 영향을 미치지 못한다고 제시되어 있다.

75 ②

| 정답 해설 |
백가쟁명(百家爭鳴): 많은 학자나 문화인 등이 자기의 학설이나 주장을 자유롭게 발표하여, 논쟁하고 토론하는 일.
| 오답 해설 |
① 무소불위(無所不爲): 하지 못하는 일이 없음.
③ 수서양단(首鼠兩端): 구멍에서 머리를 내밀고 나갈까 말까 망설이는 쥐라는 뜻으로, 머뭇거리며 진퇴나 거취를 정하지 못하는 상태를 이르는 말.
④ 물심일여(物心一如): 사물과 마음이 구분 없이 하나의 근본으로 통합됨.
⑤ 전전반측(輾轉反側): 누워서 몸을 이리저리 뒤척이며 잠을 이루지 못함.

76 ②

| 정답 해설 |
제시된 글은 가정, 직장, 관계의 어려움에서 힘들어하던 영화 속 주인공이 진정한 행복을 찾는 과정을 집중적으로 서술하고 있다.

77 ④

| 정답 해설 |
'권토중래(捲土重來)'는 땅을 말아 일으킬 것 같은 기세로 다시 온다는 뜻으로, 한 번 실패하였으나 힘을 회복하여 다시 쳐들어옴을 이르는 말이다.
| 오답 해설 |
① 건곤일척(乾坤一擲): 주사위를 던져 승패를 건다는 뜻으로, 운명을 걸고 단판걸이로 승부를 겨룸을 이르는 말.
② 금의야행(錦衣夜行): 비단옷을 입고 밤길을 다닌다는 뜻으로, 자랑삼아 하지 않으면 생색이 나지 않음을 이르는 말.
③ 망양지탄(亡羊之歎): 갈림길이 매우 많아 잃어버린 양을 찾을 길이 없음을 탄식한다는 뜻으로, 학문의 길이 여러 갈래여서 한 갈래의 진리도 얻기 어려움을 이르는 말.
⑤ 연목구어(緣木求魚): 나무에 올라가서 물고기를 구한다는 뜻으로, 도저히 불가능한 일을 굳이 하려 함을 비유적으로 이르는 말.

78 ③

| 정답 해설 |
붙임 1의 대상 업체에 속하지 않는 경우 이후의 모든 과정은 불필요하므로 해당 문서를 가장 먼저 확인해야 한다.
| 오답 해설 |
① 취해야 할 조치의 순서와 관계없이 수신자가 취할 행동이 아니다.
② 처분 사항은 심사 대상 업체인 경우에도 심사를 받지 않았을 경우나 심사에 미달할 때 결정되는 것이다.
④, ⑤ 붙임 1의 문서를 확인한 다음에 할 수 있는 조치이다.

79 ①

| 정답 해설 | 사후 심사 신청서를 작성해야 하는 것은 발신자가 아닌 수신자의 업무이다.

80 ③

| 정답 해설 |
국민과 기업이 참여하지만 '공공 데이터 2.0'을 주도하는 것은 정부이다.

81 ①
| 정답 해설 |
'개인정보 등의 사유로 개방하지 못했던 국세·보건의료 등의 데이터는 진위 확인 및 마이 데이터 등의 방법을 활용하여 제공'한다고 하였으므로 데이터의 개방에 제한을 두지 않는다고는 볼 수 없다.

82 ④
| 정답 해설 |
'마지메'가 표제어 집필을 필자에게 맡기는 일과 새로운 유행어의 집필에는 '마사시'가 적임이라고 생각하는 것은 나타나 있으나, '마사시'의 어떠한 성향이나 능력 때문인지에 대해서는 말하고 있지 않다.

83 ⑤
| 정답 해설 |
이 글은 영화 평론으로 글쓴이는 무엇이든 빠르게 변하고 수정하는 현 사회에서, 〈행복한 사전〉을 집필하는 주인공들의 삶에 대한 성실성과 집중, 정성을 다하는 삶의 가치를 긍정적으로 평가하고 있음을 알 수 있다. 그리고 이러한 자신의 평가를 독자에게 전달하고 있다.

84 ⑤
| 정답 해설 |
의미를 잘 담아내는 사전을 편찬하기 위해 긴 시간을 집중하고 수고를 아끼지 않는 주인공들의 삶의 모습은 보는 이들에게 매력적으로 다가올 수 있을 것이다.
| 오답 해설 |
③ 현재 이들의 삶의 아름다움에 대해 이야기하는 것이므로, 미래 지향적인 '희망적'이라는 단어보다는 '매력적'이 적절하다.

85 ④
| 정답 해설 |
수급자격자가 재취업하여 6개월 혹은 12개월 이상 근무한 이후에야 조기재취업수당이 지급된다.

86 ①
| 정답 해설 |
이직일 2019년 9월 – 42세의 3년 가입자는 150일로 가장 짧다.
| 오답 해설 |
② ㉡ 이직일 2020년 9월 – 35세의 9년 가입자는 210일이다.
③ ㉢ 이직일 2018년 5월 – 47세의 5년 가입자는 180일이다.
④ ㉣ 이직일 2020년 5월 – 52세의 2년 가입자는 180일이다.
⑤ ㉤ 이직일 2019년 1월 – 65세의 8년 가입자는 210일이다.

87 ②
| 정답 해설 |
일용근로자의 소정급여일수는 최대 270일이나, 자영업자의 소정급여일수는 최대 210일이므로 일용근로자의 소정급여일수의 최대 기간이 더 길다.

88 ②
| 정답 해설 |
법위반행위 유형뿐만 아니라 피해 수급사업자의 비율, 수급사업자의 경영 악화에 영향을 미친 정도 등 3가지 요소에 따라 점수를 부여하고 그 부여한 점수를 합산한 총점에 따라 중대성 정도를 구분한다고 밝히고 있다.

89 ⑤
| 정답 해설 |
법위반금액 산정이 곤란하더라도 위반행위 억제에 필요한 충분한 과징금이 부과되어야 한다고 서술하였다. 나머지 내용은 보도자료의 서술로 유추할 수 있다.
| 오답 해설 |
④의 경우에 3가지 요소에 점수를 부여한다고 되어 있으나, 사안의 경중에 따라 3가지 항목에 다른 점수를 매겨야 하는 것은 아닌지 고민할 필요가 있으므로 적절한 반응으로 볼 수 있다.

90 ③
| 정답 해설 |
국제적인 기준을 두고 건강 수준을 비교하는 것이지, 국제적인 기관이 개별 검진 결과를 비교하여 건강 수준을 확인해 주는 것이 아니다.

국어문화   91번~100번

91 ①
| 정답 해설 |
달님[달림] – 순행 동화, 국물[궁물] – 역행 동화
| 오답 해설 |
진리[질리] – 역행 동화, 찰나[찰라] – 순행 동화

92 ③
| 정답 해설 |
'ㄹ'은 'ㄴ'의 이체자이다.
| 오답 해설 |
①, ②, ④, ⑤ 'ㅋ'은 'ㄱ'의 가획자, 'ㅎ'은 'ㅇ'의 가획자, 'ㅊ'은 'ㅈ'의 가획자, 'ㅍ'은 'ㅂ'의 가획자이다.

93 ④
| 정답 해설 |
오른손의 손가락을 모아 끝이 안으로 향하게 하여 눈앞에서 왼쪽으로 두 바퀴 돌리는 동작으로 '어지럽다'를 뜻한다.

94 ①
| 정답 해설 |
점자는 한글을 음소 단위로 풀어쓰기 하는 방식으로 나타낸다.
| 오답 해설 |
② 읽을 때는 왼쪽에서 오른쪽 방향으로 읽는다.
③ 초성의 자음은 오른쪽 열의 점을 반드시 포함한다.
④ 종성의 자음은 왼쪽 열의 점을 반드시 포함한다.
⑤ 점자는 한 칸을 구성하는 점 6개를 조합한다.

95 ⑤
| 정답 해설 |
글에서 설명한 작품은 '사씨남정기'이다. 이 작품은 조선 후기의 소설로, 주인공 사씨가 양반가에서 몰락하여 첩으로 살아가는 이야기를 중심으로 다양한 인간 군상들과의 갈등과 그로 인한 비극을 그린 작품이다.
| 오답 해설 |
① '가시리'는 고려 가요로, 이별의 슬픔과 그리움을 노래한 작품이다. 지문에서 설명하는 조선 후기 양반가의 몰락과 관련된 내용과는 맞지 않는다.
② '춘향전'은 신분을 초월한 춘향과 이몽룡의 사랑을 그린 소설이다. 권선징악과 신분제의 모순을 비판하는 내용으로, 지문에서 언급한 인간 욕망과 비극적인 결말과는 차이가 있다.
③ '구운몽'은 주인공 양소유가 꿈을 통해 인생의 무상함과 부귀영화의 허망함을 깨닫는 내용을 담고 있다. 불교적 세계관과 꿈을 통한 교훈을 다루고 있어, 지문의 설명과는 다른 작품이다.
④ '설공찬전'은 조선 전기의 전기소설로, 설공찬이라는 인물이 죽어서도 현신하여 사건을 해결하는 이야기를 담고 있다. 조선 후기 양반가의 몰락과 여성의 삶을 다룬 내용과는 연관이 없다.

96 ④
| 정답 해설 |
박재삼은 가난과 설움에서 우러나온 정서를 아름답게 다듬은 우리 언어 속에 담고, 전통적 가락에 향토적 서정과 서민 생활의 고단함을 실은 작품을 주로 썼다.

97 ③
| 정답 해설 |
'모래톱 이야기'를 통해 김정한은 부산 낙동강변의 가난한 어촌민들의 삶과 역사적 질곡을 리얼리즘적 기법으로 생생하게 그려냈다.
| 오답 해설 |
① '광장'은 최인훈의 작품이다.
② '타인의 방'은 최인호의 작품이다.
④ '당신들의 천국'은 이청준의 작품이다.
⑤ '서울, 1964년 겨울'은 김승옥의 작품이다.

98 ②
| 정답 해설 |
채만식은 계급적 관념의 현실 인식 감각과 전래의 구전문학 형식을 오늘에 되살리는 특유의 진술 형식을 사용하였다.

99 ③
| 정답 해설 |
'부과하여'는 '추가하여'로 정비하지 않고 그대로 두는 것이 바람직하다.

100 ④
| 정답 해설 |
'업신여기다'의 북한어는 '숙보다', '다그치다'의 북한어는 '다우치다'이다.
| 오답 해설 |
'살밭다'는 '가족이나 친척 관계가 매우 가깝다'를 이르는 북한어이며, '그쯔하다'는 '그만하다'의 북한어이다.

KBS한국어능력시험 모의 답안지

기 록 란 (DATA SHEET)

성 명

응시일자 : 20   년   월   일

수험번호

생년월일 (주민번호 앞자리)

문제지유형
- 홀수형 ◯
- 짝수형 ◯

문제지 검장의 유형을 확인한 후 표기

감독관 확인

수험생이 지켜야 할 일
1. 답안지에는 반드시 연필을 사용하여 표기해야 합니다.
2. 표기란에는 "●"와 같이 바르게 표기해야 합니다. (잘못된 표기 예시: ◐ ◯ ◉)
3. 표기란 수정은 지우개만을 사용하여 안전깨끗하게 수정해야 합니다.

답 안 란 (ANSWER SHEET)

문항	1	2	3	4	5	문항	1	2	3	4	5	문항	1	2	3	4	5	문항	1	2	3	4	5	문항	1	2	3	4	5
1	①	②	③	④	⑤	21	①	②	③	④	⑤	41	①	②	③	④	⑤	61	①	②	③	④	⑤	81	①	②	③	④	⑤
2	①	②	③	④	⑤	22	①	②	③	④	⑤	42	①	②	③	④	⑤	62	①	②	③	④	⑤	82	①	②	③	④	⑤
3	①	②	③	④	⑤	23	①	②	③	④	⑤	43	①	②	③	④	⑤	63	①	②	③	④	⑤	83	①	②	③	④	⑤
4	①	②	③	④	⑤	24	①	②	③	④	⑤	44	①	②	③	④	⑤	64	①	②	③	④	⑤	84	①	②	③	④	⑤
5	①	②	③	④	⑤	25	①	②	③	④	⑤	45	①	②	③	④	⑤	65	①	②	③	④	⑤	85	①	②	③	④	⑤
6	①	②	③	④	⑤	26	①	②	③	④	⑤	46	①	②	③	④	⑤	66	①	②	③	④	⑤	86	①	②	③	④	⑤
7	①	②	③	④	⑤	27	①	②	③	④	⑤	47	①	②	③	④	⑤	67	①	②	③	④	⑤	87	①	②	③	④	⑤
8	①	②	③	④	⑤	28	①	②	③	④	⑤	48	①	②	③	④	⑤	68	①	②	③	④	⑤	88	①	②	③	④	⑤
9	①	②	③	④	⑤	29	①	②	③	④	⑤	49	①	②	③	④	⑤	69	①	②	③	④	⑤	89	①	②	③	④	⑤
10	①	②	③	④	⑤	30	①	②	③	④	⑤	50	①	②	③	④	⑤	70	①	②	③	④	⑤	90	①	②	③	④	⑤
11	①	②	③	④	⑤	31	①	②	③	④	⑤	51	①	②	③	④	⑤	71	①	②	③	④	⑤	91	①	②	③	④	⑤
12	①	②	③	④	⑤	32	①	②	③	④	⑤	52	①	②	③	④	⑤	72	①	②	③	④	⑤	92	①	②	③	④	⑤
13	①	②	③	④	⑤	33	①	②	③	④	⑤	53	①	②	③	④	⑤	73	①	②	③	④	⑤	93	①	②	③	④	⑤
14	①	②	③	④	⑤	34	①	②	③	④	⑤	54	①	②	③	④	⑤	74	①	②	③	④	⑤	94	①	②	③	④	⑤
15	①	②	③	④	⑤	35	①	②	③	④	⑤	55	①	②	③	④	⑤	75	①	②	③	④	⑤	95	①	②	③	④	⑤
16	①	②	③	④	⑤	36	①	②	③	④	⑤	56	①	②	③	④	⑤	76	①	②	③	④	⑤	96	①	②	③	④	⑤
17	①	②	③	④	⑤	37	①	②	③	④	⑤	57	①	②	③	④	⑤	77	①	②	③	④	⑤	97	①	②	③	④	⑤
18	①	②	③	④	⑤	38	①	②	③	④	⑤	58	①	②	③	④	⑤	78	①	②	③	④	⑤	98	①	②	③	④	⑤
19	①	②	③	④	⑤	39	①	②	③	④	⑤	59	①	②	③	④	⑤	79	①	②	③	④	⑤	99	①	②	③	④	⑤
20	①	②	③	④	⑤	40	①	②	③	④	⑤	60	①	②	③	④	⑤	80	①	②	③	④	⑤	100	①	②	③	④	⑤

KBS한국어능력시험 모의 답안지

기 록 란 (DATA SHEET) / 답 안 란 (ANSWER SHEET)

고객의 꿈, 직원의 꿈, 지역사회의 꿈을 실현한다

펴낸곳 (주)에듀윌　**펴낸이** 양형남　**출판총괄** 김기철　**에듀윌 대표번호** 1600-6700
주소 서울시 구로구 디지털로 34길 55 코오롱싸이언스밸리 2차 3층
ⓒ 2025 eduwill. Created with AI assistance.
협의 없는 무단 복제는 법으로 금지되어 있습니다.

에듀윌 도서몰	• 부가학습자료 및 정오표: 에듀윌 도서몰 > 도서자료실
book.eduwill.net	• 교재 문의: 에듀윌 도서몰 > 문의하기 > 교재(내용, 출간) / 주문 및 배송

에듀윌 KBS한국어능력시험
합격 스토리

한O희 합격생

최고난도 시험에서 전보다 향상된 등급을 받았어요!

제61회 KBS한국어능력시험을 준비하면서 기출문제에서 자주 출제된 어휘를 반복적으로 살펴보았습니다. 낯선 어휘 문제와 생소한 현대 소설 문제가 출제되어 난도가 높은 시험이었는데, 저는 2-급을 취득했습니다. 아쉽다면 아쉬운 등급이지만 처음 시험을 쳤을 때보다 에듀윌 강의를 들은 후 향상된 등급을 받아 이렇게 합격후기를 남깁니다. 앞으로 KBS한국어능력시험의 문제 유형이 더 다양해지리라고 예상합니다. 점점 더 어려워지는 KBS한국어능력시험에 대비하기 위해 에듀윌 오선희 교수님의 강의 커리큘럼을 따라가시는 것을 추천드립니다!

김O원 합격생

에듀윌 '2주 플랜' 따라 1급 취득했어요!

시험을 제대로 준비하기 위해 앞서 시험을 본 친구가 추천해 준 <에듀윌 KBS한국어능력시험 한권끝장>을 구매하였습니다. 교재 구성이 좋았는데, 특히 교재에 수록된 플래너가 한 달 플랜과 2주 플랜으로 나눠져 있다는 점이 좋았습니다. 공부 계획을 세우기 어렵다면 상황에 따라 교재에서 제시하는 대로 따라도 좋을 것 같다는 생각이 들었습니다. 저는 기본적으로는 '2주 플랜'을 따르되, 빈출이론편과 기출변형 문제편을 모두 꼼꼼히 봤습니다. 제 버킷리스트 중 하나가 'KBS한국어능력시험 2급 이상 취득하기'였는데요. 결과는, '1급'으로 기분 좋게 초과달성했습니다!

김O은 합격생

비전공자도 고등급 취득 가능해요!

저는 국어 관련 전공자가 아니고, 다른 일들과 병행하여 준비하느라 KBS한국어능력시험에 올인할 수 없었습니다. 그래서 독학보다는 인강을 듣는 게 더 효율적이라고 보았습니다. 저는 에듀윌 오선희 교수님의 KBS한국어능력시험 초단기 1급 완성반 커리큘럼을 따라 시험을 준비했습니다. 가장 도움이 되었던 부분은 고득점 특강이었는데, 소름 돋을 정도로 적중률이 좋았어요. 실제 시험에서 어휘·어법 영역을 문제당 약 10초 만에 풀어내어 다른 영역에서 풀이 시간을 활용할 수 있었습니다. 그 결과, 저는 2+급을 취득했습니다. 여러분도 모두 목표하는 등급에 도달할 수 있기를 바랍니다.

다음 합격의 주인공은 당신입니다!